U0464102

四川师范大学巴蜀文化研究中心2021年度重大项目
"《永乐大典·泸字》校补图注（项目编号BSWHZD2101）"研究成果

四川省2022—2023年度重点图书出版规划项目

2023年度四川省重点出版项目专项补助资金项目

《永樂大典·瀘字》校補圖注

赵永康 校注

四川大学出版社
SICHUAN UNIVERSITY PRESS

图书在版编目（CIP）数据

《永乐大典·泸字》校补图注 / 赵永康校注.
成都：四川大学出版社，2024.12. -- ISBN 978-7
-5690-7565-6

Ⅰ．Z224

中国国家版本馆 CIP 数据核字第 2025PN5665 号

书　　名：《永乐大典·泸字》校补图注
　　　　　《Yongle Dadian·Lu Zi》Jiaobu Tuzhu
校　　注：赵永康

选题策划：杨岳峰
责任编辑：李　耕
责任校对：曾小芳
装帧设计：李　野
书名用字：集自《永乐大典》
责任印制：李金兰

出版发行：四川大学出版社有限责任公司
　　　　　地址：成都市一环路南一段 24 号（610065）
　　　　　电话：（028）85408311（发行部）、85400276（总编室）
　　　　　电子邮箱：scupress@vip.163.com
　　　　　网址：https://press.scu.edu.cn
印前制作：益舟文化
印刷装订：成都鑫艺高印务有限公司

成品尺寸：185mm×260mm
印　　张：34.5
字　　数：696 千字

版　　次：2025 年 5 月 第 1 版
印　　次：2025 年 5 月 第 1 次印刷
定　　价：450.00 元

本社图书如有印装质量问题，请联系发行部调换

版权所有 ◆ 侵权必究

扫码获取数字资源

四川大学出版社
微信公众号

蓝勇先生序

　　众所周知，中国古代印刷技术在全世界有重要地位。但是，雕版技术下的原版一旦遗失，再版就相当困难。中国历史上，伴随周期性王朝更替的烽戎兵燹，以及封建统治者和文人的喜恶无常，古代的许多文献难以流传，消失在岁月的长河之中。巴蜀地区的地方志编纂在全国地位很高，东汉《巴郡图经》是目前所知全国最早编成的地区地志。完整保存至今且最为古老的地志之一，是记述巴蜀早期历史的《华阳国志》。进入宋代，巴蜀地区又出现了大量的志书，仅在我《西南历史文化地理》书中统计到的，就将近百种。然而时至今日，这些珍稀文献散佚殆尽。幸得中国古代有独特的类书，将其中一些志书的片言碎语保留了下来。唯一传存的宋代曹叔远编纂的泸州地志《江阳谱》，就是借助《永乐大典》得以残存。不过直到二十多年前，学界对于《江阳谱》认知程度仍然很低，研究缺失，利用该书进行学术研究的学者就更少了。在《江阳谱》之外，《永乐大典·泸字》还保存着很多以前我们少有利用的珍贵资料。从这个角度看，征文考献，科学、规范、系统地校勘和考证、笺识《永乐大典·泸字》，整理出一个学术价值较高、可征可信、方便学人利用的文本，就特别有必要。

　　宋代巴蜀方志丧失殆尽，已经找不到任何一种历史文献可以用于与《江阳谱》比校互证。点校笺识《永乐大典·泸字》中的历史文献，难度很大。宋代的川南，是汉族与多个族源不同的少数民族交融之地，民族历史记忆众多，涉及的民族语言、文字、地名等问题更增添了整理的难度。必须既熟悉乡土历史又有专业考校功夫的学者，才有可能完成这项工作。很幸运的是：地产《江阳谱》，天生赵永康。永康先生师出名门，早年受过严格的学术训练，长期研究巴蜀特别是其家乡川南地方历史文化，成果甚丰。由他来点校《永乐大典·泸字》，十分合适。

　　赵先生的《〈永乐大典·泸字〉校补图注》有两个明显的特点。

　　其一，对于乡土地名、城镇设施的考释特别精严。历代地理总志，对于乡土地名的记载都比较疏略，特别是明代以前的乡土地名，记载更少。对此，我在《中国近古以来的乡村地名》一文中已多有论述。《江阳谱》把宋代泸州及其周边区域的地名系统地保存了下来，这本身就是川南黔北地方历史文化上的一大幸事。但是，经历宋元交替和明末清初的连年战乱，文献、文物荡然无存，文化信息大量丧失，乡土地名与城镇设施也发生了很大的变化。宋代川南黔北的历史文化具有浓厚的民族文化特征，在地名上反映得颇为突出。乡土地名的古今比对与考证特别困难。赵先生生长于川南，谙熟乡邦，通过长年大量的田野、社会调查，系统、准确地考证出宋代泸州及其周边地区乡土地名对应的现在地名，以及部分城镇设施的历史演变，实属难能可贵，也是地方文化史上的一件幸事。

　　其二，在古籍文献整理研究中，创新性地引入图像资料。历代传统的文献校注著作，大多只是引经注典，这与中国历史上从图经时代逐渐走向文字时代有关。而近年，随着图像史学的兴起，在历史研究中，渐有学人开始使用图像资料。我们编绘《长江三峡历史地图集》和《重庆历史地图集》，就尝试运用一种"三分式"的表达形式来展现研究成果。但在传统的古籍校注中，这种范式尚未得到普遍使用。赵永康先生年事虽高，学术研究却与时俱进。早在他的《川江地理略》书中，他就已大量引用地图等图像资料来印证历史。这种以图证史的方法，在本书里得到了更多更好的运用，拓宽了整理历史文献的方法、途径，丰富了古籍文本的表现形式，使古籍焕发出勃勃生机。

　　由于史料缺乏，绘出宋代巴蜀地区的城市地图极其不易。比如《成都城坊古迹考》虽然绘出了宋代成都城图，但至为简略，我们的《重庆历史地图集》也未能单独绘出宋代巴县城图。降及地级市和区县，这样的地图更是至今无有。《〈永乐大典·泸字〉校补图注》科学绘制了宋代泸州城池、街坊里巷之图，城墙、城门和各种功能建筑、街道坊巷定位准确，一目了然，功莫大焉。

　　赵永康先生现为西南大学历史地理研究所教授，"识途老马身犹健，无需扬鞭自奋蹄"。他潜心学术，笔耕不辍，迭有新著问世。后学叹服不已，以此为序，深表敬意。

二〇二二年五月十八日

包伟民先生序

　　2017 年 6 月 13—14 日，我应邀到四川泸州，参加由当地政协组织召开的"宋代泸州历史文化与宋城文化的保护利用研究"专题会。在参观了闻名已久的神臂城以及精致的南宋墓葬石刻后，我们一群"外来和尚"对于怎样研究泸州两宋时期的历史问题"瞎出主意"。我因为在自己的研究工作中曾经有所利用，故对于被保存在《永乐大典》残本中的南宋名志《江阳谱》印象深刻，遂在会议上提出建议，认为整理以《江阳谱》为代表的地方文献值得重视。不想五年后，泸州文史耆宿赵永康先生真将他的《〈永乐大典·泸字〉校补图注》发送到了我的电子邮箱，命我写序。

　　地方文献在史学研究中具有特殊的意义，这是学界的常识。我们对传统中国的认识常常悬浮于半空，围着朝廷政令"打转"，难以深入到历史社会的基层，其重要原因之一，就是相比于朝廷等社会上层，基层社会的历史资料太过缺乏。地方文献常常能够提供比其他记载更多的基层历史信息，因此受到学人们的重视。在文书档案资料极少保存下来的两宋时期，方志就是颇为重要的地方文献了。

　　现存两宋方志，绝大多数是关于东南地区的。中华书局影印出版的《宋元方志丛刊》，几乎将宋元时期地方志收罗无遗，其中收录的三十一种宋代地方志，除《长安志》《雍录》等少数几种地方志记录西北地区外，总共有二十五种记录江浙地区，另有一部重要的《淳熙三山志》记录福建地区，为数不多的几种元代地方志所记区域也是这种情况，记录四川地区者则完全付诸阙如。多年前曾有学者利用《永乐大典》残本辑录地方史志遗文，有一些遗文为相当重要的宋代文本，例如南宋连州的《湟川志》，而《江阳谱》亦为其中之一。"模韵泸字"的第二二一七、二二一八卷，为明人利用旧志修成，所利用的旧志以南宋曹叔远所纂《江阳谱》和后来的《江阳续谱》等宋元地志遗文为主，所以学界大多习惯性地以《江阳谱》来概指这两卷所收录的泸州地志资料。其价值之高，几乎成为学人们讨论宋代相关议题时不可或缺的资料。例如其目录所指示的，无论是州县建置、城池修筑、坊巷布局、户籍人口，还是赋役征发，都是如此。特别是关于南宋时期的乡都体系与专门的治安、消防等组织之间的关系，几乎是存世最为详细的地方性记载。对于那个时期西南民族史研究的重要性，更是不言而喻。

同时，在大一统的王朝国家中，作为通行条例颁布的诏旨法令，在其具体落实过程中，常常会形成五花八门的地方性版本，反映出从中央到地方不同行政层级之间的复杂关系，以及这些诏旨法令与各地环境之间的磨合。《江阳谱》在这一方面为我们提供了极为难得的例证。例如，北宋初年整顿乡里体系，在每个乡之下置里与耆，里设户长以主催科、征赋役，耆设耆长主治安、稽盗贼，一般称之为乡里制。但地方在实际执行时却常常调用治安力量以协助催科，部分地区甚至出现由治安组织越俎代庖、取代户长的现象。《江阳谱》的一则记载就相当典型，多为学人们所引用：

> 今惟士人应举，卷首书乡里名，至于官府税籍，则各分隶耆下。

之后，乡与里虽然已不再是基层管理组织，但税籍依乡而定，里则作为地名体系而存在，因此当时的人们讲到籍贯，仍"书乡里名"。官府税籍分隶耆下，即将征赋催税工作交给各耆，而不像大多数地区那样由户长（以及后来的保甲组织）来承担，这是泸州特别的做法。这就是制度"地方化"的一个典型案例。所谓普遍性，其实只有通过对各地众多个例的归纳与抽象，才能得出。我们对中国传统历史的认识也只有在这样的归纳与抽象中才能得到深入，这就是地方文献核心的学术意义所在。

此外，《江阳谱》对宋代泸州城区布局的详细记述尤有价值。从唐到宋，泸州城区几度改建，城池与街坊里巷前后变更不少，但城区中心一直位于长江与沱江交汇的半岛形地区，以取其交通与防御之利。由于地形"高下不齐，不便于建市"，遂不得不与长江江岸平行，从南向北建为长街，东端则向西延伸，建为另一条主长街。这种"十"字形街道布局，与当时平原地区城市多数作方正形布局大相异趣。《江阳谱》对南宋时期泸州城区布局、坊巷关系、市场形制等情形都作了详细的记述，本人几年前讨论宋代城市史的几篇小文受其惠多矣。这份珍贵的历史资料，也为今人了解泸州的城市规划历史，以便在新城区建设中尽可能保存历史旧貌，推陈出新，提供了方便。

但是，整理研究地方文献的门槛不低。整理者除了应具备古籍整理的基本能力，还必须熟悉文献所记述地方的地理环境与人情风物，缺一不可。要不然，即便是简单的地名识别，都可能造成句读判别失误。这也是《永乐大典·泸字》两卷珍贵资料长期未能得到整理出版的重要原因。永康先生熟习古籍校勘，深谙地方文史，毅然承担起整理乡邦文献的重任。他沿用前贤校补图注之先例，不仅完成了对这两卷的校勘整理，而且利用地方知识，既校改原文讹误，更增补了大量重要的信息，举凡涉及地名，都尽可能明确其现今的地理方位。这也为考证文献提供了必不可少的帮助。

例如讨论宋代泸州的羁縻州蓝州（蔺州）的城址，经过文献比勘与实地考察，他指出应该在地理富庶的柏雅妥洪，而不会在地势偏僻的唐朝坝，并据此得出结论，"所谓蔺州、蓝州、能州、归徕州，其实同为一地，即今古蔺、叙永一带，治于古蔺县县城。《宋史》所谓'泸州羁縻州十八'，实际只有一十七个。"这样的考证，依我看是可以成立的。又如校勘江安县的耆、都之名，其中有"山南耆"，但其后文又作"生南耆"，二者以何为正？赵先生指出："今按该耆地望，当时盖不承租赋的'生夷'之地，且无大山隔断南北，用改作'生南耆'。"如果不是依仗谙习地方的丰富知识，这样的判断也无法得出。

同样，对泸州城区新旧地名的对勘研究，外人更难以措手，非乡耆如赵先生对泸州城区街巷地理烂熟于胸者，不能及此。

正如赵先生所指出的："前代史家据书考地，而文献不足征引，又乏考察实践，用多因缘旧说，不能无疑。"诚者斯言。

赵永康先生是学术前辈，虽然应其命作"序"，实际只是借先读之缘，简单说几句自己拜读后的心得，以求教于赵先生与读者诸君。

二○二二年六月三十日

王川先生序

一

国家历史文化名城泸州，是坐落在长、沱两江交汇处的川南古城。这座长江上游的重要口岸城市，古称"江阳"，因江而繁盛，与重庆同为"老四川"最重要的港埠。特殊的地理位置、人类的早期开发、农贸的发达、便利的交通、繁盛的人口，使泸州很早就成为西南地区的战略重镇，明代更成为与成都、重庆鼎足而三的全国性商业大都会，于今可谓川滇黔渝"四省（市）通衢"。泸州开发甚早，江阳县的建置可追溯至先秦时期。东汉升格为郡，南朝梁代改置为泸州，地名沿用至今。

自古以来，众多名家为泸州编纂过方志，其中南宋曹叔远就编有《江阳谱》。受朝代更迭影响，这些古老的方志大多已经佚失于战火之中，幸而我国古代最大的类书《永乐大典》辑录了《江阳谱》《江阳续谱》等宋元方志遗文及汉晋以来《太康地志》《祥符州县图经》《皇朝郡国志》《元一统志》等散佚旧籍，以及《华阳国志》《水经注》《元和郡县图志》等多种珍稀典籍中有关泸州的部分，编为《永乐大典》"模韵泸字"十三卷，极具重要的文献学价值和学术研究价值。

《永乐大典》历经时代风雨，尤其是遭遇八国联军侵华战乱影响，散佚甚多。其"模韵泸字"十三卷，仅存第二二一七、二二一八两卷。清代光绪末年，翰林院编修、文献学者缪荃孙从内府将此二卷抄出，题作《泸州图经》。民国二十五年，由成都美学林排印出版发行，改题《永乐泸州志》，成为民国时期刊印的四川最为重要的地方志之一，亦是目前可见的西南地区重要的方志文献。

二

《永乐大典》"模韵泸字"残卷在几百年的传抄过程中，不可避免地存在篇章紊乱、错字漏字、史实误差等缺欠。有鉴于此，知名文史学者、西南大学历史地理研究所教授赵永康先生慨然发愿，对其进行艰难的文献整理工作。他以1960年中华书局影印的《永乐大典》为底本，与1936年成都美学林排印本《永乐泸州志》互校，而以1986年中华书局影印本为归依，对现存《永乐大典》"模韵泸字"两卷进行校正、勘误、补充。考校文献，日新其业，历时八年，撰成了《〈永乐大典·泸字〉校补图注》一书。

这部学术著作在将原文的繁体字改为简体字、按照国家标准科学标点断句的同时，结合当代学人研究最新成果，以"补注"形式，校正原书记载的失误，补充新的文献记载、考古学和金石材料，并对原书若干问题提出了商榷。

本书在历史文献整理领域的最大特色在于"校补"及"图注"。所谓"校补"，就是历史文献学所谓的"校勘"和"补注"。前者系指凭借专业理论知识，运用相关文献排比校勘，综合考定，以科学的态度校正典籍在流传中产生的篇章紊乱、字句错讹、史实误差，恢复典籍文本的原貌。后者则是对原书内容进行注释、补充，发明和驳正。二者皆为文献学的传统方法。《永乐大典》"模韵泸字"作为记录泸州的重要典籍，由于历史条件制约，不无错漏，永康先生对于原书的脱漏和错字，有的根据历史典籍予以校正、补足。例如原书记录泸州"命赵金还故治"一条，原文因"金"与"全"字形相近，误"金"为"全"，永康先生根据《元史·世祖纪二》予以订正；又如"建置沿革"章记载"晋于此立江阳郡"，永康先生根据《宋书》补足遗漏的"东"字。除了这种基础的查勘补漏，永康先生还参考前贤郦道元注《水经》和裴松之注《三国志》的方法，扩大了"补"的范围，对原著未曾涉及但又值得补充的事物，综合运用历史文献考校和地理测绘、考古等多种现代学科手段，进行了更深层次、更大幅度的补充和订正。例如在第四章"分野"中，批判"分野"方法不科学，改而采用北斗卫星定位系统，实测古今泸州若干处所的地理坐标，经纬度精确到秒；在第六章"城池"中，则根据原书记载，结合当今地理实际，深入探求考证，进而运用现代绘图方法，绘出宋代泸州城池及其街坊里巷之图，直观再现了宋代泸州城市的原貌。这种"校补"方法的科学运用，是为本书的重大特色之一。

"图经"，又称图志、图记，指附有图画、地图的书籍或地理志。其以图为主或图文并重，记述地方情况，古有东汉《巴郡图经》，后有任乃强《西康图经》诸名著。永康先生师其要旨，补入古今地图、图画、照片，并且给予必要的阐释，使得本书图文并茂，一目了然。

《〈永乐大典·泸字〉校补图注》的另一大特色是"考证"。永康教授以王国维先生"二重证据法"与徐中舒先生"多重证据法"为圭臬，通过田野、社会、文物调查，结合历史文献，对于川南黔北历史研究中存在的一些问题勉力考证。例如在"郡名"章中，综合历代包括常璩、辛怡显、李皇、杨升庵以及任乃强等诸多学人的意见，考证诸葛亮南征并未经过泸州，从而得出其"五月渡泸"的渡口不可能在泸州的结论；在第十七章"山川"中，则对古代南方丝绸之路开展考证，认定古代西南丝绸之路的路线，不仅有任乃强教授生前所说的，"从蜀西南经滇缅去印度，有一条原始的商道"，还有自合江沿着汉代唐蒙通夜郎的足迹，溯赤水河进入贵州，最后从广州出海的另一条商路。这是因为从成都经岷江到宜宾入长江，过泸州到合江转赤水河进入贵州，转牂牁江（即北盘江），再转红水河、西江，可以直到广州。这条线路不仅有《三国志》和《后汉书》等历史文献予以记载，还有赵永康教授本人在合江所发现的唐代"胡僧"造像以及当地出土的汉代画像石棺等考古证据予以佐证。赵永康教授进而提出了古代"南方丝绸之路"是多线路、网络状、代有变化和发展的商路的新说。

除了考证历史地理研究中的问题，赵永康教授对泸州的土产方物也进行了翔实的考证。泸州自古盛产荔枝，宋代以来就有唐代杨贵妃所食荔枝系泸州所出产的传说。本书从保鲜技术和运输条件等科学的角度出发，对该说予以反驳，认为在没有真空密封冰冻技术的唐代，给荔枝保鲜，最多也就只能是裁截竹筒，一端留节，把荔枝放在里面，口部塞上绿色植物，再蒙上油纸扎紧，糊上泥土密封，避免太阳直接照射，让筒内温度稍低于筒外的气温而已。利用这种竹筒保鲜法，在荔枝成熟的夏季，即使静置在太阳光直接照射不到的阴凉处所，三四天过去，荔枝也会变味而不堪食用，故无法从泸州将荔枝经七天七夜送到长安。他提出杨贵妃所食泸戎荔枝，只能是《新唐书》和《元和郡县志》记载的通过渍制加工的"荔枝煎"。这一分析，令人信服。

三

历史文献的整理，需要研究者具有深厚的专业文化知识，通过对文字学、目录学、版本学、年代学、校勘学等诸多学科研究方法的综合运用，方能校正误、理顺序、定去留。赵永康教授在传承中国传统文献学"辨章学术，考镜源流"的同时，不是单纯"以书考地"，袖手寂坐书斋，而是尽到作为一名知识分子关心社会发展的责任，知古鉴今，经世致用。

例如在考述北宋时期修建泸州土城时，专门加写"编者按"，总结泸州筑城成功的经验在于"世界上怕就怕'认真'二字"，只要朝野上下齐心协力，就可以将城防建设好；在记述"熙春园"时特别强调，在宋代，即使是官家的花园，春暖花开时节也要向民众免费开放。这样的论述，在全书还散见于多处。

通过校补图注《永乐大典》"模韵泸字"，著者实现了通过参校诸多文献完成一部善本泸州方志文献的初心，加深了读者对于历史上泸州政治、军事、经济以及社会发展状况的认识。此外，还便于读者了解川南尤其是泸州地区的历史变化，进而科学认识整个川滇黔渝地区历史地理和经济、人文地理的发展状况，为当今经济、社会发展宏观战略决策提供了历史借鉴和学术理论支撑。

壬寅年七月二十九日

校补图注前记

本书是对八国联军侵华战争劫后《永乐大典》"模韵泸字"残卷的深度整理，题作《〈永乐大典·泸字〉校补图注》。

通过笺注前贤著作，展开考述、论证，是任乃强先生《华阳国志校补图注》创设的新法。师从任先生这种研究方法之本意，本书参考郦道元《水经注》和裴松之注《三国志》体例，扩大"补"的范围，对原著未尝道及而又值得考述、论次的事物，进行了更深层次的考论、更大幅度的补充，而且更多地运用了现代自然科学知识及手段。

《永乐大典》"模韵泸字"是明代初年辑录南宋曹叔远《江阳谱》和《江阳续谱》等宋元地志遗文，汉晋以来《太康地志》《祥符州县图经》《皇朝郡国志》《元一统志》等散佚旧籍，以及《华阳国志》《水经注》《元和郡县图志》等多种珍稀典籍修成的十三卷泸州方志。八国联军侵华战争劫后，仅存其中第二二一七、二二一八两卷，"遗文剩简，贵若璆琳"。皇家秘籍，人不多见，即便是明世记诵之博、著作之富推为第一的状元杨慎，亦未尝寓目。

明清交替兵燹，蜀中文献多有佚失。清光绪中，翰林院编修缪氏荃孙，从内府将此二卷抄出，题作《泸州图经》。民国二十五年，成都美学林改题《永乐泸州志》，排印出版单行，四川省图书馆、四川大学图书馆有藏本，是为今犹可见西南地区最早的地志之书。

泸州古称江阳，今为四川省地级市。里耶秦简证明，泸州是先秦古县，历史悠久。其前代地域，远及今川南、黔北、滇东北和巴渝边鄙，为川滇黔渝接合部举足轻重的军事、经济、文化重镇，宋代全国一级政区潼川府路、中华人民共和国川南人民行政公署，先后设治于斯。1994 年，国务院公布其为"中国历史文化名城"。泸州在西部众多城市之中，具有相当的代表性。普遍性即寓于特殊性之中。透过

《永乐大典》，研究历史上泸州政治、军事、经济、社会状况，揭示其历史发展的规律，以一方而观天下之大，举一反三，由此及彼，科学认识西部川滇黔渝地区的经济地理、人文地理，足资存史、资政、教化，为经济、社会发展宏观战略决策提供历史借鉴和学术理论支撑。于此，藏园老人傅增湘先生《大典本泸州志跋》有言：

> 此志撰人不详。光绪间，缪氏荃孙自《永乐大典》第二千二百十七、十八两卷钞出。审其门类，尚未完具，原书分卷若何，莫由悉也。① 所引诸书，有《九域志》《寰宇记》《舆地广记》《舆地纪胜》《江阳谱》《江阳续谱》《元一统志》《郡县志》《图经志》等书，最后为者《大明清类天文分野之书》。检《天文分野之书》，为洪武间钦天监编成经进，是此志当为洪武以后人所撰矣。
>
> 考明代《泸州志》向无传本，其名可考者，有隆庆间章懋撰《泸郡志》，见于黄氏《千顷堂书目》；又有明李璿、全天德二家撰志，见于周其祚《泸志序》。其人皆在永乐以后，则此志非三家所撰明矣。
>
> 此本前列图五，一泸全境、二本州、三江安、四纳溪、五合江。上卷首建置沿革，次郡名、分野、至到、城池、坊巷、街道、乡都、桥渡、园、风俗、形胜、户口。下卷为钱粮、土产、土贡、山川、宫室。全书分类赅简，叙述详明，辑取诸书，咸标举其名，可谓深知体要矣。
>
> 卷中文字搜采尤博，如邓绾《泸南谯门记》，邓选扬《江安南门记》，泸州东园、西园、北园《记》，李焘、朱孝友《南定楼赋》，李寅仲《镇远楼记》，梁介《泸江亭记》，皆世所未见，关于掌故要端。巽岩②一赋，论孔明冒暑远涉，用兵南荒，虚耗国力，坐失事机，卒使岐山之功不成，其言似有为而发，文尤雄奇可喜。诸文，《成都文类》既失载，明杨慎纂《全蜀艺文志》，综览古今，收罗闳富，自诩一代雄编。今以志中所载检之，则咸在遗珠之列。知慎于此志固未寓目也。慎在当时，号为博极群书，泸南又为乡邦旧游之地，而国初图志已艰于访寻，则此书之罕可知矣。
>
> 据志中小注，知尚有"文类"③一门，惜已久佚。然仅此寥寥残帙，其中

---

① 《永乐大典》的目录，赖山西灵石杨氏刻入《连筠簃丛书》得以保存。1986年中华书局影印《永乐大典》残卷时将之编入其书的第十册，公开出版发行。据以得知此志共有13卷，然其细目与乎分卷情况，则不可得而考矣。
② 巽岩，南宋史学家李焘的别署。
③ 校勘："文类"二字，《大典》原目作"文章"。

遗文媵简，固已贵若璆琳。其裨于蜀乘，岂浅鲜哉！

丁丑（民国二十六年，1937）九月二十一日，藏园老人识于石斋①

增湘先生所谓"前明州志"，与乎清代以降泸州编修地志情况，清乾隆《直隶泸州志》所载休宁县知县、州人周其祚《泸志底稿序》云：

> 泸，蜀之大郡也……自前明有李璿《志》、全天德《志》，皆能统括旧闻，备一州之文献。甲申（崇祯十七年，1644）之变，流寇入关，典籍遭劫灰之运，二《志》烟飞烬灭，荡然无存。本朝康熙年间，总制蔡公（毓荣）请修蜀省通志，有司征籍于泸。当是时，流移初复，故家无憖（yìn）遗之老，编户鲜购藏之书。署泸牧三韩王公（帝臣），不得已搜罗残阙、据所见闻，作丙寅（康熙二十五年，1686）《志》以应命。及康熙己丑（四十八年），巡抚能公（能泰）再修省志，复征泸籍。郡守泾阳张公（士浩），据丙寅《志》纂辑以呈（是即己丑《志》）。夫志之亡，不亡于失传之日，而亡于复修之时。假使泸旷数十年无志，有志之士，知一州之文献决不容泯灭，则旁搜远绍，必有起而任其责者，前志犹有复续之理。惟夫前者限于时势而取具于应给，后者因其简陋而永奉为典章，斯泸志乃真亡矣。夫以修泸志者亡泸志，岂王、张二公之心哉！②

踵武其后，乾隆二十三年（1758），知泸州、滇南夏诏新，在周其祚所撰志稿以及广东三水县知县、州人林中麟所积资料基础之上，重修泸志，二十四年（己卯）成书。夏诏新序之曰：

> 丙寅《志》造于滇氛（吴三桂叛清之乱）初靖、典籍消磨之际，无怪其择不精而语不详。至于己丑志，则承平日久，搜罗较易矣，而依样葫芦，匪直他书无考，其于"二十一史"概乎未之见焉。且志本州而不志属邑，于统隶之义既无当，而捃扯③属邑之所有，以凑合本州，使人因其所不信而并疑其所信，夫又何以为志哉！予于丙子（乾隆二十一年）春承乏兹土，簿书稍暇，即惓惓

---

① 傅增湘：《藏园群书题记》，上海：上海古籍出版社，1989年，第214—215页。
② 清·沈昭兴修，清·余观和、清·王元本纂：嘉庆《直隶泸州志》卷首，国家图书馆藏本。
③ 捃扯，率意割裂，取用。

以修志为事，而苦于采集之难，迟至戊寅（二十三年）初冬，今监宪施公（分巡永宁道施廷翰）来总其成而后，始终条理，为纲二十有四，为目如其数，别户分门，州、县、司（九姓长官司）各为起讫。合之，总若千万言（装为八卷）。凡所征引，必明注其所见之书，而于史、志所未及者，则宁从阙文，以著传信传疑之义焉。①

志贵周详。相对于康熙丙寅、己丑二《志》，乾隆己卯《志》的体例得到规范，利用了"二十一史"、前代类书和官府档案，内容大为丰富，且在订正前志谬误、失当的同时，辑录了更多的相关文献。考其所失，则主要在于只是以书考地，而于山川地理、道路交通以及物产食货、风俗民情等多未详，乃至错讹。

嘉庆二十五年（1820），知泸州、浙江秀水沈昭兴"考诸典籍，参以见闻，凡己卯《志》之缺者补之，讹者正之，略者详之，繁者删之，为纲八、为目十又有六，属邑新志，择其要者随类附入"②，修成嘉庆《直隶泸州志》十二卷，锓梓颁行。殆至光绪八年（壬午，1882），知州田秀粟再行续修，而州人施霖三撰集之，是为壬午《志》。

概而言之，有清一代，泸志盖尝五度编修，文献于是乎粗集而备牻轩之采。

民国废府裁州，"泸州本州"改称"泸县"。据周开庆《民国新修县志丛谈》，泸人议修新志，以民国十四年（1915）开局，由清光绪举人、陕西略阳县知县苏启元任总纂之责。十七年（1918）成书，凡分十二门，都十二卷，已付印矣，而费绌未竣。县中人士对新志内容又颇有议论，遂决定重修，由清云南浪穹县知县高觐光、辛亥革命川南军政府副都督温翰桢负总纂责。二十五年（1936）补修定稿，二十七年（1938）出版。以铅字四号排印，四川通省师范学堂毕业生阴懋德题笺，线装八册，印、装均颇整秩。全书计分舆地、交通、治制、职官、食货、礼俗、教育、选举、人物、艺文、古迹、杂志等十二志，其于分目选材，已较能注意时代之发展。如将《教育志》分为学校教育、社会教育、教育机关及教育经费等目；《礼俗志》中之风俗，分为习性、信仰、家庭生活、社会组织、服用屋宇、卫生娱乐、艺术术

---

① 清·夏诏新纂修：乾隆《直隶泸州志》，见故宫博物院编：《故宫珍本丛刊》第 210 册，海口：海南出版社，2001 年，第 30 页。
② 清·沈昭新修，清·余观和、清·王元本纂：嘉庆《直隶泸州志》卷首，国家图书馆藏本。

数、交际会集、岁时令节、冠笄、婚嫁、丧葬、祭祀等目，颇称详审。^① 此后，又有新编《泸州市志》之纂。凡此林林总总，瑕瑜杂见。

而深知体要、分类赅简，叙述详明，大有裨于蜀乘之《永乐大典·泸字》二卷，以其为皇家秘籍，至今未广流传，遑论对其做深度整理。永康生长是邦，不无遗憾。近来盛世崇文，因不辞谫陋，秉傅增湘先生之遗意，积八十年历见亲闻，并典籍、金石文物等而校补图注之，参考引录前代典籍近二百种，又今人图书、文章若干，补入古今地图、图画、照片，勉力考、论：

（1）江阳（今四川泸州市）和符（今泸州市辖合江县）之山川形势、人文风物、历代人口、建置沿革。论证其所以为先秦古县，所以为川滇黔渝四省通衢、方面重镇、"西南要会"之邦。

（2）唐蒙通夜郎与汉唐以来的另一条西南丝绸之路"牂牁道"。

（3）梁武帝建泸州和梁代泸州的治所，兼释历史上的马湖江和杨慎所谓的"三泸名号讹千古"。

（4）唐宋泸南少数民族羁縻州，着重论证汉代以降泸南、黔边彝族的世系、活动及其与中央王朝的战争，订正、发明谭其骧先生、方国瑜先生的相关论述。

（5）宋代以降泸州、江安、纳溪、合江城池构筑、坊巷街道和乡都地名地望，探索宋代泸州城市建筑和园林营造法式，分析论次宋代泸州主要建筑特别是南定楼、会江楼、骑鲸馆、忠山江山平远楼的由来及其营造法式。运用现代绘图方法，绘制宋代泸州城池及其街坊里巷之图，直观再现宋代泸州城市风貌。

（6）结合历代兵事特别是泸南地区民族战争实际，考论泸州之所以成为控扼上游、屏障西川、锁钥滇黔的兵家重镇，兼论宋元战争中的神臂山。

（7）考述以江阳之盐、涪井监盐、泸酒、泸茶、荔枝、蓝靛为代表的泸州土产方物，阐说宋代沿边地区酒业政策直接促进了蜀中酒业的发展；论证以当时的科技水平与运输条件，唐代的杨贵妃不可能吃到蜀中的鲜荔枝。

（8）穷搜远绍，为书中人物作小传。

（9）宋元地志无存，遗文或有散在《永乐大典》诸书，贵如瑯琳。爰亦勉力辑存，连同《永乐大典》原书凡例、永乐皇帝所撰序言，与乎历代泸州建置沿革大要，以为附录。

---

① 参见周开庆著：《民国新修四川县志丛谈》三十四《泸县志》，台北：商务印书馆，1975年，第42—43页。

凡此种种，力求以一方而窥天下之大，且于祖述前贤之际有所发现，有所发明，有所驳正，其例如下：

一、**底本**。《永乐大典》原书工楷抄写，每半页八行。字有红、黑二色。引用书名和卷数、页数用红笔书写；栏格和中缝的线条与鱼尾用红笔描画；圈句和圈声，用红色小圈钤印。字有大、中、小号之分：大字独占一行；中、小号字在同一竖行内并排抄成两列。名物器什、山川地形，则白描为图。

八国联军侵华战争劫后残卷，有 1960 年中华书局排印本、1986 年影印本和近年制作之高仿真本。本次整理，以 1960 年排印本为底本，与民国二十五年美学林排印本《永乐泸州志》互校，而以 1986 年影印本为归依。

二、**植字**。使用国颁简化汉字，以广流传。其可能造成语义混淆者，保留繁体，或者加注汉语拼音；通假字酌情保留；别体异体，径改今体。中华书局排印本，字有红、黑二色，字号有大小之分，今改其黑色字为蓝色，余仍其旧。

三、**标点**。遵循国家标准 GB/T15834—2011《标点符号用法》之规定，科学标点断句，以明句读。

四、**音义**。本书兼顾一般读者，因本高树蔚然"义恐难明常带俗"之遗意，辨音识字，且对生涩文学词语酌行训诂。生字僻字，加注汉语拼音；助读之文，于圆括号内随文夹注；前代年号，部分加注公元纪年。

五、**校勘**。书成前代，鲁鱼亥豕，用得校勘。校必有据有理。凡所校改，概出"校记"，与注补之文并列。所改之字，置于方括号内，而以小号字保留其原字于圆括号中。至于可改可不改者，例得不改，然亦出"校记"说明。

六、**注补**。继裴松之注《三国志》并郦道元《水经注》之义旨而创新之，严格按照国家古籍整理规范，将传统学术与现代科学手段相结合，综合运用文献和历史、地理、考古、经济、社会等多种学科手段，从地理、历史、人文、土产方物以及现代自然科学切入，穷搜远绍，田野、社会、金石文物调查，证诸文献而比较研究。以王国维先生二重证据法考职官、究典章、详名物、明地理、印证、阐释原书，并且更大幅度地对其内容进行扩展，因事而异地延伸于后代，以期有益于事物的系统了解，不辞繁芜。同一事物，原则上只在首次出现处作注。沧海桑田，山川陵谷变迁，地貌地形及其地名，多有更改。本次整理，力为详考地望，采用北斗卫星定位工具，实测遗址地理坐标。同时，运用现代自然科学和生物科学知识，介绍土产方物。

凡所注补，必也文献有征、版本有据而比较研究，或自田野考察、社会调查中来。政区及古今地名对照，断至 2020 年。今日四川之地，其注释不冠省名。所引文献，逐一指明出处；道路之言，未敢引录。

原书舛讹，勉力订正。因间有新说，且于前贤有所发明，有所驳正。

旧籍带有民族偏见以及时代局限之称谓、词语，读者盖自知之，爰因仍其旧，然亦偶行必要之说明。

凡此种种，意在力求对于此邦历史沿革、山川地理、城池、乡里、宫室、道路交通、兵家形势、民族、田粮户口、典章职官，以迄于政治经济、风俗民情之了解，有所深化和补益。以期存史、教化，为宏观经济、社会发展战略决策提供历史借鉴及学术理论支撑。

七、图版。古人左图右史。因以相关地图、图画、照片特别是前代照片随文插入，力求图文并茂，直观介绍说明。

八、页末注。主要用以注明所引文献出处。原刻典籍，注明作者、书名、版本、卷次。其不常见者，加注收藏单位。引录《四库全书》所辑诸书，从原刻典籍之例。重印典籍以及当代书刊，加注出版单位、出版时间及其页（期）次。

后学浅近，不敢妄言学术，恭此就教方家。

目 录

《永乐大典》卷二二一八

附 录

《永乐大典》卷二二一七

六模【一】

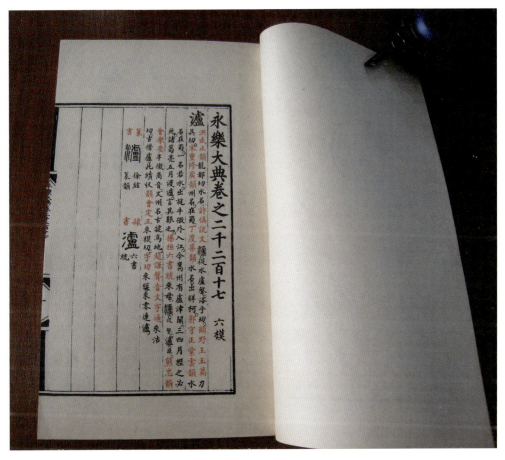

《永乐大典》书影

★1. 瀘【二】 《洪武正韵》【三】："龙都切【四】。水名。"许慎《说文》【五】："泸，从水，卢声，洛乎切。"顾野王《玉篇》【六】："力吴切。"宋《重修广韵》【七】："州名，在蜀。"【八】丁度《集韵》【九】："水名【十】，出牂牁【十一】。"郭守正《紫云韵》【十二】："水名，在蜀，一名若水，出旄牛徼外，入江。今嶲（xī）州有卢津关，三四月经之必死。诸葛亮五月渡泸，言其艰也。"

杨桓《六书统》【十三】："来母。，统声。"泸，隶。熊忠《韵会举要》【十四】："半徵商音【十五】。又州名，古犍为地。【十六】"赵谦【十七】《声音文字通》【十八】："来沽切。古借卢。此续收。"《韵会定正》【十九】："来模切。"字切【二十】：来模，来零连泸。

篆书　　徐铉《篆韵》【二十一】。

隶书　瀘　《六书统》。

【校补图注】

【一】　模　《永乐大典》的第六个韵目（韵部）。《永乐大典》用韵以统字，用字以系事，将自古以来书籍中的有关资料或辑录成段成篇，或将原书整部抄入。

在《洪武正韵》中，"模"属平声第五个韵目（韵部）；而在其他多种韵书中，"模"字被归入平声"虞"韵。

八国联军侵华战争劫后，《永乐大典》损毁散失殆尽，其六模韵部下，仅余"图""泸""奴""壶""瓠""湖""梧""乌""苏""初""蔬""疏"十三字所辑之文部分残存。其中，"泸"字残存二卷：

卷二二一七　泸泸州一（嘉靖抄本二十八叶）

卷二二一八　泸泸州二（嘉靖抄本一十五叶）

另，卷二二一九泸泸州三—卷二二二九泸泸州十三已佚。

【二】　泸　"泸"字在殷周时期的青铜器铭文（钟鼎文、金文）中就已出现：

　（鬲比盨）　　（鄂君舟节）

宋代徐弦《说文新附》作：

"泸"字的本义是黑。《说文新附》："泸，水名，从水，卢声。"《蜀水经》："泸水色黑，故以卢名。盖泸为黑水之义。""泸"是"卢"的假借字，源于夷语，是古代巴蜀地区一个少数民族邦国之名，泸州的得名即与之有关。

"卢"字的本义也是黑。《尚书·文王之命》："卢弓一，卢矢百。"孔安国传："卢，黑也。"扬雄《太玄·守》："上九，与荼有守，辞于卢首不殆。"范望注：

"卢，黑也。"徐灏《说文解字注笺·皿部》："卢为火所熏，色黑，因谓黑为卢。"刘熙《释名·释地》："土黑曰卢。"沈括《梦溪笔谈》："夷人谓黑为卢。"

民国《泸县志》云："泸，《说文》作'黸'。齐谓黑为'黸'。从黑，卢声。段玉裁注：'经传或借"卢"为之，或借"旅"为之，皆同音假借也。'卢，洛乎切（读lú）。"①

"泸"是水名，亦是州名。徐中舒先生主编《汉语大字典》曰：

《说文新附》："泸，水名。从水，庐声。"《广韵》落胡切，平模来。鱼部。

①古水名。为今雅砻江下游和金沙江汇合雅砻江后的一段。《说文·水部》："泸，水名。"《水经注·若水》："《益州记》曰：'泸水源出曲罗巂下三百里曰泸水，两峰有杀气，暑月旧不行，故武侯以夏渡为艰，泸水又下合诸水而总其目焉，故有泸江之名矣。'"《广韵·模韵》："泸，水名，在蜀。"三国蜀诸葛亮《前出师表》："受命以来，夙夜忧叹，恐托付不效，以伤先帝之明，故五月渡泸，深入不毛。"

②古州名。南朝梁大同中置，治所在江阳（今四川省泸州市）。1913 年废，改为县。1950 年析泸县城区设市。《广韵·模韵》："泸，州名。在蜀。"《续资治通鉴·宋太宗淳化五年》："伪帅张余，复啸聚万余众，攻陷嘉、戎、泸、渝、涪、忠、万、开八州。"②

【三】 《洪武正韵》 韵书名，凡十六卷。明乐韶凤、宋濂等奉敕撰。《明史·艺文志》有著录。③四库馆臣曰："书成于洪武八年（1375），濂奉敕为之序。大旨斥沈约为吴音，一以中原之韵更正其失。并平上去三声各为二十二部，入声为十部。于是古来相传之二百六部，并为七十有六。其注释一以毛晃《增韵》为稿本，而稍以他书损益之。盖历代韵书自是而一大变……此书初出，亟欲行之故也。然终明之世，竟不能行于天下。"④

【四】 **龙都切** 用"龙"和"都"二字相切，从而得出"泸"字的读音。切，

---

① 王禄昌、裴纲修，高觐光、温翰桢纂：民国《泸县志》卷一《舆地志》，民国二十七年刊本。
② 汉语大字典编辑委员会：《汉语大字典》，成都：四川辞书出版社，武汉：崇文书局，2010年，第 1911—1912 页。
③ 清·张廷玉等撰：《明史》卷九六《艺文一》，北京：中华书局，1974 年，第 2373 页。
④ 清·永瑢等撰：《四库全书总目》卷四二《经部·小学类三》，北京：中华书局，1965 年，第 363—364 页。

即反切，是古代用两个字相拼合，对汉字进行注音的一种方法。具体方法是，取第一个字的声母与第二个字的韵母和声调，拼出另一个字的读音。称为某某切，或某某反。所谓龙都切，就是用龙字的声母"l"，与都字的韵母和声调"ú"拼合，从而得出"泸"字的读音"lú"。

早在汉代末年，反切法便已出现。三国魏人孙炎《尔雅音义》，便已改变古人用"读若某""读与某同"那种对汉字进行注音的"直音法"，采行反切法。梵文输入中国后，又取汉字为30字母，用以进行反切，注音遂益精密。同一个字，古今读音或有不同，用现代读音进行反切，有时已切不出正确的字音。1956年国家颁行的《汉语拼音方案》，较诸反切法更为准确、简明、方便。

【五】 **《说文》** 字书《说文解字》的略称，东汉许慎编撰，以六书理论系统分析字形、解释字义。四库馆臣曰："慎字叔重，汝南（今属河南）人，官至太尉、南阁祭酒。是书成于和帝永元十二年（100），凡十四篇，合目录一篇为十五篇。分五百四十部，为文九千三百五十三。重文一千一百六十三。注十三万三千四百四十字。推究六书之义，分部类从，至为精密。而训诂简质，猝不易通。又音韵改移，古今异读、谐声诸字，亦每难明。故传本往往讹异。宋雍熙三年（986），诏徐铉、葛湍、王惟恭、勾中正等重加刊定，凡字为《说文》注义序例所载，而诸部不见者，悉为补录。又有经典相承、时俗要用，而《说文》不载者，亦皆增加，别题之曰'新附字'。其本有正体而俗书讹变者，则辨于注中。其违戾六书者，则别列卷末。或注义未备，更为补释，亦题'臣铉等案'以别之。音切，则一以孙愐（miǎn）《唐韵》为定。以篇帙繁重，每卷各分上下，即今所行毛晋刊本是也。"① 自魏晋以下，言小学者率皆宗之。为了更好地利用其书，历代多有学人为之作注，其中成就最高的是清人段玉裁的《说文解字注》，为学人案头之所必备。

【六】 **《玉篇》** 字书名。四库馆臣曰："《重修玉篇》三十卷，（南朝）梁大同九年（543）黄门侍郎兼太学博士顾野王撰。唐上元元年（760）富春孙强增加字。宋大中祥符六年（1013）陈彭年、吴锐、邱雍等重修（加'大广益会'之名）。凡五百四十二部。今世所行凡三本：一为张士俊所刊，前有野王序一篇、启一篇，后有《神珙反纽图》及分毫字样，朱彝尊序之，称上元本；一为曹寅所刊，与张本一字无异，惟前多大中祥符敕牒一道，称重修本；一为明内府所刊，字数与二本同，而每部之中次序不同，注文稍略，亦称大中祥符重修本……又考《永乐大

---

① 清·永瑢等撰：《四库全书总目》卷四一《经部·小学类二》，北京：中华书局，1965年，第344页。

典》，每字之下皆引顾野王《玉篇》云云，又引宋《重修玉篇》云云，二书并列。是明初上元本犹在，而其篇字韵中所载《玉篇》全部，乃仍收大广益会本，而不收上元旧本。顾、孙原帙遂不可考……（其）卷末所附沙门神珙《五音声论》及《四声五音九弄反纽图》，为言等韵者所祖。近时休宁戴氏（指戴震）作《声韵考》，力辩反切始（三国）魏（人）孙炎，不始神珙。其说良是。至谓'唐以前无字母之说，神珙字母乃剽窃儒书，而托词出于西域'，则殊不然。考《隋书·经籍志》称婆罗门书以十四音贯一切字，汉明帝时与佛经同入中国，则远在孙炎前。"①

【七】 《重修广韵》　韵书名，书凡五卷。宋陈彭年、丘雍等奉敕撰。四库馆臣曰："初，隋陆法言以吕静等六家韵书各有乖互，因与刘臻、颜之推、魏渊、卢思道、李若、萧该、辛德源、薛道衡八人撰为《切韵》五卷。书成于仁寿元年（601）。唐仪凤二年（677），长孙讷言为之注。后郭知元、关亮、薛峋、王仁煦、祝尚丘递有增加。天宝十载（751），陈州司法孙愐重为刊定，改名《唐韵》。后严宝文、裴务齐、陈道固又各有添字。宋景德四年（1007），以旧本偏旁差讹、传写漏落，又注解未备，乃命重修。大中祥符四年（1011）书成，赐名《大宋重修广韵》，即是书也……其书二百六韵，仍陆氏之旧，所收凡二万六千一百九十四字。考唐封演《闻见记》载陆法言韵凡一万二千一百五十八字，则所增凡一万四千三十六字矣……注文凡一十九万一千六百九十二字，较旧本为详，而冗漫颇甚。"②

世行《广韵》有二本，一即此书，题《重修广韵》；又有不著撰人《广韵》五卷，前有孙愐《唐韵序》，注文比重修本颇简。《永乐大典》引此本曰"陆法言《广韵》"，引重修本曰"宋《重修广韵》"。

【八】 州名，在蜀　州，泸州。历史上，四川境内曾经有两个"泸州"，一个是本书之所考述，古名江阳，城市坐落于长、沱两江汇口处的今地级市泸州市；另一个是元王朝建置在建昌路沙城睑的"西泸州"。关于"西泸州"，《元史》记载：

> 州在路西，昔名沙城睑，即诸葛武侯禽孟获之地。有泸水，深广而多瘴，鲜有行者，冬夏常热，其源可燖（xún，烧熟）鸡豚。至段氏时，于热水甸立城，名演笼，隶建昌。宪宗时，建蒂内附，复叛，至元九年（1272）平之。十

① 清·永瑢等撰：《四库全书总目》卷四一《经部·小学类二》，北京：中华书局，1965年，第347页。
② 清·永瑢等撰：《四库全书总目》卷四二《经部·小学类三》，北京：中华书局，1965年，第358—359页。

五年，改湲笼为泸州。①

明洪武十五年（1382）改建昌路为建昌府，属云南行省，并置建昌卫，属云南都指挥使司。府、卫同城，治今西昌市。寻改属四川都司。二十五年废府，升卫为建昌军民指挥使司。二十七年，置四川行都指挥使司，又置建昌前卫，建昌军民指挥使司与建昌前卫划属之，都司、军民指挥使司、行都司同城而治，均在西昌。清代，其地改属四川。《明一统志》载：

> 在（四川行）都司城（今西昌市）西南二十五里。本唐巂州沙野城，蛮名沙城睑。后蛮酋于城北新筑一城，曰湲笼，属建昌。元置泸州。本朝初因之，后废。②

顾祖禹《读史方舆纪要》载：

> 司西南二十五里。唐为巂州沙野城之地，蛮名沙城睑，相传即诸葛武侯擒孟获处。误也。北近泸水，亦名热水甸。蛮酋于甸增筑一城，谓之湲笼，属建昌府。元至元十五年改为泸州。明初因之，后废。今（清代）曰泸州堡。③

泸州堡又呼"沙叶城"，民国建立后呼"河西"，遗址在今四川省凉山彝族自治州辖西昌市佑君镇境内。

【九】《集韵》 韵书名。四库馆臣曰："《集韵》十卷，旧本题宋丁度等奉敕撰，前有韵例，称景祐四年（1037）……考司马光《切韵指掌图序》称仁宗皇帝诏翰林学士丁公度、李公淑增崇韵学，自许叔重（指《说文解字》作者许慎）而降凡数十家，总为《集韵》。而以贾公昌朝、王公洙为之属。治平四年（1067），余得旨继纂其职，书成上之，有诏颁焉。尝因讨究之暇，科别清浊为二十图云云。则此书奏于英宗时，非仁宗时，成于司马光之手，非尽出丁度等也。其书凡平声四卷，上

---

① 明·宋濂等撰：《元史》卷六一《地理四·云南诸路行中书省·建昌路》，北京：中华书局，1976年，第1472页。
② 明·李贤等撰：《明一统志》卷七三《四川行都指挥使司》，《四库全书》文渊阁本。
③ 清·顾祖禹撰：《读史方舆纪要》卷七四《四川九·建昌行都司》，上海：上海书店出版社，1998年，第498页。

声、去声、入声各二卷，共五万三千五百二十五字。视《广韵》增二万七千三百三十一字……其驳《广韵》注，凡姓望之出，广陈名系，既乖字训，复类谱牒，诚为允协。至谓兼载他切，徒酿细文，因并删其字下之互注，则音义俱别与义同音异之字难以遽明，殊为省所不当省。又韵主审音，不主辨体，乃篆、籀兼登，雅俗并列，重文复见，有类字书，亦为繁所不当繁。其于《广韵》盖亦互有得失，故至今二书并行，莫能偏废焉。"①

【十】 **水名** 水，泸水。金沙江下游河段的古名。现代地理科学技术查明，金沙江是长江的正源。长江源出青海唐古拉山脉的各拉丹冬雪山，主源为"沱沱河"。沱沱河流至囊极巴陇，当曲水来注之。当曲水河口以下称"通天河"。通天河南流至结古（今青海省玉树市），纳巴塘河。巴塘河口以下称"金沙江"。金沙江流至四川攀枝花市东北古泸津关附近的曲罗（今名三堆子），萦回三折，与源出青海巴颜喀拉山南麓的若水（今名雅砻江）相汇。自雅砻江河口以下称"泸水"，亦即所谓"马湖江"。流至宜宾与岷江汇合，乃称长江。

【十一】 **出牂牁** 此说误。牂牁乃先秦西南夷国。《管子·小匡》："桓公曰：'九合诸侯，一匡天下……南至吴、越、巴、牂牁……之国。'"后臣属夜郎。一说战国楚顷襄王时，庄蹻伐夜郎，军至且兰，椓船于岸而步战。以且兰有椓船牂牁处，因名且兰为牂牁，地在今贵州境。泸水的上游源于青海，经云南流入四川。牂牁之江（牂牁江）今名北盘江，在贵州，与泸水无涉。

【十二】 **《紫云韵》** 韵书《增修校正押韵释疑》的省称。书凡五卷。四库馆臣曰："宋绍定庚寅（三年，1230）庐陵（今属江西）进士欧阳德隆撰。景定甲子（五年，1264）郭守正增修。守正字正己，自号紫云山民。《永乐大典》所引《紫云韵》，即此书也。"②

【十三】 **《六书统》** 字书，凡二十卷。元杨桓撰。四库馆臣曰："桓字武子，号辛泉，兖州（今属山东）人。中统四年（1263）以郡诸生补济州教授，累官太史院校书、监察御史，终国子监司业。事迹具《元史》本传。是书……大旨以六书统诸字，故名曰'统'。凡象形之例十，会意之例十有六，指事之例九，转注之例十有八，形声之例十有八，假借之例十有四。其象形、会意、转注、形声四例，大致

---

① 清·永瑢等撰：《四库全书总目》卷四二《经部·小学类三》，北京：中华书局，1965年，第359页。

② 清·永瑢等撰：《四库全书总目》卷四二《经部·小学类三》，北京：中华书局，1965年，第361页。

因戴侗《六书故》门目而衍之；指事、假借二例，则桓以意钩稽，自生分别。所列先古文大篆，次钟鼎文，次小篆。其说谓文简意足，莫善于古文大篆。惜其数少，不足于用。文字备用者，莫过小篆，而讹谬于后人之传写者亦所不免。今以古文证之，悉复其旧。盖桓之自命在是，然桓之纰缪亦即在于是。"又曰："盖许慎《说文》为六书之祖，如作分隶行草，必以篆法绳之，则字各有体，势必格阂而难行。如作篆书，则九千字者为高曾之矩矱矣。桓必欲俪而改错，其支离破碎，不足怪也。以六书论之，其书本不足取，惟是变乱古文，始于戴侗，而成于桓。侗则小有出入，桓乃至于横决而不顾。后来魏校诸人随心造字，其弊实滥觞于此。"①

【十四】 **《韵会举要》** 韵书。《四库全书》著录作《古今韵会举要》。书凡三十卷，元熊忠撰。忠字子中，昭武（今属甘肃）人。"此书以《礼部韵略》为主，而佐以毛晃、刘渊所增并……字纽遵韩（韩道昭）氏法，部分从刘（刘渊）氏例，兼二家所变而用之。而韵书旧第，至是尽变无遗。其字母通考之首，拾李涪之余论，力排江左吴音、《洪武正韵》之卤莽，此已胚其兆矣。又其中今韵古韵，漫无分别。如东韵收窗字，先韵收西字之类。虽旧典有征，而施行颇骇。子注文繁，例杂，亦病榛芜。惟其援引浩博，足资考证，而一字一句，必举所本，无臆断伪撰之处，较后来明人韵谱，则尚有典型焉。"②

【十五】 **半徵商音** 中国古代以五声音阶中的宫、商、角、徵、羽五个音级为"五音"，相当于现行简谱上的 1（do）、2（re）、3（mi）、5（sol）、6（la）。徵音，相当于现行简谱上的 5（sol）；商音，相当于现行简谱上的 2（re）。以 12 个音替代八度音的幅长时，相邻两音间的音程，称为"半音"，亦即八度音阶的 1/12。所谓半徵商音，就是现行简谱上 5（sol）和 2（re）的 1/12 拍。

【十六】 **又州名，古犍为地** 此指江阳，即今四川省地级泸州市。始置于秦。汉武帝建元六年（前 135），遣郎中将唐蒙通夜郎，因分巴割蜀以置犍为郡，治鳖（bì）（治今贵州遵义市西），县十二：僰（bó）道（今宜宾市）、江阳（今泸州市）、武阳（今眉州市彭山区）、南安（今四川乐山市）、资中（今属四川）、符（今合江县）、牛鞞（bēi）（今四川县级简阳市）、南广（今云南盐津与四川珙县、

---

① 清·永瑢等撰：《四库全书总目》卷四一《经部·小学类二》，北京：中华书局，1965 年，第 352 页。

② 清·永瑢等撰：《四库全书总目》卷四一《经部·小学类二》，北京：中华书局，1965 年，第 362 页。

筇连二县一带，治珙县傅家坝)①、汉阳（今贵州威宁县、六盘水市水城区和云南曲靖市一带）、郁鄢（今云南宣威市一带)②、朱提（今云南昭通市）、堂琅（今云南巧家县东）。

【十七】 **赵谦** 即赵㧑谦，《明史·文苑一·赵㧑谦》曰："赵㧑谦，名古则，更名谦，余姚（今属浙江）人。"

【十八】 **《声音文字通》** 韵谱名。明赵㧑谦撰，《明史·艺文志》著录曰："赵古则《声音文字通》一百卷。"③ 清代编修《四库全书》时，已只存三十二卷。赵㧑谦，《明史》卷二百八十五有传曰：

> 赵㧑谦，名古则，更名谦，余姚（今属浙江）人。幼孤贫，寄食山寺，与朱右、谢肃、徐一夔辈定文字交。天台（今属浙江）郑四表善《易》，则从之受《易》。定海（今属浙江）乐良、鄞（今属浙江）郑真明《春秋》，山阴（今属浙江）赵俶长于说《诗》、迮雨善《乐府》，广陵（今属江苏）张昱工歌《诗》，无为（今属安徽）吴志淳、华亭（今属上海）朱芾工草书篆隶，㧑谦悉

---

① 新编《珙县志》（四川人民出版社，1995年，第29页）载："南广县，汉武帝建元六年（前135年）置，治今珙县孝儿区沐滩乡傅家坝。据近代学者考证，第一，近年来在傅家坝发现有为人类聚居生活的文化层，南北长约1000米，东西宽400米，总面积约40万平方米。文化层中有汉代砖、瓦、陶片、红烧碎土等。遗址曾清理发掘过一座西汉墓，周围还有众多东汉砖室墓、岩墓，显系汉代城池遗址；第二，符黑水之所以名南广河，理应经过南广县城，而上述文化遗址恰在南广河二级台地上；第三，《大清一统志》记南广县城'在珙县西南'，这遗址正好在珙县城西南22.6公里（直线距离）。综上所述，故定汉南广县治在今傅家坝。"

② 关于郁鄢县治地和境域，新编《宜宾县志》（巴蜀书社，1991年，第46页）曰：

西汉……之郁鄢县治地在今云南省。谓此，依据有三。

(1)《汉书·地理志》列郁鄢县为犍为郡十二属县之一。这十二属县中，南安、僰道、江阳早在唐蒙通"南夷"之前已建县；按欧阳忞《舆地广记》记载，犍为郡北境皆"巴蜀旧县"。考"郁鄢"不在旧县之列……它当属唐蒙通"南夷"后新置之县，其地当在犍为郡南即江阳、僰道之南。

(2)《华阳国志》列郁鄢县为建宁郡十三属县之一，并在该县条下系事曰："雍闿反，结垒于县山，系马柳柱生成林。今夷言，无雍梁，言马也。"雍闿反蜀，事在益州郡，后为诸葛亮平定，改益州郡为建宁郡，治味县（今云南曲靖）。《宋书·州郡志》也将郁鄢县列为建宁太守所领的十三县之一，并在该县条下记："《晋太康地志》有。"

(3)《水经注》记："存水出犍为郡郁鄢县……又东迳郁林、定周县为周水，盖水变名也。又东北至潭中注于潭。"谭其骧主编的《中国历史地图集》考"存水"即今云南宣威县境内之革香河，为古牂柯江上源。

兹从其说。

③ 清·张廷玉等撰：《明史》卷九五《艺文志》，北京：中华书局，1974年，第2373页。

与为友。博究六经、百氏之学，尤精六书，作《六书本义》，复作《声音文字通》。时目为考古先生。

洪武十二年（1379）命词臣修《（洪武）正韵》，扬谦年二十有八，应聘入京师，授中都国子监典簿。久之，以荐召为琼山（今海南琼山区）县学教谕。二十八年，卒于番禺（Pānyú，今广州）。

其后，门人柴钦，字广敬，以庶吉士与修《永乐大典》，进言其师所撰《声音文字通》当采录，遂奉命驰传，即其家取之。[①]

《四库全书》存目是书。其提要云："考（邵雍）《皇极经世声音唱和图》，日月星辰凡一百六十声为体数。去太阴、少阴、太柔、少柔之体数四十八，得一百一十二为日月星辰之用数。水、火、土、石凡一百九十二音为体数。去太阳、少阳、太刚、少刚之体数四十，得一百五十二为水、火、土、石之用数。扬谦此书则取音为字母，声为切韵，各自相配，而注所切之字于上。凡有一音，和以十声。盖因邵子之图而错综引伸之。然以一卦配一音，又以一卦配十声，使音与声为唱和，卦与卦为唱和，欲于邵子《经世图》之外增成新义，而不知于声音之道，弥滋穿凿，殊无足取。焦竑《笔乘》载，扬谦殁后，其门人柴广敬以是书进于朝，未及版行。《明史·艺文志》载是书为一百卷。此本尚存三十二卷，盖别本之流传者。然卷首起自一之四，亦残阙之书，不足取证。"[②]

【十九】《韵会定正》　韵书，即《洪武通韵》。四库馆臣曰："洪武二十三年，《正韵》颁行已久，上以字义音切，尚多未当，命词臣再校之。学士刘三吾言：'前后韵书，惟元国子监生孙吾与所纂《韵会定正》音韵归一，应可流传。'遂以其书进，上览而善之，更名《洪武通韵》，命刊行焉。今其书不传云云。"[③]

【二十】字切　此谓反切之法。

【二十一】《篆韵》　即《说文解字篆韵谱》。书凡五卷，南唐徐锴撰。"其书取许慎《说文解字》，以四声部分编次成书，凡小篆皆有音训，其无音训者，皆慎书所附之重文。注史字者籀书，注古字者古文也。所注颇为简略。盖六书之义已具

① 清·张廷玉等撰：《明史》卷二八五《赵扬谦传》，北京：中华书局，1974年，第7323—7324页。

② 清·永瑢等撰：《四库全书总目》卷四十四《经部四·小学类存目二》，北京：中华书局，1965年，第384页。

③ 清·永瑢等撰：《四库全书总目》卷四二《经部·小学类三》，北京：中华书局，1965年，第364页。

于《说文系传》中，此特取便检阅，故不更复赘耳。据李焘《说文五音韵谱序》，此书篆字皆其兄（徐）铉所书。铉《集》载有此书序二篇。"①

★2.

泸州【一】 亲领县三：江安，纳溪，合江。

图　建置沿革　［郡名］【二】　分野　至到　城池　坊巷街道
乡都　［桥］　　［渡］　　［园］　风俗形胜　户口　田粮
土产　［土贡］　山川　宫室　官制【三】　公署　仓库务　驿道
寨道　兵防　古迹　名宦　人物　仙释　列女　文章

【校补图注】

【一】 **泸州** 古称"江阳"，今四川省地级市泸州。国务院1994年公布的"中国历史文化名城"。

东汉建安十八年（213），江阳县升格建置为江阳郡，仍治江阳（今泸州市江阳区），下辖江阳（与郡同城）、符县（今合江县）、汉安（治今内江市西）三县。南朝梁武帝大同中，江阳郡改建为泸州。

今日泸州，地在四川盆地南缘。东邻重庆，南接滇黔，西连宜宾、自贡，北与内江相通。全市面积12236.2平方千米，下辖江阳区、龙马潭区、纳溪区和泸县、合江县、叙永县、古蔺县三区四县②，2020年第七次全国人口普查，全市常住人口4254149人。

泸州城坐落于长、沱两江汇合处，古为江阳县治，当川滇黔渝水陆往来之要冲，是长江上游除重庆以外最大的港埠。襟带巴渝，屏障西川，锁钥滇黔。历史上两度成为全国一级政区治所，代为川滇黔渝四省（市）通衢的战略重镇。

《说文》曰："水北为阳。"江阳以城在长江北岸得名，而境跨大江南北，大体相当于今江安、泸县、泸州市区（江阳区、龙马潭区、纳溪区）和沱江中下游的内

① 清·永瑢等撰：《四库全书总目》卷四一《经部·小学类二》，北京：中华书局，1965年，第346页。
② 1996年，国务院调整泸州行政区划，撤销原市中区，改建为江阳区；撤销原纳溪县，改建为纳溪区；新建龙马潭区；保留原来的泸县、合江、叙永、古蔺四县的建制。从而形成今日泸州市的建置格局。

江、自贡，以及今重庆市荣昌、永川、大足三区之一部分。

符县，今为泸州市属合江县。治赤水河注入长江处。地域范围大体相当于今赤水河流域中下游的合江、叙永、古蔺和贵州省的仁怀、习水、赤水诸县（市）。

江阳与符县二县的建置时间，《史记》记载，汉景帝前元六年（前151），赵国相苏嘉以将军击吴楚功，受封为江阳侯①；《水经注》载："江阳县枕带双流，据江、洛会也。汉景帝六年，封赵相苏嘉为侯国，（汉）江阳郡治也。故犍为枝江都尉。建安十八年刘璋立"②。符县，《华阳国志》曰："（汉）元鼎二年（前115）年置，治安乐水会。"③ 世因以为汉县。考之地理，证诸文物，二县并皆建置于秦。任乃强先生曰：

> 《汉志》的县序，一般是旧县前列，新置县和新从别郡划入的县后列……犍为郡县序为："僰道、江阳、武阳、南安、资中、符、牛鞞、南广、汉阳、郁鄢、朱提、堂琅。"……秦世巴蜀工商、矿冶与农牧都相当发达，水运极为重要，故大河会口皆建郡县较早，江州（今重庆市）、垫江（今重庆市合川区）、枳（今重庆涪陵区）、僰道、南安（今乐山）、武阳（今眉山市彭山区）皆是。"江雒水会"（长、沱两江汇合口）的江阳，"安乐水会"（赤水河与长江汇合口）的符，皆不可能无秦县。广汉郡和犍为郡是汉割巴蜀两郡辖县设置的。广汉郡中，郪与广汉皆可判为巴郡故地，余皆蜀郡辖县。犍为郡的武阳、南安、资中、僰道皆蜀郡故县，只有江阳与符才可能是巴郡故县。如果说秦尚未设置此二县，那么汉初"分巴割蜀以成犍、广"这句话就不能成立了……
>
> 这样，依据《汉志》的县序规律来分析秦县，四川境内……（秦县）共为二十八县。计蜀郡有成都……资中十五县；巴郡有……符、江阳十三县。④

作为对于任先生这一论断的补充，尚可指出：

（1）周赧王三十八年（前277），秦军自蜀郡浮江伐楚取黔中，置郡县。所经僰道、江州、枳、朐忍（今云阳）、鱼复（今重庆市奉节县）等两江合流处所，皆

---

① 汉·司马迁撰：《史记》卷一九《惠景间侯者年表》，北京：中华书局，1982年，第1015页。

② 北魏·郦道元撰：《水经注》卷三三，《四库全书》文渊阁本。

③ 晋·常璩撰：《华阳国志》卷三《蜀志·江阳郡》，《四库全书》文渊阁本。

④ 任乃强、任新建著：《四川州县沿革建置图说》，成都：巴蜀书社，成都：成都地图出版社，2002年，第3—4页。

置为县。江、洛水汇合处的"江阳"和长江与安乐水（赤水河）汇合处的"符"，即使此前未曾置县，秦军这次经过，也必然要建置为县。

（2）《汉书》，秦末"更立沛公为汉王，王巴、蜀、汉中四十一县"[①]，但其中只有 19 个县名载于《史记》留传下来。江阳和符，未必不是在此失载的 22 个县之中。

（3）1987 年合江县出土的 2 号汉代画像石棺的夫妻《相欢图》上，竖行两排刻就"东海太守良中李少君"9 字。泸州古名"江阳"。司马贞《史记索隐》："江阳，县名。在东海。"东海郡建置于秦，地在今山东境内，与泸州风马牛不相及。现在，这具出土汉棺上的铭文揭示"东海"与汉代"江阳县"之间存在着某种联系。《太平御览》记载："泸州……春秋战国时为郡……"证以这通铭文，这个"东海"有可能就是"江阳县"的前身。这样，泸州的建置时间自然也应往前推移到秦代。

合江县 2 号汉代画像石棺夫妻《相欢图》

（泸州市博物馆晏满玲提供）

（4）符有符关，遗址在今合江县城"南关上"，正值赤水河与长江汇合之口。赤水河地连少数民族地区，汉夷互通。汉初，遣唐蒙通夜郎，即从符关溯赤水河以入。关市稽而不征。于此设关，稽查过往行人货物。此亦为秦代已有地方政权机关的证据。

---

① 汉·班固撰，唐·颜师古注：《汉书》卷一《高帝纪上》，北京：中华书局，1962 年，第 28 页。

2004 年湖北省江陵张家山 247 号汉墓出土的吕后二年（前 186）《二年律令·秩律》竹简中的第 453 号简记载："江阳、临江（今重庆市忠县）、涪陵（今重庆市黔江区）……秩各六百石，有丞、尉者半之。"① 这就是说，早在前 186 年以前，"江阳"就已建置为县。"汉承秦制"，国初郡县相沿不改。其时距离《二年律令》颁布只有 16 年，还未有新置的县。

2006 年湖南省文物考古研究所发掘里耶古城出土的 628 号简，文曰："▨▨士五江阳闲阳痤▨到咡更卜（？）□"（释文凡例：▨，残断缺失的简文处；□，无法辨识的简文），简文有"江阳"。② 武汉大学陈伟校释曰："江阳，县名。《汉书·地理志》属犍为郡。郡所今四川泸州市。《二年律令·秩律》亦见。闲阳，里名，属江阳县。痤，人名。"③

这就从文献、文物和逻辑推理三个方面，证明了任先生关于江阳和符皆为秦县的判断。

国务院既公布泸州为"中国历史文化名城"，永康因创意于城内江阳北路主干道大街上，为图四十又九，浮雕状刻历代经济社会、物产山川、兴亡更替并战事之陈迹，付一级美术师段文汉先生作画，复镌碑《千古泸州图记》而赞之曰：

伟哉泸州，古曰江阳。虎踞龙盘，控长江之上游；三省通衢，当滇黔之孔道。五方辐辏，商贾如云。流车走马，物资之所交流；险控一方，英雄之所战守也。汉景帝封苏嘉为江阳侯，载在《太史公书》；而《太平御览》曰：泸州，春秋巴子国地，战国时郡。盖秦时县也。

唐蒙通夜郎，自符关以入。诸葛分兵，赵云因定江阳；梁武大同，乃有泸州之建。开拓泸南，程咬金都督泸州；启育元元，魏了翁鹤山书院。任师中能攻心反侧自消；孙義叟筑坚城壮甲两蜀。铁泸神臂，锁控南宋江山；佘英喋血，辛亥风云叱咤。护国讨袁，蔡锷血战纳溪；除暴安良，朱德清乡剿匪。燎原火种，恽代英师范学堂；电站钟楼，税西恒市政建设。北伐易帜，刘伯承起义兴师；红军长征，毛泽东四渡赤水。抗日烽烟，一寸山河一寸血；同仇敌忾，十万青年十万兵。

① 张家山二四七号汉墓竹简整理小组编著：《张家山汉墓竹简（二四七号墓）》北京：文物出版社，2001 年，第 196—197 页。
② 湖南省考古文物研究所等编著：《里耶秦简发掘报告》，长沙：岳麓书社，2006 年，第 645 页。
③ 陈伟主编：《里耶秦简校释》第二卷，武汉：武汉大学出版社，2018 年，第 166 页。

山川钟灵，杨升庵秋怀八唱；人文毓秀，张船山衔杯赋诗。历史名城，信不诬哉！

灿灿金石，文献在兹。览之，前者可考；鉴之，后者可因。更盼来者览之鉴之，弘扬吾乡历史，赓续文采风流。

二〇〇二年七月勒石①

2004 年，中共泸州市委、市人民政府公布之为"泸州市爱国主义教育基地"。

【二】 ［郡名］ "郡名"及其后"桥""渡""园""土贡"五门，据正文内容补。

【三】 官制 "官制"及其以下十三门，原书已佚，有目无书。

---

① 赵永康撰文，段文汉绘画：《千古泸州图》，重庆：重庆出版社，2003 年，第 1 页。选录时有订正。

一、(图)^{【一】}

(泸州全境之图)^{【二】}

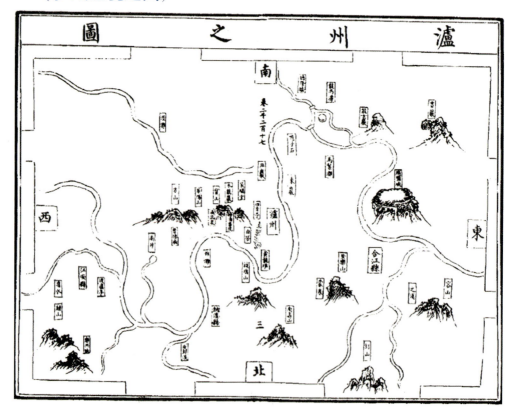

【校补图注】

【一】 (图)　对照泸州地理实际，图上标注的方位，西、东正确无误；南、北颠倒。以下五幅图同。

【二】 (泸州全境之图)　图上所标及考证如下。

渭水。又曰渭江，今名长宁河，又呼安宁河。唐代以前称绵江，自兴文县万山深处经长宁县流来，至江安县城北的西江口注入长江。

南井。产盐，宋建南井监，今为江安县四面山镇中连社区（旧名南井场）。有小溪下流十五里至南井口注入长江。南井口，明以后改称"井口"，今为江安县阳春镇（井口场）。

夜郎溪。又称云溪、纳溪，今名永宁河，代为四川南去滇黔的重要通道。自云南境内经今叙永县城流来，经三百余里而在今纳溪区治城下注入长江。

宝山。在泸州城西，山有诸葛武侯祠。明代，四川提学副使何闳中改题曰"忠山"，今为西南医科大学校园，乃一方之名胜。

穆清书院。魏了翁建，附祀尹吉甫，后废为穆清祠。遗址在今泸州城内的酒城宾馆。旧传尹吉甫为泸人。

北岩。在城北沱江对岸，因名北岩，即今小市街道北方之五峰山。

黄龙堆。在长江中。载在《华阳国志》。今已无存，不知何时被凿去。

马鬃碛。今名乌棒碛，在泸州下游二十里大江南岸的张坝江中。平水期露出江面，按上游二郎滩水位标尺高程计算，高一丈五尺（约5米）。江流至此受其阻碍，河面陡然变窄。北岸为小米滩，江底有巨礁，名桅子石（今名莲花石），航道只余一线，滩急水涌，白浪掀天。

德隆桥。今名德龙桥，又称特凌桥，在泸州城东北二十里的龙溪河上，始建于宋，几度重建。龙溪为九曲溪的泸州段，自今重庆市荣昌区境内流来，蜿蜒二百余里，在龙马潭区罗汉镇泥大坝坝尾的龙溪口注入长江。

龙马潭。在龙溪河上。万竿修竹笼罩一泓清水，波心孤屿特特，云气罗浮，代为风景名区。

龙女岩。今名手扒岩。岩在龙溪口下游二里，悬崖壁立，旧有尼庵，俯瞰江流，下临无地。中华人民共和国成立后，人民政府漆绘水位高程标尺于绝壁，指引上下船舟安全航行。

安乐山。今名少岷山，又称笔架山。在合江县城西北十五里。山间蒙泉，今已无存。

铁炉城。在今合江县境内的神臂山上。山如神臂，伸入江心，三面临水，悬崖百仞，地形险要，易守难攻。南宋淳祐中，为抗击南下的蒙古骑兵，因山包砌，筑神臂城，迁泸州治所于其上，因又名"老泸州"。该城控扼长江上游，拱卫重庆。宋元战争时，当地军民守土抗战34年，五易其手，世代相传"天生重庆，铁打泸州"之语。今为全国重点文物保护单位。

钉山。今名丁山。山的主体在今合江县车辋镇境内。

之溪。即赤水河。自云南镇雄县境内流来，为川黔二省之分界。蜿蜒千里，在合江县境内"三转笔架九转丁"，与自贵州习水县流来的高洞河（习水河）在县城西南三里的三江嘴合流，又三里在县城南端的石盘角注入长江。

（泸州本州图）

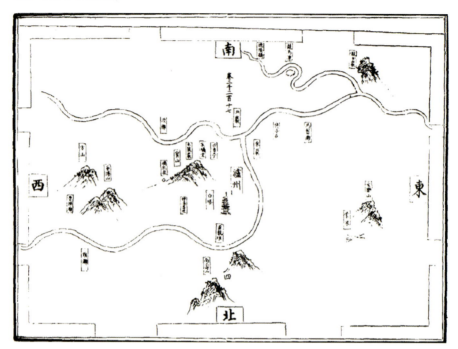

（江安县图）

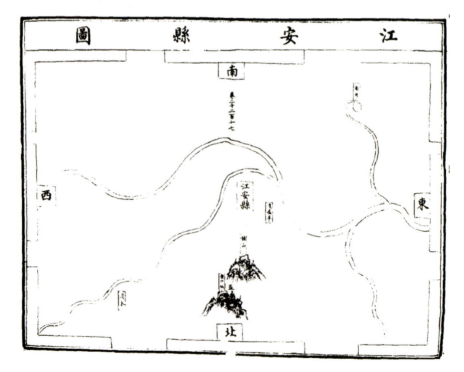

（纳溪县图）

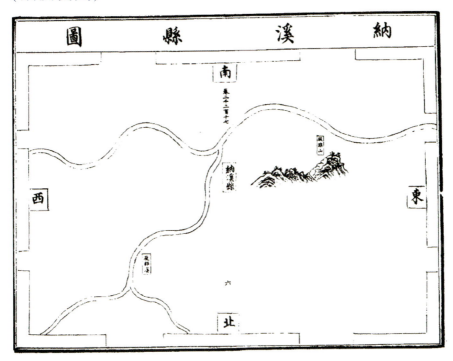

（合江县图）

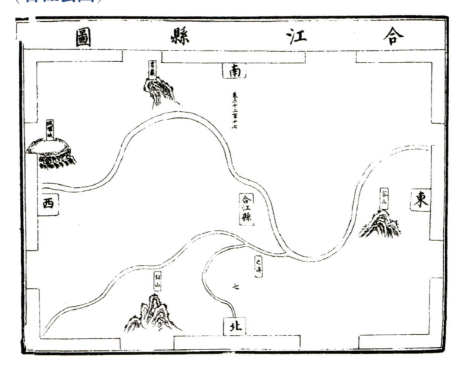

二、建置沿革【一】

本州【二】

★3.

《大明清类天文分野之书》【三】

《禹贡》梁州之域【四】，东井、舆鬼之分【五】。周、春秋为巴子国【六】。秦属巴郡【七】。汉武帝分置犍为郡【八】，而郡之江阳、符县，即泸州域也。东汉建安十八年（213）立江阳为郡【九】。晋又置东［江］【十】阳郡【十一】（南朝）宋、齐因之【十二】。

梁置泸州，治马湖江口【十三】隋大业三年（607），州罢为泸川郡【十四】，还治于此【十五】。

唐武德（六）［元］年【十六】（618）（后）［复］置泸州，天宝元年（742）改泸川郡。乾元（758—760）中复为泸州。五代王建、孟知祥，继有其地。【十七】

宋宣和元年（1119），为泸川军节度。【十八】嘉熙三年（1239）迁治江之南【十九】。景定（二）［三］年（1262）改为江安（州）［军］【二十】。元至元十二年（1275），复名泸州【二十一】。十五年复还故治【二十二】。二十二年隶重庆路总管府【二十三】。

本朝以州近成都，直隶四川布政司。【二十四】

民国初年泸州城
（美·Jean Zamin 1914 年摄，泸州日报社张涌提供）

【校补图注】

【一】 建置沿革 地方政权机关的建立、设置、因承和变替。

杨慎《病中秋怀·南定楼》诗曰："三泸名号讹千古。"① 盖以 "蜀省因袭，如茧丝牛毛，而泸为甚。属邑皆然。……统隶之纷纭无论矣"②。前代史家据书考地，而文献不足征引，又乏考察实践，用多因缘旧说，不能无疑。《大典》广辑诸书，并存其说。其引书选择精审，首引《大明清类天文分野之书》，展示明代官方对于地方政权建置沿革问题的基本认定，然后依次辑录资料来源相对直接、可信的宋籍《太平寰宇记》《郡县志》和《元一统志》，以及《大典》成书之前的泸州《图经志》诸书，以资考证。其中《郡县志》《元一统志》和泸州《图经志》并皆亡佚，遗文散见于此，弥足珍贵。

【二】 本州 南朝梁置泸州，以江阳县附郭。隋大业元年（605），江阳县更名为"泸川"，依旧与州同治。元至元二十年（1283），以兵燹之余人户稀少，罢泸川县，由州通管，称"本州"。明、清因之。民国废府裁州，以县直隶于省，泸州本州改为"泸县"至今。按其地域，所谓泸州本州，即今泸县、泸州市江阳区和龙马潭区全境，以及泸州市纳溪区、合江县、富顺县、隆昌市的一部分。

【三】 《大明清类天文分野之书》 明洪武十七年（1384）钦天监编成献进，署刘基撰。其书不以行政区域分列，不以山川形势划分，而按全国各府州县所属天文分野，记述各府州县的建置沿革。对于元末明初州县撤、分、建、并的记叙，远较他书为详，也更准确。

分野，指星空区域和地面州国之间的一种对应关系。具体说，就是把天上的星宿分别指配于地上的州、国，或者说根据地上的区域来划分天上的星宿，于是二者互为分野——亦即以某星宿当作某封国（州）的分野，或者反过来把某国（州）当作某星宿的分野。

【四】 《禹贡》梁州之域 《禹贡》是《尚书》之一篇，记述夏代九州的划分和物产、贡赋、交通、山川方位走向等情况，为我国古代最早、最有价值之地理学著作。《禹贡》"华阳黑水惟梁州"，指陕西省华山南侧直至云南省黑水之间为梁州。大体相当于今陕西省南部、四川、重庆，以及云南、贵州二省的北部。今日泸州，在此域之内。

---

① 明·杨慎著，明·杨有仁编辑，明·赵开美校：《太史升庵文集》卷二八，万历十年蜀刻本。
② 清·夏诏新纂修：乾隆《直隶泸州志》卷一《沿革》，故宫博物院编《故宫珍本丛刊》第210册，海口：海南出版社，2001年，第42页。

《禹贡》时代的梁州，其实只是地理概念，并非行政区划，后世梁州地域代有变迁。《华阳国志》载："武王克商，并徐合青，省梁合雍……汉兴，高祖借之成业。武帝开拓疆壤，乃改雍曰凉，革梁曰益。故巴、汉、庸、蜀属益州。至魏咸熙元年（264）平蜀，始分益之巴、汉七郡置梁州。治汉中。以相国参军中山耿黼为刺史。元康六年（296），广（汉益）［魏梁］①州，更割雍州之武都、阴平，荆州之新城、上庸、魏兴以属焉。凡统郡一（十一）［十二］②，县五十八。"③

【五】 东井、舆鬼之分　谓泸州的分野在东井、舆鬼之分。详见★25。

【六】 周、春秋为巴子国　西周、春秋时期，泸州地区是巴子国的属地。《华阳国志》："《洛书》曰：'人皇始出，继地皇之后，兄弟九人，分理九州，为九囿。人皇居中州，制八辅。'华阳之壤，梁岷之域，是其一囿；囿中之国，则巴蜀矣。其分野，舆鬼、东井。其君，上世未闻。五帝以来，黄帝、高阳之支庶，世为侯伯。及禹治水命州，巴、蜀以属梁州……禹会诸侯于会稽，执玉帛者万国，巴蜀往焉。周武王伐纣，实得巴蜀之师，著乎《尚书》。巴师勇锐，歌舞以凌殷人，殷人倒戈。故世称之曰，'武王伐纣，前歌后舞'也。武王既克殷，以④其宗姬于巴，爵之以子。古者，远国虽大，爵不过子。故吴楚及巴皆曰子。其地，东至鱼复，西至僰道（治今四川宜宾），北接汉中（今属陕西），南极黔涪（今重庆市黔江区）。"⑤泸州处鱼复、僰道之间，地在当时巴国境内。

【七】 秦属巴郡　秦代，地方建置郡、县两级政权，郡下设县。"周慎靓王五年（前316），蜀王伐苴（jū），苴侯奔巴。巴为求救于秦。秦惠文王遣张仪、司马错救苴、巴。遂伐蜀，灭之。仪贪巴、苴之富，因取巴，执王以归。置巴、蜀及汉中郡，分其地为四十一县。"⑥泸州之地，时为巴郡所辖之江阳与符二县。

【八】 汉武帝分置犍为郡　汉承秦制，郡置"守"，县置"令"　（小县曰

---

① 从任乃强先生校。

② 从任乃强先生校。

③ 晋·常璩撰，任乃强校注：《华阳国志校补图注》卷一《巴志》，上海：上海古籍出版社，1987年，第1页。

④ "以"字，《函海》注曰："或改'封'。"

⑤ 晋·常璩撰，任乃强校注：《华阳国志校补图注》卷一《巴志》，上海：上海古籍出版社，1987年，第4页。句下，任乃强先生注曰："廖本姬下有封字。他各本无。按常氏原意，谓因有宗姬在巴，而予巴以子爵。非谓封宗姬于巴。于，在也。巴既助伐纣有功，则何能更封宗姬夺其君位哉？抑或是巴冒姬姓往，武王以为宗姬也，爵之以子。"

⑥ 晋·常璩撰，任乃强校注：《华阳国志校补图注》卷一《巴志》，上海：上海古籍出版社，1987年，第11页。

"长")。又置十三部州刺史，监察郡县。《华阳国志》："犍为郡，孝武建元六年（前135）置。时治鳖。（其后）县十二，汉户十万。鳖，故犍为地是也。① 鳖有犍山，见《保乾图》。"②《汉书·地理志》："犍为郡，户十万九千四百一十九，口四十八万九千四百八十六。县十二：僰道，江阳，武阳，南安；资中；符，牛鞞，南广，汉阳，郁䣕，朱提，堂琅。"③ 大体相当于今四川内江、资阳、乐山、宜宾、自贡、泸州诸市和贵州遵义、毕节以及云南镇雄、威信、彝良诸地。《华阳国志》因云："天下既定，高帝乃分巴、[蜀]④，置广汉郡。孝武帝又两割置犍为郡。故世曰'分巴割蜀，以成犍、广'也。"⑤

关于犍为郡的由来，《史记》曰：汉武帝建元六年，东粤、南粤相争，东粤求救于汉。汉武帝派"王恢击东越，东越（人）杀（其）王郢以报。恢因兵威使番阳令唐蒙风指晓南越。南越食蒙蜀枸酱，蒙问所从来，曰'道西北牂柯，牂柯江广数里，出番禺城下'。蒙归至长安，问蜀贾人，贾人曰：'独蜀出枸酱，多持窃出市夜郎。夜郎者，临牂柯江，江广百余步，足以行船。南越以财物役属夜郎，西至同师（今云南西部澜沧江与怒江之间），然亦不能臣使也。'蒙乃上书说上曰：'南越王黄屋左纛，地东西万余里，名为外臣，实一州主也。今以长沙（今属湖南）、豫章（今属江西）往，水道多绝，难行。窃闻夜郎所有精兵，可得十余万，浮船牂柯江，出其不意，此制越一奇也。诚以汉之强，巴蜀之饶，通夜郎道，为置吏，易甚。'上许之。乃拜蒙为郎中将，将千人，食重万余人，从巴蜀符关（今合江县城南关上）入，遂（入今贵州）见夜郎侯多同。蒙厚赐（之），喻以威德，约为置吏，使其子为令。夜郎旁小邑皆贪汉缯帛，以为汉道险，终不能有也，乃且听蒙约。还报，乃以为犍为郡。发巴蜀卒治道，自僰道指牂柯江。"⑥

---

① "其后"二字，任乃强先生补。"汉""是"二字，任先生删。

② 晋·常璩撰，任乃强校注：《华阳国志校补图注》卷三《蜀志·犍为郡》，上海：上海古籍出版社，1987年，第172页。任先生注曰："鳖为楚国故邑，秦已置县，汉初属巴郡……元鼎六年置牂柯郡。鳖乃划属牂柯。"

③ 汉·班固撰，唐·颜师古注：《汉书》卷二十八上《地理志上》，北京：中华书局，1962年，第1599页。

④ "蜀"字，任乃强先生补。

⑤ 晋·常璩撰，任乃强校注：《华阳国志校补图注》卷一《巴志》，上海：上海古籍出版社，1987年，第14页。

⑥ 汉·司马迁撰：《史记》卷一一六《西南夷列传》，北京：中华书局，1982年，第2993—2994页。

犍为郡为什么叫"犍为"？《华阳国志》曰："鳖有犍山，见《保乾图》。"① 任乃强先生曰：

> 犍山，疑即《汉志》（《汉书·地理志》）之"不狼山"。犍，野牛。其山盖即今遵义之娄山，古以产野牛，称为犍山。为，治也。置郡于此，为开南夷道，故因其山名曰犍为。②

关于鳖的地望，顾祖禹《读史方舆纪要》说：废鳖县，"在（贵州桐梓）县北，汉置县，属牂牁郡。志云：'县有不狼山，鳖水所出，东入沅。'……县以水名也。后汉因之。晋永嘉中改属平彝郡……（南朝）刘宋时县属平蛮郡，齐因之，梁末废。"③ 清段玉裁《说文解字注》云："今贵州遵义府府城西，有鳖县故城。"而清郑珍、莫友芝所纂道光《遵义府志》则云："桐梓北，及府城西，各据所见，要是废县在府境内也。"④ 不复进行区别。

至于唐蒙通夜郎的行进道路，其自符关（今合江县城）溯赤水河而上也无疑。是时，赤水河未经疏凿，河有丙滩，隔断航路。必舍舟登陆，越大娄山，而后始得达于夜郎。舍舟陆行之埠，至多只能在今贵州习水县之土城镇。其路为何，尚容续访。

【九】 东汉建安十八年立江阳为郡　汉景帝前元六年（前 151），赵国丞相苏嘉，以将（jiàng）军从大将军窦婴、太尉周亚夫讨平吴、楚七国反叛立功，受封为江阳侯，三传而以酎金失侯。复为县，又改置枝江都尉。《华阳国志》：江阳郡，"本犍为枝江都尉。（汉）建安十八年置郡。汉安（今内江）程征、石谦白州牧刘璋求立郡。璋听之，以都尉、广汉成存为太守。属县四。户五千。去洛（阳）四千八十里。东接巴郡，南接牂柯，西接犍为，北接广汉。"⑤ 大体相当于今地级市一级的

---

① 晋·常璩撰，任乃强校注：《华阳国志校补图注》卷三《蜀志·犍为郡》，上海：上海古籍出版社，1987 年，第 172 页。

② 晋·常璩撰，任乃强校注：《华阳国志校补图注》卷三《蜀志·犍为郡》，上海：上海古籍出版社，1987 年，第 173 页。

③ 清·顾祖禹撰：《读史方舆纪要》卷七〇《遵义府》，上海：上海书店出版社，1998 年，第479 页。

④ 清·黄乐之修，清·郑珍、清·莫友芝纂，遵义市地方志编纂委员会办公室点校：道光《遵义府志》卷十《古迹》，1986 年内部印行本，第 299 页。

⑤ 晋·常璩撰，任乃强校注：《华阳国志校补图注》卷三《蜀志·江阳郡》，上海：上海古籍出版社，1987 年，第 180 页。

行政区划，并在宋代和中华人民共和国建立初期，两度成为一级政区治所。

江阳郡的建置时间，古代多有歧说：《舆地广记》言，蜀（汉）章武元年（221）立江阳郡。[①]《太平寰宇记》："晋于此立为江阳郡。"[②] 今按，《寰宇记》之说源于杜佑《通典》。[③]《通典》书成唐代，较《华阳国志》和《水经注》晚出。《寰宇记》因缘其说，而《舆地广记》又从而因袭之，遂致不同。任乃强先生以为东汉建安八年（203）。其说云："成存，未见（《华阳国志》之）《广汉士女目录》及《三国志》。不知何时作此（枝江）都尉。本书（《华阳国志》）谓其升太守在建安十八年（213），微有可疑。《晋书·地理志》谓'蜀章武元年，又改固陵为巴东郡，巴西为巴郡。又分广汉立梓潼郡，分犍为立江阳郡。'是改郡在章武元年（221），非建安十八年也。建安十八年，刘备攻刘璋已围雒城，刘璋正惶迫垂灭之年，安可能从容升江阳为郡？且就《三国志》各传作江阳太守者程畿（jī）、刘邕、彭羕（yàng）诸人传记推之，亦不可能是建安十八年升郡。若作八年，则合矣。"[④]

刘璋把江阳和符二县合置为江阳郡，主要是军事上的原因。蜀山高万仞，有剑阁、栈道之险，一夫当关，万夫莫开，欲自陕甘翻越秦岭向四川进攻，是很困难的。所以汉光武皇帝平公孙述时就取水路溯江进攻。后世桓温、汤和诸人取蜀，亦皆从水路。这样，蜀中为了抗击来自长江下游之敌，主要在夔门（今重庆奉节）、巴州（今重庆）和江阳（今泸州）进行部置，以为战略防御的一线、二线和三线。刘备入蜀，本自荆州下游而来，久围雒城不下，遂从荆州调取援兵。刘璋面对这样的形势，把设在江阳的枝江都尉升格为江阳郡，不仅不无可能，甚至实有迫切之需要。关于枝江和枝江都尉，任乃强先生考证：

> 枝江都尉，两《汉书》不见。盖亦如涪陵都尉，为刘二牧（刘焉、刘璋）时，因犍为郡境辽阔而形势分散，分设都尉以治盗贼，划有属县，遂因程、石大姓之请，升为郡也。枝江者，沱江之别称。沱江自都江堰分水，称为内江。至郫（今成都市郫都区）纳湔水，至新都（今成都市新都区）大渡，纳绵、雒

---

① 宋·欧阳忞撰，李勇先、王小红校注：《舆地广记》卷三一《泸州》，成都：四川大学出版社，2003 年，第 915 页。

② 宋·乐史撰，王文楚等点校：《太平寰宇记》卷八八《泸州》，北京：中华书局，2007 年，第 1738 页。

③ 唐·杜佑撰：《通典》卷一七五《泸州》（《四库全书》文渊阁本）："晋为江阳郡。"

④ 晋·常璩撰，任乃强校注：《华阳国志校补图注》卷三《蜀志·江阳郡》，上海：上海古籍出版社，1987 年，第 181 页。

水，穿金堂峡，经牛鞞（今县级简阳市）、资中、汉安（今内江）至江阳复入江水①，故《禹贡》称之为沱。②《汉志》称之为湔，《水经》称之为雒。《郦注》引用他书，时复称为绵水。《常志》（《华阳国志》）则于牛鞞称新都江，于资中称"牛鞞江"，于此称为枝江。其后又有资江③、支江④、中水⑤等别称。至明清复称沱江。枝、歧、支、资古同音义，汉安人呼资江，江阳人呼枝江也。⑥

晋代江阳郡属县四：江阳、汉安、符县、新乐。新乐县的治所，一般以为在今宜宾市南溪区。任乃强先生曰："新乐故城，以道里推之，当在今江安县治西。今江安城西五里，当淯江口，有小河原曰旧县坝，地属长宁县。传为江安旧城，而无城址与瓦砾之迹，盖即此新乐县故治。土城湮灭，久成耕土也。"⑦

【十】 "江"字原脱。据文意补。

【十一】 晋又置［东］江阳郡 汉代江阳郡下有汉安县，地在今内江市境。东晋康帝建元元年（343），割据四川的"成汉"国主李寿为充实户口以增强国力，从牂柯引僚入蜀，所至吞没州郡，江阳郡为僚人所没，寄治武阳，称"西江阳郡"，故郡遂荒。晋穆帝永和二年（346），荆州刺史桓温溯江伐成汉，灭之，分江阳县地置汉安县。⑧ 其后，前秦占领四川。前秦既退，谯纵据蜀。安帝义熙九年（413）刘裕命朱龄石率兵收复，置东江阳郡于汉安，管领汉安、绵水二县，加"东"字，以与侨置武阳的西江阳郡相区别。《太平寰宇记》引《通典》所谓"晋于此立江阳郡"以及后文《郡县志》所记"江阳郡旧治江阳，今江安县是也。"指的都是东江阳郡。对此，王仲荦先生《北周地理志》考证最周，其言曰：

---

① 任先生原注：古人称岷江及今宜宾市以下的长江为"江水"，盖误以岷江上游为长江上游也。
② 任先生原注：后世因他处多有江、沱分合，不专称此水为沱江者约两千年。
③ 任先生原注：汉安人语，《一统志》用。
④ 任先生原注：《寰宇记》。
⑤ 任先生原注：《水经注》。
⑥ 晋·常璩撰，任乃强校注：《华阳国志校补图注》卷三《蜀志·江阳郡》，上海：上海古籍出版社，1987年，第181页。
⑦ 晋·常璩撰，任乃强校注：《华阳国志校补图注》卷三《江阳郡·新乐县》，上海：上海古籍出版社，1987年，第184页。
⑧《晋中兴书》云："穆帝永和二年，以汉安獠反，复置汉安县"，转引自清·杨守敬、清·熊会贞疏：《水经注疏》卷三三，清钞本。

《隋书·地理志》：泸川，旧曰江阳，并置江阳郡，（隋）开皇初郡废。按此《宋书·州郡志》《南齐书·州郡志》之益州东江阳郡也。刘璋分犍为立江阳郡，晋世曾失本土，寄治武阳，即宋齐志之西江阳郡也。晋穆帝时，桓温灭蜀，又于旧土置东江阳郡，即此郡也。（南朝）宋东江阳郡领汉安绵水二县，南齐东江阳郡领汉安、安乐、绵水三县。①

【十二】 宋、齐因之 宋、齐，南朝之刘宋、萧齐。《宋书》："江阳太守，刘璋分犍为立。中失本土，寄治武阳。领县四。户一千五百二十五，口八千二十七。江阳令，汉旧县，属犍为。绵水令，汉安令，常安令，晋孝武立。"② 《南齐书》："东江阳郡：汉安、安乐、绵水。"③ 安乐县，即符县，王莽更名为"符节"，即今合江县。

【十三】 梁置泸州，治马湖江口 梁，南朝梁代。两晋南北朝时期，地方建置州、郡、县三级政权。梁武帝大同（535—546）中，江阳郡升格改置为泸州，下领江阳郡，郡下分领江阳、汉安、绵水三县和安乐戍。江阳郡与州同治，而江阳县附郭。汉安县治今泸州市纳溪区三江坝。绵水县治绵水口（今江安县南五十里绵水溪"底蓬溪"注入长宁河之口。遗址地理坐标东经105度2分17秒，北纬28度38分51秒）。安乐戍④治安乐山，地在赤水河注入长江之口，即今合江县城。

梁置泸州，或曰魏置。魏，北朝魏及其分裂后的西魏。梁、魏连年战争，先后占有四川。《梁书》无《地理志》，泸州建置时间因无确指。至于泸州的治所，则更有异说。

梁置泸州之说，分别见于：

> （1）《隋书》："统县五，户一千八百二。"⑤
> （2）《通典》："梁置泸州。"⑥

---

① 王仲荦著：《北周地理志》卷三《剑南·泸州》，北京：中华书局，1980年，第273—274页。又，合江镇今为"合江街道"。

② 南朝梁·沈约撰：《宋书》卷三八《州郡四》，北京：中华书局，1974年，第1172—1173页。

③ 南朝梁·肖子显撰：《南齐书》卷十五《州郡》，北京：中华书局，1972年，第301页。

④ 南北朝时期的戍，与县同级，置于要害之所，兼理民政。

⑤ 唐·魏徵等撰：《隋书》卷二九《地理上》，北京：中华书局，1973年，第828页。按，南北朝时期，地方置州、郡、县三级政权。隋文帝开皇三年（583），悉罢全国诸郡，行州、县二级制。隋炀帝大业三年（607），更州为郡，仍行郡县二级制。此所谓"泸川郡"，即原来的"泸州"。

⑥ 唐·杜佑撰：《通典》卷一七五《泸州》，《四库全书》文渊阁本。

（3）《太平寰宇记》："梁大同中置泸州，远取泸川为名。"①

（4）《舆地广记》："梁兼立泸州。"②

言泸州为魏置者：

（1）宋王象之《舆地纪胜》："《元和郡县志》云：'梁大通（527—529）初，割江阳郡，置泸川郡，魏置泸州。'而《隋志》及《寰宇记》《舆地广记》皆云：梁置泸州。"③

（2）唐李吉甫《元和郡县图志》谓："梁大通初，割江阳郡置泸川。魏置泸州，取泸水为名。"④ 然《魏书》无载。又贺次君点校《元和郡县图志》注云："今按：'江阳郡'当作'东江阳郡'。《旧唐志》云：梁置泸州。"⑤

按，梁继南齐（萧齐）据有四川。其间，北朝魏（西魏）连年前来争夺，但其兵锋只及盆地北部和中部，未达泸州地区，故"魏置泸州"，势必不可能。萧梁统治四川五十年，大量析置州郡，故把江阳郡改置为"泸州"，可能性远较"魏置"为大。《元和郡县志》所言"魏置"只是孤证，不取。

关于梁置泸州的治所，《旧唐书·地理志》明白记载："汉江阳县地，属犍为郡。梁置泸州，故以江阳为泸川县，州所治也。"⑥ 确指梁置"泸州"及其附郭江阳县（隋改名"泸川县"）的治所都在"江阳"，亦即长、沱两江汇口的今泸州城。殆至南宋，王象之《舆地纪胜》忽倡新说：

李垕《西山堂记》云："梁大同中，徙治马湖（今宜宾市屏山县）。隋大业

---

① 宋·乐史撰，王文楚点校：《太平寰宇记》卷八八《泸州》，北京：中华书局，2007 年，第 1738 页。

② 宋·欧阳忞撰，李勇先点校：《舆地广记》卷三一《泸州》，成都：四川大学出版社，2003 年，第 915 页。

③ 宋·王象之撰，李勇先校点：《舆地纪胜》卷一五三《泸州》，成都：四川大学出版社，2005 年，第 4580 页。

④ 唐·李吉甫撰，贺次君点校：《元和郡县图志》卷三三《剑南道下·泸州》，北京：中华书局，1983 年，第 864 页。

⑤ 唐·李吉甫撰，贺次君点校：《元和郡县图志》卷三三《剑南道下·泸州》，北京：中华书局，1983 年，第 881 页。

⑥ 后晋·刘昫等撰：《旧唐书》卷四一《地理四》，北京：中华书局，1975 年，第 1686 页。

中，复还于今地。"①

李垕字季允，一作季永，号悦斋，眉州丹棱（今丹棱县）人。宋光宗绍熙元年（1190）进士，宁宗庆元三年（1197），除秘书省正字，嘉定四年（1211）除成都府路提刑。六年，为国史编修官。历实录院检讨，改秘书少监、起居舍人。理宗绍定四年（1231），为四川制置使兼知成都府。嘉熙二年（1238），以同签书枢密院事督视江淮京湖军马，卒。有《悦斋集》，已佚。《宋元学案》卷七十一、《宋史翼》卷二十五各有传。

《舆地纪胜》此言既出，祝穆《方舆胜览》便说"梁置泸州，取泸川以为名。移治马湖江口"②，踵旋其后。图经、地志辗转传抄，三人成虎。然而以其只是直言判断，并未指出任何证据，学者不能无疑。清初，顾祖禹《读史方舆纪要》便已直言其非：

> 今（泸）州州治。汉置江阳县，属巴郡。景帝六年，封赵相苏嘉为侯邑。武帝改置犍为郡，后汉因之。建安中为江阳郡治。三国时诸葛武侯尝屯兵于此。晋仍为江阳郡治，宋、齐因之，梁为泸州治。或曰州治马湖江口，误也。隋泸州亦治此，大业初改县曰泸川，仍为郡治。唐因之。宋淳祐三年，徙治于江南崖神臂山，谓之铁泸城。元还旧治。至元二十年，省县入州。③

王仲荦先生《北周地理志》更是坚决反对：

> 《隋书·地理志》：梁置泸州。《元和郡县志》：魏置泸州，取泸水为名。《寰宇记》：梁大同中置泸州，远取泸川为名。《舆地纪胜》引李垕《西山堂记》云：梁大同中，徙治马湖。隋大业中，复还于今地。按马湖江口在今四川屏山县界，北周置戎州于今四川宜宾县（即今宜宾市，地在马湖江与岷江汇合而为长江之处），屏山更在宜宾之西，泸州属郡均在今泸州、富顺、江安、合江等

---

① 宋·欧阳忞撰，李勇先校点：《舆地广记》卷一五三《泸州》，成都：四川大学出版社，2003年，第4580页。

② 宋·祝穆著，施和金点校：《方舆胜览》卷六二《泸州》，北京：中华书局，2003年，第1084页。川，水也。泸川即泸水。

③ 清·顾祖禹撰：《读史方舆纪要》卷七十二《四川七·泸州》，上海：上海书店出版社，1998年，第488页。

地，岂有越戎州而置州治之理，今不取其说。①

谭其骧先生《中国历史地图集·梁》、任乃强《四川州县沿革建置图说·萧梁行政区划》，都把南朝梁代泸州治地标注在长、沱两江汇合之口的江阳（今泸州市），而把岷江、金沙江汇合处（亦即所谓"马湖江口"）标注为戎州（今宜宾市），不取李畕泸州迁治之说。

李畕生活在南宋年间，距离梁置泸州已数百年，并非亲历闻见；《西山堂记》已佚，其中"徙治马湖"之说只残存这 17 字，其原意到底如何，《舆地纪胜》引录是否有误，皆已无从探考，而其所谓"徙治马湖"之说，没有任何论据以作支撑。时至今日，也未见有文献或者考古学材料可资佐证；即使承认其为一家之言，也只是个孤证，而史家孤证不取。

成汉纵僚入蜀，僰道（今宜宾市）遂为僚人所据，梁武帝大同十年（544）才派先铁讨定夷僚，建置戎州。如果按洪齮孙、何文范所说的泸州建置于大同三年，则其时"马湖江口"还在僚人占据之下，把泸州的治所设于其地，断无可能。如果泸州建置于先铁"讨定夷僚"之后，则其地已置戎州，更不可能作为泸州治所。

再从当时的政治、军事、经济形势考察，梁代泸州的疆域，包括今泸州全境和江安、长宁、兴文及沱江流域的内江、自贡，以及赤水河中下游的贵州省赤水、习水、仁怀广大地域。以长、沱两江汇口处为泸州治所，居中控制，最为得宜。僰道僻远，实无徙治其地的必要。又，梁置戎州之时，金沙江、岷江两江汇口处僰道故城荒废，尚且只得以今南溪涪溪口（黄沙河汇入长江处，地在今南溪上游六十里）为治所，故在此之前建置的泸州，治所设于僰道，断无可能。

还需指出，把"马湖江"作为"金沙江"下游的专称，并不完全准确。前代所谓的"马湖江"和"泸水"，往往是泛指巴蜀境内的长江，并非专指今日之金沙江，而且，在前代的典籍和诗文里，"泸江"和"泸水"，也无严格的区别：

（1）宜宾下游的长江，可以称为马湖江。《舆地广记》：叙州南溪"有……马湖江"。② 南溪，在宜宾长江下游一百二十里。

（2）泸州城下的长江，可以称马湖江（泸水）。《宋史》："韩存宝讨

---

① 王仲荦撰：《北周地理志》卷三《剑南·泸州》，北京：中华书局，1980 年，第 272 页。
② 宋·王象之撰，李勇先校点：《舆地纪胜》卷三一《梓州路叙州·南溪县》，成都：四川大学出版社，2005 年，第 914 页。

泸（州）蛮乞弟，逗挠不进，诏广代之。广至（泸州）……陈师泸水"①；《元史》：至元"五年（1268），攻泸州之水寨，击五获寨，渡马湖江，迎击宋兵，败之"②；宋时晁公武泸州《南定楼》诗："更筑飞楼瞰泸水"③；直到1943年章士钊先生访问泸州，还在他题赠民国初年当地国会议员温筱泉的诗里说："议郎功罪渺难知，一笑相逢泸水湄。"④

（3）重庆城下的长江，也可以称"马湖江"。《元史·也罕的斤传》：至元十二年，"会围重庆，尽督马湖江两岸水陆军马"⑤；同书《张万家奴传》："会围重庆，（张万家奴）将其众断马湖江，分兵水陆往来为游徼。"⑥

（4）重庆下游的长江，还可以称"马湖江"。《元史》：至元十一年，"东川元帅杨文安与青居山（今南充市南三十里）蒙古万户怯烈乃、也只里等会兵达州（今达州市），直趣云安军（今重庆市云阳县），至马湖江与宋兵遇"。⑦ 从达州至云阳，只能浮嘉陵江至重庆出长江，不可能取道金沙江而从马湖（今屏山县）、宜宾经过。

综上所述，金沙江下游以至泸州、重庆及其下游的长江，前代都可以称作"马湖江"；《元和郡县志》所谓"泸水"，即今泸州城下之长江（马湖江）；所谓"治马湖江口"，就是以今日长、沱两江汇合之处的江阳为治所。

泸州"徙治马湖江口"的僰道（今宜宾）之说，南北朝、隋、唐、宋诸史以及唐代《元和郡县图志》和北宋《太平寰宇记》《元丰九域志》诸书皆无记载。后出的《舆地纪胜》，仅据生活在梁置泸州数百年后的李壆《西山堂记》中一个没有提出任何论据作为支撑的直言判断，就认定泸州徙治"马湖江口"的僰道，殊不足信。

原李壆之所以为言，盖以《元和郡县图志》云泸州"取泸水以为名"。《太平寰

① 元·脱脱等撰：《宋史》卷三三四《林广传》，《宋史》，北京：中华书局，1985年，第10738页。
② 明·宋濂等撰：《元史》卷一六五《完颜石柱传》，北京：中华书局，1976年，第3887页。
③ 《永乐大典·泸字》卷二二一八《宫室》。
④ 章士钊《赠筱泉》诗，《游泸草》前集，泸县大同印刷社排印本，1934年，第23页，泸州市图书馆藏孤本。
⑤ 明·宋濂等撰：《元史》卷一三三《也罕的斤传》，北京：中华书局，1976年，第3226页。
⑥ 明·宋濂等撰：《元史》卷一六五《张万家奴传》，北京：中华书局，1976年，第3881页。
⑦ 明·宋濂等撰：《元史》卷八《世祖纪五》，北京：中华书局，1976年，第157页。

宇记》加植一"远"字,作"远取泸川为名"。① 李壆无以为解,乃为"徙治""还治"之说以穿凿之。历代史家不采其言。历史地理宿学任乃强先生的相关作品、王仲荦先生和谭其骧先生,以及陈世松、贾大泉主编之《四川通史》,亦直谓梁置泸州,治于江阳——即今日之泸州市。

【十四】 **州罢为泸川郡** 南北朝时期,地方建置州、郡、县三级政权,多而且滥。隋初,杨尚希"上表曰:'……当今郡县,倍多于古,或地无百里,数县并置,或户不满千,二郡分领。具僚以众,资费日多,吏卒人倍,租调岁减。清干(gàn)良才,百分无一,动须数万,如何可觅?所谓民少官多,十羊九牧。琴有更张之义,瑟无胶柱之理。今存要去闲,并小为大,国家则不亏粟帛,选举则易得贤才,敢陈管见,伏听裁处。'帝览而嘉之,于是遂罢天下诸郡。"② "开皇三年(583),遂废诸郡……既而并省诸州,寻即改州为郡。"③

【十五】 **还治于此** 此,指谓江阳,今泸州市主城区。"迁治"既无其事,所谓"还治"便无前提。殊不足论。

【十六】 "元"字,据《旧唐书》卷四十一"(唐)武德元年,改为泸州"改。

【十七】 **王建、孟知祥,继有其地** 唐昭宗乾宁四年(897)二月"庚申,(前蜀)王建以决云都知兵马使王宗侃为应援开峡都指挥使,将兵八千趋渝州;决胜都知兵马使王宗阮为开江防送进奉使,将兵七千趋泸州。辛酉,宗侃取渝州,降刺史牟崇厚。癸酉,宗阮拔泸州,斩刺史马敬儒,峡路始通。"④ 后唐明宗长兴元年(930)十月丁未,"(后蜀)孟知祥以故蜀镇江节度使张武为峡路行营招收讨伐使,将水军趋夔州,以左飞棹指挥使袁彦超副之……十一月,戊辰,张武至渝州,刺史张环降之,遂取泸州……"⑤

【十八】 **宣和元年,为泸川军节度** 宋代的"军",是置于要害处所、与州同级的地方军事机关,兼理民政。宋徽宗宣和元年(1119)三月十五日《诏》:"泸州西

---

① 宋·乐史撰,王文楚等点校:《太平寰宇记》卷八八《泸州》,北京:中华书局,2007年,第1738页。按:川,谓水也。泸川即泸水。

② 唐·魏徵等撰:《隋书》卷四六《杨尚希传》,北京:中华书局,1973年,第1253页。

③ 唐·魏徵等撰:《隋书》卷二九《地理上》,北京:中华书局,1973年,第807页。

④ 宋·司马光撰,元·胡三省音注,"标点资治通鉴小组"校点:《资治通鉴》卷二六一《唐纪七七》,上海:古籍出版社,1956年,第8501—8502页。

⑤ 宋·司马光撰,元·胡三省音注,"标点资治通鉴小组"校点:《资治通鉴》卷二七七《后唐纪六》,上海:古籍出版社,1956年,第9048—9049页。

南要会，控制一路。边阃之寄，付畀非轻，可升为节度，仍赐名泸川军。"①

【十九】 嘉熙三年迁治江之南 语出《元一统志》②。南宋端平三年（1236），蒙古军大举入蜀，攻陷成都，"不四旬而东、西两川从风而靡"③，全川"五十四州俱陷破"④。是役，蒙古军军锋并未进至泸州，而"鞑骑入蜀，有战兵之失位，招来而至泸者，与其军民交竞，比屋延燎，倏为焦土"⑤。安抚使黎伯登乃于是年重建泸州府军。经受这次摧残，四川军民认识到要保卫故土山河、身家性命，必须尽快修城筑寨，整饬武备。各地的筑城活动普遍开展起来。四川制置副使彭大雅遍"令郡县图险保民"⑥，从端平三年到嘉熙四年（1240）这四年里，泸州治所是否迁徙，以及究竟迁往何处，《宋史》无载。惟记"嘉熙三年，筑合江之榕山，再筑江安之三江碛。四年，又筑合江之安乐山为城"⑦。《元一统志》说"嘉熙三年以兵乱迁治江之南"，这句话笼统含混，是以有的论著把泸州徙治和上述三江碛、榕山以及安乐山诸城联系在一起，以为泸州治所曾经在这三城辗转搬迁。这是缺乏事实根据的。因为，黎伯登对于泸州府、州、军治所的重建，至嘉熙元年仲夏才刚刚完工，其后，蒙古军进兵的势头停滞于资（今四川资中县）、普（今四川安岳县）、嘉定（今四川乐山市）一线，并未接近泸州。泸州治所尚无近至榕山、安乐山之必要，更无远迁至三百里外的三江碛诸城之必要。即使真的曾经"迁治江之南"，大概也只是临时搬到泸州城外大江南岸的茜草坝，旋即迁还原地。淳祐三年（1243），乃迁治于神臂山（今合江县神臂城镇老泸村）。

【二十】 "军"字，据《宋史》卷四十五《理宗纪》改。

南宋景定二年（元中统二年，1261）六月，宋潼川路安抚副使兼知泸州刘整，以泸州并州领十五军州、户口三十万叛降蒙古。景定三年正月，宋廷收复泸城。诏改泸州为江安军。其时，泸州的治所在神臂山。

---

① 刘琳、刁忠民、舒大刚、尹波等校点：《宋会要辑稿》方域七《州县升降废置》，上海：上海古籍出版社，2014年，第9406页。

② 元·孛兰肹等撰，赵万里校辑：《元一统志》卷五："嘉熙三年以兵乱迁治江之南。"（北京：中华书局，1966年，第521页）

③ 清·黎学锦等修，清·史观等纂：道光《保宁府志》卷五八《广元府记》，国家图书馆藏本。

④ 佚名撰：《宋季三朝政要》卷一，《四库全书》文渊阁本。

⑤ 宋·李心传撰：《泸南重建府军记》，明正德《四川志》卷三七《文词·泸州》，马继刚主编《四川大学图书馆馆藏珍稀四川地方志丛刊续编》，成都：四川大学出版社，2015年，第2456—2457页。

⑥ 明·刘芳声修，明·田九垓纂：万历《合州志》卷一，国家图书馆藏本。

⑦ 元·脱脱等撰：《宋史》卷八九《地理五》，北京：中华书局，1985年，第2218页。

【二十一】 复名泸州 元世祖至元十二年（1275），南宋潼川路安抚使、知江安军梅应春降元。元改江安军为泸州。

【二十二】 复还故治 宋元交替的蒙宋战争期间，南宋在四川构建以重庆为中心的"山城战略防御体系"，沿长江、嘉陵江择险筑城，迁附近州县于其上，抗击蒙古军队的进攻。淳祐三年，知泸州曹致大奉命在神臂山创筑山城，迁泸州治所于其上，守土抗战。元至元十四年，元军最后攻陷神臂山城。十五年，元军平定四川。为防止南宋遗民据险反抗，元王朝下令尽数拆除四川山城寨堡。泸州治所遂迁还故治。"至元二十年，又迁于州东茜草坝，夏秋水急滩险，泊舟为难。明初，始迁故治，拓蒲家庄犀牛寨（今泸州城内大营路上方蒲家山，地理坐标：东经 105 度 26 分 45 秒，北纬 28 度 53 分 32 秒）而居之。"①

【二十三】 隶重庆路总管府 总管府是元王朝平定四川初期设置的，为统管军民政务的机关。重庆总管府，元至元十六年立，二十八年罢。元代初年的四川，历经数十年战乱，人口死亡流离，不得不大量裁州撤县。在这样的背景下，原来的潼川府路和泸州安抚司被撤销，仅行本州事。至元十八年，泸州划归四川南道宣慰司管辖。二十年，废泸川县，由州直领，称"泸州本州"。二十二年，泸州改隶重庆总管府。

【二十四】 本朝以州近成都，直隶四川布政司 本朝，谓明朝。明代开国之初，承元制设行省，作为省级政权机关，旋改置为承宣布政使司（简称布政使司）。而在某些重要地方，建置与府同级的州（厅），下领属县，由省直辖，称"直隶州（厅）"。明洪武六年（1373），泸州由与县同级的散州升格为直隶州，下领江安、纳溪、合江三县。

关于泸州直隶州的由来，民间有"陈谦以死争直隶"的传说，清高之傅《重修陈公祠碑记》云："泸当水陆通衢，为蜀南名胜，上连戎叙，下接巴渝，往来差使之烦，较他郡邑为甚；而户口之茂密，土地之饶沃，亦较他郡邑有加。是以戎渝两郡争欲收其版籍而隶其人民。考旧志，明洪武初年，荼陵（一作茶陵，今属湖南）陈公谦来守兹郡，请设直隶，不得遂，投江以死，越日衣冠浮出，容色如生。事闻，直隶始定。"② 是说荒唐，民国《泸县志》已辨其非。

---

① 清·乾隆官修：《大清一统志》卷三一一《泸州》，美国哈佛大学哈佛燕京图书馆藏本。
② 王禄昌、裴纲修，高觐光、温翰桢纂：《泸县志》卷一《舆地志》，民国二十七年刊本。

★4.

《图经志》[一]

谨按：

泸州分野当参、井之次。[二]在《禹贡》属梁州[三]。周，雍州[四]之域。春秋战国时为巴子国地。秦属巴郡。两汉时属犍为郡。

蜀（汉）章武元年（221）立江阳郡，隶益州。晋、南北朝并因，[隶][五]蜀。（南朝）梁兼立泸州，后周因之。隋为泸川郡。唐武德为泸州，天宝为泸川郡，属剑南道[六]。自唐分东、西川为两军州事，统属于梓，而泸以支郡隶之。

宋政和间，置泸南安抚使司[七]，旋移梓夔路[八]兵马钤辖[九]。建炎末，升都钤辖，去夔不兼。乾道间，复正潼川路安抚使之名，统属三县[十]：曰泸川[十一]，曰江安，曰合江。无纳溪县[十二]。

元初仍立泸州安抚使司。罢泸川县，设纳溪县[十三]。后革安抚司，立泸州，隶重庆府。

钦惟圣朝奄有区（ōu）宇，以泸州地近成都，直隶四川等处承宣布政使司[十四]，仍领县三：曰江安，曰纳溪，曰合江。

【校补图注】

【一】 《图经志》 此谓明初《泸州图经》（以下同），已佚。唯余些少遗文于《大典》及明末曹学佺《蜀中广记》中。

【二】 分野当参、井之次 包括泸州在内的四川地区的分野，《汉书》并新、旧《唐书》以及《明史》皆言"东井、舆鬼之分"。《晋书》言"觜、参之分野"。所谓"参井之分"，则指山西之潞、沁、辽三州。此言泸州分野当参井之分，未详所据，然李白《蜀道难》有"扪参历井仰胁息，以手抚膺坐长叹"之句，则是非又未可轻言也。

【三】 梁州 夏禹之世，天下分为冀、兖、青、徐、扬、荆、豫、梁、雍九州。《尚书·禹贡》："华阳黑水惟梁州。"华，指华山。华阳，华山之南。黑水所指，说法不一，有澜沧江、怒江、金沙江诸说。今人陈沣以为怒江，其说较为有据。按照陈沣的说法，所谓梁州，指的就是陕西华山以南直至怒江之地，大体相当于今陕西南部、四川、重庆、贵州和云南省北部。

【四】 雍州 《禹贡》九州之一。《禹贡》："黑水西河为雍州。"黑水所指，有今甘肃省境内党河及青海省境内的大通河等多种说法。西河，指黄河在今山西、陕西二省之间南北流向的河段。黑水与西河之间的土地是雍州，雍州范围大体相当于今日陕西的西北部和甘肃、青海地区。"及（周）武王克商，并徐合青，省梁合雍……汉兴，高祖借之成业。武帝开拓疆壤，乃改雍曰凉，革梁曰益。"① 泸州地在华山之阳，乃《禹贡》梁州之域。周代省梁入雍，遂为雍州地。

【五】 "隶"字，据文意补。

【六】 "属剑南道"及下句 唐贞观元年（627），按照山川形势，分全国为十道。泸州属剑南道。剑南道的辖境，相当于今四川涪江流域以西，大渡河流域和雅砻江下游以东，云南澜沧江、哀牢山以东，曲江、南盘江以北，贵州水城、普安等县以西，以及甘肃文县一带。治益州（后升成都府）。至德二年（757），分剑南道为剑南东川（治梓州，今三台县）和剑南西川（治成都），各置节度使。泸州隶属剑南东川。

【七】 泸南安抚使司 路为宋代的一级政区。安抚司是负责各路军务、维持治安的官署，主官一般由各路最重要的州、府长官兼任，并兼马步军都总管、都钤辖等职。《宋史》：

> 经略安抚司，经略安抚使一人，以直秘阁以上充，掌一路兵民之事；皆帅其属而听其狱讼，颁其禁令，定其赏罚，稽其钱谷、甲械出纳之名籍而行以法。若事难专决，则具可否具奏；即干机速、边防及士卒抵罪者，听以便宜裁断……旧制，安抚总一路兵政，以知州兼充，太中大夫以上，或曾历侍从乃得之，品卑者止称主管某路安抚司公事。中兴以后，职名稍高者出守，皆可兼使，如系二品以上，即称安抚大使……建炎初，李纲请于沿河、沿淮、沿江置帅府，以文臣为安抚使带马步军都总管，武臣一员为之副，许便宜行事，辟置僚属、将佐，

---

① 晋·常璩撰，任乃强校注：《华阳国志校补图注》卷一《巴志·序》，上海：上海古籍出版社，1987年，第1页。

措置调发，惟转输属之漕使。其后，沿江三大使司辟置过多，边报稍宁，诏加裁定。参谋、参议官、主管机宜文字、主管书写机宜文字各一员，干（gàn）办公事二员，文臣准备差遣、武臣准备差使、准备将领各以五员为额。其余诸路或随地轻重而损益焉。余从省罢。后以诸路申请，或置或省不一……（庆元）五年（1199），臣僚言："遴选帅才，除尝任执政外，两制从官必曾经作郡、庶官必曾任宪漕实有治绩者。"从之。①

宋初，安抚使只是朝廷特遣处置地方灾害或者用兵征剿叛乱的专使，事罢即除，后渐成地方主官，置司，掌一路兵民之政，有"便宜行事"之权。又有管内安抚使、沿江安抚使、权发遣安抚使诸名目，辖区小于一路，亦往往以知州兼任。

泸南安抚司建置于北宋元丰三年（1080）。其时，乞弟（一作"乞第"）犯边，宋神宗任命韩存宝为"都大经制泸州蛮贼公事"，将兵进讨，置司泸州。存宝逗挠不进，元丰四年被问罪处斩。林广接任。讨平乞弟以后，泸南安抚司继续存在，"宣和二年（1120），诏泸州守臣带潼川府、夔州路兵马都钤辖、泸南沿边路兵马都钤辖、泸南沿边安抚使……六年，诏泸州止带主管泸南沿边安抚司公事，仍差守臣。"②泸南安抚司管泸、叙、长宁三州军事。北宋一代，川峡四路只在泸州建置有沿边安抚使司。南宋绍兴年间，张浚帅蜀，奏准益、利、梓、夔四路各建帅府（安抚使司），委文臣一员充安抚使，以治民事，成为事实上的一路主官；武臣一员充都总管，治兵。

【八】梓夔路　宋代梓州路和夔州路的合称。路是宋代地方行政区划，大体相当于唐代的道。本是监察区，后逐渐演变为事实上的一级政区。宋代地方行政机关分为州（府、军、监）、县（监）三级，府多设于政治、经济、军事重地，地位略高于州。军设于军事重地，与州平级，如控制少数民族出入要害的长宁军（今长宁县）。监设置于矿产资源丰富处所，如富顺监（包括今自贡市和富顺县，产盐，改县为监）。

宋太宗至道三年（997），分全国为十五路。仁宗天圣年间，再分全国为十八路。神宗元丰年间，分为二十三路。至徽宗宣和年间，再分为二十六路。

府、州、军、监皆直属中央。路兼具监察、行政之权，其辖境还不完全是独立的一级政区。

---

① 元·脱脱等撰：《宋史》卷一六七《职官七》，北京：中华书局，1985年，第3690—3962页。
② 元·脱脱等撰：《宋史》卷一六七《职官七》，北京：中华书局，1985年，第3961页。

太祖乾德三年（965），王全彬平蜀，以今四川、重庆和陕南地区为西川路。开宝四年（971），分置峡西路，其后又合并为川峡路。真宗咸平四年（1001），再次调整为益州路（后更名成都府路，治成都）、梓州路（治梓州，即今三台县。后更名潼川府路）、利州路（治今广元市）和夔州路（治今重庆市奉节县），简称"川峡四路"。泸州隶属梓州路。梓州路初治梓州（今三台县），辖境相当于今四川中江、盐亭、西充、渠县以南，金堂、资阳、荣县、屏山、筠连以东，重庆市合川、永川以西，以及合江、大竹、邻水一带。皇祐中一度迁治遂州（今遂宁市），后又还治梓州，重和元年（1118）更名潼川府路。南宋乾道六年（1170）迁治泸州。泸州遂为一路首府。

路级机构，包括四个互不统属、相互牵制、各自对中央政府负责的机关：

（1）转运司（漕司）。自分路伊始即置，边防、盗贼、刑讼、钱谷、按察等兵民诸事无所不统。其后宪、仓、帅司相继设置，事权渐次分割和削减，主要经度一路财赋，总一路利权。长官为转运使，或转运副使、判官，视任者官资深浅而定其职。宋太宗以后，渐成一路长官。

（2）提点刑狱司（宪司）。职掌狱讼和刺举官吏，其后又兼治劝农、茶盐诸事。长官为提点刑狱公事，文臣为正，武臣为副。

（3）提举常平司（仓司）。掌一路常平、义仓、市易、坊场、河渡、水利之政，岁视丰歉而敛、散，并刺举官吏。元祐初罢，并其职掌于提点刑狱司。绍圣初复置。长官为提举常平司干办公事。

【九】　**兵马钤辖**（司）　职掌军旅屯戍、攻防诸事的军事长官公署。宋代军队，有禁军和厢军之别（此外还有民兵）。禁军称作御前禁军，是皇帝的卫兵，守京师，备征戍，归由中央政府的统兵机关殿前都指挥司、侍卫亲军马军都指挥司和侍卫亲军步军都指挥司（总称"三衙"）统领，而听从枢密院调遣。厢军是地方军，主要职能是供杂役。其服役的范围很广，除维持地方治安以外，诸如修城池、筑桥梁、制武器、水陆运输、邮传、堤防、牧马等力役，都由厢军担任。名义上，厢军总领于侍卫亲军步军都指挥司，实际上由所在地方主官节制、指挥。

禁军除守卫京师者外，分别屯驻和更戍各地。屯驻、更戍各地的禁军，设部署（后改为总管）、钤辖、都监、监押以为统兵之官。部署是路一级的将帅，出征作战，临时委任，事罢即除。钤辖是路一级的统兵官，官资深者加"都"字，官资浅者加"充"字。都监是路、府、州、军、监、县、镇、城、寨的统兵官，资深者加"都"字，资浅者称监押。自部署至监押，虽有尊卑之分，而不一定有隶属关系。

又有路分钤辖和州钤辖，其辖区分别以路和州为单位，多由地方行政主官兼任，有知州兼安抚使又兼路分钤辖者，有知州兼州钤辖者。分领武将事权，驾驭武将。宋代，巴蜀地区设有以"益利""梓夔"为名的两个兵马钤辖司，分掌两路兵马之事。益利路兵马钤辖司治成都，梓夔路兵马钤辖司治遂州（今遂宁市）。其后四路各置。

元丰四年（1081），乞弟平定。五年四月庚午（初九），"徙梓夔路钤辖司于泸州，东上阁门使、梓夔路钤辖王光祖免前罪，为梓夔路钤辖、知泸州兼泸南缘边安抚使。遇有边事，安抚钤辖司措置施行，转运司更不干预。"① 自此，泸州守臣（知州）手提三印，同时兼任泸南沿边安抚使和梓夔路兵马钤辖。以后，又加"都"字。

【十】 **正潼川路安抚使之名，统属三县** 南宋乾道六年，潼川府路由遂宁迁治泸州，泸州守臣升任潼川府路安抚使。潼川府路下领十五州（军）。所谓"统属三县"，指的是泸州统属的泸川、江安、合江三县。

【十一】 **泸川** 泸州的属县。与州同治。《旧唐书》："汉江阳县地。属犍为郡。梁置泸州，故以江阳为泸川县。州所治也。"② 《元和郡县图志》："本汉江阳县地，属犍为郡。初，曹公入汉中，诸葛亮出屯江阳。晋穆帝于县置东江阳郡，领江阳县，隋开皇三年（583）废郡，以县属泸州。大业元年（605），改江阳县为泸川县。"③

【十二】 **无纳溪县** 纳溪县是南宋理宗绍定五年（1232）才由江安县的纳溪寨升格为县的。

【十三】 **元初罢泸川县，设纳溪县** 元世祖至元二十年（1283）撤销泸川县，由州统管，改称泸州"本州"。明、清因之。民国裁府撤州，泸州本州改称泸县，直隶于省。纳溪县早在南宋时便已存在。《图经志》言元初设纳溪县，误。

【十四】 **承宣布政使司** 明王朝在省一级分设都指挥使司、承宣布政使司、提刑按察使司"三司"，以掌省政，而听命于巡抚和总督。

（1）都指挥使司，都指挥使主之，下领诸卫，掌军政、屯务。

（2）"承宣布政使司，左、右布政使各一人，左、右参政，左、右参议，无定员……布政使掌一省之政，朝廷有德泽、禁令，承流宣播，以下于有司。凡僚属满秩，廉其称职、不称职，上下其考，报抚、按以达于吏

① 宋·李焘撰：《续资治通鉴长编》卷三二五，北京：中华书局，1990年，第7822页。
② 后晋·刘昫等撰：《旧唐书》卷四一《地理四》，北京：中华书局，1975年，第1686页。
③ 唐·李吉甫撰，贺次君点校：《元和郡县图志》卷三三《剑南道下·泸州》，北京：中华书局，1983年，第864—865页。

部、都察院。三年，率其府州县正官，朝觐京师，以听察典。十年，会户版以登民数、田数。宾兴贡，合省之士而提调之。宗室、官吏、师生、军伍，以时班其禄俸、廪粮。祀典神祇，谨其时祀。民鳏寡孤独者养之，孝弟贞烈者表扬之，水旱疾疫灾祲，则请于上蠲赈之。凡贡赋役，视府州县土地人民丰瘠多寡，而均其数。凡有大兴革及诸政务，会都（都指挥使司）、按（提刑按察使司）议，经画定而请于抚、按若总督。其国庆国哀，遣僚贰朝贺吊祭于京师。天子即位，则左布政使亲至。参政、参议分守各道，及派管粮储、屯田、清军、驿传、水利、抚民等事，并分司协管京畿。"①

（3）"提刑按察使司，按察使一人，副使，佥事无定员……按察使掌一省刑名按劾之事。纠官邪，戢奸暴，平狱讼，雪冤抑，以振扬风纪，而澄清其吏治。大者暨都、布二司会议，告抚、按，以听于部、院。凡朝觐庆吊之礼，具如布政司。副使、佥事，分道巡察，其兵备、提学、抚民、巡海、清军、驿传、水利、屯田、招练、监军，各专事置，并分员巡备京畿。"② 除掌管刑狱和司法以外，还分管兵备、教育、驿传交通，以及水利、屯田诸政。

★5.

《寰宇记》【一】

泸州。泸川郡。今理【二】泸川县。《禹贡》梁州之域，春秋战国时为巴子国。秦，为巴郡。汉，为犍为郡之江阳、符二县地。后汉因之。晋于此立为［东］【三】江阳郡，宋、齐因之。梁大同中，置泸州，远取泸水为名。

《华阳国志》【四】云："泸川县本汉江阳是［也］【五】。昔汉光武微时过江阳，生一子。望气者言江阳有贵儿。王莽求之，县人杀之。后光武怒，为子立祠，谪江阳人不使冠带［者数世］【六】。"按郡地则江山所合，故《水经注》【七】云："绵水至江

---

① 清·张廷玉等撰：《明史》卷七五《职官四》，北京：中华书局，1974 年，第 1838—1839 页。
② 清·张廷玉等撰：《明史》卷七五《职官四》，北京：中华书局，1974 年，第 1840—1841 页。

阳县方山下入江，谓之绵水口。"【八】

隋炀帝时州废，置泸川郡。【九】

唐武德元年（618）复为泸州，领富世（今富顺县）、江安、绵水、合江、来凤、和义六县。武德三年，置总管府，管（泸州）一州。九年，省来凤县。贞观元年（627），置思隶、思蓬、施阳三县。二年，置隆越县，属荣州。八年，割和义属荣州，仍置泾南县，又省施阳县。十三年，省思隶、思蓬（一名思逢）二县。【十】

【校补图注】

【一】 《寰宇记》　北宋地理总志《太平寰宇记》的省称，书成于太平兴国年间，凡二百卷，乐史撰。乐史字子正，抚州宜黄县（今属江西）人，太平兴国中赐进士，累官著作佐郎、著作郎、直史馆，转太常博士，出知舒州、黄州，后职复馆，出掌西京（洛阳）磨勘司，改判留司御史台。著作甚富。

《太平寰宇记》继承唐代《元和郡县图志》体例，记述宋初全国政区建置，另立"四夷"介绍周边少数民族。北宋所修地理总志除《太平寰宇记》外，尚有《元丰九域志》和《舆地广记》。其中《元丰九域志》所载政区为北宋中期元丰之制，《舆地广记》所载政区为北宋后期政和之制。而《太平寰宇记》所载政区建置取于太平兴国后期，正补二书之所不载，是为考察北宋初期政区建置变迁的主要资料。其书所记州、县沿革，多溯自周、秦、汉，迄于五代、宋初。关于东晋、南北朝以及五代十国时期的区划、建置，官修正史记载粗疏，而此书记载较为详悉，足补史乘之阙，殊为珍贵。各府州下，备载领县、四至八到和土产方物。县下记录与府州的相对方位及距离里数，管乡及境内山川、湖泽、城邑、乡聚、关塞、亭障、名胜、古迹、祠庙、陵墓等。对于研究历史人文、自然地理，具有重要参考价值。

从编写体例上看，《太平寰宇记》在《元和郡县图志》的基础上，增加了姓氏、人物、风俗诸门类，内容更加充实，体例进一步完善。增补了若干关于各地社会历史、政治以及风土习俗的重要资料，记录州郡的主户、客户数目，又记载各少数民族聚居区的户口，其中还区分了边地蕃人和汉人的户口数。这种编修体例，为后世纂撰地理总志和地方志乘所遵循，开一代之先河，影响所及，直至近代地理学的兴起。该书承先启后，继往开来，是研究历史地理的珍贵文献，在地理、历史科学发展史上占有特出的地位。历代对于此书，无不给予很高的评价，四库馆臣云：

> 《太平寰宇记》，宋乐史撰……宋太宗时，始平闽越并北汉，史因合舆图所隶，考寻始末，条分件系，以成此书。始于东京，迄于四裔。然是时幽、妫、营、檀等十六州，晋所割以赂辽者，实未入版章。史乃因贾耽《十道志》、李吉甫《元和郡县志》之旧，概列其名。盖太宗置封桩库，冀复燕云，终身未尝少置。史亦预探其志，载之于篇。非无所因而漫录也。史进书《序》讥贾耽、李吉甫为漏阙，故其书采摭繁富，惟取赅博，于列朝人物一一并登，至于题咏、古迹，若张祜《金山》诗之类，亦皆并录，后来方志必列人物、艺文者，其体皆始于史。盖地理之书，记载至是书而始详，体例亦自是而大变。然史书虽卷帙浩博，而考据特为精核，要不得以末流冗杂，追咎滥觞之源矣。①

【二】 **理** 同"治"。理泸川县，就是设治于泸川县。亦即泸州的治所在泸川县，州、县同城。

【三】 晋王朝在今泸州市建置东江阳郡，用补"东"字。

【四】 《华阳国志》 凡十二卷，晋常璩撰。璩字道将，江原（今成都市崇州市）人。（成汉）李势时，官至散骑常侍。东晋桓温伐成汉，璩劝李势降晋。入晋后撰为此书。《华阳国志》是一部很有影响的历史、地理著作。《四库全书》将之编入史部载记类，近人则往往将其划入地方志，并且将其誉为我国现存最早的方志之一。任乃强先生认为其开了我国地方史志创造之局，有如《史记》之于我国史籍。上海古籍出版社在出版任乃强先生《华阳国志校补图注》的《出版说明》中指出：

> 《华阳国志》十二卷，分为两大部分，前四卷《巴志》《汉中志》《蜀志》《南中志》为地理之部，所涉及的疆域，北起今陕甘南部，南到今滇南和滇西南边境，西起今川西地区，东至长江三峡地区。后八卷是对我国西南地区重大历史事件和人物的记载，从远古蚕丛、鱼凫的传说时期起，至东晋咸康五年（339）止，其叙述的侧重点，则在公孙述、刘焉据蜀时期……此书体制完备，资料丰富，考证翔实，文笔富赡。草创始就，即倍受重视。范晔著《后汉书》，

---

① 清·永瑢等撰：《四库全书总目》卷六八《史部·地理类一》，北京：中华书局，1965年，第595—596页。

裴松之注《三国志》，曾大量采取其文，后来崔鸿著《十六国春秋》，郦道元注《水经》，刘昭注《后汉志》，凡涉及西南史地者，亦无不尽量吸收《华阳国志》的成果。从《隋书·经籍志》开始，历代书志均加著录。

【五】　"也"字，据文意补。

【六】　"者数世"三字，据《华阳国志·江阳郡》原文补。

按，光武帝微时过江阳事，诸史不载，罚泸人不得冠带，事属不经，其为子所立之祠，亦无可考。

【七】　《水经注》　以汉晋年间水道为纲的中国历史地理名著。内容是对《水经》的笺注和增补。四库馆臣曰："《水经注》四十卷，后魏（北朝魏）郦道元撰。道元字善长，范阳（今属河北）人。官至御史中尉……自晋以来，注《水经》者凡二家，郭璞注三卷，（唐）杜佑作《通典》时犹见之。今惟道元所注存。《崇文总目》称其中已佚五卷。故《元和郡县志》《太平寰宇记》所引溏沱水、洛水、泾水，皆不见于今书。然今书仍作四十卷，盖宋人重刊、分析以足原数也。"[1]

《水经》之名，始见于《隋书·经籍志》，题"三卷。郭璞注"。《旧唐书·经籍志》改题"《水经》二卷，郭璞撰"。《新唐书·艺文志》改为"桑钦《水经》三卷。一作郭璞撰。郦道元注《水经》四十卷"。

关于《水经》的作者，四库馆臣曰："《唐书》题曰'桑钦'。然班固尝引钦说，与此经（之）文异。道元注亦引钦所作《地理志》，不曰《水经》。观其涪水条中称'广汉'已为'广魏'，则决非汉时。钟水条中称'晋宁'仍曰'魏宁'，则未及晋代。推寻文句，大抵三国时人。今既得道元原序，知并无桑钦之文，则据以削去旧题。亦庶几阙疑之义云尔。"[2]

《水经》记述全国一百三十七条主要河流的水道及其流域地区。全文只一万余字，记载极其简略。郦道元的《水经注》则博瞻考据，紬（chōu）史记石室金匮之书；取资金石、文物、图像；游历访问，实际调查。作者以飘逸之文笔，因水以证地，即地以存古，对《水经》进行大幅增补，上起先秦，下至作者所生活的南北朝时期，从自然地理、人文地理的层面，科学、深入考述全国河道及其支流一千五百

---

[1] 清·永瑢等撰：《四库全书总目》卷六九《史部·地理类二》，北京：中华书局，1965年，第610页。

[2] 清·永瑢等撰：《四库全书总目》卷六九《史部·地理类二》，北京：中华书局，1965年，第610页。

五十二条，涉及的地域范围远及今印度、中南半岛和朝鲜半岛。该书从河流的发源到入海，对河流干流及支流的河谷宽度、河床深度、水量、水位季节变化、含沙量、冰期及沿河所经的伏流、瀑布、急流、滩濑、湖泊和流域地区的山川形势、政区沿革、土产方物、水陆交通、社会生产、风俗民情、动物、植物，以及各种自然灾害等，广为记载。该书赋予地理描写以时间的深度，又给予许多历史事件以具体的空间真实感，成文三十万言，是《水经》原书的二十多倍，无论从地理学、历史学、考古学、民族学还是从自然科学的角度审视，其价值都已远远超过《水经》原书，成为极富学术价值而且独立存在的历史地理科学之书。

【八】　绵水口　此谓沱江汇入长江之口，即泸州城。沱江亦名绵水，又称枝江、洛水、中水。《水经注》："洛水出洛县漳山，亦言出梓潼县（今属四川）柏山……洛水又南，迳新都县（今成都市新都区）……与绵水合。水西出绵竹县（今属四川）……又迳牪鞞为牛鞞县（今县级简阳市），为牛鞞水。昔罗尚乘牛鞞水东征李雄，谓此水也……又东迳资中县，又迳汉安县（今内江市），谓之绵水也……绵水至江阳县方山下入江，谓之绵水口。"①

从长宁县流至江安县的淯江（又名长宁河、安宁河、绵水），《太平寰宇记》记作"绵水溪"，流至官帽沱（活麻口）汇入长宁河（淯江）。其汇口处亦名"绵水口"，唐初曾置绵水县于其地。该水与沱江本自不同，前代失于实地考察，混而为一。

【九】　隋炀帝时州废，置泸川郡　隋初，有鉴于地方行政机构层次太多，开皇三年（583）废郡存州，泸州的江阳郡和戎州的洛原郡并罢，合置为泸州。仁寿中，升泸州总管府，掌一方军戎之政，统领州兵（地方部队）。炀帝嗣位，并省诸州，寻即改州为郡，大业三年（607），泸州总管府废，改置为泸川郡。"统县五，户一千八百二。泸川、富世、江安、合江、绵水。"②

【十】　"唐武德元年复为泸州"段　"（唐）高祖受命（立国御极）之初，改郡为州，太守并称刺史。其缘边镇守及襟带之地，置总管府，以统军戎。至武德七年（624），改总管府为都督府。"③泸州所管疆域与地方行政机关的设置，因之相继变迁。武德三年（620）置泸州总管府。七年，改都督府，作为沿边地区军事机关。程咬金、左难当等名将先后出任都督，与州分治，负责管控长江以南少数民族地区，

---

① 北魏·郦道元撰：《水经注》卷三三《江水》，《四库全书》文渊阁本。
② 唐·魏徵等撰：《隋书》卷二四《地理上》，北京：中华书局，1973 年，第 828 页。
③ 后晋·刘昫等撰：《旧唐书》卷三八《地理一》，北京：中华书局，1975 年，第 1384 页。

陆续开拓泸南地区。纵观隋唐之世，天下州、郡之名，几经更替，时州时郡，然其品级、职掌固未尝有变。《旧唐书》：

泸州下都督府 隋泸川郡。武德元年，改为泸州，领富世、江安、绵水、合江、来凤、和义七县。武德三年，置总管府，一州。九年，省来凤。贞观元年，置思隶、思逢、施阳三县。仍置泾南县。又省施阳县。十三年，省思隶、思蓬二县。十七年，置溱、珍二州。仪凤二年（677），又置晏、纳、奉、浙、巩、薛六州。载初二年①，置顺州。天授元年，置思峨州。久视元年（700），置淯州。二年罢州。并属泸州都督，凡十州。天宝元年（742），改为泸川郡，依旧都督。乾元元年（758），复为泸州。旧领县六，户一万九千一百一十六，口六万六千八百二十八。天宝，户一万六千五百九十四，口六万五千七百一十一。在京师（长安）西南三千三百里，至东都（洛阳）四千一百九十六里。

泸川 汉江阳县地，属犍为郡。梁置泸州，故以江阳为泸川县，州所治也。
富义 隋富世县。贞观二十三年，改为富义县。界（内）有富世盐井，井深二百五十尺，以达盐泉，俗呼玉女泉。以其井出盐最多，人获厚利，故云富世。
江安 汉江阳县地。晋时，生獠攻郡，破之，又置汉安县。隋改为江安也。
合江 汉符县地，属犍为郡。晋置安乐县，后周改为合江也。
绵水 汉江阳县地。晋置绵水县，当绵水入江之口也。
泾南 贞观八年，分泸川置，在泾水之南。②

以今日地理度之：

（1）泸川县。治长、沱两江之汇，即今泸州市主城江阳区。
（2）富义县。《元和郡县志》载："本汉江阳县地，（北朝）周武帝于此置富世县，贞观二十三年（649），改为富义县。"宋乾德五年（967），以其地产盐，改建为与县同级的富顺监，既而改名富顺，今属自贡市。

---

① "载初"是武则天以太后名义临朝称制时的年号之一，其元年为公元689年。公元690年，武则天更唐为周，改元天授。据是，则载初固无二年也。因疑顺州之设，应在天授元年（690）。
② 后晋·刘昫等撰：《旧唐书》卷四一《地理四》，北京：中华书局，1975年，第1685—1686页。

（3）江安县。晋穆帝永和二年，桓温伐成汉，军次江阳，分江阳地置汉安县，治今泸州市纳溪区大渡口镇三江坝，隋开皇十八年更名曰"江安"。北宋熙宁十年前后移治绵水口（清江注入长江之口）之今江安县城。1935年划属宜宾专区（今宜宾市）。

（4）绵水县。晋孝武帝置，治绵水口。宋乾德五年省入江安县。

（5）合江县。本汉符县地，晋穆帝改置安乐县，南朝齐改为安乐戍，北周保定四年废戍，置合江县。

（6）来凤县。今为自贡市富顺县地。武德四年析富义县地置，治今隆昌市双凤驿。九年，仍省入富义。

（7）和义县、隆越县。今内江市威远县地。《旧唐书》曰："荣州（今荣县）……武德元年，置荣州，领大牢、威远二县。贞观……二年，割泸州之隆越来属……八年，又割泸州之和义来属。"[1]

（8）泾南县。今泸州市纳溪区地。唐贞观八年析泸川县置。乾隆《大清一统志》载："泾南废县。《旧志》：'在（泸）州西南四十五里。'"[2]治所在今泸州市纳溪区东南二十里白节河汇入永宁河处，遗址犹存。

唐代泸州泾南县遗址
（泸州市纳溪中学牟亚林摄）

---

① 后晋·刘昫等撰：《旧唐书》卷四一《地理四》，北京：中华书局，1975年，第1678页。
② 清·乾隆官修：《大清一统志》卷二五一《直隶泸州》，美国哈佛大学哈佛燕京图书馆藏本。

（9）思隶、思蓬、施阳三县。民国《江安县志》载："皆夷、獠户，今江安西南。"① 大体在今蟠龙、底蓬、大井、红桥等地。

★6.
（《太平寰宇记》）

十七年置溱、珍二州【一】。仪凤二年（677）又置晏、纳、奉、浙、巩、（阴）[薛]【二】六州。载初二年置顺州。天授元年（即载初二年），置思峨州。久视元年（700）置淯州。大足元年（701）置能州。并属泸州都督，凡十州。【三】天宝元年（742）改为泸川郡，依旧都督。乾元元年（758）复为泸州。

宋朝【四】乾德五年（967），并绵水县入江安县。割富义县为富顺监。【五】

【校补图注】

【一】溱、珍二州 唐代泸州都督府管下的两个少数民族羁縻州。《新唐书》："自太宗平突厥，西北诸蕃及蛮夷稍稍内属，即其部落列置州县。其大者为都督府，以其首领为都督、刺史，皆得世袭。虽贡赋版籍，多不上户部，然声教所暨，皆边州都督、都护所领，著于令式。"②

溱州，唐贞观十六年（642）开山洞置，为正州。领荣懿、扶欢、乐来三县，治荣懿县（今重庆市綦江区东南青年镇），辖境相当于今重庆市綦江区南部、南川区南部及贵州省正安县西北部。《旧唐书》载："贞观十六年，置溱州及荣懿、扶欢、乐来三县。咸亨元年（670），废乐来县。天宝元年，改为溱溪郡。乾元元年，复为溱州。领县二，户八百七十九，口五千四十五。至京师三千四百八十里，至东都四千二百里。……已上二县（宋懿、扶欢），并贞观十六年开山洞置。"③《元和郡县图志》载："（溱州）本巴郡之南境，贞观十六年有渝州万寿县人牟智才上封事，

---

① 严希慎修，陈天锡纂：《江安县志》卷二《古迹》，民国十二年刊本。

② 宋·欧阳修、宋·宋祁撰：《新唐书》卷四三下《地理七下》，北京：中华书局，1975年，第1119页。

③ 后晋·刘昫等撰：《旧唐书》卷四〇《地理三》，北京：中华书局，1975年，第1629页。

请于西南夷窦渝之界招慰不庭，建立州县。至十七年置，以南有溱溪水为名。……管县二：荣懿，扶欢。荣懿县，贞观十七年与州同置。扶欢县，贞观十七年与州同置。以县东扶欢山为名。"① 溱溪水，今名溱溪河，在今万盛关坝镇境内。关坝一带，明代地名"鲊水坝"。

唐元和三年（808），撤销与溱州同时设立的珍州，将其所辖夜郎、丽皋、乐源三县划入溱州。溱州地域遂含今重庆万盛，贵州正安、道真三县全境，以及今重庆市綦江区南部和贵州桐梓县的北部。进入五代，南平僚酋割据其地。原珍州地区复为珍州。

宋乾德四年南平僚酋内附，降溱州为羁縻溱州。庆历八年（1048）改为溱溪郡，隶渝州。熙宁三年（1070），荣懿、扶欢二县降置为寨。七年，熊本平南平僚，在铜佛坝（今重庆市綦江区赶水镇）设置南平军，将荣懿寨、扶欢寨等划归南平军管辖。《宋史》："南平军……溱溪寨，本羁縻溱州，领荣懿、扶欢二县；熙宁七年，招纳，置荣懿等寨，隶恭州（即重庆府），后隶南平军。"②

需要说明的是，"大观二年（1108），别置溱州及溱溪、夜郎两县；宣和二年（1120），废州及县，以溱溪寨为名，隶南平军。"③ 这个溱州，地在今日贵州桐梓县北部的新站（原名夜郎坝）一带，存在时间仅十二年，不是同一个溱州。

珍州，地在今贵州省遵义市境内的桐梓、绥阳一带。唐贞观十六年开山洞置。为正州，治夜郎坝，以县界有隆珍山得名。《旧唐书》："贞观十六年置。天宝元年改为夜郎郡。乾元元年，复为珍州。领县三，户二百六十三，口一千三十四。至京师四千一百里，至东都三千七百里。"④ 《元和郡县图志》："珍州，本徼外蛮夷之地，贞观十六年置。……管县三：夜郎、丽皋、乐源。"三县皆贞观十六年与州同置，"并在州侧近或十里，或二十里，随所畬种田处移转，不常厥所"。⑤ 《宋史》："珍州，唐贞观中开山洞置，唐末没于夷。（宋）大观二年，大骆解上下族帅献其地，复建为珍州。宣和三年，承州废，以绥阳县来隶。县二：乐源、绥阳，本羁縻

---

① 唐·李吉甫撰，贺次君点校：《元和郡县图志》卷三十《江南道六·溱州》，北京：中华书局，1983年，第744—745页。

② 元·脱脱等撰：《宋史》卷八九《地理志五·夔州路》，北京：中华书局，1985年，第2228—2229页。

③ 元·脱脱等撰：《宋史》卷八九《地理五》，北京：中华书局，1985年，第2229页。

④ 后晋·刘昫等撰：《旧唐书》卷四〇《地理三》，北京：中华书局，1975年，1986年，第1629页。

⑤ 唐·李吉甫撰，贺次君点校：《元和郡县图志》卷三十《江南道六·珍州》，北京：中华书局，1983年，第743—744页。

夷州，大观三年，酋长献其地，建为承州，领绥阳、都上、义泉、宁夷、洋川五县；宣和三年，废（承）州及都上等县，以绥阳隶珍州。遵义寨，大观二年，播州杨文贵献其地，建遵义军及遵义县；宣和三年，废军及县，以遵义寨为名，隶珍州。"①

珍州又称真安州。《蜀中广记》："真安州，《图经》云：'本夷州之境，与黔、思（二州）犬牙。其地山溪竦秀，岗峦连绵，竹树茂林，千里不绝，物产颇饶。与渝之南川、武隆、彭水相接壤。'《寰宇记》云：'唐贞观十七年廓辟边夷，置播川镇，后因其处有降珍山，乃以镇为珍州，取山名也。长安四年（704）改舞州。开元十三年（725）又改鹤州。十四年，复为珍州。'宋乾德四年，刺史田迁上言：'自给赐珍州郡名已来，连遭火灾，乞改州名。'诏改为高州。寻以岭南（今广西）有高州，加'西'字。元复为珍州。伪夏避明玉珍讳，因改为真州。《图经》云：'唐太宗开山洞，始置珍州。时并置夜郎、丽皋、乐源三县。'《寰宇记》云：'其县并在州侧，近或十里，或二十里，随有畲田处为寄理，移转不定。'《方舆》（《方舆胜览》）云：'珍州有丽皋、白厓、思义、安定、寿山五堡，官军所驻也。夜郎，今桐梓县。乐源废县在治西六十里，有乐道书院，汉尹珍建。'又云：'尹珍以俗敦稼穑，并建务本堂。'《纪胜》（《舆地纪胜》）云：'珍州有东松、西松、豹子、罗蒙四山。'按，二松俱在州南三百二十五里。豹子在州北八里，山多产豹。罗蒙山在州西南三百里内。《唐志》（《唐书·地理志》）有罗蒙县，言此山高远，可瞰罗蒙也。《胜览》（《方舆胜览》）云：'三江者，去州三十里，即明溪。'又曰：'虎溪，在州东十七里。思溪，在州西北百八十里，出南平军，与明溪合。'又有贯珠溪。按，在今治西八十里，源出虹转山下，屈曲会合三江矣。志云'杨六郎寓白鸠亭。亭在古城，其憩休处在三块石，足迹犹存。'按，六郎，宋太原杨业之子杨延昭也，事迹不可考。又云：'伪夏僭号，其将江中立筑城以守，旧州城是也。真州将郑昌孙据石城抗之。今南山寨是也。宋［夏］②兵初至，昌孙执中立以献，命得世领其地。'按，（万历中李化龙）平播之后，真州始加'安'字。州判官有郑、骆二姓，郑即昌孙后也，骆氏未详。《方舆胜览》云：'宋徽宗时，大骆解上下族帅骆世华、骆文贵等献地立珍州，亦曰乐源郡，或即骆之始云。'③

【二】 王文楚先生校：阴，"万（江西万廷兰）本作'薛'。《舆地纪胜》卷一

---

① 元·脱脱等撰：《宋史》卷八九《地理五》，北京：中华书局，1985年，第2229页。
② "夏"是元末明初明玉珍在蜀中称帝的国名，其地南至播州。"宋"字显误，据文意改。
③ 明·曹学佺撰，杨世文校点：《蜀中广记》卷二十《名胜记二十·遵义道真安州》，上海：上海古籍出版社，2021年，第211—212页。

五三泸州作'阴'，《旧唐书·地理四》《宋史·地理五》泸州皆作'薛'，按宜作'薛'。"① 据改。

按，"薛州"，地志或又作萨州。

【三】 并属泸州都督，凡十州　州，谓唐代泸州都督府管下的十个少数民族羁縻州。

羁縻州之制，肇始于唐。唐置羁縻诸州，皆傍塞外，或寓名于夷落。

由于兵力、财力诸多方面的制约，唐王朝对于沿边少数民族地区鞭长莫及，于是建置若干羁縻州，就地任命少数民族头人为刺史，名义上接受中央政府的统治。州下设县，其令长亦用当地部族头人。职务世袭，生杀自专。不收或者只是象征性地收取一点租赋，并由地方官府向他们提供经济援助和军事保护。通过施行这种松散性的"羁縻统治"，保证沿边地区的安宁。羁縻制度并不改变地方的社会结构与部落权力构成，又不要求地方输纳或只要求地方输纳些少租赋，中央政权还通过地方官府向他们提供经济援助和军事保护，因而部落头人也乐于接受这种管理方式。

羁縻州并不皆有固定的治所，其管辖领域，也只是大体有个界限，疆土既不完全固定，存废更是无常。用彝族土司后裔、清代举人余若瑔《且兰考》的话讲，就是"其所设郡县皆不实。以今考之，或以一县而设数州，以一里地而设数县。且数年以后皆无其名矣"②。

今日泸州市长江以南的纳溪、兴文、叙永、古蔺、江安、长宁、珙县、高县、筠连以及贵州习水、赤水、仁怀诸地，史称"泸南"。前代，在这片广袤的土地上，居住着族属众多的少数民族。唐高祖武德三年（620），承隋制设立泸州总管府，后改建为泸州都督府，统领泸南地区军事，控制少数民族。太宗贞观年间，泸州都督府招抚夷僚，建置了无户口、无道里的珍、溱二州。高宗时期，增置羁縻晏、纳、奉、浙（一作"浙"）、巩、薛六州。武周时期，又增置顺、思峨、能、淯四州。总计十州。而其地望，则大多皆在今之宜宾市境。《旧唐书》记载：

> 泸州都督十州，皆招抚夷獠置，无户口、道里，羁縻州。
>
> 纳州　仪凤二年，开山洞置。天宝元年，改为都宁郡。乾元元年，复为纳州，领县八，并与州同置：罗围、播罗、施阳、都宁、罗当、罗蓝、都阙、胡茂。

---

① 宋·乐史撰，王文楚点校：《太平寰宇记》卷八八的《校勘记》，北京：中华书局，2007年，第1749页。

② 清·余若瑔著：《且兰考》，贵阳：贵州大学出版社，2011年，第29页。

薛州　仪凤二年，招生獠置。天宝元年，改为黄池郡。乾元元年，复为薛州也。领县三，与州同置：枝江、黄池、播陵。

晏州　仪凤二年，开山洞置。天宝改为罗阳郡。乾元元年，复为晏州也。领县七，与州同置：思峨、柯阴、新宾、扶来、思晏、多冈、罗阳。

巩州　仪凤二年，开山洞置。天宝改为因忠郡。乾元元年，复为巩州也。领县四，与州同置：多楼、波员、比求、播郎。

顺州　载初二年置，领县五，与州同置：曲水、顺山、灵岩、来猿、龙池。

奉州　仪凤二年置，领县三，与州同置：柯理、柯巴、罗蓬。

思峨州　天授元年置，领县二，与州同置：多溪、洛溪。

能州　大足元年置，领县四，与州同置：长宁、来银、菊池、猿山。

淯州　久视元年置，领县四，与州同置：新定、淯川、固城、居牢。

浙州　仪凤二年置，领县四，与州同置：浙源、越宾、洛川、鳞山。①

在此十州之外，《新唐书》还记载有另外四个羁縻州，隶于泸州都督府。分别是高州（县三：柯巴、移甫、徒西）、宋州（县四：柯龙、柯支、宋水、卢吾）、长宁州（县四：婆员、波居、青卢、罗门）、定州（县二：支江、扶德）。②

宋承唐制，继续实行这种羁縻州制度，载在《宋史》和《元丰九域志》，泸州领羁縻州十八：纳、薛、晏、巩、奉、悦、思峨、长宁、能、淯、浙、定、宋、顺、蓝、溱、高、姚。③ 新增了悦、蓝、溱、姚四州。此外，还记载有归徕州和投附州。

这些羁縻州的境域和治所，《唐书》《宋史》失载，"至于诸番形势，皆出传闻，所言道里山川，以今日考之，亦多刺谬。"④ 当代学人，虽然多有考述，然其研究方法，要皆"以书考地"。仅凭《元丰九域志》《武经总要》《蜀中广记》等后出诸书所记里程、方位进行判定，进而"定"某州某县于某处，自难合乎历史的真实。

谭其骧先生的《中国历史地图集》，以前代典籍为基础，从山川形势、民人族属构成以及语音、民俗诸多方面考求这些羁縻州，方法科学，然亦憾于未能实地考

---

① 后晋·刘昫等撰：《旧唐书》卷四一《地理四》，北京：中华书局，1975年，第1686—1688页。

② 宋·欧阳修、宋·宋祁撰：《新唐书》卷四三下《地理七下》，北京：中华书局，1975年，第1142页。

③ 元·脱脱等撰：《宋史》卷八九《地理五》，北京：中华书局，1985年，第2219页。

④ 清·永瑢等撰：《四库全书总目》卷九九《子部·兵家类》，北京：中华书局，1965年，第838页。

察，难以尽善尽美。后学不辞谫陋，穷搜典籍，进行田野、社会调查，从历史地名、地理方位、道路里程、山川形势、文物遗存、居民族属构成、语言以及民俗诸多方面综合分析、科学比较研究，并汲取当代学人以及 20 世纪 90 年代新编地志成果，谨就其境域、治所情况重新研判，作为对于谭先生研究成果的发明和订正。

（1）纳州。

地在今泸州市纳溪区和叙永县北部，属永宁河流域，即《永乐大典》所记的江安县生南耆。治纳溪水（永宁河）注入长江之口，即今泸州市纳溪区安富街道。

州而名"纳"，其得名于纳溪水无疑。谭先生《中国历史地图集》把纳州划定在今叙永县西南，其依据盖为《太平寰宇记》《元丰九域志》中所记载的纳州与泸州的距离。今按：纳溪水在今日叙永城下，由三支涓涓细流汇合而成，下流 112 公里而于纳溪城下注入长江。从生产、生活和交通往来便利的角度看，叙永县西南地区远不如永宁河两岸。今日泸州市纳溪区到叙永县这一大片土地（永宁河流域），曾为"泸夷"所居，《宋史》记载，彝族先民"乌蛮有二酋领，曰晏子、曰斧望个恕，常入汉地鬻马。晏子所居，直长宁、宁远以南，斧望个恕所居，直纳溪、江安以东，皆仆夜诸部也……斧望个恕近纳溪，以舟下泸不过半日"①。故唐王朝不会不在其地建置羁縻州。

宋《武经总要》曰："纳州。北自纳溪口，至泸州三百五十里，以施池水为界。唐仪凤中开山洞置，天宝中改都宁郡，乾元中复为纳州。"②《太平寰宇记》云，"其州在边徼溪洞，不伏供输"，只"输纳半税"。纳溪河口代为泸夷所居，皇祐二年（1050），又于其地置寨，堵截夷人。唐代羁縻纳州治于纳溪河口，应无疑义。

随着中央政权势力不断增强，纳州夷人逐渐退往永宁河中、上游山区。谭其骧先生《中国历史地图集》所反映的，乃是该时期的情况。

（2）巩州。

地在今珙县境内，治今珙县罗渡苗族乡罗星渡。

《武经总要》载："薛州，在泸州西南七百六十里。北淯井监。唐仪凤中招生獠置。天宝中改为黄池郡，乾元中复为薛州。管山后夷人丁口五万。……

---

① 元·脱脱等撰：《宋史》卷四九六《蛮夷四》，北京：中华书局，1985 年，第 14244 页。
② 宋·曾公亮等撰：《武经总要》前集卷一九，《四库全书》文渊阁本。

巩州，在泸州西南六百里。西北淯井盐。唐仪凤中开山洞置。天宝初改为因忠郡，乾元初为巩州。管山后夷人丁口一万。"① 《蜀中广记》载："珙县，唐羁縻萨、巩二州也。萨州，今之下罗计；巩州，今之罗星渡矣。"②

罗星渡坐落在南广河岸，河自今云南威信县高田乡罗布岩脚的花田沟流来，在威信县境称"顺河"，至桠权湾入今四川珙县界，流至水车坝，纳半边桥河，下流经罗星渡至上油房，入今高县境，穿过高县旧城文江镇，从庆符县城（今高县城）流过，至南广口汇入长江，全长222公里，出口处平均流量111立方米/秒，年均径流量35亿立方米，③ 其间罗星渡以下河段可以通航。新编《珙县志》说：半边桥河从源头罗布岩脚至水车坝河段，古称"黑水"。故南广河罗星渡以上段古代统称"符黑水"。过罗星渡大桥之后的河段统称南广河。④ 南广河源以及叙南六县地区，汉晋以前的居民主要是濮僚系统的僰人、僚人和羿子。唐宋年间，彝族先民乌蛮进入这一地区，并迅速发展壮大，成为这一地区的主要居民，即《宋史》所载"吕告蛮"与"叙州三路蛮"中的"南广蛮"。唐王朝正是在此基础上，在今罗星渡建置了羁縻巩州。

《元史》载："上罗计长官司，领蛮地罗计、罗星，乃古夜郎境，为西南种族，前代置之化外。宋设长宁军，十州族姓俱效顺，各命之官。其后分姓他居，遂有上、下罗计之分，盖亦如唐羁縻之，以为西蜀后户屏蔽。元至元十三年（1276），蛮夷部宣抚昝（zǎn）顺（即南宋降将昝万寿）引本部夷酋得赖阿当归顺。十五年，授得赖阿当千户……其民人散居村箐，无县邑乡镇。下罗计长官司，领蛮地。其境近乌蛮，与叙州、长宁军相接，均为西南夷族，与上罗计同。至元十二年，长宁知军率先内附。十三年，昝顺引本部夷酋得颜个诣行枢密院降，奏充下罗计蛮夷千户。"⑤ 元明之际明玉珍据蜀，置珙州，治下罗计，地在阿亚谷中。明改珙州为县，其后因之，即今珙县之珙泉镇。

① 宋·曾公亮等撰：《武经总要》前集卷一九，《四库全书》文渊阁本。
② 明·曹学佺撰，杨世文校点：《蜀中广记》卷一五《名胜记十五·珙县》，上海：上海古籍出版社，2021年，第167页。
③ 四川省高县志编纂委员会编：《高县志》，北京：方志出版社，1998年，第85页。
④《珙县志》编纂委员会编：《珙县志》，成都：四川人民出版社，1995年，第80页。
⑤ 明·宋濂等撰：《元史》卷六〇《地理志三·四川诸路行中书省·叙南等处蛮夷宣抚司》，北京：中华书局，1976年，第1446页。

（3）薛州（萨州）。

《新唐书》《太平寰宇记》并记作"萨州"。治下罗计，即今珙县珙泉镇老堡寨，遗址犹存。

（4）晏州。

地在今兴文县境。羁縻晏州的治所，1994年新编《兴文县志》称，"今大坝乡四新村校场一带"，地名黑田坝。旧时曾有相应的文物出土。兴文县地方志办公室实地勘查，确认了这种说法。又，北宋政和五年（1115）赵遹讨平五斗蛮后，曾在"兴文镇（今名僰王山镇）北新胜乡"土城上另筑晏州土城，而今遗址尚在。①

关于羁縻晏州，历代史乘多有记载：

《蜀中广记》："唐晏州罗阳郡，领思峨、柯阴、新宾、扶来、思晏、多冈、罗阳七县。今皆属夷。南五里有南寿山，宋时夷酋卜漏据山为寨，一豆一蛮，数有五斗，故名五斗夷。又十五里有丹霞箐，旦暮霞彩浮于木杪也。"② 又云："兴文县有晏峰，即思晏县也。七县今为寨矣。"③

多岗，古名哆刚，羁縻晏州的属县，今名多岗漕。地在今兴文县同心乡。光绪《兴文县志》："哆刚废县，在县东南。唐晏州所领七县之一。宋祥符中，哆刚酋斗望猖獗，即此。"④

南寿山，在今兴文县城古宋镇西七十里。光绪《兴文县志》：南寿山，"县西十里。初名'博望'，讹传'八望'。四面陡绝，屹如城堞。山下四围无路，惟（其）西关口与插旗山有隘道可上。宋五斗蛮据此。政和中，转运使赵遹擒卜漏，捣其巢穴，绘图以献。神宗悦，赐名'南寿'。县城之脉，发源于此。上有晏峰诸景。"⑤ 实际考察其地，地形地貌完全相合。2002年辟为风景旅游区，更名"僰王山"。按，清代兴文县城在今僰王山镇。"县西十里"，即以此为言。距离今兴文县城古宋镇，则七十里矣。

---

① 兴文县志编纂委员会编：《兴文县志》，成都：四川辞书出版社，1994年，第50页。

② 明·曹学佺撰，杨世文校点：《蜀中广记》卷一五《名胜记一五·兴文县》，上海：上海古籍出版社，2020年，第167页。

③ 明·曹学佺撰，杨世文校点：《蜀中广记》卷三六《边防记六》，上海：上海古籍出版社，2020年，第379页。

④ 清·江亦显、清·赵焕、清·郭天章纂修：光绪《兴文县志》卷五《古迹》，国家图书馆藏本。

⑤ 清·江亦显、清·赵焕、清·郭天章纂修：光绪《兴文县志》卷一《舆地·山川》，国家图书馆藏本。

赵遹《泸南平蛮图》第四段
（美国国会图书馆收藏，泸州市委党史研究室马晓涛提供）

（5）思峨州。

思峨，《元史》作"豕峨"。《武经总要》作"思义"。《武经总要》
云："思义州，在泸州东南四百五十里。东至淯井监，西南至戎州南溪县
界，唐天授中置。管山前夷人丁口八千。"① 《蜀中广记》云："思峨州，
天授元年置，领县二，户三十七：多溪、洛溪。按，《泸州宪纲》有思峨
洞，已上供输淯井盐、紫竹也。"② 淯井监治今长宁县双河镇（唐名婆娑），
是古代蜀中著名的产盐处所，宋王朝即于其地置长宁军，从盐井采汲卤水
和编制煎盐生产过程中需用的竹器，所需紫竹甚多，因责少数民族民人供
赋。顾祖禹《读史方舆纪要》载，思峨废州，"在（泸）州西南境，唐天
授二年（691）所置羁縻州也。领多溪、洛溪二县，属泸州都督府。宋因
之，熙宁八年（1075）内附，政和中属长宁军……今州有思峨洞，或云州
盖因洞而名"③。

《大清一统志》：思峨洞，"在州西南二百里，《明统志》：'初入稍隘，
已乃洪广，石髓凝结，千态万状。前望宛若堂亭。'旧志相传为故思峨州地，

① 宋·曾公亮等撰：《武经总要》前集卷一九《泸州羁縻州》，《四库全书》文渊阁本。
② 明·曹学佺撰，杨世文校点：《蜀中广记》卷三六《边防记六》，上海：上海古籍出版社，
2020 年，第 379 页。
③ 清·顾祖禹撰：《读史方舆纪要》卷七二《四川七·泸州》，上海：上海书店出版社，1998
年，第 488 页。

因名。"① 光绪《兴文县志》："思峨废县，在县东二十五里思峨洞之下。唐置晏州领七县，此其一。洞以县名，县因洞名，不可考矣。"② 实际考察其地，洞在今江安县五矿镇西五里金星村至富安场之间，地名砂漕。上下数十里地带为喀斯特地貌发育，多溶洞，而所谓思峨洞者，已不可觅。父老云，洞内可容千户人家。1958年"大跃进"采石烧制石灰，遂毁，唯余地名聊志遗踪。

（6）顺州。

《读史方舆纪要》："羁縻顺州，亦在（泸）州境。唐载初二年（690）置，领曲水、顺山等五县，属泸州都督府。宋因之。后（与思峨州）俱废。"③ 又《宋史》记载，大中祥符六年（1013）梓州路转运使寇瑊讨羁縻晏州夷人斗望，招安近界夷族，"纳溪、蓝顺州刺史史个松……并来乞盟，立竹为誓门，刺猫狗鸡血和酒饮之，誓同力讨贼"④。纳溪，水名。《永乐大典·泸字》引纳溪《图经志》云：纳溪县"古之有溪，上控永宁界首，下注泸江。昔诸葛武侯平定云南，蛮夷纳贡而出此溪，因名纳溪"，其所言之"溪"，即今之永宁河。据是，则羁縻顺州当在永宁河上。从山川形势、道路交通、气候土壤以及居民民族构成等诸多方面分析，顺州的治所，当在今叙永县城。

边城叙永彩云飞
（叙永县委宣传部胡润林摄）

① 清·乾隆官修《大清一统志》卷三一一《泸州》，《四库全书》文渊阁本。
② 清·江亦显、清·赵焴、清·郭天章纂修：光绪《兴文县志》卷五《古迹》，国家图书馆藏本。
③ 清·顾祖禹撰：《读史方舆纪要》卷七二《四川七·泸州》，上海：上海书店出版社，1998年，第488页。
④ 元·脱脱等撰：《宋史》卷四九六《蛮夷四》，北京：中华书局，1985年，第14227页。

如是推断的理由和证据是，叙永县城地在兴文、古蔺二县之间，坐落在由红岩上坝、红岩下坝、桑家坝、桃红坝（今名车家坝）等山间小平原（川黔人呼为"坝子"）连成一片、总计面积107平方公里的区域内。该地无霜期长，雨量丰沛，气候、土壤条件适宜，农业经济开发较早，为水陆交通往来之要冲。诸葛亮南征的马忠部队，以及后来历代用兵云南，乃至民国蔡锷率护国军自云南入川讨袁，皆从这里经过。唐代泸州都督府下羁縻诸州，即今筠连、高、珙、长宁、兴文以及黔边赤水河上的古蔺、习水、赤水、仁怀诸县市，分布甚密，而从兴文至古蔺三百里地界之中，不可能无羁縻州。而在这一地区建置羁縻州，叙永县城所在的山间小平原，自当成为首选。

（7）淯州。

地在今长宁县境，治婆娑（今双河镇）。其地产盐，宋置淯井监，又置长宁军，同时又是安宁县的县治。唐代中后期改建为"长宁州"。《元史》："长宁军，唐置长宁等羁縻十四州、五十六县，并隶泸州都督府。宋以长宁地当冲要，升为长宁军，立安宁县。"[①] 沿革建置及其地望，世代分明。

新编《长宁县志》："州治在今双河。辖新定、淯川、固城、居牢四县，州境东有羁縻宋州，东南有羁縻晏州多刚县，西南有羁縻巩州、奉州、思峨州、投附州（原注：均在今珙县境内）。"[②]

今朝长宁双河镇　唐宋羁縻古淯州
（河边小井即淯井遗址。中央电视台记者傅强摄，长宁县人大常委会邹永前提供）

① 明·宋濂等撰：《元史》卷六〇《地理志》，北京：中华书局，1976年，第1445—1446页。
② 长宁县志编纂委员会：《长宁县志》，成都：巴蜀书社，1994年，第34页。

按，羁縻晏州多刚县地与长宁梅洞乡相接，而多刚实为今兴文县地。又，前已考思峨州在今兴文县五星乡境。新编《长宁县志》说误。

（8）奉州。

谭其骧先生以为地望无从考究。今按，《武经总要》有云："奉州，在泸州西南七百里，北淯井监。唐仪凤中置，管山后夷人丁口三千。"① 《宋史》："有夷在泸州部，亦西南边地，所部十州：曰巩、曰定、曰高、曰奉、曰淯、曰宋、曰纳、曰晏、曰投附、曰长宁，皆夷人居之，依山险，善寇掠。淯井监者，在夷地中，朝廷置吏领之，以拊御夷众。"② 王象之《舆地纪胜》："萨、定、巩、高、奉、淅六州，隔在山后，有远去五日程者。"③ 实际勘查其地，长宁、珙县二县以蛮垭山（又呼"蛮垭岭"）为界。所谓"山后"，是即蛮垭山的珙县一侧。据是可知，奉州地在淯井监南蛮垭山的珙县一侧，与思峨州同"供输淯井盐、紫竹"④。或曰：奉州治今叙永县城。其据为何？待考。

（9）淅（一曰"浙"）州。

地在淯州蛮垭山后"五日程"。谭其骧先生《播州杨保考》曰：淅、习同音，淅州领县四，其一曰淅源，可知州、县并以水名，是淅水即《水经》之习部水，今之习水（原注：水名，源出川滇边界，流经珙高、庆符等县，入江。汉南广县治，在今珙县西南，其辖地甚大，东至今赤水河）也。又一县曰鳞山，今习水县境中部有老灵山，或足以当之。⑤

与谭先生关于淅州的考证结论相同，《汉语大字典》"淅"字下明确认定："古州名。其境约当今贵州省习水县一带。"⑥

（10）高州。

地在今高县、筠连县境。治高县陈村。

《元史》载："高州，古夜郎之属境，邻乌蛮，与长宁军地相接，均为

---

① 宋·曾公亮等撰：《武经总要》前集卷十九，《四库全书》文渊阁本。
② 元·脱脱等撰：《宋史》卷四九六《蛮夷四》，北京：中华书局，1985 年，第 14229 页。
③ 宋·王象之撰，李勇先校点：《舆地纪胜》卷一六六《长宁军》，成都：四川大学出版社，2005 年，第 5022 页。
④ 明·曹学佺撰，杨世文校点：《蜀中广记》卷三六《边防记六·下川南》，上海：上海古籍出版社，2021 年第 379 页。
⑤ 谭其骧：《播州杨保考》，《贵州民族学院学报》1982 年第 1 期。
⑥ 汉语大字典编辑委员会编纂：《汉语大字典》，成都：四川辞书出版社，武汉：崇文书局，2010 年，第 1734 页。

西南羌族，前代以为化外，置而不论。唐开拓边地，于本部立高州。宋设长宁军，十州族姓俱效顺。元至元十五年（1278），云南行省遣官招谕内附。十七年，知州郭安复行州事，蛮人散居村囤，无县邑乡镇。"①

羁縻高州的治所，1998年新编《高县志》云：今县境"陈村乡，自唐迄元至元年间，先后为羁縻高州、高州治所。"② 清嘉庆《四川通志》云："旧志：唐高州故址，在今县南一百二十里。"③《大清一统志》亦云：故高州，"在高县南……旧志：唐高州故址，在今县南一百二十里。"④ 嘉庆《四川通志》引旧志所谓"今县"，指的是明代及其以前的高县县城。明时，高县治于怀远寨。考诸地理，陈村地当在东经104度49分58秒，北纬28度24分56秒，正在怀远寨南一百四十里处。

（11）宋州。

地在今兴文县境，治今县城古宋镇。宋水（今名宋江河）穿城而过，流至叙永县紫潭口汇入永宁河，州以名焉。

清宣统元年（1909），四川总督赵尔丰奏准建县，以地本羁縻宋州，取名"古宋"。1959年国务院撤销古宋县建制，改置为叙永县的古宋、共乐和大坝三区。1985年全境划属兴文。兴文县当即由晏阳镇（今僰王山镇）迁驻古宋镇。

（12）长宁州。

地在今长宁县、珙县二县之境，治长宁县城长宁镇（唐名婆员，清代、民国年间名安宁桥）。《宋史》载："长宁军，本羁縻州。熙宁八年（1075）夷人得个祥献长宁、晏、奉、高、薛、巩、淯、思峨等十州，因置淯井监隶泸州。政和四年（1114）建为长宁军。"⑤ 新编《长宁县志》云：羁縻长宁州，州治所在今长宁镇。辖婆员、波居、青卢、龙门四县，州境东北邻泸州绵水县地，西北邻戎州南溪县地，南有羁縻淯州，西南有羁縻高州。⑥

① 明·宋濂等撰：《元史》卷六〇《地理志》，北京：中华书局，1976年，第1445页。
② 四川省高县志编纂委员会编：《高县志》，北京：方志出版社，1998年，第49页。
③ 清·常明寺修，清·杨芳灿、清·谭光祜纂：《四川通志》卷五二《舆地志·古迹》，嘉庆二十一年刻本。
④ 清·乾隆官修：《大清一统志》卷三〇二《叙州府》，《四库全书》文渊阁本。
⑤ 元·脱脱等撰：《宋史》卷八九《地理五》，北京：中华书局，1985年，第2219页。
⑥ 长宁县志编纂委员会编：《长宁县志》，成都：巴蜀书社，1994年，第34页。

（13）定州。

地在今宜宾市筠连县境，治今筠连县城外筠连镇。

《蜀中广记》云：筠连县，"汉定川县，唐之（羁縻）筠、连州也。其地南通芒部（今云南镇雄），西控乌蒙（今云南昭通），四山皆竹，一色相连，因谓之筠连矣"①。县在南广河源地区，为彝族先民南广蛮、吕告蛮之地，唐初，曾置羁縻筠州和羁縻连州，并隶戎州都督府，武后时合置为定州，改属泸州都督。同治《筠连县志》考其建置沿革云：

邑自汉设州邑，为南广县地。唐宋递更，历元及明，率多因革……

汉。犍为郡南广县地。唐初，置筠州。《唐志》：羁縻筠州，领县八：盐水、筠山、罗余、临居、澄澜、临昆、唐川、寻源。隶戎州都督府。又置连州。《（清）一统志》：唐置，为羁縻州。领当为、都宁、罗游、罗龙、加平、清坎六县。仍为羁縻州。《寰宇记》：析筠州置。武（则天）氏置为定州。旧志：俱为羁縻。属戎州都督府。宋置羁縻筠、连二（县）［州］。元置筠连州。《通志》：元改置筠连州，又置腾川县为治。《明一统志》作元置定川县。旧志：元初置筠连州，并置定川县为治。属永宁宣抚司。明，筠连县。《通志》：明初废县入州，又降州为县。旧志：属叙州府。以地多筠竹，故名。②

此外，《武经总要》曰："定州，在泸州西南七百六十里，本淯州新定县地分置州。管山后夷人丁口五百。"③ 又，《蜀中广记》曰："定州，领县二，户一十六：支江、扶德。按，筠连（县）有定川溪，旧州治在溪南。"④ 羁縻定州的治所，民国《续修筠连县志》有明确记载："废定州，唐武后置，元改定川县。清季海瀛场后，城垣基址犹存。"⑤ 按，海瀛场，

① 明·曹学佺撰，杨世文校点：《蜀中广记》卷一五《名胜记十五·下川南道筠连县》，上海：上海古籍出版社，2020年，第166—167页。

② 清·程熙春修，清·文尔炘等纂：《筠连县志》卷二《舆地志一·建置沿革》，同治十三年刻本。

③ 宋·曾公亮等撰：《武经总要》前集卷一九《边防》，《四库全书》文渊阁本。

④ 明·曹学佺撰，杨世文校点：《蜀中广记》卷三六《边防记六·下川南》，上海：上海古籍出版社，2020年，第379页。

⑤ 祝世德纂修：《续修筠连县志·凡例》，民国三十七年铅印本。

今为筠连镇海瀛社区。实际考察其地，虽城垣旧基无可寻觅，父老犹能道之。

进入宋代，泸州都督府不复存在，泸州领羁縻州十八：纳州、薛州、晏州、巩州、奉州、悦州、思峨州、长宁州、能州、淯州、淅州、定州、宋州、顺州、蓝州、溱州、高州、姚州①。在唐代十四羁縻州外，又增悦、蓝、溱、姚四州。

（14）悦州。

唐置，时隶戎州都督府。《宋史》属泸州，《元丰九域志》同，盖宋时由戎州划属泸州的少数民族羁縻州。地在今日长宁县的硐底镇一带，治硐底镇。

《新唐书》载，悦州领六县，为甘泉、青宾、临川、悦水、夷邻、胡璠。"②《太平寰宇记》："悦州，在（戎）州南二百一十七里……虽有名额，元无城邑，散在山洞，不常其居，抚之难顺，扰之易动。其为刺史，父子相继，无子，即以其党有可者公举之。或因春秋有军设，则追集赴州。着夏人衣服，却归山洞，椎髻跣足，或被毡，或衣皮，从夷蛮风俗。无税赋以供官。每年使司须有优赏，不拘文法。自古至今，其俗难改。其军设并官中优赏等，并废多时。"③

《武经总要》曰："淯井监，西控悦江口……（监）百里悦江口，至蛮界悦州……悦州，州之东有三路，一入淯井监，甚平易；一自峡口路至淯井监，险隘；一自悦江口水路入泸州。管山前夷人丁口万人。"④

关于悦州的地望，兴文县博物馆陈介刚考证：

　　《太平寰宇记》卷七十九《剑南西道八·戎州》载："悦州，在州南二百一十七里，管县五……巩州，在州南三百七里，管县四。"则悦州在戎州（今宜宾市）和巩州（今珙县珙泉镇）之间。以上述道里计算，其位置相当于今从宜宾市至珙县珙泉镇约三分之二多十三里左右，而宜宾至珙县珙泉镇道路，从古至今基本走向未变，由此我们

① 元·脱脱等撰：《宋史》卷八九《地理五》，北京：中华书局，1985年，第2219页。
② 宋·欧阳修、宋·宋祁撰：《新唐书》卷四三下《地理七下》，北京：中华书局，1975年，第1141页。
③ 宋·乐史撰，王文楚点校：《太平寰宇记》卷七九《戎州》，北京：中华书局，2007年，第1602—1605页。
④ 宋·曾公亮等撰：《武经总要》前集卷一九《边防》，《四库全书》文渊阁本。

可以算出悦州大体位置当在今长宁县花滩至硐底一带。

宋仁宗时曾公亮和丁度所纂的《武经总要》前集卷二十《梓夔路》①载悦州方位："悦州，州之东有三路，一入淯井监，甚平易；一自峡石路至淯井监，险隘；一自悦江口水路入泸州。管山前夷人丁口万人。"其书又载："淯井监，西控悦江口，隋富世县地。……东戎州百里，西悦江口，至蛮界悦州，西乌蛮界，南晏州界。"明显悦州在淯井监（今长宁县双河镇）之西，晏州又在淯井监之南，亦即悦州东南，但道里不明。从"一自悦江口水路入泸州"可知悦江汇入淯江（今长宁河，在江安镇入长江）。《太平寰宇记》卷八十八《剑南东道七·泸州》载："悦州，江水从戎州部落悦州流下县界。"从上下文可知，此江水指悦江，县界指江安县界，与前相合。今长宁县花滩至硐底一带有两条河水（硐底河和苦竹溪）注入长宁河，与二书所载悦江流向相合，只是无法判断哪条为悦江。

综上所说，悦州很可能在今长宁县花滩至硐底一带，而绝不在今兴文县境内，《兴文县志》将悦州治所定在今兴文县新胜乡龙江村两江口一带（今兴文县僰王山镇）是错误的。谭其骧《中国历史地图集》把悦州定于今云南省大关、盐津、镇雄、威信四县一带也值得商榷。②

从地理方位看，《太平寰宇记》曰："南广溪洞内，（民人）并是诸獠：悦州，在（戎）州（今宜宾市）南二百一十七里。管县五。"③《蜀中广记》曰："悦州，在戎州南二百十七里。"④考诸地理实际，今长宁县硐底镇，正位于戎州以南至珙县的道路线上，里程二百二十里。

再就居民构成和山川形势而论，《太平寰宇记》直言"悦州江水从戎州部落悦州流下。"⑤这段话透露出两条信息，一是悦州地在"戎州部落"，

① 陈介刚所引版本与本书所引版本不同，故卷次有差。
② 陈介刚：《唐宋戎泸地区羁縻悦州考》，《宜宾史志》，2009 年第 3 期（内刊）。
③ 宋·乐史撰，王文楚点校：《太平寰宇记》卷七九《戎州》，北京：中华书局，2007 年，第 1602 页。
④ 明·曹学佺撰，杨世文点校：《蜀中广记》卷三六《边防记六·下川南》，上海：上海古籍出版社，2020 年，第 378 页。
⑤ 宋·乐史撰，王文楚点校：《太平寰宇记》卷八八《泸州》，北京：中华书局，2007 年，第 1742 页。按，《元一统志》卷五转引此语作："悦州江，在江安县。从戎州部落悦州流下江安县，合入大江。"殊失《太平寰宇记》本意。

二是悦州有"悦州江水"。所谓"戎州部落",据《宋史》,叙州三路蛮,西北曰董蛮,正西曰石门部,东南曰南广蛮。董蛮在马湖江右,是为马湖路三十七部;南广蛮在叙州庆符县以西,为州十有四;石门蕃部与临洮土羌接,唐曲、播等十二州之地。① 悦州地在戎州之南的南广溪洞,其民人族属为"南广蛮"。《宋史》又载:"(大中祥符)六年(1013),晏州多刚县(今兴文县多岗漕)夷人斗望、行牌率众劫淯井监(今长宁县双河镇)……(梓州路)转运使寇瑊(讨之)……招安近界夷族,谕以大兵将至,勿与望等同恶。未几,纳溪(今永宁河)、蓝顺州刺史史个松,(今兴文县境内的)生南八姓诸团,乌蛮㺇(chú)广王子界南广溪(今南广河)移、悦等十一州刺史李绍安,山后高、巩六州及江安(县)界娑婆村(即羁縻州,今长宁县双河镇)首领,并来乞盟……"② 据是,可知悦州既有"悦州江水",又在"南广溪"之地。

《蜀中广记》说:"悦江……源出戎县(今兴文县)渃武箐,经悦州,因名。"③ 可知悦州江水即悦江。民国《兴文县志》记载,建武(今兴文县九丝城镇)有小河,流"至晴江口,与云南威信司水(南广河的上段)合,下至罗星渡,与符黑水合,至此舟楫通。沿高县、庆符境至南广(今宜宾市叙州区南广镇陈塘关社区,旧名南广口)入大江。"④ 古代,南广河是川滇边境物资运输的重要通道。万历元年(1573)明军征都掌,曾浚凿此河。由南广河以入,循此转运军需,达于建武城下。《武经总要》所谓"自悦江口水路入泸州"即此水。

兴文县又有洛甫河,源出周家镇,经珙县底洞镇至珙泉镇(原珙县县城)南,东北流,至门坎滩(今珙泉镇境)入长宁县硐底镇,又北流,至后河(今长宁县龙头镇)而合于从淯井监流下的淯溪(长宁河)。这条河的珙县段称"珙水",又称"珙溪";长宁段称"硐底河"。《武经总要》所谓"淯井监西控悦江口",指的就是硐底河与长宁河相通,所以能够控制悦江与南广河汇合之口。

① 元·脱脱等撰:《宋史》卷四九六《蛮夷四》,北京:中华书局,1985年,第14238页。
② 元·脱脱等撰:《宋史》卷四九六《蛮夷四》,北京:中华书局,1985年,第14226—14227页。
③ 明·曹学佺撰,杨世文校点:《蜀中广记》卷一六《名胜记十六·泸州》,上海,上海古籍出版社,2020年,第169页。
④ 李仲阳修,何鸿亮纂:《兴文县志》卷四《水》,民国三十二年刊本。

硐底镇距戎州二百二十里，与《武经总要》所记二百二十里相合。羁
縻悦州的治所，当在附近不远。

（15）溱州。

治今重庆市綦江区扶欢镇（旧名扶欢坝）。已详★6。

（16）姚州。

州本在今云南。宋太祖挥玉斧划大渡河为界，放弃西南边疆。有宋一
代，云南与内地不相往来，其州遂废，宋王朝因得别置姚州于今四川省古
蔺县南部和贵州大方、黔西二县市之境。① 治今大方。

《宋史》云："庆历初，泸州言：'管下溪峒十州，有唐及本朝所赐州
额，今乌蛮王子得盖居其地。部族最盛，旁有旧姚州，废已久，得盖愿得
州名以长夷落。'诏复建姚州，以得盖为刺史，铸印赐之。得盖死，其子
窃号'罗氏鬼主'。"② 李焘《续资治通鉴长编》对此记载尤详：

> （熙宁七年五月己亥）西南蕃乌蛮罗氏鬼主仆夜为银青光禄大
> 夫③、知羁縻姚州。斧望个恕为银青光禄大夫、知羁縻归徕州。沙取
> 禄路、乞弟并为把截西南蕃部巡检。从经制夷事熊本请也。
>
> 乌蛮有两首领常入省地鬻马，晏子隶淯井监，斧望个恕隶纳溪寨，
> 皆仆夜诸部也。晏子距省地绝近，犹有淯井之阻，斧望个恕近纳溪寨，
> 舟下泸州，不过半日。而二首领常赋晏州山外六姓及纳溪二十四姓生
> 夷。本遣勾当公事邓绹招以爵赏，仆夜、晏子、斧望个恕皆纳贡，愿
> 受王命。本言不羁縻此两蛮，则诸蛮未易服也。故命之，晏子未及命
> 而死。沙取禄路者，晏子之子也；乞弟，斧望个恕之子也。④

这里所说的"归徕州"就是蔺州，又曰能州、蓝州。

---

① 宋·曾公亮等撰：《武经总要》前集卷一九："姚州，在淯井监三十日程。汉武帝开西南
夷，置益州部永昌郡。云南郡属邑也。蜀诸葛亮南伐，五月渡泸，深入不毛，即此地。遂
置云南郡，居弄栋川。天宝中，蛮王阁罗凤弗恭，以鲜于仲通将兵十万讨之，大为所败。
韦皋镇蜀，兼云南招抚大使，册为南诏是也。厥后或臣或否，西南夷中最大者。今侨立姚
州。命得盖领之。"
② 元·脱脱等撰：《宋史》卷四九六《蛮夷四》，北京：中华书局，1985年，第14244页。
③ 宋代的银青光禄大夫，为从三品文职散官。
④ 宋·李焘撰：《续资治通鉴长编》卷二五三，北京：中华书局，2004年，第6188—6199页。

（17）能州。

即蓝州。见下文（18）。

（18）蓝州。

蓝州是以唐代羁縻蔺州为基础建置的。蔺州之名，新、旧《唐书》失载，而《明史》直言"永宁，唐蔺州地"①。关于蔺州的由来，《明一统志》曰："唐置蔺州""在司东一百八十里，唐元和初置。有碑，在唐朝坝，今剥落"②，司，谓永宁宣抚司（彝族土司，治今叙永县城）。《蜀中广记》曰：永宁宣抚司，"介江安、合江二县境，古蛮夷地也。汉属益州郡……唐元和初，立祖叱来弥为酋长，改县曰蔺州"③。又余若瑔《且兰考》云："丙戌（806），宪宗元和元年，遣西川节度高崇文讨平刘辟，因定诸夷，复置蔺州。"④

"蔺"与"蘭"（"兰"字的繁体）字形相近，宋代因记作"蓝州"。对此，谭其骧先生已然正确考释，认为：蔺州在新、旧《唐书》虽然不见记载，但它确实是存在的。"蔺"与"能"一音之转，载在《宋史》的"能州"，即"蔺州"；而蓝州、能州，皆为蔺州之讹。

对于谭先生这一论断，还可以做以下补充。

早在东汉末年，彝族先民就已进入这一地区。他们连年开疆拓土，部族日益蕃盛，晋代，中央王朝委任其头人为令长，世长其地。唐宋以降，彝族扯勒部族生活在此。这片土地绵亘数百余里，农牧业经济早经开发，不可能没有羁縻州。其次，官修《明史》讲到今日古蔺县，称之为"旧蔺州"，甚至直接称作"蔺州"。《明史·朱燮元传》记平定永宁宣抚使、彝族头人奢崇明反明事云："永宁，古蔺州地。奢氏，倮儸种也，洪武时归附，世为宣抚使。"⑤ 崇祯三年（1630）燮元取永宁，"崇明父子逃入红崖大囤，官军蹙而拔之。连拔天台（今叙永县落卜镇境）、白崖（今叙永县正东镇境）、楠木诸囤，抚定红潦（红崖、水潦，今叙永县水潦乡）四十

① 清·张廷玉等撰：《明史》卷三一二《四川土司二·永宁宣抚司》，北京：中华书局，1974年，第8049页。
② 明·李贤等撰：《明一统志》卷七二《永宁宣抚司》，《四库全书》文渊阁本。
③ 明·曹学佺撰，杨世文校点：《蜀中广记》卷五二《蜀郡县古今通释二·下川南道属·永宁宣抚司》，上海：上海古籍出版社，2021年，第573页。
④ 清·余若瑔著：《且兰考》，贵阳：贵州大学出版社，2011年，第30—31页。
⑤ 清·张廷玉等撰：《明史》卷二四九《朱燮元传》，北京：中华书局，1974年，第6439页。

八寨。贼奔入旧蔺州城，五月为参将罗乾象所攻克"①。

《明史·徐如珂传》：崇祯三年"奉檄捣蔺州土城。贼借水西（今贵州大方、黔西）兵十万来援，前军少却。捍子军覃懋勋挽白竹弩连中之，贼大溃。转战数十里，斩首万余级，遂拔蔺州，崇明父子窜水西去"②。

《明史·永宁宣抚司传》：崇祯"三年，川师复遵义，进攻永宁……进克其城，降贼二万。复进拔红崖、天台诸囤寨……罗乾象急破蔺州，焚九凤楼，覆其巢"③。

《明史·樊一蘅传》：南明总督樊一蘅与张献忠部队作战，"既复叙州（今宜宾），贼将冯双礼来寇，每战辄败，孙可望以大众援之。隔江持一月，粮尽，一蘅退屯古蔺州"④。

这就是说，明、清官家已然知道永宁土司奢氏祖宅所在的今古蔺县城，是即唐代的羁縻蔺州，他们将其写进奏报，从而记入《明史》。

清道光中仁怀厅同知陈熙晋所修《仁怀直隶厅志》说：废蔺州，"在城西南二百里唐朝坝，相传唐元和初置蔺州于此"⑤。"唐朝坝，在仁怀直隶同知城（今贵州省赤水市）西南二百九十里。自土城关（今贵州习水县土城镇）渡赤虺河，循儒溪行十余里，地势呀然以开，阪田逦迤，水声琤然。上、中、下凡三坝，中坝尤坦舒，堰二十有七，用水之劳，资人之逸。土黑坟，岁三获。予所见，境内尽山，鲜及兹坝之沃。"⑥

唐朝坝今名"陶场坝"，地在永宁城东一百九十里⑦，明置唐朝坝长官司（土司），今为贵州省习水县的同民镇，当地传说是"唐代的蔺州府"。关于唐朝坝的由来，陈熙晋《仁怀直隶厅志》曰："询之土人，金曰'坝之上有天子屯，相传为唐李晋王遗迹，坝以之名。'按顾祖禹《方舆纪要》：'废蔺州，在永宁宣抚司（南）[东]一百八十里，唐置州于此。其旁有地，名唐朝坝。今由坝至四川叙永治，不二百里。其诸元和元年（806）

① 清·张廷玉等撰：《明史》卷二四九《朱燮元传》，北京：中华书局，1974年，第6442页。
② 清·张廷玉等撰：《明史》卷二四九《徐如珂传》，北京：中华书局，1974年，第6448页。
③ 清·张廷玉等撰：《明史》卷三一二《四川土司二·永宁宣抚司》，北京：中华书局，1974年，第8056页。
④ 清·张廷玉等撰：《明史》卷二七九《樊一蘅传》，北京：中华书局，1974年，第7146页。
⑤ 清·陈熙晋修：《仁怀直隶厅志》卷二《疆域》，道光二十一年刻本。
⑥ 清·陈熙晋修：《仁怀直隶厅志》卷一九《唐朝坝辨》，道光二十一年刻本。
⑦ 永宁（今叙永县）城至古蔺县城一百四十里，古蔺城循古道至唐朝坝五十里，两段叠加，共计一百九十里，与《明一统志》所说大体相当。

节度使高崇文讨刘辟、定诸夷时置欤？若是，则坝以置蔺州而名，在唐宪宗世，乌所谓李晋王哉！"①该志又载诗云："建置元和事已遥，至今古坝尚唐朝。蔺州谁立沙陀庙，却使蛮儿说射雕。"②认定蔺州建置于唐宪宗元和元年（806），蔺州的州城就在唐朝坝。

实际考察其地，从古蔺县城出发，循古道至乐用寨（今古蔺县永乐街道）麻柳滩，渡过古蔺河（落红河）入贵州界，越过"翻坪大山"（又名"二五山"），山下就是唐朝坝，全程五十里。方位里程，与《明一统志》、《读史方舆纪要》、贵州地志所记大体相合。

唐朝坝地势平坦，长三千余米而阔半之，呈山间小平原地貌。龙爪河从古蔺县黄荆老林流来，在坝上蔺江村的铜贯口与金鱼溪合流，得名鱼溪，"鱼溪一名儒溪。明左副都御史李宪卿奏四川守、巡督儒溪之木，播州之木即此。溪有二源，一出叙永厅香兰坝笋子山（今古蔺县桂花镇黄金官山老林），迤流至铜贯口顿子石下大石寺；一出金鱼溪龙盘石下池窝，合流于唐朝坝。坝分上、中、下，沿溪筑二十七堰，引水灌田，出谷万余石，兼以菽麦杂粮，一岁三获，水旱无虞。源委一百余里，迳（今习水县堡子头）鱼梁石，入赤水（赤水河）"③。

唐朝坝
（贵州省习水县同民镇袁锐航拍）

---

① 清·陈熙晋修：《仁怀直隶厅志》卷一九《唐朝坝辨》，道光二十一年刻本。
② 清·陈熙晋修：《仁怀直隶厅志》卷二〇《之溪棹歌》，道光二十一年刻本。
③ 清·陈熙晋修：《仁怀直隶厅志》卷二，道光二十一年刻本。

坝上二五山山麓，坐标为东经 105 度 54 分 44 秒，北纬 28 度 6 分 52 秒，有红旗村小学，由前代"石碑殿"小庙改建。小庙正殿上竖有一通文字已经剥落的大石碑，因以为名。民间传说是蔺州府的衙门。

从地理实际以及《仁怀直隶厅志》相关记载证之，红旗村这座"石碑殿"就是《仁怀直隶厅志》所说的"大石寺"，也就是《明一统志》所记当年安放"蔺州碑"的地方。坝上二十七道石堰，至今尚存，而且更有新增。

凡此种种，似皆足以作为"唐代羁縻蔺州州城在唐朝坝"的证据。然而，细察陈熙晋的论据只有顾祖禹的《读史方舆纪要》，而且他还把该书的原意理解错了。细读《读史方舆纪要》卷七十三《永宁宣抚司·废蔺州》原文："废蔺州，（永宁宣抚司）司东百八十里，志云唐置州于此。其旁有地，名唐朝坝。"明白无误地指出唐朝坝地在蔺州之"旁"（附近），而不是州城之所在。

又明贵州巡抚郭子章《万历黔记》别言蔺州在今叙永县城北百里的普市（今正东镇普市村），也不支持唐代羁縻蔺州州城在唐朝坝之说。

唐王朝是在晋代平夷县基础上建置羁縻蔺州的。当时居住其地的主要是扯勒夷人。彝族文献《西南彝志》记载，扯勒夷人"住在柏雅妥洪（又译落红。今古蔺县城）……君长大臣的基业，美丽如同松树和樱桃，牛马成群，有众多的家兵，作为掌权和保境的保障，勇敢而有威势，好比猛虎善于博斗，天上的，地上的，猛禽猛兽被收尽，在冲子周围，如同猛虎经过，路人惊恐"[①]，直言羁縻蔺州的治所在柏雅妥洪。再从地理实际看，柏雅妥洪之地，从德耀关（今古蔺县德耀镇）到古蔺河（落红河）与赤水河汇合的落红口（太平渡，今古蔺县太平镇），都是山间平原（坝子），与唐朝坝同样适宜进行农业生产。这片山间平原，长达数十里，宽度也大得多。两相对比，时人也不会舍弃富庶如此的柏雅妥洪而选地势偏僻的唐朝坝作州城。

综上所述，所谓蔺州、蓝州、能州、归徕州，其实同为一地，即今古蔺、叙永一带，治今古蔺县县城。《宋史》所谓"泸州羁縻州十八"，实际只有 17 个。

【四】 "宋朝"，《太平寰宇记》作"皇朝"。

---

① 王明贵等译注：《西南彝志译注》卷一一之五《扯勒家支的后期》，北京：团结出版社，2020 年，第 250—251 页。

【五】 割富义县为富顺监 富义县，本隋富世县。唐"贞观二十三年（649）改为富义县。界有富世盐井，井深二百五十丈，以达盐泉，俗呼玉女泉。以其井出盐最多，人获厚利，故云富世"①。宋乾德四年升为富义监②，同下州。太平兴国元年（976），以避宋太宗讳，改"义"为"顺"，曰"富顺监"。治平元年（1064），又置富顺县，隶富顺监。

《太平寰宇记》："富顺监，晋富世县，以县下有盐井，人获厚利，故曰富世。唐贞观二十三年改为富义县。按井深二百五十尺，凿石以达盐泉口，俗谓之玉女泉。《华阳国志》云江阳有富义盐井，以其出盐最多，商旅辐辏，言百姓得其富饶，故名也。皇朝（宋）乾德四年割为富顺监，其县废。"③《宋史》："富顺监，同下州。本泸州之富义县。掌煎盐。乾德四年，升为富义监。太平兴国元年改。治平元年，置富顺县（主管盐政税课）；熙宁元年（1068），省。嘉熙元年（1237），蜀乱监废。咸淳元年（1265），徙治虎头山。"④ 元升富顺州，明洪武四年（1371）降为富顺县，划属叙州府。民国二十四年（1935）改属四川省第七专员公署（泸县专区）。1959年泸州专区撤销，所辖县并入宜宾专区，1983年划属自贡市。

★7.

《郡县志》【一】

泸川军节度【二】，治泸川县。

《禹贡》梁州之域，春秋战国为巴地，秦属巴郡。武帝分置犍为郡。今州即犍为郡之江阳、符阳（今合江）【三】二县地。

汉建安十八年（213），益州牧刘璋始立江阳为郡。先主入益州，遣诸葛亮、张飞等引兵溯流定江阳【四】，即今州域也。

梁大同中置泸州。

隋大业三年（607）为泸川郡。

唐武德元年（618）复为泸州。天宝元年（742）改为泸川

---

① 后晋·刘昫等撰：《旧唐书》卷四一《地理四》，北京：中华书局，1975年，第1686页。
② 宋·乐史撰，王文楚点校《太平寰宇记》作乾德五年。
③ 宋·乐史撰，王文楚点校：《太平寰宇记》卷八八《富顺监》，北京：中华书局，2007年，第1745页。
④ 元·脱脱等撰：《宋史》卷八九《地理五》，北京：中华书局，1985年，第2221页。

郡。乾元元年（758），复为泸州。

宣和初升节度，赐名泸川军。元丰五年（1082），梓夔路兵马钤辖司自遂州（今遂宁市）移泸，（泸州）守臣兼钤辖，又兼泸南沿边安抚使【五】。政和五年（1115），御笔【六】带梓夔路兵马都钤辖，泸南安抚使，去沿边字【七】七年，仍旧以沿边安抚使入衔。建炎初，张浚宣抚川陕，奏请梓、夔路钤辖各专其任【八】，梓、夔之分始此。然夔、利路既分，各升安抚，惟泸南止带沿边安抚使，统隶不过三州。乾道六年（1170），枢密院检详王之奇奏请【九】，始升为潼川府路安抚使【十】。

江阳郡旧治江阳，今江安县是也。【十一】旧志载：晋太康二年（281），移郡于支江（即沱江）、汶江（即长江）合流之际，在旧城北一里，今郡治是也。【十二】旧城不可复考，然江南有平田，名旧州坝【十三】。旧志又载："梁大通中，初置泸州，移治马湖江。"则泸岂尝治僰道之境欤？

【校补图注】

【一】　《郡县志》　即《宋史·艺文志》著录的"范子长《皇州郡县志》一百卷。"①　该志为记述南宋时期全国郡县的地理总志。已佚。王象之《舆地纪胜》所谓《皇朝郡县志》《元一统志》和所谓《郡邑志》，皆是此书。

范子长，字少才，成都华阳人，出身学术世家，理学家张栻的入室弟子。乾、淳以后，张学盛于蜀中，范氏仲黼为之魁，而子长、子约与苏，并称嫡传，时人谓之"四范"。《千顷堂书目》记其有《格斋集》四十卷。淳熙中，范子长成进士，开禧元年（1205）为国子监丞，宋宁宗以星变避殿求言，范子长上疏请求斥免韩侂胄，被罢官。已而奉召入朝，而史弥远复忌之，不得入对。嘉定四年（1211），以吏部侍郎出为潼川府路安抚使、知泸州，有爱在民。十年，风雨毁城，子长缮完其城。十一年正月，金兵从陕西方向大举攻入四川，官军大溃。兴元（今陕西汉中

---

① 元·脱脱等撰：《宋史》卷二〇四《艺文三》，北京：中华书局，1985 年，第 5156 页。

市）、阶州（治今甘肃省陇南市武都区）、成州（治今甘肃省成县）诸城相继失守。四月"戊申，命四川增印钱引五百万以给军费……五月乙亥，命四川制置司招集忠义人（为兵作战）"①。"计台下令征夫役于两蜀州县，奉行急如星火，公（范子长）斥帑中之储为泸民代输其半，余以岁籴军粮米本先为敷纳。泸民晏然不知有夫调之扰。"② 泸人甚德之。

【二】 泸川军节度 北宋一代，政权统治中心区域社会秩序基本安定，而泸州长江以南地区民族武装冲突频仍。元丰三年（1080）五月，宋王朝在泸州设置泸南安抚司，任命泾原路（治今宁夏泾源县）总管韩存宝为都大经制泸州蛮贼事，调发诸路之兵，讨伐乌蛮。存宝逗挠不进，宋天子斩将易帅，历时三年，耗钱数百万缗，死亡将士四万余人，始克平定。

为了强化对于泸南少数民族的控制，宋王朝"斥数百里之土，置十三堡寨，岁移嘉、眉米三万斛以实之。移梓夔路兵马钤辖司，置泸南沿边安抚司，帅边面千里，兵屯万计，张官布吏，十倍于前"③，即把设置在遂州（今遂宁市）的梓夔路兵马钤辖司移至泸州。泸州守臣从此兼任梓、夔路兵马钤辖，又兼泸南沿边安抚使，"手提三印"④。北宋熙宁十年（1077）以前，商税岁额十万贯以上的城市，全国只有27个，泸州即其中之一⑤。基于这样的军事、政治和经济背景，宣和元年（1119）三月十五日，宋徽宗颁发圣旨：

> 泸州西南要会，控制一路。边圉之寄，付畀非轻，可升为节度，仍赐名泸
> 川军。⑥

---

① 元·脱脱等撰：《宋史》卷四〇《宁宗四》，北京：中华书局，1985 年，第 769—770 页。

② 宋·程公许撰：《沧洲尘缶编》卷六《泸水清》诗序，《四库全书》文渊阁本。按，其诗记述当时景况云："今年北边羽书急，两川夫调纷苛征。吏敲门、农辍耕，期限迫星火，顷刻那得停。黄金弃卖如土贱，楮币翔踊余贯缗，立谈之顷富作贫，县官忍复规其赢五。十六州汹汹如浪沸，独有三泸之江清复清……范侯畴昔澹无累，贯朽之积本为民，二分官与输一分，一分犹恐民罂呻，军储籴本仍借给，少待秋熟宽作程。风和日晏江上村，老醉稚拥争扶迎。吏呼何曾怒目瞠，只有提壶布谷日日喧晓晴，乐哉三泸之国有如华胥与大庭。"

③ 宋·家安国、宋·王献可撰：《泸州绍圣创建都仓记》，《永乐大典》卷七五一六，北京：中华书局，1986 年，第 3452 页。

④ 宋·家安国、宋·王献可撰：《泸州绍圣创建都仓记》，《永乐大典》卷七五一六，北京：中华书局，1986 年，第 3452 页。

⑤ 元·马端临撰：《文献通考》卷十四《征榷一》，北京：中华书局，1986 年，第 145 页。

⑥ 刘琳、刁忠民、舒大刚、尹波等校点：《宋会要辑稿》方域七《州县升降废置》，上海：上海古籍出版社，2014 年，第 9406 页。

"节度"在宋代虽然只是虚衔，但这样由皇帝颁发诏书，公开宣布泸州是"西南要会"，担负"控制一路"的重任，在全国却是第一次。殆至宣和二年，泸州守臣的职衔全称就已是：潼川府（梓州更名）、夔州路兵马都钤辖、泸南沿边路兵马都钤辖、泸南沿边安抚使。①

【三】 符阳 合江县的别名。

【四】 诸葛亮、张飞等引兵溯流定江阳 《三国志》载："先主自葭（jiā）萌还攻刘璋，召诸葛亮。亮率云与张飞等俱溯江西上，平定郡县。至江州，分遣云从外水上江阳，与亮会于成都。"② 又《华阳国志》载："诸葛亮、张飞、赵云等溯江……赵云自江州（今重庆）分定江阳、犍为。飞攻巴西。亮定德阳。"③ 知从外水（长江）定江阳的只是赵云，而诸葛亮、张飞不与。

【五】 守臣兼钤辖，又兼泸南沿边安抚使 宋制，安抚主一路兵政，只有大藩府或沿边州郡或当一道冲要者，方得并兼兵马钤辖、巡检。政和五年（1115），泸州守臣又进一步得兼梓夔路兵马都钤辖的职衔。四川境内，除了大府成都，只有泸州守臣带都钤辖衔。这种情况，在全国，包括泸州在内也只有五个。当时，全蜀益、利、梓、夔四路，共设有两个都钤辖司，每个兵马都钤辖各治两路军旅。利、益两路的兵马都钤辖司设治成都，由成都帅臣掌管；而梓、夔两路的军政则由设在泸州的兵马都钤辖司主持。

对于赋予泸州守臣如此重要职责，多有朝臣反对。元祐元年（1086）就有"臣僚上言，乞依旧移钤辖司在遂州"。宋哲宗下令梓州路诸司"相度"（进行可行性研究）后，不予批准。元祐六年，给事中范祖禹又建言："梓夔路钤辖元置在遂州，元丰中，因蛮贼乞弟作过，用兵讨捕，初移钤辖司于资州，又移于泸州，皆取一时应副近便，即非经久之制。后来蛮事宁息，因仍至今不改。伏详祖宗时置钤辖司于遂州，本以形势控制两川，非专为戎、泸边事，而梓夔路钤辖司、转运使亦得通管，与成都府、利州路钤辖不同。自泸州置钤辖以来，以两路兵权付一武臣，沿边支郡反节制数十州，末大本小，边州偏重，事理不顺……岂可令一武臣专制，更无同领

① 元·脱脱等撰：《宋史》卷一百六十七《职官七》，北京：中华书局，1985年，第3961页。
② 晋·陈寿撰：《三国志》卷三六《蜀书六·关张马黄赵传》，北京：中华书局，1982年，第949页。
③ 晋·常璩撰，任乃强校注：《华阳国志校补图注》卷五《公孙述刘二牧志》，上海：上海古籍出版社，1987年，第348页。

之人？况戎、泸边事至小，岂得与西北同日而语哉！"① 而今泸戎已自多年无事，
"新差（泸州守臣）官更不合带梓夔路钤辖，如泸州须留兵屯守，止存留沿边安抚
一司。其梓夔路钤辖依旧移归遂州……"② 宋哲宗颁《诏》要求"梓夔路钤辖、梓
州路转运提刑司相度，泸州乐共城差大使臣充知城，更不带路分都监，以梓夔路都
监一员知泸州，兼管勾泸南安抚司公事。移梓夔路钤辖归遂州，与遂州共治钤辖司
军马，又同商议戎、泸州边事。其合行改更等事，并条具画一以闻"③。而相度意见
分歧，并未组织实施。

【六】 御笔 皇帝批示。这种批示虽然出自上意，但也未必都是皇帝本人的亲
笔。李心传《建炎以来朝野杂记》记载："本朝御笔、御制，皆非必人主亲御翰墨
也。祖宗时，禁中处分事付外者，谓之内批。崇、观（崇宁、大观）后，谓之御
笔。其后，或以内夫人代之。近世所谓御宝批者，或上批，或内省夫人代批，皆用
御宝。又有所谓亲笔者，则上亲书押字，不必用宝。至于御制文字，亦或命近臣视
草焉。"④

【七】 "带梓夔路兵马都钤辖"句 政和五年，泸南夷人卜漏起事，宋廷调发
大兵征剿，始获讨平。由此，泸州在军事上的地位更加凸显，朝廷紧急任命儒臣孙
羲叟为泸州地方最高军政主官，宋徽宗亲笔批示，泸州守臣的职衔由梓夔路兵马钤
辖升格为都钤辖，所在沿边安抚司同时改建为泸南安抚司，不再带"沿边"二字。
并在讨平卜漏以后的政和六年，立即大规模构筑泸州城池。

【八】 "梓、夔路钤辖各专其任"句 南宋建炎三年（1129），张浚以宣抚处
置使入蜀，谋北伐。九月，治兵兴元（今陕西省汉中市），"徙端明殿学士、知熙州
张深知利州（今广元市），充利州路兵马钤辖安抚使……于是，徽猷阁直学士、知
成都府卢法原去利州路兵马钤辖，不兼利路置帅，成都帅臣不兼利路自此始"⑤。其
时，只是利、益两路分建帅司，而梓、夔两路并未各建帅府。建炎四年五月，张浚
"承制以……朝散郎、利州路提点刑狱公事韩迪知夔州（今重庆市奉节县），仍并兼

① 宋·李焘撰，上海师范大学古籍整理研究所、华东师范大学古籍整理研究所点校：《续资
治通鉴长编》卷四六五，北京：中华书局，1990 年，第 11098 页。
② 宋·李焘撰，上海师范大学古籍整理研究所、华东师范大学古籍整理研究所点校：《续资
治通鉴长编》卷四六五，北京：中华书局，1990 年，第 11099 页。
③ 宋·李焘撰，上海师范大学古籍整理研究所、华东师范大学古籍整理研究所点校：《续资
治通鉴长编》卷四六五，北京：中华书局，1990 年，第 11098—11101 页。
④ 宋·李心传撰：《建炎以来朝野杂记》乙集卷一一，北京：中华书局，2000 年，第 671 页。
⑤ 宋·李心传撰：《建炎以来系年要录》卷二八，上海：上海古籍出版社，1987 年，第 434 页。

本路安抚使。夔路置帅、利路帅移治兴元，皆自此始"①。

益、利、梓、夔既各建帅府，泸州守臣所带职衔便只是"泸南沿边安抚使、知泸州"，所管军政只有泸、叙、长宁三州（军）。

【九】 **王之奇奏请** 王之奇，字能甫，庆阳府（今甘肃庆城县）人。绍兴初以父荫入仕。后父贬道州卒，因谪居梅州（今属广东）十余年。二十五年（1155）甄叙原官，调泸南梓夔路兵马都钤辖司干办公事。蔡戡《故端明殿学士王公行状》云："泸川阙令，帅难其选，檄公摄事。公即日请往，戴星出入，省断冤滞，抉剔荒蠹。泸边夷獠，民风愿朴，多西游民，占数罔利，根株蟠结，自谓长雄，专事武断，官吏不敢谁何，民无所诉。及是慑公严明，迭相规饬，一事不至公庭，善类吐气，真令及境，皆愿借留，誉处甚休。在泸三载，凡三易帅，俱荐公以四科。"② 乾道三年（1167），由朝官调四川宣抚司参议，改利州两路（兵马钤辖司）安抚使、知兴元府。六年奉调入朝，为枢密院检详，累官至端明殿学士，金书枢密院事。既有安抚使经历，又曾经在四川和泸州为官，熟知四川、泸南形势，因奏请"以泸南为潼川府路安抚使，俾得刺举一道"③。

【十】 **升为潼川府路安抚使** 潼川府路本唐剑南东川。入宋，治梓州（今三台），其"州南控泸、叙，西扼绵、茂，江山形势据西川之胜、水陆之冲，为剑外一都会。见管九邑、四十镇兵甲，巡检贼盗，提举五州军，为东路十八州、军、监之冠，与成都相对。"④ 为了使其名实相符，足以镇压一方，宋徽宗依照益州（剑南西川）赐名为成都府的先例，特赐梓州为潼川府。《宋会要辑稿》："潼川府路：旧梓州路，重和元年（1118）改。潼川府旧梓州，唐剑南东川节度，伪蜀（孟昶）改天正军，（宋）乾德三年改安静军，端拱二年（989）复剑南东川节度。元丰三年（1081）闰九月，复诏称剑南东川，重和元年十一月赐名潼川府。"⑤ 潼川府路为北宋一级政区，川峡四路之一。乾道六年（1170），根据枢密院检详王之奇的奏请，潼川府路迁治泸州，由泸州守臣梁玠升任潼川府路安抚使。李心传《泸南重建府军

① 宋·李心传撰：《建炎以来系年要录》卷三三，上海：上海古籍出版社，1987年，第502页。
② 宋·蔡戡撰：《定斋集》卷一四，《四库全书》文渊阁本。
③ 宋·王象之撰，李勇先、王小红校点：《舆地纪胜》卷一五三《泸州》，成都：四川大学出版社，2005年，第4582页。
④ 刘琳、刁忠民、舒大刚、尹波等校点：《宋会要辑稿》方域七《州县升降废置》，上海：上海古籍出版社，2014年，第9405页。
⑤ 刘琳、刁忠民、舒大刚、尹波等校点：《宋会要辑稿》方域五《节镇升降》，上海：上海古籍出版社，2014年，第9353页。

记》云："总是五郡之军民，羁縻千数百里之边面，左接云南，右连交、广皆有统临而体势增重。"①

乾道六年以前，该地共十五郡，为真宗咸平四年（1001）诏分川峡四路时划定的梓州路所管十四个军、州、监与政和四年（1114）新建的长宁军：

梓州——治今三台县城；

遂州——治今遂宁市船山区治城；

果州——宝庆三年（1227）升为顺庆府，治今南充市北；

资州——治今资中县城；

荣州——治今荣县县城；

昌州——治今重庆市大足区治城；

普州——治今安岳县县城；

渠州——治今渠县县城；

合州——治今重庆市合川区治城；

叙州——治今宜宾市翠屏区治城；

泸州——治今泸州市江阳区治城；

怀安军——治今金堂县城；

广安军——治今广安市主城区；

富顺监——品秩同下州，治今富顺县城；

长宁军——治今长宁县城。

乾道六年，泸州守臣兼任潼川府路安抚使后，潼川府守臣的职权便大大削弱，"止兼果、渠、怀安、广安五郡兵马事"②。其余十郡兵马事，从此遂归泸州守臣统领指挥。这种格局，一直保持到景定二年（蒙古中统三年，1261）潼川路安抚副使兼知泸州刘整叛降蒙古，才被打破。

【十一】江阳郡旧治江阳，今江安县是也　"江阳郡"早在南朝梁代便已改建为"泸州"。《郡县志》书成南宋，其时，泸州治所在泸川县（今泸州城）。但是，这段文字是《郡县志》引录的前代文献，指的是东晋桓温灭蜀时建置的汉安县，隋代更名江安，所以说"今江安县是也"。

---

① 明·熊相纂修：正德《四川志》卷三七《文词·泸州》，见马继刚主编《四川大学图书馆馆藏珍稀四川地方志丛刊续编》，成都：四川大学出版社，2015年，第2456页。

② 宋·王象之撰，李勇先校点：《舆地纪胜》卷一五四《潼川府》，成都：四川大学出版社，2005年，第4617页。

【十二】 "晋太康二年移郡"句 据是知：晋初的江阳城，在长、沱两江汇流处之南一里的明清州衙所在的韩家山。民国年间，其地辟为公园，建辛亥革命烈士佘英、黄方纪念碑。1951年，增建川南人民图书馆和泸州市劳动人民文化宫。今碑与文化宫并皆拆除，图书馆建筑物犹存而改作他用。

【十三】 江南有平田，名旧州坝 泸州大江南岸有平田，今名茜草坝。南宋嘉熙三年（1239）以兵乱或曾迁治江南，以及明初一度立治于江之南，是皆其地。然此两度设治，皆在《郡国志》成书之后。此言"旧州"，则在范子长宦泸之前，已然曾经迁治于江南矣。乾隆《直隶泸州志》言泸州治所凡八迁，此盖其一。

★8.

《元一统志》【一】

《禹贡》梁州之域，天文东井舆鬼之分野。此据《图经》[引]【二】《汉书》。又，《晋志》以为觜参之分野。《唐志》以为东井舆鬼，鹑首之次。

春秋、战国为巴子国。

秦属巴郡。

汉，武帝分置犍为郡，而郡之江阳、符县，即泸州域也。

东汉建安十八年刘璋分立江阳为郡，以（枝江）都尉、广汉（人）成存为太守。王象之《纪胜》所云。《舆地广记》小误。十九年蜀先主入益州，诸葛亮分遣赵云从外水定江阳、犍为。

晋穆帝时桓温舟师伐李势，军次江阳。（后）【三】为夷獠所没，寄治武阳。《宋志》江阳郡下云'东江阳太守'；《何志》云：'晋安帝初，流寓入蜀。今新复旧土为郡，领县二，曰汉安，曰绵水。（穆）[安]【四】帝又置东江阳郡。《元和郡县志》：治泸（州）[川]。【五】

宋、齐因之。

梁置泸州，取泸川以为名，仍治马湖江口。

隋大业三年（607）州废为泸川郡，还治于此。

唐武德（六）[元]【六】年（618）复为泸州，仍置泸州都督府溱、珍、晏、纳、奉、浙、巩、阴、顺、思峨、淯、能等十州。天宝元年改泸川郡。乾元中复为泸州。

五代，王（建）、《通鉴》：乾宁四年（897）王建将王宗［阮］【七】拔泸州。孟（知祥）《通鉴》：长兴二年（931）孟知祥将张武取泸州。继有其地。

宋乾德三年（965）平蜀，升为上州【八】。熙宁中乞弟犯顺，经制韩存宝【九】逗留不进，诏斩之于泸，以林广代之。广讨乞弟，至归徕州（地名落红，今古蔺县城），受乞弟降以归。初为［梓］【十】夔路兵马钤辖，置司于泸。至是，又兼泸南沿边安抚使，专理军政。按《通略》，元丰五年间《诏》徙钤辖司于泸，仍兼沿边安抚使【十一】宣和元年（1119）升为节度，赐名泸川军。二年，令泸州守臣带潼川路夔州路兵马都钤辖、泸南沿边安抚使。此据《会要》云。既而去沿边安抚。《郡县志》：在政和五年。寻仍旧以沿边安抚使入衔。建炎间四路各建帅府，分委边防，而夔路钤辖犹兼于泸南。张魏公浚宣抚川陕，奏请'各专其任'，而夔梓始分，乃各升本路，惟泸州（正）［止］【十二】带职名曰'沿边安抚'，统隶不过三县。

乾道六年，王之奇以（枢密院）检详建言，乞以泸南为潼川安抚使，俾得刺举一道，自是权任益重。泸州为一路安抚，自梁介【十三】始。帅司所统潼川、资、昌、普、叙、荣、遂、合、果、广安、长宁、怀安、渠、富顺一十五郡。前后皆辍在朝名臣任之。盖以泸为重镇，控制南蛮边面数百余里。

【校补图注】

【一】《元一统志》 元代官修的地理总志。孛兰肸等撰。元王朝官修地理总志，始于元世祖至元二十二年（1285），三十一年成书。稍后，得云南、甘肃、辽阳三《图志》，因倡议重修，元成宗大德七年（1303）修成，凡一千三百卷，刻版刊行，定名《大元大一统志》。其书继承李吉甫《元和郡县图志》、乐史《太平寰宇记》以及王象之《舆地纪胜》诸书之成法，对于全国各路、州、县的地理和历史，归纳为建置沿革、坊郭乡镇、里至、山川、土产、风俗形势、古迹、宦绩、人物、仙释诸门，逐一进行记述。其中长江以南各行省，主要取材于《舆地纪胜》和宋、元旧志；北方等省，则取材于《元和郡县图志》《太平寰宇记》和金、元旧志者居多。而今，旧志十不存一，《元和郡县图志》《太平寰宇记》《舆地纪胜》诸书传本，亦皆有缺叶、缺卷。此书存，则无数宋、金、元旧志因之而存；此书亡，则宋、金、元旧志亦随之而不存矣。

明代，《元一统志》已无全本，只余些少残存卷、叶，以致清人无法辑入《四库全书》。1920年代，从前清内阁大库发现元至正刻本残帙七卷（现亦不知流转何所，惟余抄件）。赵万里先生托请徐中舒先生等友人，从全国公私藏家次第抄得若干残存卷帙，又从《永乐大典》残卷、《明一统志》和明《寰宇通志》诸书中录其遗文，汇辑为一书，以元代中书省统山东山西河北之地，以及辽阳、河南江北、陕西、四川、甘肃、云南、江浙、江西、湖广诸行中书省地方为次，列为十卷，精心排比校勘，标点断句，历时三十余年，至1965年编成，由中华书局出版。《元一统志》所引之处，如叙大都（今北京市）寺观之壮丽，古迹之纷繁，多他书所未见。延安路石油、鄜州石脂诸条，补沈括《梦溪笔谈》之遗。书中所记延安路范雍、计用章、庞籍、狄青、韩琦、李师中诸人事迹，均出《宋史》，而与今本《宋史》多有不合，盖《元一统志》所据《宋史》，乃元初纂修本，今所见乃脱脱等人纂修本，故两本不同。元初纂修本《宋史》已不可见，此又是书之所以弥足珍贵者矣。

【二】赵万里先生校："'引'字原脱，据《舆地纪胜》卷一百五十三《泸州》补。"①

【三】李寿纵僚入蜀，江阳郡便已没于僚而寄治武阳。桓温伐蜀军次江阳之时，江阳郡之没于僚久矣。言其"后没于僚"，误。据删。

【四】《元一统志》言晋穆帝建置东江阳郡，失实。东江阳郡是公元413—420年的晋安帝时期，甚至有可能是在刘裕代晋以后才建置的。关于晋代蜀中郡县的析置和分合，《晋书》只记载：

> 惠帝之后，李特僭号于蜀，称汉，益州郡县皆没于特。李雄又分汉嘉、蜀

---

① 元·孛兰肹等撰，赵万里校辑：《元一统志》卷五《重庆路·泸州》，北京：中华书局，1966年，第520页。

二郡立沈黎、汉原二郡。是时益州郡县虽没李氏，江左并遥置之。桓温灭蜀，其地复为晋有，省汉原、沈黎而立南阴平、晋原、宁蜀、始宁四郡焉。咸安二年（372），益州复没于符氏（前秦）。太元八年（383），复为晋有。隆安二年（398），又立晋熙、遂宁、晋宁三郡云。①

无一语及东江阳郡。晋穆帝二年（346），桓温伐李势，舟次江阳（今泸州市），继续溯江进军，并分江阳地建置汉安县，史有明文。察其所以，乃是出自军队后勤转输、供给的需要。《宋书》记载：

> 东江阳太守。何志：晋安帝初，流寓入蜀，今新复旧土为郡。领县二。户一百四十二，口七百四十。去（益）州一千五百八十（里）。去京都水（道）八千九十（里）。
>
> 汉安令，前汉无，后汉属犍为（郡），《晋太康地志》属江阳。
>
> 绵水令，何志晋孝武立。②

《宋书》的记载明白指出，东江阳郡的绵水县是在晋穆帝以后的晋安帝时期才建立的。如果说东江阳郡是晋穆帝时所建，则其时郡下只有汉安一县。只此一县，没有必要设郡。

又《太康地志》是西晋武帝（司马炎）太康年间编修的。其时，江阳郡治所在今泸州市，运转正常，没有分设东江阳郡的必要。《太康地志》所谓"属江阳"，指的就是这个江阳郡。

《何志》所谓"新复旧土"，指的是东晋末年谯纵叛乱据蜀，晋安帝义熙九年（413），东晋太尉刘裕派朱龄石率兵讨平之。③ 其后七年，刘裕代晋，建立南朝宋。

综上所述，可证东江阳郡并非建于晋穆帝时，而是建于刘裕派朱龄石平蜀"新得故土"之际，亦即公元413—420年的晋安帝时期，甚至是在刘裕代晋以后。用改。

【五】 赵万里先生校："'川'原误'州'，据《舆地纪胜》正。《元和郡县图志》三十三：晋穆帝于县置东江阳郡，领江阳县。大业元年改江阳县为泸川县，与

① 唐·房玄龄等撰：《晋书》卷一四《地理志上》，北京：中华书局，1974年，第440页。
② 梁·沈约撰：《宋书》卷三八《州郡四》，北京：中华书局，1974年，第1181页。
③ 事见宋·郭允蹈撰：《蜀鉴》卷五《晋复取蜀》，成都：巴蜀书社，1985年，第221—223页。

此云治泸川，不合。"①

【六】赵万里先生校："'元'原误'六'，据《太平寰宇记》八十八、《舆地纪胜》一百五十三正。《旧唐书·地理志》：武德元年改为泸州。"②

【七】赵万里先生校："原脱'阮'字，据《通鉴》卷二百六十一补。《舆地纪胜》作'既'，亦'阮'字之误。"③

【八】**升为上州** 泸州西南徼外，唐代只是下州，并设泸州下都督府。宋代以其地近夷僚，尤宜抚绥，升为上州。其政治、军事地位不断上升。《宋会要辑稿》载："泸州：唐下都督。乾德三年（965）为上州，宣和元年（1119），升泸川军节度。二年三月六日，诏泸州守臣带潼川府夔州路（即梓夔路）兵马都钤辖，泸南沿边安抚使。"④乾道六年，潼川府路安抚司移驻泸州，泸州遂为一级政区潼川府路的治所。

【九】**韩存宝** 泾原路（今宁夏南部、甘肃东部）人，熙宁中为熙河路钤辖，屡立战功，号熙河名将。历左侍禁、供备库使、皇城使、迁西上阁门使、忠州团练使、泾原路总管。熙宁十年（1077），泸州罗胡苟里夷人围攻纳溪寨，诏以存宝都大经制泸州纳溪夷贼公事讨平之，迁四方馆使。其明年，扯勒乌蛮乞弟边事再起。元丰三年（1080）奉旨再任都大经制泸州蛮贼公事。将陕西并川黔诸兵二万余人，征讨乞弟，而逗挠避怯，擅自退军，又杀戮降附，招纵首恶。元丰四年八月诏斩于泸州。

【十】赵万里先生校："梓"字，据《舆地纪胜》补。⑤

【十一】**"按《通略》"句** 《通略》，陈栎撰。其书并无此文。

【十二】赵万里先生校："'止'原误'正'，据《舆地纪胜》正。《永乐大典》引《郡县志》同。"⑥

【十三】**梁介** 一名玠，字子辅，南宋成都双流县（今双流区）人，绍兴二十七年（1157）取进士第三名（探花）。官校书郎。乾道四年（1168）除直秘阁、利

① 元·孛兰肹等撰，赵万里校辑：《元一统志》卷五《重庆路·泸州》，北京：中华书局，1966年，第520页。

② 元·孛兰肹等撰，赵万里校辑：《元一统志》卷五《重庆路·泸州》，北京：中华书局，1966年，第520页。

③ 元·孛兰肹等撰，赵万里校辑：《元一统志》卷五《重庆路·泸州》，北京：中华书局，1966年，第521页。

④ 清·徐松辑，缪荃孙重订：《宋会要辑稿·方域七》，民国二十五年国立北平图书馆影印本。

⑤ 元·孛兰肹等撰，赵万里校辑：《元一统志》卷五《重庆路·泸州》，北京：中华书局，1966年，第521页。

⑥ 元·孛兰肹等撰，赵万里校辑：《元一统志》卷五《重庆路·泸州》，北京：中华书局，1966年，第520页。

州路转运判官。"乾道六年，梁介以四川宣抚司参议官改知泸州，居岁余，民夷便之。诏改泸南兼安抚（潼川）一路（管辖泸、梓、遂、果、资、荣、昌、普、渠、合、叙、怀安、广安、长宁、富顺十五州军监），以旌其能。泸州为一路安抚，自梁玠始。"①

★9.

《元一统志》（续）

嘉熙三年（1239），以兵乱迁治江之南。淳祐三年（1243）余玠制置四川，令诸郡据险建筑【一】于州之下流四十里有山曰神臂，委曹致大创筑城壁，就领安抚使，行州事【二】。

景定二年（1261）安抚刘整以城归附【三】，即本朝中统二年也。宋复取之，改为江安州。时所隶之州，唯泸、叙、长宁、富顺【四】，余已归土【五】。

至元十二年（南宋德祐元年）六月，（元军西川）行枢密院【六】部大军收复嘉定，顺流东下，安抚梅应春迎师纳款【七】，授本州安抚使，复名泸州。[事]【八】在德祐（二）[元]【九】年。十三年六月，合州王世昌窃入神臂城，围困。明年十月复之【十】。应春遂为所执而去。

【校补图注】

【一】 **余玠制置四川，令诸郡据险建筑** 南宋端平三年（1236），蒙古军从陕西攻入四川，成都陷落。这时的蒙古，还以游牧为主要经济形式，不事农耕，不求占有城池和土地。蒙古军队于所到之处大肆劫掠，旋即退走。淳祐元年（1241），蒙古铁骑再度大举深入，西川五十四州大半陷落。蒙古侵宋，若从中原方向进攻，需要渡过淮河，再渡长江，才能打到临安（今杭州），而南宋王朝可以凭借长江天堑进行抵抗；若从西蜀方向顺流席卷江浙，那可就是势如破竹。南宋偏安一隅，米帛

---

① 宋·王象之撰，李勇先校点：《舆地纪胜》卷一五三《泸州》，成都：四川大学出版社，2005年，第4582页。

财富在很大程度上依赖四川。四川失守，纵使蒙古军不顺流东下，这个王朝也会因为财税、物资匮乏而无法维系。

蒙古军攻陷成都，全蜀岌岌可危。在此危急存亡之秋，宋理宗紧急起用余玠权兵部侍郎、四川宣谕使，寻授兵部侍郎、四川安抚制置使兼知重庆府，兼四川总领，兼夔路转运使，全面措置四川军民两政，抗击蒙军。

余玠字义夫，蕲州（今属湖北）人。四川"自宝庆三年（1227）至淳祐二年，十六年间，凡授宣抚三人，制置使九人，副（制置使）四人，或老或暂，或庸或贪，或惨或缪，或遥领而不至，或开隙而各谋，终无成绩。于是东、西川无复统律，遗民咸不聊生，监司、戎帅各专号令，擅辟守宰，荡无纪纲，蜀日益坏。及闻玠入蜀，人心粗定，始有安土之志。玠大更敝政，遴选守宰，筑招贤之馆"①，集众思，广忠益，采播州（今贵州遵义市）冉氏兄弟琎、璞之策，徙合州城于蜀口形胜之钓鱼山，积粟以守之，"卒筑青居、大获、钓鱼、云顶、天生凡十余城，皆因山为垒，棋布星分，为诸郡治所，屯兵聚粮为必守计。且诛溃将以肃军令。又移金戎于大获，以护蜀口。移沔戎于青居，兴戎先驻合州旧城，移守钓鱼，共备内水。移利戎于云顶，以备外水。于是如臂使指，气势联络"②。余玠累计在沿江险要处所构筑了二十余座山城，迁附近州、县治所于其上，守土抗战，成功构建起以重庆为中心的山城战略防御体系。蒙军来攻，野无所掠，于坚城之下不久自退。在其后三十多年的时间里，该防御体系有效地抗御了敌军，保卫了四川，屏障起下游南宋半壁河山。"玠之治蜀也，任都统张实治军旅，安抚王惟忠治财赋，监簿朱文炳接宾客，皆有常度。至于修学养士，轻徭以宽民力，薄征以通商贾。蜀既富实，乃罢京湖之饷；边关无警，又撤东南之戍。自宝庆以来，蜀阃未有能及之者。"③而宋理宗听信谗言，召之还朝，玠闻召不自安，服毒死。语在《宋史》本传。

这个以重庆为中心的山城战略防御体系的概念，1982年由四川省社会科学院陈世松教授提出，在《余玠传》和《宋元之际的泸州》两书中公开发表。④在海内外产生了相当的影响。

【二】 "州之下流四十里有山曰神臂"句 州，泸州。神臂山，今在合江县神

① 元·脱脱等撰：《宋史》卷四一六《余玠传》，北京：中华书局，1985年，第12469页。
② 元·脱脱等撰：《宋史》卷四一六《余玠传》，北京：中华书局，1985年，第12470—12471页。
③ 元·脱脱等撰：《宋史》卷四一六《余玠传》，北京：中华书局，1985年，第12473页。
④ 陈世松著：《余玠传》，重庆：重庆出版社，1982年；陈世松、喻亨仁、赵永康编著：《宋元之际的泸州》，重庆：重庆出版社，1985年。

臂城镇老泸村处。山在泸州东南六十里长江北岸，地当东经 105 度 38 分，北纬 28 度 52 分。水程上距泸州 32 公里，下距重庆 217 公里，是岷江、金沙江、沱江以及永宁河诸水系东下重庆的咽喉之地。山如神臂，伸入江心。东高西低，山岭相连，海拔高度为 250～314 米。南北宽约 800 米，东西长约 1200 米。三面环水，悬崖陡峭，易守难攻。顶部阔平，土质肥沃，气候适宜，有海螺井等 7 口水井，泉水四季不涸，耕种可以自给自足。是以即使遭遇敌人来攻，亦可据地利之优长期坚持抵抗。

淳祐二年，四川制置使余玠委曹致大在这里构筑的神臂山城（当地人呼"老泸州"），周长共计 3365 米，西、南、北三面江水环绕，悬崖笔削，很难攀援。山南有羊肠曲径，东面不甚陡峭，又与陆地相连，故筑城垒，重点设防；其余悬崖峭壁，凭险自成城壁，没有砌筑城墙，并且利用长江作为天然的护城河。

长江从山的北面流来，流过西南面的泥灏头，在神臂嘴绕过一个 70 度左右的急弯，紧贴南面山脚向东流去，从神臂嘴到小桃竹 5 公里江段，滩滩相连，基本无处可以靠泊船舟。神臂嘴上游虽可渡江，但在枯水季节，登岸后要穿过 450 米开阔的梭子碛河滩（碛坝），才能接近山脚，若敌人来攻，城上乱箭齐发、滚木礌石打来，敌人必遭极大伤亡；即使敌人进到山脚，但山崖陡峭笔削，也很难攀登。洪水季节，梭子碛下端到神臂嘴之间的泥灏头 1800 米河段可以泊岸登陆，但是河岸陡峭狭窄，乱石垒垒，神臂嘴又有重兵把守，要想强渡攻城，实非易事。

"铁打泸城"江景
（法·拉蒂格 1923 年摄）

东面所筑城墙，高度为 5.12 ~ 6.50 米，迄今尚存 569 米。东门高大坚固，双拱。门外开阔地尽头处的山坡上，筑有两道与东门平行、高约 3 米的护城堤（耳城），用以遮护城墙使其免遭直接攻击。耳城一道长 396 米，另一道长 100 米，左右两端建有"炮台"。耳城右侧，一条狭窄的石板路蜿蜒通至山下。耳城下方大约两百米处，小路两侧掘有护城池——左面的护城池叫红菱池，右面的护城池叫白菱池——水面面积各约 30 亩。现在，红菱池仍在蓄水，灌溉农田；白菱池已不复存在。

为了维系江上交通和更好地保卫山上城堡，镇守官员还在南面的江心岛"大中坝"上建了水寨，部署舰船，与泸州城下沱江口的余甘渡、长江赤水河汇合处的石盘寨，并列为三个水军基地。

神臂城城坚似铁，固若金汤。世代相传"天生重庆，铁打泸州。"淳祐三年，迁泸州治所于其上。淳祐四年"五月庚戌，余玠言：'利阆城大获山、蓬州城营山，渠州城大良平，嘉定城旧治，泸州城神臂山，诸城工役，次第就绪。神臂山城成，知泸州曹致大厥功可嘉，乞推赏以励其余。'诏致大带行遥郡刺史"①。

天造地设"老泸州"
（合江县文化馆崔思群 1982 年摄）

实际考察其地，长江从神臂山北面汹涌而来，流经西南面，再在山脚神臂嘴绕一个 70 度的急弯，然后才紧贴南面山脚波翻浪滚地向东流去，这样便形成了一道天然的护城河。在这道天然的护城河里，水情复杂，且滩滩相连，处处险恶，恰似不可逾越

---

① 元·脱脱等撰：《宋史》卷四三《理宗三》，北京：中华书局，1985 年，第 830 页。

的天堑。所谓滩滩相连，主要是指神臂嘴及以下的北漕。这里有秤杆碛、晒金滩、万人坟、梨子嘴、大桃竹和小桃竹等险滩。而南漕（又名碛上）的小灌口、大灌口、猪儿石、青蛙石、又鱼子（即又鱼碛、折鱼滩）等也是处处险恶。这些滩碛怪石，一个紧接一个：有的在洪水期时惊险万状，有的在枯水期时危机四伏；有的险情露于表面，有的凶恶隐蔽水中。据方志记载，该处曾"岁坏舟以数十百计，溺人数倍"，［道光戊申（二十八年，1848）］年某日，一次即"七舟连没"①。其险可想而知。

在这段江面上，险象环生，而"舟下（又）必由急湍骇浪间转舵横截"，"或一失势，则人舟破碎灭没，下饱鱼鳖"②。因此，古往今来，神臂嘴均设有导航抢险机构。③

神臂城江上形势图
（合江县文物局贾雨田航拍）

---

① 王玉璋修，刘天锡纂：民国《合江县志》卷一、卷六，国家图书馆藏本。
② 王玉璋修，刘天锡纂：民国《合江县志》卷六，国家图书馆藏本。
③ 清乾隆元年（1736），合江官府即已在此滩设置救生红船二只、水手桡夫十二人。咸丰初年又增红船。同治九年（1870）在神臂嘴建镜清楼，"设红船二十、炮船二"，委派滩官常年驻守，配备兵丁、水手若干，指挥船只安全过滩，弹压在船舟失事时趁机抢劫的歹徒。自道光至民国初年，当地还曾募捐费用置田地，将田地收成作为护滩经费。民国时期，有保险铺（相当于今天的保险公司）在这里设指挥台两座，并派富有经验的木船驾驶者操舵放滩。另设有滩务站和若干救生红船，管理滩务和抢险工作。至今，这里仍然设有航标信号台。

神臂嘴江面宽1050米，神臂城与坐落在对岸的泸州市江阳区弥陀场隔江相对。江流绕过这里而东，曲率半径只有150米（轮船正常转弯航行所需的最小曲率半径为400米）。过往轮船之所以能在此处转弯航行，是因为这里江面宽阔且水流缓慢（流速不到2米每秒）。由于航道弯度太大，江水在神臂嘴附近一段数十米宽的江面上形成一带回流（船家称为"西流"），与江心径直流向南岸方向的流水相冲击，便产生了一连串大大小小的泡花和漩涡（船家称为泡）。随着水位的上涨，这片西流的回流速度会加快，宽度增加。

南岸弥陀场下游方向，江中巨石如梁，高出江5.5～6.4米，长720米，俗名九条龙。九条龙上端有一小缺口，宽约20米，名小灌口；下端有一大缺口，宽约200米，即大灌口（又称罐子口）。枯水时行人可在上面走过，洪水时江水上涨涌入灌口内，波浪滔天，涛声如雷。在大、小灌口水流的冲击下，附近形成了一个大水凼，这便是旧时所谓合江八景之一的"鱼入龙窝"。"鱼入龙窝"南面有一大沙湾名叫沱湾。大灌口东面的江心中，有片长达2公里的沙洲，名曰大中坝。大中坝以北为船舶来往的主航道，以南则是与沱湾相连的烟滩灏（hào），以东不远处便是又鱼碛。

在大中坝上端北面、神臂山以南456米宽的江面上，又有一片高出江面1.3米、长960米的砾石碛坝，名为秤杆碛。秤杆碛把航道分为南北两漕：

冬来水落石出，"灌口"和夏日四面环水的"大中坝"与陆地相连
（贾雨田航拍）

北漕（湾头，又名湾漕）窄而且深，江石丛生，波恶涡诡。从神臂嘴到桃竹子江段不到5公里的江面，险象环生，危机四伏。扳艄稍一不慎，舟船便有沉没的可能。只要春来桃花水涨，南漕可以通船，船夫们便不走这条漕口。

南漕（碛上，一称"排上"）就是"灌口"，上游的手扒岩标准水位尺达到2米，重载木船便可通行。这里，南边是一条石梁，绵亘数百丈，石梁末端就是"大中坝"。石梁与大中坝接合部地势低洼，名曰"灌口"（旧名龙蟠滩）。洪水季节，江水从上游方向湍急奔腾而来，穿灌口而过。北岸悬崖峭壁，神臂山凌空崛起，四面笔削。山形如臂，伸入江心，遮断半江流水。神臂嘴下即巨大的西流。上游来船，绕过这个山嘴，因航向偏移，速度自然降低，而江水径直冲向灌口，舟船就可能在其夹带之下，直端端地"滚"到灌口里去，触礁搁浅，船毁人亡。

为什么是"滚"入灌口中？这是因为下水船跟着大江主流走，汹涌湍急的江水径直向灌口里流，船夫扳艄扭舵也无力扭转航向，江水自然就滚进灌口里去了。

航行南漕，如果在远离神臂嘴一侧顺流直下，便可能滚入灌口倾覆；如果过分靠近神臂嘴，一转弯便可能陷入西流，船在水中打转而不得通过。要想平安下滩，必须靠近西流行驶，紧贴西流。这湾巨大的西流，有三个大"泡"，若从第一个"泡"穿行，舟船就要"打沱"卷入西流而旋转，不得通过；若至第三个"泡"才穿行，舟船则会被卷上主流，难逃"滚灌"。只有绕过第二个"泡"尾部并立即掉舵向北，朝着神臂山方向从西流边际穿行，奋勇全速划桨，方可以平安下滩。有鉴于此，清光绪十七年（1891），官家在神臂嘴石壁上镌刻了"放船依近西流"六个大字，指导船工操纵下水船舶安全过滩。

神臂嘴"放船依近西流"摩崖题刻
（合江县文物管理所诸能清摄）

枯水季节南漕水浅，只能从紧贴神臂山麓的北漕过滩，情况更是惊险万分：船只行过神臂嘴第一根白色航标杆，便要立即掉头。这样绕过一个 70 度的急弯以后，船速自动减低。行不过几十米，便又要扬头（调正船头），望着南岸，对准秤杆碛脑部向北岸岩边冲击的打头水驶去。如果船只经不起打头水的侧击，船头就会被拍向岩边，而此时船已入漕，从秤杆碛到神臂山脚的晒金滩，江面宽 135 米，而实际航道漕宽不过 40 米，漕内水流似箭，每秒流速可达 4.5 ～ 5.5 米。这样，水流猛冲，极易导致来船撞向岸边。船工们此刻便须一齐丢下桡桨奔向船头，拼命地摇动船头的大艄（百吨载重大船的大艄，长达 18 米左右），强行摇转船头以使船只朝着正确的航向航行。操纵稍有不当，便会船毁人亡。

上水航行，虽然一般不会船沉人死，但是滩湍水急，河岸乱石如刀，尽管纤夫伏地如牛，拼死拉纤，亦难前进一步。尤其是大桃竹滩上方，硕大的石梁高出江面 4.3 米，宽 18 米，长 95 米有余，最为艰险。船行到此，必须绕道石梁外，从激浪惊涛中穿行而上，而且须临时雇请常年等候在此的若干"拉腰滩"的农民工协助拉纤，方能将船拉上滩口。如果纤断，也会发生危险事故。清代，有一高姓孀妇捐资募工，在石梁上凿漕数丈，船从漕中渡过，这才基本解除危险。为了纪念这位善良的妇女，历代船工尊敬地称之为"寡妇漕"。

综上可知，在神臂山立城，优势有三：

一是依靠山险，足以长期扼守。神臂山不仅有险可恃，而且山顶宽平，田土肥沃，池塘如镜，泉水四季不涸，适宜众多军民居住。据 1983 年的统计数据，神臂城遗址范围内有 3 个生产队、157 户、685 人居住，耕种着大约 394 亩田地。[①] 据南宋官员牟子才的奏疏，在余玠守蜀时期，泸帅司常驻城上的军士不到一千人[②]，与现有人数情况大体相当。如果把当时因战争环境临时聚集在山上的居民以及部署在江面水寨上、依靠山上提供给养的军士人数考虑进去，总人数显然比这个数字更多。

二是凭借江险，可以充分发挥宋军的水上优势，阻击不习惯水战的蒙古骑兵。由于神臂城下江急滩险，加以蒙古军征蜀初期还未建立水军，故宋军在这一复杂的水域里布兵扼守，是足以扬长避短，克敌取胜的。

三是长江水运把神臂城和沱江沿线以及长江上游的叙州、泸州旧城下游的重庆和夔门联系起来，进可攻，退可守，是理想的阻击阵地。同时，渡过长江，通过南

---

① 2008 年重新调查统计，该遗址保护区内有农田 405 亩、林地 42 亩、人口 701 人。

② 宋·牟子才撰：《论救蜀急著六事疏》，见傅增湘原辑，吴洪泽补辑：《宋代蜀文辑存校补》卷八七，重庆：重庆大学出版社，2014 年，第 2825 页。

岸的黄市坝，神臂城又可以和通往纳溪、合江以及播州（今贵州遵义）等少数民族聚居地区的道路连接起来，足以依靠这些地区的支持，建立起巩固的大后方，使自己立于不败之地。

正是由于以上诸多方面的原因，余玠委派曹致大在这里构筑了神臂城。守土抗敌三十余年，控扼长江上游，拱卫大府重庆，屏障南宋半壁河山。

七百年沧海桑田，神臂城故垒"长云蠹，铁城围。戍冷烽销，形胜未全非"①，至今江上秋风起，犹似营中笳鼓声。2009 年，四川省向国家报告：

神臂城（老泸州）遗址价值重大：

1. 宋元交替的蒙宋战争期间，神臂城扼控长江上游，与扼控嘉陵江的钓鱼城互为犄角，拱护重庆，是南宋倚以为重的"四川山城战略防御体系"中最具战略价值的两座山城。《元史》记载多达 67 处，与钓鱼城具有同样重大的历史价值。

2. 南宋神臂城（老泸州）因山包砌，水陆立体防御体系完整、坚固，设计、构筑奇巧。保护区内遗存有 1100 余米的石砌宋城城垣、城门、子城、炮台、护城池、钟鼓楼（烽火台）、校场坝、暗门、一字城等若干当年军事及生活设施遗迹，是迄今为数极少的保存完整、也最为壮观的宋代四川古战场遗址。

3. 神臂城下，是长江有名的险恶凶滩，历代有效施行的安全通过和海事处理机制，具有重大的现实意义和科学研究价值。

4. 神臂城遗址历史人文内涵丰富，古迹众多，如先汪读书岩、黄氏坝、元代合江县城遗址，等等。其中，刘整降元和许彪孙托孤摩崖石刻忠奸对比，是珍贵的爱国主义教育文物教材；玄武圆雕石刻长达 21 米，全国罕见，雕工精湛绝伦，是艺术珍品。

5. 神臂城光荣的历史及其特殊的航运安全机制，科学研究价值巨大。台湾和四川地方史学家以及国家交通部纷纷注目，相关学术研究成果已初步显现。

神臂城（老泸州）遗址具有申报全国重点文物保护单位价值，一旦获准公布，必将与钓鱼城比美川渝，焕发其更加灿烂的光彩。推荐其为全国重点文物保护单位。②

---

① 清·董新策撰：《江城子》，见王玉璋修，刘天锡纂：民国《合江县志》卷一《舆地志·神臂山》，国家图书馆藏本。
② 2007 年四川省《关于推荐神臂城为全国重点文物保护单位的请示》。

2013年，国务院公布神臂城（老泸州）遗址为全国重点文物保护单位。

【三】 刘整以城归附 宋理宗景定二年（蒙古中统二年，1261）六月庚申，南宋潼川路安抚副使兼知泸州刘整叛降蒙古①，"籍泸州十五郡、户三十万入附（投降蒙古）。"②

刘整，字武仲，邓州（今河南邓县）人，地在当时金国境内。金乱，渡淮入宋从军，夜纵骁骑十二，袭破金国信阳，主将孟珙说，李存孝十八骑（人）攻拔洛阳，刘整更有过之，在旗帜上题写"赛存孝"三字，颁赐于他。其后奉调入蜀，升任高级将领。开庆元年（1259），蒙古国蒙哥可汗（元宪宗）围攻钓鱼城，在下游涪州（今重庆市涪陵区）的蔺市江上建造浮桥，拦阻援蜀宋军。宋理宗颁行赏格于天下曰："如能出奇斫桥袭寨有显著者，旌赏有差。"③刘整、曹世雄乘风纵火，砍断浮桥，功居第一。战后论功行赏，权相贾似道却把功劳都算在吕文德头上，只移调刘整为潼川府路安抚副使兼知泸州。

刘整武艺过人，屡建功勋，居功骄傲，不把上司和同袍放在眼里。四川宣抚、制置两阃皆不喜之，"画策辄掎沮，有功辄掩而不白，以俞兴与整有隙，使之制置四川以图整"④，此外，他的上级还故意派人审计他的军费。曹世雄、向士璧二将此前就因军费问题被贾似道弹劾。刘整军费账目不清，自知在劫难逃，想向俞兴行贿私了，遭到拒绝。于是他便遣使远去成都，向蒙古投降。宋景定二年六月，刘元振率领的蒙古受降部队来到神臂城。刘整召集文武官吏，命令他们："为南（宋）者立东庑，为北（蒙古）者立西庑。"可怜堂堂大宋王朝，平日高官厚禄养士，而今刀锯在前，二十七员文臣武将，竟然个个怕死贪生，整整齐齐地都站到大堂西边去了。只有一个史失其名的户曹巍然东立，以身殉宋。⑤迫降了满衙文武官吏，刘整又遣使命令避难泸州城内的四川制置使司参谋官许彪孙代笔起草投降文书。许彪孙原籍简州（今四川县级简阳市），以其父显谟阁直学士许奕曾任泸州知州，升任知潼川府事，许奕的祖母刘氏又是泸州人，所以举家迁往泸州城中。面对屠刀，许彪

① 元·脱脱等撰：《宋史》卷四五《理宗五》，北京：中华书局，1985年，第877页。按：《元史·刘整传》：刘整为南宋潼川安抚使，盖因其时潼川安抚使本缺，而刘整实以副职行一路军、州事。
② 明·宋濂等撰：《元史》卷一六一《刘整传》，北京：中华书局，1976年，第3786页。
③ 不著撰者名姓：《宋史全文》卷三六，《四库全书》文渊阁本。
④ 明·宋濂等撰：《元史》卷一六一《刘整传》，北京：中华书局，1976年，第3786页。
⑤ 不著撰人名姓：《宋季三朝政要》卷三，《四库全书》文渊阁本。

孙义正词严地回绝说："此腕可断，此笔不可书也。" 即闭门与家人俱仰药死。[1] 刘整"既降（蒙古），遂引兵袭都统张桂营，桂及统制金文德战死。纳溪曹赣阖门死之。"[2]

在泸南宋"湖北副总管、总统援蜀诸军黄仲文，有众三千戍泸。众欲乘未定，夺舟东走。整诳之曰：'以俞兴兵，故投拜，与公无伤也。事定，当厚礼遣公。'翼日，整乃分散其兵，诱使降。仲文大骂不屈，整杀之。保义郎廉节，奉制檄籴麦于泸，不降，遇害"[3]。

南宋方面，平白丢失半个四川，战局急转直下，从此不可收拾。宋理宗大惊失色，说是"泸南刘整之便宜急措置"[4]。贾似道严令俞兴收复。俞兴率部来攻，刘整据城自守，派人从暗门潜出城，泗水渡江去成都搬来救兵。俞兴抽调攻城部队打援，刘整看见宋军阵前调动，意识到援兵已经到来，火速选派百十士兵从暗门杀出，向东突围，继以大队冲入俞兴阵后。宋军腹背受敌，大败亏输。俞兴本人率先逃跑，在江头"夺得一艘小舟，逃回重庆"。打援的屯达部队听说主帅逃跑，当即溃不成军，争向江头逃命，"士卒拥溺者十八九，流尸蔽江而下"[5]，屯达跃入万丈波涛，抓住马尾，好歹渡过长江。今日神臂城下东南方向江岸上那一垒长堤，尽头处有座巨大的半球形石堡，当地人称"万年坟"，认为它即当年埋葬宋军的坟墓。我们通过田野调查发现，这垒长堤是连系城上与江边交通的城墙。钓鱼城也有这样的建筑，史书记作"一字城"。神臂城这道城墙，与钓鱼城的"一字城"形制完全一样。长堤下侧有片开阔地，老乡说是当年的"校场坝"，传说是当年宋军与刘整叛军最后搏斗的战场，此说应当不无道理。

"暗门"，而今已经找不到了。在城内的衙门口附近，当年有个地洞，据说通往城外。城外西北面山腰，还有个"蛮子洞"，现已垮塌堵塞，早年曾有探洞者进入，据说该洞极深，内有石桌石凳，尽头处还有向下的石阶，至此探洞者不敢再往下走。南面山腰也有"蛮子洞"，同样垮塌堵塞了。

俞兴败绩，宋将吕文德又来进攻，在黄氏坝"隔江砌石为垒"。对峙数月，刘整

---

① 元·脱脱等撰：《宋史》卷四四九《许彪孙传》，北京：中华书局，1985 年，第 13240 页。按：《昭忠录》"许彪孙"条作"彪孙朝服以拜天地、祖先，率一家由少而长自绞死"。

② 元·脱脱等撰：《宋史》卷四四九《许彪孙传》附《张桂、金文德、曹赣》，北京：中华书局，1985 年，第 13241 页。

③ 不著撰人名姓：《昭忠录》"黄仲文"条，《四库全书》文渊阁本。

④ 不著撰人名姓：《宋史全文》卷三六，《四库全书》文渊阁本。

⑤ 不著撰人名姓：《昭忠录》"张桂、金文德"条，《四库全书》文渊阁本。

孤立无援，主动撤走。泸州收复以后，宋王朝改泸州为江安军，徙治江南黄氏坝，神臂城内只留下潼川府路和安抚使司衙门。元军平定四川，在黄氏坝建置合江县的县城，这就是传说中的"华阳县"。这一事实，《永乐大典》里记载分明，叫作"济民市"。

刘整熟知南宋虚实，向忽必烈大汗（元世祖）献策："攻宋方略，宜先从事襄阳。"① 刘整又为不习水战的元军训练水军。元军绕过易守难攻的四川山城，兵出汉水，围困襄阳七年，迫降了南宋守将吕文焕。南宋都城临安至此无遮无蔽地暴露在元军面前。元军最后灭亡了南宋。文天祥起义抗元兵败后，在大都（今北京）监狱里悲怆赋诗《襄阳》曰："十年杀气盛，百万攻一城。贼臣表逆节，胡骑忽纵横。"② 又赋《西南大将》诗云："西南失大将，带甲满天地。高人忧祸胎，感慨复唏嘘。"③ 明代史家张溥评论："亡宋贼臣，整罪居首。"④

刘整叛宋降元，固然是南宋官场倾轧逼出来的，但是，他这种不惜杀害原同僚部属的行为，理当受到严正的谴责。前代泸州人民，在神臂城西门（神臂门）外石壁上，摩崖刊刻"刘整降元"石像一龛，刻画其投拜元世祖忽必烈大汗的丑态，把刘整永远地钉在了历史的耻辱柱上。

神臂城西门外绝壁上刘整降元摩崖石像（合江县文化馆崔思群1982年摄）
①刘整匍伏阶下，依蒙古礼俗投拜；②忽必烈南面而坐；
颐指气使；③宦者左右侍立

① 明·宋濂等撰：《元史》卷六《世祖三》，北京：中华书局，1976年，第116页。
② 宋·文天祥撰：《文信国集杜诗》，《四库全书》文渊阁本。
③ 宋·文天祥撰：《文信国集杜诗》，《四库全书》文渊阁本。
④ 明·张溥撰，曾肖点校：《七录斋合集》卷三六《蒙古陷襄阳》，济南：齐鲁书社，2015年，第619页。

民国《泸县志》曰："老泸城石壁上，旧有石像，不知凿于何时。一大人中坐，头椎结。二人旁侍。一人伏于前，若叩见者然。世传，刘整降元后，泸人丑之，凿整降元帝状于此。旧有记。今字皆漫漶，不可复识。"[1] 民间传说，这刻的是"孙孙打婆"案发后，孙儿向祖母请罪。1982年，陈世松先生实地勘查考证，弄清它其实是前代遗民镌刻的《刘整降元图》，当今世间仅存的元世祖忽必烈摩崖造像。[2] 这方摩崖石像左侧，还有一龛许彪孙拒草降表的摩崖刻像。画面上，大人南面而立，戟指刘整，貌若甚怒。两龛石像，忠奸对比，刀法粗犷，轮廓依稀，显系出自同一匠人之手。西湖岳飞墓前，有秦桧等四奸绾锁长跪丑像，遗臭万年。无独有偶，"老泸州"城绝壁上的《刘整降元图》与其异曲同工，均可警示百代，是进行爱国主义教育极其珍贵的历史文物教材。

【四】 **富顺** 蒙宋战争时期，南宋富顺军民在沱江下游十五里北岸的虎头山构筑虎头城（今名大头城），负险守土。

【五】 **归土** 归入版图。此谓除此数郡而外，原南宋潼川府路其他州县均已降元。

【六】 **行枢密院** 辽、金、元三国由于军事需要，在地方上临时设置的军事行政机构，简称行院。蒙宋战争期间，蒙古军在四川的军事指挥系统经历了多次调整。南宋开庆元年，蒙哥可汗在钓鱼城战死以后，忽必烈继位，接受汉族王朝的传统，建元中统，自称皇帝（是为元世祖），设立中书省，总领内外百官。分天下为十路，各设宣抚司。以秦蜀地重，军事紧急，将关右与四川合并为一路，设置秦蜀宣抚司。又设秦蜀行省（陕西四川行省）于京兆（今陕西西安）。中统四年（宋景定四年，1263），忽必烈大汗统一四川军政机构，在成都设立四川行枢密院，统领四川军政。至元三年（南宋咸淳二年，1266）十二月，忽必烈诏改四川行枢密院为行中书省，并将秦蜀行省移治兴元（今陕西汉中）。五年，秦蜀行省还治京兆，在四川另设东、西二川统军司。东川统军司驻青居（今四川南充市高坪区青居镇），西川统军司驻成都，分别指挥东西两川军事。至元八年，蒙古改国号为元。十年，元王朝撤销四川行省，并撤东、西两川统军司，设立东、西两川行枢密院。东川行枢密院于至元十三年四月被裁撤，其事统归西川行院。二十三年重建四川行省以后，西川行枢密院始被撤销。

---

① 王禄昌修，高觐光、温翰桢纂：《泸县志》卷八《外纪》，民国二十七年刊本。
② 有关这个问题的论证，请参阅陈世松：《刘整降元石像考》，《四川文物》1983年第2期；赵永康：《老泸州城上的忽必烈摩崖刻像》，中国新闻社专题部1983年3月15日发海外通稿。

【七】 **梅应春迎师纳款** 元至元十二年（南宋德祐元年）六月"辛酉，宋潼川安抚使、知江安州（即泸州）梅应春以城降（元）"①。

至元十一年六月，襄阳、樊城失陷。忽必烈下诏大举灭宋。元丞相伯颜兵向临安，南宋朝廷朝不保夕。十二年五月，元军西川行枢密使汪良臣总攻嘉定（今乐山），宋将昝万寿战败降元，"鲜于都统率众遁，（元将石抹）不老追至大佛滩，尽毙之"②，南宋"知叙州李演将兵援嘉定府，（闻昝万寿已降元）遂解归，战羊雅江，兵败被执"③。元军分道沿岷、沱、马湖江而下。下游南宋诸城人心惶惧，元世祖又特遣中使沈答罕，持诏沿江招降，许以不死。经不住这种军事上和政治上的强大攻势，南宋沿江紫云（今犍为县孝姑镇）、登高（今宜宾市岷江江口北岸）、虎头（今富顺县赵化镇虎头山）、长宁（今长宁县双河镇）四城不战自溃。

六月辛酉，西川行院诸路元军顺流进至神臂城下。当时驻守神臂城的南宋守臣是广济（今属湖北）人梅应春。应春号雪樵，宋宝祐四年（1256）进士，与文天祥同榜。文天祥杀身成仁，舍生取义，留取丹心照汗青。梅应春挂礼部尚书衔，任职潼川府路安抚使兼知江安州，爵高位重，却怕死贪生，背叛国家。他于叙州降陷的第六天，在神臂城上打出降幡，并将部属判官李丁孙、推官唐奎瑞杀害。珍州守将汪彦清奋起反抗，率部进行巷战，英勇殉国。与梅应春一起出卖神臂城的，还有三个同伙，即"泸州降臣赵金、吴大才、袁禹绳"④。

【八】 赵万里先生校："'事'字原脱，今补。"⑤

【九】 "二"乃"元"字之讹。《元史》卷八《世祖纪一》：至元十二年六月"辛酉，宋潼川安抚使、知江安州梅应春以城降（元）。"至元十二年乃德祐元年，据改。

【十】 **王世昌窃入神臂城，围困。明年十月复之** 梅应春降元，江安州又被元朝复名为泸州，以梅应春为泸州安抚使。西川行院遂以泸州作为后勤补给及前进基地，在降臣赵金等人的带领下，直向下游，与东川行院元军五路合围重庆。

元世祖至元十三年（宋德祐二年）正月，南宋谢太后携小皇帝拜表降元。"老泸州"的百姓誓死不降，以在籍进士先坤朋为首，秘密串联起来，派出原籍永川县

---

① 明·宋濂等撰：《元史》卷八《世祖纪五》，北京：中华书局，1976 年，第 168 页。

② 明·宋濂等撰：《元史》卷一五四《石抹不老传》，北京：中华书局，1976 年，第 3641 页。

③ 元·脱脱等撰：《宋史》卷四七《瀛国公纪》，北京：中华书局，1985 年，第 931 页。

④ 明·宋濂等撰：《元史》卷一〇《世祖纪七》，北京：中华书局，1976 年，第 208 页。

⑤ 元·孛兰肹等撰，赵万里校辑：《元一统志》卷五《重庆路·泸州》，北京：中华书局，1966 年，第 521 页。

的义士刘霖，千里独行，至钓鱼山，求得宋军主将张珏发来大兵。[1] 至元十四年正月初三夜里四更时分，来到神臂门下，里应外合，杀上城头，鼓噪放火，斩关而入，巷战中全歼元军，生擒梅应春并将其明正典刑，斩首示众。[2] 元军先锋大将赵匣剌（là）因伤来泸城治疗，当夜，也被杀死。

神臂城光复，截断了成都通往重庆的水路供给线，也截断了围困重庆的西川行院元军的归路，元军军心动摇，总指挥汪良臣和不花制止不住，只好还师进攻神臂山。宋将张珏趁势进攻，打破了元军对重庆的五路合围，收复了下川东大片土地。泸州神臂城在军事上的重要地位，又一次充分显示出来。

还攻泸州的元军部队水陆继进，在万户秃满达儿和拜延的指挥下，铁壁合围，全面猛攻。首先攻破珍珠堡、盘山寨、宝子寨等外围据点，把寨内民人"杀掳殆尽"。接着进围神臂山，经过长期围困，老城内无粮草，外无救兵，人皆扶病，不任干戈。"十一月，泸州食尽，人相食"[3]，仍然坚持抵抗，誓死不降。在一个月黑风高的夜里，元军对老泸州城发起了总攻。

水上，万户张万家奴率舟师150余艘，会同水军将领石抹按只、也罕的斤等，封锁江面往来，登陆作战。也罕的斤猛攻神臂门，斩五十余人，蚁附以登。几经争夺，终于冲入城内。

陆上，哈八儿都（刘思敬）"夜入东门"，秃满达儿"攻夺水门以进"，一齐杀入城中。又经过一天一夜的巷战，宋军守城主将、泸州安抚使王世昌和他的将士们，全部壮烈殉城。一代名城，至此陷落。

六百年后，清举人高觐光览古登临，赋诗评述当年往事有云：

孤城插江山势恶，江流到此一束缚。
周遭峭壁凌苍苍，怪石欹危陡欲落。
宋人南渡志偏安，剑门失守泸州残。
渝涪夔万不足恃，形势乃欲争弹丸。
卅年血战为君守，援兵未至元兵走。
俞兴帅蜀世雄冤，壮士心寒莫须有。
降幡一出莲池秋，亭障萧萧成废畴。

① 合江县《先氏家谱》，存合江县县志办公室。
②《元一统志》说梅应春被宋军掳去，明冯梦龙《智囊补》说被押去重庆处死。今从《宋史》。
③ 元·脱脱等撰：《宋史》卷四五一《张珏传》，北京：中华书局，1985年，第13283页。

断垣芜没六百载，访古挐舟江上游。

老农缀耒为我道，年年七月香稻早。

荒台垒砺缠草根，云是营门旧时堡。

堡中往往遗镞留，苔花锈涩无人收。

吁，嗟乎！

刘整竖子不足道，谁驱壮士走事仇。

半闲堂内秋风劲，西湖草衰宋不竞。

如此江山付与人，兴亡岂必关天命！①

★10.

《元一统志》 (续完)

（至元）十五年（1278）正月，本朝平蜀【一】，命安抚赵（全）[金]【二】还故治【三】，隶四川西道宣慰司【四】。十八年改隶南道宣慰司【五】。二十年八月罢安抚司，止行泸州事。初设录事司【六】，至是，同泸川县并入本州通管。二十二年九月，隶重庆路总管府。

元领泸川、江安、纳溪、合江四县，乐共一城，仁怀、大洲、政和、镇溪、板桥、梅岭六堡，九支、平泉、史君、绥远、安溪、安远、博（壁）[望]【七】、江门八寨【八】自王世昌夺城，堡寨遂空。惟余江安、纳溪、泸川、合江、录事司、乐共、江门。今四处并废，惟领县三。【九】

【校补图注】

【一】 **本朝平蜀** 本朝，谓元王朝。元代四川政区制度紊乱，"大率以省统路，以路统府、统州，以府、州统县；其府州有不统于路而直隶于省者，州有不统于路而统辖于府者，县有不统于府、州而统于路者"②。路的设置，也多次变化。至元十六年，分四川为四道：成都等路为川西道，广元等路为川北道，重庆等路为川南道，

① 高觐光撰：《茈湖余碧录》卷三《铁泸城怀古》，民国四年自刻本，泸州市图书馆藏。
② 龚煦春撰：《四川郡县志》卷一○《元明疆域沿革考》，成都：成都古籍书店，1983 年，第 371 页。

顺庆等路为川东道。其后阿合马执政中枢，滥设官府，四川增设为九路。时值兵革之余，全蜀人口只余 12 万户，而官府则设置颇多。元王朝指令裁撤，至元二十年，四川行省大幅度调整全蜀区划，所有的府全部撤销，九路裁撤其四，只余广元、成都、顺庆（今四川南充市）、重庆、夔州（今重庆市奉节县）五路。按照平定江南时制定的"五万户之上者为上州，三万户之上者为中州，不及三万户者为下州……三万户之上者为上县，一万户之上者为中县，一万户之下者为下县"① 的标准，全面调整州、县建置，由于连年战乱，蜀中地荒民散，户口凋零，一些州降置为县，另有相当多的县直接被撤销。其后，随着社会和经济的陆续恢复，部分州县又重新建置。

【二】 "全"为"金"字之讹，以形近而误。据《元史》卷二《世祖纪二》改。

【三】 **还故治** 至元十五年元军平定四川，为防止南宋遗民据险反抗，元世祖下令尽数拆除全川山城寨堡，把南宋迁驻这些山上的州、县治所悉数迁还故地。泸州治所迁回长、沱两江汇口处的茜草坝。

【四】 **四川西道宣慰司** 宣慰司是元代初年设置的地方政权机关，"掌军民之务，分道以总郡县，行省有政令则布于下，郡县有请则为达于省。有边陲军旅之事，则兼都元帅府，其次则止为元帅府。"② 类似于明清年间的"道"。至元十五年九月"癸未，省东西川行枢密院，其成都、潼川、重庆、利州四处皆设宣慰司"③。元军平川之初，陕西四川行省下设的川西宣慰司治成都，川南宣慰司治叙州（今宜宾）。至元十八年分省四川，二十三年，始置四川行省。

【五】 **南道宣慰司** 元王朝设在叙州府（今宜宾市）的四川南道宣慰司，亦称川南宣慰司。

【六】 **录事司** 金、元时期管理城市户民的行政机构。元代的录事司，只设于路总管府治所所在城市，管辖该路治所所在城区，与该路的倚郭县分理城内城外。《元史》载："录事司，秩正八品。凡路府所治，置一司，以掌城中户民之事。中统二年，诏验民户，定为员数。二千户以上，设录事、司候、判官各一员；二千户以下，省判官不置。至元二十年（1283），置达鲁花赤一员，省司候，以判官兼捕盗之事，典史一员。若城市民少，则不置司，归之倚郭县。在两京，则为警巡院。独杭州置四司，后省为左、右两司。"④ 南宋年间，泸州为潼川府路安抚使治所，所以

① 明·宋濂等撰：《元史》卷九一《百官志七》，北京：中华书局，1976 年，第 2317—2318 页。
② 明·宋濂等撰：《元史》卷九一《百官志七》，北京：中华书局，1976 年，第 2308 页。
③ 明·宋濂等撰：《元史》卷一〇《世祖纪七》，北京：中华书局，1976 年，第 204 页。
④ 明·宋濂等撰：《元史》卷九一《百官志七》，北京：中华书局，1976 年，第 2317 页。

在入元后设有录事司，管理城内民户。城外乡间的民户，则归与州同城的"泸川县"管辖。至元二十年，以战后四川户少民稀，裁撤、合并四川州县，江安县、泸川县和泸州录事司的建制被撤销，原录事司与泸川县分别管理的城、乡民户，一并归由泸州州官通管，并且统称"泸州本州"。至元二十二年重设江安县，而泸川县与泸州录事司的建制则未再恢复。明、清两代因之。辛亥革命之后，四川裁府撤州，"泸州本州"改称"泸县"，直隶于省，乃与江安、纳溪、合江三县脱离。

【七】　"壁"为"望"字之讹。据《宋史》卷八十九"博望寨"改。

【八】　"乐共一城"句　宋代在全国特别是沿边险扼之处设置城、寨，设官主之，兼管军民，"招收土军，阅习武艺，以防盗贼。凡杖罪以上并解本县，余听决遣"①。"知城，寨主（知寨）掌训治戍兵，完固防守，以捍边境，受纳赋税，听居民之诉讼。其小者专理之，大则禀于所属（所在州县）。有兵马监押，专掌甲兵训练之事；主簿掌勾考簿书，及通治民事。"②　"诸将兵在镇寨非将官驻扎者，监镇、寨主依知县法同管公事。"③　城、寨在一定程度上独立于州县之外。以城领寨，寨下为堡，有靖安边境、维护社会治安的作用。泸州西南徼外，族属繁多，"夷獠散居溪谷中"④，《宋史》总称之为"泸州蛮"。泸州一带曾多次发生震惊朝野的族属冲突，其大者，甚至兵连陕甘黔鄂，数年而始平。宋王朝特设泸南沿边安抚司，遍设城寨，募兵戍守。城寨的兵平时屯田耕作，有事奉调出征。城、寨官由安抚司奏辟，朝廷批准任命，受设在泸州的泸南安抚司节制。《宋史》对镇寨官记载如下："诸镇置于管下人烟繁盛处，设监官，管火禁或兼酒税之事。寨置于险扼控御去处，设寨官，招收土军，阅习武艺，以防盗贼。凡杖罪以上并解本县，余听决遣。"⑤

北宋前期，为了争夺一日不可或缺的食盐供给，泸南少数民族多次攻围淯井监（今长宁县双河镇）盐场。大中祥符七年（1014）"三月，（因）城淯井监"⑥，且"籍（参战）军之勇悍千人，分五都以隶禁军，为宁远指挥，使守淯井监。更建寨栅，浚三壕以环之"⑦，以控扼夷界，震慑、弹压少数民族。其后，泸南沿边地方的

---

① 元·脱脱等撰：《宋史》卷一六七《职官七》，北京：中华书局，1985年，第3979页。
② 刘琳、刁忠民、舒大刚、尹波等校点：《宋会要辑稿》方域一九《诸寨杂录》，上海：上海古籍出版社，2014年，第9673页。
③ 刘琳、刁忠民、舒大刚、尹波等校点：《宋会要辑稿》方域一九《诸寨杂录》，上海：上海古籍出版社，2014年，第9655页。
④ 元·脱脱等撰：《宋史》卷四九六《蛮夷四》，北京：中华书局，1985年，第14244页。
⑤ 元·脱脱等撰：《宋史》卷一六七《职官七》，北京：中华书局，1985年，第3979页。
⑥ 元·脱脱等撰：《宋史》卷八《真宗三》，北京：中华书局，1985年，第155页。
⑦ 元·脱脱等撰：《宋史》卷三〇一《寇瑊传》，北京：中华书局，1985年，第9989页。

诸城寨堡相继建立起来。

《宋史·地理志》：

> 泸州，上，泸川郡，泸川军节度。本军事州。宣和元年，赐军额。乾道六年，升本路安抚使。嘉熙三年，筑合江之榕山，再筑江安之三江碛。四年，又筑合江之安乐山为城。淳祐三年（1243），又城神臂崖以守。景定二年（1261），刘整以城归大元，后（宋）复取之，改江安州。崇宁户四万四千六百一十一，口九万五千四百一十。贡葛。县三：乾德五年（967），废绵水，富义置上监州。治平四年（1067），废羊羝寨。元丰二年（1079），废白芳寨。三年，废平夷堡，于罗池改筑安远寨；废大硐、武宁二寨。五年，复置武宁寨，隶长宁军。泸川，中。江安，中。有宁远、安夷、西宁远、南田、武宁、安远等寨。合江。中。有遥坝、青山、安溪、小溪、带头、使君六寨。大观三年（1109），以安溪寨为县，隶纯州；后废纯州，复为寨。宣和三年，废遥坝；四年，复。南渡后，增县一：纳溪。皇祐三年，纳溪口置寨。绍定五年（1232），升为县。监一：南井。城三：乐共城，元丰四年置。堡寨四：江门寨、镇溪堡、梅岭堡、大洲堡。九支城，大观三年，建纯州，置九支、安溪两县及美利城。宣和三年，废纯州及九支城为九支城，以安溪、美利城为寨，改慈竹寨为堡。武都城。大观三年，建滋州，置承流、仁怀两县。宣和三年，废州为武都城，以仁怀为堡，承流县并入仁怀。安远寨，元丰三年置。大观四年废。政和五年（1115）复。博望寨，政和七年置。板桥堡，政和堡，政和六年置。绥远寨。前隶武都城，宣和三年隶（泸）州。[①]

这些城寨，从具体的地望看，除"白芳寨在泸川县。皇祐三年置，元丰二年废"[②] 外，大多布局在境内从南岸注入长江的长宁河、永宁河与赤水河流域地区，亦即宋代年间的江安、合江二县之境。

在长江沿线，官家所谓"腹地"者，包括大硐寨、南四寨、纳溪寨、安远寨、平夷堡、羊羝寨等。

（1）大硐寨。即今泸州市纳溪区大渡口镇。遗址在镇东三里的民强村，地名畬蛮城。

大渡口镇在宋代隶属江安，乡都名大硐耆，地名大硐坝，载在《永乐

---

① 元·脱脱等撰：《宋史》卷八九《地理五》，北京：中华书局，1985年，第2218—2219页。
② 刘琳、刁忠民、舒大刚、尹波等校点：《宋会要辑稿》方域一八《诸寨》，上海：上海古籍出版社，2014年，第9638页。

大典》。清代地名麻衣坝，民间习呼大渡口场，西至江安县城五十里，东至永宁河口通裕场（今纳溪区治城）三十里。大硐坝背山靠江，滨临长江。江面开阔，岸深水平，西起金扁担，东至下游的戴洞坝，长3000余米，阔1000余米，土质肥沃，蔬果出产甚丰。

镇后千佛山"岩上"的少数民族，其时已与汉族渐次融合，其地也成为官府有效统治之区，元丰四年因废其寨。

1985年，《纳溪县志》孙东行总编辑田野调查，在今大渡口镇民强村（时名永利村）的戴洞坝，发现地下有座被当地人称为"畲蛮城"的古城遗址，撰文认为是前代江安县的县治：

畲蛮城，在纳溪县大渡口镇东约四里处大渡口镇永利村四、六生产队。是一片比较平坦的台地，呈长方形，面积约七十余亩，东西长约五六百米，南北宽约两百米，由东南向东北略为倾斜，北临长江，东南倚千脚山，一条小溪（瓦砾溪）沿山麓绕台地至苦竹沱（旧名五佛沱）汇入长江。据当地群众说，四十多年前，台地西南一面还俨然城墙故垒。城墙基脚遗址尚存，后因扩田土已失原形。台地内十余社员住宅的地名，有"城子头""城子边""畲蛮城"，等等。询问这些地名的由来，群众说："这些地名都是很多年以前传下来的。"又有人说："因为这里有城墙残迹，像座废城，（所以）房子位置居中者叫城子头，靠城边的叫城子边。"而畲蛮城的来历，则说是畲太君的故居。这显然是张冠李戴的民间讹传。值得注意的奇特现象是，台地田土之内，历年耕作都发现大量古代瓦片，说明这一带古代有许多房屋建筑。解放前，当地农民曾在土内掘到过两把古代铁刀。

在台地东南山麓，沿瓦砾溪从苦竹沱至武陵村一带，寺庙遗址也很多，有"四十八庵朝五佛（或叫朝普陀）"的传说。当地老人曾亲眼见过的寺庙就有十多所。老支书龙清和1978年深翻自留地时，在离地四尺深处，曾掘得石菩萨、石莲台、石柱头等物。1968年火炬化工厂在这一带建厂，拆除武陵村纳溪县保路同志会代表龙攸潭故宅（传为普陀寺庙地）修建厂房，掘地基时，在地下深处发现大量径宽一尺的大木柱，横竖堆叠，形状清楚，挖之则朽，其颜色与泥土相同。又在离地两公尺处掘得两把五寸长的古代铜剑。这些地下实物证实，武陵村这座大房子，是修建在古庙普陀寺遗址之上的，因若干年来，马庙岩的泥石流把普陀寺埋到了地下。由此可见，紧靠畬蛮城的瓦砾溪、武陵村一带，几百年前确是寺庙林立的地方。

再从地形上看，这一带依山傍水，地势开阔，（台地前方长江的）江面很宽，便于（船只）停泊，紧靠畬蛮城东面的千脚山，山峰高峙耸立，犹如一雄狮坐卧长江岸边，直视纳溪（城下永宁）河口江面。从千脚山顶遥望，长江上、下游十里开外的江面尽收眼底。这样一个地势，有利于设县建城。①

2018 年实际勘察其地，这处遗址地在东经 105 度 13 分 35 秒，北纬 28 度 44 分 43 秒。民国《江安县志》记作"戴洞坝"，其文曰：大渡口场，"中有麻衣坝，田土平均，所产淡巴菰（烟）、落花生甚多。又有戴洞坝，明季叛酋奢崇明筑营处。"② 按，明天启元年（1621）九月，永宁宣抚司宣抚使奢崇明（彝族土司）起事反明。十月，破泸州。其时，大渡口镇业已形成市集，因于戴洞坝设防驻兵。"奢"与"畬"同音，土人遂呼"畬蛮城"。畬蛮城只是奢崇明军兵的营垒，并非前代江安县城。天启二年六月，明军收复泸州，奢崇明败回永宁（今叙永县）。他的部队在畬蛮城驻扎至多不过半年，不可能有大的兴建。而该处地下文化遗存太多，年代应比奢崇明时期更为古老，只能认定为奢崇明在宋代大碉寨遗址上有所改建。

（2）南田寨。地在泸州长江南岸上游十里南田坝。今为泸州市江阳区蓝田街道。宋代地属江安。《宋会要辑稿》："南田寨，在泸州合江县。"③ 北宋乌蛮"斧望个恕所居，直纳溪（今泸州市纳溪区）、江安以东……以舟下泸不过半日"④。常侵扰汉界。因于南田置寨，控扼夷人。

（3）纳溪寨。《元一统志》："本当阿永蛮要冲。宋皇祐三年（1051）于纳溪（永宁河）口置军寨，委七州都巡检使任责防托蛮僚。元丰元年（1078），移都巡检使于寨中主之。绍定中，泸南安抚使杨汝明以蛮出入无

---

① 孙东行：《纳溪县境内的古汉安城遗址》，《泸州史志通讯》1985 年第 1 期（内刊）。
② 严希慎修，陈天锡纂：《江安县志》卷一《乡镇第五·锦衣镇大渡口场》，民国十二年铅印本。
③ 刘琳、刁忠民、舒大刚、尹波等校点：《宋会要辑稿》方域一八《诸寨》，上海：上海古籍出版社，2014 年，第 9644 页。
④ 元·脱脱等撰：《宋史》卷四九六《蛮夷四》，北京：中华书局，1985 年，第 14244 页。

常，升寨为县，管一寨四堡，即江门寨，大洲、政和、镇溪、板桥等堡是也。"① 遗址在永宁河口右岸高阜上，地理坐标东经 105 度 22 分 33 秒，北纬 28 度 46 分 48 秒。今为泸州市纳溪区人民路社区公正巷，旧名衙门口。宋代以降，久为纳溪县衙。纳溪县人民政府迁驻永宁河左岸通裕场后，县公检法机关一度进驻其处，至今人呼"老法院"。

（4）安远寨。元丰三年置，大观四年废，政和五年复。遗址在今江安县东南四十里的安远山。"山上有寨有寺，均以山名。海拔 450.9 米。② 嘉庆《江安县志》："耸然特出，梵刹数重。寺门一石刻云：'昔日夷坛旧醮天，如今原岭尽桑田。路迎马首皆冠带，城上何须更控弦。'相传汉诸葛武侯驻军时作。查石碣后镌宋元祐丁卯（元祐二年，1087）十二月，下数小字剥落。（又勒）明万历丙午（万历三十四年，1606）典史罗袍重立。按，江安当宋熙宁、元丰间，兵兴旁午，安远设巨寨焉。元祐承元丰后，正贺凯之年。细玩诗词，明系宋人作，而后世讹为诸葛也。"③ 实际考察其地，寺、寨、石碑均已无存，唯余地名聊志遗踪。

（5）平夷堡。《宋史》但云元丰三年废。又《宋史》云，元丰三年"于罗池改筑安远寨"，据是可知，安远寨是由平夷堡升格为寨的。

（6）羊羝寨。《宋会要辑稿》："羊羝寨，在泸州江安县，皇祐二年置，熙宁七年（1074）废。"④ 地望未详，待考。

在今长宁河流域者，有武宁寨、宁远寨、安夷寨、乐共城等。

（7）武宁寨。宋代江安，有两个武宁寨。第一个，"熙宁七年置，旧名小溪口。十年，改今名。元丰四年废"⑤，地在长宁河（淯江）与长江汇流处（古称绵水口）。其废置之后，江安县由长江北岸的古县坝（今名苦田坝）迁治其地。第二个，元丰五年新筑，遗址在今长宁县龙头镇江河村二组，今名"后河"。《舆地纪胜》："长宁未改军以前，领武宁、宁远、安

---

① 元·孛兰肹等撰，赵万里校辑：《元一统志》卷五《泸州纳溪县》，北京：中华书局，1966 年，第 523 页。

② 四川省江安县志编纂委员会编：《江安县志》，北京：方志出版社，1998 年，第 88 页。

③ 清·赵模修，清·郑存仁纂：嘉庆《江安县志》卷二《舆地志·山川》，嘉庆十七年刊本。

④ 刘琳、刁忠民、舒大刚、尹波等校点：《宋会要辑稿》方域一八《诸寨》，上海：上海古籍出版社，2014 年，第 9639 页。

⑤ 元·脱脱等撰：《宋史》卷八九《地理五》，北京：中华书局，1985 年，第 2219 页。

夷三寨。政和（四年）升监为军，改武宁为县。靖康元年，废武宁县，复为寨。"① 清代及民国的《江安县志》考述甚详。

（8）宁远寨。遗址在今长宁县竹海镇三江村，地名三江口，亦即思晏江（红桥河）与长宁河合流处。《宋史》："皇祐元年，置三江寨。三年，改今名。宣和三年，以寨为堡。四年，复为寨。"② 民国《江安县志》："《（宋史）地理志》：筑江安之三江碛城。今三江碛入长宁县。"③ 即其地。

（9）安夷寨。《宋史》："熙宁六年置，旧名婆娑（《唐书》记作婆员）。大观四年废，政和六年复置。"南宋"嘉定四年，升安夷寨为县，有武宁、宁远二寨。"④ 遗址在"安宁桥"，即今长宁县长宁镇。《读史方舆纪要》载，安宁废县"在（长宁）县东南。本蛮地。唐置婆员县，属长宁州。宋初蛮名婆娑寨。熙宁七年改置安彝县，属长宁军。元（代）废"⑤。

（10）乐共城。元丰四年林广征剿乌蛮乞弟，筑乐共城于江安县小龟山（今兴文县五星镇金钟村七组，地名大营盘，又呼营盘山）。元丰五年建置为城，知城官挂路分都监衔，领兵戍守，管辖江门一寨及镇溪、席帽溪、大洲三堡。

《续资治通鉴长编》："是日（元丰四年冬十月庚辰），林广军次乐共坝。谍言乞贼犹未离巢穴，始议置乐共城驻军马。"⑥《舆地纪胜》："《通略》：神宗元丰十六年，林广记云，'自入夷界，筑乐共、江门、大州、镇溪、梅岭五城寨，降生夷三万人，西达清井（今长宁县双河镇），东通纳溪（寨），控制要害，尽入封略'。今有路分一员，节制戍兵，控扼蛮人。"⑦"小龟山。距江安县百里，尝即其地置乐共城。方兴筑时，因取石有小龟金纹，俗因呼为小龟山。自其趾登至绝顶，又有二山，名大连天、

---

① 宋·王象之撰，李勇先校点：《舆地纪胜》卷一六六《长宁军》，成都：四川大学出版社，2005 年，第 5019—5020 页。

② 元·脱脱等撰：《宋史》卷八九《地理五》，北京：中华书局，1985 年，第 2219 页。

③ 严希慎修，陈天锡纂：《江安县志》卷一《舆地志·建置》，民国十二年铅印本。

④ 元·脱脱等撰：《宋史》卷八九《地理五》，北京：中华书局，1985 年，第 2219 页。

⑤ 清·顾祖禹撰：《读史方舆纪要》卷七〇《四川五·长宁县》，北京：中华书局，2005 年，第 3323 页。

⑥ 宋·李焘撰：《续资治通鉴长编》卷三一八，北京：中华书局，1990 年，第 7695 页。

⑦ 宋·王象之撰，赵一生点校：《舆地纪胜》，杭州：浙江古籍出版社，2012 年，第 3263 页。

小连天。"①《元丰九域志》载：乐共，元丰五年置。"（泸）州西南二百六十里。领江门一寨，镇溪、梅岭二堡。"②至元祐六年闰八月壬戌，诏"泸州乐共城差大使臣充知城，更不带路分都监"③。

元丰五年二月，林广班师还至江门，奉旨与随军进讨、负责供应军需的梓州路转运副使苗时中，走马承受（监军、中使）麦文昞共同相度，择地构筑、建置城寨，"西达淯井，东道纳溪，皆控制要害"④，集中建置了一批城寨。政和五年，梓州路转运使赵遹讨平晏州夷人首领卜漏，"诸夷落皆降，拓地环二千里。遹为建城寨，画疆亩，募人耕种，且习战守，号曰'胜兵'"⑤。

（1）大洲堡。元丰五年置于泸州大洲驿（今泸州市纳溪区护国镇）。地名世代相沿，至今无改。

（2）政和堡。政和六年置于今泸州市纳溪区合面镇。地望明确。

（3）纯州九支城。遗址在今泸州市纳溪区打古镇。纯州是大观三年与滋州（治今贵州习水县土城镇）、祥州（治今高县庆符镇西三里）同时建置的正州。其时，边臣开纳土之议，利诱、胁迫少数民族首领"献土"，在潼川、夔、峡、广南诸路山区，陆续新置了一批州县。朝廷设官治理，开征赋税，招募土人为兵，耕种劳作，以卫边防，同时承认和保留"献土"夷人首领在部族内部的权力。《宋会要辑稿》："（大观）三年六月八日，诏，以泸州人王忠顺（传写又作王募弱，"忠顺"为朝廷赐名）纳土所建州曰纯州，县曰九支、安溪；播州人杨光荣纳土所建州曰滋州，倚郭县曰承流，别置仁怀县（治今贵州县级赤水市复兴镇）、新化寨、慈竹寨、牢溪堡，并隶泸南（沿边安抚司）。"⑥

这批新建的正州及其属县，虽然对于安抚少数民族、巩固边防不无作用，但税赋却入不敷出，遂于宣和三年七月丁亥，并废纯、滋、祥三州，

① 宋·王象之撰，李勇先校点：《舆地纪胜》卷一五三《泸州》，成都：四川大学出版社，2005年，第4584页。

② 宋·王存撰，王文楚、魏嵩山点校：《元丰九域志》卷七《泸州》，北京：中华书局，1984年，第328页。

③ 宋·李焘撰：《续资治通鉴长编》卷四六五，北京：中华书局，1990年，第11100页。

④ 元·脱脱等撰：《宋史》卷四九六《蛮夷四》，北京：中华书局，1985年，第14247页。

⑤ 元·脱脱等撰：《宋史》卷三四八《赵遹传》，北京：中华书局，1985年，第11045页。

⑥ 刘琳、刁忠民、舒大刚、尹波等校点：《宋会要辑稿》蛮夷五《西南蕃》，上海：上海古籍出版社，2014年，第9860页。

纯州降为九支城；滋州降为武都城。

　　纯州的治所，《嘉庆重修一统志·泸州》曰："《旧志》：九支城，在州东南九十里，与仁怀县及永宁县（接）界。今地名九支坝。"[①] 宋代滋州的仁怀县，治今贵州县级赤水市复兴镇。永宁县，即今叙永县东城。

普照山下古纯州（泸州市纳溪区摄影家协会杨涛航拍）

　　实际考察其地，九支坝北倚普照山，当地世传"普照山下古纯州"和"孙孙打婆、改州换县"。古纯州城布局在北、西、南三面环山，东与今合江县九支镇五通场、叙永县山地相接，良田千亩的山间小平原（坝子）上，地理坐标：东经105度33分，北纬28度33分，海拔高度372米。一弯小溪，由西北向东流，显系当年的护城河。沿河筑为土城，遗址依稀可辨。当地人言："民国年间，还有部分城墙残存。"其东门、西门遗址处，各自有桥。两座小桥之间465米地段，已建为长街，该长度即为古纯州城

---

① 清·嘉庆官修：《嘉庆重修一统志》卷四一二《泸州直隶州》，《四部丛刊续编》本。

东西方向上的长度。南北向上，已废为农田，无法实测，经使用高精度指南针进行偏向角和斜率比估测，南、北二门遗址直线距离约 380 米。遗址内"东岳庙"犹存。曾有农人耕作时，在西门桥外约百米处的水稻田中发现地表下方有大片立体的木构房架；靠南门的"城子田"一带，地表下方 70 厘米左右，大面积完整地铺砌着方形和矩形的宽石板，显是当年街道遗迹。东门外旧有"校场坝"，甚宽阔，今已废为农田。还有"城隍庙"和"老衙门""城墙上"等地名，可资佐证。

（4）江门寨。旧为夷寨，地当永宁河江门峡上口，地形险要。元丰四年林广改筑。五年，建置为寨。《宋会要辑稿》记作在"合江县"①。后属纳溪，今为叙永县江门镇。地望明确，诸书所记班班可考。江门寨扼往来之要冲，至是在北宋后期，便已成为泸南少数民族朝贡贸易的主要通道和物资集中地。李心传《建炎以来系年要录》载：

（绍兴三年四月戊申）西南蕃武翼大夫、归州防御使、泸南夷界都大巡检使阿永献马百有十二匹。泸州以闻，诏押赴行在。

阿永，乞弟子也。元丰间，乞第既效顺，愿岁进马以见向化之心。官以银、缯偿之，所得亡虑数倍。其后阿永所献之数岁增不已。政和末始立定额。每岁冬至后，蛮以马来，州遣官视之。自江门寨浮筏而下，蛮官及放马者九十三人，悉劳飨之，帅臣（地方最高军政长官）亲与为礼。诸蛮从而至者几二千人，皆以筏载白椹、茶、麻、酒、米、鹿豹皮、杂毡、兰之属，博易于市，留三日乃去。

马之直虽约二十千（钱），然揉以银、彩之直，则每匹可九十余千。自蛮长已下，所给马直及散犒之物，岁用银、帛四千余匹、两，盐六千余斤。银则取于夔（路。今重庆奉节县）之涪州（今重庆涪陵区）及大宁（今重庆巫溪县），物帛则果（今南充市）、遂（今遂宁市）、怀安（今金堂县）。凡马之死于汉地者，亦以其直偿之。此其大略也。

当时，泸州每年至少要接待一支从江门寨前来进行朝贡贸易的数量庞大的（将近两千人）少数民族商队，牵连众多军州。交换的物品除马而

---

① 刘琳、刁忠民、舒大刚、尹波等校点：《宋会要辑稿》方域十八《诸寨》，上海：上海古籍出版社，2014 年，第 9643 页。

外，还有各种农、副产品。规模盛况，可以想知。

（5）镇溪堡。元丰四年筑，五年置。1994 年新编《兴文县志》：镇溪堡，今莲花乡三洞桥。① 近年修建水库，三洞桥已没水中。2021 年，《兴文县志》副主编陈介刚、兴文县文化局原副局长张毅再次实地考察，勘明其地为莲花镇莲花村六组，地理坐标：东经 105 度 16 分 40 秒，北纬 28 度 24 分 32 秒。

（6）席帽溪堡。元丰四年筑，五年置。旋废。《续资治通鉴长编》："（元丰四年冬十月庚辰）是日，林广军次乐共坝，谍言乞贼犹未离巢穴，始议置乐共城驻军马。"② "林广驻军乐共城，分遣诸将绕行席帽溪出江门后，破贼隘。于是江门、乐共两道水陆通粮饷……复筑堡驻军马。"③

实际勘查发现，今兴文县有溪流，从县辖五星镇自西向东，经莲花镇流入叙永县境，至江门镇（宋江门寨）后方入于永宁河。溪畔，有赶场坝、马岩诸地名。揆诸地形实际，当年林广所遣诸将，自乐共城出发，向东北行约三十里至此溪，而后沿溪以向江门，最为近便。此溪应即当时之席帽溪。林广所筑之席帽溪堡，亦当在此溪畔，距离马岩、赶场坝当不太远。

（7）梅岭堡。元丰四年林广筑，五年置为堡。遗址在今江安县红桥镇旁梅岭山半。政和五年，五斗蛮首领卜漏据以起事，历年而后平，载在《宋史》。数百年发展至今，遂为江安县最大的场镇。

（8）博望寨。本羁縻晏州五斗蛮之轮缚大囤。遗址在兴文县博望山（今名"僰王山"）上，"其山崛起数百仞，林箐深密……垒石为城，外树木栅，当道穿坑阱，仆巨栌，布渠答，夹以守障，俯瞰官军"④。政和五年，梓州路转运使兼泸南招讨使赵遹攻克之，绘《泸南平蛮图》呈进，宋徽宗赐名"南寿山"。政和七年，遂置为寨。

实际考察其地，博望山周数十里，陡峭笔削。公路盘山而上，既登，地势平旷，水源丰富，多有农田，可耕可守。山巅名黑帽顶，上有寨垒遗存，城垣残基、石砌寨门犹在。同行的当地同志谓为宋寨。细察寨门，显系清代建造，且其城周不足百丈，制度太小，与《宋史》所载大规模战事

① 兴文县志编纂委员会编：《兴文县志》，成都：四川辞书出版社，1994 年，第 50 页。按，莲花乡现为莲花镇。
② 宋·李焘撰：《续资治通鉴长编》卷三一八，北京：中华书局，1990 年，第 7695 页。
③ 宋·李焘撰：《续资治通鉴长编》卷三一九，北京：中华书局，1990 年，第 7715 页。
④ 元·脱脱等撰：《宋史》卷三四八《赵遹传》，北京：中华书局，1985 年，第 11044 页。

不相称。山巅无水无田，难以长久守御，当是清代后期乡民避匪所筑。

（9）板桥堡。政和六年置。即今江安县板桥场。民国《江安县志》："板桥，县东南百里。明设巡检司。按，由底蓬（今夕佳山镇底蓬社区）数里至铜鼓沟，长约二十里，两岸夹峙，险阻阴森，凛然可畏。出峡，又数里至板桥。""旧《兵防志》曰：江安险隘在南而不在北。……南则滨江皆山……东南上胡佯坎，二十里白庙子，沿山东南行，极陡险。白庙西五里清水观，有城门一座，土人呼为孟获城，当是（宋代）六寨之一。十里方石塔，东通牛滚场，西通盘龙场。十里安远寨，宋乾德中置，土人讹为武侯屯兵处。"[①]

今日合江、古蔺及贵州赤水、习水、仁怀诸县（市）全境和叙永、兴文的一部分，宋代皆为合江县地。合江城寨，皆在赤水河流域地区。有宋一代，这一区域未有大的武装冲突，史籍记载相对也就不多，地望更难确认。

（1）安溪寨。遗址在今合江县九支镇安居坝。《嘉庆重修一统志》："安溪废县，在合江县。"[②] 道路里程均合。

（2）美利城。又名米利城、米益城。隶属纯州。纯州既废，降置为寨。《宋会要辑稿》："美利寨，（在）纯州安溪县，宣和三年改。"[③]

月明坝上美利城遗址（叙永县政协万中华摄）

① 严希慎修，陈天锡纂：《江安县志》卷一《舆地志·关津》，民国十二年铅印本。
② 清·嘉庆官修：《嘉庆重修一统志》卷四一二《泸州直隶州》，《四部丛刊续编》本。
③ 刘琳、刁忠民、舒大刚、尹波等校点：《宋会要辑稿》方域一八《诸寨》，上海：上海古籍出版社，2014年，第9635页。

明弘治《贵州图经新志》：米利城，"在（永宁）卫城（治今叙永县城）北八十里。有大田，常无水旱忧，米谷成熟，故名"①。清嘉庆《直隶叙永厅志》："米益城，在治北八十里。居民家饶米谷，无水旱忧。"②

实际勘查发现，美利城遗址在今叙永县水尾镇月明村境内的面积约6平方公里、呈东西走向的山间小平原月明坝上。明月坝四山环合，土地平旷，土质肥沃，气候适宜，水旱无忧。坝上稻田千亩，年年丰熟。与弘治《贵州图经新志》所记相合。水尾河（古称牢溪水，今名大同河）从墩子场山间流来，把月明坝分成两半，左曰莲花坝，右曰米城坝。又下流30里至大洞场（今贵州赤水市大同镇）。明清时山体崩塌，河道断塞，河水从泥石缝隙中渗透下流，又5里于七角垭从北岸流入赤水河。宋寨依山而建，旧有东南西北四道石拱城门。古城虽已然不存，然此四道城门遗址以及部分城墙基础可辨。③

（3）武都城。今为贵州习水县土城镇。《宋史》记载，大观三年建滋州，并置承流、仁怀两县。承流县与州同治，宣和三年废州，降置为武都城。武都城坐落于赤水河南岸，滨江靠山，水陆通衢。城后青杠坡，山高数百余米，缘山而上，一条大路通往习水县城。从山上向下进攻，则武都城无险可守，背水而立，殊觉孤危。

滋州又领慈竹、新化、牢溪三寨，三寨于大观三年与滋州同置。《宋会要辑稿》："慈竹寨，在滋州，大观三年以慈竹坝寨改。"④ 宣和三年，降置为慈竹堡。⑤ 牢溪寨在牢溪水（水尾河）上，明清时为大洞场，民国改大同场，即今赤水市大同镇。新化寨未详。

（4）遥坝寨。今为合江县尧坝镇。地在合江县城赤水河上游四十五里左岸。清代，其地市集便已颇为繁荣。今为"中国历史文化名镇"，控泸州与赤水市往来之要冲。宋寨建置时间不详，遗址在今镇北约1000米，已

① 明·沈庠删正，明·赵瓒编集：《贵州图经新志》卷一七《永宁卫·古迹》，贵州省图书馆藏本。
② 清·周伟业修，清·褚彦昭等纂：《直隶叙永厅志》卷一三《古迹志》，嘉庆十七年刻本。
③ 叙永县水尾中学高级教师邱大章、贵州赤水市档案局股长苏林富提供相关资料，谨此敬表谢忱。
④ 刘琳、刁忠民、舒大刚、尹波等校点：《宋会要辑稿》方域一八《诸寨》，上海：上海古籍出版社，2014年，第9637页。
⑤ 刘琳、刁忠民、舒大刚、尹波等校点：《宋会要辑稿》方域二〇《诸堡》，上海：上海古籍出版社，2014年，第9686页。

成农田。宣和三年一度撤销，旋复置。

（5）青山寨。地在赤水河北岸羊蹄山上，今为合江县九支镇五通场，地距合江县城一百五十里，值合江、纳溪二县（区）之交。

（6）小溪寨。遗址在今贵州赤水市官渡镇旁二里大鱼湾，地理坐标：东经105°5′11″，北纬28°32′34″。曾为合江前去遵义之通道，扼往来之要冲。官渡镇原隶习水县，1950年土匪暴乱，习水县人民政府一度迁驻其地。其后区划调整，改隶赤水县（今县级赤水市）。宋寨遗址，在镇西400米的大鱼湾、柏栗坝水与小溪交汇处，地名世代相沿至今。小溪今名习水河，又呼高洞河。道光《遵义府志》："小溪水发源仁怀县（今赤水市）之五花山，东南流，经丁山之麓，曲折流，形如'之'字，故又名之溪。……《名胜志》：'合江县西有之溪，三绕笔架（山），九绕丁山，过月台（山），迤逦而去。'""柏栗坝水，源自仁怀（县）、合江界上，西流约五十里，入习水（河）。"①

（7）平泉寨。遗址在赤水河左岸，今合江与泸州市纳溪、江阳区三县（区）交界处的鼓楼山上，宋代地名"张平泉"。

平泉寨与小溪寨一样，为南宋宁宗嘉定六年（1213）构筑。关于这两处寨子的由来，《宋会要辑稿》辑录朝廷档案如下：

> 嘉定六年（1208）十一月二十一日，潼川府路安抚司言："照对前政安抚李寅仲奏：'泸州合江县与南平军白锦堡杨光荣族连接，旧有大、小两溪，皆从蕃界远来。大溪（赤水河）两傍有九支、遥坝、青山、安溪、绥远、仁怀等寨，足以堤备；惟小溪（习水河）至重庆府平易空旷，绝无一戍以为防闲。窃谓仁怀堡、遥埧寨可省其一，移置于小溪之隘口。安溪所管知寨、都监二员，亦可省其一，移驻于小溪，俾之弹压防控。'自后逐司委官相度到，遥坝寨、仁怀堡向来建筑，各是控制夷蛮，难以移置外，相视得小溪地名大鱼湾一处，照见隘口，黄、赵二村夷人出没要冲之地。又照得附近安溪一寨，管知寨、知押二员，合移监押一员，就所置小溪新寨驻扎，抽本县所管戍兵五十名，移驻小溪新寨防戍。所有官兵请受，并从旧处支给，委是

---

① 清·黄乐之修，清·郑珍、清·莫友芝纂，遵义市地方志办公室点校：道光《遵义府志》卷五《水道考》，1986年内部印行本，第127页。感承遵义市地方志办公室周远德主任邮赠是书，谨此敬表谢忱。

经久可行。已得指挥，依相度到事理，下泸州措置建筑合江县小溪新寨，量移军兵五十人于新寨屯驻防拓。遂委官相视，据申，遥坝其地皆平，无可守之险，殊失建筑本意。又去隘口十里，太为迫近，惟地名张平泉者，高广十余里，前有对溪之险，而两山相束，下瞰溪流，不啻千仞。上有数小溪，水泉清冽，可供食用，土壤甚沃，亦有稻田，可为永远之计。又差官前往地头建筑了毕，寨廨、舍敖、甲库一一差备。已差安溪寨监押前去新寨驻扎守把，并下泸州差兵员一百名防戍。所有安溪寨监押员缺、押员缺，乞行住罢，别立新寨员缺，并乞颁降寨名。"

诏，以平泉寨为名。其合差知寨一员，令潼川府路安抚、提刑司公共选辟一次。[1]

（8）带头寨。无考。

（9）使君寨。《宋会要辑稿》谓以上二寨皆在"大溪两傍"[2]。大溪，即赤水河。北岸（左岸）隶川，南岸属黔。后文所记合江乡都，其中当里第二十都有史君寨市，又带滩里第十六都与九支寨市所在的白马里第十五都地界相接。九支寨市，地在九支坝（清代地名胡家坝），即今赤水河北岸的合江县九支镇，与贵州县级赤水市隔河相对。"史"与"使"同音。史君寨市应即使君寨；带头寨应在带滩里地界，亦即今赤水市城区上游不远处。

（10）仁怀堡。今为贵州县级赤水市复兴镇。《宋会要辑稿》："潼川府路滋州仁怀堡，宣和三年以滋州仁怀县改。"[3] 光绪《增修仁怀厅志》："宣和三年（1121）废滋州为武都城，以仁怀为堡，承流并合，以巡检驻其地。今复兴场，仁怀旧址。"[4] 巡检盖夷人首领，汉姓王，职务世袭。《宋会要辑稿》："（大观）三年六月八日，诏以泸州人王忠顺（即王募弱）

---

① 刘琳、刁忠民、舒大刚、尹波等校点：《宋会要辑稿》方域一九《诸寨杂录》，上海：上海古籍出版社，2014年，第9670—9671页。

② 刘琳、刁忠民、舒大刚、尹波等校点：《宋会要辑稿》方域一九《诸寨杂录》，上海：上海古籍出版社，2014年，第9670页。

③ 刘琳、刁忠民、舒大刚、尹波等校点：《宋会要辑稿》方域二〇《诸堡》，上海：上海古籍出版社，2014年，第9684页。

④ 清·崇俊修，王椿纂，王培森校补，赤水市档案局、赤水市地方志办公室整理点校：光绪《增修仁怀厅志》卷一《建置》，香港：中国文化出版社，2015年，第2页。

纳土所建州曰纯州。"① 王忠顺被任命为修武郎、纯州南面管界同巡检。王死，子王道华承袭，道华死，子孙因故未袭诰命。至南宋淳熙朝，又以王道华的嫡亲侄男王鉴承袭仁怀巡检。

（11）绥远寨。《宋史》："前隶武都城，宣和三年隶（泸）州。"② 诸本泸州地志咸曰"不详所在。"

2015 年，赤水市司法局王显才同志，在赤水河右岸（东经 105 度 54 分 5 秒，北纬 29 度 38 分 43 秒，海拔 290 米），今旺隆镇鸭岭村大河口，地名"小关子木龙岩"处，发现宋代摩崖题刻三通，并摄影、拓片，交笔者辨识；2017 年，习水县政协副主席冯世祥、县档案局局长袁永贵实地勘查、摄影，再交笔者辨识如下：

【第一通：木龙岩】

木龙岩

右上款：乙未岁辛巳月初三日壬寅。

左下款：忠翊郎、权滋州绥远寨守把兼道路巡检王武开。管勾僧法能。

木龙岩摩崖题刻（贵州省赤水市王显才摄）　　木龙岩（贵州省习水县冯世祥、袁永贵摄）

---

① 刘琳、刁忠民、舒大刚、尹波等校点：《宋会要辑稿》蕃夷五《西南蕃》，上海：上海古籍出版社，2014 年，第 9860 页。

② 元·脱脱等撰：《宋史》卷八九《地理五》，北京：中华书局，1985 年，第 2219 页。

【第二通：全璧】

寨官李最寓意画此。淳熙戊戌（五年）初夏（五月）五日。乡士王佐、宋友伦偕行。

【第三通：全璧跋】

寨治之西二百步远，丛灌间有巨石屹立若屏状，其修丈余，周、广三之。葱翠阴烟，举惬人意。大凡大涧而崖下枯，非落落者。比知寨李公题曰："全璧"。河南张侠负笈憩观，意亦有适。公以淳熙丁酉（四年）七月视篆，职业忠勤，边陲肃静。越三年，蒲秩将归。且全者，天下之至难。惟能全神于内、全角于外，然后可以保其全而酬酢万变，是犹有取全璧而归赵者也。

己亥（淳熙六年）重阳日，（张）侠原意以书。

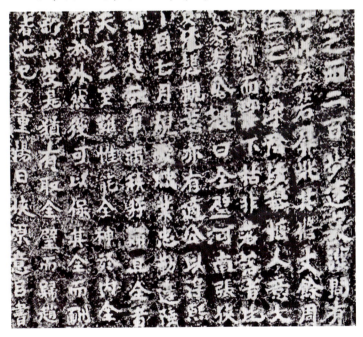

"乙未岁辛巳月初三日壬寅"，即政和五年四月初三（1115年5月28日）。其时，滋州建置尚未裁撤，与"木龙岩"摩崖题刻所记"滋州绥远寨"相合。

"全璧"与"木龙岩"两通摩崖题刻，同在木龙岩前，相距只四十米。因可认定，淳熙六年题刻"全璧"摩崖的寨官李最，与政和五年题刻"木龙岩"摩崖的王武开，是同一个寨的寨官。李最以淳熙四年任职，越三年，为淳熙六年，其干支纪年正是"己亥"。

李最"全璧"和张侠的"全璧跋"，同在"寨治之西二百步"。也就是说，绥远寨的故址是在此两通摩崖之东二百步（约120米）。实际考察，该处地当鸭岭河注入赤水河之口，地貌平坦开阔，"坝子"面积约30亩，足够建为堡寨。当地传说：古代这里是座"州城"。

《宋会要辑稿》记载："徽宗政和七年三月十四日诏：'沿边巡尉、关寨武臣，并枢密院选曾历边任有方略或战功人员充，任满无遣阙，与酬奖。'……八月二十日诏：'泸南城寨招安、把截将之类，以年劳累迁都史官，并蕃官夷界巡检等，旧法须候立功，方得迁转及出官。若不生事，功何由立？甚非绥靖之策。今后如实历五年，满日能弹压边界、别无生事，招安将合出官者，特与出官；蕃官巡检等与转一官，量增盐、彩。稍有生事，重行典宪。'"① 寨官李最能弹压边界、别无生事，因以"全璧"自诩。

综上数端，可以确认：《宋史》所载的泸州绥远寨，就在这三通摩崖所在的今贵州省赤水市旺隆镇鸭岭村大河口。

【十】 今四处并废，惟领县三 今，谓《元一统志》成书的元成宗大德七年（1303）。其时，江安县的建制已于元世祖至元二十二年（1285）恢复，所以，泸州下领江安、纳溪、合江三县。原来的泸川县于至元二十年（1283）被撤销后，改称"本州"，由州直领。直到辛亥革命改元，裁府撤州，以县直隶于省，改称泸县至今。

江安县
★11.
《大明清类天文分野之书》
汉江阳县地，汉末为江阳郡［地］。【一】
晋穆帝永和二年（346）又置汉安县于此。【二】
隋改为江安【三】，属江阳郡。

---

① 刘琳、刁忠民、舒大刚、尹波等校点：《宋会要辑稿》方域一九《诸寨杂录》，上海：上海古籍出版社，2014年，第9661页。

唐属泸州。旧县城在汶江中州【四】，水数为害，迁于南岸【五】。贞观元年（627）置思隶、思蓬【六】、施阳三县，寻俱省入江安。

宋乾德五年，省绵水入焉。【七】

元至元二十年，并江安入本路通管，后复置。【八】

本朝，仍属泸州。

【校补图注】

【一】 汉代江安县尚未建置，"江阳郡"下应有"地"字。据补。

【二】 **晋穆帝永和二年又置汉安县于此** 江阳郡境内，历史上有两个汉安县。第一个是东汉顺帝时建置，治所遗址在今内江市东兴区城西。成汉李势纵僚入蜀，吞没州郡，其地遂荒。第二个是晋穆帝永和二年桓温伐成汉，军次江阳时分江阳郡地建置的。因为原来设在今内江市的汉安县已荒，不复存在，因以"汉安"为名。这第二个汉安县，隋代更名"江安"，是为今江安县的"始建县"。关于江安县，1998 年新编《江安县志》记载如下：

> 唐代李吉甫《元和郡县志》对江安县的治所方位，始定为"东北去（泸）州五十里，方山在县北三十里，汶江水（原注：长江）经县北八十步，可盛盐井（原注：今南井）在县西北十一里"。但无具体地名。查《永乐大典·泸州志》引宋《江阳谱》，在南宋初的江安行政区划八耆中，有"旧江安耆"，江安而言旧，必为江安的旧县治所在。在此耆所辖的第二十三都中，村名依次向东为清溪村、江安坝、纳溪寨，而江安坝居其中。江安坝在江安耆中以江安为名，这显然不是巧合，而是江安旧县治所在地。据此推断，江安县志办同志专程赴纳溪，与纳溪县志办同志会同对今纳溪三江坝进行了实际考察，该村东距纳溪县城 9 公里，《纳溪县志》载为 20 里（原注：市里），而纳溪去泸州，旧史志都载为 30 里，这就符合《元和郡县志》"东北去州五十里"之说。三江坝中心，北距长江约 200 公尺，古代以六尺为一步，这又与《元和志》八十步之说相合，以此为中心，方山在其北，可盛盐井在其西北，其里数、方位亦与《元和志》所载基本吻合。且三江坝以西之清溪、以东之纳溪寨，其走向都系傍山傍江，唯三江坝为开阔坝地，这亦证明三江村即宋代之江安坝。

据当地乡民言，坝上有段长约一华里的地带，地面地下均为瓦砾层，瓦砾层厚度均在1.5厘米以上，为近代所罕见。田中时有础石、柱脚、铁杆、筒瓦等实物出土；很多田块命名又显系地上建筑，如巷子田、台子田、场门口、跑马场、衙门田等。更突出的是，村民们历代传说，这里原是纳溪县城所在，以后才迁到纳溪今治所的。其实纳溪建县，其治所一直在今地，从未迁移过。这恰好说明这里本是江安旧县城所在，而非纳溪旧县城所在。因此确认今纳溪县三江坝为江安县旧治所应是无疑的。纳溪县志办的同行们，经过实地考察，亦加以认同。①

这两个"汉安县"，疆域不同。二者之间，并无因承关系。

【三】 隋改为江安　《隋书》："（江安县）旧曰汉安，开皇十八年（598）改名焉。"②

【四】 旧县城在汶江中州　"州"，通"洲"。语出王象之《舆地纪胜》。旧县城，谓宋代江安县城；汶江，岷江自汶山流出，因又名汶江，即长江；中洲，蜀人呼为"中坝"。乾隆《江安县志》："古县坝，在县北十里，相传宋初筑县治于此。"③ 实地考察，其地在江安县长江上游三十里北岸的"桌子角"上方。当地人呼"苦田坝"，盖以"古县"与"苦田"谐音而讹。夏秋四面环水，中央隆起，面积约三平方公里。冬春时节与江岸连为一体，夏秋涨潦，孤立江中，成为"中坝"。民国《江安县志》和新编《江安县志》，都以为前代江安县治即在其地。

【五】 迁于南岸　江安县旧治汶江中洲（古县坝），长江、绵水（淯江，即长宁河）交汇处的今江安县城，宋代为武宁寨。江安县治自汶江中洲迁来的时间不详，细检旧籍：

> （1）宋熙宁七年（1074）熊本经制泸夷，"山前、后、长宁等十郡八姓及武都夷皆内附。提点刑狱范百禄作文以誓之……立石于武宁寨"④。不言立石江安县。因知其时江安县治犹在汶江中洲，并未迁于南岸。《大明清类天文分野之书》言唐代迁治，误。

① 四川省江安县志编纂委员会：《江安县志》，北京：方志出版社，1998年，第49页。引用时有订正。

② 唐·魏徵等撰：《隋书》卷二九《地理上》，北京：中华书局，1973年，第828页。

③ 四川省江安县志编纂委员会：《江安县志》，北京：方志出版社，1998年，第49页。

④ 元·脱脱等撰：《宋史》卷四九六《蛮夷四》，北京：中华书局，1985年，第14245—14246页。

（2）《宋史》：长宁军武宁寨，"熙宁七年置，旧名小溪口。十年，改今名……政和四年（1114）建长宁军，以武宁为倚郭县"①。这个武宁寨，遗址在今长宁县，距今江安县城不及百里。百里之内不可能同时建置两个"武宁寨"，可见其时长江、绵水交汇处的"武宁寨"已被撤销，成为江安县的治所。

综上所述，江安县城迁至今址，当在熙宁七年至十年之际。

【六】 思蓬，新、旧《唐书·地理志》并作"思逢"。

【七】 **宋乾德五年，省绵水入焉** 《隋书》云：绵水县，"（南朝）梁置，有绵溪。"②《元丰九域志》："乾德五年省绵水县为镇入江安。"③ 同书又云，其时的江安县，"中，（在泸）州西南一百一十五里。一乡。绵水一镇。纳溪（今泸州市纳溪区）、宁远、安夷、西宁远、南田（今泸州市江阳区蓝田街道）五寨。有方山、绵溪。"④ 今日泸州至江安县一百二十里，与《元丰九域志》所载道里相合。

绵水即淯江，自长宁县境内流来，在今江安县城下汇入长江。绵水入江之口，地名西江口，在今江安县城北。江口上方长江岸头有沙洲名"牛角坝"，又名"中坝"，长约二里，每年水涨之时半没水中。

江安城北牛角坝（江安县范寿华1980年摄影）

① 元·脱脱等撰：《宋史》卷八九《地理五》，北京：中华书局，1985年，第2219页。

② 唐·魏徵等撰：《隋书》卷二九《地理上》，北京：中华书局，1973年，第828页。

③ 宋·王存撰，王文楚、魏嵩山点校：《元丰九域志》卷七《梓州路》，北京：中华书局，1984年，第328页。

④ 宋·王存撰，王文楚、魏嵩山点校：《元丰九域志》卷七《梓州路》，北京：中华书局，1984年，第328页。

民国《江安县志》曰：

> 绵水废县，《方舆纪要》（以为）在县西绵水溪口汶江中洲上。按：此据《旧唐书》说。然洲地低狭，不足建县。今中坝是也。去中坝里许，名小坝，面大江，背绵水。前豁，后倚古城。当在是。①

其志又云：

> 绵水即今底蓬溪。其源有二，一出江安青龙乡之佛耳岩白茅洞，为白茅溪，西南流至水口寺，会纳溪县之八角仓水，西流，过三锅桩，又西，过大龙潭，过会龙桥，受天堂沟小水，又西，过三支桥，经连天山北麓，水势渐大，过九龙滩，又西北，出底蓬场，名底蓬溪。一出江安共乐乡之万岭箐铜鼓沟，经牛跳沟、小井坝，东流过寨口寺，至前邑令陈志夔墓前，（受）大井坝水，过犀牛石，至石龙船受清水溪小水，又东北，下滩，峰高水急，声如铜鼓。至底蓬（场），会底蓬溪，由底蓬溪至活麻口合淯水，四十里至江安城西北入大江。其入大江处，即绵水口。②

这次区划调整以后，江安县即由三江坝迁治绵水口，而绵水县由县降为镇，与县同城。

【八】 "并江安入本路通管"句 元世祖至元二十年（1283），以战争之后民生凋残，户口锐减，整理（裁撤）四川州县，江安县的建制被撤销，划属其时设在叙州（今宜宾市）的四川南路宣慰司。二十二年，泸州改隶重庆路，领三县：江安、纳溪、合江。③ 则其时江安县又已恢复，并且重归泸州管辖。

★12.

《图经志》

谨按石碑记【一】云：江安，古江阳地也。晋永和二年（346）

---

① 严希慎修，陈天锡纂：《江安县志》卷二《古迹》，民国十二年铅印本。
② 严希慎修，陈天锡纂：《江安县志》卷一《山川》，民国十二年铅印本。
③ 明·宋濂等撰：《元史》卷六〇《地理三·重庆路》，北京：中华书局，1976年，第1442页。

置汉安县。隋开皇十八年（598）改汉安为江安。唐、宋、元亦名"江安县"，隶泸州。钦惟圣朝因而不革，仍隶泸州。

【校补图注】

【一】 **石碑记**　其碑已不可寻。民国《江安县志》辑其遗文曰："明时江安（县）城内外，居民凡三千有奇，分为十二堡。载在《碑记》曰'十字堡、大水堡、中正堡、学前堡、忠义堡、东坛堡、管驿堡、县门堡、桂香堡、西坛堡、关王堡、西江堡'。"①

★13.

《舆地广记》【一】

本汉安县，东汉置【二】，属犍为郡。

蜀为江阳郡治【三】。晋、宋、齐、梁、后周皆因之。隋属泸州，开皇十八年（598）改曰江安。唐因之。

故县（水𪨧）［绵水］【四】，汉江阳县地，梁置，属江阳郡。隋属泸州。唐因之。宋朝乾德五年（967）省入江安。有方山【五】、大江【六】、（锦）［绵］溪【七】。

【校补图注】

【一】 **《舆地广记》**　地理总志，宋欧阳忞撰，为《宋史·艺文志》所著录。②陈振孙《直斋书录解题》："《舆地广记》三十八卷。庐陵欧阳忞撰，政和中作。其前三卷以今之郡县系于前代郡国之下。其序曰：'以今州县求于汉，则为郡；以汉郡县求于三代，则为州。三代之九州，散而为汉之六十余郡，又分而为今之三百余州。虽或离或合，不可讨究，而吾胸中则已了然矣。'汉郡国一百三，今云六十余郡，不可晓也。忞为文忠（欧阳修）族孙，行名皆连心字。"③ 是书前四卷，先叙历

---

① 严希慎修，陈天锡纂：《江安县志》卷一《街道》，民国十二年铅印本。
② 元·脱脱等撰：《宋史》卷二〇四《艺文三》，北京：中华书局，1985年，第5160页。
③ 宋·陈振孙撰：《直斋书录解题》卷八《地理类》，《四库全书》文渊阁本。

代疆域提其纲要，五卷以后，乃列宋郡县名。其沿革废置，皆系以当时之名。把北宋当时各州府系于《禹贡》九州之下，叙其封疆地域范围和地理形势、历史地位、经济发展水平、方物土产，以迄于民情风俗，恰到好处地概括出各地的特点。在重点叙述历代地理沿革的同时，记载了许多重要的山脉、河流、州县治所及其变迁。"有条有理，胜于乐史《太平寰宇记》实多。"① 四库馆臣曰：《舆地广记》"体例特为清析。其前代州邑宋不能有如燕、云十六州之类者，亦附各道之末，名之曰化外州，亦足资考证。虽其时土宇狭隘，不足括舆地之全，而端委详明，较易寻览，亦舆记中之佳本也。"② 所记历代地理沿革，要言不烦，条理清晰，其古今参考、谱志互见的编撰体例，对于后世历史地理科学著作的研究编写，产生了相当的影响，如顾祖禹《读史方舆纪要》、顾炎武《天下郡国利病书》，皆效其体。从沿革地理学的角度审视，《太平寰宇记》反映的主要是宋初地理情况，《元丰九域志》反映的主要是熙宁、元丰以前地理情况，《舆地广记》则反映了崇宁、大观直至政和四年以前宋代的地理情况，可与南宋成书的王象之《舆地纪胜》相互补充印证，构成相对完整的宋代沿革地理学著作体系。

【二】 本汉安县，东汉置 《后汉书》卷三十三《郡国志·犍为郡》下有汉安县，东汉顺帝置。地在今内江市境。

【三】 蜀为江阳郡治 蜀，谓刘备蜀汉。其时，江阳郡的治所在江阳（今泸州市）。《舆地广记》误。

【四】 "水㵟"为"绵水"之讹。据《旧唐书》 "泸州，领……绵水……七县"③ 改。

【五】 方山 细读《舆地纪胜》原文，知此山盖在"绵水故县"地，是即今泸州城西四十里之方山。

【六】 大江 即长江。民国《江安县志》："大江，在县城北，即岷江，亦曰汶江，古号外水。《蜀水经》：'江水经南溪县城南，又东北，受僰溪，又折而东南，经铜鼓滩，又东，经江安县城北，受淯溪（原按：即绵水口）。又东，经泾口，（原按：泾口乃井口之讹。泾滩流入淯溪，不在江北也。井口三溪，自北入江。）南受

---

① 清·朱彝尊撰：《曝书亭集》卷四四《宋本舆地广记跋》，《四库全书》文渊阁本。
② 清·永瑢等撰：《四库全书总目》卷六八《史部地理类一》，北京：中华书局，1965年，第596页。
③ 后晋·刘昫等撰：《旧唐书》卷四一《地理四》，北京：中华书局，1975年，第1685页。

清溪（原注：此界纳谿县）。又东北，经纳溪县城北，受纳谿。"①

【七】　锦，显为"绵"字之讹，以形近而误。径改。

★14.

《元一统志》

本汉江阳县地，汉末为江阳郡。

（晋）《中兴书》【一】云："穆帝永和二年（346），汉安獠反，攻郡县，［晋时，生獠攻郡，破之。］【二】又置汉安县于此。"

《旧唐志》云："隋开皇十八年改为江安，属江阳郡。唐属泸州。旧县城在汶江中洲，水数为害，迁于南岸。"

《唐志》："贞观元年，以夷獠户置思隶、思蓬、施阳三县，寻俱省入江安。"

《九域志》【三】："宋乾德五年省绵水（县）入焉。"

至元十二年，泸州安抚梅应春领众归附。又兵乱民散，户口凋零，更不设官。惟乐共设知城一员任之【四】二十年八月，并城入本路通管。今（县）治在故基【五】。

2019 年的江安（江心沙洲即牛角坝。江安县李勇摄）

---

① 严希慎修，陈天锡纂：《江安县志》卷一《山川》，民国十二年铅印本。

【校补图注】

【一】　《中兴书》　东晋地理总志，已佚。《隋书》："《中兴书》七十八卷，起东晋。（刘）宋湘东太守何法盛撰。"① 而新、旧《唐书》均作八十卷。

【二】　赵万里先生校：此八字原脱，据《旧唐书·地理志》《舆地纪胜》一百五十三补。

【三】　《九域志》，《舆地纪胜》作《国朝纪要》，即北宋元丰年间编写的地理总志《元丰九域志》。

四库馆臣曰：

> 《元丰九域志》十卷，宋承议郎、知制诰、丹阳王存等奉敕撰。存字敬仲，丹阳（今属江苏）人。登进士第，调嘉兴主簿，历官尚书右丞，事迹具《宋史》本传。初，祥符中李宗谔、王曾先后修《九域图》（作为考定官吏俸给、赋役和刑法的依据），至熙宁八年（1075），都官员外郎刘师旦以州县名号多有改易，奏乞重修。乃命馆阁校勘曾肇、光禄丞李德刍删定，而以（王）存总其事。以旧书名"图"而无绘事，请改曰'志'。迄元丰三年（1080）闰九月书成。此本前有存等进书原序，称：国朝以来，州县废置，与夫镇戍城堡之名，山泽虞衡之利，前书所略，则谨志之。至于道里广轮之数，昔人罕得其详，今则一州之内，首序州封，次及旁郡，彼此互举，弗相混淆。总二十三路：京、府四，次府十，州二百四十二，军三十七，监四，县一千二百三十五，厘为十卷。（所载政区取制于元丰，叙述沿革，以本朝为主。时值北宋中期，正补《太平寰宇记》《舆地广记》二书之所未及）……其书始于四京，终于省废州军，及化外羁縻州。凡州县皆依路分隶，首具赤畿、望、紧、上中下之名，次列地理，次列户口，次列土贡。每县下又详载乡镇，而名山大川之目，亦并见焉。其于距京距府旁郡交错四至八到之数，缕析最详，深得古人辨方经野之意，叙次亦简洁有法。赵与时《宾退录》尤称其土贡一门备载贡物之额数，足资考核，为诸志之所不及。自序所称文直事核，洵无愧其言矣。其书最为当世所重，民间又有别本刊行，内多古迹一门，故晁公武《读书后志》有新、旧九域志之目。②

---

① 唐·魏徵等撰：《隋书》卷三十三《经籍二》，北京：中华书局，1973年，第955页。
② 清·永瑢等撰：《四库全书总目》卷六八《史部·地理类一》，北京：中华书局，1965年，第596页。

王文楚等在《元丰九域志》的点校前言中称：

> 《玉海》卷一五《熙宁九域志》下引《会要》称："元丰三年闰九月延和殿进呈，六年闰三月诏镌，八年八月颁行。"但实际上元丰八年以后仍在修订。①

【四】 **"兵乱民散"句及后句** 宋元交替，蒙宋双方在四川境内争战四十余年，百业凋零，民人罹难死亡、流失殆尽，无民可治，故不设官。江安县境内，惟乐共城以兵家重地故设官一员。

【五】 **故基** 指宋代熙宁以后的江安县治（今江安县城）故基。

纳溪县【一】

★15.

《大明清类天文分野之书》

宋皇祐三年于纳溪口【二】置军寨。元丰元年徙都巡检使【三】主之。绍定中升寨为县【四】治距州城下流三十里。【五】

元，寨、堡俱废，惟余江门寨。至元二十年并寨入县【六】而隶泸州焉。

本朝因之。

【校补图注】

【一】 **纳溪县** 唐为羁縻纳州。北宋皇祐三年（1051）置纳溪寨，隶属江安。南宋绍定五年（1232）升置为县，隶属泸州，即以旧寨为治所。《嘉庆重修一统志》："纳溪故寨，今纳溪县治。宋皇祐初置军寨、巡司，属江安县。"② 民国既建，县治迁驻通裕场（今安富街道永宁路社区），1996年改建为泸州市纳溪区。纳溪设县以前，境内曾经建置过两个县级政权：

---

① 宋·王存撰，王文楚、魏嵩山点校：《元丰九域志》点校前言，北京：中华书局，1984年，第2页。

② 清·嘉庆官修：《嘉庆重修一统志》卷四一二《泸州》，《四部丛刊续编》本。

第一个，东晋的汉安县。东晋桓温分江阳地别建汉安县，治江安坝（在今大渡口镇），隋开皇十八年改名"江安"，是为今日江安县之"始建县"。

第二个，唐代的泾南县。唐太宗贞观八年，又曾在今纳溪区境内的双河场建置泾南县。

从这个意义上讲，纳溪也是"千年古县"。

秀美纳溪

【二】　**纳溪口**　纳溪又称夜郎溪、云溪，今名永宁河。纳溪口，即永宁河汇入长江之口。永宁河从云南大山深处流来，穿过永宁（今叙永县）城，过天池（今属叙永）、江门寨（今叙永县江门镇）、大州堡（今纳溪区护国镇），下流二百余里，在今泸州市纳溪区城下汇入长江。洪武二十四年（1391），根据明太祖的命令，景川侯曹震凿通永宁河，从那以来，从四川经泸州、永宁入黔的道路更加畅通。进入清代，包括运京铸钱的滇铜、黔铅在内的云贵山货土产诸物，大量经由永宁水运到泸州中转；"永岸"川盐也从永宁河运到永宁，转贩黔北滇东北。

【三】　**都巡检使**　都，总也。州，谓泸南羁縻纳、渭、长宁、思峨、晏诸州。巡检，官名。马端临《文献通考》：

> 宋朝有沿边溪洞都巡检，或蕃汉都巡检，或数州数县管界，或一州一县巡检，掌训练甲兵、巡逻州邑、擒捕盗贼事。又有刀鱼船、战棹巡检。江河淮海置捉贼巡检，又巡马递铺、巡河、巡捉私茶盐等。各视其名分，以修举职业。皆掌巡逻机察之事。中兴（南渡）后，凡沿江沿海招集水军，控扼要害及地分阔远处，皆置巡检一员。往来接连合相应援处，则置都巡检以总之。皆以才武大小使臣充，各随所在听州县守令节制，本寨事，

并申取州县指挥。若海南琼管及归、峡、荆门等处跨连数郡、控制溪洞，又置水陆都巡检使或三州都巡检使以增重之。"① 纳溪寨地当纳溪河口，乌蛮于此出入往来，因设七州都巡检驻河口的纳溪寨，控扼泸南羁縻七州，着重防托乌蛮，而听江安县节制。

【四】 **绍定中升寨为县** 《宋史》："皇祐三年，纳溪口置寨。绍定五年（1232）升为（纳溪）县"②，以原寨（今名衙门口）为县治。民国，迁驻河西通裕场（今安富街道），今为泸州市纳溪区。

【五】 **治距州城下流三十里** 泸州至纳溪县的里程，《宋史》诸书并言"三十里"，其具体道路有二：一是民国年间公路修通以前，从泸州城西十里三岩脑之盘石渡（清代以降呼金鸡渡）南渡长江，过南田寨（今蓝田镇），翻越牛屎牖（地名），山行向西，经学堂铺而达于纳溪故县，实际里程四十里；一是公路修通以后，西行以达于纳溪，从泸州城算起，里程亦四十里。

【六】 **并寨入县** 至元二十年，元王朝以大兵之后，户少人稀，调整州县，泸川县、江安县被撤销，划归叙南宣慰司直管。纳溪县的建制得到保留，但其管下江门寨的建制则被撤销。

★16.

《图经志》

纳溪，古寨名，无县治。昔诸葛武侯平云南，于溪右立寨【一】降自赵宋，仍作寨。至前元始立纳溪县治【二】，隶泸州。今因之。

【校补图注】

【一】 **昔诸葛武侯平云南，于溪右立寨** 诸葛南征，其东路军马忠由成都出江阳以向牂牁，纳溪河口是其必经之地，故马忠率军置寨其处，驻兵戍守，以保军需

---

① 元·马端临编：《文献通考》卷五九《职官十三·巡检》，北京：中华书局，1986年，第540页。

② 元·脱脱等撰：《宋史》卷八九《地理五》，北京：中华书局，1985年，第2218页。

转运安全，事或有之，然历代史乘无载。

　　【二】　**至前元始立纳溪县治**　前元，谓元代。纳溪县建置于南宋绍定五年。《图经志》言元置，误。

★17.

《元一统志》

　　本当阿永蛮【一】要冲。宋皇祐三年于纳溪口置军寨，委七州都巡检使任责防托蛮獠【二】。元丰元年，移都巡检使于寨中主之。绍定中，泸南安抚使杨汝明【三】以蛮出入无常，升寨为县，管一寨四堡，即江门寨，大洲、政和、镇溪、板桥等堡是也。

　　县治距州城下流三十里，有二水合流，支水【四】（田）[由]【五】阿永发源，合流县治之东，与大江会，宋时设立寨堡。

　　元至元十二年，梅应春领众归附。明年，因兵乱，寨堡俱废，惟余江门，设[知]【六】寨一员。二十年八月并寨入焉。

【校补图注】

　　【一】　**阿永蛮**　以头人"阿永"之名为部名、居住在永宁河流域的生界乌蛮部族。阿永为乞弟之子，北宋政和以降，阿永部年年到泸州进行朝贡贸易，自江门寨浮筏而下，诸蛮从而至者几二千人。纳溪口是其往来的必经之地，所以说是"要冲"。

　　阿永部是彝族的先民。明代，发展为四川永宁彝族土司奢氏。彝族的历史，可以追溯到古老的商周时代。周武王伐纣，实得卢、庸、蜀、羌、髳、微、彭、濮等八国之师，而《括地志》谓戎府以南皆卢地。清代学者余若瑔（达父）《且兰考》云："即今之昭通、镇雄、叙永、永宁（永宁州，今贵州关岭县）、大定（今贵州大方县）、毕节诸境。《夷谱》谓始祖孟赾（自牦牛徼外迁入）世居邛之卤，即此。"①《史记·西南夷列传》说：

　　　　西南夷君长以什数，夜郎最大；其西靡莫之属以什数，滇最大；自滇以北

---

　　①　清·余若瑔著：《且兰考》，贵阳：贵州大学出版社，2011年，第8页。

君长以什数，邛都最大：此皆魋结、耕田、有邑聚。其外西自同师以东，北至
楪榆，名为巂、昆明，皆编发，随畜迁徙，毋常处、毋君长，地方可数千里。
自巂以东北，君长以什数，徙、筰都最大，自筰以东北，君长以什数，冉駹最
大。其俗或土著，或移徙，在蜀之西。自冉駹以东北，君长以什数，白马最大，
皆氐类也。此皆巴蜀西南外蛮夷也。[①]

其中把族属众多的少数民族统称之为"西南夷"。汉武帝建元六年（前 135）
唐蒙通夜郎，汉武帝分巴割蜀，合夜郎之地建置为犍为郡、通南夷道。自其后汉廷
放弃这片土地，官修正史几百年记载阙如，直到新、旧《唐书》，才又有关于泸州
都督府"恢拓蛮檄"，建置羁縻州的记述。《宋史》把泸州长江以南地区的僰、僚、
濮、都掌、羌、乌蛮诸少数民族统称为"泸州蛮"，记录了他们与宋王朝的民族冲
突和战争，但对这些民族的族属族源和世系，特别是社会、经济、政治发展情况，
涉及太少。又是几百年以至今日，一直没有说清。

而在彝文古籍《西南彝志》《六祖纪略》《夜郎史传》诸书，这一切却是颇清
楚的。前清彝族学者、土司头人后裔余家驹（白庵）、余若瑔（达父），依据历代家
传夷书撰成《通雍余氏宗谱》，考述彝族的形成、发展以及明代四川永宁彝族土司
世家。夷书，亦称夷谱。既是彝族的宗谱，同时也是彝族的史书。《通雍余氏宗谱
序》："吾家于未改土（归流）以前，有《夷书》焉。《夷书》有二：曰'哺载'，
纪父族也；曰'姥载'，纪母党也。其书不惟一家有之，凡土司皆有之。掌其书者
为'慕施'。每举大礼，则使慕施诵于庭。两相宴会，各之慕施对诵之。历代祖籍，
班班可考。是《夷书》不特为谱，亦且为史也。"其书所记余氏世系全文如下：

余氏之先，曰通雍氏。

尚古时，孟赾者世居于卢，其后助武伐纣，传至隆穆，避水灾至乐宜之山，
诸夷奉以为君。娶妻三人，长姑邪即君宜之女宣恩弥布，次义邪能之女能恩弥
布，三布邪嗤之女嗤恩乌突，各生二子，弟兄六人，分王六国。其后子孙繁盛，
各君一部。《史记》所谓"西南夷君长以十数"者是也。

能恩弥布之子，曰穆阿卧，为赫氏，其后为乌蒙（今云南昭通）王，姓格亨
氏。传至哦海德赫，少子曰德赫辉，其父爱之，命传以国，让于其兄德赫隆，去居鳛

[①] 汉·司马迁撰：《史记》卷一一六《西南夷列传》，北京：中华书局，1982 年，第 2991 页。

(xí) 部，为鳛部王。鳛部即今四川叙永厅等处，姓通雍氏。蜀汉置庲降都督府，晋授以令长，属宁州。传至墨者扯勒（为扯勒部），益强盛。宋及周、隋，皆自长其部。

唐龙朔间内附，置蔺州，为羁縻州。唐末及五季时，为普宁王。宋太祖时因宁州、普宁之称，置永宁州（今属云南），旋废。又置蓝州（治今古蔺）。宋仁宗时更置姚州（治今贵州大方县），以得盖仆夜为姚州刺史。

元置永宁路（于今叙永县），袭永宁宣抚司，姓奢氏。明洪武中（其头人）禄肇内附，仍袭前职。永乐中（永宁宣抚使土司头人）阿聂之妻奢苏入贡，增置赤水宣抚司（治今叙永县赤水镇。旧名"赤水河场"）。成化中，奢贵授永宁宣（慰）[抚]① 使司。贵生效忠，万历中袭宣抚使。效忠生崇周，崇周无子，以崇明袭，娶于水西宣慰安氏，生子寅。崇祯时改土归流。②

道光贵州《大定府志》所引《夷书》，记述大体相同，谓上古之世，彝人先祖孟赾居于卢地。传至希慕遮之世，进入父系社会，实行父子联名制。东汉末年，传至三十一世祝明（又译隆穆、烛明、竹明、祝穆、笃慕俄、笃米），居泸阴之山（又译乐宜山、罗邑山），娶三妻，生六子，兄弟六人，各居一邑，不断迁徙发展，成为川、滇、黔三省结合部的大姓世家，进入彝史所称的"六祖时代"。

《通雍余氏宗谱》记载：隆穆第四子穆阿卧，又称君亨，居于"协"（今滇东北），迁于"窦"（今云南昭通）。其后裔子孙，即以祖名为"君亨"氏，又译为"耿恒"氏，简称"恒部"。其进入今四川大、小凉山地区者，则称为"古侯"。

穆阿卧十八传而至哦海德赫。哦海德赫有九子，于通雍祭祖分宗，各自向外开拓，第九子德赫辉（又译德额奋）率部"渡白水江。都掌、羿子、土僚诸蛮望风从服，创业安作谷木，今永宁。安作与安乐音近，即《水经注》之安乐水（赤水河）也。鳛部更莪姑，号'咱哈通雍'③。世雄南荒。传至墨者扯勒，益强盛，号赤舒扯勒。"④ 以柏雅妥洪（又译落红。今古蔺县城）为中心，夹赤水河两岸而居。

白水江源出贵州赫章县的花泥山箐。流至云南省镇雄县境内牛场，称牛场河。至沙沟，称九沟水。至天生桥入硐伏流，至阳平出硐，称步步河。到寨上两河口，右纳

① 明代永宁彝族土司，只是从四品的"宣抚司"，不是从三品的"宣慰司"。《明史》谓永宁宣抚司正三品，误。据《明会典》改。
② 清·余家驹编著：《通雍余氏宗谱》卷首《余氏世系》，东京：学习院大学东洋文化研究所，2003年，第2—3页。
③ 通雍，彝语，意为"生长松树的地方"。咱哈通雍，意思是"在松树下祭祖分宗"。
④ 清·余家驹编著：《通雍余氏宗谱》，东京：学习院大学东洋文化研究所，2003年，第3页。

黄洞水，称白水江。到风翥小河口，右纳白水河，出镇雄县境，经彝良县入横江（又名小江、关河），北流至四川宜宾县安边镇（今叙州区安边镇），汇入金沙江。道光《遵义府志》曰："仁怀为古鳛部地。汉之称鳛部者，或秦前有鳛国欤？"① 由此可知：德赫辉迁徙拓境的路线是，从今云南昭通沿白水江经彝良、镇雄，贵州赫章、毕节、金沙至仁怀（今县级仁怀市），进入四川古蔺，在赤水河两岸的今四川古蔺、叙永，贵州毕节、仁怀、习水、赤水诸县（市）一带拓境创业，世居其地。这一地区，是即鳛部。

柏雅妥洪又名落洪，是片山间河谷平原，古蔺河蜿蜒曲折，从箭竹坪高高的大山上流下来，在落洪口（两河口。今古蔺太平镇）与赤水河相汇。从田坝（今古蔺街道彰德社区）到乐用坝（今古蔺永乐街道），绵亘数十里。这就是今日的古蔺县城。

德赫辉以落洪为中心，建立起以君（王）、师（祭司）、臣（官吏）施行统治的政权制度，部族强盛，兴旺发达。又经过几百年发展，鳛部通雍氏族日益强大。东晋南北朝时，这个部族的首领墨者扯勒，被皇帝任命为"令长"。通雍氏族从此遂以"扯勒"为名，统治一方。进入宋代，这个部族和另外两支彝族先民乌蛮的事迹一起，被著录于汉文史籍。《宋史》：

> 淯水夷者，羁縻十州五囤蛮也。杂种夷獠散居溪谷中。庆历初，泸州言："管下溪峒十州，有唐及本朝所赐州额。今乌蛮王子得盖居其地。部族最盛，旁有旧姚州，废已久，得盖愿得州名以长夷落。"诏复建姚州，以得盖为刺史，铸印赐之。得盖死，其子窃号罗氏鬼主。鬼主死，子仆射袭其号，浸弱不能令诸族。
> 乌蛮有二酋领，曰晏子、曰斧望个恕，常入汉地鬻马。晏子所居，直长宁、宁远以南；斧望个恕所居，直纳溪、江安以东，皆仆夜诸部也。晏子距汉地绝近，犹有淯井之阻。斧望个恕近纳溪，以舟下泸不过半日。二酋浸强大，擅劫晏州山外六姓及纳溪二十四姓生夷。夷弱小，皆相与供其宝。②

又《续资治通鉴长编》熙宁七年（1074）五月己亥，诏：

> 西南蕃乌蛮罗氏鬼主仆夜为银青光禄大夫、知羁縻姚州；斧望个恕为银青

① 遵义市志编纂委员会办公室点校：《遵义府志》卷二《建置》，成都：巴蜀书社，2013年，第13页。
② 元·脱脱等撰：《宋史》卷四九六《泸州蛮》，北京：中华书局，1985年，第14244页，其中，"仆射"即《大定府志》等文献中所称的"仆夜"。

光禄大夫、知羁縻归徙州。沙取禄路、乞弟并为把截西南蕃部巡检。从经制夷事熊本请也。

乌蛮有两首领，常入省地鬻马，晏子隶清井监，斧望个恕隶纳溪寨，皆仆夜诸部也。晏子距省地绝近，犹有清井之阻；斧望个恕近纳溪寨，舟下泸州，不过半日。而二首领常赋晏州山外六姓及纳溪二十四姓生夷。（熊）本遣勾当公事邓诜招以爵赏，仆夜、晏子、斧望个恕皆纳贡，愿受王命。本言：不羁縻此两蛮，则诸蛮未易服也。故命之，晏子命而死。沙取禄路者，晏子之子也；乞弟，斧望个恕之子也。①

谭其骧先生说："泸南夷族之著名于载籍者，又有吕告蛮、阿永番二部，二族在泸南历史均无可考见。"② 方国瑜先生认为："旧姚州土长事迹，自得盖以来历世不可考，称罗氏鬼主，属泸州铃辖，其地在泸州南，在此地区的族别多，而罗氏鬼主渐得势，命为西南蕃都大巡检使，盖为泸州羁縻清水夷十州五囤之首，疑即元代永宁路阿永蛮酋长，沿至明代永宁土官禄照，即彝族之一支。"③ 不揣谫陋，愿为两位可敬的师长稍事发明：

（1）姚州，地在贵州大方，后来发展成为罗氏鬼国，亦即元代的亦奚不薛和明代的水西；得盖是默部彝族水西安氏的先祖，不属扯勒。罗氏鬼主仆夜，是得盖之侄，而不是得盖之孙。《宋史》所谓"得盖死，其子窃号罗氏鬼主，鬼主死，仆夜袭其号"失实。

（2）归徙州，即永宁河上游和河源地带的今古蔺、叙永及贵州仁怀诸地，代为恒部扯勒彝人所居，治今古蔺县城。斧望个恕是扯勒彝人，其后为阿永蛮，明代发展成为永宁宣抚司奢氏。

（3）乌蛮晏子部居住南广河源地区，属彝族默部芒部家支，其后发展成为吕告蛮，也就是明代芒部（云南镇雄）土司头人陇氏所属族裔。

下面，我们就来证明这三个判断：

第一，扯勒彝人，《通雍余氏宗谱》称："自扯勒至补德补裕凡十七世，即宋仁宗时之德盖仆夜也，人名世次，尤为相近。道光《大定（府）志》疑为水西，而以其五十四世祖普额当仆夜，又别撰一得盖以实之。今考安氏《夷谱》，并无得盖其人。……《宋

① 宋·李焘撰：《续资治通鉴长编》卷二五三，北京：中华书局，1990年，第6188—6199页。
② 谭其骧著：《长水集》，北京：人民出版社，1997年，第270页。
③ 方国瑜编著：《彝族史稿》，成都：四川人民出版社，1984年，第462页。

史》之乌蛮德盖、仆夜父子，必以扯勒为是，断非水西。得与德同音，补裕即仆夜之讹。较水西普额之称，语音尤近，时代与地，又更相符。"此说有待推敲。

余宏模以《通雍余氏宗谱》与彝文《西南彝志》对读，列表如下：

西南彝志·扯勒珍藏			通雍余氏宗谱		
世系	姓名	住址	世系	姓名	住址
四十五世	不己布德	居布德塔那	四十五世	补杰补德	
四十六世	布德阿史	居阿史赫亚	四十六世	补德补裕	
四十七世		疑缺	四十七世	补裕阿喜	

表中，补德补裕对应的是布德阿史，补杰补德对应的是不己布德。汉译虽然不同，而语音大体相近，可以认为同是一人。而"德"与"得"虽然同音，但"补德"（布德）与"得盖"，读音相距太远，不足以证明《宋史》所记的"得盖"就是"补德"。这就是说，得盖未必是扯勒彝人。

得盖既非扯勒，那么他的族属是什么呢？笔者认为，应当是罗氏鬼蛮（水西默部彝人）。这种说法，可以从文献和历史、地理三个方面得到证明。

道光《大定府志·水西安氏本末》说，仆夜为彝族"六祖"之一的慕齐齐（慕济济）之后。慕齐齐的第五十代为阿阔，"阿阔卒，阿得袭。阿得卒，沮区袭，无子，以弟初之子则额为子。初亦先卒，叔弟盖摄事。夷法父子连名，称得盖。……已而得盖老退，则额乃因窃号称罗氏鬼主，于是卢鹿部始有鬼主。则额卒，仆夜袭。"其世系为：

慕齐齐（一世）……阿阔（五十世）——阿得 {①沮区 ②初——则额——仆夜 ③盖（得盖）}

《西南彝志》说："阿阔额迭，为五十一世。阿阔额迭子曰额迭德初。五十二世君，乃额得纪杞。纪杞是长房，无子以立嗣。……兄终乃弟继，兼管德初业。……纪杞忍额继，为五十三世。……忍额濮额继，为五十四世。"

二者略同。夷谱世系只记宗子，而得盖只是摄事，是不能记入宗谱、纳入世系的。"兄终乃弟继，兼管德初业"，便说的是得盖曾为君长。

宋王朝"以得盖所居之地为姚州"，而姚州地在大方，地望相符。

综上所述，似可认为《水西安氏本末》所记基本可信，亦即得盖是默部水西安氏的先祖，而不是恒部扯勒彝人。

斧望个恕部，《宋史》称其居住江安、纳溪以东，被任命为归徕州刺史。归徕州地在古蔺（柏雅妥洪），代为扯勒彝人居住的中心，可知这个部族就是扯勒。斧望个恕儿子乞弟战败，失去归徕州。宋哲宗元祐元年（1086）正月，泸南安抚司奏报："蛮贼乞弟为患，已死。新立蛮头领阿儿等，亲手刻到芳牌乞降。本司已出给信札文字，许令投降。"① 重新恢复了与宋王朝的臣属关系。

阿儿，《夷谱》无载。元丰七年（1084）乞弟死后，为什么由阿儿继为头人？刘复生《僰国与泸夷》以为"其子阿永可能尚幼，阿儿以某种身份代行管理其部事务，阿永成人后，方行首领之责"②。

政和五年（1115）赵遹平定晏州夷人卜漏，"乞弟之子阿永始诣遹投《牒》，愿复归顺。遹奏闻，补阿永夷界都大巡检使。岁入中马，相传今数世，皆承袭卫边。其所自述，犹称'阿永'焉"③。这个部族，从此遂以"阿永"作为自己部族的名号，这就是宋、元汉文史籍所说的"阿永蛮"。

阿永蛮与宋王朝的关系大有改善，阿永本人重新受王命，连年与官家进行规模盛大的朝贡贸易，经济长足发展。重新雄踞永宁河上游及其河源地区，罗氏鬼主力有不逮，已自退回水西。

《元史》对于阿永蛮也多有记载：

——至元十二年（1275）十二月己亥，签书四川行枢密院事昝顺言：诸蛮吕告、马蒙、阿永等有向化之心。

——至元十四年，元世祖诏谕泸州西南番蛮王阿永等处诸族蛮夷，使其来附。十五年，阿永蛮投降，其头人受封西南蕃蛮安抚使。④

——至元十九年，张万家奴以八百人败阿永蛮于鹿札河。

——至元二十一年，阿永蛮酋长阿泥入觐。

——大德五年（1301）二月己亥，永宁路总管雄挫来朝。大德六年，陕西平章也速带儿讨顺元⑤叛蛮，回军就粮至永宁，阿永蛮⑥酋雄挫及芒部（今镇雄）反。

① 刘琳、刁忠民、舒大刚、尹波等校点：《宋会要辑稿》蛮夷五《西南蕃》，上海：上海古籍出版社，2014年，第9858页。
② 刘复生撰：《僰国与泸夷》，成都：巴蜀书社，2000年，第117页。
③《永乐大典》卷二二一七《泸字》，北京：中华书局，1983年，第636页。
④ 这里所说的"阿永"和"西南番蛮王阿永"，已指的是"阿永蛮部族"，而不是说这个部族的头人名叫"阿永"了。
⑤ 元王朝平定今贵州地区以后，建置顺元路，为诸少数民族部族分别改建土司，以其头人为土官，职务世袭。其中，世居姚州（水西）的原罗氏鬼国头人势力最大，受封为顺元宣慰司，设治贵阳。顺元土司时服时叛，元王朝多次对之进行征讨。
⑥ 阿永蛮酋长降元以后，元王朝于至元十五年建置了西南蕃安抚司；二十年，改置为西南蕃总管府；二十五年，改置永宁路，以雄挫为总管。

……

从东汉德赫辉的鳎部通雍氏到晋代平夷令长的扯勒、宋代知归徕州斧望个恕、乞弟，至南宋泸南夷界都大巡检使阿永而发展为阿永蛮，脉络是清楚的。

洪武八年（1375）正月甲子，明王朝升永宁长官司为永宁宣抚司，以土酋禄肇（传写又作禄照）为宣抚使。《且兰考》记载："禄肇之先，自汉以来世长其部。至宋、元，始受王官，亦属羁縻。"扯勒（阿永）部彝人在这一地区长期、稳定地保持统治。因而在这一地区"世长其部"且"受王官"的，只能是扯勒（阿永）部头人。

至于禄肇其人，《且兰考》说：扯勒部"四十三世龙更龙之，妻曰奢节。四十四世龙之阿举，妻曰奢苏。奢苏，明永乐时人也，入朝，请增置赤水宣抚使。"[1]今按禄肇之子名阿摄，《明史》有载；《明太宗实录》亦载，"永乐五年十月戊子，永宁宣慰司故土官阿摄妻奢苏来朝"，可证禄照即《且兰考》所记的以德赫辉为一世祖的扯勒部第四十三世龙更龙之，而在以慕雅卧（穆阿卧）为一世祖的《扯勒珍藏》与《通雍余氏宗谱》，则为第六十一世。其世系也是清楚的。

晏子部乌蛮的世系同样可考。晏子传沙取禄路，"沙取禄路死，子鳖弊承袭。政和五年，晏州夷卜漏叛，寨将高公老遁，招讨使赵遹讨平之。（鳖弊助讨有功，）授鳖弊西南夷界都大巡检。事见赵遹传"[2]。这支彝族先民部族，后来发展成为"吕告蛮"。嘉定九年（1216）七月二十日，宋宁宗皇帝根据潼川府路安抚司转报的长宁军《申文》，颁诏批准其头人"武经大夫、忠州刺史阿永男阿祥承袭，充西南蕃部都大巡检使"[3]。长宁军的《申文》原文如下：

> 阿祥始祖沙取因朝廷差充统军，众蛮推服，并收反贼立功，特补礼宾使；男鳖备承袭，降到内殿崇班、西南蕃部都大巡检使；次高祖尧所承袭；次吕告承袭。于政和年内收复晏州夷贼，给降武略郎，后缘本蕃遗漏沙取、鳖备、尧所、吕告所授告（诰）命，照札不存；次落抵承袭，特补武经大夫、忠州刺史、西南蕃都大巡检使；次阿祥翁普磨承袭；次阿祥父阿永承袭。本军照得普磨、阿永两世乞行承袭，缘未及朝廷给降真命，皆衔恨而死。此盖前时本军失于不再三力请之过。今阿祥系阿永亲男，别无合承袭之人，九世相传，即非诈

① 清·余若瑔著：《且兰考》，贵阳：贵州大学出版社，2011年，第144页。

② 元·脱脱等撰：《宋史》卷四九六《蛮夷四》，北京：中华书局，1985年，第14248页。

③ 刘琳、刁忠民、舒大刚、尹波等校点：《宋会要辑稿》蕃夷五《西南蕃》，上海：上海古籍出版社，2014年，第9863—9864页。

冒，兼每年冬春赴官中马，止请盐、彩，并不曾添俸给料钱。今来阿祥累代承受官资，系朝廷特与酬奖，即无异同。①

据是，可知其世系为：晏子→沙取禄路→鳖备→尧所→吕告→落抵→普磨→阿永②→阿祥。

吕告蛮居住"长宁宁远以南"的南广河河源地区，亦即今日高、珙、筠连和云南的镇雄一带，道路险远，与中央王朝武装冲突不多，因而得以相对稳定地世居其地。

镇雄古名芒部，杨升庵诗云："赤虺河源出芒部，虎豹之林猿猱路。"宋置西南蕃部都大巡检司，元至元中置芒布路，入明，改为芒部府，改镇雄军民府。《水西安氏本末》称，安氏始祖慕齐齐第二十四代阿妥之子孟布居此。孟与芒谐音，孟布即芒部。《且兰考》："慕济济之后为德施氏，其后有安、陇二姓……（安氏）世居水西。"③"芒部陇氏，世居曲流大雄甸，祖名得始……十世陇德芳，以陇为姓……至二十世祖陇乐祚，奉改大雄甸为芒部郡。至二十二世祖陇普禄，奉改芒部郡为芒部路。相传十世至陇以杰，奉改为镇雄府。"④

《安氏本末》《且兰考》诸书所记，与《宋史》大体相合。无论从居住地望还是从部族源流审视，都只能说吕告蛮的后裔是芒部（镇雄）土司陇氏，而不是永宁土司奢氏。

【二】　防托蛮獠　据赵万里先生观点，"托"字疑误。

【三】　杨汝明　字叔禹，南宋眉州青神（今属四川）人，绍熙四年（1193）进士，"为成都观察推官。吴曦叛，汝明不受其招。曦平，宣谕使吴猎以闻，遂召入。累迁工部尚书。"⑤庆元中自请守泸，为潼川路安抚使兼知泸州，奏准建置纳溪县，建五峰书院，置赡军田，又修东园、创西园，构北定堂，于市政建设建树良多。"刚直有守，抚绥得宜，民皆怀之。"⑥州人祀之名宦。

【四】　支水　谓永宁河。

---

① 刘琳、刁忠民、舒大刚、尹波等校点：《宋会要辑稿》蕃夷五《西南蕃》，上海：上海古籍出版社，2014年，第9864页。

② 乌蛮斧望个恕（扯勒）部和乌蛮晏子部各有"阿永"，前者是乞弟之子，生活在北宋政和年间，后者为普磨之子，生活在南宋嘉泰、开禧之时，二者不是同一人物。

③ 清·余若瑔著：《且兰考》，贵阳：贵州大学出版社，2011年，第136页。

④ 清·余若瑔著：《且兰考》，贵阳：贵州大学出版社，2011年，第139—140页。

⑤ 雍正《四川通志》卷九《人物下》，《四库全书》文渊阁本。

⑥ 明·李贤等撰：《明一统志》卷七二《泸州》，《四库全书》文渊阁本。

【五】　赵万里先生校："由"原误为"田"，今正。

【六】　"知"字，据文意补。

合江县【一】

★18.

《大明清类天文分野之书》

汉武帝使唐蒙将万人往巴符关，入夜郎，即此。东汉为符县，属犍为郡。

晋属江阳郡。穆帝于此置安乐（郡）［县］【二】。

（南朝）宋、齐并为安乐县。梁改曰安乐戍。（北朝）周保定四年（564）罢戍，置安乐县。

隋开皇十八年（598）改县曰合江。

唐元和十二年（817）移治旧县。【三】

宋移治安乐故城。【四】

元至元十五年立县于神臂（山）江南济民市【五】。本（明）朝因之。

合江县城航拍图

（合江县文物局贾雨田提供）

【校补图注】

【一】 合江县 合江县的起始县，是秦代的符县。其建置沿革，乾隆《大清一统志》曰：

> 废符县。在合江县西。《华阳国志》：符县，在江阳郡东二百里，（汉）元鼎二年（前115）置，治安乐水会。东接巴蜀乐城，南通平羌、鳖县。《元和志》：合江县西至泸州一百二十里，本汉符县地，晋穆帝于此置安乐县。梁改置安乐戍，周改为合江县。《寰宇记》：唐元和十二年移于旧县，以便水陆贸易之宜。从东川节度使李逢吉之请也。《宋史·地理志》：嘉熙三年筑合江之榕山，四年又筑合江之安乐山为城。旧志：唐置合江县于白沙镇，宋移治故城，元移治神臂山南，明又移安乐山麓。按：《元和志》谓晋置安乐县。今沈约志不载，《齐志·东江阳郡》有此县。盖齐时尝置县，梁改为戍也。①

王仲荦《北周地理志》考证：

> 合江。今四川合江县城关。北周置。《隋书·地理志》："合江，后周置。"《元和郡县志》："合江县，本汉符县地。晋穆帝于此置安乐县，梁改置安乐戍，周改为合江县。"《寰宇记》："合江县，梁于安乐溪置安乐戍。周武帝保定四年改为合江县。"按《舆地纪胜》引《元和郡县志》云："晋穆帝置合江县，梁改曰安乐戍，周保定四年废戍，置安乐县，隋开皇十八年改县曰合江。以江在县侧合流为名。"与今本《元和志》不同。（南朝）《齐志》东江阳郡有安乐县，《宋志》无之，疑置于齐世，梁当改县为戍。《周书·裴宽传》："子义宣，合江令。"则当从《隋志》周置合江也。②

历代地志均载合江县建置于汉，王仲荦先生亦如是言之，盖其时张家山汉墓竹简和里耶秦简尚未出土，无考古学材料明其为秦县之故。

【二】 合江县历史上从未设郡，因改"郡"字为"县"。

【三】 唐元和十二年移治旧县 语出《太平寰宇记》卷八十八《泸州》，其原

---

① 清乾隆官修：《大清一统志》卷三一一《泸州》，《四库全书》文渊阁本。
② 王仲荦撰：《北周地理志》卷三《剑南》，北京：中华书局，1980年，第274页。

文是："合江县，（泸州）东一百二十里。元三乡。本汉符县地。梁于安乐溪置安乐戍于此，周武帝保定四年改为合江县。唐元和十二年移于旧县，以便水陆贸迁之宜。从东川节度李逢吉之请也。"① 所谓"移于旧县"，指的是唐代合江县曾经徙治白沙镇。白沙镇地在今日合江县城长江上游三十里北岸。"白沙"之名世代相沿，至今无改，《江阳谱》作"白沙市"，民间习呼"上白沙"。地势偏僻，不当上水航船纤路（纤路在南岸）；洪水季节，下水船舟不能靠头驻泊。宰相李逢吉因奏请将其迁回赤水河与长江汇口处的故治（即今合江县城），以便水陆贸迁。

【四】 宋移治安乐故城 南宋嘉熙三年（1239），为抗御蒙古兵锋，合江县筑城于今县城大江下游三十里榕山镇后的榕山之巅，遗址至今尚存。其山水源不继，不堪驻守。因又改筑于今县城西北十五里的安乐山（明代嘉靖中改称少岷山，又呼笔架山），婴城固守。

【五】 立县于神臂（山）江南济民市 元至元十五年元军平定四川，为了不让南宋残余力量据城起事反抗，元世祖命令拆除蜀中全部南宋新筑山城，将迁驻其上的州、县迁还旧治。其时，赤水河与长江汇口处的原合江县城已毁，乃立县于神臂山大江南岸黄市坝上的济民市。

济民市地在合江县神臂山长江南岸的今大桥镇。1982 年，陈世松、喻亨仁、赵永康实际考察其地，由喻亨仁执笔撰成《元初合江县治济民市考察》②，全文如下：

> 元代的合江治所，《合江县志》记述为："合江县，属重庆路泸州，徙治神臂山南。""徙治"是什么时候？"山南"是指紧靠着神臂山南面，还是较远的地方？从地图上看，今天的县城在神臂山南面偏东，是否就是这个地方，长期以已无人再去追究。……1982 年，带着这个问题，陈世松、赵永康和我，对神臂山江南地方进行了调查。

> 神臂山距今合江县城 30 公里，地处长江北岸，属合江县焦滩公社（2020 年改名神臂城镇）老泸大队。山南是长江，江南岸有一场镇——弥陀场，属泸县（1996 年划属泸州市江阳区），建于清初。弥陀场地势陡窄，无旧城遗迹可寻。又因面临险滩灌口，江面宽阔，洪水期停泊既不容易，渡江亦很困难，作为古代县城的可能性很小。沿弥陀场东行二公里，有一个名叫"黄氏坝"的地

---

① 宋·乐史撰，王文楚点校：《太平寰宇记》卷八八《泸州》，北京：中华书局，2007 年，第 1741 页。
② 四川省地方志办公室编：《四川地方志通讯》1984 年第 1 期（内刊）。

方，北面临江，南面靠山，地势平坦开阔，东西长 3.5 公里，南北宽不到 1 公里，西北部与神臂山隔江相望。整个黄氏坝正好在神臂山南。

通过实地调查访问，查明黄氏坝俗称"华阳县"，曾作过县城。过去有东、南、西、北四门，东门在沙溪口，南门在迎新湾（一说在南门石坝），西门在羊叉嘴，北门在埂子上。西门于解放后才拆毁。北面临江边有地名"城墙壁"，现在还有少数的城墙基石存在。南面山脚的"楼房头"，为古代官"衙门"所在地，原系三进大瓦房。房右后方为马房，过去有旧马槽和拴马的石柱，马槽长 1.03 米、高 20 厘米、宽 50 厘米，现在已作土墙基石[①]。马房门外，过去全是石板铺就，平坦如街市。从东面的沙溪口到中部的新房子这段长约一公里的地带，是过去繁华热闹的街市，社员常从田土内挖到排列整齐的正方形或长方形的石板，从而可以看出大街小巷的痕迹。大街宽一丈多，呈瓦背形。有的石板类似下水道。群众过去修房造屋、砌牛栏、做猪圈的石板，大都是就地取材，至今还未挖尽。一位老乡在门前土内当场为我们挖出一块 90 厘米见方的正方形石板，平整光滑。过去还有人挖出过刻有花纹图案的栏杆、小石狮子柱等。整个坝子瓦砾、陶片为最多，还有陶罐、壶、碗、锈铁、铁钱之类的东西，可惜多已毁坏。也曾发现过锅灶、煤炭等。在"水口凼"竹林下一丈多深处，还挖到过大堆的牛骨和猪骨。坝上田土里还发现不少小如李、杏的陶土烧制的"弹丸"，坚硬不易打碎，估计可能是古代火药大炮的"炮弹"，也可能是弹弓用的弹子[②]。最近有人还拾得一颗铜印。过去这里的庙宇较多，有朝元寺、王爷庙、官防寺、飞龙寺、城隍庙等，虽然都已废圮，但庙基和规模仍有人传说。靠山壁处，至今尚有少数佛像和很多被毁摩崖石佛的遗痕。从庙宇的名称也提供了黄石坝曾作过县城的依据。

南宋淳祐二年（1242）蒙古入侵四川，破泸州。四川安抚制置使余玠命知州曹致大于神臂山筑城，名神臂城，将泸州迁治于此。至宋景定二年（1261），四川潼川路安抚使兼泸州知州刘整以城降元，宋朝命四川安抚制置使俞兴讨伐。俞兴被击败，"得小舟，奔南岸黄市"（《昭忠录·张桂金文德录》）。不久，宋又派四川宣抚使吕文德征讨。冬十月，吕文德上书宋理宗，言"已复泸州外堡，拟即对江垒石为城，以示持久之计"。景定三年"复泸州，徙治江南，改

---

① 土墙基石显露在外，故得以测量其长度。
② 原物送请中国科学院代为进行 C 14 同位素测定，确认为"距今 780 年（正负 80 年）"的器物，与蒙宋战争后期的年代大体相当，足以证明确是当时大炮（抛石机）的"炮弹"。

为江安军"（《宋史》卷四五）。很明显，俞兴所奔的"黄市"，即今"黄氏坝"，而吕文德"对江垒石为城"，指的也是神臂城对岸的"黄氏坝"。据此，景定三年便是黄氏坝开始建城的时间。此后十多年，神臂城和黄氏坝均为南宋控制。景炎二年（1277），神臂城才最后陷落。黄氏坝也自然属于元朝。

合江城治原在赤水河（安乐水）汇入长江之口。宋元战争期间，曾先后迁治榕山及安乐山。从咸淳三年（元至元四年，1267）至景炎二年，神臂城和今日合江县治这一带，战事频繁，破坏严重。因此，元至元十五年，元王朝以"蜀既定，然寨堡已废，今立县于神臂山南济民市"（《元一统志》卷五；《明史·地理志》）。至元十六年，泸州迁回故治（今泸州市）对岸的苇草坝。过后，人们便把神臂城称为"老泸州"。至明朝洪武初，大概因为经济发展的需要，以及为了控制黔北赤水河中上游少数民族等原因，合江才迁回旧址——今天这个地方。

吕文德把黄氏坝建为城市，这是当时政治和军事上的需要，而且是与黄氏坝的地理位置有着密切关系的。黄氏坝地处长江南岸，官道从中穿过，往东可达津（江津）、渝（重庆），往西可通泸、叙（宜宾）诸州，往南可至黔北，而西北则与神臂城隔江相望。江心有一沙洲名"中坝"，长2.5公里，西面与险滩"灌口"相连，把长江一分为二：北面为主航道，水急浪翻，无处停泊；南面为一天然河港，浪静风平，可以停泊较多的船只；东面的"折鱼滩"（又鱼碛）恰好与北岸的"桃竹滩"①相对。至元十四年，元军围攻神臂山战役中，元将张万家奴曾"率舟师百五十艘，自桃竹滩至折鱼滩，分守江面"（见《元史》卷一六五《张万家奴传》）。

在折鱼滩和黄氏坝东面（下游）1公里，江水平缓，有渡口名大桥码头。从此地渡江沿岸西行7公里，便是神臂城东门，为陆路攻城主要道路，也是攻取神臂门（南门）的主要道路。如渡江穿过"临江坝"向北行8公里，便可绕到北面江边的焦滩，将神臂城与外界的联系切断，从而把它包围在死角上。上述情况说明，黄氏坝在当时的军事上具有十分重要的意义：要攻神臂城，必先占黄氏坝；而要保卫住神臂城，也必须占有黄氏坝。黄氏坝既可以作为进攻神臂城的根据地，也可以作为神臂城的前沿阵地；既可作为包围神臂城的指挥中心，也可以作为保卫神臂城的外围城堡。

---

① 神臂山下的长江江面上，有大桃竹滩和小桃竹滩，二滩涂相距约二里。严格说，叉鱼滩乃在江心，与北岸江边的小桃竹滩相对。

从实际调查和史书记载的情况看，黄氏坝有多种不同名称。群众称为"黄氏坝"（讹呼"黄石坝"）、"华阳县"，史书上称作"黄市""济民市"。尽管称呼不同，实际上指的都是同一个地方。称"黄氏坝"，是因为古时那里出了个虔诚信佛的黄氏女，她劝丈夫放下屠刀，不杀猪宰羊，最后得道升天。后人为纪念她，故取名"黄氏坝"，今"中坝"上还有黄氏女的坟墓。"氏"与"市"同音，史书记载时未考其来历，只以为是个城市而写作"黄市"。而"济民市"则是元至元十五年才命名的，它含有"济世利民"之意，可能是元统治者为了缓和民族矛盾而命名的。而"华阳县"的来历则无可考，是否是当时汉人不服外族统治而另取的名字？是否含有"在大江之南的华夏子孙"之意？

综上所述，神臂山南的"黄市"和"济民市"，指的都是今天的黄氏坝。黄氏坝建城的时间是景定三年。至元十五年，这里成为合江县的县治。

★19.

《图经志》【一】

谨按文庙古碑【二】记云："合江县，古符阳县，汉曰符节【三】，唐曰符阳【四】，宋曰合江【五】，元曰合江，隶属泸州。"

钦惟圣（明）朝，因而不革。

【校补图注】

【一】 《图经志》 据下文有"钦惟圣朝，因（宋、元）而不革"之语，知此《图经志》乃明代初年《永乐大典》成书以前编成的合江县图经。

【二】 文庙古碑 合江县文庙（孔庙）内的古碑。其碑已灭，不可复寻。

【三】 汉曰符节 见《后汉书》卷三十三《犍为郡》。新编《合江县志》："王莽（篡汉）改符县名符信，光武帝刘秀改符信名符节。"符信之名，见《水经注》，其辞曰："符县，王莽之符信矣。县治安乐水会。"① 清赵熙《合江县》诗云："汉家符节古江邮，一水行商出贵州。"

【四】 唐曰符阳 于史无据。唐代的符阳县，治今四川通江县涪阳镇，以境有符水得名，与合江县无涉。

---

① 北魏·郦道元撰：《水经注》卷三三《江水》，《四库全书》文渊阁本。

【五】 宋曰合江 早在隋开皇十八年，本县已得名"合江"矣。

★20.
《元一统志》

本《西汉志》符县地。《舆地（应）［广］【一】记》云：汉武帝使唐蒙将万人（往）［从］【二】巴符关入夜郎，即此。

《东汉志》曰：符县属犍为郡。《晋志》曰：符属江阳郡。

《元和志》云，晋穆帝于此置安乐县。《宋志》《南齐志》并有安乐县。《元和郡县志》又云："梁改曰安乐戍。周保定四年废戍，置安乐县。隋开皇十八年改县曰合江。以江在县侧合流为名【三】"《隋志》以改合江在后周。当从《隋志》。

唐元和十二年移治旧县，以便水陆贸迁之宜。从东川节度使李逢吉之请也。

宋移治安乐故城。绍圣元年（1094），以合江县尉掌簿正改为主簿，别置县尉，居（州）［县］【四】治下流一里，滨大江之南。【五】其东，有大、小两溪【六】，合流于县治下，与大江会。旧管九支（今为九支镇）、平泉（宋名"张平泉"，在今纳溪区鼓楼山）、绥远（寨在今贵州赤水市旺隆镇鸭岭村的大河口）、史君【七】、安溪五寨，仁怀一堡（今为赤水市复兴场）。

元至元十二年，梅应春领众归附。明年，王世昌窃乱。十五年蜀既定，然寨堡已废。今立县于神臂（山）江南济民市。

【校补图注】
【一】 "应"为"广"字之讹。据此语载在宋欧阳忞撰《舆地广记》三十八卷。
【二】 "往"，《舆地广记》本作"从"①。据改。

---

① 宋·欧阳忞撰，李勇先、王小红校注：《舆地广记》卷三一《泸州·合江县》，成都：四川大学出版社，2003年，第916页。

【三】 以江在县侧合流为名　今本《元和郡县志》已无此语。语见《舆地纪胜》，其辞曰："隋开皇十八年，改县曰合江，以江在县侧合流为名。"①

【四】 "州"字显为"县"字之讹，径改。

【五】 治下流一里，滨大江之南　即赤水河口右岸的"马街子"。

【六】 大、小两溪　大溪，古大涉水，即巴符水，今名赤水河。小溪，即高洞河，今名习水河。

【七】 史君　史君寨。《元丰九域志》作"使君寨"；《宋史·地理志》同。

---

① 宋·王象之撰，李勇先校点：《舆地纪胜》卷一五三《泸州·合江县》，成都：四川大学出版社，2005年，第4583页。

三、郡名^[一]

本州^[二]
★21.
《图经志》

谨按：江安县，县碑志^[三]云："据《汉地理志》，泸水出牂牁之勾町。^[四]《水经》：'若水（即今雅砻江）出旄（máo）牛徼外，东北至犍为朱提县（今云南昭通市）西泸江水，又东，北为僰道县，入于江，或谓马湖江。'《寰宇记》谓孔明五月渡泸^[五]，即马湖之上流也。今之所谓'泸'，盖远引乎名耳。"自梁以泸名州^[六]以来，虽后周、隋、唐、宋、元因革不同，然泸之名实未尝易也。钦惟圣朝，亦演为郡望焉。

【校补图注】

【一】 **郡名** 郡称泸州，自南梁始。秦汉两晋并曰"江阳"。后世又有泸阳、泸川郡、泾南、泸南、三泸诸别称。泸州以"泸"为名，诸书并谓以泸水为名，细察其实，则与彝族先民"卢"人也不无关系。说详下方。

《方舆胜览》：泸州，"郡名：泸川、泸南、江阳"①。

《说文》："水北为阳。"泸阳者，以泸州城在大江之阳也。

《隋书》："梁置泸州。仁寿中置总管府，大业初府废。统县五，户一千八百二。"②

---

① 宋·祝穆撰，施和金点校：《方舆胜览》卷六二《潼川府路·泸州》，北京：中华书局，2003年，第1085页。
② 唐·魏徵等撰：《隋书》卷二九《地理上》，北京：中华书局，1973年，第828页。

《旧唐书》：泸州"泾南（县），贞观八年分泸川（县）置。在泾水之南"①。即今泸州市纳溪区境内白节河注入永宁河处的双河场。

《太平寰宇记》："泸州，泸川郡。今理泸川县……元领县六。今三……泾南（县）旧废，入泸川。"②

【二】　本州　隋置泸川县，与州同治。《太平寰宇记》："泸川县，元八乡。本汉江阳县地，属犍为郡。《蜀志》云'曹操入汉中，诸葛亮出屯江阳'是也。隋大业元年（605），改江阳为泸川县。"③唐宋因之。元至元二十年（1283）县废，由州直管，遂称"泸州本州"，盖即原泸川县地也。明清因之，仍称本州。民国三年（1914）废府裁州，泸州本州改名"泸县"，仍旧治。与所管江安、合江、纳溪三县同时直隶于省。1950年分泸县置县级泸州市，与县同城。旋以其城沱江北岸的小市镇（《永乐大典》记作小市厢）为泸县治所，仍与县级泸州市同城。1983年县级泸州市撤销，改建地级泸州市，而泸县为属县。1996年，泸县迁治福集镇。

【三】　县碑志　碑已无存，其语遂不可考。

【四】　据《汉地理志》，泸水出牂牁之勾町　此语失实。牂牁地在贵州，非江水之所经。《汉书·地理志》无泸水，唯越嶲郡下有颜师古注，云："绳水（金沙江的上游）出徼外，东至僰道（今宜宾）入江。"南朝宋范晔《后汉书·南蛮西南夷列传》记刘尚击西南夷"渡泸水入益州界"，章怀太子注："泸水一名若水，出旄牛徼外，经朱提（今云南昭通）至僰道入江，在今嶲州（治今凉山彝族自治州越西县）南，特有瘴气，三月四月经之必死。五月以后，行者得无害。故诸葛亮《表》云'五月渡泸'，言其艰苦也。"④越嶲郡地接云南，与贵州无涉。

【五】　《寰宇记》谓孔明五月渡泸　查《太平寰宇记》原书，对此有两条记载，一条是"泸州泸川县"下："泸津关。有泸峰，高三十丈。地多瘴气，若三四月经之，必死。非时，犹令人闷吐。若五月上旬渡之，即无害。故诸葛亮五月渡泸是也。"⑤另一条是"嶲州会川县"下："泸水。按《十道记》云，水出蕃中，入黔

① 后晋·刘昫等撰：《旧唐书》卷四一《地理四》，北京：中华书局，1975年，第1686页。
② 宋·乐史撰，王文楚点校：《太平寰宇记》卷八八《泸州》，北京：中华书局，2007年，第1738—1739页。
③ 宋·乐史撰，王文楚点校：《太平寰宇记》卷八八《泸州》，北京：中华书局，2007年，第1740页。
④ 宋·范晔撰：《后汉书》卷八六《南蛮西南夷传》，北京：中华书局，1965年，第2847页。
⑤ 宋·乐史撰，王文楚点校：《太平寰宇记》卷八八《泸州·泸川县》，北京：中华书局，2007年，第1741页。

府，历郡界，出拓州，至此有泸津关。关上有石岸，高三千丈，四时多瘴气，三四月间发，人冲之死。非此时中，人多闷吐。唯五月上伏即无害，故诸葛武侯征越嶲（今越西县），上《疏》云'五月渡泸，深入不毛'之地。"①

清傅泽洪《行水金鉴》：

> 泸本作卢。如卢弓、卢矢、卢橘之类，皆训黑。刘熙《释名》："土黑曰卢。"沈括《笔谈》云："夷人谓黑为卢。汉中山卢奴县有卢水。"郦道元云："水黑曰卢，不流曰奴。"尤卢水为黑水之切证也。《牧誓》八国有卢人，疑即居卢水上者。其字后加水作"泸"。章怀太子注《后汉书》云：泸水一名若水。则泸、若似非异源。而道元引《益州记》曰："泸水源出曲罗，旧，下三百里曰泸水，两峰有杀气，暑月旧不行。故武侯以夏渡为艰。泸水又下合诸水而总其目焉，故有'泸江'之名矣。"据此，则泸水自出曲罗，旧，其地当在若水之东，下流，合若水，故若水兼泸水之目。所谓随决入而纳，通称者也。《元和志》云：嶲州西泸县，东北至州二十七里，本汉邛都县地。泸水在县西一百十二里，水峻急而多石，土人以牛皮作船而渡，一船盛七八人。盖即曲罗旧出之泸水也。②

郦道元《水经注》："《益州记》曰：泸水源出曲罗嶲，下三百里曰泸水。……泸水又下合诸水而总其目焉，故有泸江之名矣。"又曰："若水至僰道县又谓之马湖江。绳水、泸水……"其书又云："（朱提县）有泸津，东去县八十里。水广六七百步……北而东北流，两岸皆高山数百丈，泸峰最为杰秀，孤高三千余丈，是山于晋太康中崩，震动郡邑。水之左右，马步之径裁通，而特有瘴气，三月、四月经之，必死。非此时，犹令人闷吐。五月以后行者，差得无害。故诸葛亮《表》言'五月渡泸'。"③

《太平寰宇记》把泸津关和泸峰记载在泸川县（古江阳，今泸州市）下，后世人因以"泸峰"即今泸州市之忠山，进而认为诸葛亮"五月渡泸，深入不毛"而平孟获的渡口在泸州，本不足信，公众却将信将疑，就连范成大都说："泸、叙对江

---

① 宋·乐史撰，王文楚点校：《太平寰宇记》卷八〇《嶲州·会川县》，北京：中华书局，2007年，第1620页。

② 清·傅泽洪撰：《行水金鉴》卷九〇，《四库全书》文渊阁本。

③ 北魏·郦道元撰：《水经注》卷三六《若水》，《四库全书》文渊阁本。

即夷界，近城有渡泸亭。竟不知诸葛孔明从何处渡。"①

考之文献，证诸地理，现已查明："功盖三分国，名存八阵图"的诸葛亮，不是在泸州"五月渡泸"的。

当年诸葛南征，兵分三路：

西路，诸葛亮亲率一军，由成都过僰道至安上（今屏山县新市镇），沿水路入越巂（今大、小凉山地区）；

东路，牂牁太守马忠从成都经僰道、江阳（今泸州）入黔，取牂牁郡；

中路，庲降都督李恢自平夷（今叙永县赤水镇）以向建宁（今云南曲靖）。

诸葛亮本人既未从泸州进军，他五月渡泸的渡口，自然也就不可能在泸州。千百年来，历经包括常璩、辛怡显、李星、杨升庵在内的历代众多学人考证，而当代任乃强先生总其成，查明诸葛亮五月渡泸擒孟获的渡口不止一处。东线，由会无县（今四川会理市）东向渡泸，至堂琅县（今云南会泽、巧家）。西线，由三缝（今黎溪）渡至蜻蛉（今云南大姚）、弄栋（今云南姚安）。

【六】 梁以泸名州 南朝梁武帝建置泸州，《元和郡县志》曰：泸州"取泸水为名"。《太平寰宇记》曰："远取泸川为名。"为什么要远取泸水以为名？博洽如"明世记诵之博，著作之富，推慎为第一"②的状元杨慎，也只能是感叹"三泸名号讹千古。"③

以"泸"名州，明代中期，遭到以曾玙为代表的泸州士人坚决反对，他们大张挞伐，强烈要求地方军政最高长官、分巡下南道金事薛甲呈报朝廷，恢复"江阳"旧名。

曾玙，字东石，号少岷，又号岷野，明武宗正德三年（1508）进士，官户部江西司主事，出知江西建昌府（治今江西南城县），有善政。府人祀之名宦。正德十四年，宁王朱宸濠叛乱，以书生提一旅，助王守仁讨平之，语在《明史·王守仁传》，功不得录，落职还乡，与杨慎、熊过、张佳胤诸名士唱和，著述自娱终老，道德文章冠绝一方。近年，我国从美国哈佛大学图书馆访得其《少岷拾存稿》的前三卷，编入"中国古籍海外珍本丛刊"。书中，曾玙大声吁请泸州地方长官"去谬以即故"，恢复"江阳"故名。其辞曰：

---

① 宋·范成大撰：《吴船录》下，《四库全书》文渊阁本。
② 清·张廷玉等撰：《明史》卷一九二《杨慎传》，北京：中华书局，1974年，第5083页。
③ 明·杨慎著，明·杨有仁编辑，明·赵开美校：《太史升庵文集》卷二八，万历十年蜀刻本。

两川西来，州处水阳，故曰江阳，汉晋无改焉。讹为泸，自梁始。泸在蜀
边越嶲，有泸山、泸水。驿传有泸川、泸沽。今尚相沿。国志既存，往牒犹悉。
与我江阳地势旷隔，中经五六郡邑，又非隐伏。彼梁，盗窃之国①，无谓而挈
牂牁乡之故横加于内地，没此邦之实。眩谬不伦，淆乱地纪。是谓不协于情，故
愿去谬以即故。②

这里所说的"泸在蜀边越嶲"，指的是元世祖至元十五年建置在今日四川凉山
彝族自治州境内的"泸州"。

曾璵认为，江阳乃汉族文化之邦。更名"泸州"，不仅是"取泸水以为名"，而
是把江阳与蛮夷等同视之。地名一改，便蒙蛮夷之名，很不体面，所以坚决要求恢
复"江阳"故名。当时泸州父老无不认同和支持他的这一主张，共同向地方最高长
官表达这样的愿望。流寓江阳十余年的杨慎，同样也持这样的观点，他留在泸州数
以百计的诗文词赋里，从未出现过"泸州"二字，一概只称泸州为"江阳"。

然而，令杨慎、曾璵无可奈何的是，"泸州"得名的由来，正如他们之所忌讳，
确又与前代的少数民族卢人相关。

《尚书》记载，周武王伐纣，实得庸、蜀、羌、髳、微、卢、彭、濮八国之师。
孔颖达传曰："八国皆蛮夷戎狄。"③ 清代，彝族土司后裔余若瑔《且兰考》依据其
家祖传《夷谱》进一步指出：

> 《括地志》："戎府以南皆卢地。"……《夷谱》谓始祖孟赾（自牦牛徼外
> 迁入）世居邛之卤，即此。④

当代彝族学者、土司后裔余宏模教授补注曰："戎府，即叙永府，在今四川南
部宜宾并与云南、贵州相邻之处。邛之卤，彝文称'邛波习卤'，意为大雪山脚下。
邛，即越嶲郡，今四川（凉山彝族自治州）西昌市。卤、庐通，即《周书》所谓
微、庐、濮之地。春秋时为庐戎。"⑤

① 曾璵认为：南朝梁武帝以武力胁迫南齐小皇帝"禅让"得国，既不正派，也不光彩，所以
　说是"盗窃之国"。
② 明·曾璵撰：《少岷拾存稿》卷三《江阳完城记》，美国哈佛大学哈佛燕京图书馆藏本。
③ 顾宝田注释：《尚书·牧誓》，长春：吉林文史出版社，1995年，第84页。
④ 清·余若瑔著：《且兰考》，贵阳：贵州大学出版社，2011年，第8页。
⑤ 清·余若瑔著：《且兰考》，贵阳：贵州大学出版社，2011年，第8页。

《且兰考》又云：

《华阳国志》："高祖为汉王，王巴蜀，募发賨（cóng）民共定三秦。既定，帝将讨关东，賨民思归，帝嘉其功，而难其意，遂听还。复除罗、濮、昝、鄂、度、夕、龚等七姓不供租赋。夷性勇劲，为汉前锋，屡陷阵。锐气喜舞，帝善之曰：'此武王伐纣之歌也。'今乐人习之，今所谓巴渝舞云。"

按：罗、朴或即卢、濮之讹。后世罗罗、鹿卢之称皆由此。汉去周未远，故其歌可辨。①

卢鹿部，即隆穆之后六大姓（"彝族六祖"），因卢戎之旧称也。卢为黑，夷以黑为大姓，故又称乌。云：泸水、泸州，皆以此称。卢夷在金沙江南北。金沙江，《禹贡》："梁州之黑水也"。夷语谓金沙江为那彝，见《方舆纪要》及《四川通志》。以今夷语译之，那，黑也；彝，水也。武侯南征，由嶲入益，先逾大渡河，后渡金沙江。蜀汉之嶲州，即今宁远（今西昌市）。永昌，即今会理。黑水、泸水，皆可据也……时宁州土人爨瓒，因刺史徐文盛发兵援江陵。遂据有其地，延袤二千余里，卢鹿诸地，遂各长一部。按《夷谱》：传至墨者扯勒，益强盛。号赤舒扯勒，即此。②

《且兰考》以彝人《夷谱》而语彝事，应更近乎真实。

这就是说，历史上，今日泸州地区确曾为卢、濮之地，梁武帝把江阳郡升格为州，而以"泸"为名，有其一定的历史背景，并非全无依据。与此相对，大同十年（544）命先铁讨定夷僚，立戎州。以"戎"为名，同样也是基于这样的考虑。

从当时的实际看，江阳郡（泸州）长江河谷地区，居民已经主要是汉人，生产力和文化水平较高，而在泸州长江以南的今叙永、古蔺、兴文、长宁、赤水、仁怀、习水诸地的"泸南地区"，居民主要还是以夷（乌蛮、白蛮等彝族先民）、僚、濮人为主的少数民族。

泸州又称"三泸"。为什么称为三泸？或曰，历史上，泸州治所曾经三度搬迁。这种说法，早在明代便已流传。清代康熙二十五年《泸志》的编纂者进而肯定之曰："按，州治一迁于马湖（江）口，再迁于神臂山，三迁于郡东茜草坝，遇夏秋，

---

① 清·余若瑔著：《且兰考》，贵阳：贵州大学出版社，2011年，第10页。
② 清·余若瑔著：《且兰考》，贵阳：贵州大学出版社，2011年，第25—26页。

水急滩险，泊舟为难，后复古治，拓蒲家庄犀牛寨（今泸州市江阳区大慈路上方蒲家山）而居之。'三泸'之名，有自来也。"①雍正《四川通志》以及其后修成的乾隆《大清一统志》分别予以采信，后遂因之。其说云："江阳故城，今州治。……旧志：宋淳祐三年（1243）余玠迁州治于神臂崖，俗名铁泸城；元世祖至元二十年（1283）又迁于州东茜草坝，夏秋水急滩险，泊舟为难。明初始迁故治（长沱两江汇口处的今泸州市江阳区），拓蒲家庄犀牛寨而居之。以其三迁，俗谓之三泸。"②

细察"三泸"本泸水之别名。始见于《新唐书》卷二百二十二上《南蛮传》：贞元十五年（799），"吐蕃惩（与唐兵）野战数北，乃屯三泸水"。三泸水即泸水，宋郭允蹈《蜀鉴》引李膺《益州记》曰：

泸水源出曲罗（今四川盐源县）东，下三百里，两峰有杀气，暑月旧不可行。故武侯以夏渡为难。《水经注》曰："泸津水（即泸水）又东，径不韦县北而东北流，两岸皆高山数百丈，卢峰最为高秀，孤高三十余丈，时有瘴气，三月四月径之必死。五月以后，行者差无害。"《山海经》云："黑水（即泸水）之间，若水（雅砻江，金沙江的支流）出焉。水沿流，间关蜀土。大度水（即大渡河），徼外至荏，与若（大）③水合。又有孙水（金沙江的支流），名白沙江，出台登县（治今四川冕宁县南泸沽镇），径邛都县（今西昌）入若水。滉水又径越巂（郡）之马湖县（今屏山），谓之马湖江。又，东北至犍为朱提县（今云南昭通）西，为泸江水（今名横江河。在今宜宾县安边镇对岸的云南水富县城下注入金沙江。其地前代属马湖县），又东北至僰道县入于江。若水、泸水、绳水、孙水、大度水、淹水，随决入而纳通称正是异水。沿江通为一津，更无别川可以当之。……盖孙水、若水、滉水，皆出于西北徼外，而合于邛荏之间。其山即卢峰，故唐吐蕃尝屯三泸水，谓之"三泸"，以是三水也。④

南宋理学大儒魏了翁宦泸，同样认定：

叙州（今宜宾）司冯侯曰："泸有三重：大渡水也，孙水也，泸水也。其

① 清·王帝臣纂修：《泸志》卷一《封域沿革》，国家图书馆藏清抄本。
② 清·乾隆官修：《大清一统志》卷三百一十一《泸州》，《四库全书》文渊阁本。
③ "大"字显衍，据文意删。
④ 宋·郭允蹈撰：《蜀鉴》卷九《西南夷本末上》，成都：巴蜀书社，1984年，第493—496页。

源虽分，其归则一。"予即其言……考之史志，参以《水经》，又证之以（诸葛亮）建兴南讨之由，大抵是水也，始于西南徼外吐蕃之地曲罗东，下三百又东注，为三重泸。又东，为西泸水县又东，北会孙水、巂水，又北会大渡水，其支分为朱提水（今横江）、若水、芊官水、渑水、淹水，咸会于越巂郡之马湖县（境），由东北至僰道县入江。其地则西距黎雅，东接五溪，北抵泸叙，其通称之皆曰"泸（水）"。①

进入宋代，本来只是作为泸水别名的"三泸"，渐次成为泸州的代称。魏了翁《鹤山集》：嘉定十年（1217）"某寓治三泸，僻在渝（重庆）僰（叙州）之间。"②陈公许泸州《北定堂赋》载，"起部（即工部）尚书眉山杨公（汝明于绍定四年，1231），以西清学士总戎左蜀"③，其时，泸州尚未迁治神臂崖。曹学佺《蜀中广记》：涪陵江北普净院，"有淳祐辛亥（十一年，1251）三月既望……三泸何清题名。"④ 其时，泸州犹治神臂崖，并未迁回原治。乾隆《直隶泸州志》指出：

> 蜀郡因袭，如茧丝牛毛，而泸为甚，属邑皆然。杨升庵诗所谓"三泸名号讹千古"是也。《（四川）通志》必求其地以实之，曰马湖、曰神臂、曰苦草。不知其自汉而后，迁徙之见于国史者凡八，而统隶之纷纭无论矣。夫名随时异，制与地移。时地之不同，则经画昭焉。考古志今，亦得失之林也。"⑤

从这样的考虑出发，"三泸"名称也就不是因为泸州治所曾经三度搬迁而得来。

泸，古作卢。洛乎切。"泸"字的本义是黑，刘熙《释名》曰"土黑曰卢"，沈括《梦溪笔谈》曰"夷人谓黑为卢"。

泸水既在泸州上游，诸葛渡泸的地点又不在泸州，泸州为什么要以泸为名？《方舆胜览》给出了一个解释。其引李臯《西山堂记》称，郡名为泸者，盖始因梁大同中尝徙治马湖江口。马湖即泸水下游，因远取泸水为名，而后代辗转传抄，讹

① 宋·魏了翁撰：《鹤山集》卷四四《叙州诸葛武侯忠灵庙碑》，《四库全书》文渊阁本。
② 宋·魏了翁撰：《鹤山集》卷三七《陈参政书》。其中，"陈"为"报告"的意思。
③ 宋·陈公许撰：《沧洲尘缶编》卷一《北定堂赋》，《四库全书》文渊阁本。
④ 明·曹学佺撰：《蜀中广记》卷一九《名胜记十九·重庆府三·涪州》，上海：上海古籍出版社，2020年，第195页。
⑤ 清·夏诏新纂修：乾隆《直隶泸州志》卷一《沿革志序》，故宫博物院编《故宫珍本丛刊》第210册，海口：海南出版社，2001年，第42页。

传为泸州始建之际，治所在马湖江口的宜宾。这种说法，杨慎断然否认；山东大学王仲荦先生更是直言：马湖江在宜宾上游的屏山县，而泸州所管辖的地方都在宜宾下游，岂有越过宜宾而设州治之理。李𡎊《西山堂记》只是孤证，是以不取。

江安县【一】

★22.

《图经志》

谨按：江安县，古江阳地也。自隋开皇十八年改汉安为江安，因演为郡望焉。

【校补图注】

【一】 江安县古名汉安，《后汉书·地理志》犍为郡下有汉安县。① 《华阳国志》："汉安县，（江阳）郡东五百里。土地虽迫，山水特美好。宜蚕桑，有盐井。鱼池以百数，家家有焉。一郡丰沃。四姓，程、姚、郭、石。八族张、季、李、赵辈。而程、石杰立，郡常秉议论选之。"任乃强先生曰："当作'郡东三百里'。"② 察其地望、物产、山川、人物，知此"汉安县"在今内江市境，不是今江安县的始建县。

纳溪县

★23.

《图经志》

县名。古之有溪【一】，上控永宁界首【二】，下注泸江（即长江）。昔诸葛武侯平定云南，蛮夷纳贡而出此溪，因名纳溪，又曰云溪。

---

① 宋·范晔撰：《后汉书》志二三《郡国志五·犍为郡》，北京：中华书局，1965年，第3510页。

② 任乃强校注：《华阳国志校补图注》卷三《蜀志·江阳郡》，上海：上海古籍出版社，1987年，第180页。

【校补图注】

【一】 **溪** 即永宁河。以其来自夜郎地，又曰夜郎溪。

【二】 **永宁界首** 今叙永县两河镇，地接云南镇雄，故曰界首。

合江县【一】

★24.

《图经志》

自汉时有符树【二】，其叶如符篆，因名符阳【三】。又以前带大江，右枕安乐溪【四】，二水相合，因名其县。【五】

【校补图注】

【一】 合江县的县名，因朝代的更替而多次更改，然其治所则基本未尝有变。秦曰符县，以有符关得名。《水经注》："江水又东，过符县北邪东南，鳛部水从符关东北注之。县故巴夷之地也，汉武帝建元六年，以唐蒙为中郎将，从万人出巴符关者也。"① 西汉因之。东汉曰符节，《后汉书·郡国志五》犍为郡下有符节县②。赵熙《合江县》诗："汉家符县古江邮，一水行商出贵州。未到县门先入画，少岷山翠落船头。"③ 西晋复名符县，东晋穆帝永和二年桓温平蜀，改安乐县。南朝梁改置安乐戍。北朝周武帝保定四年（564）罢戍，重置安乐县，隋开皇十八年更名"合江"至今。

《水经注》曰：合江，"王莽之符信矣。县治安乐水会。"

【二】 **符树** 《方舆胜览》：安乐"山有天符叶，一夕，大风雨拔去，后得于容子山（今合江县榕山镇榕右山）。如荔枝叶而长，上有纹如虫蚀，宛如虫篆，或以为刘真人仙迹。苏子瞻诗：天师化去知何日，玉印相传世共珍。故国子孙今尚在，满山秋叶岂能神。"④

---

① 北魏·郦道元撰：《水经注》卷三三《江水一》，《四库全书》文渊阁本。

② 宋·范晔撰：《后汉书》志二三《郡国志五·犍为郡》，北京：中华书局，1965年，第3510页。

③ 赵熙著：《赵熙集》卷一，成都：巴蜀书社，1996年，第105页。

④ 宋·祝穆著，施和金点校：《方舆胜览》卷六二《泸州·合江县安乐山》，北京：中华书局，2003年，第1086页。

【三】 符阳 合江县人习称其县为"符阳"，盖以县有符树而以为别号。然而作为行政建制单位的符阳县，则在今四川之通江县境，以有符水得名。治所地名涪阳坝（今为涪阳镇）。《隋书》：清化郡（治今巴中市）"符阳（县），旧置其章郡，开皇初废。"[1] 其章郡，北魏正始中置，寄治梁州（今陕西汉中市）。北周天和五年（570）治所在符阳县（今四川通江县西北），辖境相当今四川通江县西北一带。隋开皇三年（583）郡废，符阳县属集州（治今重庆市南江县）。大业二年（606）属巴州（治今巴中市）。唐武德元年（618）又属集州。八年属壁州。贞观八年（634）复属集州。长安三年（703）又属壁州。景云二年（711）复属集州。永泰元年（765）又属壁州。北宋熙宁五年（1072）废入通江县。《宋史》"巴州"条目下载："熙宁五年，废集州，又废壁州，以其县来隶。"历史上的符阳县，与合江县风马牛不相及。

【四】 安乐溪 即赤水河。

【五】 二水相合，因名其县 《舆地纪胜》曰："隋开皇十八年，改县曰合江，以江在县侧合流为名。"[2]

---

① 唐·魏徵等撰：《隋书》卷二九《地理上》，北京：中华书局，1973年，第819页。
② 宋·王象之撰，李勇先校点：《舆地纪胜》卷一五三《泸州·合江县》，成都：四川大学出版社，2003年，第4583页。

四、分野[一]

本州

★25.

《江阳谱》[二]

东井舆鬼之分也，是为鹑首[三]。《周礼·职方氏》合梁州于雍州[四]，即秦分也。《汉地理志》："秦地于天官，东井舆鬼之分野也。自井十度至柳三度，谓之鹑首之次，为秦之分。其界南有广汉，犍为皆属焉。"《晋天文志》："越巂、犍为、巴、蜀，皆觜参之分。"《（广）［唐］[五]天文志》："东井舆鬼，鹑首也。西南尽巴蜀、汉中之地，及西南夷犍为、越巂、益州郡。极南河之表，东至牂牁，古秦、梁、豳、芮、丰、毕、驷杠、有扈、密须、庸、蜀、羌、髳之国。狼星在江河上源之西，狐矢、犬、鸡，皆徼外之象。西羌、吐蕃、谷浑及西南徼外夷人，皆占狼星。"

【校补图注】

【一】 **分野** 亦称星野，又称分星，指星空区域和地面州国之间的一种对应关系。具体说，就是把天上的星宿分别指配于地上的州、国，或者说根据地上的区域来划分天上的星宿，于是二者互为分野。亦即以某星宿当作某封国（州）的分野；或者反过来把某国（州）当作某星宿的分野。

《中国大百科全书》第一版"天文学分册"："分野。中国春秋时期（公元前八至公元前五世纪）占星术盛行，占星家们创'上天变异，州国受殃'的说法，以天空中出现的星象变化来占卜人世间各个地方的吉、凶、祸、福。为此，将地上的州、国与星空的区域互相匹配对应，称为分野。《周礼》中所记'保章氏以星土辨九州之地，所封封域皆有分星，以观妖祥'，就是按照分野来预卜各地吉凶。天区有十二次和二十八宿（或二十八舍）等不同的划分法，所以分野也有不同的对应方式。

除此以外，州、国又因时代不同而有变化，所以不同时代的分野也不尽相同。"① 不仅在不同时代不尽相同，即使在同一时代，诸家说法也不完全一致。《辞海》进一步详为诠释说：分野是 "中国古代占星术中的一种概念。认为地上各州郡邦国和天上一定的区域相对应。在该天区发生的天象预兆着各对应地方的吉凶。大约起源于春秋战国时期。最早见于《左传》《国语》等书，其所反映的分野大体以十二次为准。所载故事最早的是：武王伐纣这天的天象是岁星在鹑火，因而周（国）的分野为鹑火。战国以后也有以二十八宿来划分分野的，如《淮南子·天文》等。后又因十二次与二十八宿（两种划分天区的方法）互相联系，从而两种分野也在西汉之后逐渐协调互通。所谓天地间的对应关系全由人为规定，历代各家参差出入是必然的。"②《辞海》《晋书·天文志》中 "十二次度数" 和 "州郡躔次" 两节所载，列表如下。

十二次	寿星	大火	析木	星纪	玄枵	娵訾	降娄	大梁	实沈	鹑首	鹑火	鹑尾
二十八宿	角亢氐	房心	尾箕	斗牛女	虚危	室壁	奎娄胃	昴毕	觜参	井鬼	柳星张	翼轸
分野	郑	宋	燕	吴越	齐	卫	鲁	赵	魏	秦	周	楚
	兖州	豫州	幽州	扬州	青州	并州	徐州	冀州	益州	雍州	三河	荆州

分野之说不经。前代有识之士率皆直言其非。其中明人张萱在《疑耀》中称：

星次之说，古今卒无一定之论。费直以易卦配地域，蔡邕以节气当国分，皇甫谧以月律配入辰次，僧一行以度为纪，据河山以分其野。又或以古受封之日、岁星所在为王。彼亦是非，此亦一是非也。宋罗泌惟以九州之说为正，然其说亦未能详著于书，岂亦疑而未安耶？

按，《周礼》："保章氏以星土辩九州之地，所封封域皆有分星，以观妖祥。" 盖以天象而占其地，特占法而已。儒者不考，星官不著。故凡言郡国之分野者，皆据成说而录之，而不暇察。察之者，又不能详明，故诸说纷纷不一

---

① 中国大百科全书总编辑委员会《天文学》编辑委员会、中国大百科全书编辑部编：《中国大百科全书·天文学》，北京：中国大百科全书出版社，2022 年，第 75 页。
② 陈至立主编：《辞海》（缩印本），上海：上海辞书出版社，2022 年，第 595 页。

耳。今诸说不具辩，姑以《周礼注疏》辩之：贾公彦谓吴越地南而星北，盖以国属诸初受封之日，岁星所直之辰。此不得其说而附会妄语也。周封太伯于吴，夏封无绎于越，岂同岁月乎？况后之所谓"吴越"者，不啻百倍。何以皆属此星耶？秦虽罢封建，后之立君长者，皆此例也。岂皆同此岁月乎？分野所属，唯斗牛女之地极远。《星经》谓每度计一千四百六里二十四步六寸四分有奇，似涉荒唐。但以日月薄蚀秒忽观之，似亦可信。然其所谓里，乃以鸟道（空间直线距离）计之，非人迹屈曲之谓也。纵一大府，能当其一二度耶？故以某地当某宿，亦姑取其概耳。

今撰郡邑志乘者，即区区一县，亦曰某分野，可笑矣。故元僧德儒于此致疑而作《分野辩》，意谓天之经星，二十八宿，皆属中国分野而无余，中国之外四方万国，岂无一星分耶？夫岂先中国而后及四方万国耶？又岂别有一天星宿耶？德儒不得其说，欲下风膝行，以扣儒衣冠而通天地人者。

余尝恨不得见许鲁斋、耶律楚材诸公一明此说，妄意以今之占法拟之，盖天道流行，其大无外。万象异形而同体，三才异位而同神。故以占法变化之神妙，窥天人感应之征验。如吴越之灾祥，则应于斗牛之缠度，故以斗牛而占吴越，非谓吴越正在斗牛之下也。

史家天文志曰"某地入某宿几度"，而所记亦有不同，盖当时占法亦异耳。如东方苍龙、南方鹑尾，皆以昏中而言，岂曰东者常在东耶！各家占法不同，今以易占明之。易固非琐琐也，而曰"京房"，曰"鬼谷"，曰"轨革"之类，以第几爻为家宅，第几为牛马，第几为舟车，各各取验，正犹以某星占某地，立此定格也。若德儒所论中国、万国，则同此一天星宿，而各国之占法自异，各取征应耳。其说可废。[①]

四库馆臣《大明清类天文分野之书目录提要》亦言："星土之说……其法以国分配。汉晋诸志（此谓《汉书·天文志》《晋书·天文志》诸书）少变其例，以州郡分配。以天之广大，而仅取中国舆地分析隶属，本不足信。（刘）基作此书，更以一州一县推测躔度，剖析毫厘，尤不免于破碎。"又《江南星野辨目录提要》亦言："况疆域既已非古，而犹执二十八宿尺尺寸寸而拓之，其乖迕殆不待辨。舆图所列，大抵具文，博引繁称，徒为枝赘而已。"

---

① 明·张萱撰：《疑曜》卷六《分野》，《四库全书》文渊阁本。

分野既属伪科学，《中国大百科全书》第二版干脆取消了第一版的"分野"词条。

【二】 **《江阳谱》** 南宋泸州地志。《舆地纪胜》："《江阳谱》，永嘉（今浙江省温州市瑞安市）曹叔远编集。"① 《永乐大典》所辑，又有《江阳续谱》《江阳谱别集》二种。明初杨士奇编《文渊阁书目》记作"《江阳谱》八册，《江阳别集》四册，《江阳续谱》二册"②。

曹叔远，嘉定十四年（1221）为潼川府路安抚使、知泸州，编为是书。十五年行取入朝，终徽猷阁待制。《宋史》卷四百一十六有传，其传曰：

> 曹叔远字器远，温州瑞安（今属福建）人。少学于陈傅良。登绍熙元年（1190）进士第。久之，李壁荐为国子学录，连韩侂胄，罢。通判涪州，后守遂宁，营卒莫简苦总领所侵刻，相率称乱，势张甚，入遂宁境，辄戢其徒无肆暴，曰："此江南好官员也。"入朝，为工部郎，出知袁州。以太常少卿召，权礼部侍郎，遇事献替，多所裨益。终徽猷阁待制，谥文肃。尝编《永嘉谱》，识者谓其有史才。子膺（bì），孙邰，皆登进士第。族子豳。
>
> 豳字西士，少从钱文子学，登嘉泰二年（1202）进士第，授安吉州教授。调重庆府司法参军，郡守度正欲荐之，豳辞曰："章司录母老，请先之。"正敬叹。改知建昌县，复故尚书李常山房，建斋舍以处诸生。擢秘书丞兼仓部郎官。出为浙西提举常平，面陈和籴折纳之敝，建虎丘书院以祀尹焞。移浙东提点刑狱，寒食放囚归祀其先，囚感泣，如期至。召为左司谏，与王万、郭磊卿、徐清叟俱负直声，当时号"嘉熙四谏"。上疏言："立太子、厚伦纪，以弭火灾。"又论余天锡、李鸣复之过，迕旨，迁起居郎。进礼部侍郎，不拜，疏七上，进古诗以寓规正。久之，起知福州，再以侍郎召，为台臣所沮而止。遂守宝章阁待制致仕，卒谥文恭。子愉老，亦登进士第。③

《江阳谱》是巴蜀地区今犹可见的最早的方志之一，全书已佚，唯余遗文散见

---

① 宋·王象之撰，李勇先校点：《舆地纪胜》卷一五三《泸州》，成都：四川大学出版社，2003年，第4598页。

② 明·杨士奇编：《文渊阁书目》卷四《暑字号第三厨》，《四库全书》文渊阁本。

③ 元·脱脱等撰：《宋史》卷四一六《曹叔远传》，北京：中华书局，1985年，第12481—12482页。

《永乐大典》。

《永乐大典·泸字》引《江阳谱》凡二十四条，加上他处引《江阳谱》九条，共三十三条。以"桂林坊"条为例，其言："嘉定壬午（十五年，1222）帅太博①曹公再立。"此书既为曹叔远所编集，断无自称"帅太博曹公"之理。当是曹叔远编为此谱，后人又据其本修补，故有"帅太博曹公"事迹，仍题曰《江阳谱》。至再续，则曰《江阳续谱》。叔远在泸有惠政，泸人敬之重之，曰"曹叔远编集"，盖从其始也。

【三】 东井舆鬼之分也，是为鹑首 是说见于《汉书·天文志》，其认为，舆鬼为秦地的分野。蜀在《禹贡》属梁州，秦为雍州，东周时期并梁入雍，故秦蜀同属舆鬼之分野。《汉书》曰："东井为水事。火（星）入之，一星居其左右，天子且以火为败。东井西曲星曰戉；北，北河；南，南河；两河、天阙间为关梁。舆鬼（五星），鬼祠事；中白者为质（星）。"② 又《史记索隐》引《春秋元命包》云，"东井八星，主水衡也"；《史记正义》："东井八星，钺（yuè）一星，舆鬼四星，一星为质，为鹑首，于（时）辰在未（14时，即下午2时），皆秦之分野。一大星，黄道之所经，为天之亭候，主水衡事，法令所取平也。"③

关于"东井舆鬼"分野的内涵及由来，可以参考下列文献。

《华阳国志》："（蜀）地东接于巴，南接于越，北与秦分，西奄峨嶓。地称天府，原曰华阳。故其精灵，则井、狼④垂耀，江、汉遵流。《河图括地象》曰：'岷山之精，上为井络，帝以会昌，神以建福。'⑤ 任乃强先生注曰："井星，二十八宿之一，《（甘石）星经》云：'朱雀七宿之首，号为天井。'《史记·天官书》：'东井为水事。'井络者，谓井上汲绠⑥。汉代方士，好以人事喻星象。纬书《河图括地象》设为岷山为天上井络之说，以神化江源。意谓天井（之）水随络汲取，注于下地，以润梁、荆、

---

① "太博"是太常博士的省称。曹叔远入朝，初为太常博士，后始晋少卿，权礼部侍郎。在他任职太常博士时，泸人曾经对他主持编纂的《江阳谱》进行修订。修订者因得以"太博"称之。

② 汉·班固撰，唐·颜师古注：《汉书》卷二六《天文志》，北京：中华书局，1962年，第1277页。

③ 以上《史记正义》《史记索隐》之文，并见汉·司马迁撰：《史记》卷二七《天官书》，北京：中华书局，1982年，第1302页。

④ 任乃强先生校曰："井狼，旧皆作井络。《蜀典》引《括地象》云：'嶓冢之精，上为狼星。岷山之精，上为井络。'常氏（璩）于此，以井、狼与江、汉对应，并非单言井络甚明。"

⑤ 任乃强撰：《华阳国校补图注》卷三《蜀志》，上海：上海古籍出版社，1987年，第113页。

⑥ 井上汲绠，系在桶上，使水桶放入井中汲水的绳索。

扬州，为民建福利，帝运能会昌期也。此疑出于蜀人如落下闳、唐都等所造，经扬雄、谯周、秦宓、左思等为之渲染，后之言蜀地理者无不用之。"①

《大明清类天文分野之书》："自陕而西为秦、凉，北纪山河之曲为晋、代，南纪山河之曲为巴蜀，皆负险用武之国也……观两河之象与云汉之所终始，而分野可知矣。于《易》五月一阴生，而云汉潜萌于天稷之下，进及井钺间，得坤维之气，阴始达于地上，而云汉上升，始交于列宿，七纬之气通矣。东井据百川上流，故鹑首为秦蜀墟，得两戒山河之首。""四川等处承宣布政使司：指挥司一，府一十六，州四十八，县一百九。并属井、鬼分（野）。"②

泸州的分野，乾隆《清一统志》说是"天文井鬼，分野鹑首之次"③。三国时期，魏太史陈卓以蜀中诸郡皆为魏分，其说本于《史记》"牂牁、参，益州"④之言，后之志天文者多沿之，不知牂牁、参为实沈之次，于辰在申魏之分野河内、河东之地，即在今河南、山西省境内，与益州邈不相属，不可信也。

康熙《四川总志》谓泸州分野井鬼之次，入参四度。嘉庆《重修清一统志》因缘其说，亦谓泸州分野入参四度。为何认定为"入参四度"？嘉庆《直隶泸州志》说："《州郡躔次》云：'犍为入参三度，牂柯入参五度。泸介犍为牂柯间，故入参四度。'三县同。"⑤

清光绪三十四年万慎子主纂《续修叙永永宁厅县合志》，已自完全不信星野（分野）之说，以为：

> 舆图之学，中国素未讲求，而天文一端，躔度里差，尤为茫昧。然各处郡县志，皆勉强牵合。噫！其值矣。旧志有天文星野，未便芟削，抑置杂志卷内，以俟精（于）畴人测量之术者校正焉。⑥

---

① 晋·常璩撰，任乃强校注：《华阳国校补图注》卷三《蜀志》，上海：上海古籍出版社，1987年，第115页。在这段文字后面，任先生还具体记述了扬雄、秦宓、左思诸人的论点以及谯周、常璩诸人遵从其说的情况。文长不录。

② 刘基撰：《大明清类天文分野之书·凡例》，《续修四库全书》编纂委员会编：《续修四库全书》第五八五册，上海：上海古籍出版社，2002年，第607、611页。

③ 清·乾隆官修：《大清一统志》卷三一一《泸州》，《四库全书》文渊阁本。

④ 汉·司马迁撰：《史记》卷二七《天官书》，北京：中华书局，1982年，第1330页。

⑤ 清·沈昭兴等修，清·余观和、清王元本纂：《直隶泸州志》卷一《沿革附星野》，嘉庆二十五年刻本。

⑥ 清·邓元鏸等修，清·万慎等纂：光绪《续修叙永永宁厅县合志》卷首《凡例》，宣统元年铅印本。

民国十一年（1923）陈天锡主纂《江安县志》，更直斥其非：

> 邑庠冯世英《天文辨》曰："江安，北极出地二十八度三十九分三十秒，由冬、夏至日影折算，亦由弧角推步而得。既有北极出地度，即有地平经纬度，天顶经纬度。夏至，江安天顶在东井北河燿星之间，纬度去北极六十一度，经度在东井二十五度。是分野专属东井，不属舆鬼也。以此定名，则日出入皆得其真矣。考：冬至日出卯正三刻九分，日入酉初初刻六分；夏至日出卯初初刻六分，入酉正三刻九分。冬至午正高弧三十七度二十九分，直影十三度零分零一秒；夏至午正高弧八十四度三十二分，直影九十五分七十秒。"

> 按：本类言"江安在天文井鬼之次，入参四度"，系沿袭旧志，盖举大概言之。此辨当为得实。惟相传已久，未便擅改。备详于此，以俟专家。[①]

现代北斗卫星定位系统测定：

明、清泸州（含江安县）地理坐标：东经 104 度 57 分 40 秒至东经 106 度 28 分，北纬 27 度 39 分至北纬 29 度 29 分。

泸州市城区城心大什字地理坐标：东经 105 度 26 分 9 秒，北纬 28 度 32 分 45 秒。

江安县县城城心十字口地理坐标：东经 105 度 18 分 15 秒，北纬 28 度 26 分 48 秒。

旧纳溪县城（北宋纳溪寨）地理坐标：东经 105 度 13 分 30 秒，北纬 28 度 26 分 48 秒。

合江县县城城心十字口地理坐标：东经 105 度 30 分 6 秒，北纬 28 度 28 分 8 秒。

【四】　合梁州于雍州　《禹贡》记中国为冀、兖、青、徐、扬、荆、豫、梁、雍九州。"华阳黑水为梁州"，地当华山至怒江之间，即今陕西南部，川、渝二省市，以及云、贵二省北部地区。"黑水西河为雍州"，地当黑水至西河之间，即今陕西北部和青海、甘肃二省之地。周既灭商，合梁、雍二州为雍州。

【五】　"广"字显误，且《新唐书》实载其文。据改。

---

① 严希慎修，陈天锡纂：民国《江安县志》卷一《建置志·天文》，民国十二年铅印本。

五、至到[一]

★26.

本州

《图经志》

东至合江县界十峦山[二]一百二十里。西至叙州府富顺县界马垭口[三]一百里。南至纳溪县歇堂铺[四]三十里。北至重庆府荣昌县（今重庆市荣昌区）马面山[五]一百零五里。

东到合江县一百（八）[二][六]十里。西到叙州府富顺县一百六十里。[七]南到纳溪县四十里。[八]北到荣昌县一百四十里。东南到蛮界大佛崖[九]八十里。西南到江安县一百二十里。东北到重庆府永川县（今重庆市永川区）界解市茶店子[十]一百二十里。西北到重庆府荣昌县界三层崖[十一]一百二十里。

【校补图注】

【一】 **至到** 四至八到。行政区治所到达四面八方边界的里程和具体的边界点，反映的是该行政区的疆域。

秦汉时期，泸州为江阳、符县之地，地域辽阔。唐宋以降，汉安（今内江）、富顺（今自贡市全境）、仁怀（今赤水、习水、仁怀以及桐梓、绥阳及湄潭北部地区）和江安（含今长宁、兴文二县的一部分）、隆昌、永川诸地陆续划出，今日泸州，地在四川盆地南缘，东邻重庆，南接滇黔，西连宜宾、自贡，北与内江相通。全市面积 12242.9 平方公里，下辖江阳区、龙马潭区、纳溪区和泸县、合江县、叙永县、古蔺县共三区四县。

【二】 **十峦山** 泸州东去合江，交界处地名"伏龙山"，地在今江阳区，距离泸、合各六十里。泸州至合江里程只一百二十里，此言一百八十里，误。因疑当时失于实地考察，地名和里程均各误记。"十峦"与"伏龙"谐音，十峦山即是伏龙山。

【三】 **马垭口** 泸县海潮学校高级教师罗险峰实地勘查确认：在今泸县天洋坪大山之腰，地名相沿至今，仍为泸县福集镇金钱村与富顺县古佛镇玉佛村交界处。

【四】 **歇堂铺** 今名学堂铺。地在泸州市江阳区蓝田街道五星村境，旧时泸州通往纳溪的官道上，距离纳溪县城十里。明清时设铺传递文书。民国十八年（1929）李绍来绘制《最新泸县明细全图》有载。

【五】 **马面山** 清顾祖禹《读史方舆纪要》：荣昌"县南三十里有马面山"①。其地已入泸州，今属泸县石桥镇，已不再是泸州与荣昌（今重庆市荣昌区）的交界。

【六】 据合江县在泸州东一百二十里之实际改。

【七】 **西到叙州府富顺县一百六十里** 谓西到叙州府富顺县县城一百六十里。本条以下言"县"，皆谓县城。

【八】 **南到纳溪县四十里** 实际步行旧时官道，测得泸州南门至纳溪县县衙（今泸州市纳溪区河东片区"衙门口"）四十里。

【九】 **蛮界大佛崖** 地在今纳溪区白节镇南十里团结村峡谷中的泸州通往永宁（今叙永县）的大道上。古代，永宁是彝族聚居之地。明置永宁宣抚司（彝族土司）。该地石壁百仞，摩崖刻就圆雕如来佛端坐莲台造像，高达1.5米，因以名崖。"莲台"下方，现存记述"万历四年二月廿二日"为此像新饰金身（涂抹金色涂料）落成的石刻题记，题记称此造像为"泸阳忠信古佛"。

大佛岩泸阳忠信古佛题记（泸州市白联州摄）

---

① 清·顾祖禹撰：《读史方舆纪要》卷六九《四川四·重庆府荣昌县》，上海：上海书店出版社，1998年，第478页。

【十】 解市茶店子　今日泸州与永川（今重庆市永川区）交界地方有两个"茶店子"：一在今永川县大安街道辖区内，距离永川县城十里，与泸州不接壤。另一个在原安富镇（烧酒坊）茶店子村（今荣昌区广顺街道工农村），地与今隆昌市相接，不与永川接壤。永川县是明洪武六年（1373）析包括泸州在内的州县土地而建置的，《图经志》既言"永川"，则其时永川已建为县（亦即其书成于洪武六年以后），此茶店子不可能为泸永之交界。

永川建县至今，与泸州的边界未有变动。其与泸州交界处有泸永桥与韩城场（今名寒坡场），泸永桥与今泸县宝峰场相接，韩城场地在今泸永公路道旁，距泸州城一百二十里，与泸州立石站（今泸县立石镇）接壤。

【十一】 三层崖　亦名三层岩，为荣昌、泸州交界之山，在今重庆市荣昌区清升镇境，地距荣昌区治城三十里，与今泸县方洞镇三公村接壤。已辟为风景旅游区。地名至今无改。

江安县【一】

★27.

《图经志》

东至本州纳溪县清溪【二】界五十里。西至叙州府南溪县天生桥【三】界三十七里。南至叙州府戎县（今兴文县）【四】火楼底【五】界一百三十里。北至叙州府富顺县界道祝山【六】五十里。

东到纳溪县九十里。西到南溪县六十里。南到戎县一百四十五里。北到富顺县道祝山五十里。东南到九姓长官司【七】水心坝【八】界一百六十里。西南到长宁县乱石山【九】界一十里。东北到本州南井铺【十】界六十里。西北到富顺县食禄溪【十一】七十里。

【校补图注】

【一】 江安县　江安县的境域，1998年新编《江安县志》考证说：

（隋代）汉安县治所，据考证当在今纳溪县新太乡三江村，距今纳溪县（城）西二十里，去汶江水（原注：长江）八十步。初建时境域较小，虽无县界可考，但据后来分合情况，其西界不过清溪水（原注：今大渡口下清溪沟），东界不过夜郎溪（原注：即云溪），南北界则无考，然亦不甚辽阔。

唐代境域，始逐步扩大。据《元和志》之江安条下载："江安县东北至（泸）州五十里……方山在县北一十三里，可盛盐井（原注：今南井）在县西北一十一里。"《旧唐书·地理志》载：贞观元年（原注：627）以夷僚户置羁縻思隶、思蓬、施阳三县，八年（原注：634）省施阳县，又分置泾南县［。］十三年（原注：639）俱废并入江安县。民国《江安县志》载："思隶、思蓬、施阳三废县，江安西南地也。"县境四至除西界可考出绵水县清溪二十里外，其余无考。

北宋时绵县已并入江安。《元丰九域志》……永安一乡、绵水一镇，并辖有南田（原注：今泸州市南田镇）、纳溪、宁远（原注：今长宁县三江口）、安夷（原注：今长宁县长宁镇）、西宁远（原注：不详，疑在县北）五寨。有方山、绵溪（淯江。即长宁河）。元丰五年（原注：1082）后又筑乐共城，江门、镇溪等寨，初属泸州，后亦并入江安。此时东至南田，西至安夷，南至乐共，北至食禄溪（原注：界富顺），皆为江安辖地。

政和四年（1114），置立长宁军后，将宁远、安夷、武宁（原注：龙头）等寨划归长宁军，江安境域缩小。南宋绍兴二十五年（原注：1155）将永安乡小溪里（原注：界泸县六十里）拨隶泸县（时为泸川县）。绍定五年（原注：1232）又升纳溪寨为县，将江安所属大洲、政和、镇溪三堡及江门寨划归纳溪管辖。此时江安境域大部为原绵水县地。

元代江安境域一如南宋末。明代境域，据《永乐大典·泸州志》转引江安县《图经志》载："东至本州（原注：泸州）纳溪清溪界五十里，西至叙州府南溪县天生桥界三十七里，南至叙州府戎县（原注：今兴文县）火楼底（原注：今兴文干溪坡）界一百三十里，北至叙州府富顺县道祝山界五十里。东南至九姓长官司水心坝界一百六十里，西南到长宁县乱石山界一十里，东北六十里到南井与泸县交界。西北七十里到富顺县食禄溪界。"①

---

① 四川省江安县志编纂委员会编：《江安县志》，北京：方志出版社，1998年，第51页。引用时有订正。

据是，则隋代汉安县之境域，皆为今泸州市纳溪区地。

【二】　**纳溪县清溪**　今名清溪沟，为两弯山涧，名曰大、小"清溪"。溪在今泸州市纳溪区大渡口镇下游十五里，均注入长江，王士禛写道："江安以东皆古江阳地。过清溪，太白诗'夜发清溪向三峡'，即此。或谓李诗本三溪，三溪在嘉州北平羌峡，非是。"① 其《清溪》诗曰："蛮云漏日影凄凄，夹岸萧条红树低。好在峨眉半轮月，伴人今夜宿清溪。"自注："纳溪县西五里。太白诗'夜发清溪向三峡'，即此。"是说得到陶澍《蜀輶日记》的支持："（自江安）过金扁担、癫石子，凡二十里至（纳溪县）清溪，太白诗'夜发清溪向三峡'是也。"②

大江北岸的董坝，古为"董坝水驿"。杨慎谪戍行役经过此处，作《董坝》诗，曰，"扁舟孤棹宿枫林，猎火渔舟逼岁阴"③，景象与《峨眉山月歌》里的清溪不无相似。于是，纳溪人在嘉庆年间编修志乘时，就不客气地把渔洋之说载入了县志，声言李白"清溪"就是县里的清溪沟。

【三】　**天生桥**　山石自然形成，在今南溪县裴石镇石林村境，地名洞子口。

南溪县天生桥（南溪县《裴石镇志》图版，宜宾市南溪区第一中学黄川模提供）

2016 年新编《裴石镇志》载：

裴石镇石林村有座天生桥，一根粗大的石梁凌空飞架在一个岩洞之上，给

---

① 清·王士禛撰，清·张宗柟辑：《带经堂诗话》卷一三，乾隆二十七年刻本。
② 清·陶澍撰：《蜀輶日记》卷三，道光七年初刻本。感承陈世松老友从日本早稻田大学图书馆觅得此书电子本惠赐。谨此敬表谢忱。
③ 明·杨慎著，明·杨有仁编辑，明·赵开美校：《太史升庵文集》卷三五，万历十年蜀刻本。

岩洞巧妙地造出一个天井来。岩洞有好几十个平方（米），里面冬暖夏凉。村里年长的老人说，以前（20世纪50年代"大跃进"时期）这里还办过学校和食堂，后来废弃不用。关于天生桥还有个美丽的传说，从前鲁班和二郎神打赌，鲁班说鸡叫之前在（长）江南（岸）修个塔直达天庭，二郎神说鸡叫前把长江截（留）[流]。二更时分他们开始比赛，二郎神一鞭就把石头赶到高库村磨子岩，二鞭赶到了石油林村乱石山，三鞭就赶到了（长）江边九龙滩。此事被观音菩萨知道后，前来阻止，可是两位神根本不听，一个埋头造塔，一个举鞭赶石。而在洞背上有一户陈姓人家被二郎神的鞭子打散了，丈夫在另一边，妻子儿女在一边，痛哭涕零不能相聚。观音菩萨驾着云见此情形，随手在净瓶中摘了一片杨柳叶飘下，那柳叶着地，即化作一座石桥，使得这家人在桥上相聚。观音菩萨又抛下一片柳叶化作一个公鸡，站立在七家沟山头打鸣，二郎神和鲁班听到鸡已经叫了，便各自停下，未分输赢。而那只公鸡则化作一块巨石耸立在山上，也就是现在的鸡叫山。①

天生桥所在地至迟在清代便已入南溪，不再是江安、南溪二县分界。西南地方多有二郎神和鲁班比赛造桥建塔之类的传说，兹录于此，以广见闻。

又南溪县刘家场至石骨滩场的黄沙河源头高滩溪上，亦有这样由山石自然生成的天生桥。《南溪县志》云："天生桥，巨石长三丈余，广数尺，横卧如虹，水从下泻。不事斧凿，天然利济也。"② 该天生桥地距江安县城三十七里，不是二县分界。

【四】 戎县 即今兴文县。《蜀中广记》："兴文县，戎州故址，在宁远寨之西。唐晏州罗阳郡，领思峨、柯阴、新宾、扶来、思晏、多刚、罗阳七县。今皆属夷。南五里有南寿山，宋时夷酋卜漏据山为寨。一豆一蛮，数有五斗，故名五斗夷。"③ 当地本有僰人、青羌、羿子、僚人。南朝时，彝族先民东爨乌蛮自滇入蜀，该地遂为蛮、僚杂居之区，又有都掌、羿人诸族。唐置羁縻晏、宋诸州，宋初因之。熙宁七年（1074）熊本经制泸夷，其地渐开。元丰四年（1081），林广讨扯勒乌蛮乞弟，筑共乐城诸堡寨，置兵戍守。政和五年（1115），僚人部族五斗蛮首领卜漏起事，

---

① 南溪县裴石镇人民政府编：《裴石镇志》，2016年内部印行本，第84—85页。感谢南溪区一中高级教师黄川模提供本条资料，谨此敬表谢忱。

② 李凌霄等修，钟朝煦纂：《南溪县志》卷一《舆地志》，民国二十六年铅印本。

③ 明·曹学佺撰，杨世文校点：《蜀中广记》卷一五《名胜记·兴文县》，上海：上海古籍出版社，2020年，第167页。

宋王朝以梓州路转运使赵遹为泸南招讨使讨平之，"诸夷落皆降，拓地环二千里。遹为建城寨，画疆亩，募人耕种，且习战守"①。经此，中央王朝对于这一地区的管控能力得到加强，但该地整体上仍然主要处于部族首领的统治之下。元至元十五年（1278，元军平川），"都掌蛮夷及其属百一十人内附，以其长阿永为西南番蛮安抚使，得兰纽为都掌蛮安抚使"②。至元二十二年乃立戎州，设流官，治箐前（今兴文县僰王山镇晏阳村境，地名菩萨田），所领皆村囤，无县邑乡镇，由四川马湖府（彝族土司）越境管辖，是为"飞地"。明洪武四年（1371），降戎州为戎县，编为山都六乡、水都四乡，改属叙州府（今宜宾市），治中村坝，后迁土城上。境内都掌部族多次抗明起事，屡动干戈。正德二年（1507）县治移驻古羁縻晏州（民国时更名晏阳镇。中华人民共和国成立后改名兴文镇。今又改僰王山镇），筑土城以守。万历元年（1573），明军征剿九丝山，尽屠都掌部族。万历二年，县名改曰"兴文"，仍隶叙州府。清代因之。光绪三十四年（1908），川督赵尔丰奏准，分江安、纳溪、兴文三县之地置古宋县，治古羁縻宋州（中华人民共和国成立后改中城镇，今又改古宋镇）。1960年，古宋县建制撤销，并入叙永县。1983年，原古宋县县城驻地中城镇及古宋、共乐、大坝三个区划属兴文县管辖，兴文县治所当即移驻中城镇，后更名为古宋镇。兴文县属曹营、石碑二公社（乡）同时划属珙县。调整后的境域，地在"东经104°52′28″至105°21′23″，北纬28°04′28″至28°27′18″之间"③。

【五】火楼底 今兴文县富安场，古名火楼底，至今犹为江安、兴文二县交界。新编《江安县志》载："今兴文县干溪坡。"光绪《兴文县志》"干溪"条目下载："即思晏水，由水车坝东北流至干溪山下，水滨有洞，水半入其中，潜流十余里至江安县地界青冈村乃出，合砚石溪。明万历及雍正年间历经疏凿，竟未成功。前令孙，易名富安溪。"④ 1994年新编《兴文县志》载：富安乡，原系让畔乡三甲地，称干溪，因境内街场房屋曾被大火烧毁，百姓以"干"意味着干燥，乃不吉利之词，遂取富裕安乐之意，改名富安乡，民国二十四年（1935）称富安联保，二十九年改为富安乡……治所富安场。⑤

① 元·脱脱等撰：《宋史》卷三四八《赵遹传》，北京：中华书局，1985年，第11045页。
② 明·宋濂等撰：《元史》卷一○《世祖本纪七》，北京：中华书局，1976年，第206—207页。按，此所谓"百一十人"，是110个大大小小的都掌蛮和夷人（乌蛮）首领，亦即这些首领管控的110个村寨、聚落。阿永和得兰纽，分别是扯勒乌蛮与都掌蛮的头人。
③《兴文县志》编纂委员会编：《兴文县志》，成都：四川辞书出版社，1994年，第1页。
④ 清·江亦显修，清·黄相尧纂：《兴文县志》卷一《山川》，民国二十年铅印本。
⑤《兴文县志》编纂委员会编：《兴文县志》，成都：四川辞书出版社，1994年，第35页。

【六】　道祝山　在今江安县铁清镇境，为江安、富顺交界之山。山盖风景名区，有待旅游开发。民国《江安县志》载："道祝山，县北四十里，峰高拥翠。相传为泸南（诸山之）总脉。明永乐中，邑人熊玺致仕，结庵于此。有八景之胜。明天顺八年（1461）邑监生柳彦硕《道祝山八景诗·序》曰："道祝乃吾邑之名山，峰高数百丈。永乐、景泰间，两经纂志者采录。环山多古迹，惜世鲜传闻，谈者以为阙事。吾乡先生、监察御史熊君孟信之仲子，曰可如上人，囊以慈性，弃贵入释，亲炙同邑宏觉月溪禅师于京都大冈山，得开示之旨。既归，住普光寺，精进修持，洞彻真趣……一日，以其山之佳景订而为八，曰道祝叠翠、普光晓钟、鸠石催耕、鳞鱼出洞、水心献秀、天生石桥、龟伴碧溪、石犀玩月是也。都人士相与题咏，推彦硕叙之，勒石丛林，用图不朽。"① 今碑刻磨灭，不可复识。

【七】　九姓长官司　少数民族土司。《蜀中广记》记载："九姓长官司，唐宋以前俱蛮地，元立夷民罗党九人为总把，至元初称为九姓罗氏党蛮夷长官千户。国初改九姓长官司，编户五里。"② 宋为罗氏党十九姓之地，"元立夷民罗党九人为总把。至元初改为九姓罗氏党蛮夷长官司千户，属筠连州。明洪武六年（1373）讨平筠连州滕大寨蛮编张等，降筠连州为县，以九姓长官司隶永宁安抚司。后因奢逆（奢崇明）之变，天启六年（1626）改属泸州。"③ 九姓长官司治清晏场（今兴文县古宋镇久庆老街）。清代因之，其地"东西距四十里，南北距八十里。东至土地坎三十里与永宁县（治今叙永县东城，光绪三十四年迁古蔺场，更名古蔺县）接壤，西至拖船丫十里与兴文县接壤，南至九龙山五十里与叙永厅接壤，北至镇溪乡三十里与纳溪县接壤，西南至金鹅池五十里与叙永厅接壤，东北至老鸦坝三十里与纳溪县接壤，西北至贾村二十里与江安县接壤，东南至中村三十里与叙永厅接壤。"④ 乾隆五十八年（1793），长官司迁治泸卫（今古宋镇），道光二年（1822）改土归流，更名泸州九姓乡，光绪三十四年（1908）划入古宋县，更名玉屏乡。1959年随古宋县划归叙永。1983年改属兴文。

九姓长官司长官为任姓世袭，其家族颇知书，自谓其先乃江南汉人，实为少数民族土人。清代乾隆年间，任启烈纂修《九姓司志》，记受封土司情况甚详。据其

① 严希慎修，陈天锡纂：《江安县志》卷一《山川》，民国十二年铅印本。
② 明·曹学佺撰，杨世文校点：《蜀中广记》卷三六《边防记六·永宁宣抚司》，上海：上海古籍出版社，2020年，第385页。
③ 清·田秀栗、邓林修，清·华国清、施泽久纂：《直隶泸州志》卷一《沿革》，光绪八年刻本。
④ 清·任启烈纂修，清·任履肃续修：《九姓司志》卷一《建置沿革》，乾隆四十五年刻本。

记载，任氏家族对当地的管理始于明初。明军平川时，江南人任福从军入蜀。洪武五年（1372）赴京进贡，明太祖以任福熟习夷情，敕谕实授九姓司正长官职，随颁方印一颗，管束夷汉土民。天启元年（1621），奢崇明起事反明。任氏土官参与镇压有功。天启六年，明军攻破永宁，改九姓司隶属泸州。崇祯三年（1630），九姓长官加授四品职衔。顺治四年（1647）清军第一次入蜀，九姓土官任长春前去隆昌肃王豪格军前投诚。康熙七年（1668）颁给长官司印。二十年，颁给长官司号纸、方印各一。二十四年春，设教授一员、训导一员、吏目一员。雍正六年（1728）奉裁吏目，改设州同一员驻扎，分管民事。雍正九年，州同移驻崇庆（今四川县级崇州市）怀远镇，民事钱粮诸务仍归土官办理。乾隆五十八年（1793），九姓长官司移驻泸卫（今兴文县县城古宋镇）。道光二年（1822），土官任清因案被议，改土归流，改置为泸州九姓乡。道光十二年奏准，将泸州州判移驻九姓乡，作为泸州直隶州分驻九姓乡州判，仍照当年州同原设地方分拨管理，兼管督捕事务。光绪三十四年古宋县成立，遂为古宋县地。

【八】 水心坝 今已不存，仅地名见于旧志。清代江安县疆域沿袭明代区划，直到光绪三十四年才有所调整。乾隆《江安县志》：江安县城"东南至九姓长官司界一百二十里。"又云："明时江安编户二十里，国（清）初编户四里。康熙十三年改为十三里，曰近城里、绵水里、水心里……"① 民国《江安县志》："光绪三十四年始添设古宋县，割江安地自共乐（乡）、东坝、拖船丫、新场子等地归古宋管辖。"② 其时，九姓长官司已改泸州九姓乡，与共乐乡同时划属古宋。今均为兴文县地。共乐乡，今为兴文县共乐镇，与今江安县接界，镇在江安县城西南二百里。实际考察其地，镇西十里，地名姚家嘴附近，有一个地下水长年涌（冒）出地表的泉眼（天心窝），当地呼为"水心里"。地理方位和道路里程，正当前代江安与九姓司交界。古今地名有差，此"水心里"，应即文献所记明代江安县与九姓长官司交界的"水心坝"。③

【九】 乱石山 山在江安县南十里、原长宁县所辖的下长镇，地名尚存。旧为江安、长宁二县交界处。2020年，下长镇划属江安，乱石山不再位于江、长二县交界。

【十】 南井铺 宋南井监，产盐。今为江安县四面山镇中桥社区（南井场）。明代隶属泸州本州（今泸县）。《元丰九域志》记载，其在泸"州西七十里"。实地勘

---

① 清·雷伊纂修：《江安县志》卷一《疆域附乡名》，乾隆二十八年稿本。
② 严希慎修，陈天锡纂：《江安县志》卷一《疆域第二》，民国十二年铅印本。
③ 感谢兴文县高级教师李光寿、原文化局副局长张毅实地考察，提供资料，谨此致谢。

查，距离泸县只六十里。地当泸（州）宜（宾）公路道旁，与马岭镇相接。

【十一】 食禄溪 今名石鹿溪。宋育仁先生主编民国《富顺县志》："沱江过赵化镇……又东南过大山，石鹿溪自右（岸）来注之。石鹿溪发源江安县，至拱桥入富顺界，东流过老母墩，折北，至观音桥、王桥，屈而东北，经大桥合红猪荡水，至均安寨下入沱江。有石，形如鹿，伏溪口。故名。"① 据是，则明初江安、富顺二县交界处乃在富顺县之拱桥，而食禄溪盖自江安流入富顺之山涧。"拱桥"今已不存，具体地望待考。

纳溪县

★28.

《图经志》

县领在城、芦延、镇溪三乡【一】在城至江北【二】，去县二十里。芦延在西，去县五十里。镇溪在南，去县八十里。

东至本州界忠信乡水梨坝【三】一十五里，到本州四十里，共计五十五里。

南至永宁宣抚司【四】界江门驿【五】一百六十里，至永宁宣抚司一百二十里，共计二百八十里。

西至江安县界绵水乡，地名清溪【六】，四十里，到江安县五十里，共计九十里。

北至本州宜民乡，地名方山【七】，三十五里，到本州（三）［四］十里【八】，共计（六）［七］十五里。

东南到本州忠信乡，地名大佛崖【九】，六十里，至本州八十里，共计一百四十里。

东北到本州界歇堂铺一十里，至本州三十里，共计四十里。

---

① 彭文治、李永成修，卢庆家、高光照纂：《富顺县志》卷三《方域志·水道》，民国二十二年刻本。

西南到九姓长官司界，地名鲁湾，[十]一百六十里，至九姓长官司二十里，共计一百八十里。

西北到本州宜民乡，地名李子坝，[十一]一十五里，至本州五十里，共计六十五里。

【校补图注】

【一】 在城、芦延、镇溪三乡 南宋绍定五年纳溪建县之初，地跨长江南北两岸，后世辖境有所缩减。民国时期，全县东西距仅三十里，南北距一百里。1992年新编《纳溪县志》写道：

> 纳溪建县时，辖一寨（原注：江门寨）四堡（原注：大州堡、镇溪堡、政和堡、板桥堡），东西距45里，南北距190里，东至（清代）贵州遵义府仁怀县界50里；西至江安县界20里；南至（清代）叙永厅永宁县界150里；北至泸州界20里。面积约800余平方公里。宋末元初，兵祸连年，纳溪寨堡俱废。
>
> 明洪武九年（原注：1376），复编为四乡（原注：近城、江门、芦延、镇溪），东与泸州、合江接壤（、）[，]北至马岭、况场一带，西至清溪与江安分界，西南抵江安红桥，经（今）共乐、红星（二乡）[，]沿宋江河直抵江门岩与叙永相邻。
>
> 明末，境域被侵削十分之一，县与邻县犬牙交错。康熙五十四年《纳溪县志[·]后跋》载："其为邻封之窃据，或奸民之避重就轻，乘机报入邻封者，其大段已非昔时之纳邑。"
>
> 清雍正七年（原注：1729）割江北乡之大悲、马岭、况场、石棚等地与泸州成立宜民乡，仅留滨长江北岸两个保并入近城乡。本县境域又减少四分之一。
>
> 清宣统元年（原注：1909），成立古宋县，将本县镇溪乡大部划归古宋，仅留江门1场1保。而原定泸县（清代称"泸州本州"）应划归纳溪的大悲、马岭、石棚、高洞、大里等地，因地方官吏拖延，借口乡绅反对，未能划入纳溪。从此，本县境域又缩减三分之一，成为"弹丸小邑"。
>
> 民国成立，仅辖近城、芦延两乡，东西距12.3公里，南北长50余公里，

面积 477 平方公里。①

明代的近城乡，辖境约相当于今纳溪区安富街道以及新乐一带。明代的芦延乡，辖境约相当于今纳溪区护国、上马一带，宋代地属合江。明代的江门，辖境约相当于今叙永县江门镇。清光绪三十四年，镇溪乡划入古宋县，今为兴文县地。

《图经志》言纳溪县管领"在城、芦延、镇溪三乡"，新编《纳溪县志》记作四乡，不知所据何本。该《纳溪县志》编纂于 20 世纪末，条件制约，考证或有未周。极大的可能是，明初所设置的只有在城、芦延、镇溪三乡，而"江北乡"只是在城乡的属地，并未单独设"乡"。

【二】 **江北** 今为泸州市江阳区江北镇。地在长江北岸，前代地属纳溪。

【三】 **忠信乡水梨坝** 今泸州市江阳区蓝田街道梨园社区。忠信乡的治所，在今泸州市江阳区蓝田街道。明代的忠信乡，所管除蓝田街道全境以外，还远及今日泸州市纳溪区的白节镇诸地。

【四】 **永宁宣抚司** 明太祖洪武七年建置在永宁（今叙永县）的彝族土司，管辖地域包括今日叙永、古蔺、筠连、仁怀，以及兴文、合江、江安、赤水、习水和泸州市纳溪区的一部分。该彝人部族在川南黔北举足轻重，宋明两代均与中央王朝发生过大规模战事，兵连数省，历年而后平，对于西南乃至全国社会发展进程产生过重大影响。《蜀中广记》详细记载了该地山川地理风俗：

> 《通志》云：晋置永宁县，属云南郡。（南朝）宋及（北朝）周、隋因之。唐改置蔺州，属益州。宋初州废，为江安、合江二县之境，后设永宁路，迁至马口崖、渔漕溪侧。元因之，领筠连州腾川县，隶四川行省，寻改军民宣抚司。明玉珍改设永宁镇边都元帅府，仍设宣抚司。国朝洪武中，宣抚使禄照归附，改为永宁长官司，割筠连属叙州。后仍升宣抚司，属川南道。司治旧在马口崖，即宋乾德所改也。开禧间迁于界首（今叙永县两河镇）。国初，土官禄照因蛮夷千户所旧址迁焉。环城皆山，叠翠如屏，红崖镇北，渔溪横南，亦山水之汇也。

> 《唐书》：天宝载伐南诏，由西路进，起泸州，溯永宁，走赤水，达曲靖。曲靖，古味县也。设邮传自元始。志云：普市驿在司东五十里，摩尼驿在南九

---

① 《纳溪县志》编纂委员会编：《纳溪县志》，成都：四川科学技术出版社，1992 年，第 46 页。引用时有订正。

十里，又四十里为阿永驿。赤水有卫，普市、摩尼有千户所，皆属黔。

《土夷考》云：(永宁) 卫西达纳溪县，南至镇雄府，各四百里，北至合江县百六十里，东至播州界二百五十里。职官，宣抚仍旧，加设土官同知一人，流官经历、教授、税课局、递运所大使各一人，并九姓、太平二长官司，编户七里。其风俗，刻木为信，巢居箐寨，不事商贾，惟务农业。垂髻跣足，悬带弓弩。《巴蜀耆旧志》云：永宁即古宁州，极西南有闽濮、鸠獠、僄越、裸濮、身毒之民。土地沃腴，黄金、光珠、琥珀、翡翠、孔雀、犀象、蚕桑、绵绢、彩帛、文绣。又有貊兽食铁，猩猩能言，其血可以染朱罽。有大竹名濮，竹节相去一丈，受一斛许。

志云：赤水河源出芒部水脑涧，流经司东南，绕赤水卫。卫东二十里有雪山，穷冬积雪，夏至方消。

沽溪在司南半舍，源出蛮界，流入渔漕溪，溪在九姓司东马口崖下。

司北有海漫山，延袤八十余里，起伏不绝，如海之汗漫，故名。西北两舍，有高瀑自山顶飞来，如匹练也。西南一山，圆莹如珠，曰西珠山。[①]

永宁宣抚司世袭宣抚使（主官）奢氏，是彝族先民东爨乌蛮扯勒部阿永蛮部族的头人，世主其地。元代，阿永头人降附，为置总管府，治今叙永县城西北八十里的马口岩。其头人被任命为总管，职务世袭。明末，明玉珍攻占永宁，裁革总管，剥夺阿永头人之官，改置为永宁镇边都元帅府，以丁让为镇边元帅。洪武四年，明军平蜀，傅友德率军至永宁，丁让败死。阿永部头人禄肇（传写又作"禄照"。汉姓为奢）率部归明，明王朝为置永宁长官司，官阶正六品。洪武六年升永宁安抚司，官阶从五品。八年，再升永宁宣抚司，官秩从四品。继续以禄肇为宣抚使，职务世袭。

洪武十五年，永宁宣抚司迁治永宁（今叙永县县城）。永宁宣抚司设宣抚使一人（从四品），汉族流官正五品同知、从五品副使、正六品佥事各一人，又设经历司以为办事机构。汉族流官与土司头人共同执掌军事、政治、民政诸务。又设永宁卫（与永宁宣抚司同城）、赤水卫（驻赤水河场，即今叙永县赤水镇）两个军卫，驻兵戍守。成化四年（1468）又将泸州卫从泸州迁驻渡船堡（今兴文县城古宋镇），以强化对于这一地区的控制。天启元年（1621），永宁宣抚司宣抚使、彝族头人奢崇明起事反明，占重庆，破遵义，陷泸州，进围成都、贵阳，兵连五省，明王朝倾

---

① 明·曹学佺撰：《蜀中广记》，《四库全书》文渊阁本。

国进剿，八年而始平。语在《明史·四川土司传》。

【五】 **江门驿** 今叙永县江门镇。明时为驿。

【六】 **江安县界绵水乡，地名清溪** 绵水乡，今为纳溪区大渡口镇。清溪，今名清溪沟。

【七】 **本州宜民乡，地名方山** 元代废泸川县，由州直管，改称"本州"。民国二年（1913）裁府撤州，以县直隶于省，泸州本州改称泸县至今。本州宜民乡，今为泸州市江阳区况场街道。方山，又名九十九峰山，地在长江北岸，山间云峰寺始建于唐，是川南黔北最大的禅寺之一，历代香火鼎盛，今为国家 AAAA 级风景旅游区。1996 年划归江阳区管辖。

【八】 据实际里程为四十里改。

【九】 **大佛崖** 在今泸州市纳溪区白节镇南十里，地名犹存。明时，为泸州与永宁宣抚司汉夷交界处。

大佛崖
（泸州市白联州摄）

【十】 **鲁湾** 地名已经废弃。地属九姓长官司（清代改土归流，为九姓乡）管辖，九姓长官司辖地与纳溪县相接。光绪三十四年撤销九姓乡，割永宁、纳溪县地建置古宋县，鲁湾遂入于古宋（今兴文县）。另据乾隆《九姓乡志》：九姓乡"北至镇溪乡三十里与纳溪县接壤，东北至老鸦坝三十里与纳溪县接壤。"① 则"鲁湾"当又名"老鸦坝"。具体地望待考。

【十一】 李子坝　宜民乡治所，即今泸州市江阳区况场街道，地距泸州城五十里。步行需多半日，民谚因言"况半天"。

合江县【一】

★ 29.

《图经志》

东至播州宣慰司（治今贵州遵义市）【二】罗支坝【三】界一百里。南至永宁宣抚司夹圣山【四】一百里。西至本州十峦山界六十里。北至重庆府江津县（今重庆市江津区）湳坝【五】三十里。

东到播州宣慰司一千零五十里。南到永宁宣抚司（今叙永县）二百里。西到本州一百二十里。北到江津县一百四十里。东南到播州宣慰司赤崖【六】界四十里。西南到播州巡检坝【七】蛮界一百三十里。东北到重庆府江津县石瓮坪【八】界五十里。西北到重庆府永川县（今重庆市永川区）鸡公山【九】界四十里。

【校补图注】

【一】 合江县的境域，历史上多有变迁。1993 年新编《合江县志》：

汉代合江（汉代为符县，后改符节县）境域，包括大娄山以北赤水河中、下游流域，西北接江阳县，东北接江州县（原注：今重庆），西南接南广县（原注：今珙县附近），南面紧邻牂柯郡鳖县（原注：今遵义市附近），大概包括今日合江、叙永、古蔺、习水、赤水、仁怀、桐梓、绥阳及湄潭北部地域。元代东临江津（今重庆市江津区），西至永宁路（治今叙永县城西北八十里马口岩）夹圣山西南，以赤水河为界，与仁怀长官司（治今贵州仁怀市亭子坝）接壤；西南以今大金龙山南的河溪及赤岩（原注：今赤水县长沙区联合乡赤岩

---

① 清·任启烈纂修，清·任履肃续修：《九姓司志》卷一《建置沿革》，乾隆四十五年刻本。

村）为界；东南以习水河流域的分水山岭为界；北与大足（原注：今永川）、
泸州（原注：今泸县）相连。①

按，此《志》所谓"西北接江阳县"，盖指与今日泸州市江阳、纳溪二区之地
相接。仁怀长官司建置于明，地在赤水河南岸，距今仁怀市二十里。此《志》谓
"以赤水河为界"，则夹圣山固在赤水河北岸，亦即在今叙永县境。

【二】　播州宣慰司　明代设置在播州（今贵州省遵义市）的少数民族土司。宣
慰司在明代土司中职级颇高，为从三品。宣慰使（土司头人）姓杨，自称汉族，原
籍山西，唐代征讨之时占领播州，奉旨留守，遂有其地。《明史》记载如下："遵义
府，即播州。秦为夜郎、且兰地，汉属牂柯。唐贞观中改播州。乾符初，南诏陷播，
太原杨端应募复其城，为播人所怀服，历五代，子孙世有其地。宋大观中，杨文贵
纳土，置遵义军。元世祖授杨邦宪宣慰使，赐其子汉英名赛因不花，封播国公。洪
武四年（1371）平蜀，遣使谕之。五年，播州宣慰使杨铿、同知罗琛、总管何婴、
蛮夷总管郑瑚等，相率来归，贡方物，纳元所授金牌、银印、铜章。诏赐铿衣币，
仍置播州宣慰使司，铿、琛皆仍旧职。领安抚司二，曰草塘，曰黄平；长官司六，
曰真州，曰播州，曰余庆，曰白泥，曰容山，曰重安。"② 境内民人族属众多，主要
是苗人、僚人、羿人和杨保。万历二十八年（1600），宣慰使杨应龙起事反明，朝
廷命李化龙为总督，移驻重庆，督川、黔、湖广之兵进剿，师分八路进，每路约三
万人，百又十四日讨平之，遂改土归流，分播地为二：属蜀者曰遵义府，属黔者为
平越府。清雍正七年（1729）重划黔、蜀边界，以赤水河为界，河北归川，河南属
黔，而遵义之地遂隶贵州。

【三】　罗支坝　未详，待考。

【四】　夹圣山　今名夹层山。山在今赤水市两河口镇大坝村。"层"与"圣"
谐音，遂讹"圣"为"层"。清光绪《增修仁怀厅志》："夹层山，在河西里，离城
六十里。"③ 仁怀厅，明代为播州宣慰司地，清代设厅，治今赤水市。仁怀厅河西
里，与四川叙永厅（明代为永宁宣抚司）乐荣里地（今古蔺县官山老林）相接。清

---

① 合江县志编纂委员会编纂：《合江县志》，成都：四川科学技术出版社，1993 年，第 52 页。
② 清·张廷玉等撰：《明史》卷三一二《四川土司二·播州宣慰司》，北京：中华书局，1974
　　年，第 8039 页。
③ 清·崇俊修，王椿纂，王培森校补，贵州赤水市地方志办公室点校：光绪《增修仁怀厅
　　志》卷一《山志》，香港：中国文化出版社，2015 年，第 16 页。

嘉庆五年（1800），叙永、遵义、仁怀三地有司会勘定界，刻石立碑为记，其地遂入仁怀。而今已不再是古蔺、赤水二县（市）的交界。①

清嘉庆五年川黔二省界碑（古蔺县林业局赵中国摄）

【释文】

远封禁私

嘉庆伍年（1800）四月，奉川、黔两省大宪委，定大界，叙永府②正堂周、遵义府正堂杨、仁怀府正堂萧会勘。

自麻子岩起，至斑鸠洞止。以河沟为界，河左麻子岩、八节洞、白杉坪、斑鸠洞等四方，官荒地方俱归川省叙永府管理。其河右磨子岩沟、筲箕岩沟、铁匠岩沟、石包岩沟、韭菜岩坝，俱黔省仁怀府管。斑鸠洞各管各界，永远封禁，毋□侵越、私（恳）[垦]。如违查究。此讫。

---

① 感承古蔺县桂花中学高级教师罗树、县林业局股长赵中国调查、确定夹圣山所在，谨此敬表谢忱。

② 仁怀，其时为厅，此处称为府，不确。仁怀厅和叙永军粮府都不设知厅（府），而以同知（副职）主政。

【五】 江津县涌坝 未详，待考。

【六】 赤崖 土人呼"红崖"。今日合江、赤水的赤水河两岸，以迄于江津四面山、古蔺县黄荆老林一带，丹霞地貌普遍发育，山岭皆红，蔚为壮观，红色山岩不计其数。明代合江与播州宣慰司交界的"赤崖"，在赤水河北岸、今贵州赤水市旺隆镇侧。《仁怀直隶厅志》载："红崖，在城（今赤水市）西南七十里旺隆场。山势壁立，有似红墙，故名。烟雾由上行则雨，下行则晴。"①

【七】 播州巡检坝 今贵州省赤水市复兴镇长江村巡检坝。巡检坝坐落于赤水河南岸，地势平坦，是一片阔达百余亩的农田。当地民间传说是古仁怀县城。历史上，坝的上游一侧是寺庙，下游一侧是街。1959 年当地人在垦田过程中，于地表下一米发现众多的条石和瓦砾。赤水河北岸，地名盐井溪，相传以前是盐场而得名。坝的上游 500 米，小山兀凸，名斩龙台。当地人说，旧名斩人台，是官府斩杀犯人的法场。赤水河被其阻挡，保护巡检坝免遭洪水直接冲击。前已考大观三年（1109）仁怀置县，治今复兴镇，不在此地。按，地名"巡检"，附近曾有盐井，地下又有古建筑遗迹，可见当年这里曾由巡检驻守并且修建了衙门。宋王朝所置州县既废，对于这一地区的统治相应削弱。此消彼长，少数民族部落头人力量渐增，其地又由部落头人管理。

【八】 江津县石瓮坪 未详，待考。

【九】 永川县鸡公山 未详，待考。

---

① 清·陈熙晋纂修：《仁怀直隶厅志》卷二《疆域志·山水》，道光二十一年刻本。

六、城池【一】

本州

★30.

《江阳谱》

罗城。【二】

宋初，郡无城，仅设篱寨。皇祐二年（1050），始易以木栅。三年，群牧判官【三】蔡充【四】乞添筑城壁，起盖舍屋。下本路（梓州路）转运司相度【五】，谓徒费而止。

皇祐三年十月初七日，转运司奏："准【六】枢密院【七】札子【八】，相度群牧判官（蔡充）奏：'窃见戎本州【九】、江安县、淯井【十】等处城壁，本州只是木栅。自后虽有些少城壁，又绝低小，尽是沙石比土，彼处夏秋多霖雨【十一】，逐旋倒塌。臣欲乞令逐时添筑城壁，务要牢壮。当于侧近采刬柴茅，逐旋擘画，烧变砖瓦等，沿城上并令修起屋宇【十二】，不惟遮盖得城壁，又得楼橹之属具备，所贵易为据守'。本司勘会：本州见靠泸南江溯，在大江北岸，前后地形窄狭，别无余剩基址【十三】。其本州自前元是篱寨。后来是前任臣僚臂画更变，靠江一壁篱寨作木寨，以御奸盗。经及年多，别无阙误。靠江一带木寨，脚下并是浮散沙土。每遇夏月江水泛涨淹没，上件木寨倒塌【十四】。今来若于木寨处筑立城墙，委是难以修筑，虚有费耗。

旧多科【十五】木于三县修茸，或官给直。嘉祐七年（1062），州以水患，依例科寨木于三县，共一万七千余条。虑输纳病民，每条官给钱二十。治平元年（1064），又支出卖退材价钱【十六】并不系省头子钱【十七】，令竹木行（háng）人【十八】估实值，每十队抽买长一丈二尺、径【十九】四寸两段。更不勒人户出。备见旧敕。

元丰六年（1083），帅王公光祖【二十】奏陈："乞下梓州路运转司，贴差厢军【二十一】作一千五百人展筑。"见《边防书》【二十二】。

至崇宁五年（1106）七月，（长、沱）两江涨溢，水势湍猛，漂散木栅材料。【二十三】则元丰所筑土城，其上犹是木栅也。据本州令【二十四】："崇宁五年都水监【二十五】牒【二十六】：准尚书工部符【二十七】、准都省【二十八】送下梓州路提点刑狱司【二十九】状【三十】，本司据本州状申【三十一】：'七月初五日，节次据厢界【三十二】并修城壕、寨司【三十三】等处申：今月初四日夜三更以后，大江并支江【三十四】水泛涨，自外入城，水势湍猛，漂散木栅材料，相近十字街口【三十五】，并合流注淹浸城壁、官私屋宇'等事。州、司已节次行道，分头差官，同与都监【三十六】照管城壁，及逐急差拨壕、寨壮，成克宁兵级【三十七】，守护土城，收救木栅材料，并帖【三十八】泸川县【三十九】及江安合江县，差拨渡船【四十】，救接倒塌漂流木栅材料，无令散失。并遍行告示被水人户，各摊暂于高阜处安泊。"

大观元年（1107），始令仿泗州【四十一】规模，濒江用石垒砌，就上筑城，修建楼橹【四十二】。令转运使乔方【四十三】应副【四十四】营造。大观元年七月二十三日，三省【四十五】、枢密院同奉《圣旨》：访闻本州邻近夷人【四十六】，武备不可失葺。其城屋修筑，减裂低矮怯薄，屡经江水泛涨，飘溺淹浸，即今大段颓弊。可下本路钤辖司【四十七】相度，若濒江用石垒砌堤岸，仿泗州规模，就上筑城，修建楼橹，法梓州制度，或能乘势成就，即暂劳永逸，居民绝垫溺之忧，城垒有金汤之固。兼本土易得石木，计置不为难事。倘得敏才干集，非久可以告成。令梓州路转运判官乔方专一应副营造。见本州令。

二年，更命赵遹【四十八】。然未暇兴役。

【校补图注】

【一】 **城池** 城，城墙。这里兼指泸州的城和市。

城市作为现代人类活动的中心，从它自身的历史看，是伴随人类的经济活动而形成与发展起来的。《易·爻辞上》："日中而市，聚天下之民，致天下之货，交易而退，各得其所。"这就是最初的市，亦即人们进行交易的场所。后来，随着剥削、阶级和国家的出现，有了战争，也就有了防卫的需要。于是，在这种公共交易场所四周构筑了围墙，人们集中在里面居住，这就是早期城市的雏形。从这样的意义上讲，城市就是人们在城墙保卫下集中居住与进行交易的地方。

池，城壕，即护城河。泸州城坐落在长、沱两江交汇处的三角地带，东、南、北三面环水；城的西面是堡子山（今名忠山）。山麓，一条名为"营沟"的小溪，由西向东，流入大江，天然形成四面周遭的护城河。

【二】 **罗城** 外城。宋代泸州有内、外二城，其内城曰"子城"。

【三】 **群牧判官** 群牧司副长官。宋咸平三年（1000）置群牧司，掌全国有关饲养国马（战马）事务，检查马的繁殖和损失情形，及时转发马政诏令、文牒给各地养马院和养马监。群牧判官每年轮流巡视养马坊（监）。泸州大江以南少数民族地区产马，朝廷一度在泸州城内设置市马场，用盐、帛、白银向当地少数民族买马。所以，群牧判官蔡充得以检查马政去到泸州，发现这座城市没有城墙，故而报请兴工修筑。

【四】 **蔡充** 字公度，江西南城县人。宋天圣中进士。家贫，刻苦学习，奉养母亲，及仕，未尝广田宅，丧归，僦屋以居。仕至群牧判官、司封员外郎。清雍正《江西通志》卷八三有传。

【五】 **相度** 进行可行性研究。相，观察。《左传·隐公十一年》："量力而行之，相时而动。"

【六】 **准** 根据、依据。古代公文用语。

【七】 **枢密院** 宋代国家最高军事机关，别称宥司。掌军国机务、兵防、边备、军马等政令，出纳机密命令，类于现代的国防部。与中书分掌军政大权，合称"二府"。长官常以文臣担任，以文制武。

【八】 **札子** 古代官府用来上奏或启事的一种文书。枢密院处置已经过皇帝批示的公事，多用此责令下级执行。

【九】 **戎本州（城壁）** 戎州本州的城墙。宋政和四年（1114）更名叙州，即今地级宜宾市。金沙江与岷江在此汇合而为长江。秦置僰道。汉吕后六年（前182）城之，其后代有增筑。南宋庆元元年（1195），叙州城壁已有"城门七座，除安诏、来远两门计城身二百七十二丈，见行随宜备材植修葺外，余荔枝、甘泉、朝天、奉息、莲华五门，计城身九百四十二丈五尺"①。

【十】 **淯井（城壁）** 淯井（今长宁县双河场）是宋代蜀中著名的盐场，产盐最丰。宋王朝在其地建置与县同级的"淯井监"，政和四年（1114）升为与州同级的"长宁军"。周围居住着两界夷人、豆辣族、生界乌蛮晏子部等众多部族。当地居民为了争夺淯井盐利，常与官府发生武装冲突。宋真宗大中祥符六年（1013），动乱再起，讨平后，"因籍军之勇悍千人，分五都以隶禁军，为宁远指挥，使守淯

---

① 刘琳、刁忠民、舒大刚、尹波等校点：《宋会要辑稿》方域九《修城·叙州城》，上海：上海古籍出版社，2014年，第9458页。

井监。更建寨栅，浚三壕以环之。"① "（大中祥符七年）三月，城漪井监。"②

【十一】 夏秋多霖雨 泸州雨旱两季相对分明，雨量充沛，年降水量在 1000 毫米左右。

【十二】 烧变砖瓦等，沿城上并令修起屋宇 泸州多黏土，适宜烧制砖瓦，蔡充请求准予就地采土烧制砖瓦，是为了降低工程造价。

【十三】 前后地形窄狭，别无余剩基址 泸州城东、南、北三面临江，城西为堡山（今名忠山）。东西方向上，自长江岸边到堡山山麓，宽不过 800 米。受到这种地形地貌的制约，长期以来，城市的一条主路沿南北走向与长江江岸平行，另一条主路沿东西方向与沱江江岸平行，两条主街的交叉"大什字"为城市中心。其后几百年只是在南北向上有所延伸，没有大的变化。1983 年地级泸州市成立以后，在麻柳湾、大山坪一带修建新街，并沿南北走向修通了另一条与长江江岸平行、从大山坪到沱江江岸的 3500 米长的主干道，才打破了这种束缚城市发展的格局。

【十四】 木寨倒塌 根本原因是靠江地区多浮散沙土，木寨根基不牢，夏秋江水泛涨淹没，木寨底部沙石被水浪淘空，上层建筑因而倒塌。

【十五】 科 无偿征调。

【十六】 卖退材价钱 修城未用完、退还官府的木材，叫作退材。退材由官府变卖，所得价款作为专项储存起来，以供下次修城使用，称之为"卖退材价钱"。

【十七】 头子钱 宋神宗时规定，民人以钱代役的，役钱每千文加收五文，此后不断加重，称为头子钱。高宗时，每千文加收四十三文；孝宗时，更增至五十六文。所谓不系省头子钱，则是地方官府自主征收、使用，不上缴中央财政的苛捐杂税。

【十八】 行人 商业交易的经纪人。

【十九】 径 谓木材的直径。

【二十】 王公光祖 王光祖，字君俞，开封（今属河南）人，熙宁中官梓夔路钤辖，从熊本讨渝僚有功。元丰中，又从林广讨平泸夷乞弟，积功至四方馆使、知泸州。时置泸南安抚使，俾兼领边事，听专决。迁客省使、嘉州刺史。终泾原河东定州路副总管。《宋史》卷三百五十有传。

【二十一】 厢军 两宋诸州之兵（地方部队）。马端临《文献通考》："厢军者，

① 元·脱脱等撰：《宋史》卷三〇一《寇瑊传》，北京：中华书局，1985 年，第 9989 页。
② 元·脱脱等撰：《宋史》卷八《真宗三》，北京：中华书局，1985 年，第 155 页。

诸州之镇兵也。各隶其州之本城，专以给役。"① 不任战斗，唯供劳役、维护地方治安。北宋平蜀，将后蜀降卒中强壮者拣选至京师为禁军，战斗力不强而留守蜀中者，编为厢军。其后厢军的来源一是招募，二是由禁军老弱调拨充任，三是由刺配的罪犯（牢城军）充任。名义上内总于御前侍卫司，实际是受守臣节制的诸镇之兵。

厢军的编制有军、指挥和都三级，一般以指挥为单位，每指挥约五百人，分驻各州，"置都监、监押以领之，岁时简练焉。下州及军监，但有牢城兵，则军校之职随宜载置。其诸州都监、监押，止得典司军旅及捕逐寇贼，不许关预州县政事。"② 泸州的厢军，计有克宁兵和武宁厢军各一指挥，共约千人。

【二十二】 边防书　其书已佚。《宋史》谓蜀中眉州人家愿守彭州时，有"论边防书，名曰'罪言'……其书以火不存"③。或是此书。

【二十三】 两江涨溢，水势湍猛，漂散木栅材料　两江，指长、沱两江。夏秋两江涨潦，易成灾。仅据历代地志的不完全记载，危害较大者即有以下21次：

（1）唐贞观二十二年（648），泸、渝大水。

（2）明天顺四年（1460），沱江泛滥，大水入城，东门内小舟可通。

（3）明正德十五年（1520），长、沱两江水涨入城，直至今迎晖路上方钟鼓楼基础下。据合江县张家坝长江岸边石壁上保存完好的当年石刻洪水淹没线，知当时长江二郎滩水位高程④28米。

（4）清宣宗道光二十七年（1847），大水入城，至今迎晖路上。水位高程21.4米。

（5）清同治二年（1863），大水入城。

（6）清光绪十四年（1888），沱江大水。泸县海潮乡中林村四合头（小地名）房墙上洪痕尚存。二郎滩水位高程25米。

（7）光绪三十一年，长、沱两江水涨入城，直至今迎晖路上口。小市地区房屋洪痕可证当时水位达24.6米。

（8）民国元年（1912），沱江暴涨，水位达到光绪三十一年水位线。

① 元·马端临编：《文献通考》卷一五六《兵考八》，北京：中华书局，2011年，第4650页。
② 元·马端临编：《文献通考》卷一五六《兵考八》，北京：中华书局，2011年，第4650页。
③ 元·脱脱等撰：《宋史》卷三九〇《家愿传》，北京：中华书局，1985年，第11950—11951页。
④ 为有效帮助船工准确掌握水位，确保航行安全而涂刷醒目的水位标尺。以江水平面的数据为水位高程。这种水位标尺，川江沿岸所在多有，同一时段，不同河段的水位数据不同。本文所谓水位高程，以当时泸州城大江对岸二郎滩石岩（宋名苍崖）标志的水位数据。

（9）民国三年，长、沱两江大水。

（10）民国五年，沱江大水，小市及泸县城墙外面之大、小河街被灾。长、沱两江封渡三天。

（11）民国六年，长、沱两江水涨入城，至大什字街口。

（12）民国七年，长、沱两江大水，大什字水深一尺有余。

（13）民国九年，长、沱两江大水入城，二郎滩水位高程22.46米。

（14）民国十年，长、沱两江大水入城，二郎滩水位高程23.96米。

（15）民国二十年，暴雨成灾，长、沱两江水涨，小市、泸县县城大江对岸的蓝田镇及泸县城墙外诸街道受灾严重，泸县被国民政府四川省水灾赈济委员会核定为一等受灾县。

（16）民国二十五年，长、沱两江大水入城至迎晖路。小市体仁堂（今回龙湾附近）洪痕可证二郎滩水位24米。

（17）民国三十七年，长、沱两江大水入城，持续数日不退，大什字街上可以行舟。

（18）1955年，长、沱两江大水，城内二十三条街道进水。

（19）1966年，长、沱两江大水入城，数日始退。九十五条街道被灾。新编《泸州城乡建设志》记述当年最高水位18.39米。笔者当年舟行阻水，舣舟合江县史坝沱老鹰岩，该处当时水位高程25.4米，因疑泸州城外长江水位应在21米以上。询诸江上船工，称当年泸州二郎滩水位实为22.3米。

（20）2008年，长江大水入城，水位19.2米。

（21）2012年，长江大水入城，数日始退，多条街道成灾。水位海拔高程294.5米。

【二十四】　令　上级对下级行文的一种。文中事项，要求强制执行。

【二十五】　都水监　嘉祐三年（1058）置，主水政，职掌全国川泽、河渠、桥梁、堤堰诸事，隶尚书省。绍兴九年（1139）裁撤，事归工部。

【二十六】　牒　古代各互不相统摄的官府之间，往来文书用牒，类似于现代公文中的"函"。

【二十七】　符　前代上级官府发给下属的公文，有如现代公文中的"指令""指示"，文末例书"符到奉行"。

【二十八】　都省　尚书省的别称，宋承唐制建。长官称尚书令，由亲王、丞相、枢密使领衔兼任，但不到职视事。另设判省事官一人，只负责集议皇帝谥号、文武官员封赠等事务。其仆射、侍郎、员外郎等高级官吏，也只是挂名寄禄。省下诸司，皆由他官判事。元丰五年（1082）官制改革，始与枢密院同领《圣旨》，其左、右仆射分别兼任门下侍郎、中书侍郎，行长官事，使三省在事实上合而为一，成为具体负责执行皇帝命令的实权机关。

【二十九】 **提点刑狱司** 宋代各路掌司法刑狱、巡察道路、缉拿盗贼的官署，亦称提刑司、宪司、宪台。其长官称提刑按察使。已详前注。

【三十】 **状** 古代下级向上级报告情况、陈述事实的一种公文，类似于现代公文中的"报告"。

【三十一】 **申** 下级向上级报告。动词，有时也作名词用，指下级向上级的"报告"。

【三十二】 **厢界** 边界。这里指泸州本州边界地方的都、里、保甲人员。

【三十三】 **修城壕**、**寨司** 分指负责指挥修缮城堡和护城河的泸州本州下辖工作机构，其指挥下的从事修缮劳作的厢军，称为壮城军。

【三十四】 **支江** 即枝江，今名沱江。

【三十五】 **十字街口** 泸州南北走向和东西走向两条主长街的交叉处，即今泸州"大什字"街口。

【三十六】 **都监** 宋置总管、钤辖、都监、监押，为将帅之官。最初只是出兵临时委派，后渐成固定差遣。《宋会要辑稿》载：

> 都监以阁门祗候以上充，三班为者名监押。诸州、府、军、监皆有之。领本城及屯驻兵，掌屯戍、边防、训练之令，以肃清所部。有至二员者，或为同监押。禁兵驻泊，则增置一员，不领本城兵。边州有至三员者，亦有一路两路三路者，其关、城、县、镇、寨、津、堡亦有置者。县或知县兼充，朝官为都监，京官幕职为监押，畿县则云签书兵马司公事。国初，诸州都监或杂用文臣为之，其后遂罢，止以武臣为之。

> 《两朝国史志》：都监有路分，有州、府、军、监，有县、镇，有城、寨、关、堡，并以阁门祗候以上充，然亦参用三班使臣。凡监押则专用使臣焉。都监、监押悉充在城巡检，自都监而上至路分，大率皆置一员，亦有一州一路数员者。其知县监镇，朝官即兼都监，京官即兼监押，畿县则云同签书兵马司公

事。掌屯戍、边要、训练之政令，以肃所部。①

宋代泸州，驻有隶属中央政府的禁军骑射营。又有一个指挥②的宁远禁军驻江安县。听从地方官府调遣的厢军，有一个指挥的武宁军。宁远军驻江安县，武宁军驻泸州城。泸州都监并不直接指挥部队。

【三十七】　成克宁兵级　按照克宁兵的编制编组成列。克宁兵是四川厢军番号之一。乾德三年（965）九月"壬申，命蜀部诸州各置克宁兵五百人。"③马端临《文献通考》载："四川路步军之额：自开、远而下十，并改号曰'克宁'。凡为一百一十一指挥，总二万三千四百人。"

【三十八】　帖　官府文书名。宋代诸州行下属县公文，不用符，则用帖。帖的命令色彩稍低于符，有如现代公文的"通知"。

【三十九】　泸川县　隋开皇十八年改江阳县置，与州同城。元至元二十年撤销，由州统管，称"泸州本州"。

【四十】　渡船　旧时，官府或慈善人家出资造船，在一些关津渡口义务摆渡，不收渡钱，称为"义渡"。

【四十一】　泗州　北朝周大象二年（580）改东楚州置，治宿预县（今江苏宿迁市东南）。隋大业初改为下邳郡。唐武德四年（621）复名泗州，开元二十三年（735）移治临淮县（今江苏淮安市洪泽湖西岸），天宝元年（742）改为临淮郡，乾元元年（758）复为泗州。城当汴水入淮之口，为南北交通要冲，南宋与金通使即取道于此。清康熙十九年（1680），州城为洪泽湖水淹没，沉入水中，寄治盱眙县（今属江苏）。雍正初升为直隶州，乾隆时移治今安徽泗县。今为县，属安徽。

【四十二】　楼橹　古代军中用以瞭望敌军动静的无顶盖高台。这里泛指城上作为战守之具的各种永久性军事建筑设施。

【四十三】　转运使乔方　其人未详。大观元年七月二十三日圣旨称之为"判官"（副职），升任正使应在其后。

【四十四】　应副　支付，供给。宋代范仲淹《与中书舍人书》："更有合支用

---

① 刘琳、刁忠民、舒大刚、尹波等校点：《宋会要辑稿》职官四九《都监、监押》，上海：上海古籍出版社，2014年，第4403页。

② "指挥"是宋代军队建制单位，每指挥编制五百人，实际往往少于此数。

③ 宋·李焘撰，上海师范大学古籍整理研究所、华东师范大学古籍整理研究所点校：《续资治通鉴长编》卷六，北京：中华书局，1992年，第157页。

处，并令应副。”

【四十五】　三省　宋承唐制，保留门下、中书、尚书三省，然无实权，政归中书、枢密院及三司。元丰改制，分建三省，始与枢密院同为朝中最高权力机构。至元祐时，三省同取旨，实际上已经合一。南宋建炎三年，更并中书、门下二省为一，但仍称三省。

【四十六】　本州邻近夷人　“泸州地方千里，夷夏杂居。”[①]　都掌、乌蛮等众多族群，在当时被总称为“泸州蛮”，分布在泸州以南的广大土地上。其中：

两界夷人——居泸州淯井监（今长宁县）；

豆辣族——居距淯井监十里；

乌蛮晏子部——居长宁、宁远（今长宁东）以南；

乌蛮斧望个恕部——居纳溪、江安以东；

八姓乌蛮——居南广（今珙县西南）；

晏州六姓夷（晏州六县夷）——居晏州山外；

五斗蛮——居晏州轮搏大囤；

罗氏党族——明建九姓长官司，居今兴文县古宋镇久庆场一带；

都掌蛮——居晏州大坝，今兴文县九丝、凌霄、鸡冠诸山；

罗胡苟里夷人——居距纳溪寨五里；

二十四姓生夷——居纳溪境；

思峨夷——居江安思峨洞一带；

梅岭堡夷——居江安梅岭堡；

斗蓬夷——居江安境；

后卢盐夷——居江安境；

底蓬堡夷——居江安至梅岭堡（距江安五十里）间。

此外，还有羿子、晏夷、罗始党（罗始兜）等僚人部落。

【四十七】　本路钤辖司　谓梓州路兵马都钤辖司。

【四十八】　赵遹　开封（今属河南）人。大观初，以发运司勾当公事为梓州路转运司判官。泸戎诸夷纳土，命遹相置。以建立纯州、县、寨有劳，加直秘阁，升转运副使、转运使。政和五年（1115）晏州夷人首领卜漏起事，受命为泸南招讨使，率兵征讨。生俘卜漏，平定泸南，赐上舍出身，拜兵部尚书。与枢密使童贯每多不合，出知熙州。金军南下，国事孔急，奉诏还朝。寻卒。《宋史》卷三四八有传。

[①] 刘琳、刁忠民、舒大刚、尹波等校点：《宋会要辑稿》，上海：上海古籍出版社，2014 年，第 9857 页。

★31.

《江阳谱》（续）

政和五年（1115），又以诏郡守康公师鲁【一】，且遣使相视。时朝廷更置儒守，而孙公羲叟【二】实来，《诏》复委以检会【三】。赵遹、康师鲁已得旨挥【四】，立限【五】修筑。凡役六十二万五百七十六工半，费二十一万三千有余缗【六】。其东濒江以石砌堤，筑城其上，计五百八十五丈【七】，一千一百七十步【八】。石堤高一丈，外增筑土城五尺，鹊台女墙七尺，通高二丈二尺。下阔二丈，上收面【九】一丈。其三面并筑土城，计六百六十四丈，一千三百二十八步。鹊台女墙【十】七尺，通高一丈三尺。下阔三丈，上收面一丈五尺。周城之基，得六里三百三十八步，城屋【十一】共一千五百七十四楹【十二】，有团敌【十三】焉。面瓮城【十四】有门楼【十五】。于是郡城始周而固。

六年，孙公又乞以所余三万缗别帑藏之，以为来者修葺之备，有《旨》从之。今谓之修城库【十六】。

孙自为《纪》【十七】云：

政和六年正月二十九日，枢密院《札子》：奉御笔处分："泸南疆理益广，泸州城壁非壮丽，何以守御且示威蛮夷。仰【十八】孙羲叟检会。赵遹、康师鲁已得指挥，支拨军兴所余钱粮【十九】，选官差人，严立近限，修完了当。其合用料，次及已兴工役，逐旬具奏。"寻遵奉圣训施行，寻具画一【二十】奏闻：乞依赵遹元检【二十一】，计一百三十七万二千三百五十七工，人工钱粮材料等价钱共二十五万五十四贯【二十二】九百一十一文，分为二十料【二十三】，攒（zǎn）【二十四】并日限修筑，约限半年了当。复奉《圣旨》："依奏"。

自被受御笔，后来移《牒》转运司，取拨军兴所余钱粮，一面选官差人，于诸处置买材木，入山采打石条，和顾【二十五】人工，及将所修城壁周围一千二百四十九丈，分为二十料，内东壁濒江一带，以石砌堤，就上筑城；其余西、北、南三面，并筑土城。皆起屋盖护城宇屋、团敌、马面、【二十六】瓮城、门楼等，工力浩大，日役兵匠七千余人。若稍失关防【二十七】，则人工偷堕，枉费钱粮。自三月一日下手兴工修筑，至十月十五日毕工。寻关《牒》本路廉访使者【二十八】郭卫，依御笔处分覆按【二十九】讫。除已画图进呈外，伏自兴役已来，春夏日永，无人偷堕。日夕比较工课，备见董役官吏用心，别无枉费工料。都【三十】役过人工兵匠六十二万五百七十六工半，比赵遹元计料减省得七十五万四千八百一十六工半。其余钱粮除桩留支用外，约有余剩数月。寻于十一月二十二日指画，具《状》奏闻讫。那移【三十一】应副支使，内一项契勘【三十二】，今来城壁虽了【三十三】，向去年深，风雨所加，舍屋楼橹，亦要修换，理当随手完葺。若候关【三十四】转运司支拨，系省钱【三十五】检计问难【三十六】，经涉岁月寝久，损动所费愈多。今相度，欲乞于修城余剩钱粮内，拨三万贯桩充修城本钱，依回易库【三十七】条例，每岁收息，专充增修城壁支使。若辄将他用者，乞依闰正月十三日《圣旨》旨挥，以（监守）自盗论。仍委提刑廉访使者常切觉察，点检施行。

至今年正月初五日承政和六年十二月八日尚书省《札子》："十二月五日奉《圣旨》：依奏。"

七年立石。

【校补图注】

【一】 **郡守康公师鲁** 康师鲁其人，史乘失载。他是在泸南变起非常紧急的情况下，接替贾宗谅任职泸州的。《皇宋通鉴长编纪事本末》记载如下：

> 泸帅贾宗谅者，武人，喜生事，尝以需竹木扰夷，夷怨久已不堪。政和四年，宗谅执夷人大首领斗个旁等，诬以罪。在法纵所犯重，犹以夷法论，不过偿赀畜。宗谅辄杖其脊，黥徙且死。诸夷愤怒，声言官杀其酋长非罪，跳呼砺兵甲，种类响应。……明年正月……（晏州多冈都大首领卜漏）陷梅岭堡，全城被害，焚庐舍，掠子女，虏守把寨官高公老妻族姬等家属。……宗谅出兵与贼战，官军大衄。……上亲札诏遹督宗谅进兵……乐共城兵马监押潘虎因诱致其酋长数十辈来降，虎盟而牿之，即酒半尽，缚取杀之，函其首来献，以为己功。……（梓州路转让运使赵遹）执虎以属吏，虎伏辜。乃以虎徇诸夷，列其杀降劾诸朝。诏斩虎于市，又诏以贾宗谅妄配非辜，致寇丧师，除名为民，编

置河外。……以康师鲁代宗谅。①

【二】 **孙公羲叟** 孙羲叟，徽州（今安徽歙县）人。《皇宋通鉴长编纪事本末》载：

> （政和五年十二月）癸亥，御笔："晏州夷贼犯顺，王师出征，一举万全，拓地千里，建置五城，悉隶泸州。接连交、广，外薄南海，控制十州五十余县，因、纯、慈、祥州、长宁军属焉。边阃之寄，付畀宜重，可依河东代州置沿边安抚司。孙羲叟应副钱粮，颇闻宣力，特除集贤殿修撰、知泸州、泸南沿边安抚司。"羲叟见任朝散郎、直龙图阁、成都府路转运副使。②

重和元年（1118），孙羲叟迁知成都府。

【三】 **检会** 犹查考。此谓授权孙羲叟督办施工。《后汉书·律历志赞》载："象因物生，数本杪曶。律均前起，准调后发。该核衡琁，检会日月。"曾巩《奏乞回避吕升卿状》载："今升卿任江西监司，洪州（今南昌市）在其统属，须至陈乞回避，伏乞指挥检会。"

【四】 **旨挥** 旨，通"指"。旨挥，这里指"指示。"例如，范仲淹《与中书舍人书》："请三哥指挥儿侄知悉。"又如，苏轼《相度准备赈济第三状》："臣已指挥杭州，不得减价，依旧作七十收银。"

【五】 **立限** 立下完工期限。

【六】 **缗** 串。本义指穿钱的绳子。例如，《史记·酷吏列传·张汤》："排富商大贾，出告缗令。"张守节《史记正义》注："缗音岷，钱贯也。"后引申为成串的钱，例如，王嘉《拾遗记》：因墀国献"玉钱千缗，其形如环。"一缗就是一串，也称作一吊、一贯。每串千文。这种计量单位，一直使用到中华民国发行钞票、禁用铜钱，才自然消失。

【七】 **丈** 长度计量单位，每丈十尺。《江阳谱》编写于南宋中期，其时 1 尺约相当于 31.2 厘米。

---

① 宋·杨仲良撰，李之亮点校：《皇宋通鉴长编纪事本末》卷一四一《讨卜漏》，南京：江苏古籍出版社，1988 年，第 4398—4399 页。
② 宋·杨仲良撰：《皇宋通鉴长编纪事本末》卷一四一《讨卜漏》，南京：江苏古籍出版社，1988 年，第 4420—4421 页。

【八】　**步**　古代长度单位，每五尺为一步，每二步为一丈。

【九】　**上收面**　即城墙顶部的宽度。所谓"上收面一丈"，即城墙顶上宽一丈。城墙顶部与底部宽度之比约为 2：1。

【十】　**鹊台女墙**　在土城顶部再筑女墙，间以鹊台。鹊台，亦称敌台，为建筑在城墙顶部的永久性战争防御设施。女墙，因防御需要而在城墙顶上增筑的小墙。其顶呈凹凸形，称为雉堞（即垛子），以供射击、观察之用。《尔雅·释名·释宫室》："城上垣曰睥睨……亦曰女墙，言其卑小比于城。"据 1989 年版的《中国大百科全书·军事》，明代北京内城城墙墙体最高为 13 米多（包括雉堞），底宽 19.5米，顶宽 16 米。墙顶的内缘设女墙，高 1 米，外缘设雉堞，有垛口 11038 个。

古代地方城池与京师相比，其制度远为卑小，所谓女墙，与雉堞事实上是合而为一的。但从政和六年泸州修城实际看，女墙顶宽一丈，显然不可能作为雉堞使用。雉堞是古代城池必有的固定设施，而《江阳谱》未载，因疑当时泸州女墙顶部外缘或另有雉堞。

按，中国古代筑城的基本形式，是以城墙为主体，与沟池等障碍和外围关堡相结合所组成的防御工程整体。城池是古代统治阶级对外进行防御，对内进行统治的基地。历代统治者都把城池的得失作为战争胜负的主要标志，把构筑和加强城池的防御能力作为国家设防的重点。政和六年泸州土城修筑的直接原因为当时泸南地区战争形势的需要。这种需要不仅包括维护泸州城市自身的安全，在相当大的程度上，还包括向泸州长江以南少数民族地区展示武力，以震慑一方。所以，在营造方式上主要考虑的是军事上的用途，建造了相应的防御设施，其次才是为了杜绝水患。

城池作为一个完整的战争防御体系，大体要有墙、濠防护设施，射击及抛掷滚木檑石设施，出入口防御设施，城上观察设施和外围关堡等五大类设施。政和六年修筑的泸州城，不仅上述设施基本齐全，而且设计与施工方案都是比较科学并且符合泸州城市地形地貌与水文地质实际的。泸州城东临长江一面，夏秋江水湍急，水位也急剧增高，而江岸又比较平坦一些，所以被作为修筑的重点地段。泸州城墙分为三个层次：

（1）石堤——条石垒砌，上下等厚，高 1 丈，以御江水。

（2）土城——沙石比土夯筑，上窄下宽，上收面一丈，底部厚二丈。城高五尺。城上房屋（包括门楼），便直接筑在土城上。

（3）鹊台和女墙——筑在土城外缘，高七尺。

这种底部构筑石堤的筑城方式，主要是考虑到泸州城东临江一面河岸平坦，如不筑石堤，江水泛涨淹没墙基，城墙便会倒塌。但城南地势高敞，无洪水之虞，城北临沱江一面，河岸陡峭，洪水也淹没不到，至于西面，背靠忠山，更无江水之患，所以，这三面城墙底部便不需要筑为石堤，只需要筑成土城，再在上面构筑女墙和楼橹之属就行了。

【十一】　城屋　城墙顶部增筑的种种指挥、观察设施的总称。中国古代筑城，很重视在城门上和城墙的拐角处构筑指挥、观察设施。《周礼·考工记》已有关于宫隅、城隅之制的记载。秦代出现了城楼，汉代出现了角楼。以后历代筑城，在城门上和城墙的拐角处均建有供瞭望用的亭楼观榭之类的建筑。明代在形制上对角楼做了大的改进——改建为四周开有箭窗的多层角楼，既可用于观察，又可用于射击。南北朝时期的邺城，城墙上还建有用于观察的敌楼，后代一直沿用。此外，有的城池还在内城建有钟楼、鼓楼，平时用以报时，战时用以报警。

【十二】　楹　量词。屋一间为一楹，一说屋一列为一楹。

【十三】　团敌　构筑在城墙四角的凸出城墙外墙面的墙台，与城墙连成整体，其上筑为角楼，能向两个方向瞭望观察和射击。宋建泸州城，东北角和东南角各有一个团敌。

【十四】　瓮城　亦称月城。城门是城池筑城体系的薄弱部位，也是进攻者实施攻击的重点。为掩护城门，加强防御能力，筑城者往往在城墙外构筑稍低于城墙而凸出于城门外的半月形或方形的小城，以保护城门免遭直接攻击，谓之瓮城。《武经总要》：城"门外筑瓮城，城外凿濠……或圆或方，视地形为之。高、厚与（大）城等，惟偏开一门，左右各随其便。"[1]

瓮城

---

① 宋·曾公亮等撰：《武经总要》前集卷一二《守城》，《四库全书》文渊阁本。

宋代泸州，西门（保障门）和北门（朝天门）皆有瓮城。

【十五】 **门楼** 城门上瞭望、射击敌人的楼。《魏书》：杨昱镇荥阳，元颢攻破之，"昱与弟息五人在门楼上。须臾颢至，执昱下城"①。

【十六】 **修城库** 用修城工程的节余款营利生息所建立起来的修城专用基金。这里所说的"今"，指的是南宋嘉定年间《江阳谱》成书的时候。也就是说，直到南宋中后期，这笔基金还依然存在。在这以后的宋理宗端平三年（1236），蒙古军攻入四川，宋军"有战兵之失位，招来而至泸者，与其军民交竞，比屋延燎，倏为焦土"②。安抚使黎伯登动用公帑十万五百缗，重修泸州城楼、官署，再建泸南府军。当时动用的公帑，显然包括了修城库这笔基金在内，或许用光了全部本息。淳祐二年（1242），知泸州曹致大主持包砌神臂山，徙泸州治于其上。从那以后，就再未发现任何有关泸州修城库的记载，想必修城库已经耗用一空了。

【十七】 **孙自为《纪》** 孙羲叟所撰《修城纪》已为《永乐大典》收录，而《蜀中广记》又载："孙羲叟《修城记》：泸控西南诸夷，远逮爨蛮，最为边隅重地。元丰以来用武臣，其后始更置儒守。钱若水以右赞善拜兹官，宋太祖召见于武德殿，谓之曰：'泸川最近蛮獠，尤宜绥抚。'盖重之矣。"③据是，则在《永乐大典》所录此记之外，孙羲叟另有泸州修城纪之作，载在明代泸州地志，故学佺得摘而录之。

【十八】 **仰** 前代公文用语。用于下行文中意谓责成，在上行文中则为恳请。

【十九】 **支拨军兴所余钱粮** 镇压卜漏的战事已经结束，宋王朝可以抽出人力、物力来修筑泸州城，以"示威蛮夷"，弹压一方。

【二十】 **画一** 方案。

【二十一】 **检** 估计，测算。

【二十二】 **贯** 制钱计量单位。每贯千文。

【二十三】 **料** 量词。批次。苏轼《乞不给散青苗钱斛状》写道："候丰熟日，分作五年十料，随二税送纳。"④又指物的分剂，以一定数量的物品为一计量单位，称为一料。《玉海·兵制·刀》载："乾道元年十一月二日，命军器所造雁翎刀，以

① 北齐·魏收撰：《魏书》卷五八《杨播传附杨昱》，北京：中华书局，1974年，第1294页。
② 宋·李心传撰：《泸南重建府军记》，正德《四川志》卷三七《文词·泸州》，马继刚主编，《四川大学图书馆馆藏珍稀四川地方志丛刊续编》，成都：四川大学出版社，2015年，第2457页。
③ 明·曹学佺撰，杨世文校点：《蜀中广记》卷一六《名胜记十六·下川南泸州》，上海：上海古籍出版社，2020年，第169页。
④ 明·杨士奇等编：《历代名臣奏议》卷二六九，《四库全书》文渊阁本。

三千柄为一料。"①

【二十四】 **攒** 加快，抓紧。

【二十五】 **和顾** 雇请，顾，同雇。

【二十六】 **马面** 古代城墙中向外凸起、附着在城墙上的墩台。马面突出于城墙之外约五六尺，既可反向射击，又可侧射已经逼近城墙墙脚的进攻之敌，一般每隔六十六步（约150米）建筑一座。上窄下宽，顶部筑为雉堞，状似马的面孔，因名"马面"。马面是防护城池的可靠设施。宋人沈括据其亲历闻见有云：

> 延州故丰林县城，赫连勃勃所筑，至今谓之赫连城。紧密如石，刷之，皆火出。其城不甚厚，但马面极长且密。予亲使人步之，马面皆长四丈，相去六七丈，以为马面密则城不须太厚，人力亦难攻也。予曾亲见攻城，若马面长，则可反射城下攻者，兼密则矢石相及。敌人至城下，则四面矢石临之。须使敌人不能到城下，乃为良法。今边城虽厚，而马面极短且疏。若敌人可到城下，则城虽厚，终为危道。其间更多刓（wán）其角，谓之团敌。此尤无益。全藉倚楼角以发矢石，以覆护城脚。但使敌人备处多，则自不可存立。赫连之城，深可为法也。②

【二十七】 **关防** 照料，防范。

【二十八】 **廉访使者** 提点刑狱司属官名。在提刑司内，分工负责考察所辖一路的官吏政绩，弹劾贪赃违法的官吏。

【二十九】 **覆按** 检查验收、审计。

【三十】 **都** 总，总计。

【三十一】 **那移** 挪移。那，同"挪"。

【三十二】 **契勘** 按查，考核。

【三十三】 **了** 了当，此指完工。

【三十四】 **关** 关白，此指移文联系、通报。

【三十五】 **系省钱** 宋代朝廷国库掌管使用的钱。

【三十六】 **检计问难** 审批不易。报批手续纷繁，朝廷负责审批衙门还要提出诸多诘难，很不容易获得批准。

---

① 宋·王应麟撰：《玉海》卷一五一《乾道雁翎刀》，《四库全书》文渊阁本。
② 宋·沈括撰：《梦溪笔谈》卷一一《官政》，《四库全书》文渊阁本。

【三十七】 **回易库**　宋代沿边州府和统兵将领用朝廷拨给的专门款项或军费作为资本，从事营利性的工商业经营活动，称作"回易"。这里所说的"库"，指专设账户，把筑城结余的钱作资本搞经营，或者放债生息。

按，政和六年创筑泸州土城，历经几年筹划，皇帝御笔批准，在国家最高军事机关枢密院部署下，动用一笔国库资金，由地方官府征调部队和民夫、民工，具体组织实施。朝廷对于这项浩大的工程高度重视，严格审定图纸和施工方案，材料使用与工程进度情况也要求逐旬报告。严立期限，不得拖延，工程得以迅即上马。董役官吏认真监督，节省了人工和建筑材料，提前按质按量地完成了全部筑城任务，圆满地通过了验收和审计。

这次筑城的成功经验，总结到一点，就是"世界上怕就怕'认真'二字"。该工程办理得人，精心组织，精心施工，不过半年，泸州城就在长、沱两江汇合之处威武雄壮地耸立起来了。

★32.

《江阳谱》（续完）

绍兴十五年（1145），冯公楫【一】再请修筑【二】。其东偏自南之北，五百八十五丈，悉以石甃（zhòu）【三】土，以避水患。其（余）三面如故【四】。而改筑广于旧城【五】二里四十步，通为九里一十八步。改建楼橹，鼎新雉堞，炭然周遭，雄壮甲两蜀。

嘉定十年（1217），风雨大作，折木发屋，土城颓者半。范公子长【六】委路钤【七】彭恬、驻泊【八】郭申之重修。范公自为记【九】，又改门名三：其南安夷曰来远，其西兴化曰保障，其东关市曰通海。来远、通海二门，魏公了翁【十】篆额；保障，则范公自书。

今【十一】门九。东：通海门【十二】、旧曰"关市"【十三】，以税务【十四】在其左，取"关市讥而不征"为之名。范公子长以门之外有泸江亭【十五】，为宾饯客舟之所，舟行即东至海【十六】，故改今名。通津门【十七】。旧曰大善门，俗呼尼姑门，内即大善尼寺【十八】，后改今名。东南：临江门【十九】。俗呼新水门。涉江而东为苍崖渡【二十】，渡之上为崇德原庙【二十一】。南：来远门【二十二】。旧名安夷门，俗呼南门。内即郡学【二十三】，外即鳝溪【二十四】。溪桥【二十五】上，有唐都督苏公德充《甘泉记》（碑）【二十六】。循城左为团敌，上有亭曰"南亭"，董公诚【二十七】建。亭下有尊胜石幢【二十八】，帅冯公楫于展筑之日，置石幢于此。及（长、沱）两江合流处亦置一石幢以誓水患【二十九】，有屋覆之，工艺精致。幢成，公自往作佛事，以致祷焉。今屋毁，但石幢存。西南：敷政门【三十】。俗呼武宁门，盖以武宁指挥【三十一】在焉，故名。西：保障门【三十二】。旧名兴化门，范公子长以由是而升堡山，且取保障之意以为名。门之外为瓮城，中有亭曰"爱山"。西北：汲水门【三十三】。在骑射营【三十四】后。绍圣元年（1094），以营无井泉，于营后开门取水，应副人马。北：朝天门【三十五】。出是门即趋旧京【三十六】之道，故名。嘉定十年，范公子长改建门楼，更书其额。楼之右有门，与帅治【三十七】楼门之外为瓮城，建亭其中，曰"肃诏"。东北：济川门【三十八】。俗呼小川门，盖声讹矣。凡江北两津来往者，皆出入于是门，故名。又：东北有废门【三十九】一。俗呼水门。在济川门之右，不详启塞之由。循门而左行，则为团敌，团敌之上为海观【四十】。海观之下即誓水石幢【四十一】。幢下据两江之会。

里城。【四十二】

子城。据《开禧志》【四十三】记，但云《旧图经》【四十四】载诸官廨在子城西北畔。今钤辖【四十五】、节推【四十六】、录参【四十七】、司户【四十八】四廨不在子城之内。其在内者，独通判【四十九】、钤干（gàn）、抚干【五十】、节判【五十一】厅而已。兴筑之始既不载，而周围高厚俱不可考。官廨与民接者，虽仅有墙堵，而内外壕堑亦莫之见矣。

旧曰门三。今考之，门凡四：

南谯门【五十二】、治平三年（1066），守周公永懿【五十三】建。合江知县邓绾为之记【五十四】。淳熙元年（1174）［火］【五十五】，［大］【五十六】帅李公焘【五十七】重建，上揭州榜【五十八】。九年。丞相赵公雄【五十九】以总领冯公宪【六十】大书易旧额。庆元元年（1195），范公仲艺【六十一】以三刀多芒刃特为改书。直门而前二百步为军门楼【六十二】。嘉泰三年（1203），帅王公勋【六十三】迁州治之旧宸章阁【六十四】以建，上揭军额，亦冯公宪书。楼之北，向揭许公奕【六十五】所书"南楼"二大字。刻漏【六十六】本之【六十七】燕肃【六十八】所制，旧以石为之。其池一，阔二尺七寸，深一尺四寸，顺阔一尺八寸，其形方；（大）［平］池【六十九】一，深八寸，径二尺，其形圆。水斗一，深二尺四寸，径一尺五分，其形立而长。其石皆厚大，止以则水。鼓十有二枚，角十有（二）［一］（枚）［枝】【七十】。铜钲九面，上铸"绍兴辛巳（1161）十月造"字。箭二十有五枝，衮弹一十九，凡十九衮遍为一会。春、秋十四会［十】【七十一】五会为一点；夏十三会为一点；冬，十七会十八会为一点，视二至、二分【七十二】刻数，增减弹架，共长一丈四尺七寸。嘉定九年（1216）二月二十八日，地大震【七十三】，其石池皆坏。帅范公子长以（某）［其］州【七十四】陶器精于时刻，命工制造以来，置于筹边堂【七十五】，后迁于此。

衙东门、入门而左为熙春园【七十六】。仲春，花卉盛开，则开园门，与民同乐，月余乃罢。**西门**【七十七】、出自州仓【七十八】，通都教场【七十九】。遇支军粮则开之，以便出入。**东北门**。在朝天门之侧，为菜门，设而不开。

【校补图注】

【一】 冯楫　字济川，蓬溪（今属遂宁市）人，宋政和八年（1118）八行科进士。南宋高宗建炎元年（1127），除秘书省正字。建炎三年苗傅、刘正彦作乱，逼迫宋高宗禅位，楫贻书责傅，因得隆裕太后赏识，升任宗正少卿。绍兴九年（1139），为国信计议副使，同正使王伦与金人签订《绍兴和约》。依照该和约，南宋向金称臣，每年贡纳岁币。后，冯楫升任礼部侍郎、给事中兼侍讲，充徽猷阁待制。金人背盟，免职奉祠，提举亳州明道宫。绍兴十一年出知邛州（今四川邛崃市），十五年，改任潼川府路泸州安抚使、兼知泸州。其时，朝廷重新丈量田地，据以征收赋税，峻责州县，蜀中增税亦多。又官田号"省庄"者，所租有米、谷、粟、麦、麻豆、芋、栗、桑、菜、鸭卵之属凡十八种，皆令输以钱，民尤以为患。楫论于朝，于是泸、叙、长宁独免，民甚德之。泸州地志云，冯楫幼年离乱失母。官泸时，诞日大宴，复识其母于群丐中。因建八角七级重檐砖塔于城中最高处，底径十米，高三十二米，以报佛恩，内藏舍利等诸般镇塔珍宝。1950年，诸般镇塔珍宝被塔下寺庙僧人监守自盗，僧人逃离，不知所终。2013年，国务院公布此塔为全国重点文物保护单位。

全国重点文物保护单位泸州报恩塔

【二】 再请修筑 李心传《建炎以来系年要录》载：绍兴十有五年（1145），"徽猷阁待制、知泸州冯楫申修筑本州城。许之。泸旧无城，以木栅为固，岁久不葺，盗取而薪之。政和中，始命垒石为堤，上筑城，其周六里有奇。计用钱二十一万缗。然濒江一带，石堤虽固而上封以土，江水暴至，犹有啮城之害。楫悉以石甃土，凡石城千一百七十步，高二丈二尺；土城千三百二十八步，高三丈"①。

当时正值宋室南渡之初，国家尚未恢复元气。但金兵的战火并未燃到四川腹地，蜀中社会生产尚属正常，秩序也比较安定，整体上依旧太平，所以还有财力来增筑泸州城池。这次增筑，不仅是改建楼橹，鼎新雉堞，进行一般性的修缮，更主要的是把城市的边长扩大了二里四十步，比以前增长了约三分之一，城市面积增大了约九分之一，城池雄壮甲两蜀，成为名副其实的蜀中重镇。

【三】 甃 砌，垒。《易·井》曰："井甃。无咎。"孔颖达疏引《子夏易传》

---

① 宋·李心传撰：《建炎以来系年要录》卷一五四，上海：上海古籍出版社，1987年，第158页。

曰："甃，亦治也。以砖垒井，修井之坏，谓之为甃。"后因之，以砌砖石为甃。这次增筑，东临长江一面、旧有石堤之上、土夯的城墙之外，用条石包砌筑土城，内外两侧均用条石垒砌，中间填土夯实，从而使得这段城墙更加坚固，即使江水泛涨淹没墙脚，也无崩塌之虞。

【四】 **三面如故** 其余北、西、南三面，依旧是土城，没有像东面那样用条石包砌。

【五】 **广于旧城** 从临江一壁仍旧是五百八十五丈看，这次城市面积的扩大，主要是向西南方向延伸。因为东、北两面濒临长、沱两江，无法扩展，只有西南方向上可以拓展。因疑政和六年创筑泸州土城时，南面一壁城墙，沿现已枯涸不可复觅的马溪沟岸而筑，遗址在今泸州城区市府路一线，以马溪沟为天然护城河。绍兴十五年扩建，向西南方向拓展城基，以今日遗址尚自可觅的营沟为护城河，南面一壁城墙，即沿营沟修筑，世代相承。这就是今泸州市的三星街和白招牌街的路基。

乾道以后的泸州，作为一路首府，地位大大提高。收缴所辖十五州军的钱税，财政收入大大增加，部队士卒也多了，加上有孙羲叟创办的"修城库"，可谓有钱有人。因此，修城的事也就好办。如果说绍兴年间的那次扩建还需报请朝廷批准拨款，那么，嘉定十年的这次改筑就已不必惊动朝廷，也不必征发民夫，甚至无需地方最高军政长官亲自指挥督办，只需一声令下，交给专门负责劳役诸事的厢军主官调遣士兵修筑就行了。泸州社会经济实力的提高，于此也可见一斑。

【六】 **"范公子长重修"句** 范子长时任潼川府路安抚使、兼知泸州，因委路钤彭胥、驻泊郭申之负责修城。

宋代泸州城池几经展筑，至此最后定型。其明年，叙州人程公许[①]经过此邦，赋为《泸水清》诗，对其大加赞赏，其略云：

> 泸水清，泸水之清如镜平。蜀江西来流沄沄，内江胥命如逡巡。两江合处耸百雄，表里益梓巴夔分，如户有限齿有唇。云南与夜郎，甫隔东西邻。山川之险守在人……蜀东诸镇泸最重，范侯之来更觉一面如金城。东军之骄昔所患，南诏之黠那易驯。我侯方寸澄止水，镇以寡欲抚以诚。重门严柝夕烽冷，紫逻杂耕膏雨匀……

嘉定十年的泸州，城墙总长九里一十八步，雄壮甲两蜀。城内驻节沿边兵马都

---

① 程公许，南宋叙州宣化县人，嘉定四年进士，累官至刑部尚书、宝章阁学士。《宋史》卷四一五有传。

钤辖，有三个建制指挥单位的"骑射""克宁""武宁"诸军共一千余人，号令一方，下领十五州（军）又十八羁縻州，控制泸州长江以南滇黔边面二千余里，商贾云集，五方辐辏，每年征收商税十万贯以上，进入了历史上的全盛时代。

【七】　**路钤**　潼川府路兵马钤辖，驻节泸州。

【八】　**驻泊**　驻守地方的禁军。北宋禁军轮流更戍各地，不时调动、换防。"其出戍边或诸州更戍者，曰屯驻；非戍诸州而隶总管者，曰驻泊。"① 这里所称之驻泊，指驻泊泸州禁军的主官。

【九】　**范公自为记**　其文今已不存。

【十】　**魏公了翁**　南宋军国重臣，理学大家。《宋史》入儒林传，褒誉显美，其略云：魏了翁，字华父，邛州蒲江（今成都市蒲江县）人，庆元五年（1199）进士，授佥书剑南西川节度判官厅公事，嘉泰二年（1202）召为国子正，改武学博士，历秘书省正字，迁校书郎。出知嘉定府（今乐山市）。丁生父忧，解官心丧，筑室白鹤山下，开门授徒，士争负笈从之，由是蜀人尽知义理之学。差知汉州、眉州，所至皆有善政。嘉定四年（1211）擢潼川路提点刑狱公事。八年，兼提举常平等事，迁转运判官，戢吏奸，询民瘼，举刺不避权右，风采肃然。十年，迁直秘阁，知泸州，主管潼川路安抚司公事。丁母忧，免丧，差知潼川府，约己裕民，厥绩大著。十五年，被召入对，俄权尚书工部侍郎。以集英殿修撰知常德府，绍定五年（1232）进宝章阁待制、潼川路安抚使、知泸州。泸大藩，控制边面二千里，而武备不修，城郭不治，了翁乃奏葺其城，楼橹雉堞，增置器械，教习牌手，申严军律，兴学校，蠲宿负，复社仓，创建义冢，建养济院。居数月，百废俱举。进华文阁待制，赐金带。臣庶封章，多乞召还，上因民望而招之，用了翁权礼部尚书，兼直学士院。还朝六阅月，前后二十余奏，皆当时急务。上将引以共政，而忌者相与合谋排摈而不能安于朝矣，执政遂谓近臣："惟了翁知兵体国。"乃以端明殿学士同签书枢密院事，督视京湖军马。进封临邛郡开国侯，又赐便宜诏书如张浚故事，御书唐人严武诗及"鹤山书院"四大字，仍赐金带鞍马。寻改资政殿学士、湖南安抚使、知潭州，复力辞。未几，改知绍兴府、浙东安抚使。嘉熙元年（1237）改知福州、福建安抚使。卒，诏赠太师，谥文靖，累赠秦国公。魏了翁对泸州政治、城市建设和边防，特别是文化教育有重大贡献。泸人爱之重之，八百年以迄于今日。

【十一】　**今**　指《江阳谱》成书的时间，即南宋宁宗嘉定十五年。其时的泸州

---

① 宋·章如愚编：《群书考索后集》卷四〇，《四库全书》文渊阁本。

城，有九道城门，《江阳谱》从正东方向上长江岸边的通海门开始，以顺时针方向为序，逐一对这九道城门进行了记载。

【十二】 **通海门** 泸州城的东门。通海门一带旧名"关市"。滨江。明代，宋城旧址重修，改题"寅宾门"。民国十八年（1929）修筑市街马路（今新马路），该门被拆毁。旧址在今迎晖路与新马路交叉处，地理坐标：东经 105 度 27 分 1 秒，北纬 28 度 53 分 46 秒。民间习称"东门口"，城门正对大什字。门外有泸江亭。

【十三】 **关市** 关，交通要道。市，贸易场所。关、市合称，乃指设在交通要道上的市集。泸州东门外是深水良港，长期为长、沱两江上下物资转运、集散之地。

【十四】 **税务** "务"是宋代官设的贸易机关或贸易场所。所谓税务，就是专门办理征收商税的机关。南宋泸州城中，计有六务。

【十五】 **泸江亭** 见★91。

【十六】 **舟行即东至海** 泸州坐落万里长江黄金水道上，是长江上游除去重庆以外最大的港埠，是辐射四川南部和黔北、滇东北地区大宗物资集散之地，"乃水次埠头也，四川士夫进京，皆至此处下船"[1]。商旅、官使往来，络绎不绝。南宋年间，京城临安（今浙江杭州市）和宋王朝的财政与物资供给，很大程度上仰仗四川，彼时，作为水运大港的泸州，地位更加凸显。

【十七】 **通津门** 故址在宋建开福寺（白塔寺）下方、今宝来桥（竹架子）附近。★102 处言开福寺下有通津馆可证。宋元战争间，此门毁于兵燹，明代未再恢复。

【十八】 **大善尼寺** 度其地望，遗址应在今下水井沟街稍南，次干道（慈善路）与新马路街道之间。

【十九】 **临江门** 明代以降称凝光门，颜额为杨慎所书。杨慎又有《凝光门观江涨》诗云："六月旧井无禽，七月乘船入市。楼台蜃气晨浮，原隰龙鳞秋洗。望羊河伯自矜，鬻渡津人争喜。东林老衲厌喧，唤打暮钟清耳。"[2] 民国十七年（1928）拆除东门（宋通海门），又拆凝光城楼，用从南门（宋来远门）至东门的城墙作路基，改建为环城"新马路"。其门洞至今保存完好，成为中国历史文化名城泸州城池的见证。

所谓"俗呼作新水门"，盖因此门乃城内民人到江边汲水的通道。事实上，直到 20 世纪 60 年代泸州城市饮水全部用上自来水之前，这道城门仍然是人们从江头挑水入城的通道。

① 明·何良俊撰：《四友斋丛说》卷一八《杂记》，北京：中华书局，1959 年，第 159 页。
② 明·杨慎撰，明·杨有仁编辑，明·赵开美校：《太史升庵遗集》卷四〇，万历十年蜀刻本。

【二十】 **苍崖渡** 见★42。

【二十一】 **崇德原庙** 苍崖耸立长江南岸，广大宽阔，其上建有崇德庙。年代既远，当年奉祀何神已不可知。清代，庙中春祀的是相传治水有功的秦代蜀守李冰之子"二郎神"。抗日战争时期成为驻军军用物资仓库。中华人民共和国成立后，改由国营粮食公司用作粮仓。后扩建街道时拆除。

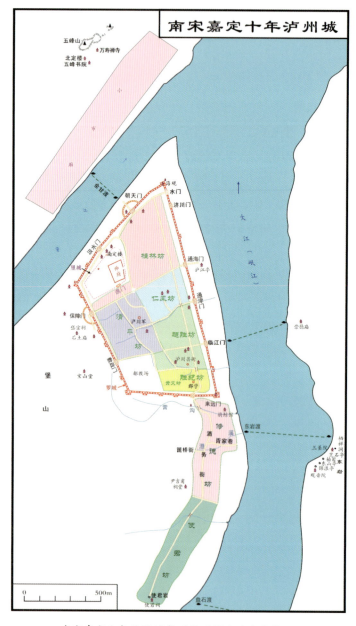

南宋嘉定十年的泸州城（泸州周汝洪先生绘）

【二十二】 来远门 南门。又名安夷门。明代即宋城旧址重修，改题"旗远门"。遗址在今次乾道与三星街交叉口之西约 30 米，地理坐标为东经 105 度 27 分 42 秒，北纬 28 度 17 分 00 秒。20 世纪 50 年代拓宽三星街时拆除。

【二十三】 郡学 即泸州州学。遗址在市府路（步行街）。乾隆《直隶泸州志》："泸州儒学，唐咸亨间建州北，宋元祐中迁建。开禧中，知州魏了翁先后修葺。明洪武初，知州许世德改建州南鹤山书院旧址，东向……（清）康熙二十一年（1682），知州陈五典改建州南仓街，即今所。殿南向，门东出。"① 魏了翁《重修州学碑记》云：

泸故有学，在州治之北，自淳熙中帅守某尝撤而新之。仅历三纪，盖坏弗治，州守李君焘与贰守王君萧尝议更葺，且病其门闱弗正也，为审端焉。各捐钱二千万，市材于龙湖、渝、戎之间，既赋文鸠功，会李君召去，余适来，乃与王君卒其事，各增钱千万。始嘉泰三年（1203）之六月，讫开禧元年之五月。礼殿、讲堂、斋馆、门序，次第一新。而云章有阁，从祀有象，先贤有祠，文章有所，直宿有舍，以至庖湢笔库、黝垩陶甓，率视旧加隆。役成，帅士者修舍萌之礼，余又念堂曰"明伦"，而无以训迪之也，乃摘六经、语、孟切于伦理者凡八条，大书深刻而壁置之。都人士谓是役不可无纪也，以惟予也请。顾某不佞，何足以与乎此。虽然，尝闻之：斯民也，三代之所与共学者也。然而古今异俗，则亦有幸不幸焉。三代建学，立师之制，于周为详。今《周官》所述，惟大司乐成均之法师氏王宫之教，乡遂属民读法之节，而他未有考焉。参之诸书，则自二十五家之同为塾，以里居之有道德者为左右师，所以合国人弟子，道以幼学之节而养其良知之本，由是升之党庠，升之国学。不特王公、大夫、士之子也，乡之俊选，莫不咸在，不特小乐正教以威仪也；大乐正迪之以礼义，不特齿及宾介也；郊人之疏贱，亦取爵于堂上之尊以相旅，不特三岁而案比也；中年而校其进否，不特六卿兴贤也。自遂以降至三等之国，亦如卿制。盖曰天之生斯民也，仁义礼智之性，父子君臣夫妇长幼朋友之伦，民所同有也。而行之不著，习矣不察，是故立之。后王君公承以大夫、师长，建之学校、庠序，则所以为之耳目，导其所向，使充是四端行。诸五典有亲、有义、有别、有序、有信，而无不尽其分焉。是先觉先知者之责至重而不轻也。又虑

① 清·夏诏新纂修：乾隆《直隶泸州志》卷四《学校》，见故宫博物院编《故宫珍本丛刊》第 210 册，海口：海南出版社，2001 年，第 106 页。

其笃近而遗远，详贵而略贱也，则联以井牧，画以比闾，合以乡射，考以节授，盈天地间，无一民尺地不相属焉。夫然，故民生其时，出入有教，动息有养。所谓人有士君子之行者，非虚语也。

自上失其道，莫知所以君之师之，上以权谋利禄为操世之具，下以揣摩迎合为取宠之资，于是小有才者捷出，居近利者速化。至科目之设，则士自童习，已有计功求获之志，而俗日以卑，其间岂无不待文王而兴者，然不能皆尔。而况小有才则溺愈深，居利近则坏愈速，记览而谓之学，词采而谓之文，虚无而谓之道，袭讹承陋不自觉。知甚者则有口谈儒术，心是异端者焉。夫后王君公大夫、师长学校庠序，本所以为时人之耳目，使知有广居可居，正位可立，大道可行也。而千百年间，为之耳目者，反有误其所习，俾之旷安宅，舍正路，倒行逆施，伥伥然无所归益。至于本朝之盛，诸儒迭出，正学中兴，然后士识所趋，知有人己、义利之辨。然而二百年间，笃信而力行者，犹可枚数，则以染濡之久，自奋维艰。

呜呼，生于三代者，果何其甚幸邪！周始于后稷，夏商终于杞宋，皆二千余年有国，圣贤后先，治化休盛。明伦立本，其效固若是。而春秋以下，乱浮于治，士鲜常心，则为人耳目者，亦尝思其故乎？

泸地虽陋，上领①戎叙，下接巴渝，士之学者，自先汉之初，已能驾齐鲁，故古志谓泸俗好文雅，又重以太师吉甫文武宪邦之忠，伯奇援琴履霜之孝，其所熏渍，质实而近本，士生其后，理义精明。乃牧乃监，相与为之耳目，以导之使趋，然则如前日所谓揣摩迎合为利禄计者，士既知所耻矣，则反其生之所，自有尽其分之所得。为士亦知所自勉哉。

开禧二年（1206）七月壬申记。②

又以庙、学不可以混，重修孔庙，又撰《泸州重修学记》，曰：

泸故有孔子庙，在州郭之北，唐咸亨所建也。迨庆历四年（1044），诏州县兴学，爰始除舍以赢生徒。元祐五年（1090）徙庙学于州南，绍兴中，始置教授。自崇宁讫嘉泰，虽三历缮修，然今既三十年矣。某起家守泸，以故事谒

---

① 领，此同"邻"。
② 清·夏诏新纂修：乾隆《直隶泸州志》卷七《艺文》，见故宫博物院编《故宫珍本丛刊》第210册，海口：海南出版社，2001年，第212—213页。

先圣先师堂序，若将厌焉，则撤而新之，前端门术，后建齐寝，左右列从祀位。又念庙、学不可混也，更建东西序，筑师生之馆于外。尊罍爵洗故以梓，今范金为之，凡二百一十。为有司制冕服、诸生制衣帻。役未既，会某以君命召，士曰："公无一言以告我乎？"

某对曰：吾幼而学之孔孟之书也，壮而欲行之，率不与事俪，今愿窃有告焉。且古者国子舍于王宫，教于师氏，而时会于大司乐，以习诵弦、以学乐舞。万民居于比间，教于塾师，而时属于州序，以受教法、以正齿位。皆非常廪之士也。自汉景时，文翁为蜀郡守，立学官，置左右生，而郡国养士始此。武帝立博士弟子员，而大（tài）学养士始此。古者，以有道有德者教国子；父师、少师教于间塾，盖礼所谓乡先生，国人所视为矜式者。故于射饮则为遵。自乡治废而教法坏。至新莽，始于校学立经师，踪是相承，有郡文学、州博士之等。迨我庆历，设教授之官，始也犹听举人自择，熙宁以后命于朝廷、命于吏部，则皆听之资格矣。古者有养老乞言，有旅酬合语。盖学校，公论所出也。自春秋至二汉，此意尚存。迨其后也，规约日繁，禁防日密，至蔡京专国，则宪禁申令，如谤讪朝政，如造为飞语，皆坐首诃。至于今，未之改也。虽然，是特学制之变耳，其如庙制，则滋异昔。

闻古者祀，祭享之别不相僭渎，未有非鬼、非族而可以言庙，不尸、不厌、不嘏、不绥、不旅、不绎而可以言祭也。鲁哀公十七年（前478）立孔庙于故宅，阅千余载，未尝出阙里也。汉儒所谓立学释奠，未知先圣先师为谁，自载记之外无闻焉。迨魏齐王、晋武帝释奠于学，虽眆见史册，而未有原庙也。唐武德二年（619）庙周、孔于胄监。迨贞观，定为孔子为先圣而黜周公。于是牲牢器币日增月益，无异庙祧之祀矣。古者弟子之于师，子孙之于父，祖尊之而无以加也，则称字以别之，字之至贵，汉初犹然。而新莽不知仲尼之为尊也，妄为作谥。然"宣尼"之云，未敢削其字也。至追崇之典代增，则以累谥为重、王封为贵矣。古者惟功臣与享大烝，未闻弟子从祀于师也。自建武祠七十二子于孔庙，尚亦不出阙里也。贞观末，加以左、卜诸儒从祀大学，而武成王之祠亦仿而为之。总章、开元以来，又加诸儒以三等之爵，而州县学官咸有从祀矣。夫是数者，孰非至隆极美之事，乃肇自汉景、武，而盛于魏晋齐梁隋唐以后。然则五三之典非与？《易》《书》《诗》《春秋》不可信与？借曰昔人未及闻知，则美化善俗，宜有以远过三代，而民之淳漓、世之治乱顾相反若此，则又何在？大抵先王之时，其人则四民也，其居则六乡、三采、五比、四间也，其田则一井、二牧、三屋、九夫也，其食则九谷、六畜、五牲、三牺也，其服则九文、六采、五色、五章也，其官则三吏、六联、五侯、九伯也，其教则五事、五典也，其学则六德、六行、五礼、六乐、五御、六射、六事、九数也。民少而习之，长而安焉，不夺于奇器异物，不侥于淫辞诐（bì）行，不荡于奸声乱色。族同所学，师友所讲，无适而非尧、舜、禹、汤、文、武、周公、仲尼之道，虽以周之叔季，而车轨书文行伦莫之或异也。

自赵梁坏田制，吕政燔诗书，道失民散，至汉而不能复。于是诐淫邪遁之言得以乘虚窃入。始也孔、老离立，久之而释氏参焉，盖自天地山川、日月星辰、雨风震电，下至虫鼋（měng）草木，皆为宫室衣冠以肖人类；府史胥徒，以象官府。以至民之日用饮食车服器皿，亦无一而不改先王之旧。举世由之，不以为疑也。使于是时又不为之建学立师，示之以五三六经之准的，则生民之类，几何而不胥为禽也？然则学盛而员广，庙隆而祀繁，其殆起于异端日炽、大道浸微之时乎！

士复请曰："记学校者多矣，而不及此。"亦曰："生斯世也，而必古制之是，不其迂乎？"曰：吾固知是古之无益，而不可以末之间也。千百年间习焉不察，以郡县之制视邦国，以塔庙之仪曰庠序，以梵呗之教释圣言，今日无益而末之间也。是孰为有益乎？乃次第其说，勒诸学官，以谂同志，相与敷求坠典、搜索遗言，期绍昔闻，开来哲为万里，建长治之策。呜呼！其无有闻风而兴起者乎。[①]

清代，郡学迁于仓街（今市府路），与孔庙合一。郡学故址改设学政衙门，衙门外大街有又宽又高的数十级石梯，俗称"学坎上"。民国十一年（1922）杨森将军扩建街市，将台阶拆除，改建为坡度约20度的斜面街道。中华人民共和国成立后，又几经降坡加宽，而今坦荡如砥。

辛亥反正，泸州教育界知名人士与同盟会人员，"由他们的亲属出面组织女学会，筹集会金二千银两，就南门学坎上学署衙门为校址，创办女子高、初级小学……民国二年，由女子高级小学推广为川南女子师范传习所（后改为泸县女子师范学校）。仍附设女子高级小学校……开泸县妇女办教育之新纪元，又是四川民办师范学校之最早者。二十四年改办为女学会私立育群女子中学校"[②]。1950年秋，人

---

① 宋·魏了翁撰：《鹤山集》卷四五，《四库全书》文渊阁本。
② 易润生撰，泸州市政协编：《润生文集》，1990年内部印行本，第101页。

民政府接办，并入泸州市第二中学。

【二十四】 鳝溪　泸州南面一壁城墙的护城河。当年岸深水阔，自城西的忠山流来，至宋城东、南两面城墙拐角地名"耳城"处注入长江。古代曾有官军驻扎在溪畔，因又名"营沟"。而今溪水枯竭，建为街道，旧貌不可复识。

清代以降，营沟岸边、多有酿酒作坊，章士钊先生和他学生潘伯鹰"温家老窖三百年，泸州大曲天下传"① 所咏的温永盛酒坊即在此处。

【二十五】 溪桥　宋代桥梁，已不可考。清代以降，鳝溪（营沟）溪桥有三。其一，在今广营路与凤凰路相接处，是一座无名的平板小石桥，长只丈许，桥头有口涌水甚丰的水井。该桥上游丈许，建有石砌拦水堰坝，截断溪流，应是清末或是民国时期所建。遗址地理坐标：东经 105 度 26 分 49 秒，北纬 28 度 53 分 11 秒。其二，在州城东南角鳝溪汇入长江的溪口，桥头竖碑，题刻"永济桥"三大字，署"南溪包弼臣书"。包弼臣是同治六年（1867）举人，官资州直隶州（治今资中县）学政，清代状元骆成骧即出其门。其三，在今日南门口以南十余米与下平远路相接处，名五桂桥，遗址地理坐标：东经 105 度 27 分 5 秒，北纬 28 度 53 分 15 秒。该桥为青石砌成的圆拱桥，形制高大，蔚为壮观。民国年间修筑南门口至瓦窑坝的马路，以其桥面作为路基。历年既久，遂成街道。这座五桂桥，或即《江阳谱》所记鳝溪上的溪桥。

【二十六】 苏公德充甘泉记　碑已无存。王象之《舆地碑记目》载："唐苏公甘井碑，在（泸）州城南门上。唐乾元中都督苏元开井记。"② 其《舆地纪胜》所记同。③ 曹学佺《蜀中广记》载："《寰宇记》云：双井，在城西偏。绍兴中掘壕堑，得碑，乃唐乾元中苏德充所开。"④

【二十七】 董公诚　董诚。建设城上南亭，其人应是宋代泸州地方主官，而史乘无见。雍正《山西通志》卷一百七十二载长治县有"尚书董诚墓"，未知是否为同一。待考。

【二十八】 尊胜石幢　石幢是古代祠庙中有座有盖，形状如塔，刻有经文、图像或题名的大石柱。《江阳谱》所记这两通石幢，分别竖立在州城东南角（耳城码

① 章士钊著，冉仲虎编：《游泸草》，泸州：泸县大同印刷厂印，1943 年，第 40 页。
② 宋·王象之撰：《舆地碑记目》卷四《泸州碑记》，《四库全书》文渊阁本。
③ 宋·王象之撰，李勇先校点：《舆地纪胜》卷一五三《泸州·碑记》，成都：四川大学出版社，2005 年，第 4598 页。
④ 明·曹学佺撰，杨世文校点：《蜀中广记》卷一六《泸州》，上海：上海古籍出版社，2020 年，第 170 页。

头）和东北角（馆驿咀），都是南宋初年泸州安抚使冯楫所立，用来驱除妖祟、杜绝水患的。就其功能而论，有如今日山野乡间偶尔还可以看到的竖立在路口通衢或关山隘口，用以镇压邪祟、被除不祥的石碑柱"泰山石敢当"。两通石幢均已不存在，只余长、沱两江汇口处有"铁石板"地名留传至今。

【二十九】 誓水患　镇压洪水，毋使成灾。誓，弹压、约束。《说文》："约束也。"段玉裁注："凡自表不食言之辞皆曰誓，亦约束之意也。"

【三十】 敷政门　遗址在今白招牌街进体育场口处，地理坐标：东经 105 度 26 分 54 秒，北纬 28 度 53 分 19 秒。民国十四年（1925）驻泸师杨春芳师长即旧址重修，称小西门。1951 年修建人民广场时拆除。

【三十一】 武宁指挥　宋代厢军番号名。驻泸州武宁军的军营在今大营路（旧名"营盘上"）中共泸州市委党校校园。地理坐标：东经 105 度 26 分 51 秒，北纬 28 度 53 分 21 秒。按照宋军编制，100 人为一都，五都（500 人）为一指挥（事实上往往不足额，一般每指挥只有 420—450 人），五指挥（2500 人）为一军，十军（2.5 万人）为一厢。据此估算，驻泸厢军、为八九百人，加上几十名可供役使的牢城军（刺配充军的犯军），这就是修筑泸城的主要施工队伍。

【三十二】 保障门　西门。遗址在今宝成路口，地理坐标：东经 105 度 26 分 38 秒，北纬 28 度 53 分 32 秒。明代即宋城旧址重修，改题"宝成门"。门距忠山山脚约百米。20 世纪 50 年代扩建街道时拆除。

【三十三】 汲水门　临沱江，清代乾隆二十二年（1757）改建为小北门。1964 年修筑沱江沿江公路（后扩建为泸州长江大桥引道）时拆除。

【三十四】 骑射营　营房初在忠山山腰后土庙旁，地势最高，俯瞰井邑。绍熙三年（1192）七月，骑射营兵变，平息后迁驻城内汲水门侧。遗址在今北城街道锣钵院子（俗呼萝葡院子）一带。

骑射营是"州之禁军"。禁军是北宋的正规军，取皇帝亲兵之义。北宋开国，汲取五代藩镇尾大不掉的教训，削除藩镇势力，"杯酒释兵权"，收境内甲兵集中京师，名为禁军，成为全国正规军。其有捧日、天武、龙卫、神卫诸多番号，分别隶属殿前都指挥使司、侍卫亲军马军都指挥司、侍卫亲军步军都指挥司（三衙）。编成为厢、军、指挥和都四级。北宋禁军除守卫京师外，其余按照规定的期限（一般为三年），以屯驻、驻泊为名，更成全国各地，规定期限既满，便即回驻京师，轮番替换。后设就粮禁兵，常驻地方。泸州骑射营就是这种接受本部将官和地方帅臣双重领导的就粮禁军。北宋灭亡后，禁军主力大部溃散。南宋时，各屯驻大军取代禁军成为正规军，而各地的禁兵（包括设专职将官的系将禁兵和不设专职将官，直接接受路、州指挥的不系将禁兵）遂降等成为与厢军一样专供杂役、不从事战斗的部伍。

关于泸州骑射营绍熙兵变，《宋史全文》记载：

（绍熙三年）秋七月壬午（十五日），泸州骑射卒张信等作乱。

骑射营者，本州禁兵也。淳熙末，起居舍人王卿月知泸州，赐予诸军甚厚，军士浸骄。张孝芳代为帅，欲矫其弊，训练无日，又多役使之，廪赐或有不时给者。是日信等作乱，晨入帅府，杀孝芳及其家，又杀节度推官杜羑，驻泊兵马监押安彦斌，训练官雷世明，军校张明等。[信]① 摆甲坐阅武堂，召通判州事张恂，安抚司属官郭仲传，使作奏言孝芳罪状。于是信自称第一将，衣金紫，出谢城中。以术人黄叔豹为计议官，分其兵为五十二队。同谋者五十二人为队长，皆有爵秩。叔豹又为黄旗，大书曰："不叛圣主，不杀良民。"时张明之子昌，勇艺为诸军冠，与军士卞进阴谋讨之。癸未（十六日）夜，密以告恂。甲申（十七日），信即球场大飨诸军，恂等皆与。酒初行，昌、进击杀信于坐，会者皆兽散。进大呼曰："不叛者从我。"诸军唯唯从之。因执杀造逆者二十余人，逆徒皆捕获。[四川] 制置使京镗闻变，调西兵千人讨之。未行而信已诛，乃遣钤辖司属官陈缵往泸州措置。缵至州十里，留不行，乃械系逆党孙成，凌迟于午门之外。黄叔豹等三十三人皆就戮，聚其首以为京观，设孝芳位于午门之右，割孙成心膴以祭之。事已平，镗奏孝芳死状，且上恂等功，未报，丘崇复以为言。诏赠孝芳三官，录其子孙二人，令总领所制置司应办葬事。②

当时已经致仕还乡家居的陆游听到这个消息，回忆起乾道五年（1169）他从成都经泸州出川，所看到的泸州这座边关重镇的景象，感慨为赋《泸州乱》诗如下：

高寺坡前火照天，南定楼下血成川。
从事横尸太守死，处处巷陌森戈铤。
此州雄跨西南边，平安烽火夜夜传。
岂知痈疽溃在内，漫倚筑城如铁坚。

① "信"字，据清·毕沅《续资治通鉴》卷一五二补。
② 佚名：《宋史全文》卷二八《宋光宗》，《四库全书》文渊阁本。

从来守边要人望，纵有奸谋气先丧。

即今死者端为谁，姓名至死无人知。[1]

【三十五】 朝天门 泸城之北门，遗址地理坐标：东经 105 度 26 分 47 秒，北纬 28 度 53 分 56 秒。明代即旧址重修，更名拱极门，民间习呼大北门。门内为北大街，街有明弘治首辅、大学士李东阳修城碑，"字迹久已漫灭不复可识。旧时（清代）刑人于碑下，俗谓之杀人碑。民国四年（1915）修街拆去"[2]。碑文如下：

泸为蜀名州，当云、贵要地，南接大坝诸夷，犬牙相入。古者设险守国，王公所同。况边疆之域，要害之区，苟非崇墉峭堑，固垒深沟，何以控扼险隘？

国初，建一卫三所，置城池，宿官兵以控制之。成化丁亥（三年，1467）诸夷作乱，朝廷命将（程信、李瑾）讨平。乃徙卫于渡船堡（今兴文县县城古宋镇），逼大江以扼兵卫，且特置按察副使一人，专治兵备，统叙、马、泸。罗君时泰，实任兹职。政理就绪，周览城堞。慨其卑隘雕圮，不足以居重服，遂命州司为修筑计。为之吏者曰："吾之责也，不可以缓"；为之兵民者曰："吾所恃也，其孰敢或后。"参哗交作，杴杵并举。于是隍增溢浚，圮缮坏修，涂赪飞文，制磁御敌，靡不完整。经始于弘治乙卯（八年，1495）春二月，至于丁巳（弘治十年）秋八月告成。知州何纶、同知赵广，实终役。而州人邓公顺，太仆寺徐君鸿举，刑科都给事中张君大用及公弟金事君卿，请予纪其成绩。

余维今之郡县，即古侯国，但疆土非世守，官吏不典兵。士大夫职任边疆者，但幸终任之内，寇戎无警，烽燧不惊，则怡怡养安，虽明知夷性匪茹，动作有时，而及厝火未然，且卧积薪之上，以避"兴工动众，劳民伤财"之责成。至图求久安，计防未然，其经画阙如也。今罗君治泸，先抚辑而后号令。赋敛有时，以赡其财；徭役不苛，以养其力。俟其时之可为，然后谆诚谕勉，先之以悦而使之以役。是以官不虚帑藏，民不生怨咨。其不日而奏功者，皆积众志而成者也。是役成而保障之功著，捍御之计完。边境顽首，纵有狡焉思逞之心，亦将阻于高隍坚壁，扼其喉项而心折气夺，疆宇为之永宁。是罗君之有造于泸人者，大也！

自今以始，守兹土者，睹恬养之乐，而念修葺之勤。其不继君以图勿坏者，

---

① 宋·陆游撰：《剑南诗稿》卷二《泸州乱》诗，《四库全书》文渊阁本。

② 王禄昌修，高觐光、温翰桢纂：《泸县志》卷一《舆地志·城郭》，民国二十七年刊本。

非所望于后之人也。

> 罗君能举贤任人，尽其才以成厥功。其在泸，尝辟演武场，迁泸卫于纳溪路（渡船堡），更定远、江门三堡，何纶、赵广诸贤人之功居多。他如葺尹太师、诸葛武侯祠庙，修州、县志，皆其余力也。[1]

门外石级数十，下为河街，又经数十步到沱江边，渡江，经对岸小市厢，便是直去东京汴梁（今河南省开封市）的官道，因名"朝天"。

民国二十八年九月十一日，日本军机三十架次狂轰滥炸泸城，炸死炸伤平民四千余人，北半城顿为焦土。拱极门遭此浩劫，城楼尽毁，门亦残破，20 世纪 50 年代扩建街道拆除。

【三十六】 旧京 北宋东京汴梁。金兵攻占其地，掳走徽、钦二帝。康王赵构逃过长江，建都临安，屈辱求和，苟且偷安。广大民众和爱国将领椎心泣血，日夜渴望收复中原，不仅有人赋下"山外青山楼外楼，西湖歌舞几时休"这样的诗句，委婉地讽刺那些醉生梦死，"却把杭州作汴州"之人，更有"白塔桥边卖地经，长亭短驿最分明。如何只说临安路，不计中原有几程"之诗，直斥当道。范子长在泸州展筑城池，东、南、西三道城门、都重新更名了，唯有北去汴京的朝天门名不改，并且亲自题额大书，镌刻门墙之上，个中深意，尽人皆知，天日可鉴。

【三十七】 帅治 南宋泸州为潼川府路的首府，守臣兼泸南安抚使，其官衙因呼"帅府"，又称"帅治"。

【三十八】 济川门 遗址在今大河街北端街口，地理坐标：东经 105 度 26 分 54 秒，北纬 28 度 54 分 1 秒。长、沱两江汇合其下。正北方的朝天门内与帅府门楼之间为瓮城，平时不轻易开启，普通民众难以自由出入，所以在朝天门的东侧开设了这道济川门。明代即宋城旧基重修，改称会津门。城楼上江天一览，烟波浩渺。杨慎《会津门观江涨望小市人家戏作》诗云："渺渺波环紫贝，萧萧风起青萍。花市宁非海市，美人疑是鲛人。眉妩春山学翠，脸凝秋水为神。银汉双星漫渡，石城两桨无津。"[2] 1964 年扩建街道时拆除。

会津门外，有渡往沱江对岸小市的杨公渡、顺长江分别渡往水淹土地码头与罗汉场的抚琴渡和罗汉渡。两岸行人往来，皆从此渡。

---

[1] 清·沈昭兴修，清·余观和、清·王元本纂：嘉庆《直隶泸州志》卷三《建置志·城池》，国家图书馆藏本。

[2] 明·杨慎著，明·杨有仁编辑，明·赵开美校：《太史升庵文集》卷二八，万历十年蜀刻本。

门外长江岸边码头，地名"小沙湾"。沱江上游方向自内江、金堂、富顺一带运来的粮食、烟叶和糖等大宗物资，主要在小沙湾码头集散，驳载装卸中转。又有往来州城长江下游二十里泰安场（今泸州市江阳区泰安街道）的"摊子船"，载人搭货。

门左旧有水神庙，中华人民共和国成立之后辟为"交易市场"，后改建为泸州市针织厂，现已不存。

【三十九】 废门 遗址大致在今临江路口偏西不远处，与对岸小市的下码头隔江相对。

【四十】 海观 观、楼观，楼台。《晋书·江逌传》："登览不以台观，游豫不以苑沼。"① 这里所说的海观，指的是宋代泸州城东北废门之左、城墙东北角的台观，也就是城墙马面上方增筑的一座楼台。《广舆记》："海观，（在泸）州城东，当两江合流处。宋安抚使赵雄建。"② 其下，即长、沱两江汇合处的馆驿嘴。宋阎苍舒《海观》诗云："云南之阴大江东，二水奔腾如海冲。谁能具此壮观眼，南定楼中今卧龙。"③

从南定楼循城而行，可至海观。宋程公许有《步自南定楼至海观》诗④可证。

长、沱两江交汇的这个"海观"既废，清代咸丰元年（1851），又在州城大江南岸茜草坝尽头处别建高楼，题名"海观"。民国《泸县志》云："海观楼，在县城东对岸。有水一泓，经冬不竭。夏秋水涨，两江环合，弥漫浩渺，若大海然，号曰'海观楼'。创建自宋观察使赵雄，明末毁于兵燹。清咸丰元年，巡道黄士瀛、知州李世彬、举人邹容彦倡募重修。光绪二十年（1894）圮。"⑤

【四十一】 誓水石幢 即绍兴十五年（1145）冯楫增筑城墙时立在长、沱两江交汇处的尊胜石幢。

【四十二】 里城 即内城，又称子城、少城。为了战争防御需要而在城内增筑的四面环合的城墙。当外城（又称罗城、大城）被攻破以后，还可以凭借子城继续进行抵抗。重要官署、粮仓和兵甲库，一般都在子城里。

宋代的泸州城有内外两道城墙，内城在今花园路、宝成路、濂溪路和桂花街一带。谯门南向，直面今院前街，其南二百步，为泸州军。

① 唐·房玄龄等撰：《晋书》卷八三《江逌传》，北京：中华书局，1974年，第2173页。
② 明·陆应阳原辑，清·蔡方炳增补：《广舆记》卷一七《泸州·古迹》，康熙二十五年吴郡宝翰楼刻本。
③ 宋·祝穆撰，宋·祝洙增订，施和金点校《方舆胜览》卷六二《泸州》，北京：中华书局，2003年，第1087—1088页。
④ 宋·程公许撰：《沧州尘缶编》卷一〇，《四库全书》文渊阁本。
⑤ 王禄昌修，高觐光、温翰桢纂：《泸县志》卷八，民国二十七年刊本。

当时，主要官署都设在内城里，以保安全。这些官署，比较集中地设置在内城的西北部，也就是今花园路一带。随着岁月的推移，百年升平无事，地方长官也就不再注意内城的维修，大小官署，渐次迁至内城之外。文恬武嬉！《江阳谱》的编纂者，为找不到内城修筑的由来而惋叹，我们今天同样为他们居安而不思危感叹。前鉴昭昭，可不慎哉！

【四十三】 开禧志 南宋开禧年间编纂的泸州地方志。已佚。张国淦先生认为《永乐大典》泸州引《开禧志记》只此一条。[①]

【四十四】 旧图经 宋代编纂的泸州图经。已佚。张国淦先生《永乐大典方志辑本》著录有《旧图经》《图经》二种，而细读其所辑，应是同一书，故其《中国古方志考》合并而记之曰："《泸州图经》。佚。《舆地纪胜》一百五十三：泸州，州沿革，县沿革，景物上，景物下，古迹，仙释，碑记，引《图经》十条。又一百六十七：富顺监，监沿革，引《泸州图经》一条。"[②]

【四十五】 钤辖 此指钤辖的官署"泸南沿边安抚使兵马都钤辖司"。据《宋史》，泸南沿边安抚使兼兵马都钤辖一职，例由泸州守臣兼任，亦即兼知泸州，是一路最高军事长官官署。

【四十六】 节推 此指节度推官官署。《文献通考·职官十六》：节度推官"裨赞郡政，总理诸案文移，斟酌可否以白其长官……"

【四十七】 录参 此指录事参军的官署。《文献通考·职官十七》："宋沿唐制，［诸］州有录事参军，然不尽置也……掌州县庶务，纠诸曹，稽违［纪］。乾道（1165—1173）中，汪大猷申请依司理（司理参军，掌审判司法）例，不兼他职。从之。"是路、州办理行政庶务和纠劾官员贪赃、不法诸事之官。

【四十八】 司户 此指司户参军官署。《文献通考·职官十七》载，司户参军"掌户籍、赋税、仓库交纳"，乾道六年以后，专主仓库。

【四十九】 通判 此指通判官署。通判亦称曰"倅"，是府、州长官的副手，有监察所在地方大小官吏之权。举凡民政、赋役、钱粮、户口、司法等公文，均须由知州（府）与通判共同签署，始得生效。战时则专任钱粮，负责催收，解交户部。小州置通判一人，大州二人。人口不满一万的州，不置通判。

【五十】 钤干、抚干 此分别指钤辖干办公事和安抚使干办公事的官署。

【五十一】 节判 此指节度判官官署。节度判官为州府的幕职官，掌司法、审判。

---

① 张国淦编著：《中国古方志考》，上海：上海古籍出版社，2019 年，第 644 页。
② 张国淦编著：《中国古方志考》，上海：上海古籍出版社，2019 年，第 644 页。

【五十二】 谯门 一曰谯楼，古代建筑在城门上的瞭望楼。周祈《名义考》载："古者为楼以望敌阵兵列于其间，下为门，上为楼，或曰谯门，或曰谯楼也。"[1]《史记·陈涉世家》："攻陈，陈守令皆不在，独守丞与战谯门中。"司马贞曰：谯门，"盖谓陈县之城门。"[2]

【五十三】 周公永懿 周永懿，北宋治平三年（1066）知泸州。熙宁中，以左藏库使知利州，贪虐不法。利州路转运副使鲜于侁捕械之于狱，流放衡湘。见《宋史》卷三百三十四《鲜于侁传》。

【五十四】 合江知县邓绾为之记 邓绾字文约，北宋成都双流（今属成都）人。举进士第一。熙宁三年（1070），通判宁州，上书颂王安石变法。除集贤校理、检正中书孔目房，旋同知谏院，擢御史中丞，迁翰林学士，仍御史中丞。出知虢、邓诸州，卒。《宋史》卷三百二十九有传。

其碑已毁，幸得《江阳谱》录存邓绾所撰《泸州谯门记》，其文如下：

（宋）治平三年冬，泸州新鼓角门，太守文思、副使周侯以书遗绾曰："泸为两蜀之藩，当百蛮之冲，夷汉错居，兵多事丛，宜有郛郭之严、官府之雄，以临边防而壮戎容也。而郡居之门迫隘鄙陋，与民薨接。予自至官，即欲更之，政有所先而未遑也。去年冬，因岁成农休，基而新之，逾时而讫功，筑为高门，其楼七楹。瑰材宏规，高明显完。长轩飞檐，翚如翼如。江流下盘，山光四来。以威以安。非为观游。盖为我书兴作之因，以贻后人。"

绾退，念皇祐初入蜀，至和中过泸，凡泸之利病粗知之。今承侯命，因附其说而为之记曰：

蜀控西南五十有四州，国朝分为四路。言边鄙者，在益则沈黎、维川，在梓则戎、泸，在夔则施、黔，在利则龙、文。沈黎、维川、施、黔、龙、文，皆阻山带溪，梯危笮深，限隔辽绝，不闻疆场之事。惟泸之南，川通谷平，壤夷错蛮，惊备无虚日。朝廷既用武臣而轻其权，皆知偷安幸赏，苟岁月之无事。虽有长策深谋，然权轻势轧，莫获有所措置。其保完边民，调视兵防，经制备预之策，未为得也。虽按察之官，益、遂之守臣，梓、夔之兵钤皆通领之，盖地远而职不专。朝廷非改弦更张，重其人而授之权以控临之，吾恐诸蛮之为患未易测也。皇祐初，守将非人，近夷跳梁，朝廷诏益、梓、夔发兵屯泸，泸民

---

[1] 明·周祈：《名义考》卷三《地部》，湖北先正遗书本。
[2] 汉·司马迁撰：《史记》卷四八《陈涉世家》，北京：中华书局，1982年，第1952—1953页。

买夷之禾给军之须。破伤流亡，十室九虚。为吏者曾莫之恤，凡其私欲求索，公家驱迫自若也。今周侯之来，清以涤其污，宽以息其劳，明以究其弊，严以别其奸，大抵招集流散，存恤惸（qióng）弱。悍边之吏，不敢畏懦而欺昧；治民之官，不复刻虐而烦扰。向所谓权轻势轧，诚不能尽侯策虑之蕴，然观其条置更革，凡力之所能为者，莫不为之矣。

噫！侯之为是门，取材于民之余，取力于农之闲，所以藩维而制边陲，其为虑之深可见矣。因其笔而书其事。后之知言者，得以详考焉。

时治平之三年十一月二十四日，宣德郎、守尚书屯田员外郎、知泸州合江县，兼兵马司同管勾兵甲公事、骑都尉邓绾记。[①]

【五十五】 "火"字，据《永乐大典》卷三五二五《门字》引李浚《江阳志》补。

【五十六】 "大帅"，《永乐大典》引李浚《江阳志》作"帅"，补"大"字。

【五十七】 **李公焘** 李焘，字仁甫，一字子真，号巽岩，眉州丹棱县人，绍兴八年（1138）进士。乾道八年（1172），以直宝文阁帅潼川，兼知泸州，葺石门堡以扼夷人，戒茶马司市叙州羁縻马无溢额；戒官民毋于夷汉禁山伐木造舟，边境靖安。以余暇博极载籍，搜罗百氏，悉力研核，仿司马光《资治通鉴》例，断自建隆，迄于建康，撰为编年一书，名曰《续资治通鉴长编》，浩大未毕，仍效《资治通鉴》体例，为《百官公卿表》。史官以闻，诏给札来上。淳熙改元，被召入朝撰修国史，续完其书。《续资治通鉴长编》凡九百七十八卷，又目录五卷，完整地保存了北宋一代的史料，是为治史者必备之书。焘性刚大，特立独行。早所著书，秦桧尚当路，桧死，始闻于朝。张栻尝曰："李仁甫如霜松雪柏，无嗜好，无姬侍，不殖产，平生生死文字间。"《续资治通鉴长编》一书，用力四十年。叶适以为"《春秋》以后才有此书"。卒，谥文简，累赠太师、温国公。《宋史》三百八十八有传。

【五十八】 **州榜** 书写州名的大匾，悬挂于州门。南宋泸州州榜，外城的城门上有，内城的南谯门上也有。

【五十九】 **赵公雄** 赵雄，字温叔，资州（今资中县）人，南宋中，拔四川类省试第一（南宋初年考试进士，在四川所设分考场的状元），坚定的抗金派，力主恢复中原。淳熙五年（1178）升任右丞相。后被谗言所中，淳熙九年外放泸州，改

---

①《永乐大典》卷三五二五，北京：中华书局，1986年，第2006—2007页。

知江陵府（今湖北荆州市荆州区）。光宗即位，授宁武军节度使，进卫国公，改帅湖北。《宋史》三百九十六有传。

【六十】 **冯公宪** 冯宪，淳熙中四川制置使司总领财赋官。见李心传《建炎以来朝野杂记》乙集卷十七，并见杨慎《全蜀艺文志》卷四十、周必大《敷文阁学士通奉大夫致仕赠少师李文简公神道碑》。

【六十一】 **范公仲艺** 南宋庆元中泸州帅臣范仲艺，字东叔，成都人，乾道五年（1169）进士，淳熙十五年六月为右司郎中，兼国史编修官。

【六十二】 **军门楼** 泸州军衙门的门楼。泸州军是由泸州改名的。泸州军衙门，即泸州知州衙门。

泸州军衙门（州衙）的地望，前文称其在内城谯门前二百步，据是可知在今韩家山。遗址地理坐标：东经 105 度 25 分 21 秒，北纬 28 度 53 分 36 秒。明清年间，继续为泸州州衙，民国改建为中城公园，建辛亥革命烈士佘英、黄方纪念碑。1951年又建川南人民图书馆、泸州市劳动人民文化宫。今均废。

【六十三】 **王公勋** 王勋，字有功，蜀州（治今四川崇州市）人，庆元六年（1200）为潼川府路提刑，兼摄府事。此言"嘉泰三年（1203）帅"，则其时或已升任潼川府路安抚使、知泸州。

【六十四】 **旧宸章阁** 在州衙小厅西隅，以藏御书。王勋帅泸，徙御书于州学之宸章楼，此阁遂废，后改建为阜民堂。详★99"阜民堂"。

【六十五】 **许公奕** 许奕，字成子，简州（今四川简阳市）人。南宋庆元五年（1199）宁宗亲擢进士第一（状元）。理宗时，以显谟阁待制知泸州。泸州地接夷壤，董蛮米在大入，俘杀兵民。四路创安边司穷治其事。奕得夷人，质之以致所掠。由是讫安边司。夷酋王粲浮杉木万计入贾，奕虑其荡水陆之险，驱之。改知遂宁府、潼川府，皆捐缗钱数十万以代民输。民画像祀之。《宋史》卷四百零六有传。

奕子延庆，为泸州通判（倅）。延庆子彪孙，为四川制置使参谋官，侨居泸州。景定二年（1261）泸州守将刘整叛降蒙古，召彪孙草降表，彪孙曰："此腕可断，此笔不可书也。"举家仰药死。语在《宋史》。而今合江神臂山"老泸州城"绝壁上并列的"刘整降元"和"许彪孙托孤殉国"两龛摩崖石刻，就表现着泸州人民对于刘整卖国求荣的谴责和对于这位忠良的深切怀念。

【六十六】 **刻漏** 中国古代滴水（沙）计时的计时器，又称漏壶。《周礼》云：

"挈壶氏掌挈壶以令军井……凡军事，悬壶以序聚柝……皆以水火守之，以分日夜。"① "序聚柝" 的意思是，根据漏壶的标示，按时敲击木梆报时。"水火" 操作是控制水温的措施。《三才图会》的漏壶图中，漏壶顶端的长方孔，是插 "箭" 的口，"箭" 是用竹或木制成、用以指示水深的标尺，上面的刻度即标志时间，下端装在一个浮体上，随水面升降。这种由水面下降显示时刻的漏壶，属于沉漏一类。沉漏的水压随水面的下降而降低，流速难以均匀，以致 "箭" 的分度不易准确。因而其后又发明了浮漏：从一个漏壶流出的水，流入另外一个直筒形容器，箭在其中便逐渐上浮。只要流速均匀，箭刻便可均匀上升，计时易于精确。为了得到均匀水流，自东汉起就采用复式漏壶，从第一个漏壶向第二个漏壶注水，重叠使用二级以至六级，最后的漏壶才把水注入放置浮箭的壶。

1958 年兴平县出土
的西汉刻漏

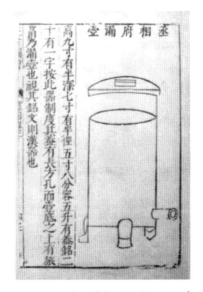

《三才图会》 ［明万历丁未
（1607）刻本］中的漏壶图

北宋天圣八年（1030），燕肃发明 "莲花漏"，精度大为提高。其法是使漏壶水面总保持漫溢高度，从而使水压稳定而流速不变。此后沈括又有改进，于熙宁七年（1074）在司天监制成 "玉壶浮漏"，还以《浮漏议》为题，就此向皇帝奏报，全文如下：

---

① 清·孙诒让著，汪少华整理：《周礼正义》卷五八《挈壶氏》，北京：中华书局，2015 年，第 2909—2911 页。

　　播水之壶三，而受水之壶一。曰求壶、废壶，方中皆圆尺有八寸，尺有四寸五分以深，其食二斛，为积分四百六十六万六千四百六十。曰复壶，如求壶之度，中离以为二，元一斛介八斗，而中有达。曰建壶，方尺植三尺有五寸，其食斛有半。求壶之水，复壶之所求也。壶盈则水驶，壶虚则水凝。复壶之胁为枝渠，以为水节。求壶进水暴，则流怒以摇，复以壶，又折以为介。复为枝渠，达其滥溢。枝渠之委，所谓废壶也，以受废水。三壶皆所以播水，为水制也。自复壶之介，以玉权酾于建壶，建壶所以水为刻者也。建壶一易箭，则发土室以泻之。求、复、建壶之泄，皆欲迫下，水所趣也。玉权下水之概寸，矫而上之然后发，则水挠而不躁也。复壶之达半求壶之注，玉权半复壶之达。枝渠博皆分，高如其博，平方如砥，以为水概。壶皆为之幂，无使秽游，则水道不慧。求壶之幂龙纽，以其出水不穷也。复壶士纽，士所以生法者，复壶制法之器也。废壶鲵纽，止水之沈，鲵所伏也。铜史令刻，执漏政也。冬设煴燎，以泽凝也。注水以龙嚼直颈附于壶体，直则易浚，附于壶体则难败。复壶玉为之喙，衔于龙嚼，谓之权，所以权其盈虚也。建壶之执室，瓾涂而弥之以重帛，室则不吐也。管之善利者，水所溲也，非玉则不能坚良以久。权之所出高则源轻，源轻则其委不悍而溲物不利。箭不效于玑衡，则易权、洗箭而改画，覆以玑衡，谓之常不弊之术。今之下漏者，始尝甚密，久复先大者管沏也。管沏而器皆弊者，无权也。弊而不可复寿者，术固也。察日之晷以玑衡，而制箭以日之晷迹，一刻之度，以赋余刻，刻有不均者，建壶有眚也。赘者磨之，创者补之，百刻一度，其壶乃善。昼夜已复，而箭有余才者，权鄙也。昼夜未复，而壶吐者，权沃也。如是，则调其权，此制器之法也。

　　下漏必用甘泉，恶其垩之为壶眚也。必用一源，泉之冽者，权之而重，重则敏于行，而为箭之情慓；泉之卤者，权之而轻，轻则椎于行，而为箭之情驽。一井不可他汲，数汲则泉浊。陈水不可再注，再注则行利。此下漏之法也。

　　箭一如建壶之长，广寸有五分，三分去二以为之厚，其阳为百刻，为十二辰。博牍二十有一，如箭之长，广五分，去半以为之厚。阳为五更，为二十有五筹；阴刻消长之衰。三分箭之广，其中刻契以容牍。夜算差一刻，则因箭而易牍。镣鉋，箭舟也。其虚五升，重一镒有半。锻而赤柔者金之美者也，然后渍而不墨，墨者其久必蚀。银之有铜则墨，铜之有锡则屑，特铜久瀄则腹败而饮，皆工之所不材也。①

在燕肃和沈括的刻漏中，影响水流流速的主要原因有两个：一是水流的黏滞性，当温度升高时，黏滞度减小，水流会变快；二是水面高度，当温度升高时，表面张力减小，水面会微微降低，水压随之降低而水流变慢。选择适当结构尺寸，就可以使两个相反变化近于完全抵消，使水流受温度变化的影响极小，从而使刻漏更为准确。刻漏可谓当时世界上最精密的漏水计时器之一。

泸州内城南谯门楼上的刻漏，已是按照沈括在燕肃刻漏基础上改进后的法式制作的，而且其盛水之器已经改为石池了。

【六十七】　"本之"，《大典》引李浚《江阳志》作"本"。无"之"字。

【六十八】　**燕肃**　字穆之，一作仲穆，青州益都县（今属山东）人，进士出身，历诸州长吏，累官至礼部侍郎，是宋代有名的机械专家，曾造指南车、记里鼓车、刿和莲花漏等器械，撰有《莲花漏法》。其书所述莲花漏是一种计时性多级漏壶，一级壶的上方开有分水孔，使上面来的过量水自动从分水孔溢出，让壶中的水保持恒定。因其制造简便、计时较准确，曾风行各地。《宋史》卷二百九十八有传。

【六十九】　"平池"，《永乐大典》引李浚《江阳志》作"大池"。

【七十】　"角十有一枝"，《永乐大典》引李浚《江阳志》作"角十有二枚"。

【七十一】　"十"字，据《永乐大典》引李浚《江阳志》补。

【七十二】　**二至、二分**　夏至、冬至；春分、秋分。

【七十三】　**地大震**　泸州嘉定九年的这次地震，史乘无见。《江阳谱》说嘉定十年风雨摧毁泸州土城，范子长予以重修。其实，早在一年以前的大地震，便已毁坏了不少地段的城墙，连南谯门上刻漏盛水的石池都被震坏了。

【七十四】　"其州"，《大典》引李浚《江阳志》作"某州"。

【七十五】　**筹边堂**　见★99。

【七十六】　**熙春园**　官家的花园。春暖花开季节，该园免费向民众开放，供民众游玩观赏。

【七十七】　**西门**　内城的西门，只有在给厢、禁诸军发放军粮的日子，才打开运粮。也就是说，每月只开一次。从地往上看，这道西门与外城的保障门相距并不是很远。今泸州城内的泸南中学，清代为都司（驻军管理机构）衙门；其旁，清代

---

① 元·脱脱等撰：《宋史》卷四八《天文一》，北京：中华书局，1985年，第962—964页。

为盐道衙门与兵营，今为中共泸州市委党校。这两个单位之间的小街，历来称作"库房街"。

【七十八】 州仓 泸州本州的粮仓。南宋泸州城内，除了这处收贮夏秋两季所征粮赋的"州仓"，还有常平仓和广惠仓。《江阳谱》："泸州常平仓，附州仓之左，凡七敖。有门通教场，以便月支诸军廪给。"① "广惠仓，附州仓之右，凡敖二。绍熙间制置（使）立，邱公崇请于朝创置，为水旱之备。"②

又有北宋绍圣年间王献可③帅泸时创建、在今泸州城步行街内、专供泸南边面诸军军粮廪给的"都仓"（运司仓）。家安国《绍圣创都仓记》④记之甚详，全文如下：

　　君子明天下之务者，变而能通；周万事之理者，动而多功。然不精义，无以致用；不应物，无以宜众。此古今之大患也。余尝病班孟坚记汉文帝称条侯之语，止以严守军壁，虽天子车骑不得驰骋，为真将军，而丰储广廪之善不载焉。使后世将帅军容者缓国政，安近利者忘远图。不思文帝亲屈万乘之尊，按辔徐行以伸其令者，岂止此哉。当知有大过人之事。观汉文之初，关中之民未识耕稼，野无完箱，府无实庾，匈奴兵焰，岁通甘泉。当是时，营三将于长安之东，虽曰备胡，而所忧岂止匈奴也。条侯能知先务，即军中置细柳仓，笼关辅之粟，十贮其七，三年分营。吴楚兵作，细柳余积，飞入洛阳。吴人之兵，冲伏啮龟，不能绝之。此所以为真将军矣。棘门灞上，昼桴夜鼓，仰食太仓，岂不谓儿戏哉。

　　泸虽边州，熙宁之前，人民官府，仅若一成之聚，土田舆赋一能给一旅之众。元丰四年（1081），神宗皇帝遣将开边，赦蛮之罪，斥数百里之土，置十

---

① 《永乐大典》卷七五〇七，北京：中华书局，1986年，第3368页。

② 《永乐大典》卷七五一三，北京：中华书局，1986年，第3421页。

③ 王献可，宋山西泽州人，元祐七年官知麟州作坊使，坐不禀帅司节制擅统兵将击夏人，追一官、勒停。起英州刺史、知泸州。元符元年，迁左骐骥使、权发遣梓夔钤辖、管勾泸南沿边安抚使公事。黄庭坚谪涪，献可遇之甚厚。见黄庭坚《山谷集》。

④ 家安国，字复礼，宋四川眉州人，博学，随韩存宝征乞弟得官。《宋史·艺文志》著录其《元丰平蛮录》三卷。陈振孙《直斋书录解题》曰："金部员外郎、知凤翔府家安国撰，记乞弟、韩存宝事。"已佚。

三堡寨①，岁移嘉、眉米三万斛以实之。移梓夔路兵马钤辖司，置泸南缘边安抚使司，帅边面千里，兵屯万计，张官布吏，十倍于前。漕府谋饷，忧在转粟。议者请以新田募夷、汉之民，计田授耕，分垒相望，有警则兵，无事则农。将以寨给一寨，城赒一城，官免支移，民脱飞挽。议奏未报，首膺帅任者手提三印②，当措置之初，切于官守，昧于体国，遂以新田饵安旧寇，岁取茶、蜡，不偿牛酒。③ 自是，邻路告籴，漕府移饷，交集境上。惟分寄县、寨以就蓄藏。州有颓廪，百年之构，不能增赤椽以足一岁之备。绍圣元年（1094）十二月，元城王公以作坊使守方渠，诏帅州事，轻裘缓带，日以补敝经远为务。一日，按军储之数，吏告曰："州无多廪，半且颓圮。常岁之积，分寄县、寨。"公曰："金城汤池，非粟谷不守；饥馑军旅，非食不救。水不藏海，散之江湖，此自竭之势也。百亩之农，尚知有囷箱之用，何万兵之府，连城之国，不能完大廪、务多积，以备凶荒水旱？"乃请漕台，得省金一千八百缗，购材于山，陶土于野，募民五千六百手，役兵之力以足之。公减宾客燕集之费，月视工徒，躬劳而悦使之，故人若其家，陈力竭作。戊寅（绍圣五年）仲春起役，中冬讫事。飞甍大栋，环七十三间，共五百眼。给纳有亭，斗量有库。外筑池御，以

---

① 置十三堡寨：《宋会要辑稿》方域一九之七《四寨移用》：元丰"新修腹里武宁（武宁寨，今属长宁县）、大硐（今纳溪区大渡口镇）、开远（安远寨，今江安县安远场）、平夷（今长宁县城）四寨，约新收乐共（乐共城，今兴文县五星镇大小营盘）、江门（江门寨，今叙永县江门镇）、镇溪（镇溪堡，今兴文县莲花镇三洞桥）、梅岭（梅岭堡，今江安县红桥镇）、大洲（大洲堡，今纳溪区护国镇大洲驿场）五城。"《续资治通鉴长编》卷三一〇载："（元丰三年十二月丁亥）复置……泸州罗改寨。"《宋史》卷四九六《蛮夷四》："（元丰四年）筑……席帽溪堡（今兴文县营盘山）。"此十三堡寨，皆为防控今长宁、兴文、江安、纳溪、叙永诸县境内诸少数民族而设，即所谓"政和十三寨堡"。此外，《元丰九域志》载有防控赤水河两岸诸少数民族的合江县遥坝、青山、安溪、小溪、带头、使君六寨，当地原有纳溪寨（今纳溪区安富街道）、板桥寨（今江安县板桥场）和南田寨（今江阳区蓝田街道）。
② 首膺帅任者手提三印：元丰五年四月庚午（初九），"《诏》徙梓夔路钤辖司于泸州。东上阁门使、梓夔路钤辖王光祖免前罪，为梓夔路钤辖、知泸州，兼泸南沿边安抚使。遇有边事，安抚、钤辖司措置施行，转运司更不干预。"（《续资治通鉴长编》卷三二五。）自此，泸州守臣（知州）就同时兼任泸南沿边安抚使和梓夔路兵马钤辖。
③ 以新田饵安旧寇，岁取茶、腊，不偿牛酒：手提三印的泸州最高军政长官王光祖，把讨平乞弟所开拓的田地分配给当地少数民族耕种，只象征性地向他们收取些少蜡蚕丝和茶叶，不征田粮，用以作为春秋两季不再设酒宰牛宴请少数民族的补偿，寻致泸州所征粮赋不足以保障驻军的供给，每年要从眉州（今眉山市）、嘉定（今乐山市）征调30000斛（每斛10斗）粮食。千里馈运，劳民伤财，民不堪命。

修火禁；中辟广庭，以分廥事。百工告成，无横草取民。噫！安平之日，兵肥穷边，粟陈高廪，其利在国。丰年善岁，常平之谷，转山而藏。一朝饥馑水旱，疆场生齿，免于捐瘠，其利在民。安国强□晚二州事，经始之善虽莫己有，落成之喜实与众同，故直书而无愧。

元符元年（即绍圣五年）十二月十五日谨记。

宣教郎、权通判泸州军州、兼管内劝农事、借绯家安国撰。

左骐骥使、持节英州诸军事、英州刺史、权发遣梓夔路兵马钤辖、管勾泸南沿边安抚兼泸州军州王献可。①

【七十九】 都教场　总教场。官军练兵习武之所。清代以降，民间习呼"小校场"，以区别于南门永丰桥外桐阴中学（今泸州市第一中学东校区）门前的"大校场"。

江安县

★33.

《江阳谱》

江安县城。嘉定十五年（1222），权县令阎师古【一】改筑【二】四门，建楼其上。邑人邓选扬【三】于其南门为《楼记》，其略云：县治背大江，向南山，诸峰横陈于前，如拱如揖。自县谯望南城楼，直如引绳。楼岁久颓压，过者病之。嘉定十四年，遂宁府长江县（今四川安岳县）主簿阎君来赞帅幕，沿檄摄邑事。始至，崇奖善类，政令求以便民。念壤地接边，即营葺东、西、北城楼，而离明之方，因陋就简，恐无以感民，和通旺气，遂拓开南城，增土为基，垒石二寻【四】，立木十六楹，以屋其上。广五寻，其崇如垒石之数而加二尺。费出于核实吏欺樽节浮蠹之余。期月落成。制作高明，面势宏敞。太博曹公又捐米四十斛【五】佐之，又为命名，區题城门【六】：南曰嘉靖，东曰来远，西曰迎安，北曰镇流。墨妙大书，人谓伟严。

【校补图注】

【一】 阎师古　嘉定十五年以长江县主簿奉檄摄江安县事。《滇考》记载："淳祐元年（1241），黎州（治今四川汉源县）守阎师古言：大理请道黎、雅（今四川

---

①《永乐大典》卷七五一六，北京：中华书局，1986年，第3452页。

雅安市）入贡。"① 知其后曾知黎州，余不详。

【二】 改筑　江安汉夷门户，当水陆之要冲，至迟在北宋元祐以前，便已有城壁，所以称为"改筑"。张献忠起义军攻占蜀地后，蜀中文献多有损毁，其由来已不可知，地志唯云"（南）宋嘉泰中，知县赵迈筑土城"②。

【三】 邓选扬　地志失载。

【四】 寻　长度单位。每寻八尺。

【五】 斛　量器名，同时又是容量单位。每斛十斗。《仪礼·聘礼》："十斗曰斛。"③

【六】 城门　宋元交替，江安宋城毁于兵燹。元代蜀中民生凋敝，江安县的建制一度被撤销。"明成化初，县丞李英（乃）因旧址甃筑以石，高一丈五尺，周六里，计一千八十丈。门六（除东南西北四门外，又新筑），有小西门、小北门。外环以壕。"④ 正德九年（1514），知县王郊增筑，浙江布政使司左参政、长宁人侯启忠撰修城碑记云：

　　江安滨大江，西南控边境，东北当水陆之要。旧有土城，尽圮。正德辛未，王君仁同莅兹土，适川寇滋蔓，兵符络绎，仁同忧无以障民，乃建石城，计七百二十丈，高二丈，厚一丈二尺。城西临淯溪（长宁河），患冲激，增以巨石。为门五，楼如门数。经始于莅事之年十一月，讫工于后三年十二月。时蜀土用兵，而郡邑之城旧者修，新者创，竭帑病民，或从而渔于其间，仁同弗然焉，且举于腾喧折馘之秋，而使民乐趋于事，非父母斯民者弗能也。

　　甚矣！仁同之爱民，深而远也。仁同秩满将去，其僚友县丞王瑄，主簿何裡、党准，典史张绎，监生王中等，属予记其成垂之永久。

　　仁同名郊，江西太和人。⑤

民国《江安县志》记载：

---

① 清·冯甦撰：《滇考》上，《四库全书》文渊阁本。
② 清·黄廷桂等监修：雍正《四川通志》卷四上《城池上·江安县》，《四库全书》文渊阁本。
③ 彭林译注：《仪礼》，北京：中华书局，2018 年，第 320 页。
④ 清·黄廷桂等监修：雍正《四川通志》卷四上《城池上·江安县》，《四库全书》文渊阁本。
⑤ 清·高学濂纂修：《江安县志》卷一《建置志第二·城池》，道光九年刻本。

崇祯五年（1632），知县陈嘉绩补葺，增辟四门，八年，告竣。先后共辟九门，曰东门、小东门、西门、小西门、南门、小南门、北门、小北门、管驿门。（张献忠）兵燹后俱圮。清康熙中，知县张振、周泰生，雍正中署知县李秀会等相继补葺……乾隆二十年（1765），知县周颂自捐三百金，倡率士民捐资修葺，计新筑、改补共七百六十一丈有奇，为门七：东曰朝阳，西曰挹爽，南曰迎薰，北曰望阙，及小东门、小西门、管驿门，楼如门数，雉堞完备。五十六年，知县陈铮补修，计拆八十八丈，补六百七十四丈，扩北门外堤岸，易门之东向者为北向，改七门为五门：东曰安怀，西曰安乐，小西门曰安宁，南门曰安阜，北曰安澜。嘉庆初，知县马维岳先后补葺，仍复七门旧制，改管驿门曰清晏门。道光八年（1828），高学濂补葺。咸丰九年（1859），知县柳炳督同邑绅朱光远、冯世铠、邹凤藚、冯铨忠、杨晏鸿等创修四门炮台，共六座，十年，告竣……民国（成立）数年以来，江安围城两次，幸炮台中空，抬枪横射，拥护城根，贼不得蚁附而上。①

又今泸州市纳溪区，北宋时隶属江安。南宋绍定五年（1232）始从江安县析出，由寨升格为县。其时，《江阳谱》业已成书，因未载有纳溪县城池。兹录后代地志所载情况于此：

康熙《四川总志》载："纳溪县城池，宋皇祐间始筑，周三百一十丈，高一丈。明永乐中重修，门四：曰朝天、鲲化、江阳、安静。外环以濠。"② 按，皇祐时纳溪尚未有县，此盖纳溪寨之城。

雍正《四川通志》："纳溪县，明天顺间，知县张瑾筑土城。成化间，知县黄瓒包砌以石，高一丈二尺，周一里七分，计三百零六丈，门四。弘治中，副使罗安增修门楼。国朝康熙五十一年（1712），知县蔡琏补葺。"③

比较视之，二者所记差别太大。嘉庆《纳溪县志》曰：

宋绍定初始筑土城。

明永乐中重修，包砌以石，高一丈，周一里七分，计三百一十丈。门四：

① 严希慎修，陈天锡纂：《江安县志》卷一《城池》，民国十二年刊本。

② 清·蔡毓荣等修，清·钱受祺等纂：康熙《四川总志》卷五《城池·泸州纳溪县》，康熙十二年刻本。

③ 清·黄廷桂修：雍正《四川通志》卷四上《城池·泸州纳溪县》，《四库全书》文渊阁本。

日朝天、鲲化、江阳、安静。外环以濠。见旧《通志》。今《通志》及《县志》俱误载与合江同，特为更正。以上俱不详修筑何人，何年。

天顺间，知县张瑾补筑，稍廓，周三百三十丈，高一丈二尺，东西南北门，名无考。成化间，知县黄瓒补砌。弘治中，副使罗安增修门楼，年久倾圮。

国朝康熙五十一年，知县蔡琏奉文通饬修城，葺之：

一、东门迎旭门。知县储掌文于乾隆十三年修建城楼，嘉庆九年（1804）知县邓世禄重修，并有碑记，见《艺文志》。

一、南门来薰门。知县章世珍于乾隆三十五年详请捐修，功未及半，三十六年军兴，奉文停止。无城楼。

一、西门会丰门。署知县康定道于乾隆十年增修。城楼题曰焕文门。嘉庆七年知县李太青培修，更名安澜门。十年，知县张曾益从新补葺，易今名。

一、北门承恩门。亦知县章世珍乾隆三十五年修。因奉文，停工。无城楼。①

所谓"旧《通志》"，即指康熙《四川总志》；"今《通志》"，指雍正《四川通志》。嘉庆《纳溪县志》认为，省志将纳溪、合江二县城池弄混淆了，因为修建这两个县城的地方官都是张瑾和黄瓒。按，官员任职期满，会有调动。张、黄二官在纳溪、合江二县之间调动，不无可能。凭此而谓"混淆"，证据不足。

合江县【一】

★34.

《江阳谱》

合江县城

　　大东门

　　小东门

　　大南门

　　小南门

---

① 清·赵炳然、清·陈廷钰纂，纳溪区地方志办公室点校：嘉庆《纳溪县志》，2015年内部印行本，第47—48页。感承泸州市纳溪区地方志办公室秦礼主任惠赠此书，谨此敬表谢忱。

西门
北门

【校补图注】

【一】 南宋嘉定年间的这座县城，地志失载。宋元之际，合江县先后迁治榕右山、安乐山，明初，设治于神臂山大江南岸之济民市（今大桥镇黄市坝）。至于其何时迁回今址，则不见记载。张献忠起义军占领蜀地之后，地方文献荡然无存，清代地志但言明天顺间合江始筑土城。兹辑录其文，以存天顺以来县城构筑、培修情况。

康熙《四川总志》记载：

> 合江县城池，明天顺间，知县张瑾筑土城，周三百三十丈，高一丈二尺。成化间，知县黄瓒包石。弘治中，副使罗安增修门楼。正德中知县朱铣重修。[①]

雍正《四川通志》记载：

> 合江县，明天顺间知县张瑾筑土城。成化中，知县黄瓒包砌以石。弘治中，副使罗安增修门楼。正德中，知县朱铣重修，高一丈二尺，周一里八分，计三百二十四丈。门五。明末圮。国朝康熙十一年（1672）知县谢旗重修，闭小西门。[②]

乾隆《合江县志》记载：

> 城池
>
> 石城周围四百六十四丈五尺，高一丈五尺。明天顺间，知县张瑾筑。成化间，知县黄瓒包以石。弘治中，副使罗安增修门楼。正德中，知县朱铣重修。兵燹后，日就倾圮，土满民残，力难修葺。旧辟五门，本朝知县谢旗谓小西门

---

① 清·蔡毓荣等修，清·钱受祺等纂：《四川总志》卷五《城池·泸州合江县》，康熙十二年刻本。
② 清·黄廷桂修：雍正《四川通志》卷四上《城池·泸州合江县》，《四库全书》文渊阁本。

不宜于地理，闭之。康熙三十八年，知县丁文煜补葺城闉（yīn）[1]，创建西楼。工未竣，病，去。后复坍塌殆尽，仅存旧址，绝无内外之分。乾隆二十六年（1761），知县叶体仁集阖邑绅衿士庶公议捐费重修，并捐俸银四百两。及两易寒暑之后，而工始告成。据今雉堞之巩固，四门之巍焕，见者闻者，未有不欢欣鼓舞者也。捐费人等分别给匾奖励，且将捐输姓名、数目，勒碑竖立城门，以彰慕义急公。

所有修城禀帖附后。

禀帖

敬禀者：窃卑县地方滨临大江，上通泸叙，下达渝夔。东北一带，系与泸州及重属之江津、永川两县毗连，而西南半面，系与永宁接壤，并直抵黔省仁怀厅县。崇山深箐，汉苗杂处，固属近水次冲，实贴邻疆，扼要其间，城池必须巩固，以籍保卫，以壮观瞻。虽旧有石城一座，查系筑自前明，周围四百六十四丈五尺，计高八九尺至一丈三四尺不等，建设东西南北四门。历今数百余年，城楼垛口，久经坍塌无存；城墙倾颓，残缺居其大半。虽经历任各令及卑职随时补修，而新旧联络相延倾圮。加以今岁春夏之交叠经大雨，又被冲颓甚多，其陆续修补之处，仍复牵连倒塌。若非通身修筑坚固，虽遇缺补砌，徒滋靡费。卑职亲往勘阅，查旧有城身尚属坚固，而石块残缺略加修补者，共计二百二十五丈七尺。其余概系欹斜欲倒，且石块风化、碎小不堪悉应新石修砌者，共计二百三十八丈八尺。但俱无垛口，不异民垣。且沿城河街一带，铺户稠密，逼近城上居民屋宇。倘或风火不戒，内外无以隔绝。是城身垛口，急应修砌高、厚。除东、南、北三门城楼业经卑职于去年春间捐赏建造，其应修周围城墙、垛口，工程浩大，经费不资。

伏查乾隆二十五年正月内奉到廷寄，钦奉上谕"设立城垣，原以保卫民居，每遇小有坍损，地方官果能加意督率，随宜修整，自不致费大工繁。此正为民率作兴事之意，并非派累闾阎也。身任封疆者，理应悉心及时整理，毋稍懈弛"等因，备仰下县钦遵在案。卑职窃思有利民生之事，地方有司自当随时兴举，何况城垣乃国家保障、居民护卫，亟宜率作兴事，以尽职守。若藉端派累，原属有干例禁，而急公趋事，亦应俯顺舆情。卑职传谕绅衿士庶公同集议，当据绅士陆岱、李今辉等面禀："生等幸遇圣朝，躬逢盛世，百数十年休养生

---

[1] 闉，瓮城的门。《说文》："闉，城曲重门也。"徐锴《系传》："若今门外瓮城门也。"

息，岁庆丰登，安衣乐食，共享升平。况城以卫民，一经修理，累世安堵。生等情愿随力，各捐砖石修砌，以襄厥工。"卑职或恐语非本愿、或藉公苛敛，再四叩询，众心鼓舞，实属乐从，并无勉强。随令议立公正绅者以为倡劝，并管理一切出入经费，丝毫不假手吏胥，以防侵蚀。卑职仰沐宪恩栽培，格外将历年节省养廉捐出银四百两，当面封交陆岱等收存。令其先为雇觅工匠，采买石、灰、杂项之用。

业于本年五月初二日起工，即将倾颓并倒塌缺口，应行通身修砌者，多觅工匠先行赶办。脚厚四尺，顶厚一尺六寸。其修补残缺及周围垛口，亦即陆续修砌。定以石城高一丈五尺，砖砌垛口高四尺，共高一丈九尺。查西门城洞倾颓不堪，现在另行拆砌，添建城楼。其各城门俱已朽坏，均须造换。并议用铁皮包钉，以垂永久。卑职不时亲往查视指点，并委典史陆嵩常往督工，总期坚固，一劳永逸。约计冬底可以告竣。

统俟工完之日，另将经费细数，并劝捐绅士捐输数目，分晰造具清册，详请委员查勘。并请分别给匾奖励，仍将捐输姓名、数目，勒碑竖立城门，以彰慕义急公。

所有卑职现在修理城工缘由，理合先行禀闻，伏祈宪鉴。卑职谨禀。

宫保总督部堂开批：据禀，该县倡捐廉银，督率士民，情愿乐输，修理城垣，具见急公，留心整顿。仰即如禀办理，但勿得丝毫假手书役，致滋派勒侵渔之弊。俟工竣据实造册报查。

此缴。①

同治《合江县志》记载：

明以前无城。天顺间，知县张瑾始筑土城。成化中，知县黄瓒包砌以石。弘治中，副使罗安增修门楼。正德中，知县朱铣重修，高一丈五尺，周二里六分，计三百二十四丈，门五。明末倾圮。本朝康熙十一年，知县谢旗重修，谓小西门不宜于地理，闭之。康熙三十八年，知县丁文煜补葺城闉，创建西楼，工未竣。年久又复坍塌。乾隆二十六年，知县叶体仁集阖邑绅衿士庶公议，捐费重修，并捐俸银四百两。告成。周围计四百六十四丈五尺，高一丈五尺，分

---

① 清·叶体仁修，清·朱维辟纂：乾隆《合江县志》卷二《城池》，乾隆二十七年刻本。

东西南北四门。嘉庆十五年，西方城垣倒塌十余丈，知县秦湘培修。道光二十年，知县高殿臣培修东、西两门。二十六年，知县钱恩福培修南、北两门。

城内大街

县前横街

东门外小河街。在大江岸上，凡行舟往来，俱在此处停泊。早、夜更为热闹，交易亦多。

南门外大街。通仁怀（县）［厅］（今贵州赤水市）。往来极多，居者甚众。

西门外小街。地近山，居民少。通仁怀厅。

北门外大街。路通泸州，人烟辐凑。居民商贾，多集于此。

仓坪巷。在县城东。

道府巷。在县城北。又有道府巷，以宁夏道董新策、（贵州）石阡府知府罗文思居此，故名。

承恩巷。在县北关外。

大寺巷。在县北关外。

任家巷。在县城西。

古仓坪巷。在县南关外。

徐家巷。在县北关外。

广益巷。在县北关外。①

民国《合江县志》记载：

今县治自明天顺间知县张瑾肇筑土城，成化中知县黄瓒甃以石，弘治中副使罗安增修门楼，正德中知县朱铣重修，周一里八分，计三百二十四丈，高一丈二尺，门五。明末圮。

逮清康熙十一年，知县谢旗再修，闭小西门。十九年，知县陈台斗补修。三十八年，知县丁文煜建西城楼。乾隆二十六年，知县叶体仁倡，捐俸银四百两募众修理，周四百六十四丈五尺，高一丈五尺，分为东、西、南、北四门。嘉庆十五年西城坍塌十余丈，知县秦湘筑之。道光二十年，知县高殿臣培修东、

---

① 清·瞿树荫修，清·罗增垣等纂：《合江县志》卷一〇《城池》，同治十年刻本。

西两门，题东门曰春熙，西门曰庚辉。二十六年，知县钱恩福培修南、北两门，题南门曰朗稷，北门曰焕文。光绪十八年（1892），城垣裂二十余丈。二十一年，知县黄应泰，同把总陶昆、邑绅黄垂、罗光辉、洪永椿、黄孝思、施有章、徐茂堂等监工筑之。二十四年，知县李蕴华复委李延泽等募众培修西北隅。三十四年，南、北二城楼坏，知县薛宜璜委绅李书林、黄锡昌等监工培修。宣统三年（1911），民军用地雷轰破城东南角数丈。民国元年（1912），知事张彝仲委绅王文献、李兴墀等监工修复之，凡四周之历久渐欹者，亦咸培筑，至今利赖焉。

城之东门临大江南岸，南门外南关街口，则赤水河会习水以入于江。故城东、南两方皆环水，惟西门跨凤仪山之西，地势较高。北门当通泸（州）要道，街市最繁。《通志》云"负山带江，极为奇胜"，又曰"凤仪山特起城中，江水横流郭外。"言近景也。《明史》云"南有榕山，西有之溪（赤水河）"。言远景也。城厢房舍，悉系旧式建筑，惟兴隆巷口有西式屋一所，建自光绪间。①

---

① 王玉璋修，刘天锡纂：民国《合江县志》卷一《舆地·城厢》，国家图书馆藏本。

七、坊巷街道【一】

本州

★35.

《江阳谱》

坊巷。郡西南皆山，东北濒江。山皆支分，高下不齐，不便于建市。故其东顺江自北而南为一长街，其坊五【二】；其北自东而西，又为一长街，其坊一【三】旧皆立木为表【四】，经火遂废【五】。余皆以巷陌通焉。

出谯门【六】，南，直军门楼【七】之东，达于新街【八】；西南循班春亭【九】而达于保障门（西门）；东北循宣诏亭【十】而东，达于通海门（东门）。

出衙东门【十一】而东南，达于十字街【十二】；东北达于济川门；北达于朝天门；北自朝天门而达于十字街，为桂林坊【十三】。桂林坊。乡士王世民居之。兄弟三人，俱荐【十四】，而世民登绍兴十一年（1141）第【十五】。里人荣之，故以此名其坊。坊表久圮，嘉定壬午（十五年，1222），帅太博曹公再立。又曰比务街，旧比较务【十六】在是。

东北自十字街以达于小桥【十七】，为仁风坊【十八】。仁风坊，坊表久废，嘉定癸未（十六年），帅太博曹公再立。

东自小桥以达于大桥【十九】为超胜坊【二十】。内巷三。超胜坊。坊表久废，嘉定癸未，帅太博曹公再立。竿箭巷【二十一】，内有汉梁王庙【二十二】。庙旧在竿箭滩【二十三】上，后迁于此，故名。高寺巷【二十四】，上连开福寺【二十五】，故名。大桥巷【二十六】。

东南自大桥以达于来远门（南门），为胜纪坊【二十七】，内坊

一、街二、巷四。胜纪坊。坊表久废。嘉定癸未，帅太博曹公再立，改为"鹤鸣"。贲文坊【二十八】。在州学左百步，旧无此坊名，嘉定壬午新立。太博曹公书额。朱紫巷【二十九】，大草场巷，小草场巷，大善寺后街。七星阁后巷，县街【三十】。有表额。以上并属右厢【三十一】。

西自保障门而入以达于十字街，为清平坊【三十二】，凡街二、巷三。清平坊。坊表久废，嘉定癸未（十六年，1223），帅太博曹公再立。天犬山巷。十花营街。东军八指挥【三十三】屯于此。中溪【三十四】巷，旧名马家巷。司理巷，司理院【三十五】在焉。十字街。

西南自十花营街以达于大桥巷，为新街【三十六】，内巷三。新街，绍兴元年火后新修，因以为名。以上并属左厢。大悲阁后巷，运司仓在焉。幢子山巷，泗州阁后巷。

又南自来远门而出，以达于酒务街【三十七】，为修德坊【三十八】。内街二、巷三。修德坊。旧志逸然里，人率以此名其坊。篾桥街【三十九】，街尾达于宝山。胥家巷【四十】，巷尾达大江，待制唐公庚【四十一】尝居于此。小胥家巷，马军营巷，酒务街。

由修德坊以达于史君岩【四十二】为史君坊【四十三】。史君坊。坊尾有岩穴【四十四】。（南朝）梁天监中，刺史陆公弼尝徜徉于此。后人因以"史君"名其岩，复以名其坊。今史君之庙在是。余见祠庙之叙【四十五】。以上并属城外巡尉司【四十六】

【校补图注】

【一】**坊巷** 坊，古代把城邑划分为若干片，通称为坊，类似于现在城市里的小区、社区。坊口树立标识性的木、石牌坊，额上大书坊名。《旧唐书》载："两京及州县之郭内，分为坊，郊外为村。"① 《明史》："在城曰坊，近城曰厢，乡都曰里。"②

长江自南向北流来，在泸州城东北角的馆驿嘴与由西向东而来的沱江汇合，而

---

① 唐·刘昫等撰：《旧唐书》卷四三《职官二》，北京：中华书局，1975年，第1825页。
② 清·张廷玉等撰：《明史》卷七七《食货一》，北京：中华书局，1974年，第1878页。

后向东流去。由此形成东、东南、北三面环水的半岛。宋代的泸州城就构筑在这个半岛形的地带上。城的西面，背靠堡山（今名忠山）。从长江江岸到忠山山麓，宽约 800 米。根据这样的地形实际，南北方向上，建为一条长约 1800 米、与长江江岸平行的主长街，自朝天门（北门）以达于来远门（南门）；东西方向上，从忠山的山脚开始，从保障门（西门）向东，建为长约 800 米、与长江江岸垂直而与沱江江岸基本平行的另一条主长街。两条街呈"十"字交叉，形成十字街口（大什字），十字街口东延约百米，就是城的东门（通海门）。

南北向的主长街，从南门（来远门）继续向南，又 3000 余米而达于史君岩（今三岩脑）下的南田渡。

街坊之间，建有若干小巷，以通往来。此外，在北、东、南三侧城墙的外面，还有附城之街，这就是现在沿沱江江岸的世寿街、小河街，和沿长江江岸边从馆驿嘴开始，从北向南的大河街、宝庆街，以及南门城外的今中和前街、中和后街，等等。

行政管辖上，整座城市又分为四个板块：

（1）左厢；

（2）右厢；

（3）隶属城外巡尉司的南门外诸街；

（4）小市厢：州城沱江北岸长、沱两江岸边居住的人户。

这种"十"字形街道布局，连同依附城墙而建的小街，以及从南门到史君岩的街道与不连续的民房格局，自从北宋政和六年构筑土城到 1983 年地级泸州市成立，基本没有变化。

【二】 **其东顺江自北而南为一长街，其坊五** 南北方向上、与长江江岸平行的主长街，亦即今日的仁和路、大什字（十字街口）、治平路、慈善路和南门以内的下平远路上，布局了桂林、仁风、超胜、胜纪四坊；南门外的中平远路、上平远路、纪念标、金线吊胡芦街上，又布局了修德、史君两坊。加上嘉定十四年新立的贲文坊，共计七坊。

【三】 **其北自东而西，又为一长街，其坊一** 东西方向上，与沱江江岸基本平行，建为另一条主长街，亦即今日的武成路、花园路、迎晖路。主长街上，建有一个清平坊。

【四】 **立木为表** 每坊并皆树有木质牌坊，坊上各书其坊之名，以资区别。一如今日城市之街道标识牌记。

【五】 **经火遂废** 绍兴元年（1131），泸城火灾，烧毁民房、街市。灾后因建"新街"。详后文。此言坊表"经火遂废"，指的是淳熙元年（1174）城中失火，烧毁民房千家，街市坊表毁坏。泸州官员李泰坐上报灾情不实，受到处分。嘉定中，曹叔远治理泸州，维修街市，乃于嘉定十五年（1222）酌改坊名，重立坊表。时距淳熙，已是数十年。

【六】 谯门 又呼南谯门。当时潼川府路官衙的正门。

【七】 军门楼 泸州军的门楼。当时泸城内同时驻有潼川府路、泸州军和泸川县三级地方政权，还有军事机关潼川路安抚使司，它们都有各自的衙门。根据这段文字记述的十字街和城门与潼川府路官衙之间的相对方位，大体可以推知：

（1）潼川府路和潼川路安抚使司都在里城（内城）。里城略呈长条状，南界约为今花园路和迎晖路的北面一侧，西界约为今三道拐（清代的城隍庙和今忠山小学），东抵今大北街，北至今濂溪路。今钟鼓世家、泸州大酒店及其门前的主干道和桂花街，都在里城之内。

（2）泸州军（州衙），在韩家山。明时，其地为泸州卫指挥使韩氏宅第，因名韩家山。入清后，为直隶泸州州衙，民国裁州存县，为泸县县署。抗日战争胜利，改建为"中城公园"。中华人民共和国成立后，园内新建川南人民图书馆、泸州市劳动人民文化宫。

（3）泸川县官衙，遗址在今市府路北侧的"滕王阁步行街"，亦即原泸州市人民政府。

【八】 新街 淳熙元年（1174）州城火灾后新建，自十花营街以达于大桥巷。

【九】 班春亭 在泸州城内楼下之西偏，与宣诏亭相向。

【十】 宣诏亭 在泸州城内楼下之东偏。

【十一】 衙东门 里城（内城）的东门。故址或在今小什字（鱼市街和珠紫街交界处）。

【十二】 十字街 东西向主长街的一段，相当于今迎晖路，其下口即南北向、东西向两条主长街交叉处的大什字。

【十三】 桂林坊 自今仁和路（旧名纽子街）北口至大什字，即今孝义路全段。

【十四】 荐 地方政府向朝廷贡士，推荐州试合格的生员赴省应试。南宋初，每届额定泸州荐士二十人，自端平元年（1234）起，在原定额基础上增加二人。[①]相当于明清年间的贡生。生员能够领荐，是很荣耀的一件事。

【十五】 登绍兴十一年第 宋室南渡之初，战乱道阻，举人难赴省试，建炎元

---

① 宋·魏了翁撰：《鹤山集》（《四库全书》文渊阁本）卷一二《送贡士》诗《序》曰："泸贡士二十人。端平元年，手书增郡国贡员。泸增二人。是岁，贡于东、西路转运司者各二人，以五月庚戌合僚吏宴于郡之正衙，歌《鹿鸣》以遣之。"

年，因命各路提刑司选官于转运司所在州府举行"类省试"，每十四人录取一人。类省试合格的举人，国家承认其科举中试的资格。绍兴五年，除四川外，类省试不再举行，举人仍赴京（临安，今杭州）省试。王世民绍兴十一年登第，参加的就是类省试。

【十六】　**比较务**　宋代地方官府酿酒和管理酒政、酒税的机关，置于酒税收入多的府、州，与管理酒政、酒税的"都酒务"同设，专官监临，职掌"定课额，以酿酒收息增亏为赏罚"①。

【十七】　**小桥**　遗址在今慈善路上的水井沟下口，地理坐标为北纬28度53分38秒，东经105度26分59秒。旧作"银锭桥"。民国《泸县志》作"迎敌桥"，谓"传明末献贼破城，从濠中进，（知州）苏公（琼）迎敌于此，故名。"②

古代泸州城外树木繁茂，有八道小溪自忠山山间涓涓流下，穿城而过，分别注入长、沱两江：

（1）无名小溪。自忠山北面由南向北，经滴乳岩（百子图）流入沱江。百子图旧为真如寺，始建于唐。宋代，建大云寺。冬日泉断水枯，岩头若断若滴，有如滴乳，故名"滴乳岩"。滴乳岩今已被人为破坏，原址地理坐标为：东经105度26分13秒，北纬28度53分26秒。

（2）柳林溪。今名枇杷沟。自忠山东麓顺西门城墙由南向北，在地名铁灯杆处注入沱江。明清两代，为州城西北侧的护城河。铁灯杆在清代、民国年间，为泸城往返沱江上游方向连云洞（和直场）、胡市、通滩诸圩场的"摊子船"码头，也是沱江上游来泸客货民船的港埠。岸头旧有悬挂导航标志物的铁灯杆一根。地理坐标为：东经105度26分32秒，北纬28度53分42秒。

（3）无名溪流。今名"水井沟"。源于忠山东麓，自西向东，流过今莲花池、南极路（旧名南极子）、水井沟街（苏公路），穿过宝来桥入长江。水井沟街旧为全城地势最低洼处，排水不畅。夏秋雨潦，溪水并街市生活污水满街横流，遍街污秽，民众不堪其苦。民国十七年（1928），同盟会泸县籍党人组建市政建设委员会，推举税西恒为工程师、谢藩屏为测量员，兴工改造此溪，建成地下"大循环水道"汇纳全城污水，泸城街道排水乃得畅通。水井沟街道至今犹在，其上口在今泸城主干道江阳北路上，即旧时南极子街道的下口。地理坐标为：东经105度26分50秒，北纬28度58分33秒。

（4）中溪。又名马谡溪，民间呼"马溪沟"，从忠山东麓自西向东，沿今

① 宋·章如愚撰：《群书考索》卷五八《财用门酒类》，《四库全书》文渊阁本。
② 王禄昌修，高觐光、温翰桢纂：《泸县志》卷二《交通志·津梁》，民国二十七年刊本。

市府路流入长江。光绪《直隶泸州志》记载：马谡溪源出州西宝山下，"相传诸葛武侯征南蛮，谡献地图，屯兵溪上，因名"①。溪口处即中渡的渡口。溪上有桥，即"大桥"。遗址在今市府路口，民间习呼"仓街口"。地理坐标为：东经 105 度 27 分 3 秒，北纬 28 度 53 分 23 秒。

（5）营沟。从忠山山间的今西南医科大学正校门外流下，自西向东，穿过今忠山公园，流过今广营路，顺州城南面城墙，从今下平远路上的五桂桥（今三星街口南侧）下流过，在耳城处注入长江。为州城南面的护城河。溪岸上方十花营街（今名大营路）一带，宋时为武宁军营房（清代地名"营盘上"），因名"营沟"。

（6）澄溪。一名柳林溪，旧时夹岸皆柳，故名。溪自忠山东南流来，自西向东，经凤凰山穿过今泸州二中校园，顺今铅店街（俗呼作澄溪口）流入长江。铅店街上口，与宋代南北主长街相连。地理坐标为：东经 105 度 27 分 5 秒，北纬 28 度 53 分 7 秒。

（7）无名小溪。源于忠山东南，自西向东，从今泸州市第一中学校园左侧约百米处的永丰桥下流过，在曾家花园注入长江。

（8）无名小溪。源于忠山西南面龙透关下的木龙岩，顺山由西而东，从今三道桥下流过，在小关门外原川滇东路（321 国道的一段）汽车轮渡渡口注入长江。地理坐标为：东经 105 度 26 分 5 秒，北纬 28 度 52 分 16 秒。

除了自忠山山间流下的八条小溪，泸州城南又有五渡溪，源于龙船丘，东北流，绕黄伞坝，又东汇华阳山北麓小溪，东至贞寿桥入江。贞寿桥，民间呼"五渡溪桥"，地理坐标为：东经 105 度 24 分 30 秒，北纬 28 度 52 分 3 秒。

这些溪流，现已尽数干涸，不复存在，溪桥亦已成为街道。

坊巷街道变迁，而溪流所过未尝有变，溪桥之地理坐标亦可得而测定，用以作为考定宋代坊巷街道地望之参照物。

【十八】 仁风坊　在今治平路。即自大什字（十字街口）至水井沟街下口（小桥—银锭桥）。

【十九】 大桥　在中溪（马谡溪）上，即今市府路口（仓街口）。

【二十】 超胜坊　在今慈善路，即自水井沟下十字口（小桥—银锭桥）至大桥（今市府路口）一带。

【二十一】 竿箭巷　即今苏公路（水井沟街）。

---

① 清·田秀栗、清·邓林修，清·华国清、清·施泽久纂：光绪《直隶泸州志》卷一《山川》，光绪八年刻本。

【二十二】 **汉梁王庙** 梁王，昌邑人彭越。秦楚之际起事，彭越从汉高祖击破项羽有大功，受封为梁王。高祖十一年（前196），以未遵刘邦征兵讨陈豨之叛，被认定为谋反，废为庶人，迁蜀青衣地方安置。中道逢吕后，吕后诳之还洛阳，诬以复欲谋反，处死，夷三族。

【二十三】 **竿箭滩** 又名箭滩，即今纳溪城东五里长江上的头脊梁、二脊梁和三脊梁，范成大《吴船录》称之为"张旗三滩"。州人为梁王立庙，借其威名镇压此处险恶凶滩。

【二十四】 **高寺巷** 竿箭巷（水井沟街）中段连通高寺（开福寺）的小巷。巷口，中华人民共和国成立后曾划归泸州百货站。改革开放后因城市改建而被拆除。

【二十五】 **开福寺** 即高寺，俗呼白塔寺、大佛寺。民国《泸县志》记载："开福寺，即古治平寺，在县城正中，东汉时建。宋安抚使冯楫造七级浮屠于寺内，俗称白塔寺。明时，官僚朝贺在此。乾隆二十二年，知州夏诏新于寺前建万寿戏楼一座，榜曰'普天同庆'。寺凡数进，地势突起，轩朗高华。民国初元，塔之四周殿宇为县立中学校购并。七年，天王殿毁于火。十年，即其地改建图书馆，嗣又撤去戏楼，改建门道。今所存者，仅大雄殿及厢房半面而已。"[1] 清末停科举，兴办泸州学堂（今泸州市第一中学）于其地。新中国成立后，人民政府辟建为泸州市人民商场。

开福寺内旧有弥勒殿，宋代黄庭坚曾写下《弥勒殿铭》：

泸州控绵水一都会。文经武略，付在守臣。呼吸变故，应以整暇。佛庙钟鼓，亦用震惊聋俗，使相辑睦，不相侵冒，实为王略之助。泸故有开福寺，弥勒大像殿屹发通衢，夷夏所瞻摩。以岁祀，金碧黯昧，像设欹倾。僧景沂、了愚子谒，同力新之。始于绍兴丁丑，成于建中靖国之元。而景沂请《铭》，余为稽首铭之曰：

能仁像法，岌岌将倾。知足天王，下开群冥。维此金像，景沂所作。恃其纯夫，实掌西南之钥。有其闭之，莫相侮之。有其开之，来献其琛。

此卷摹刻毕，便留充沂上人衣钵。若有攘臂纷夺者，依东坡先生四菩萨板誓。

建中靖国元年正月丁亥，青辉阁前舟中书。[2]

【二十六】 **大桥巷** 待考。

---

[1] 王禄昌修，高觐光、温翰桢纂：民国《泸县志》卷一《舆地志·坛庙》，民国二十七年刊本。
[2] 王禄昌修，高觐光、温翰桢纂：民国《泸县志》卷一《舆地志·坛庙》，民国二十七年刊本。

【二十七】　**胜纪坊**　今下平远路。即自市府路口（大桥）以至于三星街口（其西偏即来远门—南门）。

【二十八】　**贲文坊**　泸州州学故址，在今泸州市人民医院以北，明清两代为州学所在，学署亦在是焉。民国二年，州人温翰桢、金丽秋等出白金三千，即其地建女学会（育群女子中学），抗战时期，又办南城小学。1950年，辟为川南人民医院。泸川县县衙在市府路原泸州市人民政府处，坐北向南。州学在县衙对面，坐南向北。据是可知，贲文坊故址在今二太街、白招牌街一带。

【二十九】　**朱紫巷**　在十字街（今大什字）之南的贲文坊内，今名"肖巷子"。巷内旧有朱衣祠，祀朱衣神，巷以名焉。其来久矣。今日泸城珠紫街，得名不晚于清代，然其地在十字街西北，该地在宋时当为桂林坊之域。故虽与今天的珠紫街"朱紫巷"谐音，但实非同一事物。

【三十】　**县街**　以泸川县衙在是而得名，又以街尽头处有转运仓，因又名"仓街"。中华人民共和国成立后，更名"市府路"，今为步行街。

【三十一】　**右厢**　待考。

【三十二】　**清平坊**　就其内部街而言，主要有二：一是从西门（保障门）沿今花园路、迎晖路以达于今日之大什字（十字街）的泸城东西主长街；一是与东西主长街垂直，自今迎晖路西口开始，从北向南，以迄于今大营路的十花营街。此外，今日大营路，自宋始，代为驻军营房，民间习呼"营盘上"，民国时期改名"大营路"。

本坊诸巷，则大体布局在今花园路和迎晖路南面以迄于兴隆街、大营路及其东面的滕王阁步行街一带。

【三十三】　**东军八指挥**　北宋时以屯驻、驻泊为名，轮番替换，更成全国各地，期限（一般为三年）既满，便即回驻京师的禁军，时称东军，又称东兵。宣和年间，来蜀中戍守的东兵计12010人，分戍夔州、成都、泸州、剑门关、利州、文州、蓬州、恭州、阆州、龙州等地，北宋灭亡后，部队解散，这些东兵遂无所归，或去或留，直到绍兴末年尚有留居蜀中者。前已考宋军编制以十都（500人）为一指挥，驻泸东军，显然不可能有八个指挥（4000人）之多，"八指挥"之"八"，或是驻泸东兵的番号，亦即"第八指挥"之义。

【三十四】　**中溪**　即马谡溪，当地居民习呼马溪沟。

【三十五】　**司理院**　职司刑名诉讼诸务的司理参军官署。

【三十六】　**新街**　自西向东，自大营路以达于大桥。其东段即"仓街"。此街今已不存。

【三十七】 **酒务街** 即南门至澄溪街段，亦即今之下平远路。街有征收酒税又兼酿酒的"酒务"，因以为名。

【三十八】 **修德坊** 考虑到诸坊皆以溪流为界，此坊应是自来远门（南门）至永丰桥（遗址地理坐标为东经 105 度 27 分 1 秒，北纬 28 度 52 分 51 秒）之间的街道。

【三十九】 **篾桥街** 据其街尾达于宝山（忠山），有可能是今日之天子殿巷，或是来远门（南门）内之今三星街。

【四十】 **胥家巷** 故址可能是今与廖家花园相对的横街子，抑或今与天子殿相对的杀猪巷。

【四十一】 **待制唐公庚** 见★35。

【四十二】 **史君岩** 一名使君岩，俗呼三岩脑。岩在今长江大桥下游百米。《舆地纪胜》记载：泸州"使君岩，在城南五里。有岩洞，深六丈有奇，广半之。岩中有泉清冽。《图经》云：'陆使君名弼，（南朝）梁天监中为泸州刺史。死有神异，葬白崖。此岩为神游宴之所，号'使君岩'。象之谨按：《夷坚志》载本朝有英州刺史王献可，乃王云之父，知泸州，后亦为白岩神。今使君岩若为陆使君游宴之地，则当有唐人题刻。今其摩岩，止有国朝宣（和）、政（和）间留题，则非陆使君游宴之地，乃王使君游宴之地耳。此不可以不辨。"① 其地后长期为州人春日踏青宴游之所。王士禛《泸州竹枝词》记其盛况有云："江边草色映春衫，百五梨花叶叶帆。齐向城南踏青去，系舟多在使君岩。"② 又有陆游《泸州使君岩在城南一里，深三丈有泉出其左，音中律吕。木龙岩相距亦里许，黄太史所尝游憩也》诗云："云间刁斗过边州，沙际丘亭舣客舟。涨水方忧三峡险，短筇犹作两岩游。蛟龙矫矫拿云起，琴筑泠泠绕榻流。未死人生谁料得，会来携客试茶瓯。"③

【四十三】 **史君坊** 自城南永丰桥遗址至使君岩（今三岩脑）。

【四十四】 **坊尾有岩穴** 三岩脑危岩，壁立临江，长约半里，高二十余丈，岩间大坑小洼甚多，千年至今，风貌无改。

【四十五】 **祠庙之叙** 见★92 至★97。

【四十六】 稽诸宋制，无所谓"巡尉司"者。地方捕治盗贼，则有巡检司隶于

---

① 宋·王象之撰，李勇先校点：《舆地纪胜》卷一五三《泸州·景物下》，成都：四川大学出版社，2005 年，第 4593—4594 页。

② 清·王士禛撰：《带经堂集》卷二七，美国哈佛燕京图书馆藏本。

③ 宋·陆游著，钱仲联点校：《剑南诗稿》卷一〇，上海：上海古籍出版社，1985 年，第 744 页。

县官。此"尉"或为"检"字之讹。

南宋嘉定十年泸州坊巷街道图
（泸州周汝洪先生绘）

江安县

★36.

《江阳谱》

飞凫坊。

蟾桂坊。

豹文坊。去县簿【一】廨百步,与县谯绳直。旧以丞相赵公雄尝客于簿廨,名曰"豹隐"。嘉定辛巳(十四年,1221),权令阎师古改曰豹变,请字于潼(川)守魏公了翁,魏公为书曰"豹文"。

止足坊。邑之寓公石行正【二】早岁致仕,邑人荣之,宰赵迈为建坊,额曰"止足"。既窄陋,且岁久倾圮。摄令阎师古为更新之。

鲲化坊。【三】

桂籍坊。

箅篁坊。

鸣阳坊。

【校补图注】

【一】 簿　主簿。

【二】 寓公石行正　《宋史》卷二〇八《艺文七》著录其《玉垒题咏》九卷。玉垒,在成都。其人或尝为宦蜀中。余不详。寓公,外籍人流寓本邑者的别称。

【三】 鲲化坊　江安宋城已不复存。文献无征,其城街坊状况并已失详。

合江县

★37.

《江阳谱》

本县坊。

昼锦坊。

忠孝坊。

观政坊。

孝感坊。

【校补图注】

宋元交替之际，合江县城多次搬迁。文献无征。街坊状况失详。

八、乡都【一】

本州

★38.

《江阳谱》

八乡、八里【二】，三十四都。祥符旧经【三】："管一乡五里。"旧志【四】："管七乡、八里。"旧分都置保【五】，凡四大保。属一保正，各以丁力轮差，二年一代。乡有耆长【六】，县选材干（gàn）者充。保以察盗贼，耆以督课输，嘉定六年（1213）朝旨行下。淳熙六年（1179），广西帅张左司【七】奏请施行察盗事，令诸乡结甲【八】，五家为一甲。家一丁【九】，丁多之家二丁；官户、秀才，以干（gàn）人代。有甲头。五甲为一队，队有队长，在市镇者则为团长。远村止以保正副统率。所用器仗随所有，家置梆子，有鼓者听用鼓。遇盗发处，鸣梆击鼓。并出栏截其用令不用令，前率众不能率众，官为之惩劝。于是县各结甲，申诸州。惜乎皆为具文，甲、队徒有其籍耳。然必有保甲而后户口明，催科调发之令不紊，而盗贼无所容其迹，真良法也。故不可不录。

宜民乡应福里【十】。在县，倚郭。

第一都：管一保正、四大保、三十五队、一百六十八甲、八百六十家。杨村、黄村、袁村、水中坝【十一】、母市、谭村、赵舜臣市。

进德乡四镇里【十二】。

第二都：管一保正、四大保、一十九队、九十一甲、内百七十九家。先村坝、杨森市、赵化元镇。

忠信乡南岸里【十三】。

第三都：管一保正、四大保、二十四队、一百五十九甲、六百二十二家。南田坝【十四】、蒲市。

第四都：管一保正、四大保、三十队、一百四十一甲、七百三十七家。三家店、鬼门关、宝鞍台、白村、耒头坡、杨村【十五】、何石头村【十六】、文村。

衣锦乡白芳里【十七】。在县东北，有溪通大江【十八】地产荔枝，最富。国初，里人尹咸，尹敏道、纯道，及先竽、先诏二氏，父子皆登科，且联世姻。先氏上冡诗云："不扫先茔二十春，今朝忽见锦衣新。还乡父子墦（fán）【十九】间拜，再世登科有几人。"乡人荣之，县名其乡曰"衣锦"。

第五都：管一保正、两大保、十六队、八十甲、四百一十九家。罗乙卯、梁村、特凌亭【二十】、权村。

第六都：管一保正、四大保、一十四队、七十甲、三百六十九家。峰门坎【二十一】、凤凰台、椶树鼻市【二十二】。

第七都：管一保正、四大保、十四队、六十七甲、三百五十二家。小市坝【二十三】、大王村、胡市【二十四】。靠内江【二十五】，通船、车过往。

第八都：管一保正、四大保、二十七队、一百三十甲、六百八十家。高坝【二十六】、新溉、赖村。

第九都：管一保正、四大保、十五队、七十三甲、三百八十六家。李市【二十七】、文村、望市垭。

第十都：管一保正、四大保、十七队、八十五甲、四百四十七家。先市【二十八】。原属合江，初名"先合江"。以去县道远，不便供输，元丰元年（1078）十一月割隶泸川县。

第十一都：管一保正、四大保、十七队、八十一甲、四百二十七家。龙摩角、宣和三年改为"摩角村"。沙坎、白市。

第十二都：管一保正、四大保、十三队、六十二甲、三百二十八家。任市。

第十三都：管一保正、四大保、三十四队、一百二十甲、六百三十九家。曹市。【二十九】

第十四都：管一保正、四大保、一团长、二十一队、一百五甲、五百五十二家。沙平坎、何家店、何村、白村。

安贤乡中下里【三十】。本县东北八十里。

第十五都：管一保正、四大保、五团长、十五队、七十五甲、四百家。赵市镇【三十一】、罗村、石马平【三十二】。

第十六都：管一保正、四大保、四团长、二十队、一百一甲、五百三十四家。大岩尾【三十三】、旧赵市。【三十四】

第十七都：管一保正、四大保、四团长、一十八队、九十甲、四百七十八家。丁始蓝、楒木亭【三十五】、王村、李村。

第十八都：管一保正、四大保、四团长、一十九队、九十四甲、四百九十八家。伊村、母村、又村、何村、赵村。

第十九都：管一保正、四大保、三团长、二十七队、一百三十二甲、六百九十五家。丁石坝市、铜鼓坎。

第二十都：管一保正、四大保、四团长、十四队、七十一甲、三百七十七家。立石市【三十六】、杨村。

第二十一都：管一保正、四大保、四团长、二十三队、一百一十一甲、五百八十七家。鹿巷镇。

惠民乡井三里【三十七】。在县北一百二十里。

第二十二都：管一保正、三大保、四十九队、二百四十一甲、一千二百五十八家。罗李村、文村、佛面村。

第二十三都：管一保正、四大保、四十三队、二百一十一甲、一千九十一家。吕市镇、炉头坎、彭来。

第二十四都：管一保正、四大保、三团长、五十八队、二百八十甲、一千四百六十六家。七里市【三十八】、有溪桥，不通舟。范村、王村、张村。

第二十五都：管一保正、四大保、一团长、五十一队、二百五十五甲、一千三百三十二家。嘉明市【三十九】、小郑市、谭市、元属合江，以地里遥远，供输不便，元丰元年（1078）十一月割属泸川县。古村落谭坎。

第二十六都：管一保正、四大保、二团长、三十四队、二百二十三甲、一千一百五十六家。白崖村、牢井垭、换鹅市【四十】、有溪桥，不通舟。小牟市、赵王五小市、栀溪市。

清流乡沿江里【四十一】。在县西九十里，有溪连大江，地产牛乳、蔗、柑橘、盐。

第二十七都：管一保正、四大保、一团长、三十二队、一百五十七甲、八百二十三家。怀德镇【四十二】、旧名落来镇。宣和三年（1121）安抚司状奏："据落来镇乡老称，落来镇初因夷人落来归明于本镇住，遂呼镇市为'落来'。乞改换"。得《旨》："落来镇改名怀德镇。"蛇鸣。

第二十八都：管一保正、四大保、一团长、二十七队、一百二十九甲、六百七十九家。驼鲁市、盐井。

第二十九都：管一保正、四大保、二十四队、一百一十一甲、五百八十四家。王滩头、大先村、多村。

第三十都：管一保正、四大保、一十七队、八十三甲、四百三十七家。蒲村、刘村、小先村。

第三十一都：管一保正、四大保、一团长、二十队、九十四甲、四百九十六家。赵化原镇【四十三】、栀子市、何村、马市、青山峡【四十四】。

永安乡小溪里【四十五】。在县东六十里。本隶江安县界【四十六】，绍兴二十五年（1155）五月，准本路转运司坐准，省部行下，拨隶本县。

第三十二都：管一保正、四大保、十六团长、三十一队、一百五十五甲、八百二十七家。尹市、罗市、王村、青村。

第三十三都：管一保正、四大保、四团长、四十队、二百三甲、一千六十三家。梅子坎、李村、懒始望坝【四十七】。

第三十四都：管一保正、四大保、十三团长、二十五队、八十九甲、四百八十五家。鲁村、曹村。

【校补图注】

【一】　**乡都**　宋元时县下分乡、里，乡、里下分都，并称"乡都"。泛指农村地区。

"乡"是行政区域单位，所辖范围，历代不同。周制，万二千五百家为乡；春秋齐国之制，郊内以五家为轨，十轨为里，四里为连，十连为乡。郊外以五家为轨，六轨为邑，十邑为率，十率为乡。① 秦汉以十里为亭，十亭为乡，其后遂为县以下的行政区域单位。

"都"在古代是县以上的行政区划（政区）名。《周礼》：四县为都。宋代，渐次演变成为乡、里之下的行政区划。

《江阳谱》所记泸州这些乡都，有市镇、有村落，乃至于山岩原野。其地望已多不可考，兹就文献典籍、地名传承、田野、社会调查综合分析研判所考知者补注于下。

【二】　**八乡、八里**　古代一种居民组织，里有里长，又称里尹、里正、里胥。类似于现代的村和社区。历代之制不一，或七十二家为一里，或二十五家、五十家、八十家、一百家为一里。明代以一百一十户为一里。《明史》记载："洪武十四年诏天下编赋役黄册，以一百十户为一里，推丁粮多者十户为长，余百户为十甲，甲凡十人。岁役里长一人，甲首一人，董一里一甲之事。先后以丁粮多寡为序，凡十年一周，曰排年。在城曰坊，近城曰厢，乡都曰里。"② 明代"泸州编户六十九里。隆庆元年（1567）设隆昌（县），割去二里，止六十七里。"③

《江阳谱》之所记，盖南宋泸州泸川县的八乡、八里。元废泸川县，改称"泸州本州"，明清两代因之。较诸宋世，明初《大典》成书之时，其乡、里或未尝有变。《明一统志》言明代泸州编户七十里，其中纳溪县三里、合江县七里、江安县一十七里。④ 据是，则泸州本州已为三十里矣。"雍正七年（1729）编为十乡：宜民乡、里仁乡、凤仪乡、安贤乡、忠信乡、衣锦乡、麟现乡、会文乡、崇义乡、伏龙乡。"⑤

---

① 春秋·管仲撰：《管子》卷八《小匡》，《四库全书》文渊阁本。
② 清·张廷玉等撰：《明史》卷七七《食货志一》，北京：中华书局，1974 年，第 1878 页。
③ 明·熊相纂修：万历《四川总志》卷一三《郡县志·泸州》，万历四十七年刻本。
④ 明·李贤等撰：《明一统志》，卷七二《泸州》，《四库全书》文渊阁本。
⑤ 清·夏诏新纂修：乾隆《直隶泸州志》卷一《疆域》，见故宫博物院编《故宫珍本丛刊》第 210 册，海口：海南出版社，2001 年，第 45 页。

【三】 祥符旧经 即《祥符州县图经》。北宋大中祥符三年（1010），李宗谔、王曾等奉敕修成的全国地理总志。李宗谔，饶阳（今属河北）人，字昌武，系宋初重臣、《太平御览》总纂官李昉之子。端拱年间中进士，官起居舍人，迁知制诰，判集贤院，拜右谏议大夫。著有《翰林杂记》《谈录》《乐纂》诸书。王曾字孝先，益都（今山东青州）人，官秘书省著作郎，迁知制诰，拜右仆射，兼中书门下侍郎平章事。《祥符州县图经》原书已佚，遗文散见《大典》《舆地纪胜》诸书。《宋史·艺文三》著录之"李宗谔《图经》九十八卷，又《图经》七十七卷"，当为脱脱修《宋史》时残存之卷数。宋人王应麟《玉海》记其修纂缘起、经过、颁行情况和序言，略可窥其概貌："景德四年（1007）……真宗因览《西京图经》有所未备，诏诸路州、府、军、监，以《图经》校勘编入古迹，选文学之官纂修校正，补其阙略来上；及诸路以《图经》献。诏知制诰孙仅，待制戚纶，直集贤院王随，评事宋绶、邵焕校定。仅等以其体制不一，遂加例重修。命翰学李宗谔、知制诰王曾领其事。……三年十二月丁巳书成，凡一千五百六十六卷。"其序曰：

　　夏载弼成于五服，职方周知于数要。其后地志起于史官，郡记出于风土。昔汉，萧何先收图籍；赵充国图上方略；光武按司空《舆地图》封诸子；李恂使幽州，图山川，并燮定封域，章施丹采。今闰年诸州《土地图》，亦其比也。图则作绘之名，经则载言之别。景德丁未岁（四年）展孝山园，循功鼎邑，览山河之形胜，酌方志之前闻，敕土训而夹车，校地官之着籍，爰诏方州，精加综辑，曾未半载，悉上送官。毛举百代，派引九流。举春秋笔削之规，遵史臣广备之法。立言之本，劝戒为宗。守令循良，罔不采寻。畯良攸产，往谍备传。自余经界之疆畔，道里之迖遐，版赋耗登，轨迹昭晦，土毛良苦，气俗刚柔，具有差品，无相夺伦。凡京府二，次府八，州三百五十二，军四十五，监十四，县千二百五十三。[①]

【四】 旧《志》 《江阳谱》成书以前的宋代泸州旧志。《永乐大典》所引，又有《泸州志》及《泸州图经》，二者与《江阳谱》并佚，或同为一书。关于此三者，张国淦先生从《舆地纪胜》和《永乐大典》中整理得出三者被引情况：

　　（1）《泸州图经》：《舆地纪胜》引 10 条，《永乐大典》引 4 条；

---

① 宋·王应麟撰：《玉海》卷一四"祥符州县图经"条，《四库全书》文渊阁本。

（2）《江阳谱》：《舆地纪胜》引 1 条，《永乐大典》引 4 条；

（3）《泸州志》：《舆地纪胜》引 2 条，《永乐大典》引 4 条。①

【五】 保 旧时户籍编制单位，制度历代不同。隋代，"及颁新令，制人五家为保，保有长。保五为闾，闾四为族，皆有正。畿外置里正，比闾正，党长比族正，以相检察焉"②。宋"熙宁初，王安石变募兵而行保甲，帝从其议。三年（1070），始联比其民以相保任。乃诏畿内之民，十家为一保，选主户有干力者一人为保长（又称保正）；五十家为一大保，选一人为大保长；十大保为一都保，选为众所服者为都保正，又以一人为之副。应主客户两丁以上，选一人为保丁。附保。两丁以上有余丁而壮勇者亦附之，内家资最厚、材勇过人者亦充保丁，兵器非禁者听习。每一大保夜轮五人警盗，凡告捕所获，以赏格从事。同保犯强盗、杀人、放火、强奸、略人、传习妖教、造畜蛊毒，知而不告，依律伍保法。余事非干己，又非敕律所听纠，皆毋得告，虽知情亦不坐，若于法邻保合坐罪者乃坐之。其居停强盗三人，经三日，保邻虽不知情，科失觉罪。逃移、死绝，同保不及五家，并他保。有自外入保者，收为同保，户数足则附之，俟及十家，则别为保，置牌以书其户数姓名。既行之畿甸，遂推之五路，以达于天下。"③宣和三年（1121），诏"二十五家为一大保，二百五十家为一都保。"④

【六】 耆长 亦称"耆户长"。古代差役名，职司逐捕盗贼。司马光《资治通鉴》载："（后周世宗显德五年十月）庚子，诏诸州并乡村，率以百户为团，团置耆长三人（胡三省注：耆，老也。每团以老者三人为之长）。"⑤《宋史》载："以里正、户长、乡书手课督赋税，以耆长、弓手、壮丁逐捕盗贼……"⑥ 其后耆长职能发生演变，耆长和保正同时职司课督赋税与维护地方治安的职能。

【七】 广西帅张左司 其人未详。

【八】 甲 前代保甲制度下最基层的居民组织，保下设甲，以甲头为之长。结甲，编组保甲。结，动词。

【九】 家一丁 每家抽成年男子一人充保丁，自备器械、习学武艺以察防盗贼，

---

① 张国淦编著：《中国古方志考》，上海：上海古籍出版社，2019 年，第 644 页。

② 唐·魏徵等撰：《隋书》卷二四《食货》，北京：中华书局，1973 年，第 680 页。

③ 元·脱脱等撰：《宋史》卷一九二《兵六》，北京：中华书局，1985 年，第 4767—4768 页。

④ 元·脱脱等撰：《宋史》卷一九二《兵六》，北京：中华书局，1985 年，第 4788 页。

⑤ 宋·司马光撰，元·胡三省音注，"标点资治通鉴小组"校点：《资治通鉴》卷二九四《后周纪五》，上海：古籍出版社，1956 年，第 9587—9588 页。

⑥ 元·脱脱等撰：《宋史》卷一七七《食货上五》，北京：中华书局，1985 年，第 4295 页。

维护治安而不脱离生产。

【十】　宜民乡应福里　地当长江北岸。嘉庆《直隶泸州志》卷一《疆域·乡名》记载："宜民乡，在州西南。"宜民乡大体相当于今江阳区的华阳街道、通滩镇、况场街道等地。

【十一】　水中坝　今江阳区华阳街道，原为乡间市集。地名至今犹存，然已无场市。嘉庆《直隶泸州志》记载："水中坝场，距州二十里。水中坝今无。"①

【十二】　进德乡四镇里　地当长江北岸。进德乡大体相当于今马岭镇一带。清代，名伏龙乡，见嘉庆《直隶泸州志》。

【十三】　忠信乡南岸里　地在长江南岸。《江阳谱》所记宋代的忠信乡地域不广，大体只相当于今江阳区的蓝田街道、茜草街道、张坝街道和泰安镇的一部分。降至明代，忠信乡的管辖范围大有扩展，远及今纳溪区的丰乐、白节、龙车诸地。

【十四】　南田坝　今泸州市江阳区蓝田街道。

【十五】　杨村　地名历代相沿未改。今为泸州市江阳区邻玉镇。居民多杨姓，自称宋代山西"杨家将"之后。

【十六】　何石头村　今名何家坝，地在长江岸边泸州市江阳区蓝田街道上游十里。

【十七】　衣锦乡白芳里　地在长江北岸。宋代衣锦乡地域，大体相当于今龙马潭区泸县及隆昌市的一部分。降至清代，"衣锦乡"之名犹存，然地域已有所缩减。

【十八】　在县东北，有溪通大江　县，谓泸川县。溪，谓赤水溪，今名沄水河，又称濑溪河，其源自荣昌流来，至赤水镇（今泸州市龙马潭区胡市镇）汇入沱江。

【十九】　墦　坟茔。又此处所记尹、先二氏登科之人，史乘失载。

【二十】　特凌亭　在州城东北二十里，今为泸州市龙马潭区特兴街道一带。曾名特凌场，又呼达龙场。地当古代泸州东去永川而达于重庆的"东大路"，清置特凌铺。场在龙溪河岸边山上，河上有宋建特凌桥。旧时，当地居民辨字多读为入声，与城中居民语音迥异，故其名有"达""特"之分。

【二十一】　峰门坎　今泸州市龙马潭区小市麻沙桥上方峰门坎，又名佛门坎、风门坎、木牌坊。从州城东门乘船顺长江下行五里，有地名沙陀子处，此处有小店十余家，自此登岸，爬坡上行五里，即峰门坎。坎上地势平旷，极目良田，有曹亭焉。《舆地纪胜》记载："自关市门（东门）顺流而下三里许，有山曰'峰门'，其

① 清·沈昭兴修，清·余观和、清·王元本纂：嘉庆《直隶泸州志》卷一《舆地·场镇》，国家图书馆藏本。

上即曹亭也。南望城郭，尽在目前。后有二石洞，东接（龙马潭上）落魄庵，下乃（沱江）余甘渡。"①

自峰门坎而东，经十里至王庄，又经十里至特凌亭，又经二十里至赵市（今泸县兆雅镇），又经十七里至石马坪（今泸县云锦镇石马场），又经十二里至椴木亭（今云锦镇），明兵部尚书熊文灿故里在焉。

【二十二】 椴树鼻市 今泸州市龙马潭区齐家树场。市，圩场市集，清代以降，习呼曰"场"。以下诸"市"并同。

【二十三】 小市坝 今泸州市龙马潭区小市街道。

【二十四】 胡市 即赤水镇。地在沱江江口上游四十里，赤水溪（濑溪河）与沱江交汇处。今为泸州市龙马潭区胡市镇。

【二十五】 内江 即沱江。

【二十六】 高坝 今为泸州市龙马潭区高坝街道，宋时该地在泸州长江下游二十里之北岸，极目无涯，良田万亩，汾阳郭氏世代居之。以"高"为名，未详所自，待考。

【二十七】 李市 今属隆昌。隆昌县是明代隆庆元年（1567）分泸州、富顺、荣昌三县之地建置的。李市本隶泸州本州，与泸州本州之嘉明市（今泸县嘉明镇）地界相连，大姓王氏之所居。

【二十八】 先市 地望不详。合江县安溪里有先市镇，今仍旧名，地在泸州大江南岸的赤水河上，通船舟，顺流至合江县城四十五里，供输方便。实际勘查其市，栅子口青石牌坊刻有"建于道光十五年（1835）"，结合文中言先市"不便供输"，可知文中之"先市"不是今日合江县之先市镇。

【二十九】 曹市 旧名曹市场。地在今泸县奇峰镇石道场附近，嘉庆《直隶泸州志》卷一《舆地志·场镇》记载："曹市场，距州七十里，在州西北麟现乡。"②

【三十】 安贤乡中下里 地在长江北岸。大体相当于今泸县兆雅、云锦、太伏、立石、玄滩、石桥、毗庐一带。

【三十一】 赵市镇 今泸县兆雅镇。距州三十七里。《四川省泸县地名录》记

---

① 宋·王象之撰，李勇先校点：《舆地纪胜》卷一五三《泸州·景物上》，成都：四川大学出版社，2005年，第4589页。

② 清·沈昭兴修，清·余观和、清·王元本纂：嘉庆《直隶泸州志》卷一《舆地志·场镇》，国家图书馆藏本。

载："兆雅场始建于明朝，永乐时名赵市镇……清嘉庆时为赵雅镇，属安贤乡辖治。"①

刘光第《南旋记》记载：光绪九年（1883）十一月"二十二日，过永川县……晚宿兆雅镇。东大路人，皆呼'雅'作'瓦'。吾里赵化镇，乡先生皆莫原始名。余考镇中《隆兴寺碑诗》，为康熙中富顺宰江南刘公上驷作，《段志》未载。段载刘诗甚多，想此偶遗漏耳。有淳熙甲辰年（十一年，1184），赵雅重修葺句，则市场之兴，或者由其肇始，而因以名欤？天下村市，因人姓名为号者，不可枚举，皆志其始也。富顺有赵化镇，泸州又有赵雅镇，人有同名欤？'兆'与'赵'，抑传写之讹也？至'雅'之为'化'，则正如今之以'雅'为'瓦'，而'瓦'又转为'化'乎？（'雅'之呼'瓦'，亦火老鸦之'鸦'，今皆读作'瓦'去声。'鸦''雅'通，读'瓦'去声，又'瓦'音之转矣）"。②

【三十二】 石马平 今泸县云锦镇石马场。距州五十七里。

【三十三】 大岩尾 今泸县云龙镇大岩上。有大岩寺。

【三十四】 旧赵市 今泸县兆雅镇附近。

【三十五】 楒木亭 今泸县云锦镇，在泸州东七十里。

【三十六】 立石市 今泸县立石镇，旧名"立石站"，在泸州东北九十里，与永川县交界。《明史》载：泸州"其地三面阻江，惟立石站可北走"③。《四川省泸县地名录》载："立石乡，明永乐时名立石市，设有立石马驿，属安贤乡中下里第二十都辖地，为交通驿站，因场后有巨石矗立，故名立石站。"④

【三十七】 惠民乡井三里 地望大体相当于今泸县的福集、顺河、嘉明、喻寺以及今隆昌市的一部分。

【三十八】 七里市 今泸县县城。旧名福集场，在州城北七十里。《四川省泸县地名录》载："福集镇自古以来为泸州至成都必经之地，设有递铺，明永乐时名七里市，清乾隆时设福集公馆。因濑溪古名伏济水，以谐音得名。"⑤

【三十九】 嘉明市 今为泸县嘉明镇。在州东北一百二十五里，历史地名世代

---

① 泸县地名领导小组编：《四川省泸县地名录》，内部印刷，1985 年，第 5 页。
②《刘光第集》编辑组编：《刘光第集》，北京：中华书局，1986 年，第 115 页。东大路，旧时由重庆经璧山、永川、荣昌、隆昌、内江、资中、简阳而达于成都的驿路。《段志》，清人段玉裁主修的《富顺县志》。
③ 清·张廷玉等撰：《明史》卷二六九《猛如虎传》，北京：中华书局，1974 年，第 6917 页。
④ 泸县地名领导小组编：《四川省泸县地名录》，内部印刷，1985 年，第 240 页。
⑤ 泸县地名领导小组编：《四川省泸县地名录》，内部印刷，1985 年，第 140 页。

相沿。镇人言此地曾为秀水县县治，且今隆昌市诸地之人，亦称其地在古时为秀水县地。查元、明四川无秀水县，竟不知秀水县之说自何而来。嘉明镇地当要冲，今为泸州、隆昌交界处，古代于此设巡检司。清湖广移民入川，其附近的大田角（今泸县福集镇）为中转之所。

九曲溪自今隆昌市流来，穿镇而过，岸头道旁，有清代"董允故里"题刻。按，董允，三国时南郡枝江（今属湖北省）人，史载其先后在今成都、云南和设在成都的蜀汉朝廷为官，未言到过江阳（泸州），惟今泸州市江阳区分水岭镇旁有董允衣冠墓，地名"董允坝"。

【四十】 换鹅市 在今隆昌市城内。《蜀中广记》载："隆昌，新设之地，古迹无闻。予问诸刘给事，有金鹅洞焉。溪水东来，绕城西折里许，孤山柱立，水环其趾，下为悬崖，壁立千尺，飞流下坠，常时如匹练、如散珠。及至溪水暴涨，倒立悬垂，雷声冲激，闻数十里，细雾曲尘，飞洒千步，亦奇观也。峭壁中有洞，方广丈许，人迹难至，疑鬼工所凿，名曰'金鹅'，不知所本。俗传有藏金鹅其中，或以铜鹅换之，故又名'换鹅洞'。其编户亦有换鹅里。"[1] 隆昌治所以"金鹅镇"为名。故换鹅市当在此。换鹅市在本里第二十六都，应与第二十五都相邻，可见换鹅市与嘉明市同在泸州之北，而且相距不会太远，与今日地理相合。

【四十一】 清流乡沿江里 沿江，谓沿沱江。清流乡地夹沱江两岸，大体相当于今泸县潮河镇、海潮镇及富顺县怀德镇、赵化镇、石灰溪（安溪场）、青山峡一带。

【四十二】 怀德镇 今富顺县怀德镇。地在沱江北岸，距州九十里。《四川省富顺县地名录》载："怀德镇位于富顺县城东南一百零五华里……宋置落来镇，宣和二年（1120）改名怀德镇。"[2]

【四十三】 赵化原镇 今富顺县赵化镇，地在富顺县东五十里沱江右岸，清末杀身成仁的"戊戌六君子"之一刘光第的故乡。明清时，于此地设巡检司。

【四十四】 青山峡 在赵化镇沱江上游十五里沱江江上，夹岸青山，高耸入云，地形险绝。峡长十里，江心有巨石，名海螺堆。峡的下口，为安溪场（旧名石灰溪）。李元《蜀水经》载："（沱江）又南。经富顺县……又折而东南，流经青山峡，两岸诸山蜿蜒盘曲，至峡口，高峰巃嵷兀起，对峙如门，仰天一线……沱江又

① 明·曹学佺撰，杨世文校点：《蜀中广记》卷一五《名胜志·下川南道叙州府隆昌县》，上海：上海古籍出版社，2020年，第167页。
② 富顺县地名领导小组编：《四川省富顺县地名录》，1982年，内部印刷，第210页。

南，经赵化镇……经泸州城北入江。"① 民国《富顺县志》载："沱江又南，经琵琶场，左受龙头溪水……又南，右受临江溪水，至青山峡，中起海螺堆，回滩陡险，又东南，丰乐溪、石灰溪合流来注之。"②

【四十五】 **永安乡小溪里** 地在永宁河以西，大体相当于今纳溪区的龙车、白节、乐登、天仙，以及今江阳区的分水岭诸地。小溪，谓白节河。白节河是永宁河下游最大的支流，发源于纳溪区打古镇，北向流经三华、白节、高洞至双河场（唐泾南县故址）汇入永宁河，全长 29.8 公里。前代通航运。

【四十六】 "界"字不可读，据文意可删。

【四十七】 **懒始望坝** 今泸州市纳溪区白节镇。旧名"白节滩"，明清时为泸州本州忠信乡地，辛亥革命改元，属泸县。1951 年划属纳溪。明天启元年（1621），蔺州彝人首领奢崇明起事反明，自永宁（今叙永县）出天池、烟地关、象鼻场，直抵大佛岩夷汉交界地，懒始望坝上白姓士人试图组织抵抗，但眼见彝兵潮涌而至，遂全家沉江自杀。乡人为纪念这位白姓士人及其家人，改懒始望坝为"白节"。年代既久，将此白姓士人讹作明末白姓太守，据传，其为官清廉、爱护百姓，明亡，逃至其地，投河殉国。

江安县【一】

★39.

《江阳谱》

本县一乡一（里）[镇]【二】，八耆【三】，三十二都。《祥符旧经》：一乡曰永安，七里曰上明、罗刀、食禄、大硐、罗融、罗隆、小溪。《九域志》一乡，同上；一镇，曰绵水，后改乡为绵水里，仍曰上明。耆仍曰罗刀、南井、江北、罗隆、城外、旧江安、罗东、（山）[生]【四】南，凡八。今惟士人应举卷首书乡里名，至于官府税籍，则各分隶耆下。故结甲曰以耆冠都【五】，今仍以耆书。

罗刀耆【六】。在县北。

第一都：管一保正、十二队、六十甲、三百一十二家。罗改、梅落平、罗儿、上、下。斗安九、梅答、罗迎、罗不衰。

---

① 清·李元：《蜀水经》卷一一《沱江》，嘉庆五年刻本。
② 彭文治、李永成修，卢庆家、高光照纂：《富顺县志》卷三《方域》，民国二十年刻本。

第二都：管一保正、十六队、三十七甲、三百八十四家、保丁七十六家。落鸡东、上梅圆、罗东、斗磨良、罗刀。

第三都：管一保正、十队、四十二甲、二百五十一家。罗改郎、罗恃容、罗刀岸、梅本。

第四都：管一保正、十五队、六十二甲、三百七十六家。落斗兄、苟村、水村、梅来、郑村。

第五都：管一保正、十二队、六十甲、一百五十四家。黄村、落始哀、落喻、落婆碎、落婆郎、麻颐水、落个章。

第六都：管一保正、一十队、三十六甲、一百七十七家。梅吼、前梅由、下婆勇、落特泥、底婆碎、梅良、落个令。

第七都：管一保正、九队、四十二甲、二百二十家。韦刘村、先村、落斗母、后梅由、彭店、王火坝、上婆勇。

第八都：管一保正、十队、五十甲、二百六十家。落个茹、罗刑村、赵泥桥、上滩坝、落个荣、杨高山、浪主。

南井耆【七】。

第九都：管一保正、六队、三十甲、一百五十一家。浪胡来、浪娄、梅特酉。

第十都：管一保正、十一队、五十五甲、二百八十七家。落尤宾市、艳坝、赵村、李村、吴杨滩。

第十一都：管一保正、七队、三十五甲、一百七十六家。文村、古藏垭、胡村、杨森市、许村、先罗佃。

第十二都：管一保正、九队、四十九甲、二百二十六家。南井监市【八】、朱杨村。

第十三都：管一保正、一队长、三十四甲、一百七十二家。阴村、罗始篦、旱应坝、罗始偎。

第十四都：管一保正、一大保、一团长、十三队、六十二甲、三百二十六家。王村、赵店。

第十五都：管一保正、七队、三十五甲、一百八十三家。罗刑、乱石、白沙。

第十六都：管一保正、四大保、三十一队、一百五十五甲、八百一十一家。董坝【九】、斗毛、斗桑、浪始菉、母村、瞿村、马村、乌豆庄。

大硐者【十】。

第十七都。管一保正、十三队、六十五甲、三百三十九家。石人波【十一】、岸上有二人，其来远矣。故名。李茆山、九亭坡、赵坝【十二】、何村、程村、牟村。

罗隆者【十三】。

第十八都：管一保正、四大保、三十一队、一百五十五甲、八百一十一家。尹市、慰斗、皂泥坝、杨村、李村、黄村、斗、石村。

第十九都：管一保正、四大保、三十一队、一百五十五甲、八百一十一家。小罗儿、下罗儿、谢村、梅始干（gān）、杨村、走马龙、朱村。

第二十都：管一保正、四大保、四十队、二百甲、一千四十五家、扶户一十八。牟村、石硼市【十四】、段村、母村、竿箭村。

城外者【十五】。在县城外，分为东、西者。

第二十一都：在县城外东、管一保正、八队、四十甲、二百九家。北村、范村、庞村、夷牢口【十六】。

第二十二都：在县城外西、管一保正、十三队、六十五甲、二百八十九家。水中坝【十七】、南门坝。

旧江安者【十八】。

第二十三都：管一保正、三十一队、一百五十五甲、八百七家。大硐坝【十九】、清溪村【二十】、张村、赵村、二保村、牛项村、鳌（ào）盘村。

第二十四都：管一保正、三十一队、一百五十五甲、八百七家。江安坝【二十一】、罗勇村、大池头、蒲村、回程村、漏窗村。

第二十五都：管一保正、一团长、三十二保、一百六十一甲、八百三十四家。纳溪寨、燕辏、漏洞、赵市。

罗东者【二十二】。

第二十六都：管一保正、四大保、一十二队、六十甲、三百一十七家。青山脚村、权村、梁村、曹村、杨村、白米庄。

第二十七都：管一保正、四大保、八队、四十甲、二百一十三家。三清堂村、任庄村、猫儿垭、万纳窝、雷大面、梁村、向村。

第二十八都：管一保正、五队、二十五甲、一百八十一家。王溪口村、始赖坝、母村、九亭坝、旧市坝、高店【二十三】、堠子坝。

生南者【二十四】。

第二十九都：管一保正、四大保、四甲、一百一十三家、附保一十七家。大洲堡【二十五】、立黎村、特眉坝、江门寨【二十六】、木樞村、周村、红白沙村、侯村。

第三十都：管一保正、四大保、一团长、二十一队、一百五甲、五百五十二家。铜鼓坎、大增坝、赤沙朱、板桥堡【二十七】、黄沙坎、乐共城【二十八】、水车坝【二十九】、东村、姚村、蒿杖坝、梅岭堡【三十】、冯村、马村、政和堡【三十一】、落茹村、博望寨【三十二】、水罗甘村【三十三】、王李村、镇溪堡【三十四】、大刘村、赤崖村、大李村。

第三十一都：三十一、三十二都共管一保正、一副保、六队、二十五甲、一百五十七家。安远寨【三十五】、罗改【三十六】、沙水井市【三十七】、赖显村、来令、任村、董村。

第三十二都：罗个那、低蓬【三十八】、箐口村【三十九】、落特红、罗林补、梅特速、周村、高店村、罗始王。

【校补图注】

【一】 江安县　江安县的行政区划代有变迁。这里记述的是北宋大中祥符年间该县以"耆"作为县以下行政区划时的地域。宋承前制，县下设乡、里。太祖开宝七年（974），在乡与里这两级行政单位之间增设"管"，作为管辖区。"管"置户长以催纳租赋，置耆长以听词讼而维持治安。耆长的管辖区与户长的管辖区不一定相同，其管辖区简称作"耆"。其时，纳溪、叙永、兴文三县尚未建置，并属江安。

【二】 据原文，县有七里一镇，知此"里"为"镇"字之讹。据改。

【三】 耆　江安县的"耆"，等同于他县乡、里以下的"都"。

【四】 "山南耆"，后文作"生南耆"。二者必有一误。今按该耆地望，当时盖不承租赋的"生夷"之地，且无大山隔断南北，故改作"生南耆"。

【五】 故结甲日以耆冠都　往昔编定保甲（结甲）时，以"都"隶于"耆"下。

【六】 罗刀耆　在长江北岸。大体相当于今日江安县长江北岸的木头灏、桐梓园、阳春坝、靖福场及其北面的四面山镇一带。

【七】 南井耆　在长江北岸、罗刀耆之东、大硐耆之西，大体相当于今日江安县的四面山、南井场、井口一带。

【八】 南井监市　旧名南井场。在江安县东北六十里，与泸川县（今泸州市江阳区）交界。有南井，产盐。宋置南井监，今为江安县四面山镇中桥社区。

【九】 董坝　在南井口下游二里长江北岸。明时设水驿。杨慎《董坝》诗云："扁舟孤棹宿枫林，猎火渔灯逼岁阴。千里思家回白首，青山江上叠愁心。"

【十】 大硐耆　在长江北岸。自今靖福场沿长江岸边黄葛碛、太平湾，东过南井口（董坝）而不含南井口，迄于今泸州市江阳区的赵坝和野猪牙，而与南岸的旧江安耆隔江相对。

【十一】 石人波　地在长江北岸，与对岸的大峒（今泸州市纳溪区大渡口镇）隔江相对。旧时为渡口。渡口岸旁佛寺外，有两躯圆雕"石人"。1998年版《江安县志》记作"石人坡"。

【十二】 赵坝　今属泸州市江阳区，渡口。渡口南岸地属泸州市纳溪区，亦名"赵坝"。

【十三】 罗隆耆　在罗刀耆东北，大体相当于今日江安县的铁清镇及其以北的龙门、广福、迎安、石峰诸地，而迄于今泸州市江阳区的方山镇。

罗刀、南井、大硐、罗隆四耆，并在长江北岸。

【十四】 石硼市　今为泸州市江阳区方山镇，坐落于长江北岸之滨，旧名"石棚场"。明时，置"石棚巡检司"。

【十五】　城外耆　在县城外，为两个片区，分列县城东、西。西片，大体相当于今江安县城西一带。东片自县城东门外沿长江向东，以至于今怡乐镇。

【十六】　夷牢口　今名怡乐镇，亦名二龙口，滨江倚山，山后即蛮地，为乌蛮往来汉界之必经。夷语谓"乐"为"牢"，夷牢口，即夷乐口也。韩存宝征乌蛮即由此进军。后世因更名"怡乐"至今。

【十七】　水中坝　在江安城北渭江（长宁河）注入长江的西江口上游半里，地名"牛角坝"。冬季，坝与江岸相连，夏秋水涨，成为江心岛，土人呼为"水中坝"。

【十八】　旧江安耆　自夷牢口以东、沿马腿津（马腿子）至侧耳岩入今泸州市纳溪区大渡口镇而继续向东，至于纳溪寨（今纳溪区安富街道河西衙门口）以东的大片地域。

【十九】　大硐坝　今纳溪区大渡口镇。

【二十】　清溪村　即清溪（清溪沟），详见★27。

【二十一】　江安坝　今泸州市纳溪区三江村三江坝。地在泸州市西南约 50 里处，坝心北距长江 200 米。地下浅表层有大面积瓦砾沉积，农田中时有础石、筒瓦等古建筑物部件出土。一些田块还以官府建筑物为名，如跑马场、衙门田等。道路里程与李吉甫《元和郡县图志》记载的江安县，东北去州五十里，"汶江水，经县北八十步"[①] 相合。1998 年版《江安县志》认定为古江安坝。

【二十二】　罗东耆　大体相当于今泸州市纳溪区的丰乐镇、龙车镇、合面镇，以及今泸州市江阳区的分水岭镇一带。

【二十三】　高店　今泸州市纳溪区天仙镇高洞场。

【二十四】　生南耆　生，谓不输租赋的"生夷"。宋代，本耆居民多为僚人，地域辽阔，大体包括今江安县怡乐镇以南的底蓬、红桥、砂漕、板桥、连天山，纳溪区永宁河以西的合面、上马、护国，叙永县的江门、马岭，今兴文县东部的共乐、九姓，以及今兴文县僰王山镇北部庙坡以北诸地。

城外、旧江安、罗东、生南四耆，并在长江南岸。

【二十五】　大洲堡　明、清为大洲驿，即今泸州市纳溪区护国镇永宁河西岸花果场。

【二十六】　江门寨　今叙永县江门镇。《宋会要辑稿》记作隶属合江。

---

① 唐·李吉甫撰，贺次君点校：《元和郡县图志》卷三三《剑南道下》，北京：中华书局，1983 年，第 865 页。

【二十七】 **板桥堡** 今江安县大井镇。旧名板桥场。

【二十八】 **乐共城** 今兴文县五星镇大、小营盘。元丰五年（1082）置，下领江门寨。

【二十九】 **水车坝** 今兴文县僰王山镇富安村岔路口一带。地名历代相沿至今。

【三十】 **梅岭堡** 今为江安县红桥镇。

【三十一】 **政和堡** 今为纳溪区合面镇，地在长江北岸。与本耆地理不合，因疑《江阳谱》误记入本耆。

【三十二】 **博望寨** 政和七年（1117）以兴文县博望山上夷寨轮缚大囤改置。博望山，2002年更名僰王山。

【三十三】 **水罗甘村** 今兴文县莲花镇水栏村。民间至今犹呼"水栏杆"。

【三十四】 **镇溪堡** 今兴文县莲花镇莲花村六组三洞桥。

【三十五】 **安远寨** 今江安县安远场。民国《江安县志》卷一《山川》："安远山，县南四十里，有寨有寺，均以山名。"①

【三十六】 **罗改** 察其地望，应是在安远寨（今江安县安远场）与梅岭堡（今江安县红桥镇）之间。

【三十七】 **沙水井市** 今江安县大井镇大井村。

【三十八】 **低蓬** 即底蓬，传写不同。宋置底蓬堡，今为江安县底蓬场。

【三十九】 **箐口村** 今江安县怡乐镇西南五里杜家寨，地名关口。

合江县【一】

★**40.**

《江阳谱》

本县一乡、七里、二十都。《祥符旧经》："管一乡二里。乡曰安静，里曰善护、江北。"《九域志》："二乡六寨。"乡名不载，寨曰"遥坝、青山、安溪、小溪、带头、使君。"【二】今止以都系里，以保系都，以队系保，以甲系队。

县市厢团【三】。管一厢司、一团长、二十三队、一百一十五甲、五百九十六家。

白皓里【四】。在县

---

① 严希慎修，陈天锡纂：《江安县志》卷一《山川第六》，民国十二年铅印本。

第一都：管一保正、四十五队、二百二十三甲、一千一百六十家。大葛树、史渡溉【五】、王市镇【六】、吉子坎。

第二都：管一保正、四十五队、二百二十三甲、一千一百六十家。周村、裴村、闭书垭【七】。

安溪里【八】。在县。

第三都：管一保正、一团长、二十六队、一百二十七甲、六百六十家。先市镇【九】、尹市。

第四都：管一保正、二十八队、一百三十八甲、七百一十九家。赵村、周村、双堆、蔺市、卢村、□村。

云翔里【十】。在县。

第五都：管一保正、七队、三十五甲、一百九十三家。活垭、罗超村。

第六都：管一保正、四十一队、二百二甲、一千五十二家。箭口【十一】、高洞【十二】、史马市【十三】。

水北里【十四】。

第七都：管一保正、四大保、二十队、一百甲、一千二十八家。白市【十五】、丁石坝、书岩【十六】。

第八都：管一保正、十队、四十七甲、二百四十四家。白沙市【十七】、马村、李樊坝、黄渡溉【十八】、先渡溉【十九】、重村。

第九都：管一保正、二十七队、一百三十二甲、六百八十六家。郑村、大文村、冀头坝。

第十都：管一保正、十七队、八十四甲、四百三十七家。乐岩、李村、路村、金钗垅。

第十一都：管一保正、十三队、六十五甲、三百三十九家。石皮笼、野茶溪【二十】、鲁碛。

白马里【二十一】。

第十二都：管一保正、二十队、九十七甲、五百六家。杨市子、安溪寨市【二十二】。

第十三都：管一保正、十五队、七十六甲、三百九十六家。遥坝寨市【二十三】、上七村、白马坝【二十四】。

第十四都：管一保正、十三队、六十一二甲【二十五】、三百二十四家。王巡检坝【二十六】、伞盖木【二十七】。

第十五都：管一保正、五十三队、二百六十二甲、一千三百六十四家。旧市、梯头、九支寨市【二十八】。

带滩里【二十九】。

第十六都：管一保正、十二队、六十甲、三百一十三家。石朋坝、橙子坝、田溪。

中当里【三十】。

第十七都：管一保正、十三队、六十五甲、三百三十一家。旧州坝【三十一】、先愒坝【三十二】、仁怀堡市【三十三】、绥远寨市【三十四】。

第十八都：管一保正、十九队、九十三甲、四百八十四家。月波塝【三十五】、丁公山【三十六】、吕村、官坝、何市、独昆。

第十九都：此一都系上带滩里地分。管一保正、三十队、二百四十九甲、七百七十家。马市子、高坎、平泉寨市【三十七】、四斗坎。

第二十都。此一都系上（文所记之）云翔里地分。管一保正、八队、三十九甲、二百四家。合口、史君寨市【三十八】。

【校补图注】

【一】 合江县　境跨大江南北，地域范围远及赤水河流域的今日叙永、古蔺和贵州省赤水、习水、仁怀诸县（市）。

【二】 寨曰遥坝、青山、安溪、小溪、带头、使君　遥坝寨，今为尧坝镇；青山寨，今为九支镇；安溪寨，今亦为九支镇。以上并在赤水河北岸。使君寨，在赤水河南岸，今贵州县级赤水市城区附近。小溪寨，在习水河上，今贵州习水县官渡镇旁二里大渔湾。详★10。

【三】　县市厢团　县城及其周边的村落。

【四】　白皓里　长江南岸合江县城向东，以至于今重庆市辖江津区一带，大体相当于今日合江县之榕山镇的一部分。

【五】　史渡溉　今合江县榕山镇渡向长江北岸史坝沱的渡口。

【六】　王市镇　今榕山镇。旧名王家场。

【七】　闭书垭　地在榕山镇至白鹿镇之间，今名大垭口。

【八】　安溪里　安溪，即安乐溪（赤水河）。本里地望，大体在赤水河口上游北岸今先市镇一带。

【九】　先市镇　今合江县先市镇。民国《合江县志》："先市场，西三区，距城四十五里，集期二、五、八，在赤水西岸（按船工规范，则为北岸）[①]，当由县赴赤水县（今贵州省赤水市）大道，居民约千家，商业繁盛。"先汪，唐贞元中举神童，官合江县令而卒葬焉。同书又云："唐先汪墓，在西三区先市场，相传汪葬后子孙庐墓，渐乃成市。"[②] 今镇头栅子门石牌坊上镌刻"道光十五年（1835）建镇"字样。

【十】　云翔里　大体相当于今高洞河（习水河、小溪）两岸的今贵州省赤水市长期、长沙二镇，合江县凤鸣镇（玉皇场）、虎头镇（堰坝）、白沙镇，赤水河河口南岸的实录乡以及今贵州省习水县一带。[③]

【十一】　箭口　高洞河岸头小市聚，河上有箭滩，因又名箭滩，地在高洞岩上游二十里。中华人民共和国成立后曾为赤水市长沙区箭滩乡政府驻地，今为赤水市长期镇康桥社区下一个居民小组。[④]

【十二】　高洞　地在高洞河（习水河）上，今贵州省赤水市长沙镇高洞村，地名至今无改。所谓"高洞"，盖为河床至此陡然下降，形成断崖，河水下流，宛如瀑布。《仁怀直隶厅志》："高洞河，其上流为官渡河，出仁怀县吼滩里，迳厅界图书坝南，又经赤水里到官渡塘（今官渡镇），有渔湾关，厅榷税处也，系县地，间通小舟，又迳长沙嘴至高洞，始可舟。又至合江县城南合赤水（河）入大江。自官

---

① 江河水道，曲曲弯弯。同在河之一侧，不旋踵而其东南西北已变。为方便区分，舟人根据江河总是流向东方，约定以面向下游方向时之左侧为北岸（左岸），右侧为南岸（右岸）。

② 王玉璋修，刘天锡纂：民国《合江县志》卷一《舆地》，国家图书馆藏本。

③ 2020年，合江县调整行政区划，撤销虎头镇、实录镇，改建为社区，划归合江街道办事处管辖。

④ 本条并后文之高洞、王巡检坝、伞盖木诸地名地望，感承贵州省赤水市档案局苏林富同志提供相关情况、分析论证。谨此敬表谢忱。

渡塘至高洞六十里，自高洞至合江三十里。"① 官渡塘，南宋为小溪寨，即今川黔二省交界处之贵州习水县官渡镇，地名磨刀溪。前代设渔湾关于今镇头之大渔湾，稽查商旅行人，榷征课税。民国《续遵义府志》："高洞，距县治（今贵州县级仁怀市，地名亭子坝）北四百五十里，鳛水河水疾，崩流至此忽成飞瀑，高十余丈，横百丈，翻涛喷沫，顿成大观。舟至此，上下不能通，皆舣船起载，易舟而行。洞下或有一鱼跃上，移时群队丛起，居人承以网罟或籯（yíng），三五十斤，常候不爽。"②

【十三】 史马市 以其地在高洞下游，或即今赤水市长沙镇，旧名长沙嘴。赤水市学人苏林富先生函告笔者："未闻习水河上有'史马市'地名。河上曾有石堡乡，隶赤水市，以'石堡寺'得名，是否即'史马市'？"

【十四】 水北里 境域大体相当于长江北岸、今泸县太伏镇及合江县的神臂城（旧名焦滩乡）、白沙镇、望龙镇一带。

【十五】 白市 今泸县太伏镇长江岸边的永利村。王涯军《宋代川峡四路市镇地理考》："见《永乐大典》卷二二一七《泸州》引《江阳谱》。据今《泸县地名录》称：'新路公社（乡），新路原名四喜山。明末，上游四华里之白市被火焚后，迁下游重建……'现新路公社已撤并废，在原公社上游2公里处有永利村，则白市当在此处。"③ 其说甚是。王涯军以为此白市是泸州本州衣锦乡白芳里第十一都的白市，误。因为以地理度之，今太伏镇永利村，地在长江岸边，邻合江县焦滩乡，不在宋代的衣锦乡白芳里境内。

【十六】 书岩 在今合江县神臂城镇（旧名焦滩乡）老泸村神臂山下游十里长江北岸。雍正《四川通志》："先氏岩，在（合江）县北六十里，又名书岩，广袤百步，飞泉帘垂，岚光林影，映带左右。即唐神童先汪读书处。"④ 宋代李寅仲《游先神童读书岩》诗云："古洞闳深势崛盘，云连十丈地平宽。水帘纷若排珠琲，石阙依然耸翠峦。绿树成荫期勿剪，清溪当暑不胜寒。数椽倘遂谐幽隐，应有高人咏钓盘。"⑤

---

① 清·陈熙晋修：《仁怀直隶厅志》卷二《疆域志·山水》，道光二十一年刻本。
② 周恭寿修，杨恩元、赵恺纂：民国《续遵义府志》卷五中《山川·仁怀县》，见仁怀政协学习文卫委编：《仁怀文献辑存》，北京：中国文史出版社，2009年，第203页。
③ 王涯军：《宋代川峡四路市镇地理考》，重庆市地理学会历史地理专业委员会、西南大学历史地理所编《西南史地》，成都：巴蜀书社，2009年，第221页。引用时有订正。
④ 雍正《四川通志》卷二五《山川·直隶泸州合江县》，《四库全书》文渊阁本。
⑤《永乐大典》卷九七六五，北京：中华书局，1986年，第4217页。

铁泸城下读书岩

　　元赵世延《读书岩记》曰："合江之北，有神臂山，呀然虚开。清窈竦深，广袤百十步。飞泉帘垂，列巇屏矗。岚光林影，映带左右，与尘凡迥隔。山之麓，即先氏书岩。志云：铁炉城三里，读书岩。父老往往过之，闻书声。后神童先汪七岁至其地，曰，吾读书故处也，遂寝处其中，为《九经注》。"① 有元文章宗师、大学士、川人虞集跋之云："凉国公（赵世延）勋业闻望，著于天下，我国家蓍龟也。年七十余，闲居金陵，又以文章学问为吾道砥柱。其得于天而裕于人，何其盛哉。读书岩之记，序其原委，博瞻考据。乡里晚生后进，盖有不及闻者。吾蜀百千年故家旧族，若先氏岩者，多有之矣。安得一一表章于大臣元老之手乎。然先氏子孙所恃以不朽者，不徒在于岩者矣。"②

　　【十七】　白沙市　今合江县白沙镇。又名"上白沙"，镇在长江北岸。唐代合江

① 明·曹学佺撰，杨世文校点：《蜀中广记》卷一六，《四库全书》文渊阁本。
② 清·黄廷桂等修，清·张晋生等纂：雍正《四川通志》卷四四《艺文·跋》，《四库全书》文渊阁本。

县一度迁治其地。南岸，明清时是合江通往泸州城的官道，置有牛脑驿。地名相沿至今。

【十八】 **黄渡溉** 今合江县神臂城镇老泸村渡江以达南岸大桥镇黄市坝渡口。黄市坝又名济民市，元代初年，为合江县治所。

【十九】 **先渡溉** 今名雷渡码头。为合江县神臂城镇临江村渡江经达南岸大桥镇雷渡的渡口。

【二十】 **野茶溪** 溪名。在合江县城上游二十里，从北岸注入长江。

【二十一】 **白马里** 今合江县赤水河北岸与县城上游的长江北岸地区。大体在今日泸州市江阳区、纳溪区打古镇之地。

【二十二】 **安溪寨市** 今合江县九支镇，地名富家坜，传写或作"胡家坜"。北宋曾于其地置纯州安溪县，因又名安溪坝。

【二十三】 **遥坝寨市** 遗址在今合江县尧坝镇北 1 里。

【二十四】 **白马坝** 今泸州市江阳区境。20 世纪 90 年代四川省合乡并镇以前，为泸县白马乡政府驻在地，地名至今犹存。

【二十五】 "一"与"二"并列，必有一衍。兹仍其旧。

【二十六】 **王巡检坝** 赤水市苏林富先生专函告笔者曰："关于王巡检坝问题，仁怀堡长官和后来的明播州仁怀里长官为王姓世袭，明初原仁怀堡毁于战火，仁怀里长官将治所迁到今赤水市区，即留元坝。20 世纪 80 年代，在复兴场发现的元代戊辰年的摩崖石刻，上镌有'省准播州仁怀古滋等处巡检周君'字样，证明今天赤水市复兴镇曾经驻有巡检，后来人们又称复兴场所在地为'牛碾坝'。因仁怀堡已经在'中当里'有载，一地不可能有两地名，且'白马里'地名多在赤水河以北，因此，'王巡检坝'应另是一地。北宋大观三年建纯州，辖九支县、安溪县，州城与九支县治同城，设在今纳溪区的打古镇，宣和三年撤纯州，改九支县为九支城，安溪县为安溪寨，安溪寨在今合江县九支镇所在地，从'白马里'所辖看，'王巡检坝'所在的第十四都，排在第十二、三都与第十五都的中间，如果当时'都'是按地势排列的先后顺序而命名，'王巡检坝'应该在今打古与九支之间的某地。"

【二十七】 **伞盖木** 今赤水市冠盖山侧的大同场，旧名大硐场。《直隶仁怀厅志》卷二："冠盖山，在（今赤水市）城西三十里（赤水河北岸）大硐场侧，高大雄伟，平列九峰。"[①]苏林富先生曰："关于'伞盖木'，《直隶仁怀厅志·山水》有

---

① 清·陈熙晋纂修：《仁怀直隶厅志》卷二《疆域志·山川》，道光二十一年刻本。

冠盖山，在今赤水市大同场旁。大同场在赤水河北，是否即为伞盖木？明代的永宁
宣抚司与合江以大同河（今叙永县水尾河）为界，河西为永宁宣抚司，河东为合江
县。万历二十八年（1600）平播建仁怀县时，县设七里，有郎城里，无河西里，清
康熙乙丑，遵义知府陈瑄纂修《遵义府志》时，仁怀县增至十里，始有河西里，设
立时间不明，该志已佚，只在道光《遵义府志》记有此事。大致推断，设立河西里
应在平定奢安之乱以后，将古蔺河以东，即今习水县醒民镇至今赤水市大同镇一带
奢家的地盘划给遵义府仁怀县管辖，因此才将郎城里改为二郎里和土城里，土城里
地盘扩大到赤水河以北、古蔺河以东至今天赤水市葫市镇小关子对面与丙安镇交界
处，丙安因此成为河西里一甲。河西里的地盘包括今赤水市丙安镇、两河口镇、宝
源乡和大同镇。据是，冠盖山应即伞盖木之别名。"

【二十八】　九支寨市　北宋曾于今泸州市纳溪区打古镇建置纯州，下辖安溪、
九支二县，而九支县附郭。

【二十九】　带滩里　据后文，平泉寨市所在之第十九都为带滩里地分，而平泉
寨在今尧坝镇不远。知带滩里当在今合江县沙坎场、二里场地区。

【三十】　中当里　张国淦先生《永乐大典方志辑本》[1]、马蓉等《永乐大典方志
辑佚》[2] 并作"中堂里"。疑是。今仍其旧，不妄改。

中当里的地域，大体相当于今赤水市的赤水河北岸地区，叙永县的水尾镇和大
旺场、登子场，合江县九支镇、法王寺镇（旧名二里场）、沙坎场，以及赤水市赤
水河南岸下游地区与合江县车辋镇一带。

【三十一】　旧州坝　今贵州省赤水市复兴场所在地方之旧名。清罗绕典《黔南
职方纪略》："仁怀县，亦（宋）大观三年（1109）置，宣和三年（1121）废为堡。
（仁怀直隶）厅治西南三十里旧仁怀场，今称复兴场，即其地也。宋元之际，地入
播州（今贵州省遵义市），为仁怀里，属播州（宣慰）司。（万历二十七年李化龙）
平播（改土归流）后，设仁怀县于今厅治（留元坝，即今赤水市城区）。"[3]

【三十二】　先慥坝　在今合江县车辋镇原先慥村境，地邻赤水河岸边停泊上水
平盐船的码头鲜鱼坝不远。地名至今犹存。[4]

① 张国淦著：《张国淦文集四编》，北京：燕山出版社，2009年，第488页。
② 马蓉等点校：《永乐大典方志辑佚》第4册，北京：中华书局，2004年，第3158页。
③ 清·罗绕典纂修：《黔南职方纪略》卷四《仁怀直隶厅》，仁怀政协学习文卫委编：《仁怀
　文献辑存》，北京：中国文史出版社，2009年，第8页。
④ 感承合江县人大常委会何开明同志提供先慥坝相关情况，谨此敬表谢忱。

【三十三】 **仁怀堡市**　今为贵州省县级赤水市复兴场。

【三十四】 **绥远寨市**　在今贵州省赤水市旺隆镇鸭岭村。

【三十五】 **月波堎**　今合江县高洞河与赤水河之间的月台山。

【三十六】 **丁公山**　即丁山。

【三十七】 **平泉寨市**　市在今尧坝镇附近的泸州市纳溪区鼓楼山上，宋代地名
"张平泉"。

【三十八】 **史君寨市**　就其乃系上云翔里地分推之，当在高洞河上。

九、桥[一]

本州

★41.

《江阳谱》：

济远桥[二]。出朝天门外百步许，即小市坝渡口[三]，岁为浮桥。设于孟冬之旦，撤于孟夏之朔，皆架舟为之。用木板篾绳，取办于县[四]。入夏，两江合涨[五]，尽没沙碛，江面汹涌，不可复梁，则以舟济。旧小市镇居民几千家，资江[六]夏潦冲颓，今存者仅十之三。嘉定八年（1215），范公子长募工，编竹笼石，为长堤一百二十丈以捍之。其两岸为二象鼻[七]。公复请于朝，乞以二年一修。得《旨》。勒石于南定楼[八]。今象鼻如故，而笼石漂矣。

芙蓉桥。在壮猷堂之后，绍兴末晁公公武[九]建。列盆植藕，挟披桥外，故名。梁公（介）[玠]诗云："法涧瘴疠乡，六月旱砾石。榆柳秋不枯，蛇虺冬不蛰。长桥坐清虚，足以度朝夕。汲井埋深盆，芙藻间红白。幽香自氲氛，南熏为披拂。虽无十丈花，有藕亦如蜜。"

【校补图注】

【1】桥　今日泸州之域，长江、沱江、永宁河、赤水河四大河流穿境而过，76条可以通航的支流纵横交错其间，崇山峻岭之中更有无数溪流山涧，前代架设了数百座大大小小的石桥。这些石桥的桥墩、桥栏和石拱上，大多刻有中华民族图腾龙的形象。从艺术手法上看，圆雕、浮雕、透雕手法均备。造型别致，比例均匀，结构准确，刀法精湛，被称为"龙桥"。全市现存龙桥302座（不含遗址），其中泸县存有179座（不含遗址）。继1994年国务院公布泸县九曲河上的龙脑桥为全国重点文物保护单位之后，2007年，国务院再次公布"泸县龙桥群"为全国重点文物保护单位。

巧夺天工龙脑桥

【二】 济远桥 连接朝天门外与沱江对岸的浮桥。

冬来水落，沱江水枯，从江口馆驿嘴至上游方向的钓鱼台，露出长二千余米、宽约三百米的大片河滩，江面缩窄至不足二十米。因在河上用竹绳把若干艘船只串连起来，上铺木板，构成浮桥。夏日水涨，拆除，改以舟渡。

小市坝渡口冬来水落，江面宽只十余米
（泸州夏继虞先生 1946 年摄影）

【三】 **小市坝渡口** 即余甘渡。

【四】 **县** 泸川县。

【五】 **两江合涨** 两江，在泸州城下汇合的长江和沱江。夏日长江涨潦，水面增高，注入沱江，倒灌数十里，河面增宽，水静波平，形成"让水"，流速极慢。民谚："大河（长江）涨水小河（沱江）平。"但如沱江上游涨潦，特别是长、沱两江同时涨水，则波涛汹涌。湍急奔腾，毁损民居，险恶不可名状。

【六】 **资江** 即沱江。

【七】 **象鼻** 人工凿孔，用以系缆固定船舟的巨石。以其孔如象鼻，故名。这两个象鼻，是用来系缆固定沉入江中、保护小市一侧沱江堤岸免遭"夏潦冲颓"的盛石竹笼，保证其不致被江水冲走的。

【八】 **南定楼** 与芙蓉桥、壮猷堂并见★90。

【九】 **晁公公武** 晁公武，字子止，号昭德先生，澶州清丰县（今属河南）人，徙居彭门（今江苏徐州）。靖康之际入蜀，绍兴二年（1132）成进士。十七年，通判潼川府，寻知恭州，移荣州、合州，为潼川府路转运判官。二十七年，知泸州。入朝为吏部郎中、监察御史，迁户部侍郎，乾道元年（1165）出为潼川府路安抚使、知泸州，建南定楼。四年，为四川安抚使。终吏部侍郎、临安府（今浙江杭州）少尹。公武学有渊源，其目录学名著《郡斋读书志》，至今犹为学者案头必备之书。

十、渡

★42.

《江阳谱》

中津渡【一】。在郡东南三里，俗呼中渡。夏水涝，则铺驿从此渡，以达于白木铺；水反涸，则从苍崖渡焉。

苍崖渡【二】。在郡东二里，亦曰江东渡。渡岸，有罗氏誓水碑记。【三】

盘石渡【四】。在郡南四里，亦名南田渡。前达南田坝。

胡市渡【五】。有郡西北三十里。水自昌州（今重庆市大足区）界赤水溪【六】入于郡境，逾嘉（葫）［明］市【七】、七里镇【八】，达于此渡，而下入于（大）江，可通小舟。

大渡【九】。在江安县北。

【校补图注】

【一】 **中津渡**　明代正德年间，已呼"沙湾渡"①，地名沿用至今。从州城澄溪口渡向长江对岸的白木铺。有铺、有渡，遂成小集。白木铺所在的江段，是长达一百余米的大沱湾，地名"沙湾"。夏令江涨，沱湾上角泡卷涡漩，滩名"三漩子"，江岸悬崖耸峙，绝壁千仞，地名"挂榜山"，又呼"东岩"。宋代泸州《旧志》："东岩，在泸州汶江之东。绍兴中开创大像，依岩不足以庇风雨。往岁有庖者祈氏，亲死庐墓，弃俗，奉香火于岩，邦人信之。不十年，重楼复阁，佛宫经藏，甲于一

① 见明·熊相纂修：正德《四川志》卷二一《泸州·关津》，《四川大学图书馆馆藏珍稀四川地方志丛刊续编》，成都：四川大学出版社，2015年，第1300页。感承四川大学出版社杨岳峰编审复印惠赠，谨此敬表谢忱。

境。又云：悬崖峭壁高数十丈，足带江流，僧凿为岩，镌一石佛，高五丈许，夜，月出，经其上，甲于一境。"①

嘉定中，帅守曹叔远植桃千株，建锦浪亭。废后，佛家因岩建寺，继续为一方胜景。抗日军兴，日寇对泸州狂轰滥炸，千百同胞死难，城市半为焦土。富顺肖尔诚先生奋笔挥毫，大书"还我河山"，镌刻岩头，字巨如盘，当年激励我军民共赴国仇，驱逐倭寇，而今摩崖仍在，教育泸人警惕千秋。

摩崖千古垂青史，一曲《无衣》警后来

沱湾的下角，是一片巨大的石盘，石盘尽头处即苍崖，悬崖八丈，江流夏令水急，名"瀚滩，在凝光门对岸，俗名二郎滩，有石生成如灶，名锅圈石，水落时，人多临眺"②，即谓苍崖渡南岸渡口。岩上平坦，有二郎庙，祀传说中李冰之子"李二郎"。

【二】**苍崖渡** 从州城临江门（今名凝光门）渡向对岸的二郎滩（今名通机码头）。20 世纪 60 年代改为轮渡。渡口改为下游宋代通津门遗址所在的宝来桥（竹架

①《永乐大典》卷九七六六，北京：中华书局，1986 年，第 4222 页。
②清·沈昭兴修，清·余观和、清王元本纂：嘉庆《直隶泸州志》卷一《舆地志上·山川》，国家图书馆藏本。

子），由该处直驶对岸通机码头。2013 年 3 月 15 日该渡口被撤销。

【三】 **罗氏誓水碑记** 地志失载。碑亦无存。

【四】 **盘石渡** 从州城上游十里长江北岸的三岩脑渡向对岸南田坝（今江阳区蓝田街道，地名蓝田坝）下坝尽头处的金鸡湾。清"乾隆初，州牧林良铨率乡人倡修义渡，州牧夏诏新、邑人何飞凤重募广之"①，此即"金鸡义渡"。

从泸州去云贵，必得渡过长江，蓝田街道因之而成为至关重要的渡口。抗日军兴，国难孔急。国民政府泸州专员公署所辖富顺、隆昌、泸县、纳溪、合江、叙永、古宋（今划入兴文）、古蔺八县民众，义务兴工，钢钎锄头加汗水，建成从隆昌到叙永县赤水河镇，横跨沱江、长江和永宁河三道江河，全长 272 公里的川滇东路川境段，运送军需、兵员，为夺取抗日战争胜利作了重大的贡献。沿着这条公路至盘石渡上游 200 米处，再以轮渡跨越长江。1982 年泸州长江大桥建成，汽车轮渡撤销。

【五】 **胡市渡** 渡在今泸州市龙马潭区胡市镇头，赤水溪（濑溪河）注入沱江之口。

【六】 **赤水溪** 《舆地纪胜》作赤溪。又名洈水河、濑溪河、思济河。从重庆市大足区流来，经泸县县城，在胡市镇（古名赤水镇）注入沱江，又四十里至泸州城下馆驿嘴汇入长江。其支流九曲溪上的龙脑桥，为全国重点文物保护单位。

民国《泸县志》记载："洈水河，源于安岳石羊场，南流，经大足、荣昌，亦名思济河，己卯志②误以为思宴江。自邓滩入泸境，洪河溪西来注之；南，经清江场、天保寨，泥溪东来注之；折而西南，象鼻溪北来注之；又西南，小桥溪东来注之；至玉蟾山麓，九曲溪北来注之；折而南，鹿溪西来注之；又南，至瓦厂，马溪东来注之；又西南，经牛滩，折而南，至下白云山麓，盐水溪西北来注之；又东南，蒲溪东来注之；又南，至胡市入沱江。"③

2011 年新编《泸州市志》记载：濑溪河，长江北岸二级支流，源自大足高坪，经大足、荣昌，至泸县邓滩入泸县境，经喻寺、方洞、福集，于福集纳来自隆昌的九曲河，到大乌滩纳马溪，经潮河、龙马潭区金龙，至胡市入沱江，流域面积3258.6 平方千米。市内河长 95 千米，流域面积 81.35 平方千米，落差 60.1 米，可利用落差 58.5 米。河口年平均流量 47.4 立方米/秒。上游河道狭窄弯曲，水流不

---

① 王禄昌修，高觐光、温翰桢纂：《泸县志》卷二《交通志·津梁》，民国二十七年刊本。
② 己卯志，即乾隆《直隶泸州志》。
③ 王禄昌修，高觐光、温翰桢纂：《泸县志》卷一《舆地志·山川》，民国二十七年刊本。

畅，夏季常发洪灾。水能理论蕴藏量2万千瓦，可开发容量7700万千瓦，已建成青枫滩、福集、毛公滩、乱串子、大石磊、胡市6个梯级电站，装机500万千瓦。濑溪河及支流为泸县玄滩、奇峰、福集、牛滩、喻寺和龙马潭区胡市水利枢纽，为近6.67万公顷农田用水与70多万人口生活用水来源。通航里程200千米，其中100千米可通机帆船。①

【七】 "葫"为"明"字之讹，据地名实际改。嘉明镇今属泸县，在泸州城北百里，地当成都泸州往来之要冲，明设"嘉明公馆"，清代添设"嘉明巡检司"。

【八】 七里镇 清代以降名"福集场"。1996年，泸县人民政府迁驻其地，遂为今日泸县县城。

【九】 大渡 渡在州城长江上游七十里，习呼"大渡口"。其地旧属江安。清代改隶纳溪县。渡口南岸，宋建大硐寨，今为泸州市纳溪区大渡口镇。渡船从南岸大硐坝渡向对岸的观音阁（阁下旧立二石人，其地因又名"石人坡"）。

★43.

《元一统志》

余甘渡【一】。王象之《舆地纪胜》云："余甘【二】，碧，实圆。（晚峰一门）［峰门］渡口【三】依岸成林。"鲁国先生唐庚【四】题泸川县楼所谓"余甘渡头客艇"是也。《西蜀编》【五】云："淳祐中，四川制置余玠列战船于此。"范丁孙【六】曰："今是余甘渡战舰也。"

【校补图注】

【一】 余甘渡 从州城朝天门（大北门）渡往沱江北岸小市上码头的渡口，以小市岸边余甘树依岸成林得名。王伟仁《泸县一览》记载："余甘系大北门至小市上码头渡名，因古时有余甘树故也，至斜阳西下，将至黄昏时，日光射及小市（后方）诸山，复折映于河中，河水荡漾，光芒四射，渡船三五穿织其间，隔江望去，

---

① 泸州市地方志编纂委员会：《泸州市志（1991—2005）》，北京：方志出版社，2011年，第73页。

金光万道，饶有趣焉。"① 杨慎寓泸，撰《江阳病中秋怀》诗，盛赞："余甘渡口斜阳外，霭乃渔歌杂棹讴。"② 又赋《余甘晚渡》诗云："过雨人家正夕熏，江沱燕尾两支分。三回转折成巴字，万垒萦纡类縠纹。滚滚江槎分玉浪，层层云树接霞棼。子西山谷留佳句，唱作渔歌远近闻。"③ 绝胜风光，既得状元如是品题，从此列为"泸州八景"，载入州志。

南宋中后期，余甘渡是泸州军民抗击蒙古军队的三个水军基地之一。夏日水涨，长江流量激增，江水把沱江流水拦断，溯江口而上二三十里，皆成慢水（船家称作"让水"），平静如湖，形成天然的泊舟良港和训练水师基地。在这里屯驻的水军，既可利用沱江港湾隐蔽自己，又可迅速出驶大江，对敌发起攻击。顺流而下能应神臂城和重庆之急；溯江而上可阻来自岷江、马湖江之兵，且复封锁江口，截断沿沱江而下之敌。早在神臂山筑城之初，这里已开始建立训练水军、陈列战舰的水寨。

冬来水落，沱江口河道变窄，水浅见底，行人可以涉水而过，不堪泊舟。舰只移泊于沱江口外长江下游一二里的今豆芽沱、洞宾亭一带，仍能起到水寨的作用。

宋明年间，余甘渡是泸州州城渡过沱江通向小市的唯一渡口。随着城市扩大，人口增长，州城长、沱两江渡口相应增多。据成书于民国三十六年（1947）的《泸县一览》列表统计④，彼时渡口已有 11 处之多。

民国时期泸州城下长、沱两江民船渡口一览表

江别	序号	渡口名	距离和对岸	备注
沱江	1	余甘渡	大北门至小市上码头	上码头，国民政府追赠陆军中将、辛亥革命会党英雄佘英的义字袍哥堂口在焉。
	2	杨公渡	馆驿嘴至小市盐关上	馆驿嘴，地在沱江汇入长江之口的南岸。
	3	抚琴渡	馆驿嘴至小市王爷庙	王爷庙，地在沱江汇入长江之口的北岸。

① 王伟仁辑：《泸县一览》，民国三十六年自印本，第 37 页。
② 明·杨慎著，明·杨有仁编辑，明·赵开美校：《太史升庵文集》卷二六，万历十年蜀刻本。
③ 明·杨慎著，明·杨有仁编辑，明·赵开美校：《太史升庵文集》卷二六，万历十年蜀刻本。
④ 王伟仁辑：《泸县一览》，民国三十六年自印本，泸州市图书馆藏存第 31 页。

（续表）

江别	序号	渡口名	距离和对岸	备注
长江	4	顺江渡	馆驿嘴至小市水淹土地	水淹土地，地在馆驿嘴长江下游五里北岸。江上滩名沙陀子。泸州至重庆的"小东大路"自此始程。清康熙中王士禛过泸，已由此渡江登五峰。
	5	罗汉渡	馆驿嘴至罗汉场	罗汉场，地在馆驿嘴长江下游十二里北岸。
	6	双关渡	东门至南岸毛浩	毛浩，地在二郎滩（苍崖）下游一里。
	7	二郎渡	凝光门至南岸二郎滩	即《大典》所记苍崖渡。1960年改为轮渡。北岸渡口改为宝来桥（竹架子）。
	8	东岩渡	澄溪口至南岸沙湾	即《大典》所记中津渡。
	9	蓝田渡	澄溪口至南岸蓝田坝	乘客从澄溪口登舟，船工牵挽逆江上行十里，至三岩脑石盘上发舸。
	10	金鸡渡	三岩脑至南岸金鸡湾	即《大典》所记的盘石渡。
	11	平远渡	三道桥至南岸蓝田坝	1938年改为汽车轮渡。1982年泸州长江大桥建成后撤销。

说明：（1）表名、序号和备注，为校补者所编。
　　　（2）泸县，明清时为"泸州本州"。民国二年（1913）裁州，改称泸县，县城仍前，是即今之泸州市主城区。

【二】**余甘**　大戟科叶下珠属落叶小乔木或灌木，学名 Phyllanthus emblica。叶细如槐，株高 1～3 米，果实球形，名"余甘子"，十月成熟，味与橄榄（青果）相似，入口生涩，徐而微甜，故名。乾隆《钦定续通志》："余甘子，二广诸郡，闽之泉州，及西川戎、泸蛮界山谷皆有之。《南方草木状》："花黄，实似李，青黄色，核圆，作六七棱。食之，先苦后甘。梵书谓之'庵摩勒。'"① 叙、泸二州以及黔边山间多有。《说郛》："余甘子，生戎泸等州山，树大叶细，似槐。实若李而小，咀之前苦后歠。歠有味，故号为余甘。核有棱，或六或七。解硫黄毒，即《本草》所谓'庵摩勒'者。"② 状、味皆似橄榄，而非橄榄也。《岭外代答》："南方余甘子，风味过于橄榄。多贩入北州。方实时，零落藉地，如槐子榆荚。土人干以合汤，意味极佳。其木可以制器。钦阳所产为最。盖大如桃李，清芬尤甚也。世间百果无不

① 乾隆《钦定续通志》卷一七七《昆虫草木略》，《四库全书》文渊阁本。
② 元·陶宗仪撰：《说郛》卷六七下，《四库全书》文渊阁本。

软熟，唯此与橄榄，虽腐尤坚脆。"①

余甘树，果余甘，秋来硕果满枝头

【三】 据《舆地纪胜》卷一百五十三《泸州》改。按地名实际，峰门，今名"封门坎"。

【四】 **唐庚** 宋眉州丹棱（今属四川）人，字子西。绍圣中进士。徽宗时为宗子博士，张商英荐其才，擢提举京畿常平。政和元年商英罢相，坐贬，安置惠州（今属广东）。遇赦，复官承议郎，提举上清太平宫。归蜀，遂流寓泸州，病卒。唐庚善诗文，又与苏轼同乡，人称"小东坡"。有《子西集》《唐子西文录》，《集》中多有吟咏泸州之作。《宋史》入《文苑传》。

【五】 **西蜀编** 未详，待考。

【六】 **范丁孙** 南宋后期成都人，官大理寺卿。《宋史》卷四百五十一《赵良淳传》言：忠臣赵良淳"浮湛冗官二十余年，马光祖、李伯玉、范丁孙（尝）交荐辟之。"其人行事，大略如此。

---

① 宋·周去非撰：《岭外代答》卷八，《四库全书》文渊阁本。

★44.

《寰宇记》

泸津关有泸峰【一】，高三十丈。地多瘴气，若三四月经之，必死。非时，犹令人闷吐。若五月上旬渡之，即无害。故诸葛亮五月渡泸是也。

【校补图注】

【一】 泸津关有泸峰　二者并在今四川会理，不在今泸州市。

十一、园【一】

★45.

《江阳谱》

漏泽园【二】。崇宁二年（1103），侍其公瓘【三】置。是年二月，中书省勘会【四】："四方人物繁庶，贫无以葬者，不可胜数。又，州县难得私地以充瘗藏。检会元丰中尝《诏》以官地葬枯骨，今当追述成宪行之。"旧园在城西真如寺【五】之右，新园在寺之对。淳熙九年（1182），丞相赵公雄帅此邦，适值岁歉，丐十万缗于朝，以备赈给。死者葬于其中，命开福【六】、真如二僧掌其事。事毕闻奏，有《旨》给二僧"紫衣师"号以奖之。

修东园【七】。

郡国有园圃，其来尚矣，岂果为逸游计哉！非风景宽闲之地，不足发性识之高明；非草木舒畅之物，不足以见造化之生意。是于临政莅事，不为无补，故君子取之。

泸旧有园曰熙春，详见《前谱》【八】。久芜弗治，颓垣障翳碍目，婴怀花柳，无憀（liáo）风月。用废。帅守尚书杨公锄荒洞室，疏为三径，以畅盘旋。自德礼堂之后得故亭，榜曰抱膝。架桥曰太一莲，以达池亭。亭曰方壶。后复架桥达淇奥，曰八月槎。淇奥之后得书室，移遂志斋【九】颜【十】以揭之。循观音堂而左，曰列岫、曰浮月、曰朝阳阁、曰护寒，皆公之所更革也。复自抱膝之左结茅曰草庐。自草庐直北，曰月窟、曰清芬。经达园门，曰清风圃。又自草庐而左为桃李场，复为日涉，即江阳书院旧址[十一]。自桃李场而北，直贯四香亭，夹径为二庵庐，东曰秋岩，西曰春坞。是圃也，地据平陵，虽有池台亭榭之美，而无径丘寻壑之意，较之西、北二园劣焉。惟池塘在淳化中有二莲同干（gàn）之瑞，事见国史祥瑞志[十二]，则独为最古云。

创西园[十三]。

治寺之壮猷堂西偏有废址，积秽崇于丘，取土深于渊。旁通铃干厅，右傍山，后瞰池，有岩壑林麓之状。帅守尚书杨公辟为西园。自衙西而入，堂曰东川道院，堂后有荔丹[十四]，为郡治绝品。即其下作自知亭，取杜少陵"红颗酸甜只自知"语[十五]，盖言泸戎之荔丹也。翼亭两庑，东曰橘中之乐，西曰山中之乐。亭后为时台，崇三寻[十六]，可观云物，以卜丰歉。循台而右，缘石磴，越小桥，曰云雨观，取范石湖乐府"借君南定倚栏干，和雨和云仔细看"语。自观而东，有亭介于园池内水之间，内外水光映澈明了，旧曰五柳，易以冰壶。自观而南，石径缘坡，寄小亭于悬巘（yǎn）[十七]，曰环观，取柳子厚桂山语[十八]。自观而下，东会于道院。又东，曰环翠。又东，曰映红。自映红而北，曰粹芳、曰锦绣谷，粹芳取《离骚》经中语[十九]。锦绣谷则下俯深池，如在岩谷之底。池，旧才半谷，余皆公所新凿焉。

异木名花，幽篁灵草，牙排棋布，荫匝柯交。春则有牡丹、海棠，于以玩明良千载云龙风虎之期；夭桃艳李，于以赏倩袖缟裙列屋闲居之奉。又有幽兰被径，红药翻阶。夏则有海榴喷火，抚之而知西域之出使[二十]可尚矣；丹荔含浆，揖之而知涪陵之误国[二十一]可自幸矣。又有鹿葱解忧，旌节森卫。秋则有黄花荐修龄之酒，篱边之醉【二十二】何达欤！芙蓉集初服之裳，泽畔之吟【二十二】何忱欤！又有丹桂浮香，绿橘登俎。冬则有江【二十四】梅一色，傲雪欺霜，直与竹君争雄角立，虽林和靖之湖边【二十五】，王子猷之林下【二十六】，殆不是过。

于是时也，俯栏槛于秋阴隐映之间，步梯磴于翠阜萦纡之际。撷英揽秀，漱润含芳，四时之乐虽或不同，而天地万物之理，皆为我用，非有道者能尔哉？

此园也，而以道院名，吾殆见其非特简静无事而已也。恨未有记之者，用敢详焉。

北园。【二十七】

园在北岩【二十八】之上，有堂曰"北定"【二十九】，取孔明《出师表》中语【三十】，仍大书其表于屏，待制范公子长为之记。记见文类【三十一】。堂后有堂，曰卧龙堂。上揭楼曰英高，取杨戏《孔明赞》中语【三十二】。堂后有径通桃源，自桃源之前梯山而上，曰橘洲。过橘洲，曰道山。过道山而上，得一峰，如瓠（hú）【三十三】，榜其顶曰圆峤。自橘洲而西，有特丘，葺小亭，其上名曰蓬丘。又当厜㕒（zuī wēi）【三十四】作小亭，曰无尽藏。尤清邃。

是圃也，虽无花木之秀，然两江【三十五】横陈，群岫环列，奇形异态，在在不同，则又非东、西园所能及。皆帅守尚书杨公汝明昉（fǎng）【三十六】为之。寺簿应公镛【三十七】为之记。记见文类。善乎柳州退山茅亭之记【三十八】曰："公之因土而得胜，岂不欲因俗而成化；公之居高以望远，岂不欲家抚而户晓。"视其细，知其大。足为来者之楷法。余于是园得之。

【校补图注】

【一】 园 《江阳谱》借对东园、西园和北园的记述，对官家建设园囿的意义和作用，提出了自己的意见和看法。其翔实地记述了东、西、北园三处园林的创建、景观及其价值和作用。古者，"地志述而不作"。这样以第一人称语气撰写文章，并不多见。

【二】 漏泽园 古时官设的丛葬地。凡无主尸骨及家贫无葬地者，由官家丛葬，称漏泽。"漏泽园之法，起于元丰间。初，予外祖以朝官为开封府界使者……四望积骸蔽野，皆贫无以葬者委骨于此。意恻然哀之，即具以所见闻，请斥官地数顷以葬之。即日报可。神宗仍命外祖总其事。"① 如此慈善设施，《江阳谱》列之于园囿之丛，殊有失当。

【三】 侍其公瓛 姓"侍其"，名"瓛"。宋崇宁二年（1103）知泸州。李焘《续资治通鉴长编》卷二百九十元丰元年（1078）六月癸卯，有"权知邵州侍其瓛言，扶竹水山瑶梁义等愿附招纳，籍为省民，籍邵阳县，输丁身钱米"；又刘攽《彭城集》卷二十一《供备库使侍其瓛可知祁州制》言其"屡更繁使，颇著能名。"余不详。

【四】 勘会 核查、议定。古代公文用语。勘，核查。会，会同。

【五】 真如寺 又名大云寺，始建于唐。遗址在泸州城西忠山之麓，地理坐标：东经 105 度 26 分 13 秒，北纬 28 度 53 分 26 秒。黄庭坚撰《泸州大云寺滴乳记》，曰："泸州大云寺西偏，崖石上有甘泉滴沥，一州泉味皆不及也。今名曰滴乳泉。"② 岩头摩崖"滴乳泉"三字，庭坚所书。阅年既久，风雨剥蚀，字迹漫漶。杨慎补题之。明清交替，其寺毁于兵燹。清代重修。光绪十七年（1891），庭坚十七世孙黄云鹄观察川南，复于其地倚岩垒石，为洞三间，曰"云谷洞"。又改题滴乳泉为"滴乳岩"。民间以其寺内有《文王百子图》造像，呼之为"百子图"，为一州胜景，被列为泸州市文物保护单位，载入《简明不列颠百科全书》。

---

① 宋·徐度撰：《却扫编》卷下，《四库全书》文渊阁本。
② 宋·黄庭坚撰：《山谷集》卷一八，《四库全书》文渊阁本。

泸州城西真如寺
（泸州市瓷厂邱继扬摄）

【六】 **开福** 佛寺名。又名高寺、治平寺。寺在泸州城心，今治平路上方。寺后，有宋建七级重檐砖塔，民习呼"白塔寺"。陆游《泸州乱》诗"高寺坡前火照天"之高寺即此。

【七】 **东园** 东园是就废熙春园扩建的。既自子城之衙东门"入门而左，为熙春园"，则此园故址在城之西北畔，大体相当于今江阳北路以西的三道拐（濂溪路）一带，或即民国时辟为教会医院之今泸州市第七中学校园。

【八】　**前谱**　张国淦先生曰："据《大典》二千二百十七：六模（泸州熙春园），《江阳谱》引《前谱》一条。按宋有曹叔远《江阳谱》，此曰《前谱》，《江阳谱》引之，知是《江阳谱》前已有《江阳谱》，故曰《前谱》。"①

【九】　**遂志斋**　旧号小船斋，在泸州筹边堂后，详见★103。

【十】　**颜**　颜额，题匾。

【十一】　**江阳书院旧址**　在帅守治内。宋薛跋《泸州阜民堂记》曰："阜民堂，在泸州小厅西隅，旧为宸章阁，以藏御书。王公勋徙御书于学之宸章楼，此阁遂废，改为轩，以临河池。嘉定八年（1215），范公子长复撤轩，为江阳书院，移整暇堂建其上，为今名。"② 据是，则此"江阳书院"盖只当时藏书之所，而非设山长以课生徒之学校。后世地志所记"泸自宋庆元中工部尚书杨汝明自请守泸，始建书院于州北五峰山，即旧传五峰书院也"。③ 有征，可信。不可谓此"江阳书院"为早于五峰书院之黉舍也。

【十二】　**二莲同干（gàn）之瑞，事见国史句**　未详。而《宋史》固未之有也。

【十三】　**西园**　前已考宋代泸州帅守官衙故址在今花园路"钟鼓世家"一带。揆诸地形地貌，这座西园，既在治寺之壮猷堂西偏，旁通设在泸州子城内的铃干厅，可自衙西而入其堂，即知其在子城外的今宰牛院以迄于市自来水公司一带。园中的锦绣谷，应即今枇杷沟。

【十四】　**荔丹**　荔枝的别称。

【十五】　**杜少陵"红颗酸甜只自知"语**　见杜甫《解闷十二首·其十》诗："忆过泸戎摘荔枝，清枫掩映石逶迤。京华旧见无颜色，红颗酸甜只自知。"④

【十六】　**寻**　古代长度单位，每寻八尺。崇，高也。

【十七】　**巇**　大山间上大下小、形如倒悬的小山峰。

【十八】　**柳子厚桂山语**　柳宗元《桂州訾家洲亭记》有语："非桂山之灵，不足以环观；非是洲之旷，不足以极视。"

【十九】　**粹芳取《离骚》经中语**　屈原《离骚》有语："昔三后之纯粹兮，固众芳之所在。"

【二十】　**西域之出使**　远使西域，指班超投笔从军。

---

① 张国淦编著：《中国古方志考》，上海：上海古籍出版社，2019 年，第 645 页。
②《永乐大典》卷七二三八，北京：中华书局，1986 年，第 2973 页。
③ 王禄昌修，高觐光、温翰桢纂：《泸县志》卷四《教育志·书院》，民国二十七年刊本。
④ 宋·郭知达编：《九家集注杜诗》卷三〇，《四库全书》文渊阁本。

【二十一】 **涪陵之误国** 苏轼《荔支叹》诗有语："十里一置飞尘灰，五里一堠兵火催。颠坑仆谷相枕藉，知是荔支龙眼来。飞车跨山鹘横海，风枝露叶如新采。宫中美人一破颜，惊尘溅血流千载。永元荔支来交州，天宝岁贡取之涪。至今欲食林甫肉，无人举觞酹伯游。我愿天公怜赤子，莫生尤物为疮痏。"其注曰："汉永元中交州进荔支龙眼，十里一置，五里一堠，奔驰死亡，罹猛兽毒虫之害者无数。唐羌字伯游，为临武长，上书言状，和帝罢之。唐天宝中盖取涪州荔支，自子午谷路进入。"① 劳生害马，祸国殃民。

【二十二】 **篱边之醉** 陶渊明东篱醉菊。

【二十三】 **泽畔之吟** 屈原既放，游于江潭，行吟泽畔，颜色憔悴，形容枯槁。

【二十四】 **江** 此谓沱江。西园滨临沱江。

【二十五】 **林和靖之湖边** 林和靖名逋，结庐西湖之孤山，二十年足不及城市，自谓有梅妻鹤子。

【二十六】 **王子猷之林下** 山阴王子猷爱竹成癖，居必种之，曰："何可一日无此君。"

【二十七】 **北园** 杨汝明建设。后废为寺，今已无存，遗址在今小市上方的五峰山。

【二十八】 **北岩** 清嘉庆《直隶泸州志》记载："北岩，在州北小市厢五峰山之麓。""五峰山，在州北小市厢，五峰并峙，故名。"② 《方舆胜览》记载：北岩，"在（泸州）城北。旧有小庵，尚书杨汝明创为大刹，及创五峰书院，以为士友会课之所焉。"③ 另详后文★96。

【二十九】 **有堂曰北定** 北定堂，杨汝明创建于州城沱江北岸之五峰山，与南岸城中的南定楼相对。范子长、应镛各有记。今已并皆不存，唯余汝明门人、叙州程公许《北定堂赋》存世至今，全文如下：

　　　　起部④尚书眉山杨公，以西清学士总戎"左"蜀，作镇三泸。开幕府之二年，咸令神

---

① 诗文并注，见李之亮笺注：《苏轼文集编年笺注》第 11 册，成都：巴蜀书社，2011 年，第 425 页。
② 清·沈昭兴修，清·余观和、清·王元本纂：嘉庆《直隶泸州志》卷一《舆地志上·山川》，国家图书馆藏本。
③ 宋·祝穆撰，宋·祝洙增订，施和金点校：《方舆胜览》卷六二《泸州》，北京：中华书局，2003 年，第 1086—1087 页。
④ 起部，工部的别称。杨汝明以工部尚书自请守泸。

行，惠化川流，民气以和，边堠不警。乃筑堂于北岩，扁以"北定"。邑子程某窃窥盛心，实与忠武侯尚友千载，敢竭昧陋，酌古揆今而为之赋。若夫山川风物之胜，登临览观之乐，非千里意想所能模写。他日操几杖以从尚书，尚能伸纸援毫，以为后赋云。

客有游于泸而咤曰：导江西来，百川所宗。内江附庸，汇而归东。有国于斯，屹屹其墉。枕玉垒之崇冈，带三峡之怒洪。控六诏为外拒，罗万山为四封。由益州而下，盖节度府之最雄者也。南定有楼，襄昔谁创。作镇南服，莫我敢抗。瞻彼北岩，峥嵘列嶂。忽高堂之幻出，抗霄极而显敞。揭"北定"之璇题，隔川流而相向。安得与子鼓枻乘流，踽屣而上周览面势。征其扁榜。

有闻客言欣然而笑者，曰：子独不闻诸葛忠武侯之事乎？卯金之微，雾塞飙驰。昭烈以帝室之胄，间关百战，晚脱鞅于坤维，天授雄图，傅之羽翼。南阳之墟，龙奋其蛰。片词乳水，千载胶漆。非不知鼎峙于一隅，何以逞志乎中国。人事有兴废，天运有通塞。当其辍躬耕之末，抱长吟之膝，盖伊吕王佐之俦，岂管乐伯图之匹。彼有田一成，有众一旅，乃能祀夏配天，不失旧物，而况蜀汉富饶，高皇帝所以奠四百基业于磐石者哉！五月渡泸，深入不毛。以斩以夷，以柹以薙。伟七纵而七擒，奚天威之可逃。盖将定南方以恢远略，宁采薇远戍之惮劳。想其建旐（zhào）设旌，祃（mà）牙于征，徒御啴啴（tān），有闻无声。峒溪萦曲，篁竹阻深。载清飙兮卷雾瘴，注甘泽兮涤烟氛。铙歌铿鍧（hōng），凯旋献俘。乃息敛输，乃休卒徒。顾神州而深矉（pín），慨妖孽之未除。追渥惠于先朝，忍弃捐于半涂。尔乃称戈比干，陈师鞠旅，男子战而女子运，众志一而义旗举。流涕抗表，规复汉祚，杂耕渭滨，延颈子午。凛规置之绰绰，目何有于屠虏。虽残灰莫起于炎精，然大义可伸于万古。揆今泸川，岂昔泸溪？盖寓名于都督之府，使如心腹之运四肢。王制所纪，交趾雕题。沐浴皇化，葴遮南垂。委命下吏，贡琛远来。繄抚御之得人，屹金城与汤池。中兴四叶，金运垂尽。戍役未撤，军民交病。乃眷西顾，势靡有定。环剑以东，泸为重镇。畴咨迩列，孰堪事任。当斯时也，起部尚书杨公方峨弁垂绅，拱备顾问，再拜请行，屏息惟命。先皇曰：吁！汝无去朕予违，汝弼干我枢柄。尚书于是九顿首，固以请。帝曰：俞，趣，刻印。入辞便殿，欲别未忍，滟宣勤之玉卮，叠匪颁之宫锦。修门兮九重，回首兮万里。十七年兮出入禁闼，三千牍兮，劘（mó）切黼（fǔ）扆（yǐ）。步出昼以彷徉，屯余乘其千骑。苴蓁兮金节，彤幨（chān）兮綷组。前驱兮塞途，往开兮幕府。风霆命令之信，雨露德泽之普。协气洽而水红并蒂，有年书而茧栗同乳。乃先事而防患，乃整军而经武。筹帷密运，莫余敢侮。熟窥盛心，固将尚友忠武侯于千古。是则北定堂之建也，岂必拱坐隅侍，谈尘而后诘其故也哉。

客敛衽而对曰：北定取义，则闻之矣。地以人重，子亦闻之否乎？蓐收御辰，素炜中外。珠履集兮红蕖幕，笳鼓沸兮细柳营。尚书乃挥羽扇，岸纶巾。据胡床，令三军。陈角抵，簸红旌。射命中，马嘶腾。程勇力，简伎能。笑呼喧阗，酒炙缤纷。人百其勇，惟所使令。饮中乐酣，投袂而起。慨昔武侯南征道此，千里驰驱，仆夫瘁止。独我治朝，声教远被，诵弦比屋，耕牧四履。边柝夕沉，阖铃昼闭。上恬下穆，可无事治。奈之何南国幸安，北尘骚屑。龙蛇则山泽交兴，鹬蚌之阴晴莫决。奸豪侧睨以旁伺，战守一无于定说。尾大不掉，财殚力竭。孰能为国家刷渭桥之耻，护金瓯之缺？志感激以思奋，谅非余而谁责。陟斯堂以遐观，发上指而眦裂。使子斯时操几杖，缀下客，宁不慷慨激昂，为尚书而击节也。

呜呼噫嘻！今不与古并，世事或与势异，宜忠武侯信于己而厄于运，得于人而违于时。盖天厌汉德之日久，故大厦非一木之支。于皇艺祖，得天下以仁。圣圣相传，翼翼绵绵。嗣圣御图，侧席隽英。天其或者相兴复之景运，锡勇智于大君。总干纲以独断，辟泰途以汇征。挥氛翳于九有，耀景光于太清。恢张圣德，图任旧人。愚窃料尚书之德业，庶几乎周室之甫申。弼宣后以复古，何王业偏安之足云。小子不敏，敢诵所闻。酌大斗而祈耄耋，跪敷衽而祝升平。乃歌曰：王遣申伯，路车乘马。我图尔居，莫如南土。载歌曰：四牡骙骙，八鸾喈喈。仲山甫徂齐，式遄其归。

客曰：浃浃乎歌矣哉！德盛者非斯文无以被金石，功高者非斯文无以流管弦。请濡毫于三泸之川，磨墨于三泸之山，书以为北定堂之赋，而附之《崧高》《烝民》之篇。①

【三十】取孔明《出师表》中语 其语云：臣"受任于败军之际，奉命于危难之间，尔来二十有一年矣。先帝知臣谨慎，故临崩寄臣以大事也。受命以来，夙夜忧叹，恐托付不效，以伤先帝之明，故五月渡泸，深入不毛。今南方已定，兵甲已足，当奖率三军，北定中原，庶竭驽钝，攘除奸凶，兴复汉室，还于旧都。此臣所

---

① 宋·程公许撰：《沧洲尘缶编》卷一《北定堂赋并序》，《四库全书》文渊阁本。

以报先帝而忠陛下之职分也。"孔明千古，斯言千古！

【三十一】 **文类** 查《永乐大典》六模泸字目录，有"文章"一门，殆即指此。

【三十二】 **杨戏《孔明赞》中语** 杨戏字文然，犍为武阳人也。宦蜀汉为射声校尉，于延熙四年（241）著《季汉辅臣赞》，其《赞诸葛丞相》云："忠武英高，献策江滨，攀吴连蜀，权我世真。受遗阿衡，整武齐文，敷陈德教，理物移风，贤愚竞心，佥忘其身。诞静邦内，四裔以绥，屡临敌庭，实耀其威，研精大国，恨于未夷。"①

【三十三】 **瓠** 瓦壶。

【三十四】 **厜㕒** 《说文》："厜㕒，山颠也。"

【三十五】 **两江** 谓长、沱两江。

【三十六】 **昉** 创始。《列子·黄帝》："既出，果得珠焉。众昉同疑。"张湛注云："昉，始也。"

【三十七】 **寺簿应公镛** 宋金华府兰溪（今属浙江）人，所著有《书约义》《礼记纂义》传世。朱彝尊《经义考》卷八十三引《金华志》："应镛字子和，兰溪人，登庆元五年（1199）进士，又举博学宏词科。官至太常寺簿，知开州（今重庆市开州区）。"

【三十八】 **柳州退山茅亭之记** 即柳宗元《邕州柳中丞作马退山茅亭记》。

细读其文，并无"公之因土而得胜，岂不欲因俗而成化；公之居高以望远，岂不欲家抚而户晓"语。此语实在柳宗元《永州新堂记》中，语与《江阳谱》所引亦有详略不同，其辞曰："见公之作，知公之志。公之因土而得胜，岂不欲因俗以成化；公之择恶而取美，岂不欲除残而佑仁；公之蠲浊而流清，岂不欲废贪而立廉；公之居高以望远，岂不欲家抚而户晓。夫然则是堂也，岂独草木土石水泉之适欤，山原林麓之观欤！将使继公之理者，视其细，知其大也。"②

---

① 晋·陈寿撰：《三国志》卷四五《蜀书·杨戏传》，北京：中华书局，1982年，第1080页。
② 唐·柳宗元撰：《柳河东集》卷二七，《四库全书》文渊阁本。

十二、风俗形胜[一]

本州

★46.

《图经志》

泸之风俗[二]，质朴淳厚，尚文义而鄙利欲，不好词讼。气候偏阳[三]。昔元时地广人稀。四方之民流寓于泸者，倍于版籍所载。钦惟圣朝，泸之附籍者，杂四方之民也。

谨按《方舆胜览》云《华阳志》所载"东接巴郡，南接牂牁，西接犍为，北接广汉"，以今考之，东接重夔，南接永宁宣抚司（治今叙永县），西接嘉（今乐山市）、叙（今宜宾市），北控潼（梓潼）、汉（广汉）。左挟资江（即沱江），右通汶水（即长江）。州城肘江负山，枕带双流，舟车之要冲[四]也。

【校补图注】

【一】 **风俗形胜** 风俗，指特定区域、特定人群沿革下来的风气、礼节、习惯等的总和。形胜，指山川形势和地理区位，引申为地理位置优越，地势险要。《荀子·强国》："其固塞险，形势便，山林川谷美，天材之利多，是形胜也。"① 《史记·高祖本纪》："秦，形胜之国，带河山之险，县隔千里，持戟百万，秦得百二

---

① 清·王先谦撰，沈啸寰、王星贤点校：《荀子集解》，北京：中华书局，1988年，第303页。

焉。"①《周书·齐炀王宪传》："初，平蜀之后，太祖以其形胜之地，不欲使宿将居之。"② 由是，形胜可进一步引申为一个地方在经济和军事上的战略地位。

特殊的地理区位、险要的山川形势和发达的经济，使泸州很早就成为控扼长江上游、锁钥滇黔、屏障西川的兵家重镇。

站在战争防御的高度，古代"蜀道之难，难于上青天"，从陕西翻越秦岭向四川进攻，是很困难的。东汉刘秀取蜀、诸葛亮入蜀增援刘备、东晋桓温灭李势、明军平川，都是溯长江上行进军。所以，历代四川防御的重点，无不放在抗击可能来自长江下游的进攻上。这样，夔门（今奉节县）、重庆和泸州也就成为保卫四川的一线、二线和三线。守住这三线，成都和川西北就可保安全。

大江大河是天然的军事屏障。江防巩固与否，往往关系战争胜败乃至国家的生死存亡。东晋、南朝和南宋，凭借长江天险对峙北方政权，延续国祚上百年。清军以泸州为中心布设江防，石达开太平军无力突破，被迫沿南岸西上，全军在安顺场覆没。1949 年，人民解放军从湖南入黔，渡赤水河进入四川，守备川南的国军 72 军军长郭汝瑰不设江防，率部起义，策应中国人民解放军北渡长江天险，进而解放泸州，解放成都，解放大西南。

从进取的需要审视，自从张仪在江州（今重庆）筑城开始，万里长江便一直是四川与下游地区之间主要的军事通道。秦王朝南伐荆楚的战争，不仅从中原方向展开，同时也是自巴蜀沿江而下。正是由于在巴蜀方向这条战线上的连连得手，严重削弱、动摇了楚国的经济实力和基础，才导致了这个当时南方首屈一指的大国的灭亡。这种"以四川为战略基地，顺流席卷荆湖江浙"的战略方针，为历代兵家所反复运用。西晋"王浚楼船下益州"，进而灭吴，就是其中最光辉的战例。蒙宋战争中，蒙古沿用这种方略，从陕西南下进攻四川，南宋则沿江择险筑城，构筑以重庆为中心的"山城战略防御体系"。这个防御体系中的泸州神臂城有效控扼长江上游，拱卫重庆，屏障南宋半壁河山。南宋景定二年（1261），泸州守将刘整叛降蒙古，建议绕过四川这些易守难攻的山城，从江汉平原中路突破。元世祖忽必烈采用这一方略，不几年便攻下襄阳，直捣临安（今杭州），灭亡了南宋。

泸州又是四川通往滇黔的咽喉孔道。汉唐以来，从叙永渡赤水河入黔，经毕节、威宁以向云南的川黔古道，一直是内地连接滇黔的主要通道。泸州坐落在这条川滇

---

① 汉·司马迁撰：《史记》卷八《高祖本纪》，北京：中华书局，1982 年，第 382 页。
② 唐·令狐德棻等撰：《周书》卷一二《齐炀宪传》，北京：中华书局，1971 年，第 187 页。

黔三省通衢大道的首端，历代向南方用兵，都把这里作为前进基地。明玉珍大夏国兵伐云南，从永宁进军。明军平滇之役，朱元璋命令胡海率部"出永宁（今叙永县）以趋乌撒（今贵州省威宁县）"，与从湖南穿过贵州入滇的傅友德部队会围曲靖。出自同样的原因，滇黔方面要进攻四川，也必须首先从泸州突破。明清交替之际，南明王朝残余武装力量进攻四川和后来吴三桂叛清，每次都是通过贵州，兵出叙永而向川南。蔡锷护国讨袁，同样走的是这条道路。

【二】 泸之风俗 《蜀中广记》曰："江阳土地虽迫，山川特美，盐井鱼池，一郡丰沃。《华阳国志》云：'俗好文刻，少儒学，多朴野，盖天性也。'汉光武时，被谪不使冠带者数世。其后文风，则自宋尚书杨汝明始创五峰书院，以为士友会课之所，而士翕然兴起矣。"① 明代泸州，虽然"地少桑麻，刀耕火种"，而"其民淳朴，俗少嚣讼。士竞于文，敦尚儒行。"② 其后明清交替，兵燹连绵，民众播迁，移民大量进入，流寓者倍于版籍，人口构成产生了根本性的改变。民国《泸县志》考述：

> 泸人自明末遭流寇之乱，死亡转徙，孑遗无多。自外省移实者，十之六七为湖广籍、麻城县孝感乡。广东、江西、福建次之。楚人粤人，多事耕种。赣人闽人，多营商业。其习尚虽镕铸混合，而其本俗固保存不废，尚可得而辨焉。大抵属湖广者，习故常信巫觋，以楚俗尚鬼也。属广东者，趋利益，好争夺，以粤俗喜斗也。属江西、福建者，乐转徙，善懋迁，以赣、闽滨江临海，利交通也。

> ……以科第取士，平民悻获一衿，比于显贵。故无论何籍之人，衣食苟足，皆重读书。书不成，然后改寻他业。所谓敦尚儒行者，在是。科举停后，开办学校，士子入校肄业，号称文明。影响所及，渐流奢侈。朴质之风已少杀矣。至民国，学生毕业无所事事，虽不免麇聚于教育、团务二途，然尚无植党倾轧，动辄聚讼、暗杀者。

> 农人室少盖藏，而对于繁重之赋敛，不敢滞其完纳，敦礼让、乐输将之美习独有存者，亦根于柔弱之性而然也。③

---

① 明·曹学佺撰，杨世文校点：《蜀中广记》卷五五《风俗记·上下川南道属》，上海：上海古籍出版社，2000年，第605页。
② 明·李贤等撰：《明一统志》卷七二《泸州》，《四库全书》文渊阁本。
③ 王禄昌修，高觌光、温翰桢纂：《泸县志》卷三《风俗》，民国二十七年刊本。

【三】 气候偏阳 泸州气候温和，属亚热带大陆性季风气候区，冬无严寒，常年平均温度为 18.2 摄氏度，年平均降雨量 1041.2 毫米，年平均日照时数 1401 小时，无霜期 330 天以上。适宜农业耕作。① 此谓"气候偏阳"，说的是泸州城地处长江河谷地区，日照蒸发，相对湿度大，影响人体皮肤排汗功能。与重庆、武汉、南京等长江岸边城市一样，夏季闷热不堪，杨升庵因云"天下三伏，泸州六伏"。

【四】 枕带双流，舟车之要冲 《水经注》："江阳县枕带双流，据江、洛会也。"② 杨慎曰："缅想此邦，实当孔道。两川襟带，风樯浪舶攸同；三蜀咽喉，流车走马交会。"③ 蜀中以及云贵二省运往下游货物，历来在泸州中转。个中，明清年间运京铸钱的滇铜（"京铜"）、黔铅，全部在泸中转。清代，川盐官运总局设于泸州，自流井盐经由泸州水运供应全川，名曰"计岸"，又分永、仁、綦、涪四岸入黔。数百年以至今日，成为长江上游除去重庆以外最大的港埠。

★47.

《寰宇记》

地无桑麻【一】，每岁畬田【二】，刀耕火种。其夷、獠则与汉不同【三】，性多犷戾，而又好淫祀。巢居岩谷，因险凭高。着班布，击铜鼓，弄鞞刀。男则露髻跣足，女则椎髻横居。夫亡，妇不归家。葬之崖穴。刻木为契，刺血为信。衔冤则累代相酬，乏用则鬻卖男女。其习俗如此。

【校补图注】

【一】 地无桑麻 泸州的麻、苎，至迟是在明代初年，合江县已有栽种。至于蚕桑，则至明代中期，仍未普遍推广。《明英宗实录》记载：正统四年冬十月癸卯（1439 年 12 月 4 日），"四川泸州同知宗思宦言：'……近有著令，凡民家植桑、枣各二百株，且命宪臣督励。盖欲使民衣食丰足，以备凶荒也。但本州田土俱已耕植，虽有旷土在山谷者，率兼砂石；在城郭者，久甚偏狭。其地不宜桑、枣，难及著令

---

① 《当代四川》丛书编辑部编：《酒城泸州》，成都：四川人民出版社，2000 年，第 2 页。

② 北魏·郦道元撰：《水经注》卷三三《江水》，《四库全书》文渊阁本。

③ 明·杨慎：《江阳太守林湖山贺障词引》，见明·杨慎撰《升庵遗集》卷二四，明万历三十四年蜀刻本。

之数。诚恐四方亦多类此。乞令随地所宜，毋限桑、枣，凡菜、果、麻、苎、木棉之属，但可衣食养生者，督民广植，勿即其数。俾土无空旷，民无游惰。有旷土游民者，罚之。斯为便矣。'上皆从之"。①

【二】 畲田 畲，意即以刀耕火种的方式种田。畲田之法：在播种之前，事先选定一片适当的山林，把树木和山草全部砍倒，听其风吹日晒，待其干燥，然后在即将下雨的前一二日，点火焚烧砍倒的草木，雨后清理火场，理成田土，利用烧荒形成的草木灰作为肥料，趁土质尚温，撒播粟、麦等种子，或用锄和锹铲掀开土层播种。一般都不进行中耕，只待作物成熟上山收获。刘禹锡《畲田》诗云："何处好畲田，团团缦山腹。钻龟得雨卦，上山烧卧木……下种暖灰中，乘阳坼牙蘖。苍苍一雨后，苕颖如云发。巴人拱手吟，耕耨不关心。由来得地势，径寸有余阴。"②这种刀耕火种的畲田，通常两三年后土壤肥力耗尽，便又撂荒，需要间歇若干年，待草木复生，才能再次砍伐焚烧，播种。

【三】 其夷、獠则与汉不同 宋代泸州长江以南，居住着族属、部落繁多，习俗迥异的少数民族，《宋史》总称之为"泸州蛮"。《太平寰宇记》所记，便是当时这些少数民族同胞的民情风俗。历经千百年来各民族不断迁徙、相互交流融合，人口素质提高，这些风俗已经不复存在。

★48.

《郡县志》

汉《地理志》云：犍为、牂牁（二郡）皆西南徼外【一】，武帝初开置。民俗与巴蜀同。《华阳国志》：江阳之俗朴野，少儒学，盖天性也【二】。今户口繁溢，风俗视旧益美，居民生计便利，故侨寓者居十之七。然地接夔渝，尚巫祭鬼【三】。俗亦以似之。

自唐高宗时辟洞招獠，新创城邑。泸州为都督府，统十四州，地皆夷境，姑为羁縻。

泸州之境，接连东爨乌蛮【四】。乌蛮与南诏婚姻，分七部

---

① 《明英宗实录》卷六〇，台湾"中央研究院历史语言研究所"校印本，1962年，第1156页。
② 唐·刘禹锡撰：《刘宾客文集》卷二七，《四库全书》文渊阁本。

落，居曲靖州（今云南省曲靖市）故地。又有邛部（此泛指今四川凉山彝族自治州一带）五姓、初裹（guǒ）【五】五姓，皆乌蛮也。居邛部台登间。邛部台登，即诸葛亮平南夷所置云南郡，唐之姚州【六】也。

宋朝大中祥符六年（1013），晏州夷人斗望劫淯井监，诏内殿崇班王怀信讨之，深入多杀【七】。既平，上谓王旦曰："蛮人侵轶，当遣使抚遏，以禽兽蓄之，杀之何益。当务绥怀，俾其安静。"

自庆历二年（1042）乌蛮得盖求为部落长，诏以其地为姚州，给刺史印。

自庆历至皇祐间，夷人亦屡犯顺【八】，旋即讨平。

熙宁七年（1074），晏州夷人自淯井入寇，命都官员外郎熊本为察访使讨平之【九】。又抚纳乌蛮酋长斧望个恕及其子乞弟，皆内附。【十】

【校补图注】

【一】 **徼外** 徼，门户。喻指古代中央王朝核心统治区之外的少数民族地区。

【二】 **"华阳国志江阳之俗朴野"句** 语见《华阳国志》卷三《江阳郡》。朴野有二义，一曰朴质无华。《管子·小匡》："是故农之子常为农。朴野而不慝……"尹知章注："农人之子，朴质而野，不为奸慝。"① 一曰质朴，不文饰，不矫饰。苏辙《上曾参政书》："闻天子举直言之士，而世之君子以其山林朴野之人不知朝廷之忌讳，其中无所隐蔽，故以应诏。"②

【三】 **尚巫祭鬼** 古代楚地民风。泸州地接渝夔，故有楚风。

【四】 **东爨乌蛮** 明刘文征天启《滇志》："爨氏，本安邑人，在晋时为南宁太守，中国乱，遂王蛮中。今六凉有《爨王碑》，云是楚令尹子文之后，受姓班氏，西汉末食邑于爨，遂以为氏，其后世为镇蛮校尉，晋时有爨深、爨瓒、爨震。隋，

---

① 黎翔凤撰，梁运华整理：《管子校注》卷八，北京：中华书局，2004年，第401页。
② 陈宏天、高秀芳点校：《苏辙集》，北京：中华书局，1990年，第385页。

爨翫作乱，史万岁讨平之。唐以爨归王为南宁州刺史，理石城，即今曲靖也。《唐书》：'自曲州、靖州西南，昆川、曲轭、晋宁、喻献、安宁距龙和城，通谓之西爨白蛮；自弥鹿、升麻二州，南至步头，谓之东爨乌蛮。'蛮本以乌、白为号，无姓氏，其称爨者，从其奠安之姓耳。滇之初有白国王，则夷为白人，其后有爨王，则为爨，即今广西夷为侬人之类。爨蛮之名，相沿最久，其初种类甚多，有号卢鹿蛮者，今讹为猡猡，凡黑水之内，依山谷险阻者皆是，名号差殊，言语嗜好，亦因之而异。大略寡则刀耕火种，众则聚而为盗，男子椎结，摘去髭须，左右佩双刀，嘉斗轻死。马贵折尾，鞍无毡，剜木为镫，状如鱼口，微容足趾。妇女披发衣皂，贵者锦绣饰，贱者披羊皮，乘马则并足横坐。室女耳穿大环，剪发齐眉，裙不掩膝，夫妇昼不相见，生子十岁，乃见其父。妻妾不相妒忌。嫁聚尚舅家，无可配者，方许别婚。腊月为春节，竖长竿，横设木，左右各佐一人，以互落为戏。病无医药，用夷巫禳之。巫号大觋幡，或曰拜祃，或曰白马。取雏鸡雄者生剀，取其两髀束之，细刮其皮骨，有细窍，刺以竹签，相其多寡向背顺逆之形，其鸡骨窍各异，累白无雷同，以占凶吉。或取山间草，齐束而拈之，略如蓍法，其应如响。有夷经，皆爨字，状类蝌蚪。精者能知天象，断阴晴，在酉长左右，凡疑必取决焉……"[1]

《新唐书》："乌蛮与南诏世昏姻，其种分七部落：一曰阿芋路，居曲州、靖州故地；二曰阿猛；三曰夔山；四曰暴蛮；五曰卢鹿蛮，二部落分保竹子岭；六曰磨弥敛；七曰勿邓。土多牛马，无布帛，男子髽髻（zhuā jì）[2]，女人被发，皆衣牛羊皮。俗尚巫鬼，无拜跪之节。其语四译乃与中国通。大部落有大鬼主，百家则置小鬼主。勿邓地方千里，有邛部六姓，一姓白蛮也，五姓乌蛮也。又有初裹五姓，皆乌蛮也，居邛部、台登之间。妇人衣黑缯，其长曳地。又有东钦蛮二姓，皆白蛮也，居北谷。妇人衣白缯，长不过膝。又有粟蛮二姓、雷蛮三姓、梦蛮三姓，散处黎（今汉源）、嶲（今越西）、戎（今宜宾）数州之鄙，皆隶勿邓。"[3]

五姓乌蛮之中的阿猛部即分布在今云南昭通、镇雄一带的彝族先民乌蒙部。彼时居住在今日古蔺、叙永二县的彝族先民为扯勒部，即乌蒙部的一个分支。曹学佺《蜀中广记》：昭通"古为窦地甸，汉为牂牁郡地。唐时，乌蛮仲牟由之裔曰阿统者，始迁于此地甸。至十一世孙乌蒙，始强，号乌蒙部。宋时，封阿杓为乌蒙王。

---

① 明·刘文征：《滇志》卷三〇《蛮爨》，清钞本。

② 把头发梳拢，盘结于头顶，形成发髻。今日彝族男子，依旧梳扮如此发型，名曰"天菩萨"。

③ 宋·欧阳修、宋·宋祁撰：《新唐书》卷二二二下《南蛮下》，北京：中华书局，1975年，第6317页。

元初归附，至元间置乌蒙路，隶乌撒乌蒙等处宣慰司"①。乌撒，今贵州威宁县；乌蒙，今云南昭通市。关于这支乌蛮，清道光《大定府志》引《彝谱》曰：

> 一世孟析，居邛之卤。三十一世祝明，居泸阴之山，生子六人，名枯、怯、赛、卧、克、齐。枯世守乌，怯居于笮，赛居于泸，卧居于协，克居于濮，齐居于闽。卧字君亨，子孙为君亨氏，自协移居窦地（今云南镇雄）。窦地君有曰俄海者，生德辉，德辉有二子，长曰隆，少曰辉。德辉及其卒也，以位让于辉，辉让于隆而去之。邑人义辉，从者九千人，乃东渡白水，击都掌、羿子及土僚而降之，依鳛水而居，因自号鳛部，夷人谓之须协。须，东也。以窦地为诺协。诺，西也。隆世守窦地，即今乌蒙部之祖也。乌蒙，《明史》有传。辉当晋世，累传至墨者，墨者生扯里②，扯里益强盛，晋末，授以令长之职。③

彝族先民德辉率领他的"九千强弩"部众，沿白水江，经今云南彝良、镇雄，贵州赫章、毕节、金沙至今仁怀市，进入柏雅妥洪（今古蔺县城），夹赤水河两岸的今古蔺、习水、叙永、仁怀、毕节、金沙、赤水诸地而居，是为鳛部。鳛部拓境创业，征服当地都掌、羿子、土僚诸族，日益强大。传至墨者扯勒，东晋王朝授以令长之职，其后遂为扯勒部。

【五】 初裒 彝语的译音。裒，古同"裹"。

【六】 唐之姚州 治今云南省姚安县西北。辖境相当今云南省姚安、大姚、永仁等县地。1913 年废州，改为姚安县。

【七】 "大中祥符六年，晏州夷人斗望劫淯井监"句 晏州夷人，北宋年间居住在今长宁、兴文地区，族属主要是僚人。斗望，晏州多刚寨僚人首领。淯井监产盐，为民人生活之所必需。北宋一代，为了争夺淯井盐利，连年发生民族武装冲突。大中祥符之役，《宋史》记之甚详：

> 大中祥符元年（1008），泸州言江安县夷人杀伤内属户，害巡检任赛，既

---

① 明·曹学佺撰，杨世文校点：《蜀中广记》卷三六《边防记六·乌蒙军民府》，上海：上海古籍出版社，2020 年，第 381 页。

② 扯里，彝语人名，又译"扯勒"。

③ 贵州省毕节地区地方志编纂委员会点校：《大定府志》卷五〇《旧事志六附录：水乌世系通考》，北京：中华书局，2000 年，第 1008 页。

不自安，遂为乱。诏遣阁门祗候侍其旭乘传招抚。旭至，蛮人首罪，杀牲为誓。未几，复叛。旭因追斩数十级，擒其首领三人，又以衣服绸布诱降蛮斗婆行者，将按诛其罪。上以旭召而杀之，违招安之实，即降诏戒止，且令笃恩信，设方略制御，无尚讨伐以滋惊扰。二年，旭言夷人恃岩险，未即归服。诏文思副使孙正辞等为都巡检使，乃分三路入其境，胁以兵威，皆震慑伏罪。三年，正辞言夷人安集，降诏嘉奖。先有蛮罗忽余甚忠顺，防援井监，捕杀违命者不已，上遣内臣郝昭信褒慰之，且谕以赦蛮党前罪，勿复邀击。

……

六年，晏州多刚县夷人斗望、行牌，率众劫渍井监，杀驻泊借职平言，大掠资畜。知泸州江安县、奉职文信领兵趋之，遇害。民皆惊扰，走保戎州。转运使寇瑊①即令诸州巡检会江安县，集公私船百余艘，载粮甲，张旗帜，击铜锣，鼓吹，自蜀江下抵清浮坝，树营栅，招安近界夷族，谕以大兵将至，勿与望等同恶。未几，纳溪蓝、顺州刺史个松，生南八姓诸团，乌蛮獠广王子界南广溪移、悦等十一州刺史李绍安，山后高、巩六州及江安界婆婆村首领，并来乞盟，立竹为誓门，刺猫狗鸡血和酒饮之，誓同力讨贼。瑊乃署榜，许以官军至不杀其老幼，给赐衣币酒食。上遣内殿崇班王怀信乘传与瑊等议绥抚方略。瑊言斗望等屡为寇钞，恃宽赦不悛恶，今请发嘉、眉屯兵捕剪，以震惧之。

六年九月，诏怀信为嘉、眉、戎、泸等州水陆都巡检使，阁门祗候康训、符承训为都同巡检使，及发虎翼、神虎等兵三千余人，令怀信与瑊商度进讨。上因谓枢密使陈尧叟曰："往时孙正辞讨蛮，有虎翼小校率众冒险者三人，朕志其姓名，今以配怀信。"正辞尝料简乡丁，号'白芳子兵'，以其识山川险要，遂为乡导，今亦令怀信召募。又使臣宋贲屡规画溪洞事，适中机要，以贲知江安县与怀信等议事。"瑊乃点集昌、泸、富顺监白芳子弟得六千余人。十一月，怀信、康训分领，缘溪入合滩，至生南界斗满村遇夷贼二千余人，击之，杀伤五百人，夺梭枪藤牌。会暮，收众保寨。夷党三千余人分两道，张旗喊呼来逼寨栅，怀信出击，皆溃散。进壁婆婆，遇夷二千于罗固募村，又破之。追至斗行村，上屏风山，连破四寨。一日三战，俘馘百余人，夺资粮五千石，枪刀什器万数，焚罗固募、斗引等三十余村，庵舍三千区。

---

① 寇瑊，字次公，宋汝州临汝人（今河南省汝州市临汝镇）人。累官至三司度支副使，擢枢密直学士。《宋史》卷三〇一有传。今日长宁县有千年荔枝古树，相传即其所植。

怀信又引兵至斗行村追击，过卢罗，射仆二百余人，蓺其栏栅千数。分遣部下于罗个颓、罗能、落运等村及龙峨山掩杀，大获戎具，斩首级及重伤、投崖死者颇众，烧舍千区及积谷累万。两路兵会于泾滩，置寨，遣康训部壕寨卒修泾滩路，以渡大军。俄为夷贼所邀，战不利，训颠于崖，死之。怀信引兵急击，大败之，追斩至泾滩。怀信夹寨于晏江口，瑊与符承训侦知贼谍欲乘夜击晏江，驰报怀信，即自泾滩拔寨赴之。比至晏江北山，夷众万余已自东南合势逼怀信寨，怀信毅强弩环寨射贼，瑊等整众乘高策援，夷人大惧而却。合击破之，死伤千余人。

七年正月，其酋斗望三路分众来斗①，又为官军大败，射杀数百人，溺江水死者莫计。夷人震詟，诣军首服，纳牛羊、铜鼓、器械，瑊等依诏抚谕。二月，还军淯井，夷首斗望及诸村首领悉赴监自陈，愿贷死，永不寇盗边境。因杀三牲盟誓，辞甚恳苦。即犒以牢酒，感悦而去。瑊、怀信等上言夷人宁息，请置淯井监壕栅，并许近界市马。从之。②

【八】 "自庆历至皇祐间，夷人亦屡犯顺" 句 北宋泸南地区民族武装冲突，史不绝书，仅自庆历至皇祐，载在《宋史》者，即有：

（1）庆历四年（1044）四月，夷人攻三江寨。诏秦凤路总管司发兵千人，选官驰往捕击。既而泸州教练使、生南招安将史爱诱降夷贼斗赦等，诏并补三班差使殿侍、淯井监一路招安巡检。未几，夷众复寇三江寨。指使王用等击走之。

（2）嘉祐元年（1056）二月，夷众万余人复围淯井监，水陆不通者甚久。诏知益州田况发旁郡士卒，命梓夔路兵马钤辖宋定往援之。于是两路合官军洎白芳子弟将近二万人与战，兵死者甚众，饥死又千余人，数月然后平。

（3）嘉祐二年（1057），三里村夷斗还等百五十人复谋内寇。有黄土坎夷斗盖，长宁州人也。先以其事来告。淯井监引兵趋之，捕斩七千余级。钤辖司上闻，诏赐斗盖钱三十万、锦袍、银带。明年，又补斗盖长宁州刺史。

【九】 "熙宁七年，晏州夷人自淯井入寇" 句 《宋史》记载：熙宁"六年（1073），泸州罗、晏夷（居住在今泸州市纳溪区侧五里的罗胡苟里僚人）叛，诏

---

① 战场遗址在今长宁县南五十里铜锣乡境内思晏江上的铜鼓沟。

② 元·脱脱等撰：《宋史》卷四九六《蛮夷四》，北京：中华书局，1985年，第14226—14228页。

（熊本）察访梓、夔，得以便宜治夷事。本尝通判戎州（今宜宾），习其俗，谓：'彼能抚边者，介十二村豪为乡导尔。'以计致百余人，枭之泸川，其徒股栗，愿矢死自赎。本请于朝，宠以刺史、巡检之秩，明示劝赏，皆踊跃顺命，独柯阴一酋不至。本合晏州十九姓之众，发黔南义军强弩，遣大将王宣、贾昌言率以进讨。贼悉力旅拒，败之黄葛下，追奔深入。柯阴窘乞降，尽籍丁口、土田及其重宝善马，归之公上，受贡职。于是乌蛮罗氏鬼主诸夷皆从风而靡，愿世为汉官奴。"① 熙宁七年春正月甲子，熊本报告朝廷："自（去年）十一月，己卯亲将属兵东兵，募土丁凡五千人，入夷界捕杀水路大小四十六村，荡平其地，纳铜鼓、枪牌乞降者，因即抚定之。即于所得地内小溪口、宁远寨西置二寨，三壕面、荔枝激等处置卓望四堡，平治险隘，开修道路，建置桥阁、里堠，悉已周备。并晏州柯阴县夷尝助水路夷抗官军，亦行讨伐，即至军前设誓，永不犯省地。凡得夷所献地二百四十里，已募人垦耕，其属夷悉已联为保甲。"②

以上两起战事，都是在今日江安、长宁和兴文县境内进行的。讨伐僚人的宋军，从江安县城出发，沿淯江（安宁河）进军，在三江口（今长宁县龙头镇）、铜鼓湾和柯阴黄葛树（今江安县五矿镇）以及三里半（今长宁县城郊）等处与僚人激战，最终迫使泸南僚人接受宋王朝的统治，交出土地，编为保甲，认输租赋。这就使得泸南僚人生计更加艰难，民族矛盾更加难以缓解。

【十】 "又抚纳乌蛮酋长斧望个恕及其子乞弟"句 宋王朝重置羁縻姚州，并未换得边地安宁，只是助长了乌蛮在这一地区的扩张，武力征服和掠夺其他部族。"乌蛮有二酋领：曰晏子，曰斧望个恕，常入汉地鬻马。晏子所居，直长宁（军）、宁远（寨）以南，斧望个恕所居，直纳溪（永宁河）、江安以东，皆（姚州罗氏鬼主）仆夜诸部也。晏子距汉地绝近，犹有淯井之阻。斧望个恕近纳溪，以舟下泸不过半日。二酋浸强大，擅劫晏州（今兴文县境）山外六姓及纳溪二十四姓生夷。夷弱小，皆相与供其宝。"③ 熙宁七年，王安石报请宋神宗皇帝批准，招抚乌蛮，"以爵命羁縻，旁近诸夷，各随所部加以爵命"④。"遣人说诱招纳。于是晏子、斧望个

① 元·脱脱等撰：《宋史》卷三三四《熊本传》，北京：中华书局，1985年，第10730—10731页。
② 宋·李焘撰，上海师范大学古籍整理研究所、华东师范大学古籍整理研究所点校：《续资治通鉴长编》卷二四九，北京：中华书局，2004年，第6073页。
③ 元·脱脱等撰：《宋史》卷四九六《蛮夷四》，北京：中华书局，1985年，第14244页。
④ 宋·李焘撰，上海师范大学古籍整理研究所、华东师范大学古籍整理研究所点校：《续资治通鉴长编》卷二四七，北京：中华书局，2004年，第6020页。

恕及仆夜皆愿入贡，受王命（归附中央政府）。晏子未及命而死，乃以个恕知归来州，仆夜知姚州，以个恕之子乞弟、晏子之子沙取禄路并为把截将、西南夷部巡检。"①

★49.

《郡县志》（续）

至元丰元年（1078），因纳溪寨居民与罗苟夷【一】争鱼筍（gǒu），误杀之。夷怒，犯纳溪，诏韩存宝讨之。乞弟助平罗苟而赏不及，旋入寇，官军陷败。天子震怒，斩存宝，命环庆路马步军副总管林广发府界及环庆、泾原、梓夔、湖北之军三万人，又以开封府兵驻南平为声援，广兵深入，至归来州城，贼悉伏葭苇中，乞弟匿不可得。广出《诏》班师，兵连五年，死于行者四万余人，费缗钱百余万。其后边患稍弥。【二】

至政和间，复以守臣贾宗谅失于抚驭，晏州熟夷首领卜漏入寇，【三】结连十余万众，陷梅岭堡，围乐共城。转运使赵遹与宗谅讨之，权行招安，夷虏相继纳款，卜漏伪降以诱我，旋复拒命。《诏》黜宗谅，以康师鲁代之。发诸路兵，合三万余人，以遹为泸南招讨统制使，深入其地，兵久无功，以黔中土丁梯石登囤，出其不意，卜漏走，擒之，戮于泸州。余党悉降。斩获七千余级。费缗钱一百九十六万。

于是，乞弟之子阿永始诣遹投《牒》，愿复归顺。遹奏闻，补阿永夷界都大巡检使。岁入中马，相传今数世，皆承袭卫边。其所自述，犹称"阿永"【四】焉。

---

① 元·脱脱等撰：《宋史》卷四九六《蛮夷四》，北京：中华书局，1985 年，第 14246 页。

【校补图注】

【一】 罗苟夷 罗胡苟里夷人,有寨在纳溪寨西南五里。生南八姓,户千余,居住在今泸州市纳溪区安富街道周边和打古镇、大洲驿一带。

【二】 元丰乞弟之役,眉州人家安国从军,撰《平蛮录》以记其事,为《宋史》所采信,记载如下:

(熙宁) 十年 (1077),罗苟夷犯纳溪寨。初,寨民与罗苟夷竞鱼笱①,误殴杀之,吏为按验②。夷已忿,谓:"汉杀吾人,官不偿我骨价③,反暴露之。"遂叛。提点刑狱穆珣言:"纳溪去泸一舍④,罗苟去纳溪数里,今托事起端,若不加诛,则乌蛮观望,为害不细。"乃诏泾原副总管韩存宝击之。存宝召乞弟等掎角,讨荡五十六村,十三囤蛮乞降,愿纳土承赋租。乃诏罢兵。元丰元年,乞弟率晏州夷合步骑六千至江安城下,责平罗苟之赏。城中守兵才数百,震恐不能授甲,蛮数日乃引去。知泸州乔叙⑤要欲与盟,遣梓夔都监王宣以兵二千守江安,仍奏以乞弟袭归来州刺史。韩运遣小校杨舜之召乞弟拜敕,乞弟不出;遣就赐之,亦不见;而令小蛮从舜之取敕以去。乔叙因沙取禄路以贿招乞弟,乃肯来。

……

三年,盟于纳溪。蛮以为畏己,益悖慢。盟五日,遂以众围罗个牟族。罗个牟,熊本所团结熟夷也。王宣往救之,蛮解围,合力拒官军。宣与一军皆没,事遂张,驲 (rì)⑥召存宝授方略,统三将、兵万八千趋东川。存宝怯懦不敢进,乞弟送款给降,存宝信之,遂休兵于绵、梓、遂、资间。

四年,诏以环庆副总管林广代存宝,按宝逗挠,诛之。熟夷杨光震杀阿讹,诏林广与光震同力讨贼。乞弟恐,复送款。帝以其前后反覆,无真降意,督广进师。广遂破乐共城,至斗蒲村,斩首二千五百级。次落婆,乞弟乃纳降。广盛陈兵以受之,对语良久,乞弟疑有变,引众遁。广帅兵深入,会大雨雪,浃

---

① 竞鱼笱,争夺使用鱼笱捕获的鱼。笱,竹制的捕鱼器具,大口窄颈,腹大而长,鱼入其中,遂不能出。俗呼为"濠"。

② 按验,解剖验尸。

③ 骨价,当时惯例,汉人杀夷人,除了依法惩办,还要赔偿钱财,称为骨价。

④ 一舍,三十里。前史尽言纳溪距泸三十里,而实为四十里。

⑤ 乔叙,时以左库藏使权发遣泸州 (代知州)。元丰四年七月,以措置乞弟事失当,除名。

⑥ 驲:本义是驿站专用的车,后亦指驿马。此处名词动用,谓朝廷召韩存宝乘驿马赴京。

旬始次老人山（白岩。今名乌龙岩，为叙永、古蔺二县交界处，岩上即今古蔺县箭竹坪），山形剑立。度黑崖，至鸦飞不到山（今古蔺县箭竹苗族乡团结村二社境）。五年正月，次归来州（今古蔺县城），天大寒，然桂为薪，军士皆冻堕指。留四日，求乞弟不可得。内侍麦文昞问广军事，广曰："贼未授首，当待罪。"文昞乃出所受密诏曰："大兵深入讨贼，期在枭获元恶。如已破其巢穴，虽未得乞弟，亦听班师。"军中皆呼万岁，曰："天子居九重，明见万里外。"乃以众还。① 自纳溪之役，师行凡四十日。筑乐共城、江门寨、梅岭、席帽溪堡，西达淯井，东道纳溪，皆控制要害。捷书闻，敕梓州路，以归来州地赐罗氏鬼主。

乞弟既失土，穷甚，往来诸蛮间，无所依。帝犹欲招来之，命知泸州王光祖开谕，许以自新。会其死，于是罗始党、斗然、斗更等诸酋请依十九姓团结，新收生界八姓、两江夷族请依七姓团结，皆为义军。从之。自是泸夷震慑，不复为边患。②

【三】 "晏州熟夷首领卜漏入寇" 句 《宋史》详记其事曰：

赵遹，开封人。大观初，以发运司勾当公事为梓州路转运司判官。泸、戎诸夷纳土，命遹相置，以建立纯州县、寨劳，加直秘阁。升转运副使，俄授龙图阁直学士，为正使。

政和五年（1115），晏州夷酋卜漏反，陷梅岭堡，知寨高公老遁。公老之妻，宗女也，常出金玉器饮卜漏等酒，漏心艳之。会泸帅贾宗谅以敛竹木扰夷部，且诬致其酋斗个旁等罪，夷人咸怨。漏遂相结，因上元张灯袭破寨，虏公老妻及其器物，四出剽掠。遹行部昌州，闻之，倍道趣泸州。贼分攻乐共城、长宁军、武宁县，宗谅皆遣将拒却之。已而乐共城监押潘虎诱杀罗始党族首领

---

① 林广征讨乌蛮乞弟时进军路线的是，从江安县沿淯江（长宁河）江上行至三江口宁远寨。过土城山韩存宝旧垒以趋乐共（今兴文县共乐镇），筑城。遣将绕过席帽溪（今兴文县营盘山），出江门上游，攻破江门寨，打通联络泸州的通道，从永宁河、长宁河两条水路转运军需，讨伐斗蒲村（今兴文县斗碗寨），进至阿徐池（今兴文县金鹅池），再推进到永宁河上的落婆远，会战纳江（永宁河），穷追深入，翻过箭竹坪，下山过黑崖，度鸦飞不到山，以达于归徕州（今古蔺县城）。留四日，班师，原路还江门（今叙永县江门镇）。
② 元·脱脱等撰：《宋史》卷四九六《蛮夷四》，北京：中华书局，1985年，第14246—14248页。

五十人，其族蛮愤怒，合漏等复攻乐共城。遹并劾之，诏斩虎，罢宗谅，代以康延鲁，而听遹节制。遹阴有专讨意，兵端益大矣。于是诏发陕西军、义军、土军、保甲三万人，以遹为泸南招讨使。遹与别将马觉、张思正分道出，期会于晏州。思峨州近而固，遹遣王育先破之，村囤诸落相继而克，因其积谷食士卒。

既抵晏州，觉、思正各以兵来会。漏据轮缚大囤（兴文县博望山。2004 年更名僰王山），其山崛起数百仞，林菁深密，夷奔溃者悉赴之。乃垒石为城，外树木栅，当道穿坑阱，仆巨栿（niè）①，布渠答，夹以守障，俯瞰官军。矢石所中皆靡碎，遹军不能进。间从巡检种友直、田祐恭按视，其旁山崖壁特峭绝，贼恃之无守备。遹欲袭取，命友直、祐恭军其下，而身当贼冲，番军迭攻之②。未旦，鼓而进，迨夕则止，贼并力拒战，不得息。

友直所部多思、黔土丁③，习山险，而山多生猱，遹遣土丁捕之。伐去蒙密，缘崩石挽藤葛而上，得猱数十头，束麻作炬，灌以膏蜡，缚于猱背。暮夜，复遣土丁负绳梯登崖颠，乃縋梯引下，人人衔枚，挈猱蚁附而上。比鸡鸣，友直、祐恭与其众悉登，拥刀斧穿菁入。及贼栅，出火然炬，猱热狂跳，贼庐舍皆茅竹，猱窜其上，火辄发，贼号呼奔扑，猱益惊，火益炽。官军鼓噪破栅，遹望见火，麾军蹑云梯攻其前。两军相应，贼扰乱，不复能抗，赴火堕崖死者不可计，俘斩数千人。卜漏突围走，至轮多囤，追获之。晏州平，诸夷落皆降，拓地环二千里。遹为建城寨，画疆亩，募人耕种，且习战守，号曰"胜兵"。诏置（泸南）沿边安抚司，以转运副使孙羲叟为安抚使（兼知泸州）。④

【四】 犹称"阿永" 谓其犹自称阿永部也。阿永部，即阿永蛮，已详★17注一。

---

① 栿，树桩。
② 番军迭攻之，部队分班，轮番攻打。
③ 思、黔土丁，从思州（今湖北恩施）、黔州（今重庆黔江区）征调来的少数民族土兵。
④ 元·脱脱等撰：《宋史》卷三四八《赵遹传》，北京：中华书局，1985 年，第 11043—
  11045 页。

★50.

《舆地纪胜》

东接巴郡，南接牂牁，西接犍为，北接广汉。《华阳国志》。

先有王延世著勋河平，后有董钧为汉定礼。【一】《华阳国志·江阳郡下》。

西连僰道，东接巴渝，南望夜郎、牂牁。《镇远楼记》【二】。

泸为州，肘江负山。自西南来，如人耸臂转掌，覆布五爪。刘正字【三】《城西李氏园序》。

气候偏阳，夏秋多炎燠，冬无苦寒。勾公权《泸川县廨记》【四】又云：每夏秋蒸溽，公余偃仰，如傍楫大炉鞴（bèi）【五】。

泸，古巴子国。淙流东北贯其隅，堕山西北蟠其城。任仅【六】《开福寺记》。

郡得名为泸。李肇《西山堂记》曰："郡得名为泸者，盖始因梁大同中尝徙治马湖江口置泸州。"盖马湖即泸水下流，当时于此立州，因远取泸水以为名。

取泸水以为名。《寰宇记》。

五月渡泸。诸葛武侯南征，使李恢自建宁（今云南曲靖市），马忠自牂牁（今贵州），而身自出越巂（治今四川凉山州越西县）。五月渡泸，世未有原其说者。方吴蜀之分，五溪（今湘西一带）诸夷，遥接益州四郡，虽不能为害，然有事之际，得之即强。故先主伐吴，使马良招五溪诸蛮，授以官爵。五溪之南，即益州牂牁郡界。及先主败于秭归（今属湖北），益州四郡皆叛。应叟、高定恣睢于越巂，雍闿跋扈于建宁，朱褒反叛于牂牁。闿又受吴之爵，执蜀刺史张裔以与吴。安然不忌，此非独以险远为心，盖益州四郡，上可撼巴峡以为奇，下可通湘、广以备败。自汉以来，益州四郡皆士大夫主之，非独蛮夷而已。公之南伐，盖以杜塞四郡归吴之心。使四郡根据于吴，遥结五溪诸夷，则巴峡非汉有也。传所谓因其酋豪，擒纵孟获，使之不叛者，特公之余略耳。事见《叙州图经·李嘉谋〈武侯祠堂记〉》。《容斋随笔》【七】云，淳化中李顺乱，蜀招安使雷有终【八】遣嘉州士人辛怡显使于南诏【九】，至姚州，其节度使赵公美以书来迎云："当境有泸水。昔武侯戒曰，非征讨贡献，不得辄渡此水。若必欲济，须致祭然后登舟。今遣本部将赍金龙二条，金钱三十文，并设酒脯。请先祭享而后渡。"事见辛怡显所作《云南录》。王象之又按

《唐书·志》姚州云南郡下有泸南县。则泸水当在姚州，与辛怡显《云南录》相合。

土地虽迫，山川特美。有盐井鱼池，一郡丰沃。《华阳国志·汉安县下》。

据江洛会，枕带双流。《舆地广记》。

泸控西南诸夷，远逮爨蛮【十】，最为边隅重地。元丰以来，置守率用武臣。其后始更置儒守。政和六年孙义叟《修城记》又云：自政和乙（亥）［未］（五年）【十一】，始更置儒守。

泸自元丰间始建沿边帅府。乾道六（祀）［年］【十二】，升领剑东一道十五州，权任益重。李埴《西山堂记》。

熙（宁）、（元）丰以后，地望加重，梓夔路兼都钤辖，置司在焉。视成都之兼利、益路每相抗衡。乾道间，诏总潼川路帅。《镇远楼记》。

江安，隋旧邑也。号为舟车往来之冲，其外即与西南夷接。《照庵记》又云，自唐阁罗凤之师出入于此，而元丰以来问罪之师【十三】，亦由此启行。

蜀偏西南，地势处坤。【十四】炎刘【十五】拓开，与夷为门。玉（府）［斧］一画，畛畦乃分。【十六】圣矣夫！真人出而为吾蜀虑也。史于震《镇远楼赋》。【十七】

最近蛮獠，尤宜抚绥。【十八】《通略》："太祖开宝八年，上召新泸州钱文敏见于讲武殿，谓之曰：'泸州最近蛮獠，尤宜抚绥。'"《方舆胜览》。

本汉江阳。《华阳国志·泸川县》云（云）【十九】：昔汉光武微时过江阳，有一子。望气者言江阳有贵儿［气］【二十】。（孙王）［王莽］【二十一】求之，县人杀之，光武怒，为子立祠，谪江阳人不使冠带。

【校补图注】

【一】　**先有王延世著勋河平，后有董钧为汉定礼**　《华阳国志》："王延世，字长叔，资中人也。建始五年（前28），河决东郡，泛滥兖、豫四郡三十二县，没官民屋舍四万所。御史大夫尹忠，以不忧职致河决，自杀。汉史案《图纬》，当有能循禹之功者，在犍、柯之间求之，正得延世。征拜河堤谒者，治河。以竹落长四丈，大九围，夹小船，载小石沉之。三十六日，堤防成。帝嘉之，改年曰'河平'，封延世关内侯，拜光禄大夫，仍赠黄金百斤。"[1] 并见《汉书·沟洫志》。

董钧，《华阳国志》直言为资中县人，且载其事迹，《后汉书》入《儒林传》，其略云："董钧字文伯，犍为（郡）资中（县）人也。习庆氏礼。事大鸿胪王临（为弟子）。元始中，举明经，迁廪牺令，病去官。建武中，举孝廉，辟司徒府。钧博通古今，数言政事。永平初，为博士。时草创五郊祭祀，及宗庙礼乐，威仪章服，辄令钧参议，多见从用，当世称为通儒。累迁五官中郎将，常教授门生百余人。后坐事左转骑都尉。年七十余，卒于家。"[2] 此二人者，皆资中人也。《华阳国志》旧刻本错入江阳郡下，清乾隆中李调元《函海》本已正其非，任乃强先生《校补图注》并刘琳《华阳国志新注》亦皆将此十八字移入资中县下。

【二】 镇远楼记　指李寅仲所作《镇远楼记》。

【三】 刘正字　名正之，号观堂，南宋泸州合江县人，官秘书省正字。

【四】 勾公权泸川县廨记　已佚，《蜀中广记》辑其遗文得"江阳气候偏阳，夏秋多炎燠，冬无苦寒。每夏秋蒸溽，如傍挹火炉鞲"二十六字。[3]

【五】 鞲　古代一种鼓风吹火器。

【六】 任伋　字师中，宋眉州人，庆历中进士，与兄孜齐名，苏洵时称大任小任。初为新息令，通判黄州。以熊本荐，知泸州。元丰二年（1079），纳溪寨互市，有殴罗胡苟里夷人至死者。故事，汉人杀夷人，既论死，仍偿其资，谓之骨价。时寨将勿与，夷大怼，争噪而出。伋驰至境上，晓以祸福，相与投兵请降。转运判官程之才欲用兵讨之，伋以为罗苟本熟户，与生户反叛不同。若遽加以兵，彼穷迫，转投生界，则斧望个恕诸部更相连接，边患自此始矣。之才不听，檄伋无得与兵议。伋遂疏之才不法事关泸州十五条上之。之才亦劾乞弟过江安时伋不掩击。朝廷疑之，乃先免伋而诏利州路刘忱究两人曲直。所考未具而伋卒。

【七】 《容斋随笔》　宋洪迈撰。四库馆臣曰：迈字景卢，鄱阳人。绍兴十六年（1146）进士，历官端明殿学士。其书先成随笔十六卷，刻于婺州。淳熙间传入

① 晋·常璩撰，任乃强校注：《华阳国志校补图注》卷一〇中《广汉士女》，上海：上海古籍出版社，1987年，第582页。

② 南朝宋·范晔撰，唐·李贤等注：《后汉书》卷七九下《董钧传》，北京：中华书局，1965年，第2576—2577页。

③ 明·曹学佺撰，杨世文校点：《蜀中广记》卷一六《名胜记·下川南道泸州》，上海：上海古籍出版社，2020年，第169页。

禁中，孝宗称其有议论。迈因重编为《续笔》《三笔》《四笔》《五笔》各十六卷，而《五笔》止十卷。盖未成而迈遂没矣。其中自经、史、诸子百家以及医卜星象之属，凡意有所得，即随手札记。辩证考据，颇为精确。

【八】 **雷有终** 字道成，同州郃阳县（今属陕西）人，以西川招讨使讨平王均、李顺之变，复成都。《宋史》卷二七八有传。

【九】 **辛怡显使于南诏** 宋"淳化五年（994），李顺乱蜀。招安使雷有终遣辛怡显使南诏。时蜀顺贼与南蛮结连为寇，朝廷觅能使滇者不可得，乃诏募命官士庶通边事者，往黎、嶲界招抚之。故辛怡显自荐请行。至道元年（995）始讫事而归，后作《云南录》献之。"① 著录于《宋史》卷二百四《艺文志》，题作《至道云南录》。元马端临《文献通考》载："《至道云南录》三卷。（宋）晁（公武）氏曰：皇朝辛怡显撰。蜀贼李顺既平，余党窜入云南，雷有终募怡显招出之。至道初归，因书其所历，成此书。（宋）陈（振孙）氏曰：怡显入云南招李顺余党，因赐蛮酋告敕，而遂为此录。天禧四年（1020）自序称'左侍禁知兴化军'。"②

辛怡显其人，洪迈《容斋随笔》谓为嘉州（今乐山市）士人；王应麟撰《玉海》谓其官监虔州商税。

【十】 **爨蛮** 此指东爨乌蛮。

【十一】 "亥"为"未"字之讹。按，政和无乙亥。又孙羲叟任职泸州，其前任贾宗谅、康师鲁皆为武职。用知政和后用文臣，自孙羲叟始，时为政和乙未（五年）。据改。

【十二】 "祀"字显为"年"字之讹，据文意改。

【十三】 **问罪之师** 元丰三年（1080）林广征讨扯勒乌蛮乞弟之师。

【十四】 **蜀偏西南，地势处坤** 四川地在西南徼外。坤，在八卦方位为西南。

【十五】 **炎刘** 谓汉高祖刘邦。炎，火德。汉中，旧为蜀地，高祖因之以成帝业。

【十六】 **玉**（府）〔斧〕**一画，轸畦乃分** 唐代用兵云南，每遭覆没。摧科征发，蜀人最受其害。"宋太祖乾德三年（965）正月，王全斌平蜀，欲以兵威取滇，

---

① 清·冯甦撰：《滇考》卷上，《四库全书》文渊阁本。
② 元·马端临撰：《文献通考》卷二〇〇《经籍二十七》，北京：中华书局，1962年，第1674页。

进滇地图。太祖鉴唐之祸，以玉斧画大渡河曰，此外非吾有也。"① 有宋一代，内地与云南不通往来。"府"盖"斧"字之讹，据改。

畎畦，田间小路。引申为界限，隔阂。梅尧臣《依韵酬永叔再示》："贵贱交情古来有，胸中不欲置畎畦。"② 何垠注："井田间陌曰畎，五十亩曰畦，犹言彼此区别也。"

【十七】 **史于震镇远楼赋** 史于震，未详。其赋已佚。

【十八】 **最近蛮獠，尤宜抚绥** 《续资治通鉴长编》载，宋太祖开宝八年（975）"（十月）丁酉，以相州录事参军河南钱文敏为右赞善大夫、权知泸州。先是，藩镇多以笔胾私取官库钱，韩重赟（yūn）领昭德时，颇仍旧弊，文敏不与。重赟怒，召文敏，廷责之，文敏词不屈。重赟既死，上始闻其事，嘉文敏有守，故擢用焉，且召见便殿，谓文敏曰：'泸州近蛮，尤宜抚绥，知州郭重迁掊敛不法，恃其僻远，谓朝廷不知尔，至即为朕鞫之，苟有一毫侵民，朕必不赦。'因厚赐遣行，重迁竟坐弃市。文敏在州有政迹，夷人诣阙借留，诏改殿中丞，听再任。"③ 后世州人祀之名宦。

【十九】 "云云"二字相连，盖有一衍。据文意删。

【二十】 "气"字，据《华阳国志·江阳郡》补。

【二十一】 "孙王"，《华阳国志·江阳郡》作"王莽"，是。据改。

江安县

★51.

《图经志》

风俗【一】

谨按：本县风土，民俗敦厚，颇知礼义。勤于农务，不事工商。

形胜【二】

本县东至纳溪，南控戎蛮，西接叙梬，北界富顺。前瞰山岭，后枕江流，淯水【三】出其右焉。

---

① 清·鄂尔泰、清·尹继善等修，清·靖道谟纂：乾隆《云南通志》卷一六上《兵防》，《四库全书》文渊阁本。

② 宋·梅尧臣撰：《宛陵先生文集》卷三五，《四库丛刊续编》本。

③ 宋·李焘撰，上海师范大学古籍整理研究所、华东师范大学古籍整理研究所点校：《续资治通鉴长编》卷一六，北京：中华书局，2004年，第346页。

【校补图注】

【一】　**风俗**　江安风俗，"勤耕务织，俗信巫鬼"①。清末民国年间，江安民风大坏。民国《江安县志》痛心疾首而言曰："自明季兵燹后，土著仅十一二，余皆五方杂处，俗尚各从其乡。今则渐归齐一矣。清顺、康间，土旷人稀，民淳士朴，力耕务织，《通志》所载不虚也。雍、乾以降，民物殷阜，犹有古风。嘉、道征调渐繁，民渐趋末（业），劫贼渐起。光绪中叶，风气一变，食珍肴，衣锦绮，冠昏丧祭，倾囊倒箧出之……民俗毋贫富，效为华侈，相推相激，其流遂至于不可挽……自此俗益浇，盗贼弥以滋多。非其人之好乱乐祸也，上之诛求无艺，而民富习于侈，则取不得不奢，奸宄百出，贫民椎鲁，不堪剥割，（挺）［铤］而走于险，此理势所必然也。欲望风俗之善，安可得哉。为今计，江安南北乡镇天产颇富，如竹木蚕桑，随地皆宜，矿物则出南乡，苟得大资本家精制出品以开其源，贤有司督同地方乡绅维持风俗以节其流，富庶可期，教育普及，然后整齐进化之术可得言矣。"② 江安如此，泸州诸县乃至川南地方，大率亦皆如此。

【二】　**形胜**　明正德《四川总志》："江安形胜，汶江流其东，淯溪汇其左。"

【三】　**淯水**　即淯溪，今名长宁河，又呼安宁河。源于兴文县山间，流经兴文、珙县、长宁、江安四县，在江安县城下注入长江。详★77。

纳溪县

★52.

《图经志》

风俗【一】

本县曩因兵革【二】之余，居民十无八九。附籍者皆四方流寓，因而成家。民俗鄙朴，务农，少知文义，亦风土所处焉。

形胜【三】

东接泸川，南控蛮徼，西接江安，北界大江。城枕夜郎溪【四】之上也。

---

① 明·熊相纂修：正德《四川志》卷二一《泸州·风俗》，《四川大学图书馆馆藏珍稀四川地方志丛刊续编》，成都：四川大学出版社，2015年，第1284页。

② 严希慎修，陈天锡纂：《江安县志》卷二《礼俗》，民国十二年铅印本。

【校补图注】

【一】 风俗 明正德《四川志》载，纳溪风俗，"人民质朴，士敦礼让"①。

【二】 兵革 宋元交替的蒙宋战争，纳溪县备受摧残。

【三】 形胜 明正德《四川志》载，纳溪形胜："西接蜀江之流，南接滇省之会，内揆邦畿万里，外控遐荒五千。"

【四】 夜郎溪 即永宁河。见★82。

合江县

★53.

《图经志》

风俗【一】

谨按：本县地陋山多，居民鲜少。俗尚质朴，不务工商，耕稼为业。

形胜【二】

前列翠屏【三】，后倚观山【四】。东接巴渝，南控播州，右枕安乐溪【五】，左俯大江水，其流自左而朝于东也。

【校补图注】

【一】 风俗 明正德《四川志》载，合江风俗，"农勤稼穑，士尚文学"②。

【二】 形胜 明正德《四川志》载，合江形胜，"负山带江，极为奇胜"。

【三】 翠屏 县城大江对岸山峦横亘，翠绿如屏障。

【四】 观山 今名冠山，在合江县城西郊。四川省石油局川南矿区 32111 英雄钻井队血战火海烈士纪念馆在焉。

【五】 安乐溪 即赤水河。

---

① 明·熊相纂修：正德《四川志》卷二一《泸州·风俗》，《四川大学图书馆馆藏珍稀四川地方志丛刊续编》，成都：四川大学出版社，2015年，第1284页。
② 明·熊相纂修：正德《四川志》卷二一《泸州·风俗》，《四川大学图书馆馆藏珍稀四川地方志丛刊续编》，成都：四川大学出版社，2015年，第1284页。

十三、户口^[一]

本州

★54.

《图经志》

泸州并三县户口^[二]实在人户^[三]一万二千七百一十一户。人口一十一万五千六百四十口。

本州^[四]军、民、匠、灶、僧、道八千四百八十六户，男、妇五万七千六百九十口。人户八千三百二户，人口七万四千九百五十一口。

【校补图注】

【一】　户口　住户和人口的总称。户口是国家对民众实施管理、征收赋税和征发徭役的根本依据。明代户口制度和管理极严，按照职业分类并且区别男女进行登记，"凡军民医匠阴阳诸色户，许各以原报抄籍为定，不许妄行变乱，违者治罪，仍从原籍。"①《明史》记载：

> 太祖籍天下户口，置户帖、户籍，具书名、岁、居地。籍上户部，帖给之民。有司岁计其登耗以闻。及郊祀，中书省以户籍陈坛下，荐之天，祭毕而藏之。洪武十四年（1381）诏天下编赋役黄册，以一百十户为一里，推丁粮多者十户为长，余百户为十甲，甲凡十人。岁役里长一人，甲首一人，董一里一甲之事。先后以丁粮多寡为序，凡十年一周，曰排年。在城曰坊，近城曰厢，乡都曰里。里编为册，册首总为一图。鳏寡孤独不任役者，附十甲后为畸零。僧道给度牒，有田者编册如民科，无田者亦为畸零。每十年有司更定其册，以丁粮增减而升降之。

---

① 明·李东阳、明·焦芳、明·杨廷和修：《明会典》卷一九《户口一》，《四库全书》文渊阁本。

册凡四：一上户部，其三则布政司、府、县各存一焉。上户部者，册面黄纸，故谓之黄册。年终进呈，送后湖东西二库庋藏之。岁命户科给事中一人、御史二人、户部主事四人厘校讹舛。其后黄册只具文，有司征税、编徭，则自为一册，曰白册云。

凡户三等：曰民，曰军，曰匠。民有儒，有医，有阴阳。军有校尉，有力士、弓、铺兵。匠有厨役、裁缝、马船之类。濒海有盐灶。寺有僧，观有道士。毕以其业著籍。人户以籍为断，禁数姓合户附籍。漏口、脱户，许自实。里设老人，选年高为众所服者，导民善，平乡里争讼。其人户避徭役者曰逃户。年饥或避兵他徙者曰流民。有故而出侨于外者曰附籍。朝廷所移民曰移徙。

凡逃户，明初督令还本籍复业，赐复一年。老弱不能归及不愿归者，令在所著籍，授田输赋。正统时，造逃户周知册，核其丁粮。

凡流民，英宗令勘籍，编甲互保，属在所里长管辖之。设抚民佐贰官。归本者，劳来安辑，给牛、种、口粮……

凡附籍者，正统时，老疾致仕事故官家属，离本籍千里者许收附，不及千里者发还。景泰中，令民籍者收附，军、匠、灶役冒民籍者发还。①

【二】 泸州并三县户口 "泸州"下应脱"本州"二字。

明清之际，历经奢崇明、张献忠、姚黄、土豹以及吴三桂叛清数十年兵燹、瘟疫、虎患和灾荒，蜀中人口近乎绝灭。入清以后，清王朝组织"湖广填四川"，大规模向四川移民，数十年，人口数量方始渐次恢复。其时，前明官家文籍，亦复荡然无存。历代泸州户口之可知者。

(1) 西汉：江阳侯国户二千五百四十七。②

(2) 南朝宋：东江阳户一百四十二，口七百四十。③

(3) 唐代：《旧唐书》记，泸州"旧领县六，户一万九千一百一十六，口六万六千八百二十八。天宝，户一万六千五百九十四，口六万五千七百一十一。"④《元和郡县图志》记"开元户一万六千八百七。乡三十七。元和户一千九百六十九。乡三十七"⑤。

① 清·张廷玉等撰：《明史》卷七七《食货一·户口》，北京：中华书局，1974 年，第 1878—1879 页。

② 汉·司马迁撰：《史记》卷一九《惠景间侯者年表》，北京：中华书局，1982 年，第 1015 页。

③ 梁·沈约撰：《宋书》卷三八《州郡四·益州·东江阳太守》，北京：中华书局，1974 年，第 181 页。

④ 后晋·刘昫等撰：《旧唐书》卷四一《地理四》，北京：中华书局，1975 年，第 1686 页。

⑤ 唐·李吉甫撰，贺次君点校：《元和郡县图志》卷三三《剑南道下·泸州》，北京：中华书局，1983 年，第 864 页。

（4）太平兴国年间，"汉户主（户）二千四十七，獠户二千四百一十五"①。共计四千四百六十二户。②

（5）元丰三年（1080），户，"主二千六百四十七，客三万二千四百一十七③"，共计三万五千六十四户。

（6）宋徽宗"崇宁（年间）户四万四千六百一十一，口九万五千四百一十。"④

（7）元代泸州户口，史乘失载，民生凋敝故也。

（8）明代泸州"编户七十里"，每里一百一十户。其中纳溪县三里、合江县七里、江安县二十里。⑤而万历《四川总志》言泸州"编户六十九里。隆庆元年（1567）设隆昌（县），割去二里，止六十七里"。⑥

（9）明清交替，蜀中兵燹连年而虎患、瘟疫继之，清初泸州编户只余三里。清王朝连年组织"湖广填四川"，大规模向蜀中移民，人口和社会生产逐渐恢复。

（10）"乾隆二十三年造报：新、旧承粮花户共九千四百户。男二万三百六十丁，妇二万二百五十七口。共四万六百一十七丁、口。"⑦

（11）"嘉庆十六年（1811）造报：新、旧承粮花户共四万八千七百八十户，男七万五千五百三十一丁，女七万零九十一口。光绪八年（1882）造报：新、旧承粮花户共十万八千三百四十五户，男共二十八万三千四百六十丁，女共二十三万六千五百八十四口。"⑧这里所称的"丁"，指的是成年男子。至于嘉庆年间泸州实际人户，《嘉庆重修一统志》云："男妇共四十四万六千五十五名口。计一十四万八千四百七十户。"⑨

---

① 宋·乐史撰，王文楚等点校：《太平寰宇记》卷八八《剑南东道七·泸州》，北京：中华书局，2007年，第1739页。

② 宋代把占有土地并承担赋役的人家，以及官户与形势户统编为主户；居住农村、无土地、租种主户土地耕种的农人，编为客户。少数民族人家，称为"夷户"，其中承粮纳赋者为"熟夷"，编入户籍；散在山谷，不输赋税者为"生夷"，户口不入版籍。

③ 宋·王存撰，王文楚、魏嵩山点校：《元丰九域志》卷七《梓州路·泸州》，北京：中华书局，1984年，第327页。

④ 元·脱脱等撰：《宋史》卷八九《地理五》，北京：中华书局，1985年，第2218页。

⑤ 明·李贤等撰：《明一统志》卷七二《泸州》，《四库全书》文渊阁本。

⑥ 明·吴之暲修，明·杜应芳等纂：万历《四川总志》卷一三《郡县志·泸州》，万历四十七年刻本。

⑦ 清·夏诏新纂修：乾隆《直隶泸州志》卷五《赋役·户口》，见故宫博物院编《故宫珍本丛刊》第210册，海口：海南出版社，2001年，第129页。

⑧ 清·田秀栗、清·邓林修，清·华国清、清·施泽久纂：光绪《直隶泸州志》卷五《食货志·户口》，光绪八年刻本。

⑨ 嘉庆官修：《嘉庆重修一统志》卷四一二《泸州直隶州》，《四部丛刊续编》本。

（12）据1998年新编《泸州市志》测算：清末民初，泸州总人口已达140多万。截至民国三十七年（1948），泸州地区①总人口约210万人。②

（13）2020年第七次全国人口普查统计，泸州市全市（三区四县）常住人口总共4254149人。其中江阳区常住人口761576人，龙马潭区常住人口479697人，纳溪区常住人口354846人，泸县常住人口764362人，合江县常住人口688731人，叙永县552979人，古蔺县常住人口651958人。③

【三】 "实在人户"四字前疑脱"永乐"二字。永乐初年，明王朝重新对天下户口进行了核实。

【四】 本州（户口） 元世祖至元二十年（1283）撤销与州同治的泸川县，由州直管，改称"泸州本州"，明、清两代因之。民国裁府撤州，泸州本州改建为泸县。泸州本州和泸县的户口，新编《泸县志》根据前代史乘和民国档案，统计如下表：④

新编《泸县志》中泸州本州和泸县户口统计表

年代	政区名	户	口
元至元二十年（1283）以前	泸川县	1564	9775
明洪武九年（1376）	泸州本州	7700	84700
明永乐五年（1407）以前	泸州本州	8302	74951
清乾隆二十三年（1758）	泸州本州	9400	40617
清嘉庆二十五年（1820）	泸州本州	92351	446055
清光绪八年（1882）	泸州本州	108345	520044
清光绪二十九年（1903）	泸州本州	168421	664108
民国十八年（1929）	泸县	193344	856321
民国三十五年（1946）	泸县	187435	1002123
民国三十七年（1948）	泸县	169343	984463

① 这里所谓泸州地区，指的是中华人民共和国成立以前，四川省政府第七专员公署（泸县专署）管下的泸县、富顺、隆昌、合江、纳溪、叙永、古蔺、古宋八县。中华人民共和国成立后，富顺、隆昌、古宋三县已先后分别划归自贡、内江、宜宾三市管辖，不再隶属泸州。
② 泸州市地方志编纂委员会编：《泸州市志》，北京：方志出版社，1998年，第178—179页。
③ 据国家统计局第七次全国人口普查公报。
④ 四川省泸县县志办公室编纂：《泸县志》，成都：四川科学技术出版社，1993年，第119页。

江安县

★55.

《图经志》

军、民、匠、灶二千九百九十八户，男、妇二万一千二百七十八口。

永乐实在人户二千八百一十四户，口二万七千七百三十口。

【校补图注】

乾隆《江安县志》："明时江安编户二十里，国初编户四里。康熙十三年改为十三里。"[1] 每里一百一十户。民国《江安县志》："（户口）前明无考。清乾隆初，承粮花户二千三百七十二户，丁口八千九百余。盖经明季之乱，耗矣。嘉庆中，户一万八千三百，丁口六万二千八百。道光九年（1829）编甲，凡户三万三百八十六，丁口十三万七千七百七十九。清末选举册报丁口三十余万。据民国团防册，户六万余，丁口二十八万有奇。"[2]

新编《江安县志》历代人口统计表（摘要）[3]

年代	户数	人口	男	女
明永乐五年（1407）以前	2814			
清乾隆二十三年（1758）	2372	8991	5442	3539
清嘉庆十五年（1810）	18325	62891	33225	29666
清道光九年（1829）	30386	137779		
民国二十四年（1935）	34643			
民国二十六年（1937）	38651	216242	120896	95346
民国三十四年（1945）	42942	233654	126975	106679
民国三十七年（1948）	45309	235079	120198	114881

[1] 清·雷伊纂修：《江安县志》卷一《疆域·乡名》，乾隆二十八年稿本。
[2] 严希慎修，陈天锡纂：《江安县志》卷一《户口》，民国十二年铅印本。
[3] 四川省江安县志编纂委员会编：《江安县志》，北京：方志出版社，1998年，第119页。

纳溪县

★56.

《图经志》

兵革之后，并无卷册。今入版籍军、民、驿铺等户四百六十七户，大小男妇二千七百九十八口。

永乐实在人户五百三十二户，口三千七百八口。

【校补图注】

明初纳溪，兵革之余，人户不足五百。三十余年以后的永乐年间，大小男妇仍然不足四千。清"乾隆二十三年（1758）造报新、旧承粮花户共一千二百七十一户，共四千四百三十丁、口。自乾隆二十四年起，至嘉（定）［庆］十六年（1811）上，新增承粮花户九千二百四十七户，共四万七千五百九十八丁、口。统计承粮花户共一万五百一十八户，共五万二千零二十八丁、口。"[1]

新编《纳溪县志》历代人口统计表[2]

年代	户数	人口	男	女
明永乐五年（1407）以前	532			
清乾隆二十三年（1758）	1271	4880	2372	2508
民国二年（1913）		69978		
民国二十三年（1934）	12246	59847		
民国二十四年（1935）		77115		
民国二十六年（1937）	14577	79054	43346	35708
民国三十四年（1945）	15743	82751	43942	38809
民国三十七年（1948）	15073	83032	44291	38741

[1] 清·赵炳然、清·陈廷钰纂修：《纳溪县志》卷四《田赋志·户口》，嘉庆十八年修民国二十六年铅字重印本。

[2]《纳溪县志》编纂委员会编纂：《纳溪县志》，成都：四川科学技术出版社，1992年，第92页。

合江县

★57.

《图经志》

军民户口【一】一千二百九十五户，男子、妇女八千二百五十六口。

永乐实在人户一千六十三户，口九千二百五十一口。

【校补图注】

【一】 **军民户口** 民国《合江县志》："县中之编户，析壤尤关治要。明以前弗可稽已。洪武初，编户七里。清初，当献贼屠躏之余，地旷人稀，仅编三里。（清）雍正七年生聚渐繁，乃改编东南西北四乡，更析为十七支，支下设保，保下设甲，甲约百家。"① 凡 661 甲②，约 66100 户。

新编《合江县志》历代人口统计表③

年代	户数	人口	男	女
清顺治五年（1648）	约 120			
清乾隆二十三年（1758）	8577	28375	15954	12421
清嘉庆十六年（1811）	37263	122050		
清宣统二年（1910）	66127	37133		
民国五年（1916）	90724	426432	262875	163557
民国二十四年（1935）	70371	389689	217684	172005
民国三十四年（1945）	73455	394179	208053	186126
民国三十七年（1948）	72447	410028	218396	191632

---

① 王玉璋修，刘天锡纂：《合江县志》卷一《舆地篇·沿革》，国家图书馆藏本。
② 据民国《合江县志》卷一《舆地篇·沿革表》汇总统计。
③《合江县志》编纂委员会编纂：《合江县志》，成都：四川科学技术出版社，1993 年，第 99 页。

《永乐大典》 卷二二一八

十四、田粮[一]

本州

★58.

《图经志》

泸州并三县：

官、民田地塘[二]八千七百五十三顷九十五亩四分二厘五毫[三]。

夏税：小麦[四]九百五十二石九斗九升九合二勺九抄；丝八千四百六十二斤一十两三钱八分六厘。

秋粮：米六万三千六百四十八石四斗七升四合九勺三秒五撮；棉花三千三百九十五斤五两六钱；麻[五]六千七百四十斤七两二钱；蓝靛[六]二百五十斤四两。

本州：

田二十九万一千八百六十二亩六分；正、耗米[七]二万四千四百三十三石有零；官、民田地塘六千四百七十二顷七十七亩五分五厘。

夏税：小麦四百五十九石一斗七合一勺；丝六千四百二十二斤四两七钱五分。

秋粮：米四万七千五百三十三石五斗三升二合一勺九抄；绵花二千六百五十四斤七两二钱；麻五千三百五斤七两二钱；蓝靛二百三十斤。

【校补图注】

【一】 田粮 明代征收赋役，以田土、户丁为征收对象。对田土征收的赋税，叫作田粮。每年夏、秋两季分别征收，夏税税麦，秋税税米（稻谷）。田粮征收，以州县官所造"鱼鳞图册"为依据，其册图绘田土形状，标注田土主人姓名、亩数（面积）、邻近四至界畔，按册征收。"明太祖即位之初，定天下田赋。田有二：曰官田，曰民田。赋有二：曰夏税，曰秋粮。其额数则具于黄册，总于户部。其征输期限，则责之布政司、州县。夏税曰米麦，曰钱钞，曰绢。无过八月。秋粮曰米，曰钱钞，曰绢。无过明年二月。"① "国初，官、民田税粮俱有定额。"② "洪武初，令官田起科每亩五升三合五勺；民田每亩三升三合五勺……草塌地每亩三合一勺，没官田每亩一斗二升。"③ 洪武二十六年以前，四川只税麦、米。缴纳丝、棉、麻、诸物，是以后增加的。

【二】 官、民田地塘 田，稻田；地，旱地；塘，水塘。"明土田之制，凡二等：曰官田，曰民田。初，官田皆宋、元时入官田地。厥后有还官田，没官田，断入官田，学田，皇庄，牧马草场，城壖苜宿地，牲地，园陵坟地，公占隙地，诸王、公主、勋戚、大臣、内监、寺院赐乞庄田，百官职田，边臣养廉田，军、民、商屯田，通谓之官田。其余为民田。"④

明王朝建立过程中，籍没敌对集团权贵之家的土地，和抄没明初获罪的官、民之家的土地，为没官田（抄没田）；明初，胡惟庸等大量功臣获罪，原封赏之田土被没收，称为还官田。

民人（包括自耕农和地主）祖传、购买及垦荒所得的田土属于私人田土，称为民田。

【三】 八千七百五十三顷九十五亩四分二厘五毫 此系洪武初年统计的数字。

【四】 小麦 唐代蜀中已然普遍种麦，而在泸州地区，却是"作业多赖于苦茶，务本不闻于秀麦"。直到唐末宣宗时期，冼宗礼任职泸州刺史，"给嘉种，喻以深耕，始令蛮貊之邦，粗识困仓之积"⑤。种麦技术才逐渐推广开来。

---

① 明·王圻撰：《续文献通考》卷二《田赋考》，万历刻本。
② 明·李东阳等撰：《明会典》卷二四《户部十一·税粮一》，《四库全书》文渊阁本。
③ 《江南通志》卷六七《食货志》，《四库全书》文渊阁本。
④ 清·张廷玉等撰：《明史》卷七七《食货志》，北京：中华书局，1974年，第1881页。
⑤ 唐·李商隐撰：《请留泸州刺史状》，转引自宋·王象之撰，李勇先校点《舆地纪胜》卷一五三《泸州》，成都：四川大学出版社，2005年，第4601页。

【五】　麻　此谓麻线。用苎麻纤维纺制的麻线。

【六】　蓝靛　一种以"蓝草"为原料制成的蓝色染料。今日川黔边境地区，蓝草所在多有。蓝有茶蓝、蓼蓝、苋蓝、吴蓝和马蓝五种，五种蓝的叶和茎，都可以用来制作蓝靛。制作之法：用蓝的茎和叶，若制作量大，就放进蓝池（浸泡池、花窖）里，若制作得少，就放在桶里或缸里。加注1∶100比例的石灰水浸泡七天，水就渐次变成深蓝色。用专用的工具搅打，每天搅拌无数次，待到蓝汁慢慢凝结，成为乳状物，沉淀在池底部。这时把上层的清水放干，取出池底的乳状物，将其放进专窖里用火加温烤，待其快干时制成饼状。烘干后就成了可以用来染布的蓝靛。明代泸州每年定额税之。

【七】　正、耗米　正粮和耗米。正粮是国家额定征收的田粮；耗米，官家以运输过程中有所损耗为名，在正粮之外加收的粮食。

江安县

★59.

《图经志》

军、民田【一】四万三千一百四十亩六分九厘二毫七丝五忽，该粮【二】三千三百三十二石八斗九升八合六勺三抄九撮九圭七粒五粟。民地一千零九亩二分四厘，麦三十三石九斗九升四合三勺四抄。

永乐官、民田地塘【三】一千三百二十一顷九十三亩九分七厘五毫。夏税：小麦三百九十一石三斗八升一合四抄；丝一千二百二十一斤一十一两六钱五分六厘。秋粮：米九千六十七石八勺四抄五撮；绵花四百六十七斤一十一两六钱；片麻九百三十五斤七两二钱；蓝靛二十斤四两。

【校补图注】

【一】　军、民田　军田和民田。明代行军卫之制，卫所士卒有事奉调出征，平时屯田耕种，以供军食，并按照规定数额缴纳田粮，他们所屯种的田地即军田。

【二】　该粮　承粮，亦即规定应向官家缴纳的税粮（田赋）。这里所记载的，是洪武年间的田粮税额。

【三】 永乐官、民田地塘 明代江安县所辖地域辽阔，远及今日纳溪、叙永和宜宾市兴文县。当时，这些地方夷汉杂居，户口、田地统计自难准确。所谓"永乐官、民田"的数据，乃永乐初年。

纳溪县

★60.

《图经志》

前代则【一】无额数。今入籍【二】军、民等，田四千九百零六亩六分五厘，该粮四百零五石九斗四升四合有零，丝【三】四百九十两陆钱有零。陆地【四】一百八十四亩六分四厘令，该夏麦一十石八斗六升令。

永乐官、民田地塘二百四十九顷五亩七分。夏税：小麦二十五石七斗三升二合五勺五抄；丝二百六斤三钱六分。秋粮：米一千七百三十七石二斗五升九合六勺六抄；绵花八十一斤五两六钱；片麻【五】一百一十五斤一十四两四钱。

【校补图注】

【一】 则 科则（税额）。

【二】 入籍 明初泸州人户稀少，当地实行优惠政策，招民复业，并且广泛招徕四方之民，编入本地户籍。

【三】 丝 蚕丝。明代泸州本州、三县，唯此一县赋丝，则其时蚕桑之业已较发达矣。

【四】 陆地 旱地。

【五】 片麻 未经纺制、只是剖成片块的苎麻纤维。

合江县【一】

★61.

《图经志》

田一万七千亩。秋粮：正、耗米（共）一千四百一十八石有零。

永乐官、民田地塘七百一十顷一十八亩二分。夏税：小麦七十六石七斗七升八合六勺；丝六百一十二斤九两六钱二分。秋粮：米五千三百一十石六斗八升二合二勺四抄；绵花一百九十一斤一十三两二钱；片麻三百八十三斤一十两四钱。

十五、土产[一]

本州[二]

★62.

《图经志》

谨按，《方舆胜览》云，泸州出产荔枝并茶。荔枝稍有存者。考诸茶乃永宁夷蛮所出[三]，去州三百余里。泸所产者，无非稻谷、棉花常物耳。五谷宜稻，不宜黍稷。其田地硗薄，皆山沟之间，不堪堤堰[四]，风雨调，则丰；亢阳，则饥。俗名为"雷鸣田"，言雷鸣而得水也。

棉花。民依山之高阜者，畛而种焉。业勤纺织，虽粗不细，而民实赖资焉。

荔枝。州南十里稍存其树。叶青圆而冬不脱，二三月花，五月红熟，肉薄味淡。

《寰宇记》：大黄，杏仁，班布，花竹簟。

【校补图注】

【一】 土产　地方志"资政、教化、存史。"旧时长吏下车，无不先读之而后临民。上级长官也通过地方志了解地方情况。如果地瘠民贫，就不好多征赋税。《图经志》把泸州及其属县说得如此不堪，用心良苦，实则泸州地方物阜民丰，不容抹杀，用特详为补出。

泸州地在北纬30度以南，属亚热带大陆性季风气候区。与僰道（今宜宾）、巴郡（今重庆）诸地，同在四川红色盆地之长江河谷，物产大抵相同。在《华阳国志》等典籍中，对泸州的土产已有所介绍。

（1）《华阳国志》记载：汉晋"江阳郡有荔枝、巴菽、桃枝、蒟、给橙"。

荔枝，学名 Litchi chinensis Sonn，无患子科荔枝属常绿乔木，花期在春季，果期在夏季。树高 2～10 米。原产于我国广东、广西和福建的亚热带地区，秦汉年间，从岭南经五尺道和南夷道传入四川。果皮有鳞斑状突起，呈鲜红和紫红色，成熟时至鲜红色；种子全部被肉质假种皮包裹。果肉鲜时呈半透明凝脂状，味绝美，但不耐储藏。宋人吴曾《能改斋漫录》引南朝梁萧惠开云："果中之珍，惟荔枝矣。"白居易《荔枝图序》云：

荔枝生巴峡间，树形团团如帷盖。叶如桂、冬青。华如橘，春荣。实如丹，夏熟，紫如蒲萄。核如枇杷。壳如红缯。膜如紫绡，瓤肉莹白如冰雪，浆液甘酸如醴酪。大略如彼，其实过之。若离本枝，一日而色变，二日而香变，三日而味变，四五日外，色香味尽去矣。①

合江七月荔枝丹
（邱继扬摄）

---

① 唐·白居易撰：《白氏长庆集》卷四五，《四库全书》文渊阁本。

　　荔枝性不耐寒，"近水则生，尤喜潮汐激湍之地"，只适合在海拔较低的近水丘陵地带的酸性土壤里栽培。历史上，岷江、金沙江、长江、沱江、嘉陵江河谷地区，亦即今日成都、乐山、宜宾、泸州和合川、涪陵、万州，以及云贵两省的一些地方，都有荔枝生长。

　　泸州盛产荔枝。泸州种植荔枝的历史，可以追溯到两千年前的江阳郡时代，载在《华阳国志》。今犹可见者，长宁县（宋属江安）有古荔一株，传为北宋前期梓州路转运使寇瑊进讨淯井少数民族时所植；泸州市纳溪区合面镇（宋名政和堡）山间古荔，亦为数百年故物。

纳溪古荔枝树　　　　　　　　　　　　　　长宁古荔枝树
（纳溪宣传部王仕厚摄）　　　　　　　　　（《宜宾日报》记者摄）

　　泸州荔枝品质冠甲蜀中。《蜀中广记》："蜀中荔枝，泸、叙（今宜宾）之品为上，涪州（今重庆市涪陵区）次之，合州（今合川）又次之。涪州徒以妃子得名，其实不如泸、叙耳。"①

　　从种植规模上看，宋人唐庚《泸川县城楼题壁》诗说：泸州"余甘渡头客艇，荔枝林下人家"；沱江江口上方20公里有荔枝滩，其荔枝成片成林。"自州城北沿江而下七八里，有杜园荔枝，品格与他园争胜。又有母氏园，距州城

---

① 明·曹学佺撰，杨世文点校：《蜀中广记》卷六三《方物记五·荔枝》，上海：上海古籍出版社，2020年，第666页。

上流三十里，荔枝联亘，品格最多。"① 范成大乘船行在江中，看见"秫绿连村荔子丹"②。宋代，泸州城市上下数十里的长、沱两江沿岸，到处广植荔枝。

元代泸州产业凋敝，但是，元世祖至元三十一年（1293）秋天，诗人汪元量在泸州还看到"山园荔已疏"③，他的《戎州》诗人言"泸戎颗颗甜如蜜，夔梓累累味薄酸"④，说明当时泸州荔枝园还普遍存在，而且荔枝品质很好。按《图经》所记，明代泸州产业性的荔枝园林已自衰落。

两千年物竞天择，蜀中荔枝产地日渐缩小，现在，泸州市合江县荔枝产量较大。此外，北纬29度50分以南的宜宾、泸州和重庆也有荔枝种植，滇南和贵州的罗甸、赤水等处，有零星种植。

《新唐书》记载："妃嗜荔支，必欲生致之，乃置骑传送，走数千里，味未变已至京师。"⑤ 杨妃所食荔枝产自何方？历代众说纷纭，概而言之，大致有蜀中、岭南、八闽三说。倡为蜀中之说者，首先是苏东坡《荔支叹》言："永元荔支来交州，天宝岁贡取之涪（今重庆市涪陵区）。"⑥ 稍后，南宋人吴曾《能改斋漫录》里，进一步证实说："近见《涪州图经》及询土人云：'涪州有妃子园荔枝，盖（杨）妃嗜生荔枝，以驿骑递，自涪至长安，有便路，不七日可到。'故杜牧之诗云：'一骑红尘妃子笑。'东坡亦川人，故得其实。昔宋景文作《成都方物略记图》，言荔枝生嘉（今乐山市）、戎（今宜宾市）等州，此去长安差近，疑妃所取。盖不知涪有妃子园，又自有便路也。"⑦ 南宋人罗大经则更谓："明皇时所谓'一骑红尘妃子笑'者，谓泸（今泸州市）、戎（今宜宾市）产也，故杜子美有'忆向泸戎摘荔支'之句。"⑧ 继罗大经之后，元初，有汪元量在《戎州》诗里写道："害马劳人事已灰，长安无复使臣来。"明代有

---

① 宋·王象之撰，李勇先校点：《舆地纪胜》卷一五三《泸州》，成都：四川大学出版社，2003年，第4589页。
② 宋·范成大撰：《江安道中》，见宋·范成大《石湖集》卷一九，《四库全书》文渊阁本。
③ 宋·汪元量撰：《泸州》，见宋·汪元量撰，孔凡礼辑校《增订湖山类稿》卷四，北京：中华书局，1984年，第145页。
④ 宋·汪元量撰：《戎州》，见宋·汪元量撰，孔凡礼辑校《增订湖山类稿》卷四，北京：中华书局，1984年，第145页。
⑤ 宋·欧阳修、宋·宋祁撰：《新唐书》卷七六《后妃上》，北京：中华书局，1975年，第3494页。
⑥ 宋·苏轼撰：《东坡全集》卷二三，《四库全书》文渊阁本。
⑦ 宋·吴曾撰：《能改斋漫录》卷一五，《四库全书》文渊阁本。
⑧ 宋·罗大经撰：《鹤林玉露》卷四，《四库全书》文渊阁本。

杨升庵，说泸州荔枝"绣成堆处献君王"①。

　　从保鲜技术和运输条件科学分析，长安城里的杨贵妃，是不可能尝到远在数千里外出产的鲜荔枝的。白居易《荔枝图序》谓荔枝"若离本枝，一日而色变，二日而香变，三日而味变，四五日外，色香味尽去矣"②。这既是他的亲身经验，也是完全合乎荔枝生命周期实际的结论。要把荔枝"生致"长安，就必须在离枝三四天之内送到，而且还要辅以相应的保鲜措施。在没有真空密封冰冻技术的唐代，荔枝保鲜，最多也就是裁截竹筒，一端留节，把荔枝放在里面，口部塞上绿色植物，再蒙上油纸扎紧，糊上泥土进行密封，避免太阳直接照射，让筒内温度稍低于筒外的气温而已。采用这种竹筒保鲜法，在荔枝成熟的夏季，即使静置在太阳光直接照射不到的阴凉处所，三四天过去，荔枝也往往味变不堪食用。如果置于马背，日夜颠簸奔驰振动，筒内相互摩擦，恐怕是三四天便腐败变质了。想要在离枝三日、亦即72小时之内送到长安，无论是从涪州还是泸、戎出发，都是无法办到的。这些地方到长安，需要翻越"万仞"高的蜀山③，"难于上青天"，纵是快马乘驿，昼夜奔驰，也实在非人力所能及。从道路的远近考察，自涪州穿过子午谷以去长安，路程也许是比其他地方要近一些，但是，山高路窄，险峻难言，换人换马日夜飞递，至少也需要七天才能到达。从泸、戎过成都出剑门翻越秦岭运去，便非十天以上不可；至于岭南、八闽诸地，更加遥远，更不必说。

　　如果杨贵妃真在长安城里吃过岭南运去的荔枝，那也只能是经过加工制作后的干制品或渍制品。

　　《新唐书》记载戎州进贡的荔枝，是经过加工制作后的"荔枝煎"。有《元和郡县志》记载戎州贡荔枝煎可证。比戎州更远、隔蓬山一万重的岭南进贡的荔枝，自然就更只能是这类加工制品。关于这种制品的加工制作方法，宋人蔡君谟《荔支谱》云："红盐者，以盐梅浸佛桑花为红浆，投荔支渍之，曝干，色红而甘酸。又，蜜煎者，剥生荔支，筌去其浆，然后蜜煎煮之。"④

　　这两种方法加工制成的渍制品，都是荔枝煎。它们之间的区别，只是"红

① 明·杨慎撰：《咏江阳八景送客还滇南·荔林书锦》，见明·杨慎《升庵遗集》卷七，美国哈佛大学图书馆藏本。
② 唐·白居易撰：《白氏长庆集》卷四五，《四库全书》文渊阁本。
③ 明·宋濂撰：《送陈庭学序》，见明·宋濂《文宪集》卷八，《四库全书》文渊阁本。
④ 宋·苏轼撰，清·王文浩辑注：《苏轼诗集》卷三七，北京：中华书局，1982年，第1996页。

盐"并不剥去荔枝的外壳，直接将荔枝投入盐梅浸佛桑花的浆液中浸渍，然后晒干；而蜜煎则只留荔枝果肉蜜煮之而已。

不管是荔枝煎，还是干荔枝，都可以远途运输，不易变质变味。其保存期限应不低于半年。长安城里的杨贵妃，虽然远离南方万里，也是可以食到这种荔枝的。前引《灯影记》里所说唐玄宗正月十五在宫廷里抛撒的荔枝，则只能是干荔枝或者被称为红盐的带壳荔枝煎。而且，《新唐书》所称"红锦"或即"红盐"之讹，亦未可知。不然的话，正月十五荔枝树还未著花，哪得果来？纵然岭南春信早，也不可能。

欧阳修为文严谨。其《新唐书》之所以作如此不同的两种记载，应是对于杜甫《解闷》诗未深入理解，特别是受到杜牧《过华清宫绝句》"一骑红尘妃子笑，无人知是荔枝来"影响的缘故。按照该诗的说法，杨妃是在骊山上的华清宫里，吃到了南方快马飞驰进贡来的鲜荔枝的。然而，新、旧《唐书》明白记载，唐明皇和杨贵妃37次去华清宫，都是在冬天。冬天，是不可能吃到鲜荔枝的。鲜荔枝虽然无法送达长安，但是加工制作后的渍制品，便完全不成问题，杨妃长安所食，实只红盐和蜜渍之类的荔枝煎而已。

巴菽，民间习呼"巴豆""巴豆子"，学名 Croton tiglium Linn，大戟科巴豆属常绿乔木巴豆树的干燥成熟果实。因产于巴郡山谷，形如菽豆，故名。入药，性热，味辛，有毒。可破积、逐水、涌吐痰涎，有助于治寒结便秘、腹水肿胀、寒邪食积所致的胸腹胀满急痛、大便不通、泄泻痢疾、水肿腹大、痰饮喘满、喉风喉痹、痈疽、恶疮疥癣。常用为峻下剂。《蜀中广记》云："《寰宇记》：'巴豆，嘉、眉、戎皆有之。眉州入贡。'《本草》云：'树高一二丈，叶如樱桃而厚，初生色青，后渐黄赤。四月，旧叶落尽，新叶生齐，花成，穗色微黄。五六月，结实作房。至八月熟。类白豆蔻，渐渐自落，乃收之。一房二瓣，一子或三子。子有壳。戎州出者，壳上有纵文隐起，如线，一道或两三道。土人呼为金线巴豆。雷公云：'使巴与豆及刚子，须详认，误则杀人。巴，颗小，紧实，色黄。豆则颗有三棱，色黑。刚子颗小似枣，核两头尖。'则巴与豆又二物也。又《蜀都赋》有巴菽、巴戟。《广雅》曰：'巴菽即巴豆。巴戟者，巴戟天也。'《寰宇记》：'果（今南充）、剑（今剑阁）、巴（今重庆）、夔（今奉节）、忠（今忠县）皆产。剑州者贡。'"[1]

---

[1] 明·曹学佺撰，杨世文校点：《蜀中广记》卷六四《方物记六·药石》，上海：上海古籍出版社，2020年，第682页。

桃枝，即棕榈竹，又名观音竹、筋头竹、矮棕竹，学名 Rhapis excelsa (Thunb.) Henry ex Rehd，棕榈科棕竹属常绿植物。有叶节，包以有褐色网状纤维的叶鞘。丛生灌木，高 2～3 米，茎干直立，圆柱形，有节，直径 1.5～3 厘米，茎纤细如手指，不分枝，有叶节，上部被叶鞘分解成稍松散的马尾状、淡黑色、粗糙而硬的网状纤维。郑樵《尔雅注》云："桃枝四寸有节。今桃枝竹可为杖。"① 任乃强先生曰："桃支，杖用竹名。（左思）《蜀都赋》作'桃枝'。刘逵注：'竹属也。出垫江县（今合川）……可以为席。'顾恺之《竹谱》云：'桃枝，皮赤。编之，滑劲。可以为杖。'又有扶老竹，云'宜为杖'。今按：'桃支'，棕竹之古称也。本棕榈科植物，热带原产。巴蜀有之，率矮小，丛生。远望似竹。节间短，包有棕皮如箨。叶在顶部，如棕榈。茎实心，宜为杖。云"皮赤"者，棕皮也。顾氏误为竹类。棕竹杖劲直不挠，故又名扶老，非别有扶老竹也。"②

蒟，即辛蒟。任乃强先生以为即扶留藤。按贾思勰《齐民要术》，"《吴录·地理志》曰：'始兴有扶留藤，缘木而生，味辛。可以食槟榔。'《蜀记》：'曰扶留木，根大如箸，视之似柳根。又有蛤，名古贲，生水中，下烧以为灰，曰牡砺粉。先以槟榔着口中，又取扶留藤长一寸，古贲灰少许同嚼之，除胸中恶气。'……《交州记》曰：'扶留有三种，一名获扶留，其根香美；一名南扶留，叶青，味辛；一名扶留藤，味亦辛。'顾微《广州记》曰：'扶留藤，缘树生。其花实即蒟也，可以为酱'。"③ 这就是古今聚讼纷纭、莫衷一是的枸酱，今传写作蒟（jǔ）酱。《说文·木部》："枸，木也，可为酱，出蜀，从木，句（gǒu）声。"又《草部》："蒟，果也，从草，蒟（qǔ）声。"

汉武帝派"唐蒙通夜郎"，是由南越王用"枸酱"招待唐蒙所引发的。开通夜郎，为的是从牂牁江顺流直驶番禺。牂牁江，或以为即今日贵州境内的北盘江，而北盘江并不能直达番禺。至于枸酱究为何物？就更是众说纷纭，至今仍为学术疑案。

首先应当肯定，枸酱是一种植物果实或用藤、叶制作的"酱"，可食，味

---

① 宋·郑樵撰：《尔雅注》卷下《释草》，《四库全书》文渊阁本。
② 晋·常璩著，任乃强校注：《华阳国志校补图注》卷一《巴志》，上海：上海古籍出版社，1987 年，第 8 页。
③ 北魏·贾思勰撰：《齐民要术》卷一〇《五谷果蓏菜茹非中国物产者》，《四库全书》文渊阁本。

美。具体是什么植物？传统的说法是：

【集解】徐广曰："枸，一作'蒟'，音窭（jù）。"骃案：《汉书音义》曰"枸木似穀（gǔ）树①，其叶如桑叶。用其叶作酱，酢（zuò），美，蜀人以为珍味。"【索隐】蒟。案：晋灼音矩（jǔ）。刘德云"蒟树如桑，其椹长二三寸，味酢；取其实以为酱，美。'又云：'蒟缘树而生，非木也。今蜀土家出蒟，实似桑椹，味辛似姜，不酢"。又云"取叶"。此注又云（叶）［实］似桑椹，非也。《广志》云"色黑味辛，下气消谷"。②

枳椇树（泸县图书馆张晓林摄）　　　枳椇树果实（古蔺县农牧局李定林摄）

这两种说法，都是据书考物，并未亲历闻见。又有说是鬼芋（魔芋）或扶留藤的，等等，莫衷一是。今日古蔺、叙永和川黔边境山中，生长着一种树体高大、状如白杨的"枳椇（jǔ）"树，其果实长二三寸，色暗黄，略与核桃（胡桃）果仁之色相似，曲曲弯弯，因名"拐枣"。拐枣入口酸涩，微有甜味。任乃强先生《蜀枸酱入番禺考》考证以为所谓枸酱，就是用枳椇树"细长拳曲

---

① 穀树，又名枳穀树，即构树，落叶乔木。新生枝密披灰色粗毛，具乳汁。叶阔卵形至长圆状卵形，叶端渐尖，全缘或缺裂。初夏开淡绿色小花，雌雄异株。果实圆球形，成熟时鲜红色，皮可制桑皮纸。

② 汉·司马迁撰：《史记》卷一一六《西南夷列传》，北京：中华书局，1982年，第2994页。

的浆果"制作的果酱。其说云：

> （拐枣）味甘而涩，腌藏久，则所含单宁质转化为糖。古代无蔗糖（白糖），而蜀中大奴隶主矜尚滋味，于蜜与饴外，更腌此物以为酱。其味有似今之果酱，故能成为商品，市于夜郎，更远流味至番禺也。
>
> 其腌法：取拐枣（梨枣）捏碎，布滤去籽，纳瓦瓮中，布蒙其口，加厚泥密封之，如黄酒贮藏法，贮藏之。久则所含水分透泥逸去，而外物不犯其质，渐稠浓成甘美之酱；贮时愈久愈佳；是为"蜀枸酱"。凡浆果皆可腌藏为酱。……桃、梨等富果酸，不宜腌藏，惟可用蜜渍之，亦但能甜，不能如枸酱之甘美也。①

任先生又说，枸酱也可能是用枸杞果实制作的果酱：

> 枸杞亦可为酱，其法著于《群芳谱》，未详何时所创。疑即因古枸酱法为之，故曰枸杞酱。杞亦见于《诗·小雅》，字亦作"櫅（jì）"（原注：《三家诗》），《尔雅》云"枸檵"。疑汉时已有枸杞酱法，但其字读"苟"。蜀中亦遍地生枸杞，虽木本，其茎细长偃地。根长数倍于其茎，能深入远及。其（果）实小如鼠心，丹赤，叶味亦美，根、茎、实，皆入药，果酱滋补。未知蜀枸酱究是棋酱抑是枸杞酱，要皆蜀中特产之果酱，与蒟字无关。
>
> 蒟字，在汉魏时，只为鬼芋（魔芋）之专称。入晋以后，由于枸酱音近于蒟，间有伪作"蒟酱"字者，通人则犹未也。②

这种观点，虽然尚不足以成为定论，但其所说有据有理，应比前人接近事实真相。

"给橙"，清四川邻水廖寅嘉庆甲戌（十九年，1814）南京刻《华阳国志》（题襟馆本）校作"给客橙"，其说是。张问陶《泸州》诗所言"衔杯却爱泸

---

① 晋·常璩著，任乃强校注：《华阳国志校补图注》，上海：上海古籍出版社，1987年，第316页。

② 晋·常璩著，任乃强校注：《华阳国志校补图注》，上海：上海古籍出版社，1987年，第316—317页。

州好，十指寒香给客橙"① 即此物。任乃强先生曰："给客橙，三字名。《上林赋》引郭璞注曰：'蜀中有给客橙，似橘而非，若柚而芳香，冬夏华实相继。或如弹丸，或如拳（原注：一本作拳指），通岁食之。一名卢橘。今按，如弹丸者，今云金橘；如手指者，今云佛手柑。并如郭璞所说，半年中'花实相继'，但不可食，惟芳香悦目，供赏玩。只蜜汁久腌后可食，味亦不美。惟其如此，主人常摘以赠客，故曰给客橙也。由郭璞说，可知此物亦巴蜀中柑橘类异种，其原生植物为枳（原注：枳壳树，今云药柑）。果似橘而奇酸且苦，不可入口。远古人民用选种法与嫁接法反复培育之，乃得甜美之柑、橙、橘、柚，与香馥之金橘、佛手、香橼、柠檬。"② 而今泸州以及今贵州赤水、习水、仁怀诸地，给客橙所在多有，清道光直隶仁怀厅同知陈熙晋《之溪棹歌》云："茅苔村酒合江柑，小阁疏帘兴易酣。独有葫芦溪上笋，一冬风味舌头甘。"③ 又自注曰："茅苔（今仁怀市）烧春最香冽，合江佛手柑颇大，葫市（今赤水市葫市镇）一带多楠竹，冬笋味甘。"

（2）唐《元和郡县图志》：泸州"开元贡：麸金，葛，酱。赋：麻，布。元和贡同。"④

麸金，碎薄如麸子的金。蜀人呼作"沙金"。《滇略》："金生丽水。今（云南）丽江，其地也。其江曰'金沙'，源出吐蕃，经铁桥、宝山、永宁、北胜，以达东川，江浒沙泥金麸杂之，贫民淘而煅焉，日仅分文。售蜀估，转诸四方，其税属之土府，汉不得有也。朝廷岁责滇赋金五千，其直可四万缗。……《博物志补》云：金一也，产于金沙江者赤色光莹，产于丽江者色赤而沾垢腻。"⑤ 长江是金沙江的下游，江岸泥沙中有麸金。不仅长江两岸，即沱江亦有焉。冬日水落，土人置具淘之，遂为产业。民国年间，江安县黄桷碛、桌子角、草坝场，纳溪县火焰碛，合江县临江镇（今神臂城镇临江村）、连十三滩等地，处处有之，然其产不丰，未为大利。

葛，豆科多年生草本植物，学名 Puerarialobata。茎长二三丈，攀援缠绕其他木本植物上，因又名葛藤。花紫红色。茎可编篮做绳。根可提制淀粉，称葛

---

① 清·张问陶撰：《船山诗草》卷八，北京：中华书局，1986年，第195页。
② 晋·常璩著，任乃强校注：《华阳国志校补图注》，上海：上海古籍出版社，1987年，第7页。
③ 清·陈熙晋纂修：《仁怀直隶厅志》卷二〇《艺文志》，道光二十一年刻本。
④ 唐·李吉甫撰，贺次君点校：《元和郡县图志》，北京：中华书局，1983年，第864页。
⑤ 明·谢肇淛：《滇略》卷三《产略》，《四库全书》文渊阁本。

粉。纤维可织葛布，《元丰九域志》载，泸州贡"葛一十匹"①，即葛布也。

酱，全国处处有之，不得谓为方物。因疑此"酱"或乃"蒟酱"之省称。

麻布，按《太平寰宇记》，宋代泸州"地无桑麻"②，此言"麻布"，或只是"斑布"。

（3）宋《太平寰宇记》：泸州"土产：大黄，杏仁，石青，石绿，斑布，荔枝，鳇鱼，楠木，花竹簟，茶。"③

大黄，学名 Rheum palmatum L.，多年生草本植物，生蜀郡北部或陇西。二月卷生黄赤，其叶四四相当，茎高三尺许。三月花黄，五月实黑，八月采根。根有黄汁，切片阴干，入药，作峻下剂。《蜀中广记》："宋子京（景祁《益部方物赞》）云：'大黄，蜀山多有之。苗根长盈二尺。予在药市所见，大者形似牛舌而紧致，有紫地锦文，可治为枕。唐人以为产蜀者佳。'赞曰：'叶大茎赤，根若巨皿。治疾则多，方家所名。'《寰宇记》：果（今南充）、泸、恭（今重庆）、当、柘五州皆产。"④

杏仁，蔷薇科杏树果实的种子，有甜、苦二种。

关于石青、石绿、荔枝、鳇鱼、楠木五物，王文楚点校注曰：石青、石绿，"万本、库本皆无，傅校删。按《嘉庆重修一统志》泸州土产石青、石绿，引自《明统志》，盖此非乐史原文，为后世窜入。"⑤ 石青、石绿，皆矿物颜料。民国《泸县志》："《广舆记》载，产石绿。《明一统志》载：产石青。今不知何处。惟（纳溪区护国镇岩上）大里村有土红，鼓楼山有石红，均无人开采。"⑥

斑布，古代少数民族用树皮纤维纺织制作、染色的一种粗布。彩色斑斓，因名"斑布"。《蜀中广记》："斑布出昌（重庆市大足区）、泸及荣（今重庆市

① 宋·王存撰，王文楚、魏嵩山点校：《元丰九域志》，北京：中华书局，1984 年，第 328 页。
② 宋·乐史撰，王文楚等点校：《太平寰宇记》卷八八《泸州》，北京：中华书局，2007 年，第 1740 页。
③ 宋·乐史撰，王文楚等点校：《太平寰宇记》卷八八《泸州》，北京：中华书局，2007 年，第 1740 页。
④ 明·曹学佺撰，杨世文校点：《蜀中广记》卷六四《方物记五·药石》，上海：上海古籍出版社，2020 年，第 683 页。
⑤ 宋·乐史撰，王文楚等点校：《太平寰宇记》卷八八《泸州》，北京：中华书局，2007 年，第 1750 页。
⑥ 王禄昌修，高觐光、温翰桢纂：《泸县志》卷三《矿产》，民国二十七年刊本。

荣昌区）。"① 嘉庆《广西通志》载："斑布，桂州出。古终藤结实如鹅毳，如珠，治出其核，纺如丝绵，染为斑布。"②

又用木棉树的花（今曰攀枝花）的纤维编织制作、染色的粗布，也称斑布。《授时通考》卷七七《桑余》："《海南诸国传》：'林邑国出古贝树，其花如鹅毳，抽其绪纺之以作布，与纻布不殊。亦染成五色，织为斑布。'《南州异物志》：'木棉，吉贝木所生。熟时状如鹅毳，细过丝棉，中有核如珠。珣用之，则治出其核。昔用辗轴，今用搅车，尤便。但纺不绩，任意牵引，无有断绝。其为布曰斑布：繁缛多巧者曰城次，粗者曰文缛，又次粗者曰乌鳞。'《泊宅编》：'南海蛮人以木棉纺绩为布，布上出细字，杂花卉，尤工巧。名曰吉贝布。'"③

鳇鱼，泸州人呼"辣子鱼"，又呼"黄鲈"。北宋唐庚《题泸川县城楼壁六言》诗云："百斤黄鲈鲙玉，万户赤酒流霞。"泸州长江江段的黄鲈鱼，不是动物学上鲟科鳇属的鳇鱼，也不是鲒科黄鲈属的黄鲈，而是鲟科鲟属的中华鲟鱼，学名 Acipenser sinensis。中华鲟形如纺锤，两端尖细，背部狭，腹部平直。头呈长三角形。吻尖长。鼻孔大，两鼻孔位眼前方。喷水孔裂缝状。眼小，椭圆形，位于头后半部。眼间隔宽。口下位，横裂，凸出，能伸缩。唇不发达，有细小乳突。口吻部中央有两对须，呈弓形排列，外侧须不达口角。鳃裂大，假鳃发达。鳃耙稀疏，短粗棒状。背鳍1个，后位，后缘凹形，起点在臀鳍之前。臀鳍与背鳍相对，在背鳍中部下方。腹鳍小，长方形，位体中央后下方，近于臀鳍。胸鳍发达，椭圆形，位低。尾鳍歪形，上叶特别发达，尾鳍上缘有1纵行棘状鳞。常见个体体长0.4～1.3米，最大个体体长5米，体重可达600千克。是长江中最大的鱼类、国家一级重点保护野生动物。中华鲟每年自湘楚下游溯江上行产卵繁殖，然后返回，也有留在川江水流最深江段者，体重数百上千斤，被称为"镇沱鱼"。今泸县太伏镇新路口场大江南岸，地名"漏水垭"，深沱百丈，便有此鱼长年生活其中。

楠木，学名 Phoebe zhennan S. Lee，又名楠树、桢楠，是樟科楠属和润楠属各树种的统称，有香楠、金丝楠、水楠等种类。属大乔木，成熟时可达30米，

① 明·曹学佺撰，杨世文校点：《蜀中广记》卷六八《方物记十·服用》，上海：上海古籍出版社，2020年，第729页。
② 清·谢启昆修，清·胡虔纂：《广西通志》卷八九《舆地十》，嘉庆六年刻本。
③ 清·蒋溥纂：《授时通考》卷七七《桑余》，乾隆七年武英殿刊本。

其木材坚硬，价格昂贵，多用于造船和宫殿。楠木极其珍贵，被列入《国家重点保护野生植物名录》。《蜀中广记》："《方物略》云，楠，蜀地最宜者。生童童，若幢盖然。枝叶不相碍，茂叶美荫，人多植之。树甚端伟，叶经岁不凋，至春，陈新相换。有花实似母丁香。"① 泸州西南徼外，万山深处楠木甚多。明清两代，朝廷多次直接命官督采，名曰"皇木"。在鲜有人迹的万山深箐之中，勘访、砍伐质地优良而且特别高大的楠木，运往北京建造、修缮皇宫。采办皇木是明王朝统治者最大的恶政之一，祸害各族人民。

综合《明史》和明、清四川地志的记载，永乐四年（1406）诏建北京行宫，敕工部尚书、河南宋礼督木，前后凡五次入蜀，正德六年（1511）建乾清宫，工部侍郎兼右佥都御史刘丙（bǐng）督运。太监刘养劾其所采之木达不到规格要求，明武宗责令刘丙报告情况，工部尚书李鐩（suì）被罚扣俸银。正德十二年，又遣郎中李寅催督采木。嘉靖五年（1526），敕工部左侍郎兼右佥都御史黄衷督木。九年，敕巡抚、右佥都御史宋沧兼治督木。二十年宗庙失火成灾，遣工部侍郎潘鉴、副都御史戴金采办大木。二十六年，复遣工部侍郎刘伯跃采大木于川、湖、贵州。仅湖广一省，采办大木的费用便达白银三百三十九万余两。又遣官核查地方遗留大木，郡县有司以迟误采办大木被逮捕究办、撤职、降职者不乏其人。万历中，三殿工兴，费银九百三十余万两，征诸民间，直接摊派到百姓。

永乐中，"少监谢安在蔺州石夹口采办，亲冒寒暑，播种为食，二十年乃还。"② 蔺州有两个石夹口。一个是今日贵州赤水市的四硐沟。清康熙《叙永厅志》卷二《木政》："石夹口十丈硐，为（永宁）宣抚旧隶，乃产楠木之所。明崇祯三年（1630）改土设流，将石夹口一带奉拨与川东威远卫。"③ 另一个即今古蔺县石屏镇。其地四山环合，一线中分，故名"石夹口"。两个石夹口，当时都是永宁宣抚司的辖地。

---

① 明·曹学佺撰，杨世文校点：《蜀中广记》卷六一《方物记四·木》，上海：上海古籍出版社，2020 年，第 649 页。

② 清·雍正《四川通志》卷一六《木政》，《四库全书》文渊阁本。

③ 清·宋敏学修，清·袁斯恭纂：康熙《叙永厅志》卷二《木政》，《叙永旧志辑存》，北京：国家图书馆出版社，2015 年，第 21 页。

2021 年考察儒溪岸边明代采办皇木题刻
（左起：西南大学历史地理研究所蓝勇、赵永康，贵州省习水县政协冯世祥）

贵州省习水县同民镇，明代隶属泸州。在儒溪岸边的石壁上，至今完好地保存着一方赫然大书"皇木。华阳县"的题刻，字巨如磐，下款题作"明万历十三年采办皇木阅人官华阳县吴文□"。

嘉靖三十六年（1557）采木，贵州布政司参议官王重光奉命入蔺州督办。蔺州"永宁宣抚司所部，有羿蛮焉，凡四十八寨，其地曰落洪。通四川九丝（今兴文县九丝城镇），时蚕食贵州之永宁若①赤水诸卫……（重光讨破之）随山刊木，渡峡口、大落包、雾露沟，即土人所不到，无不备至。山则缀钉履，水则乘一木渡，濒于死者数矣。有王、张两指挥者，相继卒，而公乃赖天幸得免，跋涉自如。……诸蛮争以异材效公……废寝食，冲瘴疬，经年不少休。疾

---

① 若，及也。

作，不起矣。"① 病殁。

当年勘查、采伐、拽运大木的情况，没有文献记载留存，现引清代雍正《四川通志》所载巡抚张德地呈奏朝廷的报告，聊以想见当时景况：

楠木皆在深岭人迹不到之处。至于砍伐，非比平地木植可以随用斧斤。高箐之中，必须找厢搭架，多用人夫缆索，方可修巅去顶，截根（别除枝叶）。此砍木之难，一也。若夫产木处所，尽属危岩峭壁，即空行（空手自由行走），尚须扳藤拊葛。楠木一株，动须人夫百千，方能拽动。而山路险窄，亦难立足；山势曲折，不能并走，势必开山填砌，找厢搭架。所用人夫，非比泛常。拽运工程，难以日计。此搬运之难，二也。至于上筏之处，必（先）由溪河水道，而山谷一线，涧、水皆系乱石填阻，若非天雨旬日，则水不盈尺，势必从下流筑堤，截壅蓄水丈余，方可顺流拽运。然须逐路筑堤蓄水，始能前进。若遇大石阻挡，又必多用石匠凿去，相地形之高下，用转移之权、变，事难程限。此上筏之难，三也。

……

臣亲披荆负棘，直至各箐山顶踏勘……其箐之大者，周围有五六百里；小者，亦有一二百里……如离小溪五十里至百里者，犹可采运，若百里之外者，山势愈峻，道路愈险，虽有大木，无可如何矣。

……

架长、斧手，俱系湖广辰州府人……召募来川；人夫，系本官召募。架长看路找厢，找厢者，即垫低就高，用木搭架，将木置其上，以为拽运之说也；斧手伐树取材，穿鼻找筏；人夫拽运到河，用石匠打当路石（凿除挡路之石），篾匠做缆子（绳缆），铁匠打（造）斧头与一应使用器具。一厂用斧手一百名，石匠二十名，铁匠二十名，篾匠五十名，找厢架长二十名。

……

楠木一株，长七丈、围圆一丈二三尺者，用拽运夫五百名，其余按丈尺减用。（拽运）沿路安塘，十里一塘，看路径长短安设。一塘送一塘，

———

① 清·周伟业修，清·褚彦昭等纂：嘉庆《直隶叙永厅志》卷四六《王重光传》，嘉庆十七年刻本。

到大江（扎筏水运赴京）。九月起工，二月止工。三月河水泛涨，难以找
厢施工。先于七月内动人夫五十名，寻茹缆皮堆集放于厢上，取其滑以拽
其木。每夫日支米一升，雇工银六分；斧手、架长日支米一升，雇工银一
钱。伐树用三牲祭，初一、十五用猪羊祭，其肉分给匠役人夫。督木同知
将放出（运到大江边上的）木头赴督木道交割，八十株（找）［扎］一大
筏，召募水手放筏，每筏用水手十名，夫四十名，差官押运到京。

2017 年，叙永县政协万中华同志做社会调查了解到：

相传明朝嘉靖年间，北京皇宫发生大火，采伐大木重建。负责修建殿
宇的匠人，占卦得知叙永县摩尼镇金榜村（当时属贵州管辖）有株大树，
可以作殿宇大梁，于是派出八位侯爷督导采伐运往北京。八位侯爷千里迢
迢来到此处，发现这里群山莽莽，荒无人烟，不得不选择一洞穴作为安身
之所，也就留下了今天的猴洞。经过三年努力，才将此树砍倒起运。

拽运过程中，由于山路崎岖，体现八位侯爷身份的旌旗被山崖的树枝
挂住，其地就成了今天的挂旗崖（现摩尼镇金榜村境内）。到了安基屯，
天气陡变，暴雨突降，暴涨的山洪将侯爷们的旌旗淹了，今天的安基屯实
际是当时的淹（当地读"ān"）旗屯（现摩尼镇田义村境内）。走到烧旗
堡，山路较窄，侯爷们的旌旗全部被路旁的树枝挂烂，不得不烧掉，烧旗
堡（现摩尼镇旗燕村境内）因此而得名。

克服重重艰难险阻，好不容易将大木拽到了赤水河边的镇江寺（现赤
水镇沙坝村境内）旁，宫廷飞马来报，已在蒙古找到另一棵栋梁巨木。该
树有灵，一生气沉入河底。该寺因此得名沉江寺。又过三年，另修殿宇需
要此树，该树竟然浮出水面，被运往北京。[①]

实地考察猴洞，可见这处喀斯特岩溶洞穴里面的石壁上有九通题刻，每通
各刻官人诗作一首，诗后都有带作者职衔的落款，部分还刻有时间："嘉靖三
十八年"。当地人说，洞内洞外早年共有 24 通这样的题刻，人称"二十四通
碑"，因长年风吹雨淋日晒以及人为破坏，现在只剩这几通了。检索贵州地志，

---

① 万中华：《猴洞探秘》，《永宁潮》，2017 年第 4 期（内刊），引用时有订正。

这些作者分别是当时贵州的按察使和道、镇高官，姓名个个可考。从诗作的内容看，也与采办皇木相关。从而可以认定，赤水卫和摩尼千户所一带，也是明代皇木的采伐地。

2017 年考察叙永县摩尼镇万山深处的猴洞
（左四起：当地村干部、赵永康、博士生张瑞，叙永县涂电林摄）

花竹簟，劈竹抽丝，染色后编成的竹簟（细凉席）。朱之蕃《竹簟》诗云："纹如流水滑如脂，一片清光漾碧漪。凉思入帷移翠影，轻烟紫帐拂霜姿。"

（4）《明一统志》：泸州风俗："地少桑麻，刀耕火种……土产：麸金、石青、石绿、茶、《茶经》：泸茶、味极佳，饮之疗风。荔支、杜甫过泸州诗：忆过泸戎摘荔支，青枫隐映石逶迤。京中旧见君颜色，红颗酸甜只自知。楠木、鳇鱼。州出。"①

（5）乾隆《大清一统志》：泸州"土产：麸金、《元和志》：泸州贡，中江水出。盐、《华阳国志》：汉安县有盐井。葛、《元和志》：泸州贡。麻布、《元和志》：泸州赋。《寰宇记》：泸州产班布。茶、《寰宇记》：泸州之茶树，夷獠常携瓢穴其侧，每登树采摘牙茶，必含于口，待其展，然后置于瓢中，旋塞其窍，归必置于暖处。其味极佳。又有粗者，其味辛而性热，饮之疗风。通呼为泸茶。药、《寰宇记》：泸州产大黄、杏仁。酱、《元和志》：泸州贡。花竹簟、《寰宇记》：泸州产。楠木、荔枝、石青、石绿《明统

---

① 明·李贤等撰：《明一统志》卷七二《泸州》，《四库全书》文渊阁本。

志》：皆州土产。"①

【二】 本州（土产）　泸州物阜民丰，土酒、龙眼、铜鱼、余甘诸方物，闻名远近。

（1）土酒。"泸州老窖大曲"酒是中国浓香型白酒的代表。泸州也因之得名为"名酒之城"。泸州地区酿酒的历史，可以追溯到古老的东汉时代。1984年，市区麻柳湾基建施工出土的第9号汉代画像石棺上，两个气宇轩昂、峨冠博带的巫师，高擎酒杯，相向而立，旁边一个侍者，恭恭敬敬地肃立在那里，手里握着一把酒壶，分明是在完成某种神秘的祈祷仪式。这方约两千年以前的画像石，和另一些考古出土的汉代陶角杯等酒具实物证明，当时泸州地方不但已经有酒，而且已经懂得"酒以成礼"，并用之于庄严的祭祀活动。

泸州第9号汉代画像石棺巫术祈祷图
（泸州市博物馆晏满玲提供）

酿酒耗费粮食，历代无不限制民间酿酒。但是，酒毕竟是人民生活所需，难于禁止，私酿颇多。而且酿酒税重、利丰，国家从中可以得到一大笔财政收入。这种利益驱动与酒禁的对立，迫使历代官家在此二者中间寻求平衡。其结果就是：从政治和伦理、道德观念上考虑，希望申严酒禁，而面对财政收入不足的现实，又不得不弛禁，允许人们从事酒类生产经营。于是，每遇灾年或者其他意外情况，便严禁酿酒；逢丰年或国家庆典时，酒禁便有所放宽。遇到国家急需钱用而又别无他法可以敛财时，便往往大酿而特酿，从而征得巨额的税课。

泸州地区酒业的大发展，是北宋年间的事。宋初酒禁森严，民间私造曲药上了三斤，便是杀头之罪。诸州酒类商品，由官府和军队开设的酒务（酒坊、

---

① 清·乾隆官修：《大清一统志》卷三一一《泸州》，《四库全书》文渊阁本。

酒库）生产、专卖，叫作"榷酤"。川峡四路僻在西南，官家酒务制造曲药，高价卖给"酒户"人家造酒发售，同时课以重税。其后亦行榷酤，官家垄断生产，专卖经营。"川峡承旧制，卖曲价重。开宝二年（969），诏减十之二。既而颇兴榷酤，言事者多陈其非便。太平兴国七年（982）罢，仍旧（由官府）卖曲。自是，惟（沿边地连夷界抑或汉夷杂居之）夔……泸……（诸州、军）不禁。自春至秋，酝成即鬻，谓之'小酒'，其价自五至三十钱，有二十六等；腊酿蒸鬻（zhōu 蒸煮成熟料），候夏而出，谓之'大酒'，自八钱至四十八钱，有二十三等。凡酝（酒所）用粳（稻）、糯（米）、粟（小米）、黍、麦等及曲（药）法、酒式，皆从水土所宜。"[1] 听民自酿，长期没有实行这种专卖政策，直到宋神宗熙宁十年（1077），才明确了地方酒税的税额。宋神宗初年，"有议榷酤于泸、叙间，云岁可得钱二十万。卨言：'先朝念此地夷汉杂居，故弛其榷禁，以惠安边人。今之所行，未见其利。'"[2] 在这种宽松的酒业政策之下，泸州酿酒业迅猛地发展，城内城外，"万户赤酒店流霞"。除去高粱、糯米、小麦等酿酒原料和曲药、泉水品质高，气候与温度适宜等自然条件方面的原因以外，宋王朝松弛的酒禁政策也是奠定泸州酒业生产基础、推动泸州酒业发展的重要原因。

清代泸州酒业大盛，"以高粱配制者曰白烧，以高粱、小麦合酿者曰大曲。清末，白烧糟户六百余家，出品远销永宁及黔边各地。民国以来减至三百余家矣。大曲糟户十余家，窖老者尤清冽，以温永盛、天成生为有名，运销川东北一带及省外。又有用白烧熏制香花、玫瑰、佛手、玉兰、薄荷而成者，通称花酒。"[3] 新中国四次评选国家名酒，泸州老窖大曲皆榜上有名。民国《泸县一览》记载：

> 大曲酒。用高粱、小麦合酿而成，名曰大曲。更进一步，精酿有绿豆大曲，红糟大曲，其味至为醇和。县中酿窖较久者，有温永盛三百年陈年老窖，及天成生、永兴诚、裕厚祥、春和荣等，在曲酒中颇为著名，酿造厂商，不下数十家，运销地区不特风行省内外，而国际人士亦视为珍品。
>
> 香花酒。用香花（茉莉花）、玫瑰、佛手、玉兰、薄荷、葡萄等花果

---

[1] 元·脱脱等撰：《宋史》卷一八五《食货下七》，北京：中华书局，1985 年，第 4514 页。

[2] 元·脱脱等撰：《宋史》卷三五三《蒲卨传》，北京：中华书局，1985 年，第 11154 页。

[3] 王禄昌修，高觐光、温翰桢纂：《泸县志》卷三《食货志·酒》，民国二十七年刊本。

汁制酿而成，统称花酒或香花酒，味颇甘美，以爱人堂出品驰名，年来相继闻名者，亦复不少，除畅销省内外各地，盟军（抗日战争胜利后驻扎泸县蓝田飞机场的美国空军）亦喜购买。

　　橘精酒。纯用上等广柑橙桔酿成，清香味永，并采科学法制造，南门外泸县桔酒厂，产品最佳，牌子最老，国内外各地均驰名。①

　　（2）龙眼，又名荔枝奴、桂圆，学名 Dimocarpus longan Lour.。性与荔枝相近，同为南方果中之珍，《尔雅翼》："龙眼木高二丈许，似荔支而叶微小，凌冬不凋，春末夏初生细白花，七月实成。"② 成熟晚于荔枝，保鲜期远较荔枝为长，果期至白露节后始罢，"其味清甜，荔枝才过，即食龙眼"③。其果实"约分数种，最大者为贡圆（在专制时代，用以进贡），其次有泡圆、头圆、顶圆、支圆等"，最小者为万颗。"用火烘制（便成干桂圆），其味清香甜蜜，以人工刮（剥）制为圆肉，诚滋养上品，销路至畅。"④

龙眼（桂圆）

　　龙眼对于生长环境颇为挑剔，惟泸州本州（今泸县以及泸州市江阳、龙马潭二区）有之。究其所自，盖与明末清初湖广移民俱来。州城长江南岸上游十里的蓝田坝、下游十里的张坝，长江北岸下游十五里的罗汉场猫石盘、二十五里的龙溪河口，沱江北岸的大叶坝诸地，果林面积皆在千亩以上。泸县曹河、牛滩诸镇，亦广为种植，其产甚丰，其中张坝桂圆林，果林面积四千余亩，百年以上果树一万五千余株。地方士人诗云："荔

① 王伟仁辑：《泸县一览》，民国三十六年自印本，第36页。
② 宋·罗愿撰：《尔雅翼》卷一二《释木·荔枝》，《四库全书》文渊阁本。
③ 宋·郑樵撰：《通志》卷七六《昆虫草木略第二·果》，《四库全书》文渊阁本。
④ 王伟仁辑：《泸县一览》，民国三十六年自印本，第38页。

枝不若荔枝奴，泸水传来味更殊。"① 计分五等，其最上等曰贡圆，相传曾贡皇家，以下依次曰顶圆、头圆、泡圆、万颗。泸州龙眼至迟在清代便已形成产业。

（3）江团鱼、水咪子鱼。江团产于州城下游四十里长江北岸手扒岩下，其味绝美。蜀中江上，其余唯乐山市城区岷江对岸大佛岩、江安县城长江上游北岸十五里金鸡尾悬岩下有之。市间今以"江团"为名者，其实皆渔人所谓之"肥沱鱼"而冒名江团。

泸州的水咪子鱼，鲤科，铜鱼属，是铜鱼的亚种。体长，粗壮，前段圆筒状，后段稍侧扁，尾柄部高。头腹面及胸部较平。其头圆者，曰"水咪子"；头略呈锥形者，曰"尖头棒"，又曰"退鳅"。栖息于江河流水环境的下层，习惯于集群游弋，通常一个群体由几十到几百个个体组成。冬季至深水河槽或深潭的岩石间隙越冬。夏秋之际，沱江通滩一带以及州城河口成队成群，渔人罾网捕之，多有所得，其味绝美。

【三】 茶乃永宁夷蛮所出 四川是茶的原产地。《蜀中广记》曰：

《茶经》略云：巴峡川有两人合抱者，伐而掇之，其树如瓜芦，叶如栀子，花如白蔷薇，质如栟榈，叶如丁香，根如胡桃。其字或从草，或从木。其名一曰茶，二曰槚，三曰蔎，四曰茗，五曰荈。其具有名穿者，巴川峡山纫谷皮为之，以百二十斤为上穿，八十斤为中穿，五十斤为小穿。其器有火筴者，一名箸，蜀以铁或熟铜制之。在汉，扬雄、司马相如之徒皆饮焉。滂时浸俗，盛于两都，并荆、渝间矣。

《尔雅》云："槚，苦茶也。"郭璞注："早取为茶，晚取为茗，或曰荈。蜀人名之为苦茶。"故弘君《举食檄》有"茶荈出蜀"之文，而扬子云《方言》谓蜀西南呼茶为蔎也。

《本草经》曰："茗生益州川谷，一名游冬，凌冬不死，味苦，微寒，无毒，治五脏邪气，益意思，令人少卧。"②

茶是永宁（今叙永、古蔺二县以及贵州习水、仁怀诸地）有名的土产。"按《茶经》云：'泸州之茶树，夷獠常携瓢（即葫芦）穴其侧。每登树采摘茶，必含于

---

① 清·任谦撰：《方山集》不分卷《龙眼》诗，民国中泸县自印本。
② 明·曹学佺撰，杨世文校点：《蜀中广记》卷六五《方物记七·茶》，上海：上海古籍出版社，2020年，第689页。

口，待其展，然后置瓢中，旋塞其窍，毕归必置于暖处，其味极佳。'"① 这种摘采、加工制茶技术的使用和普遍推广，反映了唐代泸茶生产已达到的水平。宋代，梓州路的产茶地有泸州、长宁、合州三处，茶税岁入七千二百七十贯。② 由此可见，梓州一路的茶场及茶税收入的主要来源，皆在泸州之境。

《明太祖实录》："洪武五年十二月乙未（1373 年 1 月 16 日），四川茶盐都转运司言：'碉门（今四川省雅安市天全县）、永宁、筠连（今属宜宾市）诸处所产之茶，名剪刀粗叶，惟西番夷獠用之。自昔商贩未尝出境。即非茶马司巴茶之比，宜别设茶局，征其税，易红缨、毡衫、米、布、椒、蜡，可资国用。其居民所收之茶，亦宜依江南茶法，于所在官司给引贩卖，公私便之。今拟设永宁茶局，一曰界首镇（今叙永县两河镇），岁收茶一十八万八千斤……既收，则征其十一于官。'诏从之。"③ 洪武十六年，永宁茶局改置为"永宁茶马司"，负责榷买民茶，用来向南部乌蒙山区的少数民族同胞换马，装备骑兵，以供明军在西北地区与元朝残余势力作战；无奈乌蒙山区马的数量不多，又矮小瘦弱，不适应北方草原地区作战，加上当地本来就产茶，居民又不嗜茶，所以以茶换马颇为困难，换来的，也不符合军马标准。这就导致官家重金榷买的茶叶，堆积虫蛀，无法处理。因此，最后不得不撤销这个机构，停止榷茶，听由商人贩往雅州（今雅安市）、碉门，进入川西等地销售。当时，邛（今邛崃市）、雅茶叶产量不大，不能满足黎（汉源县）雅汉藏贸易的需要。所以长江三峡一带和叙永出产的茶叶主要运往雅州、碉门，转贩川西等地。从"夔州（今重庆市奉节县）沿长江抵叙州（今宜宾市）转岷江、青衣江至雅州。运茶船行经泸州，要由茶法道委官盘验称掣，始得放行。清代后期，印度茶和滇茶次第入川西等地，曾经盛极一时的"泸茶"因为失去市场而衰败。

泸州处于四川盆地向云贵高原过渡的盆周地带，今日纳溪区境内的若干处所，峻岭崇山，终年云雾缭绕，气候偏凉，适宜茶树生长。20 世纪 70 年代以来，茶叶种植渐成产业，茶叶不再只是"永宁所出"。

【四】 其田地硗薄，皆山沟之间，不堪堤堰 是说明显悖于实际，盖乃地方官府欲求少纳皇粮租税之言。

---

① 宋·乐史撰，王文楚点校：《太平寰宇记》卷八八《泸州》，北京：中华书局，2007 年，第 1740 页。

② 贾大泉：《宋代四川地区的茶业和茶政》，《历史研究》1980 年第 4 期。

③《明太祖实录》，"洪武五年十二月乙未"条，红格抄本。

★63.

《方舆胜览》

盐井【一】。《华阳国志》：土地虽迫，山川特美。盐井鱼池，一郡丰沃。

泸茶【二】。《茶经》云，泸州之茶树，夷獠常携瓢穴侧，每登树采摘茶，必含于口中，待其展，然后置瓢中，旋塞其窍。归，必置于暖处，故味极佳。

荔枝。杜甫过泸川诗："忆过泸戎摘荔枝，青枫隐映石逶迤。京中旧见君颜色，红颗酸甜只自知。"

【校补图注】

【一】 盐井　此谓今自贡市及其下辖富顺县境内的盐井。自贡市，宋以前为泸州富义县地，治今富顺县县城。北宋乾德四年（966），废富义县，改置为富顺监，即今之自贡市也。《蜀中广记》："《华阳国志》：江阳县有富义盐井，以其出盐最多，商旅辐辏，言百姓得其饶富，故名。按此井深二百五十尺，凿石以达咸泉口，俗亦称玉女泉也。乾德四年割为富顺监而（泸州富义）县废。管盐井大小六，岁出盐货三十余万贯。《（方舆）胜览》云：'盐井惟富顺监最大，旧日为额八百余斤，今日额千五百余斤。'杨光清《操堂记》：'三荣、富顺产盐，其地号为贪泉矣。'《富顺志》云：'富义井在县西一里，近年为淡水渗溢，灶丁淘远近旧井赔课，而此井遂废。'今盐井十四，曰邓、漆园、秦家、富小、新罗采、谢家、来周、泉狗、鸣鹤、圆坝、罗芹、月岩、溪口、石栏相者是。"①

【二】 泸茶　详见★62。

★64.

《元一统志》

盐，有二【一】：

宋熙宁八年（1075），泸南夷人献纳长宁军十州土地【二】，隶淯井［监］【三】。淯井【四】，（泸）州南二百六十里，煎盐。

---

① 明·曹学佺撰，杨世文校点：《蜀中广记》卷六六《方物记八·盐》，上海：上海古籍出版社，2020年，第699—700页。

南井【五】，去（泸）州七十里，井灶在万山之境，深入五十八丈有奇。五代以前，科丁夫充役。后以刑徒推车汲水，熏煎甚苦。宝祐元年（1253），知（泸）州事桑愈改以牛具推车取水。立石镌碑【六】。元至元十二年（1275），行枢密院【七】下本州经理煎办。十三年，王世昌窃乱，以木石筑寨【八】十五年定蜀，四川转运司下本州兴工开淘。自十八年为始，岁认课额一十二万斤。十九年为始，趁办【九】亏额。二十年四月罢之。

【校补图注】

【一】　"盐，有二"，《元丰九域志》卷七《泸州》作"监二。熙宁八年夷人献纳长宁等十州土地，隶淯井"①。

【二】　**泸南夷人献纳长宁军十州土地**　北宋熙宁七年，当地人为争夺淯井盐利起事，朝廷命熊本率兵进讨，长宁山前山后十州的少数民族被迫献土内附，因置淯井监，隶泸州。政和四年（1114）改建为长宁军。

【三】　"监"字，据文意补。宋置淯井监，治今长宁县双河镇。宋代在此设官主之，并派重兵戍守。"淯井监"之名，早在大中祥符三年便已在《宋会要辑稿》中出现，建置时间应不晚于其时。

【四】　**淯井**　大口浅底盐井，遗址在今长宁县双河镇北门桥上游 200 米淯溪河边。"泉有二脉，一咸一淡，取以煎盐。塞其一，则皆不流，又谓之雌雄井。"②《资治通鉴》载：唐僖宗中和三年（883）战乱，"淯井路不通，民间乏盐"③。足见早在唐代，淯井便已有官主之，产盐甚丰，供给民食，举足轻重。该书又言，五代前蜀国王建时，已设淯井镇，有淯井刺史。《舆地纪胜》载："王氏武成、永平间（908—915），赐淯井刺史罗元审、罗元信《牒》，谓之'淯井镇'，今罗氏所收

---

① 宋·王存撰，王文楚、魏嵩山点校：《元丰九域志》卷七《泸州》，北京：中华书局，1984年，第 328 页。

② 明·李贤等撰：《明一统志》卷六九《叙州府》，《四库全书》文渊阁本。

③ 宋·司马光编著，元·胡三省音注，"标点资治通鉴小组"校点：《资治通鉴》卷二五五《唐纪七十一》，北京：中华书局，1956年，第 8289 页。

《告》《牒》犹存。"① 宋代四川盐制 "大为监,小为井。监则官掌,井则土民干鬻,如其数输课(纳税),听往旁境贩卖。唯不得出川峡"②。淯井产盐最丰,"公家百需,皆仰淯井盐利"③。

宋代淯井遗址(中央电视台记者傅强摄,长宁县人大常委会周永前提供)

关于淯井及其产盐的由来,《舆地纪胜》引《金厅记》曰:"初,人未知有井。俄有二人因牧,而辨其咸,告之有司,乃置监鬻盐,其井不凿自成。"④ 又云:"盐井。井在(淯井)盐城北。井之咸脉有二,一自对溪报恩山趾度溪而入,尝夜有光如虹,乱流而济,直至井所;一自宝屏随山而入,谓之雌雄水。古老相传以为,井初隶夷之罗氏,汉人黄姓者与议,刻竹为牌,浮大溪流,约得之者以井归之。汉人

---

① 宋·王象之撰,李勇先校点:《舆地纪胜》卷一六六《长宁军》,成都,四川大学出版社,2005 年,第 5018 页。
② 元·脱脱等撰:《宋史》卷一八三《食货下五》,北京:中华书局,1985 年,第 4471 页。
③ 元·脱脱等撰:《宋史》卷四〇九《高定子传》,北京:中华书局,1985 年,第 12318 页。
④ 宋·王象之撰,李勇先校点:《舆地纪胜》卷一六六《长宁军》,成都:四川大学出版社,2005 年,第 5021 页。

得牌，闻于官，井遂为汉有。今监中立庙祀之。"①

《蜀中广记》亦云：

> 长宁县渚井，在县北宝屏山下。古老云："昔诸葛孔明登山，谓此处当出一宝，否则产英贤。"及下山，见井，曰："此足以当之矣。"《舆地纪胜》云："渚井，脉有二：一自对溪报恩寺山趾度溪而入，尝夜有光如虹，乱流而济，直至井所；一自宝屏随山而入。谓之"雌雄水"。初，人未知有井。夷人罗氏、汉人黄姓者，因牧而辨其咸，佥议刻竹为牌，浮于溪流，约得之者以井归之。汉人得牌，闻于官，井遂为汉有。后人立庙，祀黄、罗二神……《（明）一统志》亦云：长宁治北渚井，二脉，一咸一淡，取以煎盐。塞其一，则皆不流，谓之"雌雄井"矣。唐贞观五年（631）置南通州，析置盐泉县以隶之。王象之（《舆地纪胜》）谓"叙州近边之地别无盐泉"，意者即今长宁之境，则唐初必输官（由官家经营）矣。②

这个传说背后的事实是，渚井盐泉原本为夷人所发现，而官府用欺诈手法欺骗夷人，遂落官府囊中。

盐是人民生活所必需，又是古代国家财税收入很重要的来源。北宋一代，中原地区社会秩序基本安定，少有兵革之扰，而泸南地区却民族武装冲突频繁，史不绝书。究其原因，主要是为了争夺渚井的盐利。

元明时，渚井盐泉渐淡，清代停止开采。其实在当地地层深处，盐矿储存甚多，1973年，四川省石油局川南矿区32144钻井队钻探发现，双河大型岩盐隐伏矿床，岩盐厚度240米，其中第一韵律井深2903～2992.5米，厚度89.5米；第二韵律井深2591～2903米，厚度312米；第三韵律井深2518～2591米，厚度73米。盐层赋存于下震旦统灯影组下部第一段中，盐井深2645～2885米，厚240米。白云岩夹层厚27米，纯岩盐厚213米，其中第一层厚187米，纯岩盐含氯化钠90%以上，色浅，多为无色透明、半透明及乳白色。深灰色岩盐层仅占盐层总厚度的10%，品质优良。③

---

① 宋·王象之撰，李勇先校点：《舆地纪胜》卷一六六《长宁军》，成都：四川大学出版社，2005年，第5022—5023页。

② 明·曹学佺撰，杨世文校点：《蜀中广记》卷六六《方物记八·川南井》，上海：上海古籍出版社，2020年，第700页。

③ 四川省长宁县志编纂委员会编：《长宁县志》，成都：巴蜀书社，1994年，第64—65页。

2019年西南大学历史地理研究所师生考察淯井遗址（长宁县委办公室毛智摄）
左起：焦紫纤、张静、赵永康、郝家彬、蓝勇、王钊勤、石令奇、张浩宇，宜宾学院周洪谟
研究所研究员周兴福、张铭、陈俊宇、杨四海，长宁县地方志办原主任陈万彬

【五】　南井　盐井。唐代已然开采。其时，应是浅口大井。本文言"深入五十八丈有奇"，为小口卓筒井。乾隆《大清一统志》："南井监，在江安县东北。宋熙宁八年（1075）置。元初，废。《九域志》：'在（泸）州西七十里（的南井场），《旧志》：今为（江安县）南井铺。"[1] 2000年更名四面山镇中桥社区。宋人张成叔"考（父）讳珌，以五举于礼部，授九品官，尝监泸南井盐。致仕，得右承务郎。"[2]

《舆地纪胜》："南井盐岁计四十一万斤，陀鲁井岁计二万八千斤。"[3] 实际考察其地，故井尚存，地理坐标东经105度12分52秒，北纬28度50分24秒。但已湮塞。其井所汲卤水，用毛竹贯通其节，组成十五里长的输送管道，运至长江岸边的南井口（旧名井口场，今为江安县阳春镇井江社区）盐井坝，设厂煎盐，下船外

---

① 清·乾隆官修：《大清一统志》卷三一二《泸州》，《四库全书》文渊阁本。
② 宋·晁公溯撰：《江原张君墓志铭》，见宋·晁公溯《嵩山集》卷五四，《四库全书》文渊阁本。
③ 宋·王象之撰，李勇先校点：《舆地纪胜》卷一五三《泸州》，成都：四川大学出版社，2005年，第4588页。

运。灶户输盐，日有定额，终年劳作，无一日之休息。"大中祥符元年（1008），（始）诏泸州南井灶户遇正、至、寒食各给假三日，所收日额，仍与除放（免输）。"① 元代泸州民生凋敝，南井不再产盐。明代重新开采，至"万历中，井塞。清康熙五十七年（1718），江安知县段充持捐凿惜古、袼永、庙坎三井，设（煎盐）锅三口。惜古、袼永旋竭，仅庙坎一井设锅一口。"雍正八年（1730），起科，因（卤）水淡，盐微。征课银二两，羡银二钱四分。额配灶陆引十七张。乾隆三十八年（1773）深淘，（盐）泉旺，报添锅十二口，共十三口，征银二十六两，羡银三两一钱二分，额配叙永厅陆引六百五十五张。（江安）本县除南井灶陆引十七张，额消犍为（县）陆引一千零四十八张。征正税银五百二十八两四钱五分六厘，羡银三百五十二两四钱三分二厘，截角银九十三两一钱二分。田赋税契并酌增赢余银八百三十七两九钱七分二厘，当课征银十两。"② "清末停产。民国二十九年（1940）张乃赓等集资开办济和盐灶。至1950年，因成本过高停产。"③ 1958年"大跃进"，当地曾重开盐场，汲井煎制，但产量极低，旋废。

【六】　立石镌碑　桑愈之碑今已不存。或云中华人民共和国成立后犹在，江安县委宣传部某新闻干事曾拍有照片藏存。访之，其人已故，未能得见。

【七】　行枢密院　参见★9。

【八】　王世昌窃乱，以木石筑寨　至元十三年，南宋收复泸州，以王世昌为泸州安抚使，筑南井监寨垣，以资防御。故迹犹存。

【九】　趁办　缴纳。

江安县【一】

★65.

《图经志》

土产大略与泸州同。

【校补图注】

江安多竹，四十万亩翠霭苍茫。竹簧工艺冠甲蜀中，诸般竹工艺制品美不胜收，

---

① 元·脱脱等撰：《宋史》卷一八三《食货下五》，北京：中华书局，1985年，第4472页。
② 严希慎修，陈天锡纂：《江安县志》卷一《赋税》，民国十二年铅印本。
③ 四川省江安县志编纂委员会编：《江安县志》，北京：方志出版社，1998年，第335页。

尤以细丝簟席闻名远近。其南乡，今红桥镇一带，喀斯特地貌发育，石灰岩蓄积甚丰，硫铁矿、无烟煤等矿产资源蕴藏丰富，此言大略相同。

纳溪县[一]

★66.

《图经志》

山多地瘠。居民不过耕稼，所敛亦薄，余无所产。

【校补图注】

纳溪固给人县小民穷的印象，然实际并非如此不堪。县境白节、大里山区，地势高寒，终年云雾，宜茶。这里为泸茶产地，茶园连片，茶品优良，畅销远近。护国镇甜橙名噪一方。

其尤可道者，则又有文石焉。文石亦名纹石，又呼锦石，今谓之雨花石。长江上游大渡河、金沙江河滩所在多有，自汉迄清代有采取。其为洪流急湍冲汇而下者，流落城旁，积为洲汀，文石斑斓，光彩缤纷，美不胜收。抗日战争时期内迁乐山的武汉大学章韫胎教授曾撰《嘉阳拾石记》，从现代科学的角度，对文石进行分类，其略云：

> 考石子之成也，源于急流触山，夹石以趋，逐浪互击，碎至于沙。结晶矿品，由于碎面不同，纹理异致。同种矿石，破碎之后，形色各殊。冲至下游，石子渐小，形色愈奇。逐一较之，有相似者，无相同者。加之川流之刷涤，彼此之磋磨，光泽文采，皎然焕发，惟体质坚实，出水黯然，永宜植于清泉之中。
>
> 天然矿品，成于单纯之质料者少，每与他质团结，或相错为块，或相间为层，或此附于彼，晶式各异，团结异趣。矿品破裂，颇有常则，断面纹理，多有成规。故石子色彩虽繁，不无条理可寻。日经流浪切磋，破觚为圆，通称鹅卵石，此常状也。然其他形态，不胜枚举。予略加识别，列其尤者为八品，其纹理之常见者，又列为八采，以概示之。嘉石别致，（乃有:）

八　采

品名	特质	品名	特质
纯全	纯色，难全	锦藻	三彩六等，水机浪织
合好	两合，亦好	云根	飘如云影，隐若浮雕
韭叶	散同剪韭，簇似落花	罗纹	粗则帆影，细则蛾眉
珠玑	小如粉米，大如花瓣	环带	九环照地，一衣定天

八　品

品名	特质	品名	特质
柿核	斜方	水镜	扁圆
菱仁	三棱	天球	正圆
螺髻	螺形	雷斧	铲状、圭状
龙骨	骨形	浪椎	槌状、凿状

纯全：石子竟体一色。如雪白、晶白半透明、灰白、淡青、浅蓝、赤红、紫红、浅红、暗紫猪肝色、深绛、枯黄、正黄、嫩黄、泥黑、深黑、藻绿、茶褐、老苍。

合好：每石两色，分区割据。

韭叶：石体为褐、黑、黄各色。上布结晶鳞片，状如韭叶细断，偶有簇集如花，鳞片宽狭长短不一。其色浅黄、深绿、淡青者多见，亦有为黑、为红者。

珠玑：石上晶片，碎小者作粟粒状，或大如花瓣。星点一色或数色，晶粒若有脱落，石上乃现细孔。初置水中，孔间浮出水珠，亦美观也。

锦藻：石之体质为两三种晶片交错而成，或红绿相间，或红白相间，或绿质黄章，或黑质白章，俨有黼黻之美，花样甚多，锦织藻绣。

云根：石上附合之晶质，磨洗将尽，尚留痕迹，幻成云霞、网络、草、木、虫、鸟诸态，有若浮雕者然。

罗纹：纹之粗宽者，每石只具数道；其细腻者密若肌理。通由两种晶质，层层间列。纹色为黄为白者常见。其为紫、为红、为绿、为青、为黑者，莫不有之。石黄纹细者，观若朽木。

环带：乃罗纹之别派。不过每石只具带纹一两道耳。就石之姿势观之，带或横绕如束腰；或斜绕如笼肩，若今之武装带然。

　　八品中，雷斧、浪椎两例，所纳石品甚伙。其为斧状、槌状、凿状、镖状者，颇似近代发现初民之用具，所谓新石器是也。此项石器，在中国早已知之，宋人谓之雷斧，拾之岗陵，疑为霹雳火灼者也。人类造作工具之改进，近时分为旧、新石器，铜器，铁器四期。旧石器粗糙，新石器已经雕琢圆润。《越绝书》中《宝剑》篇风胡子对楚王问，意旨相同。以为自古工具，由石兵而玉兵、而铜兵、而铁兵。故新石器时代，若谓之"玉器时代"或"玉兵时代"，意更适宜。按旧、新石器两名系由西文意译而来，不甚妥当。旧石器之西文，原意为粗糙石器，新石器之西文，原意为磨制石器，实玉器之谓。今之嘉定民间，每取石子为权、为杆、为砑石、为镇纸，凡就其形象而利用之处甚多。想初民之居水滨者，安有不知采用石子为工具，略治锋刃，即国新石器之物。新、旧两代石器之改进，谓必经数万年之久者，其岂确论乎？

　　再者，石子之中，状似古玉者，亦不鲜见。琬琰之圭，大小之璧以及璧美诸品，不难俯拾，陈之案头，亦殊清雅。①

　　纳溪县城上游五里连牟子（野猪牙）至火焰碛二十余里江段，河滩沙碛中蕴藏文石甚丰，玲珑剔透，缤纷五彩，美不胜收。黄庭坚为赋《云溪石》诗："造物成形妙画工，地形咫尺远连空。蛟鼍出没三万顷，云雨纵横十二峰。清坐使人无俗气，闲来当暑起清风。诸山落木萧萧夜，醉梦江湖一叶中。"② 又《戏答王居士送文石》诗云："南极一星天九秋，自埋光景落江流。是公至乐山中物，乞与衰翁似暗投。"③ 清人陶澍《蜀輶日记》载：纳溪"江岸产锦石，有若芭蕉者，竹叶竹节者，龟者，鱼者，蟹横其螯、蟆张其颐者，又有若星月、若老人、美女者。纹理隐约，间以红白。以水浸之，宛然"④。又王培荀《听雨楼随笔》写道："纳溪县河中石子，生成人物、纹理如绘。居人多觅此求售。有秀才某，暇时辄于其中检视，得《西厢》一部，如《待月听琴》等。每石具一剧，纤毫毕备，真奇物也。"⑤ 嘉庆《纳溪县志》亦云：

----

① 章辑胎撰：《嘉阳拾石记》，见中国人民政治协商会议乐山市委员会文史资料委员会辑编《乐山文史选辑（第四辑）》，乐山：国营峨眉县彩印厂，第158—161页。
② 宋·黄庭坚撰：《山谷外集》卷一四，《四库全书》文渊阁本。
③ 宋·黄庭坚撰：《山谷集》卷一〇，《四库全书》文渊阁本。按，王居士名献可，时任泸州知州。
④ 清·陶澍撰：《蜀輶日记》卷三，宁波天一阁藏道光四年初刻本。
⑤ 清·王培荀撰：《听雨楼随笔》，成都：巴蜀书社，1987年，第293页。

野猪牙（之文）石，在县西三里大江滨，水落时始可掘取。其质坚细而色微红，制砚甚佳，不减端砚。人多宝之。

文石。出县西四里中坝，及县北五里连牵子。其质坚白，上生五色花卉之纹，大者如盘盂，小者亦如碗口。居民于春冬间乘微雨寻采，加以琢磨，光泽如玉。盛盆水贮之，足供把玩。或制为砚带、镇纸诸器，亦雅。今县中蓄藏者甚众，佳者尤不轻以示人焉。①

火焰碛，长江上水航行陡急江滩。滩在纳溪城下游 20 里，旧属纳溪县，今隶泸州市江阳区邻玉镇。滩为长达六百余米的大片沙碛，突入江心，遮断半江河水，水流湍急，旧时上水木船过此，牵挽艰难，例得多船纤夫合力共牵一船，方能上滩。名曰"换中"。沙碛混杂大大小小的鹅卵石无数，其中多有小而彩丽的文石。在沿江文石中名声最著。火焰碛下方，由于被沙碛遮挡，自然形成回流，船工呼作"西流"，以江水东流而此处之水逆流而西也。

民国时期，文石加工一度形成产业，泸县珠紫街上前店后厂十余家，"车为饰物，镶嵌戒指，佳者价值兼金"，远销上海、广州诸大都会。

合江县【一】

★67.

《图经志》

桑、麻、棉花、【二】麦、【三】稻常产之物，余无所有。

【校补图注】

【一】 合江县（土产） 合江方物之可称者，首曰荔枝，此外，还有橄榄、酱油。巴蜀荔枝，合江独盛，年产超百万公斤，畅销远近，空运全国。此邦荔枝始于何时，已不可考。以其地在长江河谷，应不晚于唐宋。1993 年新编《合江县志》记载：

荔枝又名离枝，为合江特产，分酸、甜两类，并有早、中、晚熟之分。酸荔枝果肉薄，成熟期早。现已日渐淘汰。甜荔枝果大核小，肉厚而细，晶莹如

---

① 清·赵炳然、清·陈廷钰纂修：《纳溪县志》卷三《疆域志·物产》，嘉庆十八年刻本。

玉，酸甜适度，汁多味美，有十多个品种。中熟品种有：大红袍、绛纱兰、妃子笑、糯米糍、佛顶珠；晚熟品种有：带绿、楠木叶、桂味、沱堤。品质以楠木叶、绛纱兰、带绿、沱堤、桂味、妃子笑、糯米糍为上乘，产量则以大红袍最多，约占总产量的 80%～90%。

楠木叶、大红袍、绛纱兰荔枝，为县人胡清晟于清乾隆二十年（1755）前后，离任广东惠州游击时，运回树苗各一株，植于马街三块石纸厂沟。后人从母树托苗繁衍发展。果实 7 月中旬成熟，肉细嫩，果汁多，俗称"三块石甜荔枝"。

佛顶珠荔枝，果实圆而匀称如佛珠，故名。母树由县人郑世伟于清代从福建漳州东山岛引进；妃子笑由郑懿山于清光绪年间自江苏张渚携回。两树栽于马街乡兰花榜。郑氏后代用"筒靠法"接枝繁衍。由于果实肥大甘芳，郑氏密嘱后人"非至亲不得一植，非至友不得一食"。"清代达官显宦，每于初夏，专（预）买其实，馈送显要。"8 月中旬成熟。与"三块石甜荔枝"齐名，主产于马街、张湾两乡。

沱堤亦称清香沱堤，或四眼沱堤荔枝，以果密成沱而得名。肉厚多汁，含糖量高。母树九株，原为县人周用仁于清道光年间从由广东番禺引进，植于三桥乡土地坝繁衍发展。焦核占 93%，7 月底 8 月初成熟，"世颇珍之"。主产于三桥乡、沙坎、胜利、觉悟、临江、油榨等乡。全县均分布。

带绿荔枝，形如圆球，壳外有浅绿色带环，焦核多，果肉嫩而化渣。民国二十六年（1937）县人刘美唐从广东带回绿沃、带绿两个品种幼苗，植于榕山锅厂湾，精心管理繁殖。质称上等，但产量低。7 月成熟。主要分布于榕山、马街两乡。

良种甜荔枝，民国时期，多为地主经营。为了独擅其利，园主不愿多托苗繁衍，因此发展缓慢。[①]

橄榄俗称青果，科学名称为油橄榄，学名 Olea europaea L.，木犀科，木樨榄属亚热带常绿乔木，枝叶茂密，亭亭如盖。耐旱、耐寒，是生长能力很强的长寿树种。花期为 4～5 月，果熟期为 10～12 月。果可生食或渍制；可药用，治喉头炎、咳血、烦渴、肠炎腹泻。核供雕刻，兼药用，治鱼骨鲠喉有效。种仁可食，亦可榨油。《岭表录异》曰：橄榄树脂和糖，"谓之橄榄糖，用泥船损，干后坚于胶漆，着水益干

---

①《合江县志》编纂委员会编纂：《合江县志》，成都：四川科学技术出版社，1993 年，第 136 页。引用时有订正。

耳"。木材可用以造船，制作家具、农具，以及作为建筑用材，等等。县城长江下游四十里史坝沱北岸，百年以上青果树近百株，高各数丈，排列成行，蔚为壮观。川江船工棹歌传唱："史坝沱的青果成了行。"新编《合江县志》："青果，与荔枝齐名，亦是合江有名特产，入药，有清热、利咽喉、解酒毒功能，是治马流涎症的良药。合江青果品种有大梭子、二梭子、吊兰花、饭粑饼、大白元、二白元、丁香谷、红皮等。丁香谷是青果中的上品。合江青果栽培历史悠久，甘雨（前代地名干坝子）、望龙、白米、马街、张湾、修竹、虎头、文桥、白果等乡是集中产区。古青果树龄多在数百年以上。马街乡龙潭村三组一株脆皮青果树，树龄距今约五百至六百年，年产量常达500公斤。新中国成立前，全县常年总产量约 15 万公斤。"[①] 近年大力推广，产量已近百万公斤。

合江酱油（当地人呼豆油）历史悠久，品质上乘，船工棹歌传唱："合江豆油保宁醋。"与阆中（明保宁府）之醋齐名，产于先市镇者最佳，其酿造工艺被列入国家非物质文化遗产名录。

---

① 《合江县志》编纂委员会编纂：《合江县志》，成都：四川科学技术出版社，1993 年，第137 页。引用时有订正。

十六、土贡[一]

本 州
★68.
《九域志》
葛[二]一十四。

【校补图注】

【一】 土贡　贡，献也。把土产物品进献给朝廷。《尚书·禹贡》："禹别九州，随山浚川，任土作贡。"孔氏传："任其土地所有，定其贡赋之差。"① 明代赋役制度对户丁摊派徭役，按田土多少征收田粮。另外征收一定数量的土特产品，叫作土贡。

泸州西南徼外，进贡朝廷的方物，汉、晋史乘无载，纵有，应亦不多。唐代"开元贡：麸金、葛、酱。赋：麻、布"。②《新唐书》：泸州"土贡麸金、利铁、葛布、班布。"③ 宋时减至只贡葛十匹。④ 清代，不再征收。今人或言唐代合江进贡荔枝，泸川贡罗沙稻米，古蔺贡茶和蔺草席云云，皆只系民间传说，并无文献依据。

【二】 葛　用葛的藤条的韧皮纤维织成的葛布。葛是多年生藤本植物，川滇黔桂所在多有。"一名黄斤，一名鹿藿，一名鸡齐。有野生，有家种。春长苗引藤蔓，延治之可作布。根外紫内白大如臂；长者五六尺。叶有三尖，如枫叶。七月着花，

① 汉·孔安国传，唐·孔颖达等正义：《尚书正义》，见清·阮元：《十三经注疏（清嘉庆刊本）》，北京：中华书局，2009年，第307页。
② 唐·李吉甫撰，贺次君点校：《元和郡县图志》卷三三《剑南道下·泸州》，北京：中华书局，1983年，第864页。
③ 宋·欧阳修、宋·宋祁撰：《新唐书》卷四二《地理六》，北京：中华书局，1975年，第1092页。
④ 宋·王存撰，王文楚、魏嵩山点校：《元丰九域志》，北京：中华书局，1984年，第327页。

累累成穗。荚如小黄豆，宜七八月采之。"① 茎长二三丈，缠绕他物上，花紫红色，荚果上有黄色细毛。根肥大，叫葛根，富含淀粉，可供食用，也可入药。"采葛法：夏月葛成，嫩而短者留之；一丈上下者，连根取，谓之头葛。如太长，看近根有白点者不堪用，无白点者，可截七八尺，谓之二葛。练葛法：采后，即挽成网，紧火煮烂熟。指甲剥看，麻白不粘青，即剥下。长流水边，捶洗净，风干。露一宿，尤白。安阴处，忌日色。纺之以织（即成葛布）。"② 古代泸州地少桑麻，民人所服多为葛布制成。

---

① 明·徐光启撰，石声汉校注，石定枎订补：《农政全书校注》卷三六《麻附葛》，北京：中华书局，2020 年，第 1288 页。
② 明·徐光启撰，石声汉校注，石定枎订补：《农政全书校注》卷三六《麻附葛》，北京：中华书局，2020 年，第 1288 页。

十七、山川

山

★69.

《图经志》

宝山【一】。泸州之负郭山也，当州之右【二】。高平耸阔，延袤数里。每春，人踏青于其上，以为眺玩之所。昔诸葛亮驻营于此【三】。山上有武侯庙【四】，今存遗迹。《方舆胜览》："在泸州城（南）［西］【五】。初名堡子山，为巡检廨。陈公损之【六】移廨山西，建堂其上【七】，袁公说友【八】名其堂曰江山平远，易堡子为宝山，皆大书揭之。下瞰城郭，万瓦鳞集，两江合流。"《郡国志》："一名泸峰山【九】，高三千丈，地多瘴，三四月渡之，必死。唯五月上旬渡之即无害。故诸葛亮云五月渡泸。即今之宝山。"李壵《西山堂记》云："以常璩《华阳国志》及辛怡显《云南录》考之，乃在越嶲之地明甚，非泸之宝山。"《元一统志》："诸山拱揖，真胜绝也。今碑字犹存【十】。又有西山堂。相传宝山即古之泸峰。李壵字季允，作《西山堂记》以辨其非是。下有木龙岩【十一】，山谷黄庭坚所名。"

方山【十二】。泸州之西南山也，去州（二）［四］十里【十三】，青翠耸拔，高方而平，因名方山。山有八面，前二面之麓有二尖峰，周围峦峰共九十九顶【十四】。山下有魏曹操庙。《舆地纪胜》："旧志载，唐天宝改为回峰山。其山八面，望之面面相

364

朝，于群山中最高。山根（滂）［傍］【十五】江，江上有魏武帝庙【十六】。《华阳国志》云，方山之下有方山神。又《图经·祠庙门》云，去泸川县八十里。不同。然江安县亦有方山，上有天（地）［池］，下有神祠【十七】恐《图经》指江安县之方山也。宋讨乞弟，阴雨逾月，神宗皇帝封香祷焉，有应，遂赐庙号【十八】

华阳山【十九】。在泸州，方山之支山也。在方山之东五里，尖而且秀，与方山对峙。

南寿山【二十】。在泸州，形势高峻，岩壑秀异，当州之南，故名南寿山。《舆地纪胜》："在乐共城西南三十五里，名博望寨，山高且秀。晏夷平定，守臣绘图以进，上意悦之，赐名南寿，又名御爱。其林木有禁不采。"

安乐山【二十一】。距泸州东北（五十）［一百零五］里【二十二】，秀蠹三峰，形如笔架，岗如马鬃，悬崖峭壁。相传隋有刘真人【二十三】修炼于其上，丹成而仙。今丹灶之所，土色采红。在合江县西五里，其山三峰凸凹，四面峭壁，俗名笔架山。有蒙泉【二十四】，在山之下，岁旱祈祷有应。其山俱秀，有溪【二十五】，及延真观。有石柜【二十六】，为仙人藏经之所。岐而左，有烂柯迹。后有仙人影，隐隐在石壁中。岐而右，历木楠台、仙人屋、十二盘，至剪尽疵。循山有八洞，通南岩。有石曰许由瓢。又有芙蓉城、滴水崖、白猿洞，此三峰之景也【二十七】。任伋《游安乐山》诗【二十八】："安乐溪上峰，万木森翠羽。孤村切天心，横拓压坤股。气势西吞夷，光芒南定楚。云泉出石窦，淋漓洒玉宇。烟萝缠林梢，摇曳垂翠组。"山有天符叶，一夕大风雨，拔去。复得于容子山。如荔支叶而长，有纹如虫蚀，宛如虫篆，或以为刘真人仙迹。苏子瞻诗："天师化去知何（日）［在］，玉印相传世共珍。故国子孙今尚（在）［死］，满山秋叶岂能神。"【二十九】《元一统志》："《寰宇记》云：有瀑布千尺飞流。天宝六载，改为合江山。"范子长《郡邑志》【三十】云："始，刘真人珍卜居此山中，曰：'僰道平，盖气歇而不清；江安方山，气浊而不秀。成山而又清秀，惟安乐山耳。'遂定居焉。水源发甘，虎豹服役。见黄庭坚题行【三十一】。"

钟山【三十二】。在江安县南五里，峻拔峭险，圆如钟形，名曰"钟秀"。

掇旗山【三十三】。在纳溪县城东北三里，相传诸葛亮竖旗于此，山因名焉。

丁山【三十四】。在合江县西南（五）[三]【三十五】十里，其山峰状如笔形，因名丁山。

容山【三十六】。在合江县东（一十五）[三十]【三十七】里，其形如屏，四时树木苍翠不改，因名容山。

【校补图注】

【一】 宝山　今名忠山。《方舆胜览》："初名堡子山，为巡检廨。陈公损之移廨山西，建堂其上。袁公说友名其堂曰江山平远，易堡子为宝山。皆大书揭之。下瞰城郭，万瓦鳞集，两江合流。"① "天启辛酉（元年，1621），蔺夷入讧②，郡治煨烬。历十余载，庙貌剥露，上雨旁风，禋祀弗虔，井堙木刊，鼯窟鸥巢，颓陁为崇。癸酉春，礼部仪制郎何公，奉玺书巡臬川南③，驻节于泸。登谒侯祠，瞻睇恻然，乃新栋宇，易桷榱，垩垣甓，缮瓴甋，崇饰藻绘，俱如式。前为轩三楹，曰澹宁，左右廊庑皆严洁，选黉宫弟子隽敏者习业其中。又前为八卦台，像阵图之概。并易宝山曰忠山，匾焉。"④

---

① 宋·祝穆撰，宋·祝洙增订，施和金点校：《方舆胜览》卷六二《泸州》，北京：中华书局，2003年，第1086页。

② 蔺夷入讧，谓永宁宣抚司（土司）宣抚使、彝族扯勒部族首领奢崇明反明起事，攻陷泸州。扯勒部族所居以蔺州为中心，因谓之"蔺夷"。

③ 礼部仪制郎何公，奉玺书巡臬川南：何公名闳中，字绷卿，湖广黄冈人。明天启二年（1622）进士。以礼部仪制郎奉旨出任四川下川南道按察司副使（主官），分管一道刑名、教育。崇祯中，转云南洱海兵备道（兵巡道）副使。明代的道是省级政府的派出机构，后期成为事实上的一级政权机构。由省的承宣布政使司派出者，称分守道，职掌民政、钱粮，以参政（从三品）或参议（从四品）为主官；由省的提刑按察司派出者，称分巡道，职掌刑名、教育，以副使（正四品）或佥事（正五品）为主官。下川南分守道驻叙州府（今宜宾），分巡道驻泸州。清代只保留分巡道，改称分巡永宁道，驻泸州。清代以降泸州地志称何闳中为"提学副使"。

④ 明·韩位甫撰：《重修武侯祠碑记》，乾隆《直隶泸州志》卷七《艺文》，见故宫博物院编《故宫珍本丛刊》第210册，海口：海南出版社，2001年，第229页。

山腰旧有"宝山春眺"碑，高可二米而阔半之。字大如斗，苍遒厚润。杨慎《宝山春眺》诗云："金维胜景宝峰端，万象分明对倚栏。鲁直江山写平远，丹渊晚霭画横看。西原迟日低秦树，南浦风光泛楚兰。独立苍茫吟思苦，孤城白首望长安。"[1] 其自注云："江山平远四字，山谷（黄庭坚，字鲁直）所书。"丹渊晚霭，谓北宋诗人文同（与可）为写《晚霭横看图》也。朱德、胡耀邦都曾经登临。

民国十一年（1922），杨森以第九军军长驻泸，指挥所部官兵与中等以上学校师生一起，在山上遍植红樟树苗，百年来已成片成林，遮天蔽日。山麓，人民政府辟建公园，广数百亩，异草奇花，四时之景不同，泸人四时游憩，其乐亦无穷也。永康撰为《亘古忠山》之碑，立石园中，其辞曰：

昔在蜀汉，诸葛南征。擒纵攻心，恩威播乎绝域；弦歌教化，德泽长被山林。怀德畏威，炎方处处祠丞相；继效公忠，此山独幸以忠名。传信传疑，大中华《永乐大典》；播名播胜，《不列颠百科全书》。

忠者何？敬也。何敬也？敬者肃，未有尽心而不敬者也，尽心之谓忠。孰谓之尽心？山林廊庙看武侯，抱膝鞠躬俱无求。一生只为民辛苦，烈烈两表辉千秋。

武侯千古，忠山千古。千古忠山，代有仁人品题。孤臣白首，杨升庵秋怀八唱；艰危时局，刘光第望海悲歌。黄炎培先生有言：背着忠山，教为官者忠于民，忠则勿顽；教为民者忠于国，忠则勿谖。激励我同胞举刃指虏，驱逐倭寇，共赴国仇。

斯文在兹，风流不被雨打风吹去。指点江山，惮代英育人播火；拔帜易帜，刘伯承举义兴师。玉阶题词，耀邦寄语，乃有大府，营亭营榭，匠作其兴。新江山平远之堂，观乡邦日新之胜概；复南定城楼之筑，谋民族伟大之复兴。然则其意又岂止在于观玩欤？爰乐为之记，又从而为之歌曰：

蜀山苍苍，泸水泱泱。忠山之风，于兹永长。

二〇一三，乡人赵永康

---

[1] 明·杨慎撰：《升庵遗集》卷一〇，《四库全书》文渊阁本。

江阳名胜闻忠山

（西南医科大学宣传部提供）

1951 年，山上建为川南医士学校。川南人民医院同时迁驻山腰，列为学校的附属医院。八十年与时俱进，而今已发展成为具有博士授权点、招收外国留学生的西南医科大学。

【二】**当州之右**　实际勘测，忠山坐落泸州城西。《方舆胜览》记作"在城南"，误。

【三】**昔诸葛亮驻营于此**　诸葛亮在蜀行踪，史乘班班可考。其入蜀，至江州（今重庆）分兵，与张飞溯嘉陵江转涪江达于成都，赵云分兵溯江以定江阳。南征，自成都浮岷江至僰道转金沙江至安上（今屏山县新市镇）而入于夷境。凯旋自汉阳，即自今云南曲靖、经平夷（今贵州毕节）沿秦五尺道至僰道（今宜宾），还成都。至于其于刘备临终之际赶赴白帝城，行也匆匆，即使取道江阳，也不可能带有大队驻营山上。伐魏，江阳不在行军道上。诸葛遗爱在蜀，民间传说他的遗迹无处无之。所谓驻营于此，殆亦传说而已。

【四】 山上有武侯庙 民国《泸县志》："武侯祠，在城西宝山之峰，即三忠祠，祀汉诸葛武侯及其子瞻、孙尚。宋庆元中泸州帅陈损之始建。《明一统志》云：旧时，蛮人每岁贡必相率拜于庙。宋刘光祖诗：'蜀人所至祠遗像，蛮徼犹知问旧碑。'明参政吴从义、佥事薛甲、副使何闳中先后重修。兵燹后残毁。清康熙七年（1668）参政张松龄重建，乾隆五年（1740）知州林良铨增修，光绪十六年（1890）知州李玉宣补葺。民国以后，因驻军之故，时时拆毁，又时时葺治。今多改旧观矣。"①

另据泸州市档案馆所藏清代旧编泸州《王氏家乘》："武侯祠，之藩公与十二世藩臣公建修，在泸忠山顶上。"王藩臣，泸州人，明万历中举人，官御史。曾刻《杨升庵文集》（八十一卷本）于南京。既休致还乡，出资兴建了多所寺庙，又复捐宅为宝莲寺（寺在今小市宝莲街）、建锁江塔（迄今尚存）。言其维修忠山武侯祠，事或有之。

诸葛亮未必到过泸州，泸州人为什么祠祭武侯？明嘉靖中分巡川南道佥事（主官）薛甲《武侯祠碑记》析之甚明，全文如下：

　　武侯祠，昉自沔阳而遍于蜀。今建于泸之西山者，亦其一也。泸在蜀东南，为乌、白诸蛮通道，而侯之威德，入南人为深，故均之为祠，而其建立所系有轻重焉。世传，夷人道泸过祠下，必拜。而其习俗相沿，虽至为鄙陋者，必称侯遗教而以死守之。然考侯平生经略所及，止于越巂之南，未尝亲至此，特条教颁行而已。顾人之笃信深慕犹若此，亦可以验诚感之神矣。

　　夫帝王历数，如寒暑循环。而先主崛起西南，亦与吴魏何异。然自孔明一倡，而汉统之正其不可干如天。先主兴复之大义，其不容泯没如日月。至于今，《出师》二表，诵之者未有不动心者也。呜呼！此岂有所待乎外而然哉？纲常伦理，民所秉彝。惟不参以私智而扩充之，则感触所加，人心自奋。而其功业之积累虽不成于己，必成于人；虽不行于今，必行于天下后世。此达人君子一古今、齐物我之道，而孟子所谓先立乎其大者也。侯之心事既已如此，而浅见之士，犹以起居饮食、应变、将略窃妄议其短长，可谓鲲鹏翔于寥廓而不免燕雀之笑者也。

　　甲素知敬慕于侯，窃谓孔门正心之学，惟侯知之，而每以论者之不能尽为

---

① 王禄昌修，高觐光、温翰桢纂：《泸县志》卷一《舆地志·坛庙》，民国二十七年刊本。

恨。兹幸获瞻拜祠下，以寄其余思，而庙宇颓剥，容饰弗称，无以导扬州人崇奉之意，则为轻度其工费，料量其夫役，凡故有者饬而新之，缭以垣墙，植以松柏。而祠背山面江，俯瞰城郭，亦伟丽特甚，每风日之朝，帆樯鱼鸟，行旅牛羊往来，掩映于苍烟翠霭、沙汀竹树之间，而予以无事，间一登览，则天之高，地之下，景物冥会，恍若侯之精神充溢，洋洋乎与造物偕来也。工既毕，复命僧二人守之，而赡以山下之田久没于豪民者，且发明侯之心事以告泸之人，使蒸尝者有所感发。不惟举其礼焉，则斯举也，于名教亦少补哉。

嘉靖十七年（1538）戊戌七月记[①]

【五】 实地勘测，忠山在泸州城西。据改。

【六】 陈公损之 陈损之，字子长，"建阳人，绍熙中为淮东提举，淮水多沮洳，损之筑堤二百余里捍之，置石埭十二、斗门八、荡水河三十五、函洞四十五，得良田数百万顷。奏闻，除直秘阁，转淮东转运判官。"[②] 庆元二年（1196）为潼川府路安抚使、知泸州（习称帅、帅守）。尝移宝山巡检廨于山西，建堂其上，祀诸葛武侯。又改报恩观为穆清祠，祀尹吉甫。

【七】 建堂其上 即宝山堂。详见★99。

【八】 袁公说友 袁说友，字起岩，建安人，世居湖州，南宋隆兴元年（1163）进士，遍历中外三十余年，累官至同签枢密院事、参知政事。庆元二年，出为四川制置使兼知成都府，主持编成《成都文类》，集蜀中文献之大全，传世至今。

【九】 泸峰山 其山自在今凉山彝族自治州之境。李塈《西山堂记》辩其不在今日之泸州，甚是。

【十】 今碑字犹存 民国时其碑毁灭，今来字已无存。

【十一】 木龙岩 在今泸州龙透关下方。《舆地纪胜》记载："宝山之趾，古有榕木，盘结夭矫如龙。旧有庵，山谷先生（黄庭坚）尝徜徉其间，始榜为木龙岩。"[③]《蜀中广记》记载："在宝山之趾，有古榕木，盘结夭矫如龙。黄鲁直（庭

---

① 清·沈昭兴修，清·余观和、清·王元本纂：《直隶泸州志》卷四《建置志·祠庙》，乾隆二十四年刻本。

② 清·乾隆官修：《大清一统志》卷六七《扬州府二》，《四库全书》文渊阁本。

③ 宋·王象之撰，李勇先校点：《舆地纪胜》卷一五三《泸州·景物下》，成都：四川大学出版社，2005年，第4592页。

坚）为题榜。"①

【十二】 方山 在泸州市江阳区方山镇（宋代江安县罗隆耆辖下的"石硼市"，后改"石棚镇"。1996 年后改今名）西 8 里，海拔 649 米。山"顶有池，周一里许"②，人呼"天池"。《明一统志》："方山。在（泸）州城西南四十里，唐改回峰山。山有八面，下瞰大江。江上有魏武帝庙。"③ 其山八面，下瞰长、沱两江，顶部平阔，望之面皆方，故名方山。山有九十九峰，因又号九十峰山。山麓云峰寺是蜀南黔北最大的十方禅林。大雄殿右厢有碑，云唐天宝六年（747）敕建佛寺。泸州方山今为国家 AAA 级风景旅游区。

方山古刹云峰寺（泸州市瓷厂邱继扬摄）

① 明·曹学佺撰，杨世文校点：《蜀中广记》卷一六《名胜记·泸州》，上海：上海古籍出版社，2020 年，第 171 页。
② 清·田秀栗、清·邓林修，清·华国清、清·施泽久纂：光绪《直隶泸州志》卷一《舆地志·方山》，光绪八年刻本。
③ 明·李贤等撰：《明一统志》卷七二《下川南道·泸州》，《四库全书》文渊阁本。

【十三】 方山实在泸州城西南四十里。《太平寰宇记》记作在江安"县东二十里"①，盖晋置汉安县，治今纳溪区大渡口镇三江坝，地在方山隔江十二里也。

【十四】 **周围峦峰共九十九顶** 方山九十九顶，因又号曰"九十九峰山"。民国《泸县志》卷一《舆地》记载："方山九十九峰之名不传久矣，清乾隆乙未（四十年，1775），僧慧安游天台山，闻之天台老僧。归，与南海僧越莲探考明确，曰雪雾峰、巅池峰、龙湫峰、慧日峰、五老峰、普明峰、狮子峰、画眉峰、锦屏峰、紫微峰、接天峰、文殊峰、千里峰、文笔峰、薄刀峰、普贤峰、小峨峰、土地峰、望泸峰、铙钵峰、凌霄峰、回望峰、太极峰、飞霞峰、象鼻峰、象王峰、松涛峰、芙蓉峰、华阳峰、天香峰、降龙峰、风拂峰、狮铃峰、伏虎峰、观斗峰、登台峰、中兴峰、雷音峰、观音峰、善财峰、龙女峰、圣水峰、白练峰、妙高峰、德云峰、别见峰、天台峰、状元峰、弱狮峰、芝兰峰、瑞霭峰、涌莲峰、普照峰、挥麈峰、谈玄峰、碧翠峰、赏吟峰、棋局峰、补衲峰、般若峰、呼猿峰、雁字峰、指月峰、一拳峰、面壁峰、灵泉峰、耀金峰、栖鹤峰、留带峰、护国峰、四面峰、华严峰、祝圣峰、照明峰、天竺峰、麒麟峰、玉露峰、宝印峰、金英峰、点石峰、长寿峰、云峰、竹浪峰、猫儿峰、欢喜峰、钵盂峰、罢龙峰、卓锡峰、东涧峰、玉皇峰、白云峰、彩霞峰、心月峰、石盘峰、烂柯峰、卧云峰、迎江峰。"②

【十五】 "滂"字显误，据文意改。

【十六】 **江上有魏武帝庙** 庙在长江岸边方山镇（旧名石棚场）的定水寺，地距方山山麓8里。

【十七】 **"江安县亦有方山"句**：江安县非另有方山也。《元一统志》所谓江安县西十二里之方山，实即泸州城西40里之方山，说详★89。又"地"字，《舆地纪胜》作"池"。是。据改。

【十八】 **神宗皇帝封香祷焉，有应，遂赐庙号** 此事国史不载，竟不知《图经志》所据何本。

【十九】 **华阳山** 山在方山之东五里，今泸州市江阳区华阳街道华阳村境，"与方山相对，山势横亘，卷地而起。"③

【二十】 **南寿山** 宋代泸州有两座南寿山，均在长江南岸：一在泸州城南二十

---

① 宋·乐史撰，王文楚等点校：《太平寰宇记》卷八八《泸州·江安县》，北京：中华书局，2007年，第1741页。

② 王禄昌修，高觐光、温翰桢纂：《泸县志》卷一《舆地志·山脉》，民国二十七年刊本。

③ 王禄昌修，高觐光、温翰桢纂：《泸县志》卷一《舆地志·山脉》，民国二十七年刊本。

里的今江阳区蓝田镇杨桥村，相传三国时赵云自江州（今重庆）溯江定江阳，曾驻兵于此。今为公共墓园。一在今兴文县煭王山镇，北宋政和五年（1115）梓州转运使赵遹讨平夷人卜漏，守臣绘图以献，宋徽宗悦之，赐名南寿，即此山。《图经志》混而为一，误。

晏州夷人博望寨　皇帝赐名南寿山（兴文县文旅局张毅摄）

【二十一】 安乐山　今名少岷山。山巅三峰秀耸，形如笔架，因又名笔架山。在合江县城西北 15 里。"志云：安乐山，俗名笔架山，唐神童先汪有记，今艺文不载，惟载其一绝句云：碧峰横倚白云端，隋氏真人化迹残，翠柏不凋龙骨瘦，石泉犹在镜光寒。"① 明嘉靖中，县人曾璵重新命名为"少岷山"。曾璵字岷野，又字东石，号少岷，明正德三年（1508）进士，官户部郎中，出知江西建昌府（治今江西南城县），与杨慎在泸为挚友，有《少岷拾存稿》。曾璵"登大岷、青城诸山，西眺湔氐，东眺汶渎，胸中吞其八九。而叹曰：'大岷之外，可称配林，孰与吾家安乐！'日相从几席间也，遂易安乐为少岷山。因自号云。"②

---

① 明·曹学佺撰，杨世文校点：《蜀中广记》卷一六《名胜记十六·泸州合江县》，上海：上海古籍出版社，2020 年，第 173 页。

② 明·张佳胤撰：《中宪大夫江西建昌府知府少岷曾公墓志铭》，明·张佳胤《居来集》卷四六，万历刻本。

安乐溪上安乐山（合江县委宣传部郭家平摄）

明郑善夫《小岷山歌》：

君不闻！小岷之山连胃娄，雄视西川十二州。青天万古走蜒蜿，峰回嶂转无时休。剑门峨眉各失势，白帝鸟鼠俯之如浮沤。上有许由瓢，世人不得用，直挂月户三千秋。蒙泉泻天奔龙湫，巴溪溪溪学字流，溯腾入汶江，万里沧溟收。山中老桂色不淬，芝草琅玕烂成绮。洞口长回声利车，盘石但坐烟霞侣。宋有苏长公，隋有刘仙子。探芝斫桂树，长镵（chán）乱云里。

小岷山，巉嶒不可攀。刘、苏以后人迹复不到，乃有曾东石，架屋读易于其间。平生负此沧海志，少年访道青城山。上餐青城绝壁之流霞，下弄岷峨阴壑之潺湲。黄熊苍兕不敢迫，猿狖（yòu）叫啸情自欢。空谷无人行，兰草复翻翻。竭来游人世，十载愁朱颜。

吁，嗟乎！青山信美，蒙泉亦可以洗君耳，君胡为乎城市，许由之瓢欲何俟？终南有捷径，北山有俗轨。玄猿独鹤，暖眼冷眼遥看尔红尘。白马有何益，柴桑不负陶彭泽。归来乎！曾东石。①

【二十二】 "一百零五"四字，据地理实际改。按，泸州东至合江县城一百二十里，安乐（少岷）山在合江城西北十五里。

---

① 明·郑善夫撰：《少谷集》卷三，《四库全书》文渊阁本。

【二十三】 刘真人 《舆地纪胜》："刘真人名珍，广汉之什邡人。开皇初，居绵竹，后居安乐山。（隋）开皇十九年（599），取所赍道经、钟磬封于石室中，曰：'后十六年当有圣君取之。'且曰：'吾功行已成，四月之望，吾当升天，自以火化。'是日，真人乃见隋文帝于别殿，文帝遣使至山访其事，诏建三观，上观曰腾清，中曰安乐，下曰靖安。唐高宗遣使取丹经、钟磬以进，且有显庆中诏书及杜光庭、张济所撰二传，始末甚详。而国朝李淑撰《腾清三观记》云：'安乐山乃隋大业中刘珍先生登真之地。'则与《图经》所引开皇年月不同。又云：'治平中，赐观额曰延真。'"① 唐代泸州刺史张元济《刘真人记》：

　　　隋刘真人讳珍，字善庆，绵竹人。前身即合江道士王法兴也。龆龄，风神秀异，未尝作儿戏。迨十余岁，即慕道，父母不能禁。尝厌廛市，乃曰："非云岩石窦，无以养神。非金虎木龙，无以升天。内药既成，外丹必应。曾忆安乐山峰峦峭峻，神仙境也，将复往焉。"历戎泸，至合江，顾瞻安乐，曰："戎之平盖山，浊而不清；泸之方山，清而不秀。此地清秀，可托。"因谒邑大夫洎耆旧，询安乐已事。一叟曰："安乐自王法兴大化后，堂殿荒落，不可往。"先生拊髀曰："吾全真故处也，虽蹈水火，不避。"遂傍磎径，披荆棘而上，遍登遗址，完葺弥月。苫藤蔓，辟旧洞以居焉。邑之宿儒耆献，深入烟萝寻至绝顶谒之，有老人起而曰："吾身少，从父老游此山，谒王真人，俨若先生。"先生颔之。刘即王也。绝粒垂数十年，一日，召左右，请耆庶。士人皆至，先生曰："吾累生积功，今已毕矣。四月十五日，吾当升天。"设棚，高二丈七尺，四面悬绝，无梯，先生至其所，一跃而上，北面拜而跪，如有伺候。须臾，东方紫云缥缈，有音乐声，乘云而去。时开皇十九年四月十五日也。是日，降于隋文帝殿。帝惊讶，曰："何神降于此？"先生具言其所来。言讫，辞去。帝下殿仰祝之，迤逦不见。骇叹异事。敕使驰骑合江县问实。本县实录以闻。帝令出省库钱，于仁寿间修成上、中、下三观，仍赐田土，禁樵采。

　　　天复元年（901），元济奉诏来牧泸，因览《图经》，知安乐山在合江县，乃刘先生修道之处，具状奏乞圣旨，蒙降敕，命依奏施行。元济据图籍之所传，虑胜事之或泯，次为传记，用广其闻。②

---

① 宋·王象之撰，李勇先校点：《舆地纪胜》卷一五三《泸州·仙释》，成都：四川大学出版社，2005年，第4597页。按：文段中所谓"张济"，即下文的泸州刺史张元济。
② 清·瞿树荫修，清·罗增垣等纂：《合江县志》卷四八《艺文》，同治十年刻本。

【二十四】 蒙泉 明代冯圣世《陈侯祷雨蒙泉记》云："安乐（山）中峰，有蒙泉焉。清流漏滴，戛玉敲金。先正咏中有'玉斧劈开大地髓，金钩钓出老龙涎'语，因以龙泉名。遇旱，祷辄雨。间有应不应，视县令之感被何如也。"①

【二十五】 有溪 安乐溪（赤水河）从安乐山、丁公山下方流过，萦回反复。人谓"三转笔架九转丁"。安乐溪，见★83；丁公山，又名丁山，见★69。

【二十六】 石柜 迄今尚存，县人呼"晒经石"。

【二十七】 此三峰之景也 《舆地纪胜》："《图经》云：（安乐山）在合江西五里。三峰清秀，山趾即安乐溪。上有延真观。径五里有石柜，为仙人藏经之所。岐而左，有烂柯迹、石棋局、金线泉，后有仙鱼影，隐隐石壁中。岐而右，历楠木台、仙人室、十二盘，至剪刀峡。循山有八洞，通南岩，有石曰许由瓢。又有芙蓉城、滴水崖、白猿洞，此三峰中景也。"②《图经》，或即《祥符州县图经》。烂柯，南朝梁任昉《述异记》："信安郡石室山，晋时王质伐木，至，见童子数人，棋（弈棋）而歌，质因听之。童子以一物与质，如枣核。质含之，不觉饥。俄顷，童子谓曰：'何不去？'质起，视斧柯（斧柄）烂尽，既归，无复时人。"③棋局，此谓刻在石上的棋盘。许由，古代传说中志行高洁的隐士，帝尧以天下让之，不受，隐于箕山；尧又欲官之，由谓其言污耳，乃洗耳于颍水之滨。瓢，舀水具，舀水以洗耳。

【二十八】 任伋《游安乐山》诗 其诗见《蜀中广记》④。任伋，宋熙宁中泸州知州。

【二十九】 此诗摘自《蜀中广记》。蔡世英编《东坡全集》："知何日"作"知何在"；"今尚在"作"今尚死"。⑤ 据改。

【三十】 "范子长《郡邑志》"，《舆地纪胜》作"《皇朝郡县志》"。

【三十一】 黄庭坚题行 即黄庭坚《山谷别集》卷十一所载《游泸州合江县安乐山行记》，全文如下：

---

① 清·瞿树荫修，清·罗增垣等纂：《合江县志》卷四八《艺文》，同治十年刻本。
② 宋·王象之撰，李勇先点校：《舆地纪胜》卷一五三《泸州·景物下》，成都：四川大学出版社，2005年，第4590页。
③ 南朝梁·任昉撰：《述异记》卷上，万历二十二年新安程氏刻本。
④ 明·曹学佺撰，杨世文校点：《蜀中广记》卷十六《名胜记·泸州合江县》，上海：上海古籍出版社，2020年，第173页。
⑤ 宋·苏轼撰：《过安乐山，闻山上木叶有文如道士篆符，云此山乃张道陵所寓（二首）》，见清·蔡世英编《东坡全集》卷二八，《四库全书》文渊阁本。

建中靖国元年（1101）正月晦，合江令尹白宗愈原道，率江西黄某鲁直，挐舟泛安乐溪，上刘真人山。同来者，临颍索继万希一、黔安文辉德夫。主簿郭中子和，以疾初起不能来；尉周世范表民，以支军廪不至。

安乐山，真人飞升之宅也。真人讳珍，字善庆，初卜居此山，曰："僰道平山，气歇而不清；江安方山，气浊而不秀。求山而清秀，惟安乐山耳。"既定居，泉源发甘，虎豹服役。晦日之游，云雾晦暝。将出山，晚晴，诸峰皆出。①

清光绪三十二年（1906）县令夏与赓镌石为碑，安放山间云台寺。碑文无同游诸人表字，又少"晚晴"二字。碑已不存。

【三十二】 **钟山** 今名钟秀峰。1998年新编《江安县志》："原名南照山。《舆地纪胜》：镜子山，又名照山。明代以后称钟秀峰、钟鼎山、宝塔山。有未成半塔（原注："文化大革命"毁坏）冠其巅。钟秀峰，一峰中峙，两峰旁翼，二溪交流。有眠云石、古龙洞、鸣铛岩、磨镰溪诸胜景。山下有流杯回觞和仰羲亭（原注：已毁）。"②

【三十三】 **掇旗山** 在今纳溪区城北四里长江北岸。江心有掇旗石。传说诸葛孔明树旗于此，以誓蛮人。

【三十四】 **丁山** 即丁公山，又名文明山。在合江县南三十里，安乐溪（赤水河）右岸，跨今合江县车辋、凤鸣二镇以及贵州省县级赤水市之境。状如圆锥，尖端向上。《舆地纪胜》：丁公山，在安乐溪之左，高逾千仞。舟行数百里，隐隐烟云间。上有萧齐碑，磨灭难考。③1993年新编《合江县志》："丁山。笔架山延伸至先市（镇）境内，形成一个圆锥体的丁山，海拔724米，如丁字倒峙。山顶面积仅数十平方米，上有水井，终年不涸。"④《蜀中广记》："丁山，形如丁字倒峙，又曰'文明'。丁火，文明之象也。有丁公庙，其碑乃萧齐（南朝齐）时立。"⑤ 安乐溪

---

① 宋·黄庭坚撰：《山谷别集》卷一一，《四库全书》文渊阁本。
② 四川省江安县志编纂委员会编：《江安县志》，北京：方志出版社，1998年，第728页。引用时有订正。
③ 宋·王象之撰，李勇先校点：《舆地纪胜》卷一五三《泸州·景物下》，成都：四川大学出版社，2003年，第4593页。
④ 合江县志编纂委员会编纂：《合江县志》，成都：四川科学技术出版社，1993年，第10页。
⑤ 明·曹学佺撰，杨世文校点：《蜀中广记》卷一六《名胜记·泸州》，上海：上海古籍出版社，2020年，第173页。

蜿蜒曲折，萦绕山脚，舟行数百里，犹自见之于隐隐烟云间。民谚曰：赤水河"三转笔架九转丁"。

赤水河上看丁山（郭家平摄）

【三十五】 "三"字，据道路里程实际改。

【三十六】 容山 又名榕山。在合江县东三十里长江南岸。海拔高程925米，长达16公里，其形如屏。山下有镇，名王家场，今为榕山镇。《广舆记》："榕山，（在）合江。俗名容子山。宋嘉熙中，尝筑城山上。有天符叶，如荔'支'叶而长，其纹如虫蚀篆，不知何木。或以为刘真人仙迹。"①

【三十七】 "三十"二字，据道路里程实际改。

① 明·陆应阳原辑，蔡方炳增补：《广舆记》卷一六《四川·泸州》，康熙二十五年吴郡宝翰楼刻本。

★70.

《元一统志》

瑞鹿山【一】。在泸州城南门外二里。（北朝）周保定五年（565），道士尹希岩开山，有白鹿来往山中，因以瑞鹿名山。

镜子山【二】。王象之《舆地纪胜》云："在江安县南五里，又名照山。一峰中峙，两峰旁翼，二溪交流。大溪中出峰之胁，小溪出中峰之腹。葱倩秀郁，庵庐梵室，金碧交晃。旁有二潭，曰马影，曰云施，为龙所居，旱祷辄应。山有眠云石、袭渊桥、玎珰岩、磨镰溪，清秀为一邑胜游之地。"今皆蓁芜焉。

【校补图注】

【一】 瑞鹿山　又名瑞鹿坪、白杨坪。地理坐标：东经105度26分39，北纬28度52分58秒。《明一统志》："山有瑞鹿亭。"① 已圮。今泸州供电局及其配电所在焉。1920年靖川之役，川军杨森攻入泸州，滇军第二军军长赵又新被击毙于此。

【二】 镜子山　《图经志》作"钟山"；《方舆胜览》曰"镜子山"。是皆江安县南五里之照山也。详见★69。

★71.

《舆地纪胜》

三华山【一】。自泸州朝天门下（一）［三］里许【二】。远山联络，朝郡治之后。不知其所以名。

泸峰山。《郡国志》云：在泸州【三】。泸津关有泸峰，高三（十）［千］丈【四】，地多瘴，三四月渡之，必死。唯五月上旬渡之即无害。故诸葛亮以五月渡泸。相传以为即今之宝山。而李塈《西山堂记》云，以常璩《华阳国志》及辛怡显《云南录》

---

① 明·李贤等撰：《明一统志》卷七二《泸州》，《四库全书》文渊阁本。

考之，乃在越巂之地明甚，非泸之宝山也。

丁公山。在泸州安乐溪之左【五】，高逾千仞，舟行数百里，隐隐烟云间。上有萧齐碑，磨灭难考。

铜鼓山。在泸州少远寨侧。【六】

小龟山【七】。距江安县百里。尝即其地置乐共城。方兴筑时，因取石有小龟，金纹，俗因呼为小龟山。自其（距登三绝）[趾登至]【八】顶，又有二山，名大连天、小连天。【九】

龙云山【十】。在江安县北六十里。

南岩【十一】。在泸州南山之隈。

西岩【十二】。在泸州汶江西。

【校补图注】

【一】　**三华山**　在今泸州城沱江北岸小市街道尽头处上方。明正德《四川志》："三华山，在（泸州）治北二里，三峰清秀。"① 泸州故老易润生先生云：山上有碑，镌"赵云驻兵处"五大字，已毁。

【二】　"自泸州朝天门下一里许"，《舆地纪胜》无"泸州"二字。又，以实际道路里程度之，当在朝天门下游三里。朝天门，今名大北门。

【三】　**在泸州**　此泸州指元代建置在沙城睑（今西昌市佑君镇境）的泸州（西泸州）。

【四】　"高三十丈"，《舆地纪胜》作"高三千丈"。是，据改。

【五】　《舆地纪胜》无"在泸州"三字。

【六】　《舆地纪胜》无"泸州"二字。铜鼓山、少远寨，泸州地志失载。未详待考。

【七】　**小龟山**　嘉庆《江安县志》载："小龟山，在县南百里。乐共城故址。昔人于此筑城，掘得一小龟，金纹，故名。"②

【八】　"距登三绝"，《舆地纪胜》原文作"趾登至"。据改。

---

① 明·熊相纂：正德《四川志》卷二一《泸州·山川》，《四川大学图书馆馆藏珍稀四川地方志丛刊续编》，成都：四川大学出版社，2015年，第1284页。
② 清·赵模修，清·郑存仁纂：《江安县志》卷二《山川》，嘉庆十七年刻本。

【九】 **大连天、小连天** 嘉庆《江安县志》载："连天山，俗呼量天山，回旋曲折，高耸参天。《名胜志》云，在县南七十里，汉水出焉。"① 乐共城在江安县南百里，连天山距之三十里，盖城之屏障也。

【十】 **龙云山** 今名石峰山。民国《江安县志》："石峰山，县北六十里，耸秀可观。界连泸县。"②

【十一】 **南岩** 南山，顾名思义，当在城南。泸城之南，地形平旷，惟西南二里有瑞鹿山。山之北面，陡峭成岩。岩上即瑞鹿坪（今名柏杨坪）。岩下，今建"忠山公园"，所谓"南山之隈"，应即其地。又，《舆地纪胜》无"泸州"二字。

【十二】 **西岩** 《永乐大典》引《泸州志》："西岩，在州汶江西。宋张祈诗：'似有楼台处，微闻钟磬声。溪横前路绝，人在别峰行。天远云水淡，春深花柳明。如何解尘鞅，亲扣法王城。'"③ 汶江，即长江。

★**72.**

《**郡县志**》

照山【一】。在江安县南五里，亦县之胜处。

乐共城山。在江安县，名小龟山。又有二山，名大连天、小连天，皆城【二】之藩蔽。

【**校补图注**】

【一】 照山 《图经志》作钟山，在江安县南五里，见★69。

【二】 城 乐共城。

★**73.**

《**方舆胜览**》

大连天、小连天山。在江安县百里外【一】，乐共城之侧。

---

① 清·赵模修，清·郑存仁纂：《江安县志》卷二《山川》，嘉庆十七年刻本。
② 严希慎修，陈天锡纂：《江安县志》卷一《山川》，民国十二年铅印本。
③《永乐大典》卷九七六六，北京：中华书局，1986年，第4224页。

【校补图注】

【一】 在江安县百里外　连天山旧属江安，今为兴文县地。

江**【一】**

★74.

《太平寰宇记》

泸江**【二】**。在泸州。按《郡国志》，泸江水中有大阙**【三】**焉。季春三月，则黄龙堆**【四】**没，阙即平。黄龙堆者，昔尹吉甫**【五】**子伯奇至孝，后母谮之，自投江中，衣苔带藻。忽梦见水仙赐其美乐，扬声悲歌，船人学之。吉甫闻船人之声，疑似伯奇，援琴作《子安之操》在此**【六】**。《方舆胜览》："按辛怡显《云南录》及《唐书·志》**【七】**，姚州云南郡下有泸南县，则泸水当在姚州。"李垕《西山堂记》云："郡得名为泸者，盖始因梁大同中尝徙治马湖江口置泸州。盖马湖即泸水下流，因远取水以名州。"

汶江**【八】**。在泸州。《汉书·地理志》云：汶江出徼外，从江安县西南入县界，东流入合江县界。《舆地纪胜》："在泸州，出岷山，顺流而下，东南过犍为数县境，又曰汶江。苏代**【九】**所谓'蜀地之甲，浮船于汶，乘夏水而下'者也。《图经》云：东流入合江县界。"

思晏江**【十】**。在江安县，从晏州（今兴文县）流下，合流至绵水**【十一】**。

【校补图注】

【一】 江　此谓泸州境内诸以"江"为名的河流。

【二】 泸江　谓长江的泸州段。明代，长江自叙州府（今宜宾市）南溪县铜鼓滩流入泸州江安县界，四十里至江安县城、淯水（今名长宁河）南来注之。又东，至清溪村入泸州境，大、小二清溪西南来注之，凡九十里至纳溪县城（今纳溪区），纳溪水（夜郎溪，今名永宁河）南来注之。北流，入泸州本州（今江阳区）境，曹溪从北岸东来注之，石棚溪从南岸注之；又折而东北，苏溪从南岸注之；又东北，五渡溪西来从北岸注之；又东，洗脚溪从南田坝下坝自南岸注之。又北，凡四十里至泸州城东，澄溪西来注之；北汇沱江（洛水），折而东南，渔子溪从南岸注之；又东北，龙溪自北岸注之；折而东南，大河溪从北岸注之；流至今泸县新路场下游八里焦滩大沱，入合江县界，绕铁泸城，下灌口，过牛脑驿（今白沙镇），凡一百八十里至合江县城，安乐溪合鳛部水（小溪、月台溪，又名高洞河、习水河）从黔境西来，自南岸注之。又六十里至杨石盘出境，入重庆府江津县（今江津区）界。泸州境内全长四百一十里。

民国二十四年（1935），江安县大渡口镇改归纳溪县管辖，长江遂在大渡口镇上游五里的擦耳岩入纳溪县。

【三】 水中有大阙 《华阳国志》载："江阳（今泸州）江中有大阙、小阙，季春黄龙堆没，阙即平。"① 所谓阙。殆指江中巨石耸立，如阙之形，故名。

泸州城长江下游十四里北岸，河床是一片长600余米、宽约150米的花岗石，地名"猫石盘"。上有巨石如阙如门。冬寒水落石出，猫石盘露出水面，成为江岸的一段，春来水涨，便自整体没入水中。所谓大阙、小阙，或即指此。

【四】 黄龙堆 船工行船术语：江心孤石曰堆。嘉庆《直隶泸州志》："黄龙堆，一名紫金堆，在州东大江中。"② 盖泸州城下游长江中孤立之巨石也。黄龙堆横亘江流，阻碍行舟，不知何年已被凿除。

【五】 尹吉甫 详见★100。

【六】 援琴作《子安之操》在此 相传尹吉甫是江阳人。《广舆记》云："泸江，州城东，一名汶江。伯奇为后母所逐，自投江中，衣苔带藻。梦水仙赐以药，清夜悲歌。舟人争效之。吉甫闻其声，援琴作《子安操》。"又云："抚琴台，（在泸）州治北。尹吉甫子伯奇，被后母谮，抚琴于此，作《履霜操》以自悲。"③ 详见★100。

---

① 晋·常璩：《华阳国志》卷三《蜀志·江阳郡》，《四库全书》文渊阁本。
② 清·沈昭兴修，清·余观和、清·王元本纂：嘉庆《直隶泸州志》卷一《舆地志·山川》，国家图书馆藏本。
③ 明·陆应阳原辑，清·蔡方炳增补：《广舆记》卷一六《四川·泸州》，康熙二十五年吴郡宝翰楼刻本。

【七】 《唐书·志》 指谓新、旧《唐书》的《地理志》。

【八】 汶江 即长江。《水经》："岷山，在蜀郡氐道县，大江所出，东南过其县北。"郦道元注："岷山即渎山也，水曰渎水矣，又谓之汶。阜山在徼外，江水所导也。《益州记》曰大江。"①

【九】 苏代 战国时纵横家。东周洛阳人，苏秦族弟。初事燕王哙，又事齐闵王。还燕，遇子之之乱，复至齐、至宋，燕昭王召为上卿。或云秦兄弟五人，兄代。

【十】 思晏江 长宁河（淯水、安宁河）的支流，今名兴文河，又称晏江河。详见★79。

【十一】 合流至绵水 《太平寰宇记》记淯水（今名长宁河，又称安宁河）为绵水溪。思晏江是红桥河的支流，与红桥河一起汇入淯水。详见★79。

★75.

《郡县志》

内江【一】。在泸州，一名支江。自富顺监（今富顺县）界【二】来，经安夷镇【三】至州城北，凡一百六十里入汶江。郦道元云："绵水西出绵竹县，东经资中，又经汉安县（今内江市），至江阳县方山下入江，谓之绵水口。"即此水也。云"方山下"，未详。或云：以泸州山之大者为言也。

岷江【四】。在泸州江安县西南入县界，东流入合江。

【校补图注】

【一】 内江 今名沱江。岷山导江，东别为沱。旧籍所谓洛水、绵水、资江、枝江、支江、中江、中水，皆是水也。《水经注》云：

> 洛水出洛县漳山，亦言出梓潼县柏山。《山海经》曰，三危在敦煌南，与岷山相接。山南，带黑水。又《山海经》不言洛水所导，《经》曰"出三危山"，所未详。常璩云：李冰导洛，通山，水流发瀑口，迳什邡县。汉高帝六年，封雍齿为侯国，王莽更名曰美信也。

---

① 北魏·郦道元撰：《水经注》卷三三《江水》，《四库全书》文渊阁本。

洛水又南，迳洛县故城南，广汉郡治（今县级广汉市）也。……洛水又南，迳新都县（今成都市新都区）。蜀有三都，谓成都、广都，此其一焉。与绵水合，水西出绵竹县。又与湔水合，亦谓之郫江也，又言是涪水。吕忱曰："一曰湔。"然此二水俱与洛会矣。

又迳犍为牛鞞县（今四川省县级简阳市），为牛鞞水。昔罗尚乘牛鞞水东征李雄，谓此水也。……又东，迳资中县，又迳汉安县（今内江市），谓之绵水也。自上诸县咸以溉灌，故语曰"绵洛为没沃"也。绵水至江阳县方山下入江，谓之绵水口，亦曰中水。江阳县枕带双流，据江、洛会也。[1]

1996 年新编《四川省志·地理志》记载：沱江源于茂（县）汶（县）东南边境的九顶山南麓，其源头有三：东源绵远河，中源石亭江，西源湔江。绵远河为干流，流经绵竹（县）北部山地，出汉旺峡谷，入成都平原，至广汉（市）连山镇的石亭江，于金堂（县）赵镇（赵家渡）纳来自岷江水系的青白江、毗河后，始称沱江。沱江穿金堂峡后，进入丘陵地区，向东南流经简阳、资阳、资中、内江、富顺等县市，于泸州注入长江。河流自绵竹县断头岩下的大黑湾至河口。全长 702 公里，流域面积 27860 平方公里，是四川盆地腹部的重要水系，长江（北岸）的一级支流。[2]

2011 年新编《泸州市志》记载：沱江至泸县海潮镇入泸州境，经通滩镇、高寨乡、胡市镇至小市入长江。全长 700 多千米，流域面积 2.79 万平方千米，落差 2354 米。（泸州市）境内长 34 千米，流域面积 355.66 平方千米，落差 17.3 米，水域面积 620.67 公顷，年平均流量 452～454 立方米/秒。境内纳二、三级支流 25 条，灌溉面积 499 平方千米。[3]

沱江是蜀中仅次于长江的重要水运物流通道，赵家渡以下 516 公里至河口全线通航。历史上，流域地区的粮食、烟叶和糖等大宗物资，源源不绝地经由沱江外运。清代，富顺"有盐场，在自流井，产盐之富为全省盐场之冠，与荣县贡井产盐并计岁约四万万斤（20 万吨），俗名富厂"[4]。光绪三年（1877），四川总督丁宝桢奏准

① 北魏·郦道元撰：《水经注》卷三三《江水》，《四库全书》文渊阁本。
② 四川省地方志编纂委员会编著：《四川省志·地理志》，成都：成都地图出版社，1996 年，第 150—151 页。
③ 泸州市地方志编纂委员会编：《泸州市志（1991—2005）》下册，北京：方志出版社，2011 年，第 72 页。
④ 周询撰：《蜀海丛谈》卷一《各厅州县·富顺县》，《近代中国史料丛刊》第一辑，中国台北：文海出版社，1961 年，第 249 页。

改革盐政，实行官运商销，设官运总局于泸州，统一办理边岸盐务。前代四川行盐，供应川、渝者曰"计岸"；转贩滇黔者为"边岸"。边岸川盐"四岸入黔"，其中，除"永岸"之盐由乐山五通桥盐场采配，顺流运至纳溪转永宁河运至永宁（治今叙永县城）入黔外，其余取道合江转仁怀河（即赤水河）入黔的"仁岸"，取道江津（今重庆市江津区）仁沱子转綦江河入黔的"綦岸"、取道涪陵（今重庆市涪陵区）转乌江入黔的"涪岸"，以及运至重庆转销嘉陵江流域和下游诸地的计岸盐，都由富顺邓井关出沱江，下运泸州中转。泸州"为盐运之中心"，当地社会、经济因此而更快地发展起来，五方辐辏，商贾如云，"城内旧有牌坊，署曰'川南第一州'。其实合全蜀直隶厅、州论之，其繁富亦当首屈一指也"①。

【二】 **富顺监界** 宋代，富顺监（今富顺县）与泸州在沱江青山峡中的石灰溪交界。明代区划调整，青山峡以南的泸州本州赵化、怀德二镇，划归富顺县管辖，遂于今富顺县怀德镇与泸县海潮镇接界，地名"界牌"。

【三】 **安夷镇** 宋隶泸州，为少数民族僚人所居。今为富顺县怀德镇。

【四】 **岷江** 即长江。古人以岷江为长江之源。

★76.

《方舆胜览》

中江【一】。在泸州。一名绵水。经泸川县北三里（汇入长江），出麸金【二】。《舆地纪胜》：在泸州。《元和郡县志》云，亦曰绵水，经泸川县北三里，出麸金。

汶江。在泸州。出岷山，东流入合江县界。

【校补图注】

【一】 **中江** 即沱江。

【二】 **麸金** 金的一种，民间习呼沙金。成色较低，沉积在河流底层或低洼地带，与石沙混杂。经过淘洗方可得之。颗粒大小不一，大的像蚕豆，小的似细沙，形状各异。颜色也因含金量高低而不同。

---

① 周询撰：《蜀海丛谈》卷一《各府直隶厅州·直隶泸州》，《近代中国史料丛刊》第一辑，中国台北：文海出版社，1961年，第169页。

★**77.**

《元一统志》：

大江【一】。在泸州。西来，横州治之东。中江绕州治之北。二水合流于治之东北【二】而下。大江自叙州南溪县入界；中江出洛昌山，历简（简州，今简阳）、资（资州，今资中、内江）富顺，以至州治之北与大江合。张昭【三】云"江阳为江、洛之会"是也。

淯溪【四】。在江安县。南来自长宁界而合大江，并东下，入重庆路江津县界。

支江【五】。在泸州城北。自富顺州界鸳鸯溪合流，下经安夷镇，至州北一百六十里入汶江。其色赤，今与江合流处有泾、渭之判【六】焉。郦道元所谓绵水西出绵竹县，东经资中，即此水也。

又赤水溪【七】从昌州（治今重庆市大足区）昌元县（与州同城）界流入，去合支江。

悦州江【八】。在江安县。从戎州部落悦州流下江安县，合入大江。

【校补图注】

【一】 **大江** 即长江。

【二】 **二水合流于治之东北** 沱江在泸州城东北角的馆驿嘴注入长江。南宋宰臣赵雄出守泸州，即其处城头构为望台，名以"海观"，登临其上，江天一览。宋人阎苍舒《海观》诗云："云南之阴大江东，二水奔腾如海冲。谁能具此壮观眼，南定楼中今卧龙。"①

【三】 **张昭** 字子布，彭城（今江苏省徐州市）人，三国时东吴名臣。《三国志》卷五十二有传。

---

① 明·曹学佺撰，杨世文校点：《蜀中广记》卷一六《蜀中名胜记·泸州》，上海：上海古籍出版社，2020年，第170页。

【四】 **湆溪** 新编《长宁县志》记载：双河，原名湆溪，发源于上西乡，由南向北，先后与其他几条溪流汇合，河面逐渐加宽，流量不断增大，流经湆水、龙头等乡，于后河注入长宁河，全长 16.7 公里。多年平均流量 2.2 立方米/秒。流经岩溶区，河水清澈。湆水乡以下，可行驶竹、木筏。① 而本条所谓"湆溪"，则指湆水，亦即今之长宁河。

【五】 **支江** 即沱江。以其为大江之支流，故名"枝江"，传写又作"支江"。汉代，于江阳县置枝江都尉。

【六】 **泾、渭之判** 泸州城下长江水浊，沱江水清，两江初合，有如泾水汇入渭河之处，清浊不混，界限分明。

【七】 **赤水溪** 今名洈水河，又曰濑溪河、思齐河。详见★42。

【八】 **悦州江** 由兴文县博望山阳流至羁縻悦州（今长宁县硐底镇）合于湆溪。此言"流下江安县"，语出宋太平兴国年间成书之《太平寰宇记》，其时长宁犹未建置，地属江安。

水【一】

★78.

《元一统志》

绵水。【二】在泸州。旧经【三】（与《九域志》）【四】云，自长宁军流至江安县一百五十步与汶水合。江安古有绵水县，今为绵水乡。王象之《舆地纪胜》云，当时［县］【五】去绵水必近也。《水经》谓绵水出梓潼【六】，经资中至江阳入江，即内江也。与此不同，故两存之。王象之引《元和志》云："中江水亦曰绵水，经泸川县北三里，出麸金。思晏江水从晏州流下，合流至绵水。"

【校补图注】

【一】 **水** 此指泸州境内诸以"水"为名的河流。

【二】 **绵水** 沱江（洛水、中江、枝江）与长宁河（安宁河、湆水）本是两条

①《长宁县志》编纂委员会编：《长宁县志》，成都：巴蜀书社，1994 年，第 83 页。

不同的河流，却都被别称作"绵水"。古代学者据书考地，地理不明，或混而为一。《元一统志》于此有疑，然亦未能实地考察，只得两存其说。

《华阳国志》："绵水出紫岩山，经绵竹入洛，东流过资中，会江阳"①；《水经注》载："洛水又南，迳新都县……与绵水合。水西出绵竹县，又与湔水合，亦谓之郫江也。……又东，径资中县，又径汉安县，谓之绵水也。……绵水至江阳县方山下入江，谓之绵水口。"② 洛水，今名沱江，绵水是它的支流。由于有这条支流，所以别名绵水。

"自长宁军流至江安县一百五十步与汶水合"的"绵水"，今名长宁河，也就是《宋史》所记的淯水。其流域地区在前代为少数民族所居，源流地望地理不明，前代记载多不准确。民国《江安县志》记载：

> 查江安城西北入江只一水，其上流曰绵、曰淯、曰汉、曰思晏江。淯溪源出长宁，思晏源出兴文，《禹贡》以山川表州，绵水较汉（水），源流为长，故诸书均以绵水表江安。而汉水之名遂微。《明史》云，江安有绵水，西南流入，谓之绵水口。此盖言水势从西南来也。而《蜀水经》遂误曰"又北经江安西南入江"。《蜀水考》注尤谬，以此见考据之难也。《名胜志》《广舆记》所载泛博，安可尽据。故予于《名胜志》只取"连天山，汉水出焉"之两言。③

当地廪生常兴华"身经目验"，逐一核查这一水系源流及其汇合、分支情况，载入民国《江安县志》：

> 绵水④，即今底蓬溪。其源有二，一出江安青龙乡之佛耳岩白茅洞，为白茅溪，西南流至水口寺，会纳溪县之八角仓水，西流过三锅桩，又西，过大龙潭、过会龙桥，受天堂沟小水，又西，过三支桥，经连天山北麓，水势渐大，过九龙滩，又西北出底蓬场，名底蓬溪。一出江安共乐乡之万岭箐铜鼓沟，经牛跳沟、小井坝，东流过寨口寺，至前邑令陈志夔墓前大井坝，水过犀牛石，至石龙船，受清水溪小水，又东北下滩，峰高水急。声如铜鼓。至底蓬，会底蓬溪。由底蓬

---

① 晋·常璩撰：《华阳国志》卷三《蜀志》，《四库全书》文渊阁本。
② 北魏·郦道元撰：《水经注》卷三十三《江水》，《四库全书》文渊阁本。
③ 严希慎修，陈天锡纂：《江安县志》卷一《山川》，民国十二年刊本。
④ 绵水，今名绵溪河，又名底蓬河。

溪至活麻口合淯水，四十里至江安城西北入大江。其入大江处即绵水口。……

　　按《蜀水经》"淯水受安宁溪，又东受绵水"，是以活麻口所受为绵水也。绵淯既合，论水源当以淯溪为主。然绵水出江安，又由江安城北入江，例以地名从主人之义，则夺淯为绵，自无不可。正如金沙江源比岷江为远，然全蜀只称岷江。此亦江安县绵水口之正比例也。①

【三】　旧经　指《祥符州县图经》。

【四】　"与《九域志》"四字，赵万里先生校曰："此四字疑衍。当据《舆地纪胜》卷一五三删。下文《元丰九域志》均未见。"

【五】　"县"字原脱，据《舆地纪胜》卷一五三补。

【六】　"绵水出梓潼"，赵万里先生校曰："《水经·江水》注：洛水出梓潼县。此云绵水出梓潼，盖误。"

★79.

淯水【一】

《图经志》

　　在江安县。其源出自长宁县（时治今长宁县双河镇）北，逾安宁县，复（弍伯）［二百］【二】余里至县城，西达于江。

淯江河浅水清清（毛智摄）

---

①　晋·常璩撰：《华阳国志》卷三《蜀志》，《四库全书》文渊阁本。

【校补图注】

【一】 淯水 史乘或称淯溪、淯江。今名长宁河，民间又称安宁河。1998 年新编《江安县志》载：

> 长宁河（淯江），源于兴文县玉秀乡，流经兴文、珙县、长宁、江安四县，从长宁县飞泉乡入本县西江乡，在西江乡西江口汇入长江干流。全长 101.1 公里，县境段 4.7 公里，流域面积 1984.4 平方公里，河面宽10～150 米，年平均流量 38.1 立方米/秒，天然落差 248.2 米。……洪水期通小火轮，枯水期通机动船和木船。[1]

1994 年新编《长宁县志》记载：

> 长宁河，原名淯江，发源于兴文县境，流经兴文、珙县、长宁、江安四县，全长 110 公里，其主干河段在长宁，自（珙县）硐底乡入县境，流经硐底、龙头、三江、相岭、河东、安南、农胜、长宁（镇）、中心、开佛、古河、下长、飞泉 13 个乡镇。长宁河与双河（淯溪）汇合，至三江与红桥河汇合后，河床增宽，水量增大，直至飞泉乡七里半处入江安县境，于江安县城西北注入长江。相岭以下多年平均流量 37.2 立方米/秒，枯期流量 3.6 立方米/秒，最枯流量为 1.6 立方米/秒。民国七年（1918）洪水，在三江以上流量为 2600 立方米/秒，三江以下流量为 3600 立方米/秒。洪水位落差较大，三江以上约 8 米，三江以下约 12 米。河床比降是：江安县城西北至长宁镇 34 公里，为 0.47‰；长宁镇至三江 20 公里，为 0.76‰；三江至硐底 18 公里，为 1.39‰。据龙头水文站观测，河流输沙量每平方公里由 1960 年的 343 吨，增加到 1979 年的 654 吨，19 年上升 90.7%。
>
> 长宁河是长宁、兴文、珙县、江安等县物资运输水道，是县内交通干线之一，平水期间可行驶机动船只。1971 年完成高 8 米的连拱坝工程后，坝上至相岭河段水位增高，河床变宽，淹没了龙背石、大白贡等 14 个险滩，通航条件大

---

[1] 四川省江安县志编纂委员会编：《江安县志》，北京：方志出版社，1998 年，第 98 页。引用时有订正。

大改善。①

长宁河，《宋史》作"淯江"，其流域范围内的兴文、珙县、长宁、江安及其附近的高县、筠连、叙永、古蔺诸地，历史上居住着僰、僚、羿子、都掌、青羌、乌蛮、白蛮等族属众多的少数民族，被总称为"泸夷"或"泸州蛮"。宋代，民族武装冲突史不绝书，官军从江安县进剿，陆路取道夷牢口（今江安县怡乐镇二龙口），水路则沿淯江以入，向淯井（今双河镇）和晏州（今兴文县僰王山镇）、归徕州（旧名落红，今古蔺县城）进军。历代史籍对于这条河流的称谓纷繁杂乱，遂致地望不明。地志又有不得"越境而书"的局限，只是各自极其简略地记述本县，对于整个流域水系及其水文状况，无以详明。近年来新编县志，又复率意妄改河名，更增混乱，尤得详考。

长宁河的河源，支系庞杂，沿流广纳诸水，康熙《四川叙州府志》："长（宁）处叙（州府长）江之南，山脉不自岷峨，川源不自锦水（岷江），盖别有派衍。而奇峦叠翠，清涧曲流，若自成一家。"② 这些派衍，主要有三：一是前代长宁县城（今双河镇）所在山间小平原坝上众多的涓涓细流，在城北通济桥下汇为淯溪，其余二脉，分别源于兴文县万山深处，穿过江安、珙县流来。

《明史》以双河场所在山间小平原（民间称作"坝"或"坝子"）上诸涓涓细流为淯江正源，其说云：长宁县"治（今双河镇）东、西有二溪，并冷水溪，三溪合流入大江，曰三江口。又东出虞公峡，曰淯溪，亦曰武宁溪，其下流入于大江（长江）"③。这些涓涓泉流，载在《舆地纪胜》，计有：

(1) 东溪，发源白崖山，与嘉鱼泉合。"东溪又名鳌鱼溪，其源有三，一由白马湾发源，西北流，至坝心头，另一水甘河沟入之，又北流，至陡石梯，另一水享德池汇合诸小溪入之。又西流，合嘉鱼泉，以至城北天宁寺山麓，是为东溪，长约七里强。甘河沟发源王家沟之倒洞沟，长约二十里；享德池发源自岩下之鱼池坎，长约七里。此源与石马湾泉均由平地涌出，灌田甚多，附城西南田亩均赖之。"④

---

① 《长宁县志》编纂委员会编：《长宁县志》，成都：巴蜀书社，1994年，第82—83页。引用时有订正。

② 清·何源浚等修：《四川叙州府志》卷一《山川》，康熙刻本。

③ 清·张廷玉等撰：《明史》卷四三《地理四》，北京：中华书局，1974年，第1035页。

④ 汪泳龙修，梁正麟、沈宗元纂：《长宁县志》卷二《地理·水道》，民国二十七年油印本。

（2）嘉鱼泉，在（长宁军）城（今双河镇）一里马鞍山之趾，泉漱石涌出，有小鱼如虾，四时如一，不增不长，故以名之。

（3）西溪，发源越王山，与桃源溪合。西溪有四源，一由珙县德埂发源，经蛮垭山麓东北流至黄葛嘴，名黑弹子河，长约十三四里；另一源冷水沟入之。又北流，至茨藜坝之新桥（又名金鳌桥），另一源犁头坎水入之。又北流，至城西箭弓岩，另一源冷水溪（即旧志之小桃源，俗称许陈沟）入之，东流至城北漏井上之鳌汇，与东溪合。是为西溪，长约二十二里。冷水沟有二源，一由赵家沟发源，长二十余里，一由虾扒口发源，长约十二里。犁头坎发源三元寺后之山，长十余里。冷水溪发源于笔架山杨柳坝，长约二十五里。冷水沟发源毛坝，长约十里。沟南为马临岩，北为五子山。又北流五里，至龙透铺下游之盐灶房，砚石溪入之。①

（4）小桃源，其水发源于笔架峰下，在（长宁）军城西冷水溪之上。

（5）冷水溪，发源笔架山下。

（6）砚石溪，在牛心山后，岸石如磬，可以为砚。② 民国《长宁县志》："砚石溪，即小岔沟水，源有三：一、发源于万家坝；二、发源于冲天笕；三、发源于芭蕉沟。均汇合于响滩子上游之两岔河，长约十六七里。"③

康熙《长宁县志》又有：

（7）鳌溪，与东溪水合。"在城（今双河镇）东北。"

（8）安乐泉，涪溪侧，夏冽冬温，黄庭坚号"安乐泉"。

这众多的小溪，分别汇入东、西二溪而在双河镇通济桥（北门桥）下合流，得名"双河"，又北流，至武宁寨（今龙头镇江河村一组）下方的小溪口（后河古街。今龙头镇江河村二组），硐底河（珙水、珙溪、洛甫河）水西来注之，遂为"武宁溪"。

---

① 汪泳龙修，梁正麟、沈宗元纂：《长宁县志》卷二《地理·水道》，民国二十七年油印本。
② 宋·王象之撰，李勇先校点：《舆地纪胜》卷一一六《长宁军》，成都：四川大学出版社，2003年，第5022—5025页。
③ 汪泳龙修，梁正麟、沈宗元纂：《长宁县志》卷二《地理·水道》，民国二十七年油印本。

淯江百里河源地，双河坝上水淙淙（长宁县彭幺摄）

武宁溪又北，至三江口（宋建三江寨，今长宁县竹海镇三江村境），思晏江（红桥河）东来注之，遂为淯江（长宁河、安宁河）。

淯江又北，过虞公峡（雷公峡）、土地崖、泾滩、安宁桥（今长宁县城）、古家河（今古河镇），继续北流。至官帽沱，绵水河（由来自江安佛耳岩白茅洞的白茅河、万里箐铜鼓滩的铜鼓河、万里箐七彩瀑布下的绵溪河汇于底蓬场"九河西流七十里"合成）注入淯江，遂夺淯江之名。绵水又北流十二里，在江安县城北门外牛角坝坝尾的"西江口"（《宋史》作绵水口）汇入长江。淯江全长 110.1 公里，流域面积 1984.4 平方公里，河面宽度 10～150 米，年平均流量 38.1 立方米/秒，天然落差 248.2 米，河床坡降 1.98‰，径流深 605 毫米，年平均径流量 12.03 亿立方米。[1]

从这样的实际出发，长宁河（淯江）就有三个源头：一是双河镇山间小平原（坝）上东、西溪和冷水溪诸水，二是珙溪（珙水、洛甫河、硐底河），三是思晏江（红桥河）。

第一个源头，已如上述。

第二个源头，珙溪（洛甫河）。源出今兴文县周家镇洛甫龙潭，西北流，沿途

---

[1] 四川省江安县志编纂委员会编：《江安县志》，北京：方志出版社，1998 年，第 98 页。

汇集周家沟、铜矿溪、木溪沟、蛮垭岭干（gān）溪沟、芭蕉沟、盐井溪、罗通坝溪诸水，再下行，汇入龙洞沟溪，流入珙县，经底硐镇至珙县城（今珙泉镇）南，流至西门，又沿北门流向东门，围绕县城半周，先后受天堂沟、水打溪、梅坞沟、鱼孔地下水和坝底溪河诸水，向东北方向流去，过铁炉坝、狮子滩，至门坎滩（今珙泉镇鱼池村境）出珙县，过长宁县硐底镇，继续北流，至后河古街处合于淯溪。这条河的兴文段，称"洛甫河"；珙县段称"珙水"，又称"珙溪"；长宁段，称"硐底河"。硐底河在长宁县龙头镇江河村二组后河大桥下方，与从双河镇向北流来的"双河"汇合，得名"武宁溪"。

第三个源头，思晏江。1994年《兴文县志》记载：兴文河，又称晏江河。发源于仙峰乡北1公里处的大恶戾火闪湾槽房头洞口，向北行5公里达两河口冷晏沟（源头芭蕉沟），又向北经万丰岩水库，再行5公里至两江口，合石板沟水（源头岳家湾）。再向北2.5公里至兴文镇[1]东，又向北行7公里在富安乡地入江安县地6公里于观音岩合博泸河，再行4公里至玉屏乡（2019年并入玉秀乡）出兴文县，汇入长宁河。县境流程全长35公里，流域面积257平方公里，多年平均流量6.5立方米/秒，年径总流量20578.9万立方米，天然落差1068米。[2]

民国三十二年《兴文县志》亦言：

> 兴文水凡二支，近治，自县南三十里分水岭（原注：即太平岭脊）发源，岭外流，自多刚漕入长宁县界（得名梅洞河）。
>
> 岭内，经塞口寺，十里成溪，入两河口。又县西南二十里，由小隘子滥觞，经螺蛳塞至两河口，会大龙洞水，经响水滩至清晏桥，合思晏江，至盂江口。
>
> 又，县南思晏江，源出晏峰西北，流至盂江口，与龙洞诸水合，环城东，至二郎庙，绕关龙、白凤诸山，至虎跳桥曰水车河，经水车坝东北流，至干溪（原注：孙令易名富安溪），山下水滨有洞，吸水之半伏流，十数里至江安县地青杠村出，与砚石溪合（原注：明万历及清雍正间，屡经疏凿，竟未成功）。
>
> 又源，晏水东北流，循大水漕、小水漕至当阳山观音岩，渟蓄成渊，产石，坚黑，可琢砚，是曰砚石溪，流经滴水岩，乱石激水如雷，曰雷滩。

---

[1] 兴文县的地名，七十年来频繁更改。此"兴文镇"，明正德二年（1507）为兴文县县城，至民国二十九年（1940）改晏阳镇，1953年改城关镇，1982年改兴文镇，1985年复称晏阳镇，2006年又改僰王山镇。

[2]《兴文县志》编纂委员会编：《兴文县志》，成都：四川辞书出版社，1994年，第74页。

又源博望山，经耀龙乡，会牛胎洞大会沟、流水岩、黄沙溪诸水，下流五里入长宁、江安界，至雷滩与思晏江合。由雷滩经万寿桥约里许，位梅岭（今江安县红桥镇）西北，积石成滩，曰那滩，水面初阔，舟楫能通，下为梅岭河，过江安界，东流入长江。①

又民国十二年《江安县志》云：

汉水，即今泥漕溪，出共乐乡之连天山（今属兴文县）下，由油草沟向西流，历新佛寺，七曲入忠义坝，过荫溪桥至通津桥，受后漕小水，又西，至两合水，板桥溪来入之。转南，二里复西流，出下沱，入思晏江。下沱有明“那滩”二字石刻，可停泊。②

据是，则思晏江源出兴文县仙峰场北三里槽房头洞口，北流至两河口，与芭蕉沟流来的冷晏沟汇合。又北流，过万丰岩（今已筑为水库）至“两江口”，“石板沟”自岳家湾流来注之。又六里，过兴文县僰王山镇东二郎庙侧，至富安场入江安县境，沿砂礓流下，在观音岩与兴文县境内流来的博泸河交汇，为水车河，又北，至红桥镇下沱（那滩），泥漕溪西来注之，遂为红桥河。

思晏江从兴文县旧城至江安县红桥镇凡四十里。这四十里河段，是明代万历二十四年（1596）兴文县县令罗应云主持开通的。国史经筵讲官、翰林院编修成宪为撰《开河碑记》，立石兴文县旧城二郎庙中，石碑虽毁，但其文字得到保存。沧海桑田，至今读来犹自令人动容，全文如下：

予不佞，处野中别业，适兴文令罗公以故知，使使致书，书曰：“云待王无状，待辜兴文两月念有三日，采地方利病，条为七便，仰干（gān）当事，一一议行。若疏通河渠以便舟楫，盖款之四云。今告成。士民相恳转丐一语为记。第开河有记，记其河之开也，非以炫名也。勿似俗，虚誉以重云罪。云厚幸矣。”

予慨然曰：夫乞文与为文者，岂不以誉乎哉？予旧载笔史馆，每以不能誉

① 李仲阳修，何鸿亮纂：《兴文县志》卷四《水》，民国三十二年刊本。

② 严希慎修，陈天锡纂：《江安县志》卷一《山川》，民国十二年铅印本。实际考察下沱，“那滩”石刻已然无存。

不挥毫。兹公要我直笔，我敢不文辞。

我渔阳（今天津市蓟州区）人，居东乡，每苦远汲。日夜经画，议穿一井，代凡四，莫决；房之易者，姓凡五，又莫决。俄而房新主人某至，凿。其井之不容不凿也。一日卜地，二日鸠工，三日从事，旬日而清流涌出，如箸如练，不泛不竭。家之人汲焉，邻之人汲焉，同闬之人汲焉。日济济熙熙，来而汲，汲而往，亦乌知为新房主人功哉？公之开河，其事方此。

闻兴文四水汇城东门二郎庙侧，延袤至江安之梅岭，约三十余里，中多积石。而安溪迳思峨洞上，水入山复出者又五里余。其工颇巨，其流近滩。盖邑旧戎县，汉唐号"晏州"，树城设令以来，开河事人人言之，以劳、费故，旋议旋止。公申请自开，不动公用，不派民间，一切工役，悉于永宁（今叙永县）催募；一切应用，悉于自己办给于邑中好义者，置立义簿，听其自书，固不斗绝，亦不缘募。自乙未（万历二十三年）仲冬九日起工，丙申（万历二十四年）孟夏八日落成，凡五月。小滩三十余，大滩凡四，如梅岭巨石巉岩，则直凿东岸以下。其水势旧由西面，今乃东，故命曰"那滩"。雷滩架飞梯以截石梁，令不为梗，名仍旧。三巩子一带皆石，左右穿绕，锤凿难施，以火焚，以水激，寸寸而刻，劳不可言，今号"辟石"，志难也。安溪水入山五里，观者袖手。则效长堤，以小石塞中，外用大石灰砌，屹若城墉状，水于是不入而由河道行。故以平易干（gān），纪其实也。

公之心与政，吾何必誉？诵其七便，如均输转运、疏通盐法、清稽流寓、申明纸张等，皆闬阎积苦，一旦洗割，则其心与政，有耳有目者共闻共见，吾何以誉也？议内云：河之开，一则便于农而米谷不至于腾贵；二则便于工而材木不至于遗弃；三则脉络通而风气开，不负"兴文"命名之意；四则偶承缓急，急驾艒艇而载刍粟，足遂夷汉之心；五则侏离左衽不十年而尽属冠裳；六则兴文税粮不两月而毫无宿逋。其孜孜切切期望于兴邑者，又何如而吾以誉也。

督工官、耆人等，心公之心，日夜供米粟，以成斯义，则兴之士风民俗由此勃然改观者，复伊谁之力而吾以誉哉？夫开河碑记，不由罗公而由兴示，直道尚在，斯民三代，良心各存。誉与不誉，吾乌得而与之。

万历二十四年①

---

① 清·江亦显等修，清·黄相尧等纂：光绪《兴文县志》卷六《艺文》，民国二十年刊本。

对此，民国《兴文县志》编者按曰：

> 余志（即嘉庆《兴文县志》）《职官志》：罗公名应云，贵州永宁（永宁卫。今为四川省叙永县）举人①，明万历二十四年任疏浚晏流，功亦几于曹震，爵里粗具而其它政绩无考。厄兵燹欤？抑旧史氏之失也。赖有此文存其概略。细泽辞意，当时似可方舟，今则载浮竹木筏耳。陵谷偶变耶？抑堤遏伏流，后来者不能善继厥事，至水力顿薄也？意者，文家增饰，词涉溢美耳……又，故老传闻，清光绪间，彭万泰（原注：即彭永图商号）曾造舟通航，运纸东下，载盐西溯。但所过必决堤增水力，农人籍筒车灌溉者大苦之，岁余遂止。今竹木筏经过，犹时有决堤事，致启纠纷。必如何而使农田水运两不相妨，后有作者，当精思熟虑，慎毋欲速，见小而贻误远者大者，庶乎可。②

实际考察其地，河水流量早已大不如前，匪特船筏早已不能通行，即沿岸灌田筒车亦已尽数消失，荡然不见。追思前人开凿之工，良可慨矣。

红桥河北流，经江安县进入长宁，又北，至长宁县两江口（今龙头镇两江村两江寺），与从兴文县僰王山镇南三十里分水岭（即太平岭脊）仙峰乡的凉姜板发源，岭外流，经多刚漕入长宁县梅峒镇境的后江（今名梅峒河）汇合，折而西向，至三江口与武宁溪交会而为淯江（长宁河）。在这三个源头之外，江安县的绵溪河（底蓬溪）是长宁河的又一大支流。

绵溪，《隋书·地理志》称为绵水。民国《江安县志》载：

> 绵水即今底蓬溪，其源有二：一出江安（县）青龙乡（今仁和镇）之佛耳岩白茅洞，为"白茅溪"，西南流，至水口寺会纳溪县（今泸州市纳溪区）之八角仓水，西流，过三锅椿，又西，过大龙潭，过会龙桥，受天堂沟小水，又西，过三支桥，经连天山北麓，水势渐大。过九龙滩，又西北，出底蓬场，名"底蓬溪"；（水潦河）一出江安共乐乡之万岭箐铜鼓沟（今长宁县竹海镇迎风村江岭组"蜀南竹海"风景区七彩湖的回龙庙，飞瀑跌落岩下，进入今江安县境），经牛跳沟、小井坝东流，过寨口寺，至前邑令陈志夔墓前（受）大井坝

---

① 清·康熙《叙州府兴文县志》不分卷："罗应云，贵州永宁卫举人。万历二十四年六月任（兴文县知县），开河有功，调南溪县知县。"

② 李仲阳修，何鸿亮纂：《兴文县志》卷四《水》，民国三十二年刊本。

水，过犀牛石至石龙船，受清水溪小水，又东北，下滩，峰高水急，声如铜鼓。至底蓬会底蓬溪。由底蓬溪至活麻口（今长宁县古河镇幸福村二组官帽沱）合淯水（长宁河），四十里至江安城西北入大江。其入大江处，即绵水口。[①]

兴文县万山深处流来的琪溪、思晏二水，流经里程较双河场坝上东、西二溪诸水为长，水量也较之为大。江安、长宁、珙县、兴文四县新编县志，都只以兴文所出二水为淯江（长宁河）之源，不以《明史》为是。对于二水，《蜀水考》曰：

淯江源出白岩山，又北，受嘉鱼泉。又北，过长宁县城东，为东溪，受砚石溪。又北，受西溪。又北，过淯井。又东，过武宁旧寨，为安宁溪。又北，过梅岭，受琪溪。又东北，过安宁桥，为武宁溪。又东北，受思晏江。又东，受连天山之绵溪，为绵水。又北，过江安县城（东南）[西北][②]入（长）江。[③]

可见，《蜀水考》仍从《明史》。细察其言，河以"淯"名者，河上有淯井监也。按得地名从主人之义，乌可谓双河场山间小平原上诸水不得为淯水之源哉？

【二】"式伯"二字不可读，据文意改。

溪

★80.

《舆地纪胜》

赤溪[一]。在泸州。从昌州昌元县（今重庆市大足区）界流入，至赤水镇（今泸州市龙马潭区胡市镇）合支江（沱江）。

【校补图注】

【一】 赤溪 即赤水溪。又名濑溪河、沔水。

---

① 严希慎修，陈天锡纂：《江安县志》卷一《山川》，民国十二年铅印本。
② 按地理实际，长宁河在江安县城之西北入大江。据改。
③ 清·陈登龙撰：《蜀水考》卷二，成都：巴蜀书社，1985年。

★81.

《寰宇记》

纳溪【一】。在泸州，源从牂牁生獠界流来，入汶江。《元一统志》："源有三，并来自阿永蛮界徼外，至熟夷阿乞族【二】合，名三会水。径至纳溪县治之下西门，与大江合于县之东门。王象之《舆地纪胜》云，自永蛮部至江门寨（今叙永县江门镇），有横石中流，涉水如门，故谓之江门。东，入纳溪寨（即纳溪县治）以合于大江。"

东溪【三】。在合江县。从牂牁生獠界流来，八十里与汶江水合。

【校补图注】

【一】 纳溪　今名永宁河。后文★82记作夜郎溪。

永宁河有两个源头，主源在今云南省威信县境，向北流入四川省叙永县，与双河场右山洞水汇合，称"清水河"。清水河东流，次第接纳杉木沟、苗沟诸小溪，又东，至两合水与落木河交汇。又东，至两河口（今叙永县两河镇），黄泥河合白杨河自南流来注之，北流15公里至叙永南门外的起风寺，称"南门河"。另一个源头为叙永县分水岭（今后山镇）下河田，北流，汇牛石口、干沟、芹菜沟诸小溪，至落卜（今大树镇），称"大树河"。又北，至湾溪洞，震东河合乌龙沟诸水自东南流来注之，称"东门河"。东门河与南门河在叙永南门外起风寺汇合，是为永宁河，北流至今叙永县马岭镇紫潭口，宋江河西来注之。宋江河亦名古宋河。源于川云山东侧寒婆岭南端的二磴洞口，流过兴文县，沿途汇入多条溪水，又流13公里至两面水，为叙永、兴文两县的界河，又东，在江门镇紫潭口汇入永宁河。此即《元一统志》所谓的"三会水"。

永宁河三源既汇，由南向北，流过今叙永县天池、马岭、江门三镇，在江门镇下3里入江门峡，峡长30里，水恶滩险。出峡，为泸州市纳溪区上马镇。又北，经30里，北岸大洲驿，南岸遂蓬溪场。民国五年（1915），蔡锷（松坡）将军在云南倡举义帜，率护国军七千入川，与袁世凯北洋兵交战泸纳，为求推翻洪宪帝制，"五月血战大功成"，泼墨大书"护国岩"三大字，摩崖勒石于此。今为纳溪区护国镇。

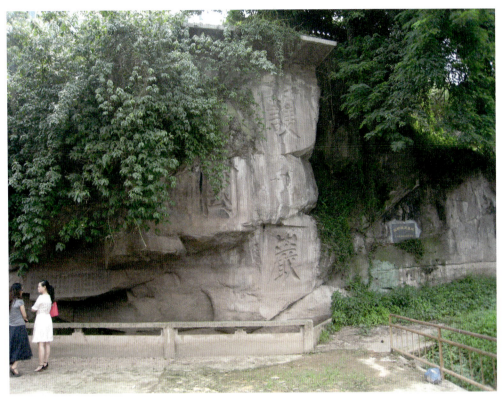

护国岩
(泸州市纳溪区文物管理所孔智摄)

人民解放军总司令朱德，作《题护国岩》诗云："曾记项城伪法苛，佯狂脱险是松坡。清廷奸佞全民忌，专制淫威碍共和。京兆兴妖从贼少，滇南举帜义军多。风流鞭策岩门口，将士还乡唱凯歌。"①

永宁河又北，经天仙镇、丰乐二镇，在纳溪城下汇入长江。自永宁（今叙永县城）至河口，凡112公里。

2011年新编《泸州市志》记载：永宁河，属长江南岸一级支流。源头河有2源5支，2源为南门河与东门河，5支流入南门河3支，东门河2支。南门河3支：清水河源出云南省威信县，至叙永县高峰乡入境，汇双河场后山洞水后称清水河；六拐河源出叙永县树坪七股水，至金林江海坝白杨河后称六拐河。3支在两河口交汇后称南门河。东门河2支：大树河源出后山下河田，震东河源出古蔺乌龙沟，于湾

___
① 中共中央文献研究室编：《朱德诗词集（新编本）上》，北京：中央文献出版社，2007年，第15页。

溪洞汇合后成东门河。南门河与东门河于叙永城南定水寺、起风寺汇合称永宁河，经纳溪城区汇入长江。全长 152 千米，干流 113.5 千米，落差 1043 米，河床比降 0.92，流域面积 327.4 平方千米……市内流域面积 238.2 平方千米……平均流量 71.2 立方米/秒，纳二级支流 10 条。干流 113.5 千米可通航；水能理论蕴藏量 6.20 万千瓦，可开发容量 5.82 万千瓦。已建成小型水电站 100 余座。①

永宁河水弯又弯
（孔智提供）

永宁河是从内地去往滇黔的重要战略通道。汉代，内地绕过黔边而去云南，已有自江阳（今泸州）经平夷、汉阳（治今贵州毕节市七星关）而至滇池的"东路"。蜀汉南征，李恢率军从平夷道进发。平夷县是汉代在夷人居住地区建置的，民国《贵州通志》定其治所在今毕节。对此，彝族土司后裔余若瑢不认同，说平夷县的治所在"永宁县"②。任乃强先生考证亦云：

　　《华阳国志》："平夷县，郡治。有豚津，安乐水。"③ 两汉皆有平夷县，无注记④。《三国志》李恢为庲降都督"驻平夷"。《一统志》以为即云南平夷县，

---

① 泸州市地方志编纂委员会编：《泸州市志（1991—2005）》，北京：方志出版社，2011 年，上卷，第 73 页。

② 清·余若瑢著：《且兰考》，贵阳：贵州大学出版社，2011 年，第 23 页。

③ 晋·常璩著，任乃强校注：《华阳国志校补图注》，上海：上海古籍出版社，1987 年，第 261 页。

④ 此谓《汉书》和《后汉书》的《地理志》皆载有平夷县而无注记。

杨守敬《晋地理图》同，皆失考也。"安乐水"，今川黔界上之赤水河，明载入
《蜀志》① 江阳郡符县，此又言之，则其县在赤水河流域明矣。亦与鳖（今贵州
遵义市西）近，故可合为郡，若云南平夷（富源）县，则与鳖相去千余里，如
何合为一郡。且李恢为庲降都督之初，云南尚为雍闿、孟获所据，李恢在南征
前安得入驻其间。民国《贵州通志》定平夷为毕节，部位较合。然尚不如定于
毕节县北百余里之赤水卫。汉魏晋时，自蜀入滇凡三道：东道自江阳，经平夷、
汉阳、朱提、昧县至滇池。……诸葛亮南征，大军由越嶲渡泸。李恢取中路向
滇池。亮还军则从汉阳、江阳，取东道。东道险要在七星关、赤水渡两处。七
星关，汉阳故县治也，与毕节相距九十里。其北至江阳七百里，中间岂能无一
县。毕节距关太近，又非肥腴耕土与工矿要邑，不合在当时为县。惟赤水河渡
口最津要，亦腴沃宜农，宜为县治。道通滇池，亦通鳖与且兰，李恢驻此，便
于兼顾牂柯、建宁（益州）两郡。其为汉平夷县治，可无疑矣。今四川叙永、
古蔺，贵州仁怀、毕节地皆故平夷县境也。②

赤水岸头赤水镇　汉晋扯勒古平夷
（叙永县宣传部胡润林航拍，县政协万中华提供）

---

① 《蜀志》，指《华阳国志》卷三《蜀志》。
② 晋·常璩著，任乃强校注：《华阳国志校补图注》，上海：上海古籍出版社，1987年，第
　265—266页。

　　按，永宁县由贵州永宁、赤水二卫改建而立，管辖范围包括古蔺县和今日叙永县城以南的分水、石坝、水潦、摩尼、赤水、麻城、水尾诸地以及纳溪、江安二县的部分区域。永宁县的治所在今叙永县东城，隶于设在今叙永县西城的四川省叙永直隶厅，而在原赤水卫（今叙永县赤水镇）置设分县，以县丞治之。这就与余若瑛及任乃强先生的判断不谋而合。

　　洪武四年（1371）明军平川，在叙永建置永宁宣抚司，就地任命彝族头人为宣抚使，同时设卫屯兵，积极准备开发滇黔。洪武十四年（1381），明军大举伐滇，一路由傅友德率领，从湘西经贵州入滇；另一路由胡海洋、郭英率领，从永宁以趋乌撒（今贵州威宁县）①，与傅友德军会围曲靖。回师扫荡乌蒙（今云南昭通、镇雄），最后平定了云南全境。出自军事上的原因，明王朝十分重视这条从永宁通往昆明、维持云贵川之间联系的滇黔孔道。平定云南的第二年，明太祖朱元璋就派人带上他的敕令前去播州（今贵州省遵义市），要求当地少数民族土司长官"率土人，随其疆界远近，修筑道路，其广一丈"，开辟从永宁经水西、毕节以通云南曲靖直至昆明的邮传驿路，"仿古法以六十里为一驿"②。其后，川滇黔边面地区诸夷屡降屡叛，得力于道路畅通，终获扫平。

　　为了保证驿路畅通，洪武二十年（1387）七月丁未，朱元璋又"命户部自四川永宁至云南（今昆明），每驿储米二百五十石"。第二年，明军陈桓部队奉命"自永宁抵毕节，度地理远近，夹道树栅为营，每营军二万。刊其道旁林莽，有水田处，分布耕种，为久远之计。"这种置军屯田的军卫制度，使明王朝在从永宁通往昆明的古道上站稳了脚跟。

　　洪武"二十三年……四川永宁宣抚司言：'所辖水道百九十滩，江门（今叙永江门峡）大滩十二，皆被石塞。'诏景川侯曹震往疏之"③。"二十四年，震至泸州

───────────

①《明太祖实录》卷一三九载："洪武十四年九月壬午朔，上御奉天门，命颍川侯傅友德为征南将军，永昌侯蓝玉为左副将军、西平侯沐英为右副将军统率将士往征云南。友德等既受命，上谕之曰：'云南僻在遐荒，行师之际，当知其山川形势，以规进取。……取之之计，当自永宁先遣骁将别率一军以向乌撒，大军继自辰、沅以入普定，分据要害，乃进兵曲靖。……既下曲靖，三将军以一人提劲兵趋乌撒，应永宁之师，大军直捣云南，彼此牵制。彼疲于奔命，破之必矣。'……丁未，征南将军、颍川侯傅友德兵至湖广，分遣都督胡海洋等帅兵五万由永宁趋乌撒。"

②《明太祖实录》卷一四二载："（洪武十五年二月癸丑）谕水西（治今贵州大方）、乌撒、乌蒙（今云南昭通）、东川（今云南会泽）、芒部（今云南镇雄）、沾益（今云南宣威）诸酋长曰：今遣人置邮驿通云南，宜率土人随其疆界远迩，开筑道路，其广十丈。准古法，以六十里为一驿。符至奉行。"

③清·张廷玉等撰：《明史》卷八八《河渠志六》，北京：中华书局，1974年，第2146页。

按视，有枝河通永宁，乃凿石削崖，以通漕运。"① 曹震本人所撰《开通河道事迹记》，详细地记录了这次整治的项目、规模和经过：

> 洪武二十三年十一月十二日，钦奉皇帝制谕："景川侯曹震前往四川永宁，开通河道。合用军民，四川都司、布政司，贵州都司即便调拨。大小官军悉听节制。如制奉行。钦此。"于洪武二十四年正月初七日，到于成都，分遣官属，各任其责：永宁水、陆路，自泸州纳豁（县。今泸州市纳溪区）至（永宁）摩尼（今叙永县摩尼镇）驿桥道，委四川都司左同知助一，右同知徐凯，成都后卫指挥使茆正，提调卫、府、州官军民夫，以疏通之。自永宁至曲靖驿桥道路，委贵州都司同知马烨，提调永宁、赤水、毕节、乌撒等卫军夫以修理之。建昌驿铺桥道，委四川都司金事潘永、建昌卫指挥使月暮帖木儿，提调军民以开通之。保宁（今阆中）驿桥道至陕西汉中府界，委成都后卫指挥金事王清，提调军民以修治之。松茂驿铺桥道，委茂州卫指挥同知俞胜，提调松、茂、威州卫所军民以平治之。贵（今贵阳）、播驿铺桥道，委播州宣慰使司杨镭、重庆卫千户钟洪，提调军民以开之。各府、州、县夫，整委四川布政司右参议朱福、松潘卫所镇抚任允以董督之。
>
> 其间水之险恶者，莫甚于永宁。其滩一百九十五处，至险有名滩者八十有二。石之大者，凿；水之陡者，平之。使舟楫得以通焉。……
>
> 军夫计者，军三万五千，夫四万五千。官自二月初七日兴工，五月十五日（以农忙）住工歇下，秋九月初一日（重新）兴工，至洪武二十五年正月十五日工毕。通计八月。
>
> 震上奉皇帝之命，下用都指挥、参议、宣慰、千百户之官，克相有成，不敢泯而不书。于是列石于江门大滩，以纪岁月云耳。②

经过这次整治，四川道路交通状况大有改善。泸州经纳溪、打鼓场、象鼻、天池、鄢家关、麦地湾，出马岭而达于永宁③，再过摩尼、赤水，穿过贵州以达于云南曲靖的驿路，进一步畅通。蜀王府长史陈南宾《景川曹侯开道浚川序》表彰之云：

---

① 清·张廷玉等撰：《明史》卷三一二《四川土司二·永宁宣抚司》，北京：中华书局，1974年，第8050页。
② 明·谢东山修，明·张道纂：《贵州通志》卷一二《艺文》。
③ 抗日战争时期修通的川滇东路（公路）泸州至叙永段，是从泸州经纳溪、渠坝驿、大洲驿、上马场，穿过江门峡，过马岭而达于叙永，与曹震当年所开的道路走向不完全一致。

　　梁居荆、扬上游，其山连峰接岫，道狭仅容足，其难如登天。行者或四步五步、六步七步，乃止憩焉，气促汗流，竟日不一二程。山谷之水，会而为川，奔悍奋击。篙师一失，舟楫不可复救。羌夷惮于输贡，商旅怯于往来。而拊膺之叹、铲嶂之意，所以不能已于李、杜之诗之感也。然自有天地，即有此山川，不知其几千万年。禹治洪水，别九州，第梁于八。岷嶓之既艺，沱潜之既道，蔡蒙之旅平、和夷之底绩，功无以加。自时厥后，若五丁之开峡，李冰之凿山，亦足尚矣。

　　景川曹侯，承天子命来蜀，以开道浚川为己任。凡东跨永宁，西抵松（潘）、茂（州。治今汶川县），南接云贵，北连栈道，分方命官，指画规略。曰：某水也，若是而导之；某道也，若是而辟之；某石也，若是而凿之。其思虑皆出人表，官属奉命惟谨。经始于洪武辛未（二十四年），讫工于壬申（二十五年）。中以农事辍者凡三月。四塞之险，官属各有攸司，而永宁、建昌（治今西昌市），则又险之险者。侯亲视之，运巧思，凿巨石，通河道，为滩者一百九十有三。运土木，塞险阻，以取直径为桥者五十有四。故至云南大理、西番菁原，其驿铺皆坚固缜密，不为一时苟且计。其用心亦勤矣。既而西、北皆以成功告，悉如侯指。于是输贡者无难色，往来者无愁叹声。使李、杜生于今日，岂无诗歌以美之哉。

　　噫！人情可与乐成，而不可与虑始。当侯之经营也，众莫不曰："蜀之险阻，天造地设。自开辟以来，未之或治。今兹之举，无异于愚公之移山也，徒毙民耳。"惟侯不惑于众人之议，而决诸一心，躬任其责，虽暑雨祁寒不避。以八月之勤劳，而成千百年之利，盖智者之所为，众人固不识。则圣皇之所特命而责成者，夫岂偶然之故哉！宜勒诸坚岷，以示来者。

　　侯名震，（安徽）凤阳人。①

　　永宁河凿通以后，载重三万斤的货船可以直航叙永。永宁河夹岸高山峻谷，河道狭窄，平日水浅。夏日大雨，两岸山岭雨水尽数注入河中，河水顿时猛涨，水流湍急，航道立即加深。雨后天晴不一二日，水位便又急速退落。船家深刻认识这种现象，谓之"易涨易退山溪水"，并充分予以利用。在永宁满载货物，停船"等水"，静候大雨到来。大雨既降，立即解缆启航，直下泸州。

　　永宁河的船只短而阔，吃水极浅，外形如龟，被称为"永宁舢板乌龟壳"。其下水运载贵州、云南和本地的山货土产，上水返航运回食盐、粮食、布帛等诸般日用百货。

---

① 明·杨慎编：《全蜀艺文志》卷三三，《四库全书》文渊阁本。

永宁河正源之一的南门河，也有约 30 公里长的河段可以通行载重 2500 斤的
"金银豆"船，从永宁通至云南界首，亦即今日叙永县的两河镇。金银豆又称"金
银夹"，船工只有二人，下水推桡航行，上水一人岸上拉纤，一人在船上撑篙。

曹震在开凿永宁河的同时，还调发军丁民夫，修通了从纳溪穿过江门、永宁而
从赤水卫（今叙永县赤水镇）渡河入黔，穿过毕节、威宁以去云南曲靖的"永宁驿
道"。行走在这条道路上的，有长途贩运客商和他们的马帮队，以及众多长途搬运
货物的各族苦力同胞。他们贩运的物资，一是从四川运去贵州的大宗川盐和粮食，二
是云、贵运往内地的大宗铜、铅和山货土产，等等。这条内地与滇黔之间物流与人员
往来的重要通道，保证了内地同云、贵联系的加强，促进了沿途地区经济、文化的发
展，永宁和黔边诸县的商业、物流和与之相关的第三产业，也因此而得到大的发展。

曹震有为民兴利之功，却陷蓝玉案而被诛。嘉靖三十六年（丁巳，1557）入纳
溪乡祀，立庙。杨慎为撰《景川曹侯庙碑记》，其辞曰：

由永宁江下泸州，滩碛凡百十余，莫险于江门驿上下数里。皇明洪武中，
命景川侯曹公震往平治之。陕西自宝鸡达汉中，贵州自永宁达云南之曲靖，四
川自保宁（今县级阆中市）达于利州（今广元市），又自梅岭、桥桩达于青川，
而江门险滩，伐石穿漕，功尤巨且难。川陕云贵四处，东西南北，广轮经纬，
五千余里，置驿莫邮，楮桥架栈，划险为平。通夷达华，航鲸波而梯鸟道，去
嵲嵼而就夷庚。其功力岂细哉。乃不易一寒暑，而克襄其成，殆有神哉。五丁
之开金牛，李冰之凿离堆，岂复让邪。公自制碑文刻之，岁月工费，首尾悉具。
慎渫过江门，见之屡矣。

昔年待罪史局，紬书石室，访求国初功臣姓名，不见所谓"景川"者。凤
阳黄金纂述《开国功臣录》，巨细颇详。而亦遗曹侯焉。蜀之郡乘亦略，不知
修路浚江、昉于何人。非缺典欤。中丞百川张公，檄纳溪知县李发建侯祠，仲
山罗公继之。凤冈、一轩、姚吴两兵宪，先后交速其役，相续迁秩去，功未落
成。丁巳孟夏，大巡少宇宋公按部至泸，爰命摄州事马湖府同知薛治建绰楔，
春秋岁享，征文于慎，为之铭曰：

界首之江，达于江阳，漾以长兮。溯渍汤汤，亘以石梁，舟楫妨兮。天启
圣皇，爰命飞将，西南方兮。谷狼潭狂，莫为夷庚，比宣房兮。百八十霜，功
绩未彰，吁可伤兮。巴甸滇疆，阐幽是覆，庙以觞兮。绦革有鸽，旌旆其扬，
匪庞凉兮。荐鲤脍鲂，烹豚刲羊，簠簋享兮。徼福祈祥，惟神洋洋，降兹乡兮。
南艫北航，往来康庄，无劦勤兮。澛凄昭旸，芷茂兰昌，昭馨香兮。树碣崇冈，

刻辞琳琅，示茫茫兮。①

清王朝官修《明史》，对曹震的功绩进行了比较公允的记述：

> 曹震，濠（州。今属安徽）人。从太祖起兵，累官指挥使。洪武十二年以征西番功，封景川侯，禄二千石。从蓝玉征云南，分道取临安诸路，至威楚，降元平章阎乃马歹等。云南平，因请讨容美、散毛诸洞蛮及西番朵甘、思曩日诸族。诏不许，又请以贵州、四川二都司所易番马，分给陕西、河南将士。又言四川至建昌（今西昌市）驿道，经大渡河，往来者多死瘴疬。询父老，自眉州（今眉山市）峨眉（今乐山市代管县级峨眉市）至建昌，有古驿道，平易，无瘴毒。已令军民修治。请以泸州至建昌驿马，移置峨眉新驿。从之。二十一年，与靖宁侯叶升，分道讨平东川叛蛮，俘获五千余人。寻复命理四川军务，同蓝玉核征南军士。

> 会永宁宣慰司言，所辖地有百九十滩，其八十余滩道梗不利。诏震疏治之。震至泸州按视，有支河通永宁，乃凿石削崖，令深、广，以通漕运。又辟陆路，作驿舍、邮亭，驾桥、立栈。自茂州，一道至松潘，一道至贵州，以达保宁。先是，行人许穆言："松州地碛瘠，不宜屯种。戍卒三千，粮运不给，请移戍茂州，俾就近屯田。"帝以松州控制西番，不可动。至是，运道既通，松潘遂为重镇。帝嘉其劳。逾年，复奏四事。一，请于云南大宁境，就井煮盐，募商输粟以赡边。一，令商入粟云南、建昌，给以重庆、綦江市马之引。一，请蠲马湖（彝族土司。治屏山县，管辖今沐川县等处）逋租（欠交的税粮）。一，施州卫（今湖北恩施）军储仰给湖广，溯江险远，请以重庆粟顺流输之。皆报可。

> 震在蜀久，诸所规画，并极周详，蜀人德之。②

---

① 明·杨慎著，明·杨有仁编辑，明·赵开美校：《太史升庵文集》卷四，万历十年蜀刻本。

② 清·张廷玉等撰：《明史》卷一三二《蓝玉传附曹震》，北京：中华书局，1974年，第3866—3867页。

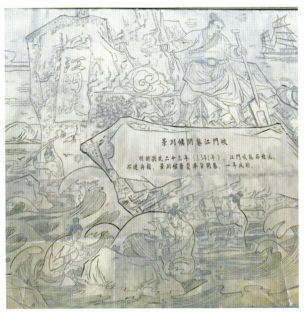

立石叙永城中大街的浮雕曹震开河图（博士生张瑞摄）

曹震开河修路，德政长留。今日叙永人民以浮雕形式镌刻他开河修路之形，立石城中大街，永为怀念。纳溪、合江等邻封郡邑，也分别在地方志里称道了他开河修路之功。

【二】　**熟夷阿乞族**　阿乞族，《宋史》《元史》无载，应是与彝族先民阿永蛮族属不同，而在元时已向官家承粮纳税的僚人。明时，包括紫潭口在内的今叙永县一带，为彝族土司"永宁宣抚司"的辖地。

【三】　**东溪**　古名鳛部水，土人呼高洞河，即今日之习水河。郦道元《水经注》曰："江水……又东，过符县（今合江县）北，邪东南，鳛部水从符关东北注之。县故巴夷之地也……治安乐水会，水源南通宁州平夷郡鳖县（今贵州省遵义市西），北迳安乐县（治今合江县九支镇安居坝）界之东，又迳符县下北入江……其鳛部之水，所未闻矣。或是水之殊目。非所究也。"① 安乐水，又名安乐溪，古称大涉水，今名赤水河，郦道元已知其从鳖县流来，在合江县城下注入长江。而他"所未闻矣"，以为或是"（安乐）水之殊目（支流）"的鳛部水，在被梁启超先生许为"天下第一府志"的清道光十八年（1838）《遵义府志》中被认定为："鳛部水，安乐水，即今之高洞河。今此河自高洞以下，土人皆名鳛水。此水产鳛鱼，为他水所

———————
① 北魏·郦道元撰：《水经注》卷三三《江水》，《四库全书》文渊阁本。

无，故于古地名鳛部；其水即名鳛部水。大涉水、鳛部水合流数里即入江，其上流皆是巨津，无可轩轾。《水经》以高洞河为主，故在符（县）注江者，只称鳛部水，不及大涉。《汉书》则以赤水为主，故只言大涉水至符入江，又不及鳛部。后世言水道者，无一知有高洞河。今以俗称证之，古名钦固。水道确然易见矣。"① 而《太平寰宇记》记作"东溪"。"鳛部"本夹赤水河两岸而居的彝族先民部族之名。又古有鳛国，其地即今习水、赤水二县（市）一带。习水，前代县名"鳛水"，1951 年更名"习水县"。

习水河源自今贵州省习水县寨坝镇习源村民源组高家坡的乌梢丘，流经习水县的寨坝镇、大坡镇、三岔河镇，于程寨镇蜂子岩入赤水市境，呼官渡河。流过今石堡乡、官渡镇，至长沙镇境内的高洞岩，河中巨石横亘，河水从高处激荡而下，形成瀑布，船舟航路至此终结。高洞岩以下，名高洞河，于长沙镇笃睦村磨刀溪入四川合江县，又有小溪、之溪、小江、月台溪诸名，流过今凤鸣镇、荔江镇，至合江镇三江咀汇入赤水河，又三里而注入长江。全长 156 千米。多年平均流量 30.9 立方米/秒，自然落差 1190 米，流域面积总计 1654 平方千米。

习水河两岸现存数百座凿山为室的古代崖墓，有的在其石室内壁刻有图案或文字。其中年代最早的是习水县大坡镇建筑村河嘴上崖墓中镌刻的汉阙，并有表明崖墓确切年代信息的文字题刻"熹平五年"（东汉，176）。这些崖墓中的石刻图案，与今合江、赤水诸地古代崖墓所刻图案的画面和人物造型颇相近似，有的甚至完全相同。今日习水县良村镇境内有座崖墓，通过题刻信息可判断为汉代崖墓，题刻文曰：

> 章武三年（223）七月十日，姚立从曾意买大父曾孝梁右一门，七十万，毕。知者廖诚、杜六。葬姚胡及母。

"章武"是蜀汉的年号。这通题刻证明，蜀汉政权已然于赤水河、习水河流域地区有效施行统治，且已有汉族进入这一地区，与当地夷人杂处。

---

① 清·黄乐之修，清·郑珍、清·莫友芝纂：《遵义府志》卷五《水道考·鳛水》，道光刻本。

习水古崖墓

（左起：习水县政协副主席冯世祥、赵永康。习水县档案局袁永贵摄）

★82.

《图经志》

夜郎溪【一】。在泸州。其源自滇北，经永宁、渔槽三(伯)[百]余里，北达于江，亦名纳溪。其溪浅陋，多石。凡遇雨，剽疾湍涌，艰于舟楫。自江口至溪源，有三(伯)[百]六十滩【二】之名。

之溪【三】。在合江县。原出播南，三百余里至县西南，曲流三折，状如之字，因名之溪。

【校补图注】

【一】 夜郎溪　《太平寰宇记》作"纳溪"，即永宁河。

【二】 三百六十滩　杨慎《天池夜宿对榻炅庵》诗："永宁三百六十滩，顺流劈箭上流难。"《明史》卷三百一十二《四川土司·永宁宣抚司》："（洪武）二十三年，永宁宣抚言：'所辖地水道有一百九十滩。其江门大滩有八十二处。皆石塞其流。'诏景川侯曹震往疏凿之。二十四年，震至泸州按视，有枝河通永宁，乃凿石削崖，以通漕运。"①

【三】 之溪　又名大溪、大涉水、巴符水、安乐水、仁怀河，即今之赤水河。《郡县志》作"安乐溪"。

★83.

《郡县志》

安乐溪【一】。在合江县。上流二脉，一曰大溪，一曰小溪。发源从生夷界来，过绥远（今赤水市旺隆镇鸭岭村木龙岩）、仁怀（今赤水市复兴镇）、安溪寨（今合江县九支镇安居坝），二溪合流，由安乐山下会于江。《元一统志》："来自合江县南，上接夷界，至县北入于江。又安乐小溪来自东，上接戎叙州界【二】，合大溪至县东北，入于江。邓绾令此邑时，其诗《引》曰："安乐溪，自合江县西南山流入于江，源远莫测其所从，其深广可容大舟，其平如铺，其色绀碧如玉，其势回环宛转，若有所避，不忍遽弃山而汇于江也。溪上多寿木，溪人莫得其名。藤萝柏竹，禽鸟花卉，四时无不可乐，故名之曰安乐溪。"

【校补图注】

【一】 安乐溪　赤水河合江县境段的别名。赤水河，《汉书》记作"大涉水"。《说文》云："涉，徒行历水也。"《尔雅·释水》云："由膝以上为涉。"发源于云南，流过滇、川、黔三省，一千余里至合江县城下石盘角注入长江。清道光《仁怀直隶厅志》记载：

赤水河，本赤虺（huǐ）河，唐骆宾王《姚州露布》所谓"河沧赤虺"者

---

① 清·张廷玉等撰：《明史》卷三一二《永宁宣抚司》，北京：中华书局，1974年，第8050页。

也。虒水音相近，故谓之赤水河也。或曰："河在两山间，流卷泥沙，每遭雨涨水，水色深赤，河以之名。"

出云南昭通府镇雄州斑鸠井，东北流至四川叙永厅界，有阿郎河水注之。水出镇雄州，阿郎，故以氏［名］。水又东，至四川永宁县雪山关南、贵州毕节县赤水卫北，又至天鼓岩南，受永宁县白撒溪水、三渡水，毕节县杉木河水。又至毕节县白沙场，为白沙河。又至黔西州鱼塘，为鱼塘河。又至仁怀县洞口河，沙坝河、澶溪西注之。又至茅苔村，始可舟。又至银滩，遥坝场水西注之。又至新龙滩，东岸属黔，西岸属蜀。滩险，不可舟。陆行三十里，至二郎滩，方可舟。有水坎河，从桐梓县西北流注之。又至顺江场，入仁怀厅界，桃竹溪水西注之。又北，有九溪水东注之。又至太平渡，叙永仁怀交界处也，古蔺河水东注之，又鱼溪水东注之。又至土城，浑溪水西注之。又至米粮坝，泥溪水西注之，又受瓮溪水、板桥沟水。又至猿猴镇，亦称为猿猴河，猿猴溪水东注之。又至背照，折而东，堰塘沟水东注之。又至大金沙，金沙溪水西注之。又至葫芦市，葫芦溪水西注之。又至阿蔺滩，阿蔺溪水西注之。又至别滩，荔枝溪水东注之。又至柏香林，药溪水东注之。又至丙滩，丙溪水东注之。又至风溪口，风溪水东注之。又至云滩脑，仁佑溪水东注之。又至旧仁怀，东北流，磨盘溪水西注之。又至七角垭，劳溪水东注之。舟行十五里，抵大硐场。又东，至四川合江县南、仁怀厅北，受夹子口冯村坝水。又至仁怀厅城西，太极泉水西注之。绕厅城下至城东，鲢鱼溪水西注之。入合江县界。又至安乐山下，高洞河从仁怀县界西注之。又至合江城东，入大江。

自镇雄州至合江县，行一千一百四十里。舟行六百五十里：上自二郎滩，下至铃铃滩，行厅界三百九十里。

《汉书·地理志》：犍为郡南广县有大涉水，北至符入江。《水经》：江水东过符县北邪东南，鳛部水从符关东北注之。郦道元注：县故巴夷之地也。汉武帝建元六年，以唐蒙为中郎将，从万人，出巴符关者也。县治安乐水会，水源南通宁州平夷郡鳖县，北经安乐县界之东，又经符县下北入江。其鳛部之水，所未闻矣。或是水之殊目，非所究也。常璩《华阳国志》：平夷县，有碗津、安乐水。符县，江阳郡东二百里，治安乐水会。东接巴蜀，乐城南水通平羌、鳖县。《明史·地理志》：合江县北滨大江，西有之溪、北溪入焉，因名之合江。顾祖禹《方舆纪要》：合江县之溪，源出仁怀县境，环绕如之字，即赤水河也。

　　大涉水，郦注以为大涉水出南广县，北流，注符黑水，北经僰道入江。夫南广之水不可悉数，而符县实无别水可以当之。班固于符黑水曰"北至僰道入江"，于大涉水曰"北至符入江"。符与僰道，距三百余里。则大涉水之为今赤水无疑也。

　　故夫大涉水也，鳛部水也，安乐水也，之溪也，其实一水也。①

　　2011 年新编《泸州市志》：赤水河属长江南岸一级支流，川、滇、黔界河，流经（滇、黔、川）3 省 12 县（市）。源出云南省镇雄县，自西南而东北流经贵州省毕节市，至叙永县西南水潦乡梯子岩入境。自西而东再折向北，经叙永县、古蔺县和合江县及其九支、车辋、先市、实录、密溪乡镇，至马街入长江。全长 500 千米，流域面积 1.93 万平方千米。自镇雄县至古蔺县二郎滩段为上游，二郎滩至复兴场为中游，复兴场以下为下游。境内河长 226 千米，流域面积 5577 平方千米，河面海拔 225.3 米；马街江面海拔 206 米，落差 19.4 米，年均流量 309 立方米/秒，最大 870 立方米/秒，最小 37.9 立方米/秒。在境内纳二级支流 23 条。水流湍急，中、下游通航。"②

　　赤水河之所以名安乐溪，盖因晋代曾分符县（今合江县）置安乐县于河上。隋、唐时，赤水河被称为"赤虺河"。虺（huǐ），雷声。《诗·邶风》："虺虺其雷。"毛《传》："暴若震雷之声。"赤水河惊涛拍岸，水石相击，人为之胆栗，以为是妖魔鬼怪所为。故骆宾王《姚州露布》谓此"川多风雨之妖"。随着开发利用的深入，人们对于赤水河的认识也逐渐加深，明代初年修成的《元史》，便已称之为"赤水河"。

　　赤水河发源于云南省镇雄县大湾鱼洞乡大洞口，流过坡头镇和威信县的水田乡，至云、贵、川三省交界处"鸡鸣三省"的"三岔河"，一路向东，流过贵州毕节、仁怀，四川叙永、古蔺，贵州习水、赤水诸县（市），至赤水市截角桠（大同河与赤水河汇口处）进入四川合江县境，在县城下汇入长江。

　　赤水河通航的历史已经很古老了，《华阳国志》云："（符县）南水通平夷、鳖邑。"水已为道，可证其时航道已通。先秦时期，古巴国通夜郎商道，从赤水河入，经平夷至朱提（今云南昭通），转夜郎、滇国。另从鳛水河（小溪、高洞河）水道

---

　　① 清·陈熙晋纂修：《仁怀直隶厅志》卷二《疆域志》，道光二十一年刻本。
　　② 泸州市地方志编纂委员会编：《泸州市志（1991—2005）》，北京：方志出版社，2011 年，上卷，第 72 页。

通达鳖邑。巴王因设关于赤水河之口（今合江县城南关），稽查货物、行人，收取商税，验符而后放行，称"巴符关"。

任乃强先生言：张仪、司马错伐楚取黔中地之役，实从"巴符水"（赤水河）进军，其说云：

> 周赧王七年（前308），即（秦）灭蜀后八年，司马错率巴、蜀众十万，大船万艘，米六百万斛，浮江伐楚。取商於之地为黔中郡。……巴涪水，今川黔间之赤水河。巴人由此入南中，巴国时设巴符关稽核商旅，灭巴后置符县于此水口者是也。符、涪同音，传者作字不同。司马错既倾全力浮江伐楚，不循江东下而转由巴涪水入取商于之地者，盖楚人亦倾全力以捍卫其盐泉，于州江（巴人对长江之别称）沿岸乘险扼守以拒之，舟师扼于明月、黄草、鸡鸣诸峡，不能至枳（今重庆市涪陵区）。故转巴涪水，取道鳖邑（今遵义）东向黔中。[①]

古代交通，水路最为方便快捷。不能至枳，也就不能从涪陵溯乌江向黔中进军，所以，就只有改道赤水河了。

县有符关，关即今合江县城"南关上"。汉武帝建元六年（前135）唐蒙通夜郎，便是从合江县城（符关）溯赤水河进入贵州。20世纪80年代以来陆续出土的近百具汉代画像石棺证明，早在两千年前，今日合江就已得到较好开发，而且交通特别是水运比较方便了。

中华人民共和国成立后有人著书，说在鳕水河（小溪、高洞河）上发现的蜀汉章武三年摩崖镌刻的船舶，是我国最早的船舶。学界亦渐成定论。实地考察其地，石岩上刊刻的只是小小的一叶渔舟，并非载运货物的航船。所谓"蜀汉章武三年"的铭文，其实是刻在距离这方摩崖一百余米的一穴崖墓的墓门上，与该"渔舟"根本无关。

明洪武二十三年（1390），景川侯曹震修治四川道路，凿石削崖以通漕运。20吨以下的盐船可达沙湾塘（今赤水市文华街道）。清代，赤水河两岸猿猴（今赤水市元厚镇）、土城（今习水县土城镇）、太平渡（今古蔺县太平镇）、二郎（今古蔺县二郎镇）、茅村（今仁怀市茅台镇）等码头和距离河岸不远的兴隆场等渐次兴起，出现了建造适合赤水河航道特点的船舶的造船作坊。黔西北威宁、水城、大定（今

---

① 晋·常璩撰，任乃强校注：《华阳国志校补图注》，上海：上海古籍出版社，1987年，第13页。

大方县）、赫章诸地产铅，其时大量开采，供应户部与各省铸造钱币和枪炮弹丸，额定每年运解京都及各省四百七十余万斤。这些船经毕节运至永宁（今叙永县）下船出长江，在泸州转口。这条线路又一度是滇铜入京的大道，每年运铜亦有上百万斤。从产地到永宁，一路崇山峻岭，全靠人背马驮，大量铅、铜积压待运。乾隆九年（1744）贵州总督张广泗报告朝廷：

> 　　黔省威宁、大定等府、州、县，崇山峻岭，不通舟楫，所产铜、铅，陆运维艰。合之滇省运京铜，每年千余万斤，皆取道于威宁、毕节。驮马短少，趱运不前。查有大定府毕节县属之赤水河，下接遵义府仁怀县属之猿猴地方，若将此河开凿通舟，即可顺流直达四川重庆水次，委员勘估，水程五百里，计应开修大小六十八滩，约需银四万七千余两。此河开通，每年可省脚价银一万三四千两。以三年余之节省，即可抵补开河工费。再，黔省食盐，例销川引。若开修赤水河，盐船亦可通行，盐价立见平减。大定、威宁等处，即偶遇丰歉不济，川米可以运济，实为黔省无穷之利。①

经批准，借用动款三万八千六百四十二两零，上游自天鼓崖（今叙永县赤水镇境）至兴隆滩（今仁怀市马桑坪）二十七滩，檄大定知府王允浩办理。下游自盐井滩（今习水县境）至鸡心滩四十一滩，遵义知府陈玉璧分办。当地民众如仁怀县两河口吴登举也积极参与，捐金、献计、出力。张广泗拟赏之官，登举不受，广泗书"忠耿过人"四字以赠之。乾隆十年十月初一日兴工，至十一年闰三月初一日竣工。参与开河的二十六名执事官员，联名撰就《新开赤水河道碑记》，摩崖刊刻吴公岩上，全文如下：

> 　　昔禹疏九河，山川始奠。造化之所不及，禹实补之。明德之歌，遍于河、洛。及秦汉开辟，鸿蒙顿启，载之史策间，斑斑可考。惟黔蜀赤水一河，介在天末，映翼轸之精华，而上通滇壤，下接蜀疆。其中六十八滩，怪石阻隘，惊涛汹涌，舟艇难行。千百年来，未闻有能疏决者。
> 　　岁甲子（乾隆九年），总督贵州部院张讳广泗抱文经武纬之才，丰功伟烈，昭如星日，乃犹羽仪念切，新开赤水河道，以资运务。拣凯里营都阃府刘讳奇

---

① 《清高宗实录》卷二三九，北京：中华书局，1985 年影印本，第 12 册，第 73 页。

伟、威宁州吏目王步云、遵义县县尉诸曜、镇远标外司张贵查勘绘图，虑精筹
划。越乙丑（乾隆十年），疏请开修，奉旨俞允。各上宪志切匡襄，檄委遵义
府正堂陈讳玉璧、大定府正堂王讳允浩、［凯里营］都阃府刘讳奇伟、遵义分
府胡讳国英总理河务。详选文武官员，分派各滩，卜吉于孟冬朔（一）①日（十
月初一日），同施兴作。

当斯时也，总理善为指挥，工员力图报效，不数月而河工告成，破猿鹘之
危巢，堪同坦道；排鱼龙之幽窟，俨若平渊。自是舟楫通行。铅、铜之输运，
米、盐之挽贩，商贾之往来，上济国务，下利民生，庆安澜而歌永［济］②。赖
斯我宪，福造万年，恩垂千古，克继禹功，德驾秦汉而上之。爰［勒］贞珉于
庙③，以志不朽云尔。

荔波县县丞严文烈	威宁州吏目王步云
台拱营千总郑洪兴	镇远镇把总张贵
候补守备刘朝栋	候补守备萧振统
候补守备曹思文	候补守备孔文秀
候补守备王太临	候补守备郭英
大定府司狱卫助	黔西协千总施国元
安笼镇外委刘廷方	遵义县典史诸曜
长寨营千总刘太岳	绥阳县教谕周挺
抚标千总姚宗璧	仁怀县教谕薛凤仁
仁怀营千总周国柱	毕节营把总甘彦邦
桐梓县典史颜光刚	抚标把总张起敩
清江协外委郭元章	遵义协千总房育昆
遵义协千总邓士林	凯里营外委周朝贵

乾隆十一年岁次丙寅春王月谷旦④

吴公岩上的这通题刻，已于 2009 年前后在基建施工中毁损。幸得贵州省仁怀市

---

① "一"字显衍，据文意删。
② "济"字据文意补。
③ 贞珉，坚硬的石头。"爰贞珉于庙"，不可读。因据文意补"勒"字。又，这通摩崖乃系刊
　刻石岩之上，因而"庙"亦不可读。姑照录于此。意者，岩头当年或有小庙，亦未可知。
④ 清·陈熙晋纂修：《仁怀直隶厅志》卷一〇《政绩》，道光二十一年刻本。

政协文史委龙先绪主任 1992 年摹读抄录下来。

自乾隆十一年起至十四年三月，实运铜、铅三百四十七万斤，每百斤节省银二钱一厘四毫，计节省银六千九百八十八两零。输入贵州的川盐一千八百一十一引、一千三百五十八万斤，与经由乌江、綦江两路输入的二千二百零七引、一千六百五十五万斤之数已基本接近。继任贵州巡抚爱必达本拟定为岁修之法，每年水涸之时，饬该地方查有淤塞之处，即细勘估详，雇夫修检。而其时金沙江上游疏河失败，朝廷责令原办督臣等分赔款项，爱必达便立即停止了对赤水河的养护维修，随后，由于养护跟不上，赤水河铜、铅停运。

张广泗，乾隆十二年调任川陕总督，十三年奉命征大金川，久无成功，获罪处死，而他开河的功绩则永远留在了当地人民心中。道光《仁怀直隶厅志》详细记载了他开河的原因和经过，中肯地说："今滇铜由威宁州（今贵州威宁县）五程运至镇雄州（今云南镇雄县），由镇雄州五程运至（今四川珙县）罗星渡下船，由金沙江八程运至泸州。黔铅仍由威宁州十一程运至叙永厅（今四川省叙永县）水运至泸州。川盐每岁由（铅）[船] 运至仁怀县茅苔村（今茅台镇）登陆贩卖，源源接济。至今盐价较平。开河之力也。"①

道光年间，盐船只能到达天鼓崖下 60 里的马蹄滩（今古蔺县马蹄乡）。尽管如此，赤水河的物资运输依旧繁忙。仁怀县小溪、二郎、土城、吼滩等处的茶叶，二十多家茅台烧房"所费山粮不下二万石"，酿制的大宗"茅台春"酒等，都由赤水河输运四川。光绪三年（1877），四川总督丁宝桢改革盐政，实行官运商销。总办赤水河盐运的唐炯治理赤水河。光绪五年兴工，以工代赈，招雇民工就地分修，历时三年，动用白银二万余两，对今贵州省仁怀市茅台镇至合江河口三十三处重点险滩、四十余处一般险滩以及多处零星沙碛进行了整治。竣工后在吴公岩举行通航典礼。而此滩实因被炸开部分乱石，滩坎更陡，水流更急，航行愈险，其后仍然不能通航。川盐运输至此，仍需起坡陆运，人力背盐运到上游沙湾再重新装船上运。

民国时期，赤水河依旧是川盐入黔的主要通道。运进的货物除盐外，还有杂货、夏布、土布、砂糖、烟草等，销售于赤水河上下游沿岸及附近村落，输出竹、木、五倍子、牛皮、生漆、酒等物，是为盐船的"回程货"。每年由四川运入的糖，价值银洋三万元以上；土布人部来白合川、江津，年额约二万匹。仁怀的茶饼和珠兰香茶年产十万余斤，行销重庆、泸州等地。赤水一带盛产楠竹、斑竹，沿河居民长

①清·陈熙晋纂修：《仁怀直隶厅志》卷一〇《政绩》，道光二十一年刻本。

于制作竹器，故竹器也是出口的重要货种。仁怀、习水、古蔺、叙永、毕节的木材输运合江，纸的输出也很是不少。

赤水河运盐量大。盐务部门、盐商及盐船船民对河道维修很是重视，河工局管理人员由赤水县委派，岁修由仁岸盐商经办，范围包括上下游全境，1912 年至 1915 年由仁岸永裕隆等四盐号直接负责，后由盐帮公所负责。1931 年赤水县向贵州省政府报称："自前清设立河工局疏浚河流，一切悉归该局负责办理，民国以来仍旧……河流无不通舟楫之患。"抗日军兴，若干外地机构和人民先后迁入黔地，食盐需求剧增，贵州盐务处提请拨款整治赤水河航道，以改善川盐的运输条件。1941 年底，由迁来西南的导淮委员会副委员长沈百先负责，组成赤水河水道工程局，具体组织施工，至 1945 年抗战胜利导淮委员会复员离黔，对茅台镇以下 100 多公里河段的十几处浅滩、险滩做了不同程度的治理。其后川黔公路通车，从仁岸输入的食盐逐年减少，赤水河道两百多年来的繁忙盐运，逐渐衰落。

1954 年贵州省交通厅第五工程组开凿马桑坪至二郎滩新航道，从仁怀、赤水、古蔺选调民工修河，1955 年打通了历代治河者无法修通的吴公岩十八里天险长滩。同年，设立赤水河道工程队，对全河航道进行常年整治和养护。

1956 年贵州省交通厅对赤水河进行航道普查，从云南镇雄县鱼洞乡发源地至四川合江县止，全长 392 公里[①]，通航河段 345 公里，仅 47 公里不通航。枯水期，主要航道最浅航深 0.4 米，最窄航宽 10 米。

1958 年，赤水河第二航道工程队在上游里千岩至马蹄滩段测量施工，改善大螺滩、女儿溪等 10 处险滩，新辟木帆船道 21 公里，通航可以载重 2.5 吨的小木船。至此，上游马蹄滩至下游合江段航道共 366 公里。

为减轻船工拉纤的劳动强度，1960 年在赤水河干流上建设木质绞关 129 座，水力绞关船 3 只，安装船头绞关的船共 52 艘。

经过多次疏凿，赤水河航运逐渐发展，分段通航。

第一段，从河口的合江县城到仁怀厅（厅在东岸，今为贵州省赤水市。其西岸为九支，今合江县九支镇）[②]。常年可以通行载重 80 吨以下的机驳船和木船。航行在这段河面上的，一是四川的"盐船"，包括中圆棒、五舨船、黄瓜皮（炭花船）、

---

① 另有"500 公里"说法，尚需续考。

② 赤水河自南向北流，故其江岸不以"南、北"而以"东、西"命名。与长江船家一样，赤水河船家约定俗成，以面向下游时左侧的一岸为"西岸"（即"左岸"），以右侧的一岸为"东岸"（即"右岸"）。

麻叶鳅等；二是贵州的牯牛船。载重量大小不一。上水主要载盐，运到仁怀厅卸载；下水装运其他货物。麻叶鳅亦名"鳅船"，干舷较低。[①]

第二段，从仁怀厅到二郎滩（今古蔺县二郎镇）。牯牛船下行，主要装载生铅、硫黄、煤炭、毛铁（生铁）等土产，直达合江；上水返航，在仁怀厅装载川盐，运到二郎滩卸载。吴公岩悬崖隔断，船舟无法继续上行，航路也就到此中断。川盐卸载下来，人力背运，翻过高高的马桑坪，下到河边的沙湾码头，改装他船溯流上运以达于茅村。

牯牛船亦名梭耳船、艄船，结构坚实，干舷较高，能经受急浪冲击。赤水至猿猴（今赤水市元厚镇）用"大牯牛"，再上二郎滩用"小牯牛"。船不用舵而用艄，蹲板（操舵的平台）远比用舵船舶的蹲板为高，以保证后驾长（后领江）站在这个高高的平台上，从滩的上方就可以看得见水位要低一两米的滩下，只要操作得当，便可安全过滩。陈熙晋《牯牛船谣》序云："牯牛船每船水手十六人，载盐可一百八十包，蜀盐以五十包为一引，计三引余。其船朴而坚，自仁怀直隶厅城下至猿猴镇载盐者，皆此船也。"[②] 20世纪60年代，滩险整治后，险恶程度降低，牯牛船已改艄为舵。

第三段，从二郎滩沙湾码头到茅村。航行在这段河道的船舶，叫作"茅村船"，形若木梭，前后都用艄[③]，因其前艄似"关刀"，故又称关刀船。载重2～12吨。

以上三段河道船舶船工水手的配置，大体上仍与长江上的人力木船一样，每载重量五吨，配置船工一人。陡急滩前，同行船舶船工合力拉一船，依次上滩，名曰"换艄"。若无船"换艄"，则另雇当地农人协助拉纤，"拉腰滩"过滩。

第四段，茅村上游。航道极浅，河上只有阔而且平、状如鸭舌、载重2.5吨的"鸭子船"航行。鸭子船只有后艄，上水航行，听任后艄拖在水里，领江在船头操作篙杆。河道水流陡急，拉纤船工一般要配三至五人。

1924年，黔军周西成部队驻防赤水县，曾购进柴油机小汽船一艘，取名"之江号"，行驶于赤水至重庆之间，运载军用物资，这是赤水河上的第一艘机动船。20世纪70年代，赤水河上出现机动驳船，载重量在30～50吨，主要从古蔺岔角滩运煤至合江，转运长江下游。

赤水河流域地区山川田野，森林覆盖特别好，景色清幽。茅台、郎酒和习酒等

---

① 清·陈熙晋纂修：《仁怀直隶厅志》卷二〇《艺文》，道光二十一年刻本。
② 清·陈熙晋纂修：《仁怀直隶厅志》卷二〇《艺文》，道光二十一年刻本。
③ 与牯牛船一样，随着航道得到整治，茅村船在中华人民共和国成立后也已改为前艄后舵。

诸多名酒，率皆产于河上。数千平方公里地面，一派彤红，呈现为地质学上所说的"丹霞地貌"。2010年，联合国教科文组织将中国丹霞地貌列入《世界遗产名录》。20世纪80年代以来，川、黔、渝三省市结合部的赤水市十丈洞、叙永县画稿溪、古蔺县黄荆老林、江津四面山等地，先后分别发展成为国家级风景旅游区。

赤水河上，茅台、郎酒百年飘香。习水、仁怀、古蔺，年产酱香型白酒数十万吨。

河来自滇，界我川黔，美酒所出——吴公岩（右岸）与马桑坪下方的山岩（左岸）
（四川郎酒集团胡基全提供）

尤可记者，自合江沿着汉代唐蒙通夜郎的足迹，溯赤水河进入贵州，存在着网络状、阶段性的从四川穿过贵州而从广州出海的"古代西南丝绸之路"。

《史记》记载：张骞通西域，在大夏国（今阿富汗）看到四川特有的蜀布和邛杖。归来向汉武帝报告，说身毒国（今印度）在四川与大夏之间，与蜀地相距不远，其间应有道路可通。从这条路经身毒去大夏，比取道西北便捷，也更安全。汉武帝"欣然以骞言为然，乃令骞因蜀犍为发间使，四道并出：出駹，出冉，出徙，出邛、僰，皆各行一二千里。其北方闭氏、笮，南方闭嶲、昆明。昆明之属无君长，善寇盗，辄杀略汉使。终莫得通"①。抗日战争时期，海外交通受阻，盟国援华物资不能运进，在中华民族生死存亡的紧要关头，川滇黔三省军民，用锄头和铁镐，挖通了从泸州穿过贵州去昆明的"川滇东路"（今321国道），以及滇缅公路和滇印公路。在这种背景下，"西南丝绸之路"问题，一度成为学术研究的热点。20世纪80年代，学者们旧话重提，他们的意见归结到一点，就是任乃强教授生前所说：从蜀西南经滇缅去印度，有一条原始的商道。蜀中方物曾由这条路输入印度，更远销阿富汗和伊朗、伊拉克等半沙漠亚热带气候地区。任先生的这一论断，未必合乎历史的真实。因为《史记》明白记载，这条道路"终莫得通"。尽管学者们引用《史记·大宛列传》和《华阳国志》特别是《高僧传·慧睿传》等众多史籍材料，论证这条商路在张骞之前就已存在，但都显得牵强。

这条商路既不存在，张骞在大夏国看到的蜀布和邛杖等四川方物，又是怎样运去的呢？古代商旅行人往来和物资运输，主要依靠水运。从成都经岷江到宜宾入长江，过泸州到合江转赤水河进入贵州，转牂牁江（即北盘江），再转红水河、西江，可以直到广州。从广州沿珠江出海到缅甸和印度，一路水运，远比从云贵高原翻山越岭、穿过缅甸而去印度，要方便得多。这条"牂牁古道"，当时已由唐蒙开通，走这条路，遭受劫掠的可能性远比穿越云贵高原为小。《三国志》和《后汉书》诸书记载，东汉末年，中原战乱，白骨堆山，道路行人断绝，但是蜀中与东南亚、南亚之间通过这条"牂牁古道"进行的贸易和交通却照样繁荣。晋唐时期，这条商路也继续存在，史有明文。

2000年2月23日，笔者在合江县千佛岩，发现两龛左右并列的摩崖。左龛高1.8米，宽2.4米，分为上、中、下三排，共刻17尊人物坐像，形制甚小，高各35厘米左右，多数"头颅"已遭毁损，只剩身躯。右龛高0.9米，宽1.2米，龛中两尊人物坐像，高各70厘米，形制远比左龛的人物为大。两龛摩崖风化都已颇为严重。

---

① 汉·司马迁：《史记》卷一二三《大宛列传》，北京：中华书局，1982年，第3166页。

合江千佛岩"唐代商队人物群像"
(《泸州日报》记者杜勇摄)

　　细看龛中"人物",只有几尊着僧衣,其余皆是世俗服装,非僧非佛。右龛右侧那尊造像,头部已毁坏无存;左侧坐像,头顶包头软巾,有宽大的软脚下垂,似是隋唐年间人所戴的那种"幞头"。幞头相传始于北周年间,有四条系带,两条系于脑后,另两条反系头上,曲折附项。最初,用软帛垂脚。隋代开始用桐木衬在里面,使头巾高高耸起。五代以后,又渐变平直。宋代,成为贵贱通着的服饰,形制有直脚、局脚、交脚、朝天、顺风等多种。由于风化严重,"幞头"曲附于项的那两条巾脚,已经几乎看不清楚了。左龛"人物",也有几个戴着这种"幞头",但在"项"前系结,"眉清目秀",显为汉族。上排最左一躯,双"手"合十,是个信奉佛法的俗家弟子;中排右三尊,屈膝盘坐而弹指,也是典型的佛家礼仪。

　　两龛"人物"的头部与身躯长短比例协调,刀法和刻工比较细腻,形象颇为生动,面部丰满,特别是从服饰上看,可以认定为唐代所刻。笔者将之命名为"唐代商队人物群像"。

　　尤需注意的是,中排左侧第二尊造像,"头发"卷曲,两"耳"分别垂挂粗而且大的耳环,身着僧衣,面貌依稀可辨,似是"胡人"(波斯或印度人);下排右侧的第二尊也戴耳环,着僧衣,右肩袒露,也是胡僧。

合江千佛岩上"唐代商队人物群像"中的胡僧
(《泸州日报》记者杜勇摄)

历史上，合江千佛岩地当川黔通道。"唐代商队人物群像"上既有胡人，说明晋唐年间这条古"牂牁道"依然畅通。唐代，已有众多外国胡人在广州经商和居住。这些不远万里而来的外国商人，必然还会循着前人开通的商道进入中国内地，扩大他们的贸易。这龛摩崖"唐代商队人物群像"所反映的或许就是外国商人和胡僧，沿着江河逆流航行，穿过夜郎，辗转进入蜀中的情况。今日泸州玉蟾山上，有宋明年间陆续刻成的摩崖造像四百余龛，其第 16 龛明代石刻"菩提树下悟道像"的图中"人"，明显是西方佛国印度之人。

泸县玉蟾山摩崖造像"菩提树下悟道像"
(泸县博物馆徐朝纲提供)

现在，合江又有唐代"胡僧"造像发现，结合近年来合江地区出土的大量汉代画像石棺，或可推测，古代外国胡人，早已通过汉武帝使者唐蒙所开通的古"牂牁道"（夜郎道）进入蜀中。这条道路，有可能就是学者们几十年来争论不休的"西南丝绸之路"。笔者因撰《探索古代西南丝绸之路的遗踪》，发表于《成都理工大学学报》2004 年第 3 期。

在此基础之上，2016 年，由泸州市文化研究中心牵头，组织包括蓝勇、彭邦本和笔者在内的京、川、黔、渝、桂五省市相关专家学者，连续两年实地调查考察。2017 年 6 月 28 日，在贵州省都匀市，发布了由蔡美彪、李学勤、陈志和、谭继和与我们共同签署的《中国南方丝绸之路都匀宣言》，认定确实存在这样一条古代丝绸之路。

【二】 **安乐小溪来自东，上接戎、叙州界** 安乐小溪乃今之习水河（高洞河），发源于习水县，流过赤水、合江二县，在合江县三江嘴注入赤水河，又三里而入于大江，与戎、叙州无涉。《郡国志》之所以作如是言，盖因郦道元《水经注》未详此水，而又将赤水河与在叙州下游二十里注入长江的南广河相混淆，乃有此误。

滩【一】

★84.

《图经志》

旗滩【二】。在泸州西［四】【三】十里。江岸有巨石岭，横切【四】江心，状如旗形者三。俗呼为"旗三滩"。

泾滩【五】。在泸之西［南三百】【六】十里。其滩两岸绝壁，下流有一石碛，流水浅急。相传诸葛武侯射蛮之地，俗名赶箭滩。《舆地纪胜》："在江安县南［一百】【七】三十里，滩上有山刺天，瀑布飞下，侧有卧石。父老传为武侯誓蛮之地。"

马鬃滩【八】。在泸州东十里。水流派于积石上，状如马鬃，因名之。

【校补图注】

【一】 **滩** 河道中存在水浅流急，水中有礁石，航道弯曲、狭窄等种种不利于船舟安全通过的因素的河段，统谓之"滩"。

【二】 **旗滩** 在纳溪城下四里。"头脊梁、二脊梁、三脊梁"三道石梁，从长江南岸伸入江心一百余丈，拦断半江流水。冬来水枯，露出水面，舟行无害。夏日江涨淹没，恶浪滔天，摧折船舟，年年死人无数。岸上山峦名掇旗山，此滩因以为名。范成大记作"张旗三滩"，其《江安道中》诗《序》云："近泸州最险处，号张旗三滩。言张旗之顷，已过三滩。其湍急如此。"① 又曰："泸州江安县道中，有滩号'张旗三滩'，谓湍势犇急，张旗之顷已过三滩也。"②

【三】　"四"字，据地理实际补。

【四】　切　同截。横切者，巨石成梁，伸入江心之谓也。

【五】　泾滩　泸州之西四十里，长江南岸是纳溪城，地势平旷；北岸石棚镇（今泸州市江阳区方山镇）虽然构筑在石岩上，但长江航道水深，江面宽数百丈，地形地貌，与"两岸绝壁"不合。此泾滩者，盖《舆地纪胜》所言"江安县南三十里"之泾滩也。揆之里程道路，则在泸州西南二百四十里。《方舆胜览》："泾滩，在江安县南三十里。滩上有山刺天，瀑布飞下。相传武侯誓蛮之地。"③ 地属长宁。《蜀中广记》云：县"东十五里④武宁溪上，有巨石横截中流，（南宋）虞允文（知长宁军时）凿之，以通舟楫，石上大镌'虞公峡'三字。溪左泾滩，瀑布自山顶飞流而下数十丈，为深潭。"⑤ 瀑布皎白如雪，《明一统志》："俗呼为一匹绢。"⑥ 今名"一匹绸"。虞公峡，《续资治通鉴长编》记作"泾滩峡"⑦。乾隆《江安县志》曰：宋"真宗时，寇瑊、王怀信讨（晏州）多刚县酋斗望，两路夹击，大败之，追斩至泾滩，即此。"⑧

【六】　"南三百"三字，据道路里程实际补。

【七】　"一百"二字，据嘉庆《江安县志》卷六《泾滩说》补。其《说》云："《（四川）通志》江安、长宁俱有泾滩之名。非也。《寰宇记》：'泾滩，在江安县

① 宋·范成大撰：《石湖诗集》卷一九，《四库全书》文渊阁本。
② 宋·范成大撰：《吴船录》卷下，《四库全书》文渊阁本。
③ 宋·祝穆撰，宋·祝洙增订，施和金点校：《方舆胜览》卷六二《泸州·山川》，北京：中华书局，2003年，第1087页。
④ 明代，长宁县治今双河镇，因言县东十五里。
⑤ 明·曹学佺撰，杨世文校点：《蜀中广记》卷一五《名胜记·叙州府长宁县》，上海：上海古籍出版社，2020年，第164页。
⑥ 明·李贤等撰：《明一统志》卷六九《叙州府·山川》，《四库全书》文渊阁本。
⑦ 宋·李焘撰，上海师范大学古籍整理研究所、华东师范大学古籍整理研究所点校：《续资治通鉴长编》卷八一，北京：中华书局，1990年，第1855页。
⑧ 清·雷仇纂修：《江安县志》卷一《山川》，乾隆二十八年稿本。

南三十里，滩上有山刺天，瀑布飞洒，相传诸葛武侯誓蛮处。唐泾南县设焉。'①
《明史》，江安县南有淯溪，又有泾滩，合流入于绵水。今县南三十里并无峰高水急
之处，惟梅桥乡越长宁数里有石刻泾滩瀑布遗迹，为长宁八景之一。地近泥漕溪入
淯处，今名三江口，昔属江安。《宋史》云，真宗时寇珹、王怀信讨哆刚县酋斗望，
两路夹击，大败之，追斩至泾滩。哆刚县属古晏州，今兴文县。江（安）长（宁）
与壤错相接。稽其形地，江安所载长宁所称，原非有两泾滩也。但其地去江安一百
三十里，与《寰宇记》三十里之说不合。按，江安迁县治在宋熙宁后，其故城在县
东七十里（今泸州市纳溪区大渡口镇三江坝），去泾滩较近。岂前史尚沿故城而讹
者耶？《（泸）州志》载泸州'西四十五里有泾南废县'，又云'在江安泾滩之南。'
唐时故县，已难核实，而泾滩一地，昔属江安，今属长宁，则断无可疑。《通志》
于两县并载，误矣。"② 实际勘察泾滩，其地确在江安县南一百三十里。因据道路里
程实际补。

【八】 马鬃滩　今名小米滩。在泸州之东十五里长江北岸一侧，水底有莲花石，
江流冲激，巨浪滔天。其南岸为乌棒碛。乌棒碛下为马鬃碛。碛上昔有马鬃石，已
被凿除。

★85.

《舆地纪胜》

酒瓮滩【一】。在泸州，凡舟自大江而下，至此无所已。唯夏
涨由纳溪渡至石侧，乃为白崖所冲。舟人畏之。及水低岸，远
则巨石特立，圆腹陋底，危然一瓮焉。

龙蟠滩【二】。自泸州东去五十里，水交渍，乱石之下者曰龙
蟠滩。舟人戒焉。

【校补图注】

【一】 酒瓮滩　滩在张旗三滩北岸，石棚场（今泸州市江阳区方山镇）上游三
里，古名"白崖"。今名"观音背"。滩头绝壁数十丈，地形地貌与《舆地纪胜》

---

① 按，今本《太平寰宇记》已无此语。
② 清·赵模修，清·郑存仁纂：《江安县志》卷六《杂志》，嘉庆十七年刊本。

所叙完全相合。洪水季节，大为行舟之患。冬季江流湍急，直击其岩，最难通过。岸头石壁上，前代刻有观音菩萨造像，意在祈佑过往行船平安，呼"黑脸观音"，上行船拉纤过此，无不虔诚默祷。今日方山山腰中云峰寺观音塑像，人以为"黑脸观音"，误矣。

【二】 龙蟠滩 今名"灌口"。滩在抗元故垒神臂山铁泸城下，舟一失势尺寸，辄縻碎土沉，人亡船毁，险恶万端。前代特设滩官，配备多艘"洪船"，救生抢险。滩上滩下，各设信号台进行指挥。清光绪十七年（1891），又在滩头绝壁上摩崖刻"放船依近西流"六大字，指示船舟安全通过要领。

井【一】

★86.

《九域志》

淯井。在泸州西南二百六十三里。

【校补图注】

【一】 井 本目所载诸井，皆为盐井。

★87.

《舆地纪胜》

盐井。在泸州。

南井。盐岁计四十一万斤。

陀鲁井。岁计二万八千斤。

池

★88.

《江阳谱》

荷池。在泸州阜民堂【一】前，上架石桥，以达于壮猷堂【二】。绍兴三十二年（1162），晁公公武筑室其上，榜曰"野航"，室今废。晁公赋诗云："平池积潦涨轻痕，宛若扁舟系水滨。断岸才盈六七尺，低蓬恰受两三人。巡檐悦目蒲莲秀，隐几忘机雁鹜驯。坐阅江湖好风景，不愁涛濑阔无津。"

放生池【三】。在泸州，即大江东、北为之，各去城五里。绍兴十三年（1143）准令置【四】。

【校补图注】

【一】 阜民堂 在泸州小厅西隅。见★99。

【二】 壮猷堂 见★99。

【三】 放生池 佛经以为诸罪中杀业最重；诸功德中，放生第一。佛教信徒将各种水生动物如鱼、龟等放养在放生池中。佛教认为，信徒放一次生，就积一次德，故而放生池有"吉祥云集，万德庄严"的意义。放生池，一般是人工开凿的池塘。宋代泸州以江河为放生池，规模就更宏大了。以地望度之，其所谓东，在小市下游五里的洞宾亭；北，在沱江江口上游五里之大叶坝。

【四】 准令置 遵照上峰指令设置。

★89.

《元一统志》

天池，在江安县西十二里方山上【一】，四周皆十余丈。旱、涝，水无盈缩。遇旱有祷，即雨。

【校补图注】

【一】天池，在江安县西十二里方山上 历史上，方山地属纳溪，与《元一统志》此记不合。查《元一统志》已无全本。1985年，我国台湾地区曾将其所藏清抄本三十五卷，又清海虞铁琴铜剑楼乌丝栏精抄本四卷、元刊本五卷并各卷零叶，交由正中书局编入"玄览堂丛书续集"公开出版。此外，赵万里、金毓黻分别有辑本刊行，三本皆无此语。

今日江安县城在长宁河注入长江处，地距泸州一百五十里。城西地貌平旷，数十里内，皆为长江冲积平原和沙碛，并无大小山丘。现存明、清省、府、县志，并皆不载"县西"有山，更无有所谓"方山"也。按得《元一统志》此语，源出宋人欧阳忞《舆地广记》，其原文是：

中，江安县。

本汉安县，东汉置，属犍为郡。蜀为江阳郡治。晋、宋、齐、梁、后周皆因之。隋属泸州，开皇十八年改曰江安。唐因之。

故绵水县，汉江阳县地。梁置，属江阳郡。隋属泸州。唐因之。皇朝乾德五年（967）省入江安。有方山、大江、绵溪。①

明言方山在"故绵水县"之境。绵水县在汉为江阳县地，晋置绵水县，宋乾德五年（967）省入江安。《元一统志》："江安古有绵水县，今为绵水乡。"②《蜀中广记》："废绵水县在绵水溪口，今为绵水乡。"③此绵水溪在今泸州市纳溪区大渡口镇清溪村，今名清溪，俗呼清溪沟，在纳溪城西十五里从北岸注入长江。溪口长江对岸稍西十数里，正是方山。方山之巅有池焉，广约亩许，灌溉山田，至今犹在，土人代呼"天池"。凡此种种可知，本条所谓"江安县西十二里"之方山，盖即泸州城西四十里的方山。

今人但知方山代隶纳溪，孰知纳溪是南宋绍定五年分江安县地建置的新县。《舆地纪胜》书成于北宋政和年间，其时纳溪县还未建置，自然要把方山系于江安县下。

---

① 宋·欧阳忞撰，李勇先、王小红校注：《舆地广记》卷三一《梓州路·泸州江安县》，成都：四川大学出版社，2003年。

② 元·孛兰肹等撰，赵万里校辑：《元一统志》卷五《四川等处行中书省·重庆路》，北京：中华书局，1966年，第526页。

③ 明·曹学佺撰，杨世文校点：《蜀中广记》卷五二《蜀县古今通释·泸州江安县》，上海：上海古籍出版社，2020年，第573页。

十八、宫室

楼

★90.

《江阳谱》

南定楼【一】。在泸州芙蓉桥【二】后罗城上，旧为水云亭。绍兴三十二年（1162），晁公公武改建此楼，取诸葛孔明建（安）［兴］【三】五年（227）《出师表》语为名，自为之记。壁左右有李赞皇【四】、诸葛忠武像及南蛮、西夷地图【五】。其雄壮尤为一郡胜。广袤八丈有奇，面临资江，檐庑高明，庭宇爽垲。凡帅守会僚属、将佐商略军务多在是。右司范公仲艺书额【六】。

晁公诗云："水接荆门陆控秦，卧龙陈迹久尤新。剑关驿外青山旧，锦里祠边碧草春。更筑飞楼瞰泸水，拟将遗恨问洪钧。南方已定虽饶富，北望中原正惨神。"

梁公（介）［玠］诗云："堂堂百尺楼，制作极华丽。山围与水绕，秀色相妩媚。上无狐鼠窥，下有鱼龙畏。宾友升清虚，夷落耸瞻视。南陲粗安堵，北鄙方举燧。倚楼独何为？尚下忧国泪。"

侍郎李公焘【七】赋云："帝有熊之苗裔兮，谍蝉蜕于城阳。溯凯风而浮游兮，援揭沔而蹈襄。念莫足与为美政兮，乃退耕而俟时。或三顾以咨当世之务兮，翻然遂许其驱驰。奉命于危难之际兮，一言而鼎足之势成。公安狼跋不可以久留兮，亟溯江而西征。兼弱攻昧古所贵兮，矧吾谋之嘉定。于信义其何伤兮，庶几汉后世之复兴。维蜀则二祖【八】之关河兮，先固基本，足食与兵。宁崎岖岩阻之恃兮，指日还都于旧京。既荡平乎山南兮，亦汉厉乎樊北。凉州若可以指呼兮，许下业业其将拔。按吾素定之谋兮，若盘走丸而弗出矣。孰启蒙、逊【九】之祸心兮，彼天公真不仁。虽云长之仇不可不报兮，较计轻重，盖姑置此而专图秦。

"嗟夫！此行莫能尼兮，更挠败乎东邻。宛、洛进取之途由此遂改辙兮，跨有二方，遽爽其一。遭大丧而内外晏如兮，赖忠正以勿失。吾岂须臾忘汉贼兮，又惧南鄙之侵。闭关息民亦已久兮，顾独试诸小蛮夷【十】。函养篡逆莫诘问兮，丕【十一】死三载昉出师。视初谋愈落落难合兮，谅非得已而至于斯。吾因斯知帝王之穷荒勤远兮，适足贻后世子孙之忧。越兰津为他人兮，当时固已厌苦其烦劳。岂无攻心之上策兮，顿刃挫锐，亦深入乎不毛。渡泸水临滇池兮【十二】，并日而食【十三】，则他可知也。收资财以给军国兮，殆简牍之虚词。间一岁乃出祁山兮，吊民伐罪，公来独何迟也。【十四】倘无所事于东与南兮，举全力而加诸当逆，汉贼斯蒲伏【十五】而授首兮，王业讵偏安于蜀都？攻益州之疲惫兮，讫莫遂其良图。慨东隅之得失兮，畴克收此桑榆。抑天之所坏不可支，故使至此极兮，植疆起仆，尽吾意之区区。

"揆厥所元终都攸卒兮，孔明之于昭烈【十六】，盖无言不酬矣，又何负乎！

"乱曰：高楼岿然，压绳若兮。俯仰千载。怀诸葛兮。德如伊周，过管乐兮。孰云所长，非将略兮。变故横发，巧言夺兮。仓卒应酬，不踬跲（zhì jiá）【十七】兮。本志先定，唯北伐兮。

回兵南讨，路纡曲兮。言旋言归，暂休息兮。祁山之役，最后出兮。魏人闻此，犹震叠兮。矧及当时，用全力兮。摧枯拉朽，彼固弗敌兮。事不如意，八九且十兮，然亦何撼。孽匪自作兮，自兹已来，可惜兮。徼外蛮夷，今毕服兮。不复弄兵，暨邛木兮。偃旗卧鼓，不顿一戟兮。我独北望，伤宛洛兮。极目千里。氛甚恶兮。沉吟遗章，涕零落兮。攘除兴复，将焉托兮。登兹消忧，聊假日兮。

郡人朱孝友【十八】赋云："惟泸之北，二水互击。上有岑楼，突兀新出。云霞来舞，日月下靓。向斤斧之未声，忆有孤亭【十九】翼然。冠之江山，呼而不回。万景颔而相违，胡此楼之乍架，纷戢戢以来归？吾闻绠长可得深井之水，思长可得古人之意。不诚而子弟功忽。念之深者，或变色于天地。今此楼高而抱千载之想，宜物色之吾媚，非昔叛而今安，盖感于中者异矣。

"方汉鹿之逸去，慨群雄之竞逐，吟则《梁父》，有蜮含毒。恋隆中之暇日，忍赤子之血肉。若夫孟德眼中，芒刺吴蜀【二十】；孔明胸中，一家南北。发火德【二十一】而未�焰，何啻艺而不熟。虽然，治外必由内肃，服远将自近始。小盗窥户而不剪，奚大盗之时毙。剑则逐于孟获，志本趋于曹氏。昼望中原，辽乎邈哉，夜从枕上而屡至焉【二十二】。一日以南牧，即扬旌而北指。临岐发疏【二十三】剖肺肝兮，泪汪汪而落纸。虽鼎峙之国署为狭兮，而此心之阔，尚弥乎八荒之外。

"嗟乎！以义烛世，贤否（pǐ）了然。以古烛今，君子见前。孔明义慨，欲见不可。元帅晁侯，是亦龙卧【二十四】亮心乎中原，侯心乎孔明。时不同而意同：思正乾坤，两贤一盟【二十五】当玉帐之闲暇，侯举酒以时欢。斜日上乎层栏，风弄

433

袖而独立。盖如见燕、代于户牖，从万里之羁执。楼曾何知，但临水炭炭而已。"

陆游《南定楼》诗【二十六】："行遍梁州到益州，今年又作渡泸游。江山重复争共眼，风雨纵横乱入楼。"

晚对楼。在南定楼之右罗城上。乾道梁公（介）［玠］建。取杜诗"坐对秦山晚"【二十七】之句为名。

会江楼【二十八】。泸为治，据岷江之西，内江之南。二水合流，（径）［迳】【二十九】趋吴会。凡楼橹上下风者【三十】，皆赅焉。郡之通（远）［海］门【三十一】外五十步，有亭曰"泸江"，以为过客登岸盘礴之所。创于梁公（介）［玠］，再创于虞公炑【三十二】，葺于曹公叔远。广立三门。其体虽具，然历岁未久，渐觉荒凉。帅守尚书杨公汝明，从而更葺之，揭楼居以冠其首，横袤六丈，崇二十有余尺。栏楯檐宇，绘画彩饰，焕然一新，始称大国候馆【三十三】堂堂气象。下瞰江步，波光渺渺，一目无际。达人贵游，杰商巨贾，渔人舟子，连艘御舳，悉凑其下。于是字其馆曰"江阳"，堂曰"卧龙"，楼曰"会江"，取二水交流之义。舟行有所憩，客至有所馆，祖饯行人有所寓，讲行游乐有所止。泸之为馆者凡五【三十四】，曰皇华、曰通津、曰留春、曰骑鲸，未若此馆之为宏且丽也。是役也，费缗九百有奇。泸川宰陈南金【三十五】实董之。

拥翠楼【三十六】。在泸州雅歌堂之上。李公焘诗引谓"春畦甘菊，今犹青蕊，移梅拥翠楼下，忽已着花。戏成长句云："淳熙元年（1174）九月尾，菊未落英梅破蕊。从来两美难必合，今忽得此一笑喜。人言地瘴物失时，进忌太早退苦迟。老夫亦岂不自觉，姑与饮酒仍赋诗。忍令芳草直为艾，封殖嘉树宁少待。夕餐九华可无死，却期老岁于吾子。"

镇远楼【三十七】。在泸州，即整暇堂旧址。李公寅仲【三十八】既移堂于锦堂东偏，遂即此地建楼。高楫众山，气象雄伟。公自为记云："余之为此，岂固欲快一时登临之乐，目视霄汉啸歌娱燕者哉！事常伏于隐微，及其暇而图之，斯可折冲樽俎而厌难于无形也。赖国威灵，内属之夷，岁踵故事，效牵受令，边鄙不耸。倘溺于燕安，而谓鸩毒之可怀，忽蜂虿之肆毒，虽欲乐此，得乎？吾将以'镇远'名楼，未欲从事于近者也。且缮甲治兵训士，固为边备之常，然古今边患，多起于贪吏之侵牟，规小利而生衅，以致边徼生灵之不可乐者。故曰'不矜细行，终累大德。'况承方面之寄，而以是临之哉！"

【校补图注】

【一】 南定楼 范成大《吴船录》："南定楼，为一郡佳处。前帅晁公武子止所作，下临内江。此水自资、简州来，合大江。城上有凉风亭，瞰二江合处，于纳凉最宜。梁介子辅所作。"① 陆游《老学庵笔记》曰："泸州自州治东出芙蕖桥，至大楼，曰'南定'，气象轩豁。楼之右，缭子城数十步有亭，盖梁子辅作守时所创也。正面南，下临大江，名曰来风亭。"② 循女墙可至城东北角之海观。宋程公许《步行自南定楼至海观》诗云："南定楼西径女墙，等闲杰观借相羊。山连六诏夐（xuàn）深阻，城挟三江交森茫。薄晚渡船人意急，清秋倚槛客情荒。乾坤杀气凄凉甚，浮海吾宁逐磬襄。"③ 清代尚存地名"南定台"。遗址在今濂溪路"钟鼓世家"（原川南人民行政公署）附近罗城北方，即今泸州市第七中学与钟鼓世家之间的濂溪路（旧名贞静路，民间习呼"三道拐"）街道的第二个拐弯处。地理坐标：北纬28度53分45秒，东经105度26分39秒。④

【二】 芙蓉桥 《舆地纪胜》："壮猷堂，在（泸）州治。"⑤ 桥在壮猷堂后，即与堂同在郡治内。

---

① 宋·范成大撰：《吴船录》卷下，《四库全书》文渊阁本。
② 宋·陆游撰：《老学庵笔记》卷三，《四库全书》文渊阁本。
③ 宋·程公许撰：《沧洲尘缶编》卷一〇，《四库全书》文渊阁本。
④ 关于"南定台"地名，感承四川师范大学王文才教授1984年面赐训诲。又蒙周汝洪高级地质地理工程师、中国工商银行泸州支行谢佳永科长、《泸州晚报》记者徐虹会同实地勘查，访问世居当地、九十三岁的雷维贞等老人，确认宋明南定楼遗址，测定地理坐标。谨此敬表谢忱。
⑤ 宋·王象之撰，李勇先点校：《舆地纪胜》卷一五三《泸州》，成都：四川大学出版社，2005年，第4589页。

【三】 "安"为"兴"字之讹。蜀汉无"建安"年号。孔明出祁山，事在建兴五年（227）。据改。

【四】 **李赞皇** 李德裕，赞皇（今属河北）人，故称。李德裕为唐代名相。文宗大和四年（830），以检校兵部尚书出为西川节度使。击吐蕃，复疆土，西蜀因得安宁。《旧唐书》卷一百七十四、《新唐书》卷一百八十各有传。

【五】 **南蛮、西夷地图** 泸州西南要会，水接荆门陆控秦。为潼川府路治所，管领全路十五州、军，控制边面二千余里。南定楼壁上，因绘川南黔北滇东北少数民族地区之图。

【六】 **范公仲艺书额** 范仲艺，乾道五年（1169）进士。晁公武筑南定楼时犹未第。南定楼的匾额，是范仲艺及第入仕后在泸州做官时补书的。

【七】 **李公焘** 李焘，字巽岩。傅增湘先生曰："巽岩一赋，论孔明冒暑远涉，用兵南荒，虚耗国力，坐失事机，卒使祁山之功不成，其言似有为而发，文尤雄奇可喜。《成都文类》既失载，明杨慎纂《全蜀艺文志》，综览古今，收罗闳富，自诩一代雄编。今以志中所载检之，则咸在遗珠之列。知慎于此志固未尝寓目也。慎在当时，号为博极群书，泸南又为乡邦旧游之地，而国初图志已艰于访寻，则此书之罕可知矣。"

【八】 **二祖** 西汉高祖刘邦和东汉世祖（光武帝）刘秀。

【九】 **蒙、逊** 三国时吴将吕蒙、陆逊。吕蒙袭擒关羽，陆逊击破刘备，同抗曹操的"孙刘联盟"因而瓦解，诸葛亮毕生追求的"光复汉室"伟大理想，遭受重大挫折。

【十】 "顾独试诸小蛮夷"，傅增湘先生《宋代蜀文辑存》作"顾独施诸蛮夷"。按，傅先生《永乐泸州志跋》谓本文只见于《大典》，知其所辑本文系从本书辑得。用不改。"试诸小蛮夷"，指诸葛南征。

【十一】 **丕** 魏文帝曹丕。

【十二】 "渡泸水临滇池兮"，张国淦先生辑作"渡泸水临滇池兮"①。

【十三】 **并日而食** 整天只吃一餐。语见诸葛亮《出师表》。

【十四】 "吊民伐罪，公来独何迟也"，傅先生辑作"吊民伐罪兮，公来独何迟也"。同理不改。公，指诸葛亮。

【十五】 **蒲伏** 跪伏。《战国策》："嫂蛇行匍伏，四拜，自跪而谢。"② 蒲，同匍。

---

① 张国淦著：《张国淦文集四编》，北京：北京燕山出版社，2006年，第493页。
②《战国策》卷三《秦策一》，《四库全书》文渊阁本。

【十六】 **昭烈** 蜀汉昭烈帝（先主）刘备。

【十七】 **踬踣** 颠仆牵绊。比喻境况很不顺利。

【十八】 **朱孝友** 泸州地志失载其人，未详待考。

【十九】 **亭** 来风亭。

【二十】 **孟德眼中，芒刺吴蜀** 谓曹操之忌吴蜀，有如眼中之芒刺。

【二十一】 **火德** 指谓汉祚。《汉书》："旗帜上赤，协于火德。"①

【二十二】 **夜从枕上而屡至焉** 坐卧不忘，夜来梦中屡至。

【二十三】 **临岐发疏** 诸葛亮北伐中原，临行，上《出师表》。

【二十四】 **元帅晁侯，是亦龙卧** 诸葛亮号"卧龙先生"。晁公武景仰诸葛之忠贞，亟思北伐中原，恢复国土，人亦以"卧龙"许之。龙卧者，卧龙之倒语也。曹学佺《蜀中广记》："《方舆胜览》云：……（泸州）有南定楼，取《出师表》语也……侍郎阎苍舒诗：'云南之阴大江东，二水奔腾如海冲。谁能具此壮观眼，南定楼中今卧龙。'"②

【二十五】 **思正乾坤，两贤一盟** 两贤，谓诸葛亮、晁公武。

【二十六】 **陆游《南定楼》诗** 诗题是《南定楼遇急雨》，载在《剑南诗稿》卷十。孝宗淳熙五年（1178），陆游自蜀中奉召还朝，放流东下，过泸州赋此诗。诗的全文是："行遍梁州到益州，今年又作度泸游。江山重复争供眼，风雨纵横乱入楼。人语朱离逢峒獠，棹歌欸乃下吴舟。天涯住稳归心懒，登览茫然却欲愁。"兹为补足。

【二十七】 **杜诗"坐对秦山晚"** 杜甫《陪郑广文游何将军山林》诗之八云："坐对秦山晚，江湖兴颇随。"诗见宋郭知达编《九家集注杜诗》卷十。

【二十八】 **会江楼** 旧为泸江亭，在泸州东门（通海门）外。帅守杨汝明扩建成楼。

【二十九】 **"径"字显为"迳"字之讹，以音近而误。据文意改。**

【三十】 **凡楼橹上下风者** 谓上下船舶之避雾、避风雨者。旧时木船航行，遭遇大风大雾大雨，往往失事，用得停泊避之。

【三十一】 会江楼，即泸江亭。据后文"泸江亭在通海门外五十步"改。

---

① 汉·班固撰，唐·颜师古注：《汉书》卷一下《高帝纪下》，北京：中华书局，1962年，第82页。

② 明·曹学佺撰，杨世文校点：《蜀中广记》卷一六《蜀中名胜记·泸州》，上海：上海古籍出版社，2020年，第170页。按，今施和金点校《方舆胜览》（北京：中华书局，2003年版）已无此语。

【三十二】 **虞公烋** 宋嘉泰四年（1204）时泸州郡丞。

【三十三】 **候馆** 泛指接待过往官员或外国使者的驿馆。唐代钱起《青泥驿迎献王侍御》诗云："候馆扫清昼，使车出明光。"宋代苏轼《赵州赐大辽贺兴龙节使副茶药口宣》云："既渐迩于中邦，方少安于候馆。"

【三十四】 **泸之为馆者凡五** 曰皇华，曰通津，曰江阳，曰留春，曰骑鲸。江阳馆不详，余者详见★102。

【三十五】 **泸川宰陈南金** 与泸州同城而治的泸川县知县陈南金。其人今存泸州地志失载，待考。

【三十六】 **拥翠楼** 《舆地纪胜》："在（泸）州治"① 内。

【三十七】 **镇远楼** 《舆地纪胜》："与衮绣（堂）之对，当郡治之中，即整暇堂旧趾，四山环合，气象甚伟。"②《广舆记》："在州治内。四山环合，气象甚伟，一郡大观。"③ 其楼下（底楼），曹叔远命名为"德礼堂"。民国《泸县志》曰："或云即大观台上楼名。"④ 大观台，遗址在今泸州市花园路东口，明嘉靖十七年（1538）下川南兵备道佥事薛甲建，民国二十七年（1928）改建为钟鼓楼。

【三十八】 **李公寅仲** 李寅仲，南宋汉州雒县（今四川省县级广汉市）人，绍熙五年（1194）进士第三人。庆元六年（1200）光宗薨，诏假寅仲焕章阁学士、朝议大夫，兼侍读，咸安郡开国侯，充使金国告哀使。嘉泰初权工部侍郎，兼国子祭酒。尝以宝谟阁待制出为潼川路安抚使、知泸州。

亭

★91.

《江阳谱》

泸江亭【一】。在泸州通海门【二】外五十步，为过客舣船迎饯之地。乾道八年（1172），帅梁公（介）［玠］撤茅为瓦，附城面江，高明爽垲，榜曰"江亭"。

---

① 宋·王象之撰，李勇先校点：《舆地纪胜》卷一五三《泸州》，成都：四川大学出版社，2005年，第4589页。

② 宋·王象之撰，李勇先校点：《舆地纪胜》卷一五三《泸州》，成都：四川大学出版社，2005年，第4589页。

③ 明·陆应阳原辑，清·蔡方炳增补：《广舆纪》卷一七《泸州》，康熙丙寅吴郡宝翰楼刻本。

④ 王禄昌修，高觐光、温翰桢纂：《泸县志》卷八《古迹》，民国二十七年刊本。

公自为之记曰："泸治大江之北，士大夫往来，乘舟者十八九。乾道元年，予被命造朝，舣舟江上，时暑方作，升客亭而憩焉。卑陋湫隘，不可容足，私窃苦之。后六年，来牧此邦，谒客于亭上，视其污败如故，而倾压有加。乃命成忠郎、权兵马监押张俴【三】择地而新之。创屋十余间，不侈不约，负山而临水，睇望广远，心开目明，揖晨曦之光，览霄月之辉，烟云倏忽，风雨晦霁，景色各殊，或者谓郡之胜处尽在乎此。予谓游观之益，则欲择其胜；行旅之益，则欲择其便。何者？水行而乘舟，人之所同也。然四支【四】百骸，窘束于寻丈之间，动作寝卧，皆失故常。疾风怒涛，为之忧恐。浮家而俱者，虽僮仆婢妾，慊然有不自适之意。行及郡邑，人人自以为得少休也。縻舟而出，左右前后，有屋室可娱，相命而趣之，列席而坐，载酒而酌，彷徉盘礴，洒然忘疲。岂不足以为行人之惠乎！

"夫物无大小，事无缓急，苟有可便利于人者，君子必尽心焉。环千里而临之，身所居处，园囿陂池极其广，百步之内，候馆弗葺，主宾相接，劳迎饯送，顾瞻栋宇腐败倾侧，此而弗顾，谓其能善理也哉！凡我在官，推广是念，谓一亭之废兴，系行者之休戚。自今南面以长民者，重有弗便，勿萌诸心。而公家之利，知无不为。则《书》所谓克勤小物【五】，异浮屠氏所谓'善用其心'【六】者，其庶几乎。"

嘉泰四年（1204）郡丞虞公秩重建，榜以今名。嘉定十四年（1221），帅太博曹公叔远重修，增立两庑，浚筑后沟，以除浸漏之患。又广立三门于前，始有帅府肃容气象。《元一统志》："在江皋，宾饯之所。故相虞允文【七】，十岁，侍父祺漕潼川【八】，登此亭有诗【九】：'映水林峦影颠倒，济川舟楫势峥嵘。

东行万里欲乘兴，更待一篙春水生。'嘉熙兵废【十】。西山邵博【十一】见此诗叹曰：'此童远大之器也。'"

创啸吟亭。

啸吟亭，在庐峰孔明祠【十二】之下。万山前列，重岩叠嶂如浪涌，如云屯，令人应接不暇。旧有亭曰"长啸"，岁久腐败，帅守尚书杨公【十三】，命泸川（县）令史大川【十四】撤而新之。后从东西开两轩，濩（huò）【十五】以前荣，缭以修垣。每岁荐九，辄于是焉。讲登高故事，视龙山马台【十六】，雅兴何歉哉！公有和史宰【十七】诗，居壁间。诗见《文类》【十八】。

锦浪亭、东山亭、柏岩亭、芝石亭。

自骑鲸馆望东岩【十九】三圣院【二十】，仅隔大江，峭岩壁立，如列屏戟，连亘至圣观音院【二十一】，凡一里许。曹公（太博）最爱其胜趣，谋经营为游观之地，未暇也。既得召命【二十二】，未行间，与郡士徜徉馆中，望其地，谓可栽数千桃，当春烂然，江波上下如锦，视古桃源可无愧也。闻者欣然。不半月，遂得千余株，曹公即命于桃多处立亭，曰"锦浪"。公诗云："泸江东山山更奇，骑鲸飞仙【二十三】归未归？桃花千树烂春昼，莫作韩子【二十四】荒唐讥。"且题同郡士【二十五】姓名，石刻在馆壁间。

又少北【二十六】，岩石磷峋，嵌洞高下，立亭其旁曰"东山"。

又少北，则巨岩特立，其广五十余丈，尤怪奇，岩前巨柏双干，可三百年，名以"柏岩"，每游人至此，必踌蹰不忍去。旁有忠政邓王【二十七】祠，亦再新其门屋。

少北，逾三圣院之右，有石洞，中设波沦禅师【二十八】像，名其洞前亭曰"栖禅洞"。又其北有小岩特起，高三丈余，上广下狭，挺如瑞芝，名以"芝石"，因亭其右，即"芝石"为名亭之。左，又有大面岩【二十九】，左右两岩夹亭，远望连江隐蔽，大江环旋，不见去来之处，如重湖在其下，雉堞、浮屠相为掩映【三十】，真胜趣也。

肃诏亭。在泸州朝天门（北门）瓮城内。凡诏命之至，帅率官属迎拜于此。

宣诏亭【三十一】。在泸州内城楼【三十二】下之东偏，与班春亭相向。皆为屋三楹，高敞视他郡为壮。

班春亭【三十三】。在泸州城内楼下之西偏。

白皓亭。旧在泸州铺【三十四】之侧，后废。郡人正字刘公望之【三十五】常【三十六】题云："一作江阳梦，转头凡几春。滞留浑为酒，行李尚因人。黄叶吟边驿，青衫老去身。平生湖海愿，鼎鼎欲谁陈。"

特凌亭【三十七】。在泸州郡东北二十里。

曲水亭。在泸州四香亭【三十八】北。

五柳亭。在泸州南定楼之左，淳熙间史公皋【三十九】建。

新亭。在五柳亭之对，前有大池。今废。

楔木亭【四十】。在泸州郡东北六十里。

得要亭【四十一】。在泸州，梁公（介）[玠]所创也，在宝山。

止水亭。在泸州直锦堂【四十二】之后，绍兴间建【四十三】。王公卿月【四十四】诗云："奏刀余地【四十五】事无多，燕几凝香静养和。聊尔命亭为止水，已殊驾说径无河。旧闻渊默雷声迅，更值林幽鸟语讹。童子纵教抛瓦砾，不知何处认清波。"梁公（介）[玠]诗："惊涛渺半空，怒势突千里。此岂水性哉，物有激之耳。方塘寻丈间，一泓清且沘。镜面烛须眉，水壑绝尘滓。道人修净观，此心如此水。不从苦海中，更放波澜起。"

憩车亭【四十六】。在江安县东北二十里。

解鞍亭。在江安县北五里。

【校补图注】

【一】 **泸江亭** 地在通海门（东门）外五十步，与会江楼为同一座建筑物。明代嘉靖年间，犹为郡人宴饮聚会之所。杨慎《冬甲子晴，江亭小集》诗云："晴意初从甲子回，江亭更集暖寒杯。笑看裙带怜芳草，喜向钗梁见早梅。潘岳不胜金谷罚，嵇康已觉玉山颓。石苔可践城隅路，细把青溪古句裁。"①

【二】 **通海门** 南宋泸州之东门。

【三】 **张佹** 未详，待考。

【四】 **校勘**：按文意，"四支"当作"四肢"。可改可不改，因不改。

【五】 **克勤小物** 尽心勤劳于细微的小事。《古文尚书》曰："惟公懋德，克勤小物。"

【六】 **浮屠氏所谓"善用其心"** 佛家《华严经》曰："观法界性。一切唯心造。""善用其心，则获一切胜妙功德。"此观点与儒家"克勤小物"的观点不同。

【七】 **虞允文** 字彬甫，南宋隆州仁寿（今四川仁寿县）人，高宗绍兴二十三年（1153）进士。三十一年，金国国主完颜亮南侵，允文以中书舍人参谋军事，赴采石矶犒师，督师抗战，大捷。乾道八年（1172），特进左丞相兼枢密使。出为四川宣抚使，出将入相二十余年，公忠体国，毛泽东许之以"古今完人"。《宋史》卷三百八十三有传。

【八】 **侍父祺漕潼川** 侍从其父虞祺，转运军粮赴潼川府路（时治今四川遂宁市）。虞祺，政和中进士，仕至太常博士、潼川路转运判官。《明一统志》："虞祺，绍兴中为夔路转运判官，运司权大宁监。盐例多重征，祺悉蠲免。每谓法无重征例，不可坏法。"② 为"潼川（府路）转运判官。以仁恕爱民。秦桧遣使臣督一道例外贡方物，祺以地瘠民困闻于上。桧惭而止。"③

【九】 **登此亭有诗** 诗题《过泸江亭》，其辞云："映水林峦影颠倒，济川舟楫势峥嵘。东行万里欲乘兴，更待一篙春水生。"见杨慎编《全蜀艺文志》卷十六。

【十】 **嘉熙兵废** 南宋嘉熙三年（1239），蒙古军大举入蜀，五十三州残破。为避兵乱，泸州迁治大江之南的茜草坝，淳祐四年（1244）又迁神臂山。长、沱两江汇口处的旧城遂荒。

【十一】 **西山邵博** 南宋学者。字公济，洛阳人，理学大家邵伯温之子。绍兴

---

① 明·杨慎撰：《升庵遗集》卷一一，明万历三十四年蜀刻本。
② 明·李贤等撰：《明一统志》卷七〇《夔州府·名宦》，《四库全书》文渊阁本。
③ 明·李贤等撰：《明一统志》卷七一《潼川州·名宦》，《四库全书》文渊阁本。

八年赐同进士出身，次年出知果州（今南充市），转雅州（今雅安市）、眉州（今眉山市）。免官后居犍为县之西山。有《邵氏闻见后录》三十卷。

【十二】 **庐峰孔明祠** 泸峰（今名忠山）上的诸葛孔明祠。庐峰，即泸峰，传写不同。

【十三】 **帅守尚书杨公** 以工部尚书出为潼川路安抚使兼知泸州的杨汝明。

【十四】 **史大川** 泸州地志失载，未详待考。

【十五】 **濩** 布设，布置。

【十六】 **龙山马台** 九九重阳节诗酒风流韵事。龙山，《晋书》载："九月九日，（征西将军桓）温燕龙山，僚佐毕集。时佐吏并著戎服，有风至，吹（孟）嘉帽堕落，嘉不之觉。温使左右勿言，欲观其举止。嘉良久如厕，温令取还之。命孙盛作文嘲嘉，著嘉坐处。嘉还见，即答之，其文甚美，四坐嗟叹。"[1] 马台，项羽戏马台，在彭城（今江苏徐州市）。《天中记》载："宋武帝为宋公，在彭城，九月九日出项羽戏马台，至今相承，以为旧准。孔靖字季恭，宋台初建，以为尚书令，让不受，辞事东归，高祖饯之戏马台，百僚咸赋诗，以述其美。"[2] 文天祥《游集灵观》诗云："小洞烟霞国，重阳风雨秋。欧公嵩岳步，朱子武夷舟。香火真吾职，觥筹且此游。龙山马台事，糠秕旧王侯。"[3]

【十七】 **史宰** 按文意，应即史大川。

【十八】 **《文类》** 《永乐大典》原目作"文章"。

【十九】 **东岩** 土名挂榜山，又呼月亮岩。高数十丈，如列屏载，长达数里。临江壁立，下瞰江流。上游大沱湾，名曰"金鸡"，南田盘石渡（清代以降改称金鸡渡）渡口在焉。岸上即蓝田坝下坝，传为杜甫过泸摘荔枝处；下游亦大沱湾，名"沙湾"，即中津渡（清代以降改称沙湾渡）渡口。《方舆胜览》云："东岩。在汶江之东。绍兴中，邦人开创大像，依崖不足以庇风雨。近岁有庖者祁氏，亲死庐墓，弃俗奉香火于此崖，邦人信之。不十年，重楼复屋，佛宫经藏，甲于一境。"[4] 又《永乐大典》记载："东岩，在泸州汶江（即长江）之东。绍兴中，开创大像，依

---

① 唐·房玄龄等撰：《晋书》卷九八《孟嘉传》，北京：中华书局，1974年，第2581页。

② 明·陈耀文撰：《天中记》卷五《九月九日》，《四库全书》文渊阁本。

③ 宋·文天祥撰，《文山集》卷一，《四库全书》文渊阁本。

④ 宋·祝穆撰，宋·祝洙增订，施和金点校：《方舆胜览》卷六二《潼川府路·泸州》，北京：中华书局，2003年，第1086页。又《四库全书》本别有"《碑目》：黄太史《大像记》《醉僧图》碑刻，并在此岩之开福寺"二十一字。按，黄庭坚《大像记》《醉僧图》碑刻，并在泸州城七级浮屠下之开福寺（俗呼白塔寺）。四库本误记。兹特注出于此。

岩，不足以庇风雨。往岁，有庖者祁氏，亲死庐墓，弃俗（出家为僧），奉香火于岩。邦人信之，不十年，重楼复阁，佛宫经藏，甲于一境。又云：悬岩峭壁，高数十丈，足带江流，僧凿为岩，镌一石佛，高五丈许，夜，月出经其上，甲于一境。"①

东岩名列"泸州八景"。杨慎《东岩夜月》诗云："月上东崖祇树林，江光晃漾翠微岑。仙宫涌出青铜镜，禅观镕成紫磨金。香梵恒依莲漏演，清吟直待筵钟沉。吹箫有客停舟望，去国怀乡万里心。"②

【二十】 三圣院 供奉佛家"三圣"的佛寺。佛教宗派不同，所奉三圣亦各有异。净土宗以阿弥陀佛、观世音菩萨、大势至菩萨为三圣；华严宗以毗卢遮那佛、文殊菩萨、普贤菩萨为三圣。又有以药师佛、日光菩萨、月光菩萨为三圣者。沧海桑田，当年三圣院供奉的三圣是谁，已不可考。曹叔远的东山四亭、桃树、古柏与乎忠政邓王祠等，亦皆不再。抗日战争时期，泸县新生活运动委员会镌刻"还我河山"于其上，国民革命军七十六军军部秘书肖尔诚上校作字，字径四尺有余。当年激励我四万万同胞同仇敌忾，而今令人景仰千秋。

【二十一】 圣观音院 供奉观音菩萨的佛院与三圣院相距仅里许，可知三圣院供奉之"三圣"非净土宗之"三圣"。清代，其地尚有毗卢佛寺，不知创自何时。民国中，曾被作为泸县商业中学校舍。然则该三圣院供奉之"三圣"，或为毗卢、文殊与普贤乎？

【二十二】 召命 征召入朝另有任用之命。

【二十三】 骑鲸飞仙 谓陆游。陆游《长歌行》："人生不作安期生，醉入东海骑长鲸。"

【二十四】 韩子 谓传说中"八仙"之一的韩湘子。"八仙过海"，自属无稽，故曰"荒唐"。

【二十五】 同郡士 郡中士人之同游者。同，同游。

【二十六】 北 就其地具体方位而言之，是乃长江下游方向。

【二十七】 忠政邓王 未详，待考。

【二十八】 波沦禅师 （梵文：Sadaprarudita）《般若经》卷二十七所说一位勤求般若波罗蜜多的萨陀波仑菩萨。为五百罗汉中的第七十一尊。

Sadaprarudita 的意译是"常啼菩萨"。或谓菩萨因见恶世之人身受贫苦老病苦恼

---

① 《永乐大典》卷九七六六，北京：中华书局，1986 年，第 4223 页。
② 明·杨慎撰：《升庵遗集》卷一〇，明万历三十四年蜀刻本。

而悲哀哭泣；或以菩萨生于无佛之世，然为利益众生，追求佛道，于空闲林中忧愁哭七日七夜，天龙鬼神遂号之为常啼。

东岩上，今有巨幅汉字真楷大书的《般若波罗蜜多心经》摩崖题刻，未知刻于何时。栖禅洞或即在其附近。

【二十九】 大面岩　幅面面积巨大的山岩。面，岩面。

【三十】 雉堞、浮屠相为掩映　日光照耀，州城的雉堞和城内巨大佛塔在水中的倒影，与大江南岸的东岩交相掩映。

【三十一】 宣诏亭　皇帝诏书到郡，地方长官召集文武僚属隆重开读的场所。凡州郡皆有之。

【三十二】 内城楼　内城北门的城楼。

【三十三】 班春亭　《舆地纪胜》《方舆胜览》《广舆记》地志诸书失载。以下诸亭并同。

【三十四】 泸州铺　遗址在长、沱两江汇合处，地名"馆驿嘴"。

【三十五】 刘公望之　刘望之字夷叔，又字叔仪，号观堂，南宋泸州合江县人，绍兴十二年（1142）进士。宰相沈该称其无尘埃气，荐授学校官，二十七年由达州教授召为国子正，二十八年为行秘书省正字。时宋金和议既成，秦桧以金人所作敕文，邮传四方，遗黎读之，有泣下者。望之作诗讥之，云："一纸盟书换战尘，万方呼舞却沾巾。崇陵访沈空遗恨，郢国怜怀若有人。收拾金缯烦庙算，安排钟鼎颂宗臣。小儒何敢知机事，终望君王赦奉春"。该诗词旨激昂，一时传诵。有《观堂集》，已佚，傅增湘先生辑其遗文若干篇，载于《宋代蜀文辑存》。

【三十六】 校勘：据文意，"常"应作"尝"，可改可不改，因不改。

【三十七】 特凌亭　今泸州市龙马潭区特兴街道。在泸州城东北二十里，旧名特凌场。清代设特凌铺，民间讹作"德隆铺"。

【三十八】 四香亭　《方舆胜览》：泸州"四香亭，在州治。淳熙间赵公（雄）建。自题云：'永嘉（今属福建）何希深之言曰：荼蘼香春，芙蓉香夏，木犀香秋，梅花香冬。斯名以之。"①

【三十九】 史公皋　史皋，眉山人，泸州知州。孝宗淳熙十三年（1186），为潼川路漕臣岳霖劾罢。

【四十】 楒木亭　以道里推之，当在今泸县之云锦镇。

---

① 宋·祝穆撰，宋·祝洙增订，施和金点校：《方舆胜览》卷六二《潼川府路·泸州》，北京：中华书局，2003年，第1087页。

【四十一】 **得要亭** 宝山旧为堡障所，故军营兵司皆寓焉。居高望远，最为得要之所，因名。

【四十二】 **直锦堂** 或即衮绣堂之故名。《方舆胜览》：泸州"衮绣堂，在州治。以赵卫公（雄，以宰相）出镇于此，改今名。"①

【四十三】 **绍兴间建** ★98《江阳谱》有"节庵。绍兴元年（1131）王公卿月建，在止水亭之北"语，则此亭或亦为其时所建。

【四十四】 **王公卿月** 王卿月，字清叔，号醒庵，又号星庵。临海（今属浙江）人。南宋乾道五年（1169）进士。淳熙元年为起居郎、权中书舍人。十六年，升潼川路安抚使、知泸州。其《泸州到任谢表》云："惟梓郡之奥区，以泸州为重镇。地控云南之六诏，疆连井络之三边。虽鸟言夷面久被于文明，然狼子野心每虞于猾夏。必羁縻之有道，在震叠以先声。盖德不足则难以服人，智不周则艰于虞敌。孔明心战，不专兵战之劳；德裕捍边，悉本筹边之效。"② 持政清平，一郡乂安。绍熙三年（1192）以吏部尚书出使金国，道卒。清陆心源《宋史翼》卷二十八有传。

【四十五】 **奏刀余地** 指泸州。奏刀，运刀。语本《庄子·养生主》："庖丁为文惠君解牛……奏刀騞然。"王卿月知泸州时，边境粗安，太平无事。因有杀鸡焉用牛刀之叹。

【四十六】 **憩车亭** 地志失载。解鞍亭同。

祠

★92.

《郡县志》

方山神祠【一】。在泸州方山下。宋朝讨乞弟，阴雨逾月，神宗皇帝封香祷焉【二】，有应。使者按《图经》以闻，遂赐庙号。俗号魏武祠。李焘辩之。

---

① 宋·祝穆撰，宋·祝洙增订，施和金点校：《方舆胜览》卷六二《潼川府路·泸州》北京：中华书局，2003 年，第 1087 页。

② 宋·魏齐贤、宋·叶芬编：《五百家播芳大全文粹》卷五中，《四库全书》文渊阁本。

【校补图注】

【一】 方山神祠 祠的由来，范子长以当时人言当时事，应是可信。按：魏武即曹操，其功名事业在中原，与西南徼外之泸州风马牛不相及，泸人乌得祠之哉？宜乎李焘之辩其不稽也。

【二】 神宗皇帝封香祷焉 史乘无载。

★93.

《舆地纪胜》

龙祠【一】，在泸州城崇德庙，瞰大江。下有潭【二】，上有龙祠。岁旱，则州遣吏沉石匣金龙于潭，辄应。

【校补图注】

【一】 龙祠 即龙神祠。明清交替，毁于兵火。清乾隆二十五年（1760），知州夏诏新即原址重建，且自为记曰：

> 泸城（之）南，旧有隙地一围，曰"龙潭"。左倚圣域（文庙），右界讲堂，地势窊下如泠池，相传为龙潜处。前代建祠与否，不可考，后人亵而玩之，龙亦不知其所之矣。余莅泸数年，雨旸时若，农有余粟，女有余布，四境歌舞之声相闻。虽曰天道，岂非龙功？然则龙之为神，昭昭也。今自城垣、学校以及有关祀典者，靡不创建重新，而独缺龙神一祠。使士民阴受其福而无庙貌以隆禋祀，崇德报功之谓何？
>
> 余为此不慊于心，因访古龙潭遗趾，佥曰："没为民居，荒芜久矣。"问其价，曰："三十金。"余捐资售之，诛茅伐木，因地制宜筑台基、高栋宇，奉龙神于其上，朔望必祝，春秋必祭。详拨大乘寺之余租十石，七宝寺之余租八石，岁收以资其费焉。且量形度势，堂之前后左右，视其清幽，则置轩舍；视其平原，则设射圃；视其溶漾纡余，则阔渊泉，蓄清流。立亭于圆桥之上，曰"乐丰"。环祠以内，遍植花木。四时之观悉具。始事于己卯（乾隆二十四年）之仲冬，不数月而告竣。
>
> 古者先成民而后致力于神。余之于民何敢言成，而邀神之赐，幸获有年。祠成之日，诸缙绅毕至，竞为歌诗以落之，亦可知人之欢，神之喜，惟此丰年，

致足乐也。继自今以往，其必无祈晴祷雨也。有之，则神未有不灵者也。余故喜为之记，以志一时之盛事云。

乾隆二十五年、庚辰孟冬，直隶泸州知州、滇南夏诏新撰。①

民国时，改建为"隆生堂"。遗址即今城内"滕王阁步行街"连通肖巷子的街道。街道正中，犹存一株枝繁叶茂的古榕树，聊志昔日遗踪。实测地理坐标：东经105度26分57秒，北纬28度58分25秒。民国《泸县志》卷一《坛庙》记载："龙神祠在城南孔子庙侧，乾隆二十五年知州夏诏新建。前有方塘，积水沉碧，中多龟鳖。今为泸县地方法院。"② 中华人民共和国成立后，为泸州市教师进修学校。21世纪初修建滕王阁步行街，拆除。

孔子庙，旧名"文庙"，又曰"孔庙"，祀孔子。古代，府、州、县学，大多附于文庙。泸州亦然。民国十七年（1928），北洋政府废其祀典。民国十八年，经内政、教育两部议定，改以公历（格里高利历）8月27日为"孔子纪念日"，改其大成殿为孔子庙。"泸故有孔子庙，在州郭之北，唐咸亨中建。宋元祐五年（1090）徙州南。嘉泰及开禧初，知州魏了翁先后修葺。明万历初，知州赵大佶重葺。四十二年（1614）知州岳具仰增修。崇祯初，学使何闳中、知州李长年增建，规模大备，寻毁于兵。佥事吴登启、知州刘兆鼎草建。清顺治十八年（1661）（永宁道）副使纪耀，（泸州）知州何启鹏、余继益等重葺。"③ "国朝康熙己卯（三十八年，1699），自城南卜迁今所"④，"殿南向，门东出。四十三年，署牧李继钧、学正高之传增建。四十七年，知州张士浩增修。乾隆十三年，参政樊天游、署牧胡观海增建，改门南向。二十一年，知州夏诏新遍加修葺。道光九年（1829），知州吴友篪迁今所，后建崇圣祠，旁建东西两庑及乡贤祠、名宦祠。两祠于明嘉靖十七年（1538）诏附文庙。清因之。前建戟门、泮池、环桥、棂星门，德配天地坊、道冠古今坊，制更崇闳。民国八年（1919）及二十三年均加修葺。"⑤

所谓"今所"，即"文庙街"（中华人民共和国成立后更名市府路）。文庙坐落

---

① 清·夏诏新纂修：乾隆《直隶泸州志》卷八《续增》，见故宫博物院编《故宫珍本丛刊》第210册，海口：海南出版社，2001年，第297页。

② 王禄昌修，高觐光、温翰桢纂：《泸县志》卷一《舆地志·坛庙》，民国二十七年刊本。

③ 王禄昌修，高觐光、温翰桢纂：《泸县志》卷一《舆地志·坛庙》，民国二十七年刊本。

④ 清·夏诏新撰：《增修（泸州）学宫碑记》，见王禄昌修，高觐光、温翰桢纂《泸县志》卷一，民国二十七年刊本。

⑤ 王禄昌修，高觐光、温翰桢纂：《泸县志》卷一《舆地志·坛庙》，民国二十七年刊本。

在这条街的尽头，地理坐标东经 105 度 26 分 58 秒，北纬 28 度 53 分 23 秒。右侧数十步，即龙祠（隆生堂）；左侧小巷，横通二太街，上连十八梯而达于营盘上（今名大营路）。

泸州祀孔之典既废，"孔庙仅利用为县立小学（习称"城南高小"）。旧时殿、祠、木主位次，尚可得而详焉。"① 抗日军兴，国难孔急，国民政府征用，作为国民革命军永泸师管区第三十二新兵补训处，接收壮丁，补充前线作战部队。新中国成立时，棂星门、泮池及外墙上"万仞宫墙"四大字犹存。其后改建为三楼一底西式建筑的县级泸州市工业局。1983 年地级泸州市成立，为泸州市人大常委会办公楼。21 世纪初建设步行街时全部拆除。

【二】 潭　实即祠中的池塘。详注一。

庙【一】

★94.

《江阳续谱》【二】

后土庙【三】

在泸州。郡之来岗曰堡山，稍下之，曰寨山。地势最高，俯瞰井邑。在昔为兵屯所寓，故骁骑营【四】在焉。（南宋）绍熙壬子（三年，1192）之变，本营之黥实倡之。爰徒置他所。其山先有岱宗祠【五】，颇壮，据地之要，肹蠁（xī xiǎng）毕应【六】。右为后土祠，视岱宗为僻隘，于君臣之义未称。左为庐峰【七】，即前骁骑营故地，昔人于此创北阴祠【八】，以处诸方云游慕道者【九】。尝取合江平盖山腾清废观【十】额揭之，气象荒落，久不能振。帅守尚书杨公从其右占两山之盘【十一】，审曲面势，实为要会。徒后土祠更创之，前为后土殿，后为九皇殿【十二】，揭腾清观额于祠门，不特地气上腾，于"后土"取义为称，而所据之地，众山朝揖，如拱至尊。岱祠俯居其下，分、义俱允。九皇

① 王禄昌修，高觐光、温翰桢纂：《泸县志》卷三《礼俗志·祀孔》，民国二十七年刊本。

殿后，为道纪堂[十三]，即缁黄[十四]所谓"方丈"[十五]。命主观者居之。庖湢（bì）帑廪[十六]毕具。右通旧观，改创前（荣）[营][十七]为云堂[十八]，仍处云游徒侣，主以羽衣[十九]。俾两相资，图为久计。最后得高阜，即此峰之顶。东西二山，捍如台门[二十]中贯，内江（沱江）直冲其趾。筑室为游息之所，扁曰"群玉山"。环莳以梅，取像扬州祠琼花遗意[二十一]也。经始绍定壬辰（五年，1232）之夏，迄冬考成。董其事者，路钤[二十二]李大亨。路分[二十三]田允恭，一毫不以侵民也。

龙神庙

龙马潭[二十四]龙神，庙号"显烈"，累封嘉泽昭灵善利福应侯，事迹并见前谱[二十五]。寻自宝庆元年（1225）以后至绍定元年，遇旱辄祷，祷辄必应，农田获济，盼蜜异常。会皇帝登极赦恩，应诸路军州神祠，曾经祈祷灵应，功及于民，合该封爵去处，令所属依条例保明闻奏，帅守尚书杨公即以灵迹上，乞赐加封。准。敕特封博济公，实绍定己丑（二年）三月二十四日下。

公于是年人日[二十六]丙子，先告之以文曰："惟神潜兹洄潭，泽兹暇陬。德烈在民，锡爵通侯。汝明竭[二十七]来守藩，屡沐神庇，闻于帝聪，易号'博济'，祀秩大神，位列上公。邮传自天，来贲珠宫。时当东作[二十八]，敬为民祷。端月[二十九]丙子，农谚相告。去岁之歉，证实有因。及兹岁首，宁不疑惊。今日人日，环及丙子。吏职是忧，神其鉴此。帝休甚渥，神荷宠灵。博济美名，为实之宾。相我康年，纶音将至。击鼓坎坎，当侈君赐。"

《诰》到之日，再告之以文曰："惟神司泽黔黎，受职穹昊。曰雨曰旸，靡不应祷。帝谓守臣，予嘉乃功。是升公爵，慰尔抚封。衮衣煌煌，赤舄 (xì)【三十】几几。博济之名，实不虚美。自今以始，神其懋功。所济愈博，涣号无穷。"

灵应庙

灵应庙【三十一】旧居南田【三十二】，气象涣散，不足以钟斯文之祥。帅守尚书杨公每过而惜之。后得风门【三十三】曹氏园故基，据江山要会，岩洞谽谺 (hān xiā)【三十四】，地险景绝，疑为神物所宅。会曹氏子数有异梦，惊寤不敢居，谋举以求售，公以二十七万五千钱得之。邑士时创桂华楼，请徙置其地而改建新庙焉。公为规画制度，为殿、为寝、为双松祠，崇庳广狭，皆有成式。复捐缗以助其役。按神之在仙阶也，号为北府，故郡县置（文昌帝君）庙多居北。此山实占郡之东北隅，坐坎面离【三十五】，非特正南向之位【三十六】。而内、外二江从坤、离朝入，会于山趾，直归于巽。【三十七】坤为文，离为文明，巽居东南，青赤为文，是殆斯文之所钟聚，出于天成，非人力所能致。且复面城瞰邑，万窗灯火，俱在神光照烛中，则将阴相于多士可知矣。门前一水万里，朝东北尤快便。郡之有志者，能于是焉用力以成之，一世龙头【三十八】，特 (胜) [囊]【三十九】内物耳，何止乙丑榜眼【四十】而已哉。

【校补图注】

【一】　庙　庙者，貌也，庙的本义是人们供奉、祭奠先祖神明的场所。《说文》："庙，尊先祖貌也。"《释名》："先祖形貌所在也。"因又曰"宗庙"。《礼记》："天子七庙，卿五庙，大夫三庙，士一庙。"皇家而下，诸贵族和身有官、爵之人，皆可立庙奉祀祖先。汉代以降，庙又有了祭祀鬼神之义，于是有了女娲庙、东岳庙、龙神庙、山神庙、城隍庙、土地庙，等等。人们又为于国于民有重大贡献的圣贤人物兴建庙宇，让他们可以享受血食和朝拜，因而又有了药王（孙思邈）庙、岳王（岳飞）庙等。甚至还为一些清官之类的在世人物修建祠庙，谓之"生祠"。后世寺、庙并称，但也不无区别。要言之，佛寺供奉的佛与菩萨、罗汉和尊者，都是佛教"人物"，庙所奉祀的神明，是中国的神、鬼和圣贤。佛寺是佛家弟子修行、生活的场所，有掌管全寺事务的住持，称为"方丈"，其余僧人，亦各有职司。庙里，僧侣数量要少得多，有的甚至没有。这就是说，寺是僧人们修行、居住之地，而庙则主要是祭拜神明的处所。

【二】 《江阳续谱》 《江阳谱》的续修版。

【三】 后土庙 奉祀地神的社坛。左氏曰：国"君戴皇天而履后土。"《周礼》："王大封，则先告后土。"郑玄注："后土，土神也。"①《乐书》：宋太平"兴国中，诏依前代帝王用祠。景德中，升为大祠。"②

【四】 骁骑营 即南宋绍熙三年（1192）哗变的驻泸州禁军。

【五】 岱宗祠 奉祀泰山东岳大帝的道家祠宇，俗称东岳庙。"岱宗"是泰山的尊称。杜甫《望岳》诗："岱宗夫如何，齐鲁青未了。"《九家集注杜诗》曰："泰山为四岳所宗。《风俗通》云：泰山，山之尊者，一曰岱宗。岱，始也；宗，长（zhǎng）也。万物之始，阴阳交代，为五岳之长。……东岳谓之岱宗。《书》云：'东巡狩至于岱宗'是也。"③岱宗祠，东岳庙本是祭奉东岳泰山神的祠宇，属于道教系统，全国多地均有。后来佛教僧人介入，逐渐取代道家。民国年间，已大多转化成为佛家道场，唯余"东岳庙"名，略存源流所自。《左传·僖公十五年》："君履后土而戴皇天。"皇天后土，地与天并列，地神身份，自比泰山要高。岱宗祠建在后土庙的上面，显有失当，所以杨汝明认为"于君臣之义未称"，进行了调整。

泸州的岱宗祠（东岳庙），《舆地纪胜》曰："在兴化门（西门）外宝峰山（今忠山）之趾。往者昌州永川有陈祈者，以赎田事受欺于毛氏，陈诉于庙，事遂白，有碑记其事。"④宋元交替，庙毁于兵。明代即故址重建。至今遗址尚存，在西门（武成门）南约百米，地理坐标：东经105度26分39秒，北纬28度53分26秒。

【六】 胗蠁毕应 有所祷祝，必皆感应（有求必应）。胗，同胗。《说文》："胗，响布也。"《广韵》："胗，胗蠁，俗作胗、羲。"《汉书·司马相如传上》："胗蠁布写。"清人王先谦补注："《甘泉赋》：'胗蠁丰融，懿懿芬芬。'谓秬鬯香美，通于神明。"

【七】 庐峰 此谓堡山（今忠山）之最高处。

① 汉·郑玄注，唐·贾公彦疏：《周礼注疏》卷一八《春官·大宗伯》，见清·阮元《十三经注疏（清嘉庆刊本）》，中华书局，2009年，第1648页。
② 宋·陈旸撰：《乐书》卷一九一《祭后土》，《四库全书》文渊阁本。
③ 宋·郭知达编：《九家集注杜诗》卷一，《四库全书》文渊阁本。
④ 宋·王象之撰，李勇先校点：《舆地纪胜》卷一五三《泸州·景物下》，成都：四川大学出版社，2005年，第4590页。

【八】　北阴祠　未详。古人以北方属阴，故称北阴，即山的北面。

【九】　云游慕道者　此谓远方来此临时借住一段时间，随时自行离去的道士。唐李公佐《谢小娥传》："爱自入道……扁舟泛淮，云游南国。"云游，行踪飘忽不定。

【十】　合江平盖山腾清废观　即合江县安乐山上隋代刘真人的腾清观。详见★69。

【十一】　占两山之盘　测量、相度堡、寨二山地形地势。占，测量、相度；盘，盘曲、幽深。

【十二】　九皇殿　奉祀上古人皇的大殿。《华阳国志》："《洛书》曰：'人皇始出，继地皇之后，兄弟九人，分理九州，为九囿。人皇居中州，制八辅。'华阳之壤，梁岷之域，是其一囿；囿中之国，则巴蜀矣。"[1]《史记集解》："张晏曰：'三皇之前有人皇，九首。'韦昭曰：'上古有人皇者九人也。'"[2]

【十三】　道纪堂　此谓统掌后土庙诸事的道士居住的房间。

【十四】　缁黄　披着黄色僧衣的佛家弟子（僧侣）。

【十五】　方丈　此谓佛寺住持僧居住的房间。亦曰堂头、正堂。《维摩诘经》：本义是对佛教十方丛林最高领导者的称谓，与佛寺中统掌全寺的住持僧人有着本质区别。近世习称住持僧为方丈，大谬。方丈又是中国道教全真派的名词。

【十六】　庖湢（bì）帑廪　庖，厨房。《说文》："庖，厨也。"湢，浴室。《礼·内则》："外内不共井，不共湢浴。"帑廪，粮仓。《旧唐书·卢杞传》记载："京师帑廪不支数月。"

【十七】　"荣"应作"营"，据文意改。前营，谓骁骑营（骑射营）原来的营地。

【十八】　云堂　僧堂，僧众设斋吃饭和议事的地方。晋支遁《五月长斋诗》云："四部钦嘉期，洁己升云堂。"陆游《寺居睡觉》诗云："披衣起坐清羸甚，想像云堂焦粥香。"

【十九】　羽衣　道士。

【二十】　东西二山，捍如台门　堡山与石马山并列，相杠如门。堡山在东北，石马山在南，稍偏西。堡山，今为西南医科大学校园。石马山，今为泸州高中校园。

【二十一】　取像扬州祠琼花遗意　取像，借用、仿效。"扬州祠琼花"谓扬州尝

---

[1] 晋·常璩撰，任乃强校注：《华阳国志校补图注》卷一《巴志》，上海：上海古籍出版社，1987年，第4页。

[2] 汉·司马迁撰：《史记》卷一二《孝武本纪》，北京：中华书局，1982年，第47页。

祠祀琼花也。祠，名词动用。王禹偁《后土庙琼花》诗序曰："扬州后土庙，有花一枝，洁白可爱，且其树大而花繁，不知实何木也，俗谓之琼花云。"① 按扬州后土庙实未尝祠祀琼花，事相类者，唯"宋丞相郊构亭花侧，榜曰'无双'。谓天下无别株也。仁宗庆历中尝分植禁中，明春辄枯。遂复载还庙中，郁茂如故"②。又琼花亦并非天下无双，宋江少虞《事实类苑》云："扬州后土庙有花一株，洁白可爱，岁久木大而花繁。俗目为'琼花'，不知实何木也。世以为天下无之，唯此一株。孙冕镇维扬（扬州），使访之，山中甚多，但岁苦樵斧、野烧，故木不得大，花不能盛。遂不为人贵。"③

【二十二】 **路钤** 武官名，路分兵马钤辖的简称。北宋前期，为本路统兵之官，掌军旅屯戍、攻防诸务。《将兵法》既行，地位渐低，北宋末年以降，多成虚衔、闲职。李大亨，史乘失载。

【二十三】 **路分** 武官名，路分兵马都监的简称，掌本路屯戍、边防、训练政令诸事，位钤辖下。其官资低者称监押。田允恭，史乘失载。

【二十四】 **龙马潭** 在州城东北二十里龙溪河上。河流至此，迂回成潭。潭中一小山，相传下有龙窟。二水交流，清浊不混。遇晴雨，隐隐见层梯直下，春水涨时，其山若浮。《蜀中广记》：（泸）"《州志》云：东二十里潭中一小山相传下有龙窟。二水交流，清浊不混。每春涨，其山若浮。州人游赏之处。《通志》云：即龙马潭也。唐王昌遇落魄仙，授以道术，比归，售马送道童。于（泽）[潭]④ 前得马，乘之，瞬息至家。而马化龙入潭。潭上有冲虚、碧梧二观，俱宋建。"⑤

———————————

① 宋·王禹偁撰：《小畜集》卷一一，《四库全书》文渊阁本。
② 明·陶宗仪撰：《说郛》卷四七上，《四库全书》文渊阁本。
③ 宋·江少虞撰：《事实类苑》卷六二《琼花》，《四库全书》文渊阁本。
④ 校勘："潭"字，据《明一统志》卷六十二改。
⑤ 明·曹学佺撰，杨世文校点：《蜀中广记》卷十六《名胜记·下川南道泸州》，上海：上海古籍出版社，2020年，第170页。

摇竹现鱼龙马潭
（邱继扬摄）

后世，冲虚、碧梧二观合而为一。民国《泸县志》："冲虚观，一名碧梧观，在县东北二十里龙马潭。宋嘉祐中，祷雨奇应，封其神为嘉泽昭灵善利侯，因建观其上。明崇祯初，知州全天德重修。乾隆二十六年（1761）知州夏诏新增修，后殿奉玉皇，前殿祀龙王。五十六年，永宁道舒弼重建。宣统元年（1909），永宁道赵藩、知州钟寿康增修。"① 其观俗呼龙王庙，山门镌刻清永宁道赵藩楹联："唯问好游人，来何所闻，去何所见；别有会心者，山不在高，水不在深。"

龙马潭风光绝胜。杨慎晚年流寓泸州，州官薛曲泉为之建楼其上，后世称"杨升庵读书楼"。清武英殿大学士卓秉恬《重游龙马潭》诗："澄潭如镜此间开，图画天然净少埃。一带山光浮座入，四围水气上亭来。乔松偃蹇青成幄，密竹周遭翠作堆。谁似使君留韵事？及时重为剪蒿莱。"② 卓秉恬号海帆，清成都华阳县人，嘉庆朝官至武英殿大学士。清咸丰中，江国霖主讲泸州鹤山书院，赋《龙马潭和华阳相国题壁韵》曰："清樽不为晚凉开，自俯澄潭洗俗埃。积水欲浮孤岛去，虚岚尽拥

---

① 王禄昌修，高觐光、温翰桢纂：《泸县志》卷一《舆地志》，民国二十七年刊本。
② 王禄昌修，高觐光、温翰桢纂：《泸县志》卷七《艺文志》，民国二十七年刊本。

小窗来。船头鱼影花千片，镜里螺痕翠一堆。便似移家长此住，何须海上访蓬莱。"[1] 写尽此间风景。2005 年，龙马潭公园建成，永康为赋《龙潭胜景》以记之，其辞曰：

> 仁者乐山，智者乐水。山水之英，得龙而灵。美哉龙潭，翠阜中央。万竿修竹笼罩，一泓绿水绕环。溪山清远，骚人墨客流连；摇竹见鱼，长吏劝农观稼。神皋奥区，《永乐大典》记所由来；鱼鸟亲人，士民眺游之胜所也。
>
> 宋观碧梧，黄冠领之。往来古今，圮而复建。迩年水患，台榭无存。补筑卑低，不副历史名城；游人不前，辜负阳春烟景。泸州市公交公司有感于斯，回报社会，芟艺园囿，姹紫嫣红；更构新楼，美轮美奂。而以文化责予。予曰：胜日寻芳，宜其观游；交映生辉，宜其文化。文化者何？文治教化之总成，存乎人心而充沛乎天地者也。盛世崇文。今也政通人和，弘而扬之，岂敢或懈。用蒐前贤遗迹而规划之，图其图、联其联、文其文、碑其诗，重榜大府樾村观稼之楼，再识状元升庵读书之处，以彰文治而敦教化。名贤长者，欣然题额。斯文萃集，而景区落成矣。好游来此，其会心哉！爰为之记，又从而为之歌曰：
>
> 亭山苍苍，潭水泱泱。公交之功，于兹永长。[2]

龙马潭匪特观游之区，而于农事民生，亦曾发挥相当之作用，早在明季，州训导薛益《龙马潭神应碑记》[3] 即云：

> 泸田畴，坐高阜层麓者十之八，坦原平陆者十之二。池沼蓄水、桔槔引灌之制，自则壤以来，未之见闻。庶草蕃芜，惟赤松是赖。稍或不时，坐视其稿。四民中，惟农独苦，然竟无可如何也！
>
> 州东北二十里，有龙马潭。相传李唐时州人王昌，遇异人张姓者，自号落

---

① 清·江国霖撰：《梦斋诗集》卷三（咸丰十年原刻影印本），《清代诗文集汇编》编纂委员会编：《清代诗文集汇集》，第 636 册，上海：上海古籍出版社，2010 年，第 680 页。嘉庆《直隶泸州志》亦载此诗，诗题改作《和海帆先生游龙马原韵》，字句亦有改易，今从原刻照录。

② 赵永康撰：《立雪留痕》，北京：中国文史出版社，2009 年，第 74 页。

③ 清·夏诏新纂修：乾隆《直隶泸州志》卷七《艺文志》，见故宫博物院编《故宫珍本丛刊》第 210 册，海口：海南出版社，2001 年，第 231 页。按，此碑文字并载于民国《泸县志》，然已多有改易。今从乾隆志。

魄仙，呼昌为"易玄子"，授以道术，取马送之归，而马遂化龙入潭。潭以是得名。乃潭迹之尤异者，潭深不测，东西延袤，南北稍减，中拥一小堆，当春夏之交，大浸弥天，其堆若浮，清浊二水共流，截然不相混。遇岁旱，州人取其水之清者祷雨，多应。

宋仁宗嘉祐中，屡旱，祷亦屡应。有司上闻，敕封神为嘉泽昭灵善利侯，建冲虚观于堆上，妥事之。农赖时若，碑文载《一统志》，潭遂著闻域中。不知观废何年。自观废后，祷亦罕应，存其名而已。今上之三年，岁在庚午（明崇祯三年，1630），六月逾旬不雨，州人嗷嗷待毙。时刺史本州者，山阴全公讳天德，目击心伤，引咎自责，恳恳为民请命。昼曝咸阳之坛，夜宿绿蛇之社。于是州人以潭之往事进，公即诣潭虔祷，甘霖随祝而至。士民骇叹，争为口碑，笔记以讴歌之。越明年，春杪夏初，骄阳又作。公诣潭如故，雨复随车。

噫嘻！神之灵应与公之感召，何其异也？盖公下车时，适奢蔺二酋（奢崇明父子）寇泸，西南骚动。公持以镇定，筑城固围，造船飞饷，军声振一时。不旋踵而大敌授首。酋灰既冷，沃以膏泽，民困于是乎苏，而公之贤劳忠诚，自此符于人神矣，岂伊朝夕之故哉。

适住僧以构神宇请，公遂捐俸成之。而益以吴下腐儒，备员司训，敬从祷祀之后，获睹灵感之奇，爰揭潭所由名，与公之所以潜通无间者，以应州人之请，俾勒诸贞珉，存一时之实事云。

崇祯四年六月朔日记。

清宣统元年，永宁道道尹赵藩（樾村）责知州钟寿康（文叔）葺而新之，更建高楼，榜曰"观稼"。落成，会郡中名士宴饮赋诗，交蜀中名士颜楷书编次成集梓行，曰《江阳唱和集》；又嘱资政院议员、州人万慎子撰《重修龙马潭记》[1]，勒石潭上：

泸州龙马潭，去城二十里而近。东出会津门，渡江，循陂陀迤逦而北至焉。四山环合，潭水中涵，古龙湫也。潭上有小山，竹木森立。龙溪之水，自荣昌来汇于潭，绕小山四周而东注。相传唐时有王昌者，家潭侧，遇落魄仙授马使乘，马化龙入潭以去。其祥殊荒忽。潭上旧有观，曰冲虚，黄冠领之。亦称碧梧，以多梧桐。考始，建自宋嘉祐中，以祀龙神。旱祷屡应，相沿列祀典。

---

[1] 王禄昌修，高觐光、温翰桢纂：《泸县志》卷一《舆地志·坛庙》，民国二十七年刊本。

每春仲省耕，巡使、州侯祭先农毕，必至潭上祀龙神，罔怠。然祠屋修祀不常。光绪丁酉（二十三年，1897）夏，大水汛涨，墙壁榱槛挠败倾塌。居者失所，游者裹足。宣统纪元第一之岁（1909），分巡使樾村赵公（藩）、州刺史文叔钟公（寿康），春祀莅止。顾瞻兹丘，慨然兴怀。以龙神能兴云雨，福我黎庶；而兹潭又一州胜区，听其颓废，将何以答神庥（xiū，庇荫，保护）、抒民望？乃募资筹款，规画大势，鸠工庀材，先营神宫，旁及亭榭。更其腐朽，新其黯蔽；补其原有，增所本无。长廊重厦，夷庭高门，靳焉一新。别规祠右，翼然为楼，榜曰"观稼"。潭外稻畦，方罫（guǎi，网格）错绣，收之几席。益完美矣。

神皋奥区，迥出尘外。水木明瑟，鱼鸟亲人。宜乎逸士高流探溯徘徊，侈为绝境。昔诗之者，有华阳卓文端（秉恬）相国；记之者，有新城陈懿叔布衣，惜乎犹未睹今兹修葺之赅备也。巡使、刺史既为诗张之，而复属余为记。余惟二公之来泸也，张弛庶政，部分如流。同力合志，兴起废坠。兹又有事于斯潭，簿领之暇，落成来止。观风问俗，勤视稽事。村民嬉嬉，如其家儿。其便章百姓，宣美教化，不言而具。而圉（yǔ，边陲）安岁美，人神以和，亦若天人之交应。

吁！足尚矣。至于事非私己，吾州之缙绅士女、樵牧刍荛，四序游观，相喻同乐，则固有不待言者。

【二十五】 前谱 谓《江阳谱》。

【二十六】 人日 夏历（农历）正月初七日。

【二十七】 竭 竭诚尽力。

【二十八】 东作 春耕。《书·尧典》："寅宾出日，平秩东作。"

【二十九】 端月 夏历的正月。端，始也。

【三十】 赤舄 穿赤色、重底的鞋。王侯所服。

【三十一】 灵应庙 祀主管文运的文昌帝君。文昌帝君在天为文曲星，"文曲"是北斗魁中第四星天权的古名（Megrez δ，大熊座第 69 号星 δ 星）。《晋书·天文志》："文昌六星，在北斗魁前，天之六府也，主集计天道。一曰上将，大将军建威武。二曰次将，尚书正左右。三曰贵相，太常理文绪。四曰司禄、司中，司隶赏功进。五曰司命、司怪，太史主灭咎。六曰司寇，大理佐理宝。所谓一者，起北斗魁前近内阶者也。明润，大小齐，天瑞臻。"①

按《江阳谱》所记地理方位，此庙应是从今蓝田镇迁到了今小市麻沙桥上方的峰门坎。以其"岩洞嵚崟，地险景绝"揆之，当即在今古佛洞。民国《泸县志》："古佛洞，在县东北十里，高厂轩豁，明万历四十三年（1615）建石坊洞前，云'古岩胜境'。"②

【三十二】　南田　今泸州市大江南岸的江阳区蓝田街道。

【三十三】　风门　今泸州市龙马潭区小市街道麻沙桥上方的峰门坎。《舆地纪胜》作"峰门"；曹氏园，《舆地纪胜》作"曹亭"。

【三十四】　嵚崟　山石险峻貌。唐独孤及《招北客文》："其北则有剑山巉巉，天凿之门，二壁嵚崟，高岸嶙峋。"

【三十五】　坐坎面离　坐北向南。八卦方位：北为坎，南为离。

【三十六】　正南向之位　堂堂帝君，南面而坐。

【三十七】　内、外二江从坤、离朝入，会于山趾，直归于巽　内江（沱江）自西南、外江（长江）自南流来，在山麓汇合，向东南方流去。八卦方位：坤为西南，离为南，巽为东南。

【三十八】　龙头　科举考试第一名，习称"龙头状元"。

【三十九】　"胜"字不可读，据文意改。

【四十】　乙丑榜眼　谓乙丑年泸州应试举子有高中第二名进士者。旧称第一名为状元，第二名为榜眼，第三名为探花。并为第一甲、赐进士出身。宋室南渡以后，有三个乙丑年：一是高宗绍兴十五年（1145），其时国家初建，道路阻绝，蜀中科举就地举行，名曰"类省试"，朝廷承认其中式资格，而无所谓"榜眼"；二是宁宗开禧元年（1205）；三是度宗咸淳元年（1265），其时已是《江阳谱》成书之后。据是知，此榜眼者，盖开禧元年或咸淳元年中式，而其姓名宦历已不可考。

★95.

《郡县志》

登天大王庙【一】。在合江县江之左。传为凉王吕光，灵异暴著。过者必祭鱼。

---

① 唐·房玄龄等撰：《晋书》卷一一《天文上·中宫》，北京：中华书局，1974 年，第 291 页。
② 王禄昌修，高翱光、温翰桢纂：《泸县志》卷八《古迹志》，民国二十七年刊本。

【校补图注】

【一】 登天大王庙 遗址在合江县城对岸马街子下方，地当赤水河口，今名"洞宾岩"。《元和郡县志·泸州》："登天大王庙，在合江县之左，传为凉王吕光（之庙）。灵异暴著，过者必祭鱼。"民间相传，船舟不祭之者，必遭倾覆。《舆地纪胜·泸州》："义济庙，在安乐溪口，即登天王吕光祠也，刘望之作纪甚详。"范成大《吴船录》："合江县对岸（今马街子下方，与长江汇口处）有庙，曰'登天王'，相传为吕光庙。事（前秦王）苻坚，以破虏将军平蜀有功，后其子绍即天王位，登天之名或以此。舟人至县，皆上谒，以鱼为享。无，即以鲊。又以（西域僧人、后凉国师）鸠摩罗什从祀，而享以饼饵。"①

陆游说神是"山水人"，不是后凉吕光。其《夜泊合江县月中小舟谒西凉王祠》诗云："悬瀑雪飞舞，奇峰玉嶙峋。摇碎一江月，来谒西凉神。我虽不识神，知是山水人。不敢持笏来，裋褐整幅巾。出我囊中香，羞我南黉苹。杯湛玻璃春，盘横水精鳞。出门意惘怳，烟波浩无津。安得结茅地，与神永为邻。"②

王士禛赋：《西凉神祠曲》正之曰："长安氏王头有角，东扫邺宫定西蜀。西域校尉婆楼儿，勒铭直到岷山腹。功成振旅咸阳中，万里玉门旌旆红。三十六国拜都护，酒酣作赋龟兹宫。甲乙谶成苻氏灭，鱼羊食人日流血。黑龙昼起姑臧城，坐制三河亦人杰。少岷山下岷江流，西凉庙貌凌高秋。山头龙出作云雨，神灵杂沓风飕飗。烟消雨散渺何许，灵欲归兮憺容与。船旗猎猎西北斜，落日阴房窜苍鼠。"③

张问陶《合江县滩上作诗投西凉王（神为秦时吕光）》诗则云："鳛部水东多石梁，舟人报赛情皇皇。下官既醉不持笏，一杯笑劝西凉王。西凉王！鬼神之事原渺茫，地险那得夸身强。腐鼠吓人极无味，索钱索肉尤荒唐。我等酒人一生死，便投水火殊平当。南渡洞庭北河曲，东窥沧海西瞿塘。腰间大剑亮如雪，我舟一过蛟龙藏。尔神虽暴毋猖狂。"④

清光绪进士、县人李超琼又不承认这种说法，赋《西凉王神祠用王士禛韵》诗："西川地缺东南角，牂牁水远仍归蜀。荒祠千载不知名，曲奏新城疑满腹。山深僻处巴渝中，典午不振狼烟红。氐羌版图跨梁益，赤光正照长安宫。黑龙奋起族图灭，玉垒铜梁殷碧血。洛阳小儿锋莫当，铲除恨少乡邦杰。五胡肆毒波横流，姑

---

① 宋·范成大撰：《吴船录》卷下，《四库全书》文渊阁本。
② 宋·陆游撰：《剑南诗稿》卷一〇，《四库全书》文渊阁本。
③ 清·王士禛撰：《带经堂集》卷二七，康熙五十年刻本。
④ 清·张问陶撰：《船山诗草》卷八，道光十五年初刻本。

藏窃据能几秋。婆楼血食终殄绝，玉门万里风飕飕。渔洋附会始何许？肉印重瞳漫相与。我来但拜山水人，更将直笔驱狐鼠。"此诗意在指责王士禛为"附会"。

历代学人反复争论既过，清代翰林学士、近代蜀中宿学赵熙入京路过，赋《合江县》诗："蜀程昨日下江阳，此地丛祠祀吕光。行箧苦无书可读，春妆游女赛西凉。"已自成为县人踏青郊游之地。

寺【一】

★96.

《江阳续谱》

万寿禅寺【二】

泸之北，有山曰北岩【三】，下瞰百家之聚【四】。其居岸内水（沱江）【五】，夏秋涨潦，狂澜怒湍啮其趾，颓坏者十之三。里人建补陁（tuó）岩祠【六】于山之半，以镇压之，为阁三层，崇数仞，状类窣堵（sū dǔ）波【七】。或曰：郡治所据无岗阜，兹实其屏嶂，是阁也，非特以誓水固堤而已。帅守尚书杨公汝明，即其地而恢拓之，为屋数百楹，入门之左，架虚设栏槛【八】，面江、（咨）［资］双流【九】，扁【十】曰"水云乡"。循右蹑磴【十一】而上，为金仙殿。殿之两庑，下为二阁，左曰"送江"，右曰"望州"。殿后为"直指堂"，堂后为"毗庐顶"，毗庐顶后为方丈。前架毗庐顶为"五峰阁"。自殿而东，为钟楼，缔构三层，与补陁岩阁对峙而略崇之，以术者言寺之青龙【十二】所系也。最上，度百斤铜钟，以惊昏晓。中，徙补陁岩旧像【十三】置焉。下，为"枕带双流"之阁，取《水经》"江阳枕带双流，据江洛会"语。楼后为厨为库。自殿而西，为藏（zàng）殿【十四】，即补陁岩旧阁而更张之。阁后为云堂，堂后为众寮【十五】。不数年而寺体具，金碧交映，林谷生华。钟鼓以时，呗梵传响。请于朝，赐额曰"宝庆北岩万寿禅寺"。实绍定三年（1230）三月空日【十六】也。运使隆山（今四川仁寿县）程公遇孙【十七】为寺记；开州（今重庆市开州区）史君金华【十八】、应公镛【十九】为钟名、记铭。并见《文类》【二十】。

方寺之未创也，邻壤有居民，其祖嗜佛书，自写四大部经【二十一】，龛置于家，于后方题云："俟北岩寺成，施诸寺。"殆若有物命之者。其子孙以是请，愿与置之寺云。

【校补图注】

【一】 **寺** 寺的本义是国家最高一级行政机关，大体相当于现在中央政府的"部"。自汉明帝创白马寺于洛阳，以处番僧而后，僧人修行和生活居住之所遂以"寺"名，"寺"即成为佛教庙宇的通称。

【二】 **万寿禅寺** 宝庆北岩万寿禅寺的省称，杨慎呼作"北岩寺"。《舆地纪胜》："北岩，在州治水北，与南定楼相对。旧止小庵，尚书杨公汝明鼎新，创为大刹。又于寺北作北园，建北定楼及五峰书院，以为士友会课之所，月书季考，若郡学焉。"① 杜应芳《补续全蜀艺文志》："泸州北岩寺，有宋理宗绍定二年（1226）敕改北岩万寿（禅寺）公牒勒石。"② 寺已无存，遗址在五峰山腰的北岩及其上方的另一片台地上，倚山面江，碧江横槛外，金刹值云端。俯瞰山下长沱两岸人家，历历如在目前。杨慎为题"江山拱秀"，勒碑；又题联曰："半山楼阁空中绕，两岸人家一水分。"民国二十一年（1932），乡人刘光策在杨森将军资助下买得其地，创办私立江阳中学，四川解放后由人民政府接收，并入泸州市一中。1950年，人民解放军十五军设军部于斯，统一指挥川黔剿匪。十五军既入朝作战，遂为泸县人民武装部驻所。1996年泸县治所迁驻福集场，乃建为民居。

五峰山上，中华人民共和国成立后曾建为泸州市牛奶场（泸州市乳制品厂）。实际考察其地，自山麓至山顶，有两级台地，地形地貌与《江阳续谱》所记此寺布局相合：第一级台地，即杨汝明拓而为屋数百楹之原补陁岩祠故址，今为乳制品厂职工宿舍楼，楼凡四幢，占地面积十余亩；第二级台地，今为泸州市小街子小学校

---

① 宋·王象之撰，李勇先校点：《舆地纪胜》卷一五三《泸州·景物上》，成都：四川大学出版社，2005年，第4587页。
② 明·杜应芳、明·胡承诏辑：《补续全蜀艺文志》卷五五，明万历刻本。

园及其附近的空地，阔亦十余亩；即当年之金仙殿、直指堂、藏殿、云堂，众寮等建筑物之所在也。

【三】　**北岩**　宋程公许宝庆岁丁亥（三年）《北岩序》有云："徽学尚书弘农公（杨汝明）授钺镇泸，以无事治暇，日领客北岩，凭高四顾，景与心会，乃即仁祠之旧，创为禅林。左有五峰，连娟竞秀。作书院其下，以来四方之游学者。追汉忠武侯遗志，为北定堂。因山之崇卑，搜奇抉胜，压以小亭危榭，覆苦鳞瓦，简朴幽雅，而旷如奥如之境，皆擅其妙。"①

【四】　**下瞰百家之聚**　五峰山下方江岸，宋时已成民居，曰"小市"。地名一直保持至今。

【五】　**其居岸内水**　谓此百家之聚滨临内水（沱江）岸边。

【六】　**补陁岩祠**　普贤菩萨祠。补陁，"普陀"的谐音，梵语作"补陁落迦"。

【七】　**窣堵波**　梵语 stūpa 的音译，即佛塔。或七层，或十三层，为佛家藏放舍利和佛经的建筑。玄奘《大唐西域记·呾蜜国》云："诸窣堵波及佛尊像，多神异，有灵鉴。"② 黄滔《大唐福州报恩定光多宝塔碑记》云："释之西天谓之窣堵波，中华谓之塔。"③ 亦省作窣堵。

【八】　**架虚设栏槛**　凌空架设栏杆，以通往来。

【九】　**"面江咨双流"**，"咨"字不可读。此语应是指谓北岩寺门之左，架虚设栏槛，正好俯瞰山下长、沱两江（双流），而沱江别名"资江"，因改"咨"为"资"。④

【十】　**扁**　同"匾"。

【十一】　**磴**　山路上的石级。清姚鼐《登泰山记》："道皆砌石为磴。"

【十二】　**青龙**　堪舆家（术士）指谓正北方向。

【十三】　**补陁岩旧像**　原补陁岩祠中供奉的普贤菩萨塑像。

【十四】　**藏殿**　佛寺中兼有经堂与看经堂功能的楼殿。经堂，指供奉有佛像，或举行祝圣之仪式，或应施主之请而行诵经之处。看经堂，则为大众阅览藏（zàng）经之处。至南宋，经堂的功能移至佛殿，看经堂的功能则移至众寮。藏殿

---

① 宋·程公许撰：《沧州尘缶集》卷一三，《四库全书》文渊阁本。
② 唐·玄奘、唐·辩机原著，季羡林等校注：《大唐西域记校注》卷一，北京：中华书局，2000年，第103页。
③ 清·董诰等编：《全唐文》卷八二五，北京：中华书局，1983年，第8690页。
④ 清·姚鼐著，周中明校点：《姚鼐诗文集》卷一四，合肥：黄山书社，2021年，第506页。

遂因失其存在的理由而不复存在。

【十五】 众寮　僧众之寮。众僧居宿之舍。

【十六】 空日　不标日期，犹某日。苏轼《论桩管坊场役钱札子》："元祐元年六月空日，朝奉郎试中书舍人苏轼白札子。"①

【十七】 运使隆山程公遇孙　潼川路转运判官兼提举学士、仁寿县人程遇孙，南宋庆元中进士。见清嘉庆《四川通志》。

【十八】 开州史君金华　未详。

【十九】 应公𨱅　开州知州应𨱅。见★45。

【二十】 《文类》　南宋四川制置使袁说友主持编辑的《成都文类》。

【二十一】 四大部经　佛教以《华严经》《宝积经》《般若经》和《涅槃经》等四部八百四十一卷为"四大部经"。若对一切经称"大藏"，则此四大部经称"小藏"。

观【一】

★97.

《江阳续谱》

天庆观【二】

南拥群山，左界岷水，虚坛插斗【三】，老木参天，沉沉然诚一郡之仙居也。圣祖【四】殿最居观北，修廊凹凸，弗利走趣，朝谒者每惧不恭。帅守尚书杨公汝明，议就观之东北隅颣【五】辟一门，从殿西庑而入，爰命相视其地。先自小草场巷路开拓而石甃之，俾道士程冲妙充住持，元其事。继招广安军岳池冲真观道士刘临代之，仍命郡士康元寿总其役。建门楼及更衣亭，展两庑，凡若干楹。殿有腐坏未备者，复从而更易葺成之。于是宫宇既严，班列用肃，睹者知敬。先是，观无寮舍，道侣散居于外，殿堂荒寂，颓毁半之。至是，创三清【六】殿，修三门，修两庑，东庑之外修复七星【七】阁，西庑之外得隙地，旧为民所占，皆命他徙而锄治之，建方丈、云堂、厨、库若干楹，俾安

---

① 孔凡礼点校：《苏轼文集》，北京：中华书局，1986年，第267页。

徒侣，庶奉香火惟虔。自宝庆三年（1227）冬始事，至绍定元年（1228）秋落成，凡费四千五百八十三缗【八】、镪【九】一百六十六贯七百有奇。州民先道源捐田助修建，役既罢而用不及田，隶之常住，求资养众云。

【校补图注】

【一】　观　道家祠宇。

【二】　天庆观　今已不存。据其"南拥群山，左界岷水"，又与小草场巷相接推之，其遗址当在今白杨坪（瑞鹿坪）北的今泸州市福利院，地理坐标：东经 105 度 26 分 42 秒，北纬 28 度 52 分 42 秒。

【三】　虚坛插斗　坛，人工筑成的方形土台，或指屋基。《玉篇·土部》："堂，土为屋基也。"意谓天庆观奠基在高高的山顶，俨然天上仙宫。

【四】　圣祖　玄元圣祖。道教以老子（老聃）为创始人，称玄元圣祖。

【五】　颛　同"专"。

【六】　三清　道教以玉清、上清、太清为"三清境"。玉清境洞真教主元始天尊，上清境洞玄教主灵宝天尊，太清境洞神教主道德天尊，合称"三清"。

【七】　七星　二十八宿之一。南方朱雀七宿的第四宿，有星七颗。或曰北斗星。

【八】　缗　此谓纸币。宋代临安发行会子，蜀中发行交子，皆纸币也。每缗一贯。

【九】　镪　此谓铜钱。每贯千文。

庵【一】

★98.

《江阳续谱》

节庵。绍兴元年（1131）王公卿月建，在止水亭之北。开禧元年（1205）李公寅仲增筑小亭于其前，围以短墙，愈觉幽邃，隐然有别墅气象。公诗云："花木新栽一径长，小庵如款赞公房【二】。心清要省铃斋（讼）［松】【三】，公退空凝燕寝香。已约芳菲供几案，不妨真率嚼壶觞。年丰顿觉民和乐，老子从渠两鬓苍。"

【校补图注】

【一】 庵 本义是圆顶的茅屋。《广雅》："庵，舍也。"《释名·释宫室》："草圆屋谓之庵。"古人的书斋多有以庵为名者，如陆游的老学庵等。又女性僧侣（尼）的佛寺大多以"庵"为名。这里，指谓书斋。

【二】 小庵如款赞公房 入此庵，如入赞公僧房，清静幽深。款，留也。赞公，唐代高僧，杜甫有《大云寺赞公房》《宿赞公房》诸诗。

【三】 校勘："讼"为"松"字之讹，以音近而误。张国淦先生辑本作"心清要省铃斋松"，张石忱辑本同。据改。

堂【一】

★99.

《江阳谱》

宝山堂【二】

宝山旧为堡障所，故军营兵司皆寓焉。居高望远，最为得要所，宜屋之以备防托。庆元间，右司陈公损之【三】尝筑堂，制帅袁公说友名之曰"江山平远"。其堂高数仞，下可建三丈之旗，每一风雨，不无高寒之虑。帅守尚书杨公汝明自楣【四】以上架梁而中分之，上为楼居，所眺益远。移袁额揭之，下为堂，取孔明《出（帅）［师］【五】表》中语字曰"忠分"。复筑二亭以附益之，一曰"隐映逶迤"，摘少陵杜公甫过泸川诗语【六】；一曰"风物熙熙"，摘殿丞鲁公交赴泸州诗语【七】。收揽一山胜概，与旧诸亭管风月云。

整暇堂【八】

今在泸州设厅【九】之后。旧在兖秀堂【十】对。绍兴三十二年（1162）王公葆【十一】立，李公时雍【十二】书其额。帅王公之奇诗云："炳若丹青敷德义，后人于此取良规。"梁公（介）［玠］诗云："是邦无征科，为吏不劳力。今年到官初，谍诉颇纷集。

大家张空簿，小家称倍息。弃责尔未能，义取犹可给。风晓便革心，老我多暇日。梦回黯空庭，小憩华胥国。"开禧元年（1205），李公寅仲即此地【十三】建镇远楼【十四】，乃徙堂于锦堂【十五】之东偏，堂前拓地十丈许，杂植花竹，因旧名为"整暇堂"。嘉定八年（1215），范公子长复移其屋于荷轩地，为阜民堂。乃废旧设厅后恩威堂额，改为"整暇"。

恩威堂【十六】

淳熙十四年（1187）张公悫【十七】建。

筹边堂【十八】

在泸州，旧在小厅【十九】后，绍兴十三年李公璆【二十】建。嘉定八年，范公子长移筹边额置小厅上，此地遂呼"明楼"，盖屋相接，下暗，尝设两明楼【二十一】于屋上故也。嘉定十三年，漕使汪公杲权帅事【二十二】，以小厅上不须著名，复移筹边堂在镇远楼下，太博曹公叔远名楼下为德礼堂，用《左氏传》管仲语【二十三】，遂于明楼再立筹边堂额。乾道六年（1170）梁公（介）〔玠〕诗云："筹边无它长，幸此岁有秋。吏无打门（宣）〔喧〕，民无失业忧。（史）〔使〕【二十四】君来此邦，不（旦）〔但〕【二十五】肉食谋。有言天命之，为汝消穷愁。夷蜑及生齿，各异风马牛。一醉堂上樽，莫运机与筹。"此堂甚壮伟。咸谓复旧额为宜。

浮香【二十六】，即筹边堂西偏。以瞰阜民堂下池莲得名，后乃废，曹公叔远复其旧。

雅歌堂【二十七】

在泸州遂志斋【二十八】后。梁公（介）〔玠〕诗云："壮士处纷纷，举措甚闲雅。弈棋报戎捷，赋诗即鞍马。功成谈笑间，此岂矫情者。落落乌蛮乡，圣化久淘冶。昔为矢石场，今作桑麻野。雅歌同民乐，造化亦我假。【二十九】"《舆地纪胜》："在州治。

又有浮香亭、拥翠楼。"

壮猷堂

在泸州，与阜民堂相直，五楹，其栋高五丈，尤为雄壮。政和四年（1114）贾公宗谅建。梁公（介）［玠］《诗》云："方叔事南征【三十】，戎车简以约。载严旗旐（zhào）【三十一】美，有煇（bì）軧（dǐ）【三十二】衡错。弓矢初不张，未信虏难却。何以观壮猷，治外贵其略。此岂数孙吴，况复称卫霍。升堂诵遗什，九原不可作。"

锦堂【三十三】

在泸州整暇堂之后，旧为郡治正寝【三十四】。绍熙四年（1193），吴公总【三十五】迁正寝于兖绣堂。嘉泰二年（1202），王公大过【三十六】始撤其前、后室，独存斯堂。刻其家藏御书于左右壁。他御书及古今碑附见。东庑为书籍库。前后所刊板皆在焉，凡四十种。

阜民堂【三十七】

在泸州小厅西隅，旧为宸章阁【三十八】，以藏御书。王公勋【三十九】徙御书于（州）学之宸章楼，此阁遂废。改为轩，以临荷池【四十】。嘉定八年，范公子长复撤轩为江阳书院【四十一】，移整暇堂建其上，为今名，取《周官》"倡九牧，阜兆民"【四十二】之意。临邛魏公了翁为篆额，汉嘉薛公绂为之记【四十三】。记见（《江阳谱》）别集。

旧镇远堂

在泸州郡圃之北，今废。杨达【四十四】记云："松竹桃李，四时交荫。有堂巍然，宏敞于中。"实贾公宗谅所建也。后为整暇堂，今为江阳书院。

清白堂

在泸州斯文堂【四十五】前。范公文正【四十六】尝送向综为别驾，有"归书清白最"之句【四十七】，故名。

世德堂【四十八】

在泸州。嘉定四年，倅（cuì）【四十九】费昌遇【五十】以许公奕之[子]【五十一】延庆尝倅是邦，建于蓊邃【五十二】之前，中绘许公父子像。魏了翁为书额。

【校补图注】

【一】堂　正房；高大的房舍；官员议政（开会）、处理公务的场所；专为从事某种活动使用的房屋（如礼堂、食堂、佛堂、店堂等）。《说文》："堂，殿也。"段玉裁注："古曰堂，汉以后曰殿。古上下皆称堂，汉上下皆称殿。至唐以后，人臣无有称殿者矣。"

宋代泸州诸堂，皆在州治郡圃之内，为历任主官之所创建、培修，林林总总，盛极一时，冠甲一方，《江阳谱》《舆地纪胜》《方舆胜览》《广舆记》均有载，惜其过于简略，无从据以查明其具体地望以及当时胜况。

【二】宝山堂　堂在泸州忠山之巅，今西南医科大学校园内。袁说友既名之曰"江山平远"，又得杨汝明改建为楼，后世因以"江山平远楼"呼之。下瞰城郭，万瓦鳞集，两江合流，真胜概也。杨慎《江山平远楼避暑六言》诗云："地静一尘不起，楼高四望皆通。渴煮双泓茗月，饱听万壑松风。"①

明清交替，楼毁于兵。清代多次重修，永宁道观察使赵藩有记曰：

泸州西山诸葛武侯祠，故有江山平远堂，建自南宋庆元间泸帅陈损之，历年七百，祠屋屡易，不复知此堂所在。原夫西山之胜，在俯临城郭，四山拱揖，岷、洛二水交会其间。揣堂面势，宜不出此。而环顾祠中亭馆，或取景偏岩，或且障蔽无所见，不足复副是山之胜。

余来泸，综理醝运，改持巡节，凡五易寒暑。每一登眺，心辄惜之。会稽钟君寿康，以眉州牧来权泸事，孜孜求治，岁丰民和，多所兴举。余辄以语君，君慨然筹土木费，规山之阳，撤祠东旧屋，筑室三楹，高敞端峙。别建一楼，翼之堂东，竖旧题。楼则榜曰"景忠"。不百日而落成。公宴之辰，缙绅翕集，

①明·杨慎著，明·杨有仁编辑，明·赵开美校：《太史升庵文集》卷四〇，万历十年蜀刻本。

下瞰严城，万瓦鳞比。而竹树帆樯与内、外双江，雪浪云溱，掩映出没，举在几席之下。众谓"是西山固有之胜也。然不营始揽而有之"。盖犁然有以当于人心，知君之为政准此矣。

泸地多佳山水，如方山、龙观潭，非不穷极旷奥，而皆以距远，不能时至。近郭登临，诚莫捋西山者。而是堂之在西山，尤标新领异，以饷后之人相与嗣而葺之，与古为新，有举无废。大夫君子，谅有同心。非所逆睹也。楼别有铭，谨泚笔而记。[①]

2018 年，人民政府重建斯楼，2022 年落成。庭芜高明，美轮美奂，更胜昔时。永康喜而记之曰：

江山平远楼，南宋帅臣陈公损之之所经营，有明状元杨慎升庵品题吟咏者也。楼在泸州忠山之巅，云物高寒，收揽一山胜概。下瞰城郭，万瓦鳞集，两江合流，风帆沙鸟，浩浩东波。美哉！诚乎其为壮观矣。

一九四九，国运开新。越明年，川南人民行政公署创医士学校于山，永康负笈来游。沧海桑田，楼之不在，而武侯祠故迹犹存。景丞相鞠躬尽瘁之忠贞，诵黄炎培先生"背着忠山，教为官者忠于民，教为民者忠于国，驱逐倭寇，共赴国仇"之警句，诸我师生，未尝不动兴亡有责之思，闻鸡起舞，体国公忠，终身未敢或忘也。

祖国一日千里。滋兰九畹，次第长成，活人济世，誉满寰区。玉阶题词，耀邦寄语，医士学校，今且为医学院，为拥博士授权点之西南医科大学矣。盛世崇文，中共泸州市委、泸州市人民政府重建斯楼，美轮美奂，更胜昔时。旅游瞻仰，纷至沓来。乐于斯，学于斯，念天下之兴亡，图强我民族，光大我国家于斯。大哉！伟矣。既庆落成，倡其议者原泸州医学院党委书记尹杰霖先生、司其事者泸州市文联主席虞潜先生，索记于予，爰不辞谫陋书其缘起也如此，又从而颂之曰：

忠山之英，毓秀钟灵。江山平远，民族复兴。

---

① 清·赵藩：《重修江山平远楼记》，见王禄昌修，高觐光、温翰桢纂：《泸县志》卷七《艺文志》，民国二十七年刊本。

泸州江山平远楼

（2018 年重建。西南医科大学宣传部邹小平提供）

【三】 **右司陈公损之** 庆元中潼川路安抚使兼知泸州陈损之，累官至尚书省右司郎中，因得以"右司"称之。

【四】 **楣** 房屋的横梁，即二梁。《六家诗名物疏》引庐陵李氏语曰："堂屋次栋之架曰楣。"①

【五】 "帅"字显为"师"字之讹。径改。

【六】 **少陵杜公甫过泸川诗语** 其诗云："忆过泸戎摘荔枝，青枫隐映石逶迤。京中旧见君颜色，红颗酸甜只自知。"②

【七】 **殿丞鲁公交赴泸州诗语** 鲁交字叔达，南宋梓州（今四川三台县）人，仕至虞部员外郎，能诗，见清嘉庆《四川通志》。《宋史》著录其《鲁交集》三卷。是书又名《三江集》，今已不存，"赴泸州诗"，亦不可知矣。殿丞者，殿中省之丞也。殿中省在唐属虞部。宋人缘旧称之。

---

① 明·冯复京撰：《六家诗名物疏》卷一九《王风·君子扬扬》，《四库全书》文渊阁本。

② 唐·杜甫撰：《解闷十二首之十》，见宋·郭知达编《九家集注杜诗》卷三〇，《四库全书》文渊阁本。

【八】 整暇堂 《舆地纪胜》："整暇堂，在衮绣堂之对。旧址既建镇远楼，乃徙此堂于郡治之东偏，前拓中庭，杂植花木，为郡圃之胜。"①

【九】 设厅 古代官府、寺庙的厅堂。因常作为设宴之所，故称设厅。设，宴设、犒设。

【十】 衮绣堂 《方舆胜览》："在（泸）州治。……以赵卫公（以宰相而）出镇于此，改今名。"② 《舆地纪胜》："旧名'思政'。淳熙八年（1075），以赵卫公（雄）出镇于此，改今名。"③ 为"衮绣"。"秀"，本作"绣"。衮绣者，衮衣绣裳，华丽奢华。高官显宦之代称也。可改可不改，因不改。

【十一】 王公葆 南宋绍兴中后期泸州知州王葆，"字彦光，昆山人，弱冠通诸经，举宣和六年（1124）进士。绍兴中，累迁考功御史。秦桧专政，百司莫敢可否事，葆独伸滞直枉，当官不避。出知广德军，移守汉、泸二州，皆著政绩。历浙东提刑，丐祠归。葆学行深醇，尤精鉴裁，每赏识士于未遇时，后多为名臣。"④

【十二】 李公时雍 李时雍，字致尧，号适斋，成都人。雅好丹青，笔甚清逸，作墨竹尤妙，与文同齐名。官至殿中丞。

【十三】 此地 指在州治内与衮绣堂相对之地。

【十四】 镇远楼 见★90。

【十五】 锦堂 与阜民堂、恩威堂并见本条后文。

【十六】 恩威堂 《舆地纪胜》："在（泸）州治设厅后。"

【十七】 张公悫 潼川府路帅臣张悫，其人未详。

【十八】 筹边堂 《舆地纪胜》："在（泸州治）常衙厅之后。"⑤

【十九】 小厅 即衙厅。

【二十】 李公璆 李璆，字西美，河南开封人，北宋徽宗政和中进士，南宋高宗绍兴十二年（1142）秋七月知泸州。十三年九月知成都府，"迁徽猷阁直学士、四川安抚制置使。成都旧城多毁圮，璆至，首命修筑，俄水大至，民赖以安。三江

① 宋·王象之撰，李勇先校点：《舆地纪胜》卷一五三《泸州》，成都：四川大学出版社，2003年，第4589页。
② 宋·祝穆撰，宋·祝洙增订，施和金点校：《方舆胜览》卷六二《潼川府路·泸州》，北京：中华书局，2003年，第1087页。
③ 宋·王象之撰，李勇先校点：《舆地纪胜》卷一五三《泸州》，成都：四川大学出版社，2003年，第4589页。
④ 清·乾隆官修：《大清一统志》卷五六《苏州府·人物》，《四库全书》文渊阁本。
⑤ 宋·王象之撰，李勇先校点：《舆地纪胜》卷一五三《泸州》，成都：四川大学出版社，2003年，第4589页。

有堰，可以下灌眉（眉州，今眉山市）田百万顷，久废弗修，田莱以荒。璆率都刺史合力修复，竟受其利。眉人感之，绘像祠于堰所。间遭岁饥，民徙，发仓振活，无虑百万家。治蜀之政多可纪。有《清溪集》二十卷。"①

【二十一】　明楼　楼房上层作雉堞形，作为候望、侦伺之用者，称为明楼，亦称望楼。后世，碉楼、炮楼亦称明楼。

【二十二】　漕使汪公杲权帅事　潼川府路转运使汪杲署理（代理）潼川路安抚使事。汪杲其人未详，《明一统志》载："汪杲，（南宋）绍兴间知新淦县，学校一新，文教振举，淦之士盛于他邑者，杲之力也。"②疑或其人。

【二十三】　名楼下为德礼堂，用《左氏传》管仲语　《左传·僖公七年》："秋，盟于宁母，谋郑故也。管仲言于齐侯曰：'臣闻之，招携以礼，怀远以德。"

【二十四】　"宣"字显误，据文意改。

【二十五】　"旦"字显误，据文意改。

【二十六】　浮香　浮香亭。

【二十七】　雅歌堂　《舆地纪胜》："在州治（内）。又有浮香亭、拥翠楼。"③又《广舆记》云："州治内。宋安抚使黎伯登建。"④按，黎伯登是在南宋端平三年（1236）蒙古军大举入蜀，西川州县残破，前线溃兵败逃至泸，与其军民交竞冲突，失火烧毁城市后就任潼川府路安抚使兼知泸州、重建泸南府军房舍的。其时已是《江阳谱》成书之后的数十年，应当只是重建。

【二十八】　遂志斋　见★103。

【二十九】　"落落乌蛮乡"句　泸州地连夷界，北宋一代，民族武装冲突频仍。梁玠来牧是邦，边境已自宁静。所以他高兴地说"雅歌同民乐，造化亦我假"。

【三十】　方叔事南征　方叔，周宣王时重臣，与尹吉甫同列。《尚史》记载："尹吉甫为内史，方叔为卿士……方叔征猃狁（xiǎn yǔn）。及荆蛮背叛，伐而服之。"⑤

【三十一】　旗旐　旗，挂有铃铛的旌旗。旐，画有龟和蛇的旌旗。

【三十二】　焊軨　焊，爆裂声。軨，大车后面的栏。

---

① 元·脱脱等撰：《宋史》卷三七七《李璆传》，北京：中华书局，1985年，第11655页。
② 明·李贤等撰：《明一统志》卷五五《江西临江府·名宦》，《四库全书》文渊阁本。
③ 宋·王象之撰，李勇先校点：《舆地纪胜》卷一五三《泸州》，成都：四川大学出版社，2005年，第4589页。
④ 清·陆应扬撰：《广舆纪》卷一七《泸州》，康熙丙寅吴郡宝翰楼刻本。
⑤ 清·李锴撰：《尚史》卷二六，《四库全书》文渊阁本。

【三十三】 锦堂　与江阳书院并为藏书之馆。

【三十四】 郡治正寝　地方主官治事的宫室。

【三十五】 吴公总　吴总，德顺军陇乾县（今甘肃静宁）人。南宋镇蜀名将吴璘之子，绍熙四年（1193）、嘉泰三年（1203）两任潼川府路安抚使、知泸州。

【三十六】 王公大过　王大过，《咸淳临安志》载其曾为临安（今浙江杭州市）县令，以直秘阁知泸州。

【三十七】 阜民堂　在泸州小厅西隅。旧为宸章阁，以藏御书。王公勋徙御书于学之宸章楼，其阁遂废。改为轩，以临河池。嘉定八年（1215），范公子长复撤为江阳书院，移整暇堂于其上，为今名，取《周官》"倡九牧，阜兆民"之意。堂之高二十有七尺，广四十有四尺，其袤五十有二尺，翼以两屋，广袤相称。与壮猷堂、南定楼直如引绳，屹如三山，诚壮观也。

【三十八】 宸章阁　专门收藏朝廷圣旨和敕书之阁。

【三十九】 王公勋　潼川府路帅臣王勋。其人未详。

【四十】 荷池，张国淦先生辑本作"河池"。

【四十一】 江阳书院　收藏图书的小轩。

【四十二】 《周官》"倡九牧，阜兆民"　《周官》是古文《尚书》的一篇。"倡九牧，阜兆民"的意思是帝尧为全国九州各置主官，治理百姓，安定、富有亿兆之民。

【四十三】 汉嘉薛公绂为之记　汉嘉，嘉定府的古称，即今四川乐山市。薛绂字仲章，南宋嘉定府龙游县人，淳熙十一年（1184）进士，嘉定四年除秘书郎。见《南宋馆阁续录》。其记曰：

> 潼川府路安抚兼知泸州事范侯少才，以书谂汉嘉薛绂曰：州治旧有宸章阁，在壮猷堂之南，轮奂之美。有感于阴阳家说者，移阁于谯门之前，揭泸州军额于其上，而藏奎画①于郡庠，置小屋于阁之上，为鬻盐之所。湫隘喧杂，与府治有不称。今承乏于兹，每切病之。方旰夕摩抚疲瘵，未敢议兴作也。郡圃有堂，初名镇远，后改整暇，虽规模宏壮，而无所览观。因撤阁址小屋，而移兹堂于其上，稍增广之。堂之高二十有七尺，广四十有四尺，其袤五十有二尺，

---

① 奎画：帝王墨迹。宋人张淏《云谷杂记》卷三云："光宗因大书神泉二字遗之，云：'持归，随意凿一泉。'……奎画今刻之泉上。"元人李冶《敬斋古今黈》卷一云："世以秘监为奎府，御书为奎画，谓奎宿主文章也。故宋有奎文阁、宝奎楼之称。"

翼以两屋，广袤相称。僝工于三月之壬申，落成于五月之乙亥。与壮猷、南定直如引绳，屹如三山。昭德晁公记南定楼所谓"三屋属联，广深瑰丽，蜀之府寺鲜俪者，至是乃复旧观焉。繁花艳卉，炫昼缟夜，既宜于春；芙蕖荷芰，幽香静植，复宜于夏。视不壅而心愈远，或有补于政也。固念郡之堂宇，曰壮猷、曰筹边、曰南定、曰镇远，皆属意边围，前后一律，未有以互相发［明］也。稽诸《周官》，六卿分职，各率其属，以倡九牧，阜成兆民。州牧之职，莫急于此。此本末先后之序也。因以"阜民"更之，子盖为我记诸。

绂竦然曰：

侯之所以移斯堂，固当也。而侯之所以名斯堂，其用意尤切焉。昔者，圣帝明王经理天下，分建邦国，承以师长，统以侯牧，俾其远近相维，内倡外和，大畏小怀，非徒为是，固结之势也。民之生众矣，天生之而立之君，使司牧之。以一人之寡，而牧亿兆之众，视听不能以周知，而利害不能以察悉，其势然也。唐虞之世，既有以宅百揆，又以四岳统州牧，州牧统侯伯。成周之制，则有三孤以经邦弘化，又有六卿，以分职率属而倡九牧。倡之无他，其在于阜成兆民而已。阜者所以厚其生，成者所以使之兴于化也。井田之法，沟洫之制，乡遂之赋，未作之禁，均其土田，修其稼政，平其赋敛，所以厚民之生者，莫不纤悉备具。民生厚而有常心，于是教化行、习俗美而礼乐兴焉，所谓成于乐也。《甫田》之诗曰："或耘或耔，黍我髦士。"成周所为髦士者，皆出于耘耔之余，非阜而成欤。

禹之言于舜，谓政在养民，以政德利用为之本，切切于厚民之生。九功九叙九歌，盖其阜而成之之序也。而舜之咨十有二牧，首言曰"食哉惟时"，举阜民之职而责之于州牧。唐虞盛时，法守则然矣。三代之制虽不相沿袭，而大法则不可易也。《洪范》，大法也，八政先乎食，舜咨牧之意也。牧之为言，是受人之牛羊而为牧之，得不为之求牧与刍乎？六卿以此倡九牧，九牧以此倡诸侯，诸侯以此倡大夫，师长各倡其牧，而君人者得以钦承天命而尽其司牧之职矣。自天子至于诸侯，皆以牧为职也。以牧名官者，其责尤重。《传》载帝营制九州，统万国，唐虞因之。禹之治水，所别立止于九州，则万国之多，牧之者九人而已。舜分冀为幽、并，分青为营，广而为十有二，然则所增者亦三牧耳。夏又复为九，而商、周因之。秦之于民，残之而不复牧，不足道也。井田破坏，先王厚民之政废。汉兴，苟且承秦，不知复古。然西京置十三州部刺史，东京置十二州部，九牧之遗制存。然晋武一天下，置十九州部。其后南北分裂，元帝南渡，九州之地甫有二。更六朝至隋，复合为一，虽置司隶刺史分部巡察，而不复分别，所领之郡纵横纷乱，亦无足言。至唐贞观初，始分为十道，置都督，稍复汉制。国朝分为二十三路，各置统帅，又置提、转以司察之。是以丝牵绳联，有条不紊。

夫以四海之大，万国之众，而自唐虞以来，所以分任阜民之责者，或九人或十人，或十有二人，或十有三人，或二十有三人而止耳，岂不甚重矣哉！

中兴初，蜀分四路，各置一牧，独泸州只称沿边安抚，所统不过三郡，其后因枢密检详王之奇建言，始称为潼川路安抚，尽统一道，选用重臣以镇抚之①。虽名公巨卿项背相望，观其所以名堂者，规略亦可考也。今范侯独远稽成周州牧之意以名斯堂，侯之用意，不亦远哉！

余观诸《诗》，所谓"笃公刘"者，美其厚于民也。豳之地逼于西戎，公刘乃不以御戎为急，考之一诗，治其疆场，积其仓廪，既富且强，始修糇粮干戈之事，而其民政之修，下至馆舍锻砺，无不尽其精密。为三代之诸侯者，阜民之政，莫悉于此。侯固有志于斯，而今日之为州牧者，委任虽重，率不过一岁，或再岁，匪召而归，则徒而他矣。古人之设施本末，亦何由可以展而布之哉？君子所以守先王之道，以待后之学者，此心不可顷刻而不存也。生民之困甚矣，随时设施，各思其职而尽其心焉，则利泽之可以加于物者，或亦庶几焉。孟子之在战国，论井田、论耕桑，欲使民养生送死而无憾。彼邹人之子，初无一寸之柄，撮土之封，而厚民之学不懈于心、不绝于口如此。矧侯居古方伯连帅之职，分牧养之任，今之天下仅十六牧，而侯居其一焉，如之何而弗思哉！

或者又谓"泸戎迫近夷徼，近岁间多窃发，阜民之政既未易施，安边之策宁复可缓。"侯之名斯堂也，不亦迂乎？余曰：民食之重，舜所以咨牧也。柔远能迩，厚德允元，以至难于任人，皆内修之序，初不略及却攘之方，而曰蛮夷率服，兹岂迂乎哉！

侯名（之）[子]长，少才其字，成都二江人，荣国公之孙。博学笃志，毅然有守。尝为太常丞，韩胄擅朝，欲引置言路，侯拒其来言者，清议归重。观诸此，亦可以见侯之所存。

嘉定八年六月日记。②

---

① 中兴初，蜀分四路，各置一牧句：宋室南渡，自谓"中兴"。蜀在北宋已为益、利、梓、夔四路，南宋绍兴张浚帅蜀谋北伐，奏准四路各建帅府（兵马钤辖司）。原来设在泸州并由泸州守臣兼任的梓夔路兵马钤辖司遂不复存在，泸州守臣的职衔，便只是泸南沿边安抚使、知泸州，只领泸州、叙州、长宁三郡军事。

② 《永乐大典》卷七二三八，北京：中华书局，1986 年，第 2973 页。

【四十四】　杨达　泸州地志失载。

【四十五】　清白堂、斯文堂　泸州地志失载。

【四十六】　范公文正　《岳阳楼记》的作者、北宋名相范仲淹，"文正"是他的谥号。

【四十七】　"归书清白最"之句　范仲淹《送向综国博通判桂州》诗："通籍三公后，监州五岭深。欲知明主意，将慰远人心。岁计多藏药，舟行不废琴。归书清白最，宁问橐中金。"①

【四十八】　世德堂　《太平御览》《舆地纪胜》《方舆胜览》《广舆记》诸书并不见记载。

【四十九】　倅　主官的副职。此谓泸州同知。

【五十】　费昌遇　泸州地志失载。

【五十一】　"子"字，据文有"许公父子"及后文有"前倅许延庆""倅许延庆"，知延庆为许弈之子。据补。

【五十二】　翁邃　见★104。

★100.

《郡县志》

尹吉甫【一】祠堂

在泸州。旧《经》【二】载吉甫江阳人，然史传无考，惟郦道元《水经［注］》【三】载扬雄《琴清英》【四】云"吉甫子伯奇至孝，后母谮之，自沉江中，吉甫援琴作《子安之操》【五】。"此事，《水经［注］》附见于江阳【六】。今泸多尹姓【七】，近世立祠，曰清穆堂【八】。

【校补图注】

【一】　尹吉甫　周宣王时以太师为大将，征猃狁有功。籍贯不明，或曰江阳（今泸州），或曰房陵（今属湖北）。宋代以来，莫衷一是。《舆地纪胜》曰："尹吉甫，江阳人。相周宣王。吉甫生子伯奇，至孝，后母谮之，自投江中，衣苔带藻，

---

① 宋·范仲淹撰：《范文正集》卷四，《四库全书》文渊阁本。

忽梦水仙，赐之美乐，扬声悲歌，船人学之。吉甫闻其声，援琴作《子安之操》，即泸川县之黄龙堆也。此事，《水经注》亦附见于江阳。又云韩文公（韩愈）《履霜操》亦援此事。今有尹吉甫祠，在城南。又建清穆堂于报恩观，绘吉甫像焉。"① 关于尹吉甫是江阳（泸州）人这种说法的由来，始见于郦道元之《水经注》。其文曰：

> 江阳县枕带双流，据江、洛会也。……扬雄《琴清英》曰：尹吉甫子伯奇至孝，后母谮之，自投江中，衣苔带藻，忽梦见水仙，赐其美药，思惟养亲，扬声悲歌，船人闻之而学之，吉甫闻船人之声，疑似伯奇，援琴作《子安之操》。②

《太平寰宇记》云："按《郡国志》：'泸江水中有大阙焉。季春三月，则黄龙堆没，阙即平。黄龙堆者，昔尹吉甫子伯奇至孝，后母谮之，自投江中，衣苔带藻。忽梦见水仙赐其美乐，扬声悲歌，船人学之。吉甫闻船人之声，疑似伯奇，授琴作《子安之操》在此。"③ 雍正《四川通志》曰："抚琴台，《皇舆考》：在州北二里。周宣王时，郡人尹伯奇被后母谮，抚琴于此，作《履霜操》以自悲。《旧志》：尹伯奇投江，吉甫登山，援琴作《子安操》忆之。台乃山石生成。周十余丈，特立山腰。"④《舆地碑记目》进一步肯定之云："《尹吉甫祠堂记》。许沆为之记曰：父老相传，周尹吉甫实生此地，见于《图经》旧矣。陈帅损之作清穆堂以祠之。尝观郦道元《水经注》著江阳异闻，与《华阳国志》颇类，其载扬雄《琴清英》叙伯奇流放并《子安之操》附之江阳。雄，蜀人也，其说必有据。"⑤ 众多文人又咏歌之，于是，"尹吉甫是泸州人"之说不胫而走。南宋庆元中，泸州安抚使陈损之建尹吉甫祠堂；嘉定中魏了翁来宰是邦，建书院，取《烝民》诗"吉甫作诵，穆如清风"之美意，以"穆清"为名。殆至明世，泸州本州（今泸县）地方官府，遂为吉甫立祭田，免征租税。清乾隆时，又立"尹吉甫故里坊"于城北官道。

---

① 宋·王象之撰，李勇先校点：《舆地纪胜》卷一五三《泸州》，成都：四川大学出版社，2005 年，第 4596 页。

② 北魏·郦道元著，陈桥驿校证：《水经注校证》卷三三，北京：中华书局，2007 年，第 772 页。

③ 宋·乐史撰，王文楚等点校：《太平寰宇记》卷八八《泸州》，北京：中华书局，2007 年，第 1741 页。

④ 清·黄廷桂等修，清·张晋生等纂：雍正《四川通志》卷二七《古迹·泸州》，《四库全书》文渊阁本。

⑤ 宋·王象之撰：《舆地记胜碑目》卷四《泸州碑目·尹吉甫祠堂记》，《四库全书》文渊阁本。

2015 年泸县太伏镇尹姓族源调查
左起：泸县文物局局长陈凤贵、当地尹姓宗亲、赵永康、西南医科大学原党委书记尹杰林、
太伏镇党委黄书记。茶几上摆放的是《泸州尹氏族谱》
（太伏镇政府工作人员摄）

是说国史无载。清乾隆中，四川提学使吴省钦撰《尹太师故里辨》曰：

伯奇之事，杂出于传记、百家之书：以为伯封哀其兄作《黍离》者，韩婴也；以为被放而歌，首发早白者，王充也；以为见虐于父，作"小弁"者，赵岐也；以为尹吉甫信后妻杀孝子，其弟伯封求而不得者，曹植也；以为自投江中，衣苔带藻，忽梦见水仙赐以美乐，扬声悲歌，船人闻而学之，吉甫闻船人之歌，疑以伯奇，援琴作《子安之操》者，扬雄、郦道元也；以为儿行中野，独无母怜者，韩愈也；以为清朝履霜，编荷芸而衣，采椁花而食者，郭茂倩也；以为勇于从而顺令者，张载也。

泸之穆清祠，祀尹吉甫而以伯奇配，创于宋庆元时陈帅损之，州人太府少卿许沆记之，王象之《舆地［纪胜］·碑目》采之。明成化时，知州邢干、我朝康熙丁亥（四十六年，1707）权知州朱载震、乾隆丙子（二十一年，1756）知州夏诏新先后重建而碑之曰"周尹太师故里"，皆以扬雄蜀人，其序《琴清英》云，必有据也。

方周宣时，方叔、召虎、申伯、仲山甫、张仲、韩侯、蹶父、皇父、程伯、休父诸人，俱见于《（诗·）雅》，尹吉甫以雅材而伐猃狁，城朔方，与仲山甫之谏立鲁公子，戏、谏料民，太原尤多，表见《六月》之诗，人既以为"宪万邦"也，而其诗言彝则，言柔，嘉言穆如。如其眃谗而至杀子，将何以宪万邦而御诸友？且伯奇既放流至此，而此故其里居，则焉用（沈）［沉］之？而伯封又焉用求之？雄之书，惟《太玄》《法言》存耳，《训纂》久不传，《方言》或疑后人依托，何独于《琴清英》而信之？《法言》言正考甫常晞尹吉甫，未尝于吉甫有贬词。若苔之不可衣，藻之不可带，樗花之不可食，虽至愚亦能辨焉。乃伯奇操此，吉甫又因伯奇之故而操此，是父子先后日归雍愉操缦已矣，而尚何怨哉？

三代卿大夫，仕不出其国，王朝者不出其畿。尹为周室婚姻之旧，故曰"彼君子女，谓之尹姞。"吉甫之后为尹氏太师，犹申伯之后为申侯，蹶父之后为蹶趣，马太师皇父之后为皇父卿士，举不能济美于周，岂听谗杀子之事，吉甫有以导之？而伯封者又如伯适之于伯达，虽弟而仍以伯名，盖亦害礼伤教之甚，而不可信矣。

然则祠之非欤？曰：祠，可也。祠吉甫而以伯奇祔或祔及伯封，无不可也。伯奇放此，容有之而不必死。吉甫必里镐，不里蜀。若其为太师［而］传记无之；而四川志、州志又言州东六十里有尹夫人马氏墓，诚不意周宣时已有氏马者也。视荣县荣夷公墓，荒诞不滋甚耶！①

泸州士人林中麟者，撰为《驳吴省钦吉甫非泸里辨》诘难之，而其说牵强。张澍《蜀典》因言：

《水经注》：扬雄《琴清英》曰：尹吉甫子伯奇，至孝。后母谮之，自投江中，衣苔带藻，忽梦见水仙赐其美药。思惟养亲，扬声悲歌。船人闻而学之。吉甫闻船人之声，疑似伯奇，援琴作《子安之操》。

按：《琴操》亦言之。江阳，今泸州。子云蜀人，以此事叙入江阳。是以尹氏为江阳人也。《明一统志》云："尹吉甫，房陵人。食采于房，卒，葬房之青峰山。"其言毫无左证。郑樵《氏族略》云："尹氏，少昊之子，封于尹城，因以为氏。子孙世为周卿士，食采于尹。今汾州有尹吉甫墓。"《太平寰宇记》

---

① 清·田秀栗、清·邓林修，清·华国清、清·施泽久纂：《直隶泸州志》卷一，光绪八年刻本。

云："尹吉甫墓在南皮县西三十里，高三丈。《耆老传》云：吉甫墓上有树二株，自有冢以来即有此树，柯条郁茂，不觉其老，俗呼'年长树'。"则吉甫之非蜀人灼然矣。夫尹氏世为周氏宗族，椒繁粥镇远闻。而吉甫能贤 (凉) ［良］，佐中兴，诵声清穆。徒以掇蜂听谮，孝子被放，采樗履霜，头发早白。《小弁》是作，陨涕我辰。伯封寻求，为赋《黍离》，异鸟鸣桥，栖盖悲切。曾氏作鉴，不免世訾耳。

今《泸州志》云"伯奇投江后，太师葬之归子山下归子寺后，墓尚存"；又云"伯奇投江不沈"；又云"吉甫夫人、伯奇母马氏。有周尹夫人马氏墓，在州东尖峰山"。皆妄语也。曹植《恶鸟论》言："吉甫收奇，未尝投江。"则失之《说苑》独云："王国君前母子子伯奇，后母子伯封。"亦异闻也。①

《水经注》说尹吉甫是泸人的证据，只有扬雄的《琴清英》。细读《水经注》所引《琴清英》原文，并无尹吉甫或尹伯奇为泸州人之语。而且如今其书已佚，无从稽证。即使该书真的说了尹吉甫是泸州人，也只是个孤证，而史家孤证不取。关于伯奇之死，除了投江自尽，还有其他多种说法，甚至有说他只是受到后母诬陷，并未自杀，等等。这就是说，伯奇故事的真实性可疑。《华阳国志》便不采其说，任乃强先生因云：

《寰宇记》引《郡国志》……又云："黄龙堆者，昔尹吉甫子伯奇至孝，后母谮之，自投江中，衣苔带藻。忽梦见水仙，赐其美乐，扬声悲歌，船人学之。吉甫闻船人之声，疑似伯奇，援琴作《子安之操》，在此。"相传蔡邕作《琴操》，载此曲故事。然尹吉甫非巴蜀人。而近世泸县尚有尹吉甫祠庙，称"穆清祠"，造以劝孝行者也。常氏 (之《华阳国志》) 未取于此 (尹吉甫为泸人之) 说。②

任先生所谓"造 (为此说) 以劝孝行"，自是通儒公论。韩愈以降诸文士，盖皆如是。民国《泸县志》亦云："吉甫或生于泸，居于郿，仕于周，死于他县，展转迁葬于房。父子并祀于泸、郿，皆以忠孝感发两地之人心故也。里镐、里泸、里郿，皆

---

① 清·张澍撰：《蜀典》卷二《人物类·尹吉甫子伯奇》，道光十四年刻本。
② 晋·常璩撰，任乃强校注：《华阳国志校补图注》卷三《江阳郡》，上海：上海古籍出版社，1987年，第182页。

可不必辨也。"① 至于所谓"尹吉甫中华诗祖"云云，人尽知其妄言，鄙不足论。

【二】 旧经 指《祥符州县图经》。

【三】 "注"字，据郦道元所撰之书乃《水经注》补。

【四】 扬雄《琴清英》 扬雄字子云，蜀郡成都人，汉代辞赋大家，《汉书》卷八十七上、下传之，历数其所著诸书，而不及《琴清英》。其书既已不传，扬雄之说为何？不可得而知之。即言如是，亦只孤证，史家之所不取。史传无见，固其宜也。

【五】 《子安之操》 不见于诸书。惟《明一统志》曰："周尹吉甫，江阳人。宣王时为大将，北伐猃狁，有功。诗人美之曰：'文武吉甫，万邦为宪。'宣王伐淮，吉甫以卿士兼内史，掌策命，寻复文、武之境土，会诸侯于东都。中兴之功，吉甫为盛。子伯奇，至孝，为后母谮而逐之，作《履霜操》，鼓琴自伤。"②《尚史》曰："《琴操》：'《履霜操》，尹伯奇所作也。伯奇无罪，为后母谮而见逐，乃集芰荷为衣，采楟花为食，晨朝履霜，自伤见放。于是援琴鼓之而作《操》曰：履朝霜兮采晨寒，考不明其心兮听谗言。孤恩别离兮摧肺肝，何辜皇天兮遭此愆痛。殁不同兮恩有偏，谁能流顾兮知我冤曲。终投河而死。'《琴清英》：'尹吉甫子伯奇，至孝，后母谮之，自投江中，衣荷带藻，忽梦见水仙，赐与美药，惟念养亲，扬声悲歌，船人闻而学之。吉甫闻船人之声，疑似伯奇，援琴作《子安之操》……曹植云：尹吉甫杀伯奇，其弟伯封作《黍离》之诗。'按，《琴操》诸说，并迂诞傅会，而《黍离》诗说，亦未之前闻。"③

又《广舆记》云："抚琴台，（在泸）州治北，尹吉甫子伯奇被后母谮，抚琴于此，作《履霜操》以自悲。"④ 今者，其台尚存，在州城沱江北岸二里三华山，"山石生成，周围七尺，特立山腰"⑤，俯瞰江流，下临无地。杨慎《江阳病中秋怀》诗云："尹氏遗踪百尺台，招呼不见子归来。可怜文武为邦宪，却泥婵娟养祸胎。鸣牝掇蜂终古恨，衣苔带藻至今哀。悠悠往事嗟何及，浩浩东波去不回。"⑥ 又《蜀中

① 王禄昌修，高觐光、温翰桢纂：《泸县志》卷七《艺文志》，民国二十七年刊本。

② 明·李贤等撰：《明一统志》卷七二《泸州·人物》，《四库全书》文渊阁本。

③ 清·李锴撰：《尚史》卷二六，《四库全书》文渊阁本。

④ 明·陆应阳原辑，清·蔡方炳增补：《广舆记》卷一七《泸州·古迹》，康熙二十五年吴郡宝翰楼刻本。

⑤ 清·夏诏新纂修：乾隆《直隶泸州志》卷二《古迹》，故宫博物院编《故宫珍本丛刊》第210册，海口：海南出版社，2001年，第68页。

⑥ 明·杨慎著，明·杨有仁编辑，明·赵开美校：《太史升庵文集》卷二八，万历十年蜀刻本。

广记》曰：旧“《志》云：（泸）州东三里归子山，相传伯奇溺处。”①

【六】附见于江阳　郦道元《水经注》：“江阳县枕带双流，据江、洛会也。……扬雄《琴清英》曰：尹吉甫子伯奇至孝。后母谮之，自投江中，衣苔带藻，忽梦见水仙，赐其美药，思惟养亲，扬声悲歌，船人闻之而学之，吉甫闻船人之声，疑似伯奇，援琴作《子安之操》。”②

【七】今泸多尹姓　泸州尹姓，叶茂枝繁。主要聚居在今泸县太伏镇一带，有清代所建宗祠，今为四川省文物保护单位。

【八】清穆堂　在泸州，祀尹吉甫。《方舆胜览》记载：“尹吉甫，江阳人。有祠，在城南。又报恩观建清穆堂以祠之。”③ 取《诗·烝民》“吉甫作颂，穆如清风”之意以名之。“穆清”二字，后世又多作“清穆”。《太平寰宇记》曰：“按《郡国志》：泸江水中有大阙焉。季春三月，则黄龙堆没，阙即平。黄龙堆者，昔尹吉甫子伯奇至孝，后母谮之，自投江中，衣苔带藻。忽梦见水仙赐其美乐，扬声悲歌，船人学之。吉甫闻船人之声，疑似伯奇，援琴作《子安之操》，在此。”④ 泸人因为祠堂以祀之。民国《泸县志》记载：“尹公祠，即古穆清祠，在县城南门外。宋庆元中，泸州帅陈损之改报恩祠以祀周太师尹吉甫，及其子伯奇。《明一统志》云：即穆清书院。后废为观。元刘植即故址建祠，绘像。弘治、正德中，兵备尹嘉言、知州萧敏；清康熙四十六年（1707）署州牧朱载震先后修建，设奉祀生一人。乾隆二十四年（1759）知州夏诏新重建。”⑤ 至民国而祠废，杨森驻泸收得其地，改建私宅“泸庐”，遗址地理坐标：东经105度27分4秒，北纬28度52分55秒。

---

① 明·曹学佺撰，杨世文校点：《蜀中广记》卷一六《名胜记·下川南道泸州》，上海：上海古籍出版社，2020年，第170页。

② 北魏·郦道元著，陈桥驿校证：《水经注校证》卷三三，北京：中华书局，2007年，第772页。

③ 宋·祝穆撰，宋·祝洙增订，施和金校点：《方舆胜览》卷六二《潼川府路·泸州》，北京：中华书局，2003年，第1084页。

④ 宋·乐史撰，王文楚等点校：《太平寰宇记》卷八八《剑南东道七·泸州》，北京：中华书局，2007年，第1741页。

⑤ 王禄昌修，高觐光、温翰桢纂：《泸县志》卷一《舆地志·坛庙》，民国二十七年刊本。

泸县太伏镇尹氏宗祠（泸县文物局陈凤贵摄）

明代重修的尹吉甫祠堂，赵鹤龄有《穆清祠碑记》，全文如下：

古有道德而教者，殁则为先圣先师，凡学皆祀之。如祭皋祖于瞽宗、祀先贤于西学者是已。若卿大夫之德之功之言之足以垂教者，殁则祀于社，《礼》谓之先老，《传》谓之乡先生者是已。帝王之政教，先务始此。后世自国都以达郡邑，皆有学、有庙，以祀当时名世诸大儒，惟社则废，故乡先生祠祀多附于学。夫人性虽善，被物而诱，必待教率。始复其初学之教，法固备矣。至于祀虽主报功，非教也。然观法之机，惟近者切进为之，序必易者，先是乡先生祠祀不可废也明矣！

周太师尹公吉甫，为泸乡先生首，天下古今士望之冠冕也。其道德功业文章，备载经、史、州乘，当与伊、周并称。唐天宝及宋开宝间，品第历代名宦，优礼而祠祀之，惟太师尹公不与。盖一时之偏见，非万世之公论也。胡致堂兄弟尝言，论道议事，一折衷于仲尼，则无失者。置仲尼而取儒者所不传，虽及他说，未有能臻其当也。如太师赋《烝民》之诗，而仲尼赞之曰："为此诗者，其知道乎。"孟轲氏引以明人性之善。噫！太师公之德言，孔、孟尚宗之，而谓可无祠祀乎？

前人礼以义起，始于城南立祠奉祀。大明成化间，郡守滇南邢侯乃以闻于上，命有司春秋次第举行。可谓大彰历代之阙典矣。迄今，祀事虽不废，而祠宇年久，颠朽剥落。迩者，宪副吉安尹公嘉言乃考制重修，谋祠之左右翼以两室，前厅三楹，近与祠对。后树亭，角高出祠表。外作重门，台甃以石。周围垣墙，内外祠宇，方将一新，而尹以致仕归，弗克终厥事。郡守宁都萧侯敏，乃以成终为己任。遂徇时经略木瓦砖灰诸需，自廉隅柱石、上下四旁黝垩丹漆，一切捐俸为之，毫不累民。祠成，乃序神位。曩时孝子伯奇，泊名宦乡贤神位，混居一案，于礼未协。乃与二守张侯凤节，州判柳侯景和，吏目张君蕃，训导杨君淳、王君仍、宋君荣，郡耆户部主事宴君辄，进士王君忠，折衷于礼义而定之。正祠原祀太师公，塑像南面中坐，今在位。东坐西面，则以伯奇神位配之。祠翼左室，祀泸之名宦；右室，祀泸之乡贤。先后之序秩如也。前厅闳邃，为穆清书院；后亭爽迈，以清风名其亭。

重门额曰穆清祠，盖皆本太师之所称而彰其盛德也。是役也，经始于弘治甲子（十七年，1504）春二月，落成于正德丁卯（二年，1507）秋七月一日。侯走币折简，属记于鹤龄，欲勒琐珉。鹤龄纪其始末，因作颂曰：

天祚姬篆，中兴涧瀍。笃生之辅，赞翊后先。内总机务，经纬万千。大文称耀，神武遥宣。西轨倾轧，大力回旋。用成郿卜，永其世年。周辄既东，颓厥皇纲。《黍离》哀靡，正声沓茫。夫惟《大雅》，焕其鸿章。崧岳江汉，炳耀铿锵。《烝民》知道，孔孟所彰。用征性善，幽渺张皇。猃狁猖狂，逼侵京邑。帝曰咨女，芟其孔炽。六月出师，戎车既饬。薄伐以惩，用告成事。师不久露，农咸就绪。饮至策勋，穆穆棣棣。正士在朝，贤人汇升。僚友同德，夹辅休明。侍燕为谁？张仲比邻。赠言为谁？维甫及申。盍簪结组，协恭同寅。彝伦式法，启我泸人。维我泸川，公之居址。穆如清风，披拂桑梓。泸人感德，礼由义起。作祠城南，历有年纪。迄成化间，朝命伊始。诏祀仲丁，亚于孔子。副宪尹公，命世之英。文武宪邦，先德是程。拜奠俯仰，周视层楹。古壁苔蚀，雕梁菌生。乃谋经始，物必称情。郡守萧侯，终其经营。杞梓楩楠，是断是度。碔砆珠珉，是雕是琢。周阶砥平，檐牙高桥。公其绥此，妥侑安乐。孝子西面，分献致恪。名宦乡贤，从祀辉烁。荐以鲥鱼，馐以荔枝。巴歌渝舞，以流遐思。思公无斁，祀公有时。成人小子，陟堂徂基。懿德嘉言，取则不违。惠我泸人，永言保之。①

---

① 王禄昌修，高觐光、温翰桢纂：《泸县志》卷一《舆地志·坛庙》，民国二十七年刊本。

★101.

《舆地纪胜》

听更堂。在泸州安夷门【一】外傅氏园【二】之后，乃观［堂］【三】刘先生读书处。

恩威堂。在泸州设厅后。

北定堂。在泸州北岩，帅杨汝明建。

吟风堂。在泸州倅厅。

【校补图注】

【一】 安夷门　来远门之旧名，即泸州之南门。

【二】 傅氏园　《舆地纪胜》记载："傅园。在安夷门外，去城二里，傅氏辟以为游观之所。"①

【三】 "观刘先生"不可读。南宋高宗朝秘书省正字、泸州合江县人刘望号"观堂"。"观刘先生"，显系"观堂刘先生"之讹。径改。

馆【一】

★102.

《江阳谱》

皇华馆

对泸川县衙【二】，系旧小作院【三】故址。会省罢【四】作院，嘉泰一年【五】（1201），帅王公大过撤而新之，架屋二十楹，门、庭、库略备。续有《旨》复作院之旧，郡乃即馆为监，作廨舍。今但为葺治军器之地，不复为馆矣。

通津馆【六】

在泸州开福寺【七】下。嘉泰二年帅王公大过建。岁久颓越。太博曹公叔远重修。

---

① 宋·王象之撰，李勇先校点：《舆地纪胜》卷一五三《泸州·景物上》，成都：四川大学出版社，2005年，第4588页。

留春馆【八】

在泸川县治对之西偏。帅曹公叔远既改建监，至后名之曰"留春馆"。门屋三间，北向。其后负州学山，为屋三间，旁为两室，可以为僚属憩集之地。又翼以两亭，其东偏因荔枝立亭曰"酣红"，其北立亭曰"凝翠"。移花植柳成列，栏槛掩映。小径步履，颇有景趣。

骑鲸馆【九】

在泸州来远门（南门）之外半里。

泸之江山，雄丽可以临眺者，城端则海观【十】，而江浒则泸江亭【十一】而已。海观为州治燕集之地，郡士、过客，不得辄登。泸江亭可待舣舟，然有一人先之，则继至者无所寓泊。论者欿（kǎn）然【十二】久矣。帅曹公叔远始买地于临江民，得十余丈，又得以远营东三十丈，乃为堂五楹，旁为两室，西为门三间，对堂为屋三间，设坐槛以东眺，正与江外东岩相直。大江横前，景趣天地，名曰"骑鲸"，庶几坐想李太白超逸之兴。官僚得以游息，郡士得以徜徉。无州治严钥之禁。过舟泊岸，亦皆遂得胜处，尤为一郡美观也。

【校补图注】

【一】 馆　本义是接待过往行客的房舍。《说文》："馆，客舍也。……《周礼》：'五十里有市，市有馆，馆有积（粮食等生活物资）。以待朝聘之客。'"馆又可以是供客饮食娱乐的场所，如茶馆、酒馆、饭馆、戏馆等。这里的"馆"，是官家的公馆，两种功能兼而有之，类似于今日的招待所。

【二】 泸川县衙　泸川是泸州的附郭县。南宋泸州城内，既有潼川府路衙门，又有泸州衙门和泸川县衙门。泸川县衙的故址，在今步行街内，地理坐标为东经105度26分57秒，北纬28度53分22秒。说详本条留春馆注。皇华馆与泸川县衙相对，其故址当在附近不远。

【三】 作院　南宋官府和雇、差遣工匠，制作兵器、戎具、旗帜等物的作坊，类似于后世的兵工厂。李心传《建炎以来朝野杂记》记载："自休兵之后，有旨：而成都、潼川、遂宁府及嘉、邛、资、渠七州自作院日造甲……并属总领所。"①

【四】　省罢　裁撤。

【五】　"一年"，通常写作"元年"。可改可不改，因不改。

【六】　通津馆　开福寺的下方是通津门，门的遗址在今宝来桥（竹架子）附近。馆以"通津"为名，则其相距应当不远。参见★32 注十七。

【七】　开福寺　又名治平寺，陆游《泸州乱》诗称之为高寺。寺在韩家山之对，南北向主长街的中段（今慈善路），供奉特大铜铸古佛三尊，黄庭坚为作《弥勒佛铭》，因又称大佛寺。寺后，有宋建八角重檐砖塔，高 32 米，底径 10 米。今塔存寺毁。

【八】　留春馆　前代泸州州学，在南门内的一座较平阔、广千余平方米的山丘上。其遗址，今为泸州市人民医院，地理坐标：东经 105 度 27 分 6 秒，北纬 28 度 55 分 29 秒。宋代，马谡溪（中溪、马溪沟）由西向东，自堡山（今忠山）山麓流来，从这座山丘的北面流过，注入长江。留春馆后负州学所在之山而与泸川县衙相对，知泸川县衙在溪的北岸，原泸州市人民政府处。留春馆在"泸川县治对之西偏"，则其故址在今步行街内的原泸州市政府礼堂"。

【九】　骑鲸馆　馆"正与江外东岩相直"，可知遗址在来远门（南门）外澄溪口（今铅店街）江岸，隔江便是东岩。

【十】　海观　构建在泸州城东北角城墙上的楼台。

【十一】　泸江亭　即会江楼。在通海门（东门）外五十步。详见★32 注十七。

【十二】　欿然　遗憾。欿，假借作"歉"。

斋【一】

★103.

《江阳谱》

时斋。在泸州锦堂之后，旧名"觉斋"。庆元间范公仲艺建于衮绣堂后。开禧元年（1205），李公寅仲徙建于此。范公子长改称"绛仙"。②

---

① 宋·李心传撰：《建炎以来朝野杂记》甲集卷一八《四川作院》，北京：中华书局，2000 年，第 435 页。
②《永乐大典》卷二一三九阶韵"斋"字亦录此文，而曰引自《泸州志》。

旧舫斋。在泸州蜗牛庐【二】之侧，今废。晁公武《春日》诗云："蜗牛庐畔舫斋前，春晓风光绝可怜。云补断山尤秀拔，竹藏残蕊尚婵娟。"

船斋。在泸州小厅后，深五楹。斋外，两旁各置栏槛，通往来。栏外植竹，竹外各为书室翼之，翠梢掩冉，窗扉互映，幽闲可爱。

遂志斋。在泸州筹边堂后，旧号"小船斋"。太博曹公叔远多燕坐此。以旧录【三】称"在泸为遂志斋"，求其所而不得，遂揭此名，以寓坐右铭之意。

【校补图注】

【一】 斋　屋舍。此谓地方主官官舍内的书房、学舍，亦即主官公退休闲、读书的地方。

【二】 蜗牛庐　是亦小斋。见★104。

【三】 旧录　未详。据文意，应是成书于《江阳谱》乃至本书所谓《前谱》成书之前的泸州地志。其书今已无存，亦未见有文献著录其书。

庐【一】

★104.

《江阳谱》

旧蜗牛庐

在泸州筹边堂东偏，今废。梁公（介）［玠］诗云："吏行散凫鹭，文书委虫鱼【二】。退归小室卧，万事不关渠。清风动竹柏，爽气来襟裾。淡然众所从，自省还自如。僮仆或相怪，□□□□□【三】。老夫维摩室，唤作蜗牛庐。"

嵡（Wěng）邃【四】

《江阳谱》："嵡邃，在泸州，旧为昂霄阁。"自清白堂前庀梯级而上，隔以花木，据山之绝顶，凭虚为栏楯，俯瞰大江，廛里【五】伏其下，舟船往来一一可数。开禧间虞炌建。即眉山程骧【六】所建江亭故基也。程骧赋诗云："洗开丛筱著危亭，便觉栏前眼力浑。峻岭南奔环邑屋，大江东转出城根。身随野艇维官渡，目送冥鸿到海门。老去此心如止水，只须庭下小池盆。"会虞炌去，或者撤之。大夫、士所共惜。嘉定四年（1211），倅费昌遇取前倅许延庆旧额重建，遂榜今名。宋公德之【七】为书其额。

翠壑

在泸州斯文堂后，淳熙七年（1180）倅许延庆建。嘉定三年倅姚自舜【八】重修。

【校补图注】

【一】 庐　官员值宿所住的房舍。

【二】 文书委虫鱼　域境安宁，官府无事而治，文书漫漶，虫鱼蛀蚀。委，听任。

【三】 此诗语气不接，显有脱简，因补此五空格。

【四】 蓊邃　庐名。蓊，草木茂盛貌。《玉篇》："木茂也。"邃，《说文》："邃，深远也。"庐以蓊邃为名，盖谓其深藏茂盛草木之中，幽静深远也。《江阳谱》谓此庐"据山之绝顶"，为"眉山程骧所建江亭故基"，"俯瞰大江，廛里伏其下，舟船往来，一一可数。"则其故址或在报恩塔旁之开福寺侧，清永宁道黄云鹄所谓之"全城最高处"。

【五】 廛里　古代城市居民住宅的通称，亦泛指市肆区域。

【六】 程骧　南宋眉山人。程为眉州世家。四川宣慰使李石《方舟集》① 卷一六《程隐君墓志铭》谓其尝"及第"，称以"吾友"，又谓"石来守眉，方天子尊尚苏氏，求所以敷扬圣学以激士气而广风俗，首得让登门，能诵说苏氏学，无一语预吾官事"。《江阳谱》谓程骧建泸州"江亭"事，未详。

【七】 宋公德之　潼川府路帅臣，其人未详。

【八】 姚自舜　地志失载。

---

① 《四库全书总目》曰："《方舟集》二十四卷，宋李石撰。石有《方舟易学》，已着录。《宋史》不为石立传，其集亦不见于《艺文志》，惟《书录解题》载《方舟集》五十卷，《后集》二十卷。自明已来绝无传本，今从《永乐大典》采掇编次，犹可得十之六七。"

附　录

【附录一】

明成祖文皇帝御制永乐大典序①

　　朕惟昔者圣王之治于下也，尽开物成务之道，极财成辅相之宜。修礼乐而明教化，阐至理而宣人文。粤自伏羲氏，始画八卦通神明之德，类万物之情；造书契以易结绳之治。神农氏为耒耜之利以教天下。黄帝、尧、舜氏作通其变，使民不倦；神而化之，使民宜之。垂衣裳而天下治。禹叙九畴，汤修人纪之数。圣人继天立极，皆作者之君。所谓制法兴王之道，非有述于人者。暨乎文武相继，父作子述，监于二代，郁郁乎文。

　　孔子生周之末，有其德而无其位，承乎数圣人之后，而制作已备，乃赞《易》、序《书》、修《春秋》，集群圣之大成。语事功，则有贤于作者。周衰，接乎战国，纵横捭阖之言兴，家异道而人异论，王者之迹熄矣。迄秦，有燔禁之祸，而斯道中绝。汉兴，六艺之教渐传，而典籍之存可考。由汉而唐，由唐而宋，其制作沿袭，盖有足征。然三代之后，声明文物所可称述者，无非曰汉唐宋而已。

　　洪惟我太祖高皇帝，膺受天命，混一舆图。以神圣之资，广述作之奥，兴造礼乐制度，文为博大悠远，同乎圣帝明王之道。朕嗣承鸿基，勔思缵述。尚惟有大混一之时，必有一统之制作，所以齐政治而同风俗，序百五之传，总历代之典，世远祀绵，简编繁伙，恒既其难一。至于考一事之微，泛览莫周；求一物之实，穷力莫究。譬之淘金于沙，探珠于海，戞戞乎其不易得也。乃命文学之臣，纂集四库之书，及购天下遗籍，上自古初，迄于当世。旁搜博采，汇聚群分，著为奥典。以为气者，天地之始也，有气斯有声，有声斯有字。故用韵以统字，用字以系事。揭其纲而目毕张，振其始而末具举。包括宇宙之广大，统会古今之异同。巨细精粗，粲然明备。其余杂家之言，亦皆得以附见。盖网罗无遗，以存考索。使观者因韵以求字，因字以考事，自源徂流，如射中鹄，开卷而无所隐。始于元年（永乐元年，1403）之

---

　　① 转录自山西灵石杨氏刊《连筠簃丛书·永乐大典目录》，《永乐大典》第十册（附录），北京：中华书局，1986 年，第 1 页。

秋，而成于六年之冬，总二万二千九百三十七卷，名之曰《永乐大典》。

臣下请序其首，盖尝论之：未有圣人，道在天地。未有六经，道在圣人。六经作而圣人之道著。所谓道者，弥纶乎天地，贯通乎古今，统之则为一理，散之则为万事。支流漫衍，其绪纷纭，不有以统之，则无以一之。聚其散而兼总其条贯，于以见斯道之大而无物不该也。朕心潜圣道，志在斯文，盖尝讨论其指矣。然万机浩繁，实资玩览，姑述其概以冠诸篇，将以垂示无穷，庶几或有稗于万一云尔。

永乐六年十二月朔日序

【附录二】

永乐大典凡例[①]

一、是书之作，上自古初，下及近代经史子集，与凡道释医卜杂家之书，靡不收采。诚以朝廷制作所关，务在详备无遗，显明易考。用韵以统字，用字以系事。凡天文、地理、人伦、国统、道德、政治、制度、名物，以至奇闻异见、廋词逸事，悉皆随字收载。事有制度者，则先制度如朝觐、郊社、宗庙、冠婚之类，物有名品者，则先名品如龙、凤、龟、麟、松、竹、芝、兰之类。其有一字而该数事，则即事而举其纲如律字内有律吕、法律、戒律；阳字内有阴阳、重阳、端阳之类。一物则有数名，则因名而著其实如黄莺、鸧鹒；竹筎、篗筜之类。或事文交错，则彼此互见如宰相、平章、参知政事；太守、刺史、知府之类。或制度相因，则始末具举如冠服、职官、选举；汉唐宋沿革、制度之类。包括乾坤，贯通今古。本末精粗，粲然备列。庶几因韵以考字，因字以求事。开卷而古今之事一览可见。

一、音韵训释。诸家之说详略不同，互有得失。唯国朝《洪武正韵》，一以中原雅音，而无偏驳之失。今以《正韵》为主，先翻切，次训义。诸家之说，并附于下如徐锴《通释》、丁度《集韵》之类。或一字有数音而训释有数义，如数去声、数入声，令平、令去，长平、长上之类，各详其音，释其五音。《集韵》及《（玉）篇》《（字）海》诸书所增诸字，并收于后。

一、字书体制。古今不一，如钟鼎、盘、杆铸刻，及虫鱼科斗、篆、隶。散在各书，难于辨识。今不拘同异，随字备收。而钟（繇）、王（羲之）以后诸家行、草诸书，亦备其体。

一、天文。凡天文志，皆载于"天"字下。若日月星雨，风云霜露之类，各随字备载。其祥异及祭禳之礼，依类附见如日字内日有五色，雨字内祈雨之类。诗文如之。

一、地理。凡历代地理志及阴阳相地之术，皆附于地字下。若山海江河等类，

---

① 转录自山西灵石杨氏刊《连筠簃丛书·永乐大典目录》，《永乐大典》第十册（附录），北京：中华书局，1986年，第2—3页。

则随字收载。然有一山一水经跨数郡如黄河经关、陕，太行跨平阳、海、庆之类，或名同志异如龙山、凤凰山多有其名，处所不一之类，诸郡志书，重见叠出，难于考究。今各依类荟萃归一，就中区别同异如山字内凤凰山下注云"在某处某处"之类。诗文亦以类附之。

一、天下郡县。历代因革不同，今悉以国朝所立州郡之名为正。仍参历代图志、地理诸书。凡古今沿革、城郭山川、风俗土产、纪咏辨证，无不备载。如应天府收于"天"字下，其旧有建康、金陵等志并附之"康"字、"陵"字下，著其大概，注云"详天字"。若古有而今革之者，如敦煌、张掖之类，亦因其旧名，备其始末。其各县，如应天府之上元县，则于"元"字下载其沿革，注云"详天字"。余仿此。

一、宫殿、楼阁、台榭及僧道寺观、祠宇之类。各详著其时代，所建置始末。其有图者载其图，有文者纪其文，有制作之法者详其法。诸器物，例仿此。

一、古今礼乐。于"礼"字下举"五礼"之纲而疏其目。其郊祀、明堂、宗庙、社稷、山川、朝会、燕射、冠婚之类，各随字收载。"乐"字不载历代沿革，雅、胡、俗部之制，其郊庙等乐，仍详各韵。

一、省府部寺台院之类。古今建置沿革不一，今于"省""府"等字内举其大纲如"省字·尚书省"著朝代沿革、官属、繁简之类。其间统属及诸司职守、等级之详，各随字收载。

一、官制。历代不同。其建置因革、员数繁简、品秩尊卑、职掌轻重，于"官"字下总其大概，而详归各韵如尚书、侍郎、监察御史详"书"字、"郎"字、"史"字之类。其有名同而职掌或异，则考其源委而统归一类如汉之光禄勋所掌，与唐宋光禄寺所掌不同之类。有职掌同而名称不同，则因名归韵，各致其详如汉魏之州牧，唐之都督、节度使，元之行省丞相之类。余仿此。

一、历代国号。如虞夏商周、汉晋唐宋之类，各随字收载。若僭伪及外夷诸国，亦以其本号如前后赵、后秦、匈奴、突厥之类。随字收之。

一、古今姓氏。其出不一。有以国为姓者如周、陈、韩、郑之类，有出于赐姓者如刘敬、李绩之类，有外夷冒中国姓者如刘渊、石勒之类，有以部落为姓者如宇文、耶律、完颜之类。世系混淆，难于考究。今以元和《姓纂》《姓氏辩证》诸书，详著本末，随字收载以世次系，诸史列传及碑、志、杂说、先儒议论附之。覆姓，则以下一字收之如诸葛入"葛"字之类。若辽、金、元（史）所载诸臣，或无姓氏，至有五六字相连为名者。既无姓可收，亦以下一字附各字之后如木华黎入"黎"字之类。

一、草木鸟兽。名品既殊，事实亦异如龙、凤、松、竹之类，各随字收之。其有二字为名者，则详其所重如芍药、翡翠从"药"字、"翠"字收，萱草、凤凰，从"萱"字、"凤"字收，若璃花、阳鸟，则从"花"字、"鸟"字收之类。又有名异而物同者，则于各字下随事收载如菡苔、莲花、黄鹂、鸧鹒之类。余仿此。

一、《易》《书》《诗》《春秋》《周礼》《仪礼》《礼记》。有序文，有篇目，有诸儒传授源流及论一经大旨者，今皆荟萃于各经之下如《易经》入"易"字之类。其诸篇全文，或以篇名、或从所重字收如"乾"字收乾卦，"礼"字收《曲礼》，"丧"字收《曾子训》之类。若传注，则取汉唐宋以来名家为首如《易》程传，朱本义；《书》传会选、蔡传；《礼记》占注疏、陈浩集说之类，余依世次，各附其后。其间有事于制度、名物者，亦分采入韵。"四书"惟《大学》《中庸》难以分载，全篇收入如《大学》"学"字下收之。《论（语）》《孟（子）》，例同"五经"。诸子书，亦仿此。

一、正史、编年、纲目诸史。并于"史"字收载其名，并附作者姓氏、先儒序论。其各朝帝纪之类，则依次编入国号之下如"汉"字收汉高祖、先帝纪。次通集，次纲目诸史。世家、列传、表、志，则各从所重者收如后妃、诸王、公主，收入后、妃、王、主字；诸侯王表，入王字；天文志入"天"字；萧何传入"萧"字之类。或一【原书以下佚】

497

【附录三】

《永乐大典》泸州遗文①

一、江阳谱

1. **卑牧**，字自牧，因任泸州乐共城路分，居于泸。后知黔州，孝宗召见，议恢复，称旨。又乞免黔州折估，从之。知成州，治为利路最。再知雅州，卒。

2. **卑峄**，牧之子，字鲁山，以父恩补官，知威州，又知珍州，至武经郎致仕。廉而好施，死无余资。

3. **卑峤**，牧之子，字巨山，以父恩补官。

4. **卑杲**，峄之子，字子明，以父恩补官②。

5. **范子长《右石老人诗》**

欹石堂空怒翼垂，清泉赴壑两鱼嬉。道人强欲安楼宇，闲却南边一半奇。③

6. **邓绾《泸州谯门记》**

治平三年冬，泸州新鼓角门，太守文思副使周侯以书遗绾曰："泸为两蜀之藩，当百蛮之冲，夷汉错居，兵多事丛，宜有郛郭之严、官府之雄，以临边防而壮戎容也。而郡居之门迫隘嚣陋，与民瓮接。予自至官，即欲更之，政有所先而未遑也。去年冬，因岁成农休，基而新之，逾时而讫功，筑为高门，其楼七楹。怀材宏规，高明显完。长轩飞檐，翚如翼如。江流下盘，山光四来。以威以安。非为观游。盖为我书兴作之因，以贻后人。"绾退念皇祐初入蜀，至和中过泸，凡泸之利病粗知

---

① 本部分附录所收录者，为《永乐大典·泸字》之外的，为《永乐大典》所辑录、且与泸州有关的文段。计21条。
② 以上四条，并见《永乐大典》卷二八〇六，北京：中华书局，1986年，第1419页。
③《永乐大典》卷三〇〇四，北京：中华书局，1986年，第1708页。

之。今承侯命，因附其说而为之记曰：

蜀控西南五十有四州，国朝分为四路。言边鄙者，在益则沈黎、维川，在梓则戎、泸，在夔则施、黔，在利则龙、文。沈黎、维川、施、黔、龙、文，皆阻山带溪，梯危笮深，限隔辽绝，不闻疆场之事。惟泸之南川，通谷平瑰，夷错蛮惊，备无虚日。朝廷既用武臣而轻其权，皆知偷安幸赏，苟岁月之无事。虽有长策深谋，然权轻势轧，莫获有所措置。其保完边民，调视兵防，经制备预之策，未为得也。虽按察之官，益遂之守臣，梓、夔之兵钤皆通领之，盖地远而职不专。朝廷非改弦更张，重其人而授之权以控临之，吾恐诸蛮之为患未易测也。皇祐初，守将非人，近夷跳梁，朝廷诏益、梓、夔发兵屯泸，泸民买夷之禾给军之须。破伤流亡，十室九虚。为吏者曾莫之恤，凡其私欲求索，公家驱迫自若也。今周侯之来，清以涤其污，宽以息其劳，明以究其弊，严以剔其奸，大抵招集流散，存恤惸（qióng）弱。悍边之吏，不敢畏懦而欺昧；治民之官，不复刻虐而烦扰。向所谓权轻势轧，诚不能尽侯策虑之蕴，然观其条置更革，凡力之所能为者，莫不为之矣。

噫！侯之为是门，取材于民之余，取力于农之闲，所以藩维而制边陲，其为虑之深可见矣。因其笔而书其事。后之知言者，得以详考焉。

时治平之三年十一月二十四日，宣德郎、守尚书屯田员外郎、知泸州合江县兼兵马司同管勾兵甲公事、骑都尉邓绾记。①

7. 阜民堂

堂在泸州小厅西隅。旧为宸章阁，以藏御书。王公勋徙御书于学之宸章楼，此阁遂废。改为轩，以临荷池。嘉定八年（1215），范公子长复撤轩为江阳书院，移整暇堂建其上，为今名，取《周官》"倡九牧，阜兆民"之意。临邛魏公了翁为篆额，汉嘉薛公绂为之记曰：

潼川府路安抚兼知泸州事范侯少才，以书谂汉嘉薛绂曰：州治旧有宸章阁，在壮猷堂之南，轮奂之美。有感于阴阳家说者，移阁于谯门之前，揭泸州军额于上，而藏奎画于郡庠，置小屋于阁之上，为鬻盐之所。湫隘喧杂，与府治有不称。今承乏于兹，每切病之。方旦夕摩抚疲瘵，未敢议兴作也。郡圃有堂，初名"镇远"，后改"整暇"，虽规模宏壮，而无所览观。因撤阁址小屋，而移兹堂于其上，稍增广之。堂之高二十有七尺，广四十有四尺，其袤五十有二尺，翼以两屋，广袤相称。僝工于三月之壬申，落成于五月之乙亥。与壮猷、南定直如引绳，屹如三山。昭德

①《永乐大典》卷三五二五，北京：中华书局，1986年，第2006—2007页。

晁公记南定楼所谓"三屋属联，广深瑰丽，蜀之府寺鲜俪"者，至是乃复旧观焉。繁花艳卉，炫昼缟夜，既宜于春；芙蕖荷芰，幽香静植，复宜于夏。视不壅而心愈远，或有补于政也。固念郡之堂宇，曰壮猷、曰筹边、曰南定、曰镇远，皆属意边圉，前后一律，未有以互相发也。稽诸《周官》，六卿分职，各率其属，以倡九牧，阜成兆民。州牧之职，莫急于此。此本末先后之序也。因以"阜民"更之，子盖为我记诸。

绂𬘬然曰：侯之所以移斯堂，固当也，而侯之所以名斯堂，其用意莫尤切焉。昔者圣帝明王经理天下，分建邦国，承以师长，统以侯牧，俾其远近相维，内倡外和，大畏小怀，非徒为是，固结之势也。民之生众矣，天生之而立之君，使司牧之。以一人之寡，而牧亿兆之众，视听不能以周知，而利害不能以察悉，其势然也。唐虞之世，既有以宅百揆，又以四岳统州牧，州牧统侯伯。成周之制则有三孤，以经邦弘化，又有六卿，以分职率属而倡九牧。倡之无他，其在于阜（城）［成］①兆民而已。阜者，所以厚其生，成者，所以使之兴于化也。井田之法，沟洫之制，乡遂之赋，未作之禁，均其土田，修其稼政，平其赋敛，所以厚民之生者，莫不纤悉备具。民生厚而有常心，于是教化行、习俗美而礼乐兴焉。所谓"成于乐"也。《甫田》之诗曰："或耘或耔，黍稷薿薿我髦士。"成周所为髦士者，皆出于耘耔之余，非阜而成欤？

禹之言于舜，谓政在养民，以政德利用为之本，切切于厚民之生。九功、九叙、九歌，盖其阜而成之之序也。而舜之咨十有二牧，首言曰"食哉惟时"，举阜民之职而责之于州牧。唐虞盛时，法守则然矣。三代之制虽不相沿袭，而大法则不可易也。《洪范》，大法也，八政先乎食，舜咨牧之意也。牧之为言，是受人之牛羊而为牧之，得不为之求牧与刍乎？六卿以此倡九牧，九牧以此倡诸侯，诸侯以此倡大夫、师长。各倡其牧，而君人者得以钦承天命而尽其司牧之职矣。自天子至于诸侯，皆以牧为职也。以牧名官者，其责尤重。传载帝喾制九州，统万国，唐虞因之。禹之治水，所别立止于九州，则万国之多，牧之者九人而已。舜分冀为幽、并，分青为营，广而为十有二，然则所增者亦三牧耳。夏又复为九，而商、周因之。秦之于民，残之而不复牧，不足道也。井田破坏，先王厚民之政废。汉兴，苟且承秦，不知复古。然西京置十三州部刺史，东京置十二州部，九牧之遗制存。然晋武一天下，置十九州部。其后南北分裂，元帝南渡，九州之地甫有二。更六朝至隋，复合为一，

---

① "城"字不可读。据后文"成"字改。

虽置司隶、刺史，分部巡察，而不复分别，所领之郡，纵横纷乱，亦无足言。至唐贞观初，始分为十道，置都督。稍复汉制。国朝分为二十三路，各置统帅，又置提、转以司察之。是以丝牵绳联，有条不紊。夫以四海之大，万国之众，而自唐虞以来，所以分任阜民之责者，或九人，或十人，或十有二人，或十有三人，或二十有三人而止耳，岂不甚重矣哉。

中兴初，蜀分四路，各置 ·牧，独泸州只称"沿边安抚"，所统不过三郡。其后，因枢密检详王之奇建言，始称为"潼川路安抚"，尽统一道，选用重臣以镇抚之。虽名公巨卿项背相望，观其所以名堂者，规略亦可考也。今范侯独远稽成周州牧之意以名斯堂，侯之用意，不亦远哉！余观诸《诗》，所谓"笃公刘"者，美其厚于民也。豳之地逼于西戎，公刘乃不以御戎为急。考之一诗，治其疆场，积其仓廪，既富且强，始修糇粮干戈之事，而其民政之修，下至馆舍锻砺，无不尽其精密。为三代之诸侯者，阜民之政，莫悉于此。侯固有志于斯，而今日之为州牧者，委任虽重，率不过一岁，或再岁，匪召而归，则徒而他矣。古人之设施本末，亦何由可以展而布之哉？君子所以守先王之道，以待后之学者，此心不可顷刻而不存也。生民之困甚矣，随时设施，各思其职而尽其心焉，则利泽之可以加于物者，或亦庶几焉。孟子之在战国，论井田、论耕桑，欲使民养生送死而无撼。彼邹人之子，初无一寸之柄、撮土之封，而厚民之学不懈于心、不绝于口如此。矧侯居古方伯连帅之职，分牧养之任，今之天下仅十六牧，而侯居其一焉，如之何而弗思哉！

或者又谓"泸戎迫近夷徼，近岁间多窃发，阜民之政既未易施，安边之策宁复可缓。侯之名斯堂也，不亦迂乎。"余曰：民食之重，舜所以咨牧也。柔远能迩，厚德允元，以至难于任人，皆内修之序，初不略及却攘之方，而曰蛮夷率服，兹岂迂乎哉！

侯名（之）［子］长，少才其字，成都二江人，荣国公之孙。博学笃志，毅然有守。尝为太常丞，韩侂胄擅朝，欲引置言路，侯拒其来言者，清议归重。观诸此，亦可以见侯之所存。

嘉定八年六月日记。[①]

8. 泸州常平仓，附州仓之左，凡七敖。有门通教场，以便月支诸军廪给。[②]

9. 泸州广惠仓，附州仓之右，凡敖二。绍熙间制置立。邱公崇请于朝，创置为水旱之备。[③]

---

①《永乐大典》卷七二三八，北京：中华书局，1986年，第2973页。
②《永乐大典》卷七五〇七，北京：中华书局，1986年，第3368页。
③《永乐大典》卷七五一三，北京：中华书局，1986年，第3421页。

二、眉山唐子西集

10.《云南老人行》

云南老人老无力，藜杖支腰垄头立。道逢蜀客话平生，时复仰天长太息。自言贯属泸水湄，泸水边徼滨獠夷。夷人之性类蛇豕，频肆毒螫为疮痍。十五年前多寇盗，一境骚然不相保。民禾收刈虏人家，戎马偷衔汶江草。近来风俗都变移，卷却旌旗张酒旗。牛羊村落晚晴处，烟火楼台日暮时。两眼昏花两鬓雪，喜见升平好时节。茆屋横吹一笛风，野店携归半瓶月。问翁致此何因缘，道是江阳太守贤。鼓琴弦歌不生事，十年静治安吾边。郑国国侨去已久，谁信人间准前有。异日刊为德政碑，请问云南垄头叟。①

三、江阳谱别集

11.《绍圣创都仓记》

君子明天下之务者，变而能通；周万事之理者，动而多功。然不精义无以致用；不应物无以宜众。此古今之大患也。余尝病班孟坚记汉文帝称条侯之语，止以严守军壁，虽天子车骑不得驰骋为真将军，而丰储广廪之善不载焉，使后世将帅，军容者缓国政，安近利者忘远图。不思文帝亲屈万乘之尊，按辔徐行以伸其令者，岂止此哉。当知有大过人之事。观汉文之初，关中之民未识耕稼，野无完箱，府无实庾，匈奴兵焰，岁通甘泉。当是时，营三将于长安之东，虽曰备胡，而所忧岂止匈奴也。条侯能知先务，即军中置细柳仓，笼关辅之粟，十贮其七，三年分营。吴楚兵作，细柳余积，飞入洛阳。吴人之兵冲伏崤黾，不能绝之。此所以为真将军矣。棘门灞上，昼桴夜鼓，仰食太仓，岂不谓儿戏哉。

泸虽边州，熙宁之前，人民官府，仅若一成之聚，土田舆赋一能给一旅之众。元丰四年（1081），神宗皇帝遣将开边，赦蛮之罪，斥数百里之土，置十三堡寨，岁移嘉、眉米三万斛以实之。移梓夔路兵马钤辖司，置泸南沿边安抚使司，帅边面

---

① 《永乐大典》卷三〇〇四，北京：中华书局，1986年，第1707页。

千里，兵屯万计，张官布吏，十倍于前。漕府谋饷，忧在转粟。议者请以新田募夷、汉之民，计田授耕，分垒相望，有警则兵，无事则农。将以寨给一寨，城赒一城，官免支移，民脱飞挽。议奏未报，首膺帅任者手提三印，当措置之初，切于官守，昧于体国，遂以新田饵安旧寇，岁取茶、蜡，不偿牛酒。自是，邻路告籴，漕府移饷，交集境上。惟分寄县、寨以就蓄藏。州有颓廪，百年之构，不能增赤橼以足一岁之备。绍圣元年（1094）十二月，元城王公以作坊使守方渠，诏帅州事，轻裘缓带，日以补敝经远为务。一日，按军储之数，吏告曰："州无多廪，半且颓圮。常岁之积，分寄县、寨。"公曰："金城汤池，非粟谷不守；饥馑军旅，非食不救。水不藏海，散之江湖，此自竭之势也。百亩之农，尚知有囷箱之用，何万兵之府，连成之国，不能完大廪、务多积，以备凶荒水旱？"乃请漕台，得省金一千八百缗，购材于山，陶土于野，募民五千六百手，役兵之力以足之。公减宾客燕集之费，月视工徒，躬劳而悦使之，故人若其家，陈力竭作。戊寅（绍圣五年，1098）仲春起役，中冬讫事。飞翚大栋，环七十三间，共五百眼。给纳有亭，斗量有库。外筑池御，以修火禁；中辟广庭，以分廥事。百工告成，无横草取民。

噫！安平之日，兵肥穷边，粟陈高廪，其利在国。丰年善岁，常平之谷，转山而藏。一朝饥馑水旱，疆场生齿，免于捐瘠，其利在民。安国强咶□贰州事，经始之善虽莫己有，落成之喜实与众同，故直书而无愧。

元符元年（1098）十二月十五日谨记。

宣教郎、权通判泸州军州、兼管内劝农事、借绯家安国撰。

左骐骥使、持节英州诸军事、英州刺史、权发遣梓夔路兵马钤辖、管勾泸南沿边安抚兼泸州军州王献可。[1]

四、江阳志[2]

12. 谯门

治平三年（1066），守周公永懿建，合江知县邓绾为之记。淳熙元年（1174）火，帅李公焘重建，上揭州榜。九年，丞相赵公雄，以总领冯公宪大书易旧额。庆元元年（1195），范公仲艺以三刀多芒刃特为改书。直门而前二百步为军门楼。嘉

---

①《永乐大典》卷七五一六，北京：中华书局，1986 年，第 3452 页。

②《江阳志》，宋代李浚撰。

泰三年（1203），帅王公勋迁州治之旧宸章阁以建，上揭军额，亦冯公宪书。楼之北向，揭许公弈所书"南楼"二大字。刻漏本燕肃所制，旧以石为之。大池一，阔二尺七寸，深一尺四寸，顺阔一尺八寸，其形方。平池一，深八寸，径二尺，其形圆。水斗一，深二尺四寸，径一尺五分，其形立而长。其石皆厚大，止以则水鼓十有二枚，角十有二枝。铜钲九面，上铸"绍兴辛巳（三十一年，1161）十月造"字。箭二十有五枝，衮弹一十丸，凡十丸衮遍为一会。春、秋十四十五会为一点；夏十三会为一点；冬，十七会十八会为一点。视"二至""二分"刻数增减。弹架共长一丈四尺七寸。嘉定九年（1216）二月二十八日，地大震，其石池皆坏。帅范公子长以某州陶器精于时刻，命工制造以来，置于筹边堂。后迁于此。①

五、泸州志

13. 读书岩

在本州合江县。唐贞观年间，符阳人先汪读书于石岩下，以九岁应神童科，就除符阳县尹。今读书岩在县西北三十里。《江阳谱》：李寅仲《游先神童读书岩》："古洞阔深势崛盘，云连十丈地平宽。水帘纷若排珠绯，石阙依然耸翠峦。丝树成荫期勿剪，清溪当暑不胜寒。数椽傥遂谐幽隐，应有高人咏钓盘。②

14. 东岩

在泸州汶江之东。绍兴中开创大像，依岩不足以庇风雨。往岁有庖者祈氏，亲死庐墓，弃俗，奉香火于岩，邦人信之。不十年，重楼复阁，佛宫经藏，甲于一境。又云：悬崖峭壁高数十丈，足带江流，僧凿为岩，镌一石佛，高五丈许，夜，月出，经其上，甲于一境。③

15. 西岩

在州汶江西。张祁诗："似有楼台处，微闻钟磬声。溪横前路绝，人在别峰行。天远水云淡，春深花柳明。如何解尘鞅，亲扣法王城。"蒲寿宬《心泉学诗稿·西岩》："石路层层碧藓花，矮窗低户足烟霞。愁闻独鹤悲寒角，静阅群蜂凑晚衙。野

---

①《永乐大典》卷三五二五，北京：中华书局，1986年，第2007页。
②《永乐大典》卷九七六五，北京：中华书局，1986年，第4217页。
③《永乐大典》卷九七六六，北京：中华书局，1986年，第4222页。

菜旋挑羹待糁，石泉新汲自煎茶。炉熏销尽抛书卷，闲倚栏杆看日斜。"①

16. 时斋

《泸州志》：在锦堂之后，旧名觉斋。庆元间，范公仲艺建于衮绣堂后。开禧元年（1205），李公寅仲徙建于此，范公子长改称绛仙。②

六、宋会要

17.《永乐大典》卷七五〇六

元丰三年（1080）八月九日，赐常平米二万硕、坊场钱三万缗，付梓州路转运司应副夷事。二十七日，诏令于近便州县以常平司钱留三万贯，米五万硕，以待泸南夷事支费。③

七、程公许沧州尘缶编

18.《永乐大典》卷九七六六

程公许《北岩序》

徽学尚书弘农公，授钺镇泸，以无事治。暇日领客北岩，凭高四顾，景与心会，乃即仁祠之旧创为禅林。左有五峰，连娟竞秀，作书院其下，以来四方之游学者。追汉忠武侯遗志，为北定堂。因山之崇庳，搜奇抉胜，压以小亭，危榭覆苫，鳞瓦简朴，幽雅而犷，如奥如之境，皆擅其妙。公许晋谒节下，一再侍杖屡相徉览观，每欲选义考辞，有所纪述，而文不逮意，间得数语，随笔抄记，归舟容与，乃能编缀为北岩二十咏。思荒语涩，无以摹绘胜概，庶几万一托不朽于名世，如太虚赋黄楼云。宝庆岁丁亥（三年，1227）重阳节前四日，门人桂枝程公许拜手谨序。④

---

①《永乐大典》卷九七六六，北京：中华书局，1986年，第4224页。
②《永乐大典》卷二五三九，北京：中华书局，1986年，第1211页。
③《永乐大典》卷七五〇六，北京：中华书局，1986年，第3350页。
④《永乐大典》卷九七六六，北京：中华书局，1986年，第4228页。

八、宋会要辑稿①

19.《永乐大典》卷四二六〇

嘉定九年七月二十日，诏武经大夫、忠州刺史阿永男阿祥承袭，充西南蕃部都大巡检使。以潼川安抚司言：长宁军申："阿祥始祖沙取因朝廷差充统军，众蛮推服，并收反贼立功，特补礼宾使；男鳖备承袭，降到内殿崇班、西南蕃部都大巡检使；次高祖尧所承袭；次吕告承袭。于政和年内收复晏州夷贼，给降武略郎，后缘本蕃遗漏沙取、鳖备、尧所、吕告所授告（诰）命，照札不存；次落祗承袭，特补武经大夫、忠州刺史、西南蕃都大巡检使；次阿祥翁普磨承袭；次阿祥父阿永承袭。本军照得普磨、阿永两世乞行承袭，缘未及朝廷给降真命，皆衔恨而死。此盖前时本军失于不再三力请之过。今阿祥是阿永亲男，别无合承袭之人，九世相传，即非假冒，兼每年冬春赴官中马，止请盐、彩，并不曾添帮俸给衬钱。今来阿祥累代承受官资，是朝廷特与酬奖，即无异同。"②

20.《永乐大典》卷一五四三三

仁宗天圣五年（1027）六月三日，免梓州路转下戎、泸等州收纳客旅兴贩斛斗税钱事。帝曰：'税及民食，无乃太过乎？'因本路奏，从之。③

21.《永乐大典》卷一七五五六

商税岁额

凡成都府、利、夔、梓四路，并铁钱。

泸州　旧在城及绵水、江安、江口、安夷七里六务，岁十一万三千二百九十三贯。熙宁十年，在城：二万五百一贯八百四十文；合江县：五十贯；绵水场：一千八十贯文。④

---

① 清嘉庆中，徐松自《永乐大典》辑出《宋会要辑稿》，因其在八国联军攻陷北京，烧毁、掠劫《永乐大典》以前，故书中所引部分《永乐大典》原文，今已无存。本附录所录"19、20、21"三条，均不见于中华书局1986年影印的《永乐大典》。

② 清·徐松辑，刘琳、刁忠民、舒大刚、尹波等校点：《宋会要辑稿》，上海：上海古籍出版社，2014年，第9864页。

③ 清·徐松辑，刘琳、刁忠民、舒大刚、尹波等校点：《宋会要辑稿》，上海：上海古籍出版社，2014年，第6356页。

④ 清·徐松辑，刘琳、刁忠民、舒大刚、尹波等校点：《宋会要辑稿》，上海：上海古籍出版社，2014年，第6336页。

【附录四】

历代泸州建置沿革大要[①]

泸州古名江阳，是先秦古县。《说文》："水北为阳。"秦代的江阳县，是以城市坐落长江北岸而得名的。《水经注》："江阳县枕带双流，据江、洛会也。"[②] 江，长江；洛，洛水，今名沱江。江阳县的治所，在长、沱两江交汇之口，两千年相沿至今，发展成为现在的地级泸州市。汉置江阳郡，南朝梁大同年间，改建为"泸州"。泸州疆域，代有变迁。今日泸州市，地当东经 105 度 8 分 41 秒～ 106 度 28 分，北纬 27 度 39 分～ 29 度 20 分。东邻重庆，南接滇黔，西连宜宾、自贡，北与内江相通，面积 12242.9 平方公里。2020 年第七次全国人口普查，全市常住人口 4254149 人。

一

秦代的江阳县。

今日泸州市辖古蔺县野猫洞出土的古猿和原始人类化石证明，至迟在新石器时代，州境已有人类活动。公元前 11 世纪周武王伐纣的大军里，有包括今日泸州地区人民在内的巴族八姓部落，载歌载舞，为王前驱，冲锋陷阵。从族属上看，他们主要是古老的濮人和賨人，也就是后代学者所谓的濮僚系统。武王灭纣，封其宗姬于巴，立巴国，爵之以子。泸州这片土地，当时就在巴国境内。

周慎靓王五年（前 316）秦灭巴蜀，相继建置巴、蜀、汉中三郡，郡下设县。今日泸州地区，建置了"江阳"和"符"（今合江）二县，隶属巴郡。

江阳、符县建置的时间，史无明文。司马迁《史记》诸书，因以为汉置。任乃强先生考证，江阳和符建置于秦：

---

① 赵永康著：《人文三泸》，成都：四川大学出版社，2016 年，第 429—450 页。本次转载，有修改。

② 北魏·郦道元撰：《水经注》卷三三《江水》，《四库全书》文渊阁本。

秦世巴蜀工商、矿冶与农牧都相当发达，水运极为重要，故大河会口建郡县较早，江州（今重庆市）、垫江（今重庆市合川区）、枳（今重庆涪陵区）、僰道（今宜宾）、南安（今乐山）、武阳（今彭山县）皆是。"江沱水会"（长、沱两江汇合口）的江阳，"安乐水会"（赤水河与长江汇合之口）的符，皆不可能无秦县。

广汉郡和犍为郡是汉（武帝分）割巴、蜀两郡辖县设置的。广汉郡中，郪（今三台县）与广汉（今县级广汉市）皆可判为巴郡故地，余皆蜀郡辖县。犍为郡的武阳、南安、资中、僰道皆蜀郡故县，只有江阳与符才可能是巴郡故县。如果说秦尚未设置此二县，那么，汉初"分巴割蜀以成犍、广"这句话就不能够成立了。①

据此，任先生明确指出：

江阳郡，因秦旧县名为称。治城在江之北岸，故曰"江阳"。郡境则跨江之南北也。②

作为对于任先生这一论断的发明，还可以指出以下几点：

1. 周赧（nǎn）王三十八年（前277），秦昭襄王遣蜀守张若自蜀郡顺流浮舟伐楚，遂取黔中，分置郡县。秦军所经僰道、江州（今重庆）、枳（今涪陵）、朐忍（今云阳）、鱼复（今奉节）等两江合流处所，分别皆为秦县。江、洛水汇口处的"江阳"和长江与安乐水（赤水河）汇口处的"符"，即使此前未曾置县，这次军事行动经过其地，也必然要建置为县。

2. 《汉书》："汉王（刘邦）王巴、蜀、汉中四十一县，都南郑（今属陕西省）"③；《华阳国志》亦言秦惠王遣司马错、张仪灭巴、蜀，"置巴、蜀及汉中郡，分其地为四十一县。"④ 这41县的名字，只有19个载在《史记》中得以留传下来。

---

① 任乃强、任新建著：《四川州县沿革建置图说》第三幅《秦代行政区划图说》，成都：巴蜀书社，成都：成都地图出版社，2002年，第3页。

② 晋·常璩撰，任乃强校注：《华阳国志校补图注》卷三《蜀志·江阳郡》，上海：上海古籍出版社，1987年，第181页。

③ 汉·班固撰，唐·颜师古注：《汉书》卷一上《高帝纪上》，北京：中华书局，1962年，第28页。

④ 晋·常璩撰，任乃强校注：《华阳国志校补图注》卷一《巴志》，上海：上海古籍出版社，1987年，第11页。

江阳和符县，未必不在其余失载的 22 县之内。

3. 1987 年合江县出土 2 号汉代画像石棺上的《夫妻相欢图》，竖行刻有"东海太守良中李少君"9 字铭文。泸州古名"江阳"。而司马贞《史记索隐》却载，江阳"县在东海也"。东海郡建置于秦，治所在郯县（今山东省郯城县）。楚汉之际为郯郡，后得为东海郡。地在今日山东境内，泸州怎么能跑到山东去呢？过去，史家或以为此盖无稽之谈。现在，这具出土汉棺铭文揭示："东海"与汉代"江阳县"之间，确实存在着某种联系。证以这通铭文，这个"东海"有可能就是"江阳县"的前身。这样，泸州的建置时间，自然也应往前推移到秦代。

基于这样的事实和分析，《四川通史》明确指出，"江阳"和"符"都是建置于秦代的先秦古县。[①]

4. 认定江阳为先秦古县，有两个确凿可信的考古学证据：

其一，2004 年湖北省江陵县（今荆州市荆州区）张家山 247 号汉墓出土的吕后二年（前 186）《二年律令·秩律》竹简中的第 453 号简云："江阳、临江（今重庆忠县）、涪陵（今重庆市黔江区）……秩各六百石，有丞、尉者半之。"[②] 这就是说，在公元前 186 年以前，"江阳"就已建置为县。"汉承秦制"，郡县相沿不改，只有其中一些郡县被封赐给诸侯、王为"国"。汉高祖刘邦是在公元前 202 年击破项羽以后，才当上皇帝的。其时，距离《二年律令》颁布仅 16 年。

其二，2006 年湖南省文物考古研究所发掘里耶古城，其中出土的 628 号《里耶秦简》云："▢▢士五江阳闲阳痤▢到亟更卜（？）▢"[③]，简文有"江阳"。

这就从文献、文物和考古学材料三个不同层面，证明了任先生关于江阳和符皆为秦县的判断。

秦代的江阳和符地域：江阳县的地理范围，大体相当今日江安、泸县、泸州市区（江阳、龙马潭、纳溪）和沱江中下游的内江市东兴区、自贡市区、富顺、威远，以及荣县和荣昌、隆昌、永川的一部分；符县则大体相当于今日合江和赤水河中下游的叙永、古蔺以及贵州省的习水、赤水、仁怀，还有桐梓、绥阳、湄潭诸县（市）的一部分。

---

① 罗开玉著：《四川通史（卷二　秦汉三国）》，成都：四川人民出版社，2010 年，第 5 页。
② 张家山二四七号汉墓竹简整理小组编：《张家山汉墓竹简〔二四七号墓〕》，北京：文物出版社，2001 年，第 196 页。
③ 湖南省文物考古研究所编著：《里耶发掘报告》，长沙：岳麓书社，2006 年，第 645 页。

二

汉代的江阳侯国、枝江都尉和江阳郡。

《史记》记载，江阳侯（苏嘉），汉景帝前元六年（前151）六月壬申，以将军击吴楚功，用赵相侯，户二千五百四十一。①《水经注》："汉景帝六年，封赵相苏嘉为侯国，江阳郡治也。"②泸州有确切纪年的历史，也就从这一年开始。

江阳侯国是在秦代建置的江阳县基础上建立的。江阳侯是"彻侯"③，按照汉家制度，彻侯不得亲临领地，只能住在长安城里，通过汉廷派去的"相"治理侯国，享有侯国的租税。

汉武帝元鼎五年（前112），在汉廷为解决"王国问题"而蓄意炮制的"酎金失侯"事件中，江阳侯被认定为送给皇帝祝寿的酎金成色不足，侯国被撤销，重新建置为县，与符县并隶于犍为郡。

在这以后，汉王朝继续开发西南边疆，先后征发数以万计的民夫，开凿从僰道（今宜宾市）开始，经过现在的高县、筠连、叙永，穿过贵州省的毕节、威宁而去云南的"南夷道"。连年劳役使得民不堪命，民族矛盾和阶级矛盾激化，不断发生暴力反抗事件，迫使汉王朝不得不停开西南夷，"稍令犍为郡自保就"④。江阳、符县的建制被撤销，改设枝江都尉于江阳，由"主一方蛮夷之事"的军事首长枝江都尉施行张弛而松散的羁縻统治⑤，管控长江以南少数民族地区。

两晋南北朝时期，地方建置州、郡、县三级政权⑥。东汉建安十八年（213），益州刺史刘璋接受汉安（今内江市）大姓程谦、石征的建议，把江阳从犍为郡里划

---

① 汉·司马迁撰：《史记》卷一九《惠景间侯者年表》，北京：中华书局，1982年，第1015页。

② 北魏·郦道元：《水经注》卷三三《江水》，《四库全书》文渊阁本。

③ 汉武帝时，改称"列侯"。

④ 汉·司马迁撰：《史记》卷一一六《西南夷列传》，北京：中华书局，1982年，第2995页。

⑤ 晋·常璩著，任乃强校注：《华阳国志校补图注》第181页"注一"："枝江都尉，两《汉书》不见。盖亦如涪陵都尉，为刘二牧（刘焉、刘璋父子）时，因犍为郡境辽阔而形势分散，分设都尉以治盗贼，划有属县，遂因程、石大姓之请，升为郡也。枝江者，沱江之别称。"

⑥ 汉分天下为十三部州，分遣使者刺举监察官吏，"州"只是监察区，后来逐渐演变成为地方一级政权，类似于现在的省。

出来，建置为江阳郡。就地升任枝江都尉成存为太守，领江阳、汉安、符、新乐①四县，户三千一百。②

建安十九年刘备入蜀。蜀汉时期，江阳郡建制因仍不改。

江阳郡民风淳朴，物产丰富，"有荔枝、巴菽、桃枝、蒟、给橙"等名贵土产，"有富世盐井"。其汉安县"土地虽迫，山水特美好。宜蚕桑，有盐井。鱼池以百数，家家有焉。一郡丰沃。"③出土汉画像石棺证明，汉代江阳、符县的经济和社会已经发展到较高水平，民人文化生活与习俗，也已和中原地区大体相近。

江阳郡奠定了今日泸州市的规模和格局。两千余年以至今日，代为州（郡）级的地方政权机构驻地。

三

西江阳和东江阳。

晋代"八王之乱"，关中民人大量流入四川，后以氐族流民为主，建立起"成汉"国。西晋永嘉五年（311），成汉国主李雄攻破江阳，江阳郡遂为成汉所有。其时连年战乱，巴蜀境内人户稀少，"城邑皆空，野无烟火。其入荆州者十余万户。"④为充实户口以增强国力，成汉国主李势从牂牁引僚入蜀。江阳郡为僚人所设，寄治武阳县境（今井研县千佛镇，又迁今眉山市彭山区江口镇）以避僚人，成为有治地而无实土的西江阳郡（侨郡）。

《晋书》："江阳郡，蜀（蜀汉）置，户三千一百。统县三：江阳、符、汉安。"⑤江阳和符是先秦故县，汉安县，今内江市东兴区，成汉时没于僚人。

东晋穆帝永和二年（346），荆州刺史桓温溯流讨伐成汉，军次江阳，分江阳地

---

① 《汉书·地理志》记载，江阳郡领江阳、汉安、符县三县，《华阳国志》则多一新乐县。今从《华阳国志》。新乐县的治所，一般以为在今南溪县境。《华阳国志校补图注》第181页"注二十"考证："新乐故城，以道里推之，当在今江安县治西。今江安城西五里，当淯江（长宁河）口，有小河原曰旧县坝，地属长宁县，传为江安旧城，而无城址与瓦砾之积，盖此即新乐县故治。土城湮灭，久成耕土也。"

② 《华阳国志》卷三《蜀志·江阳郡》："江阳郡，户五千。"《华阳国志校补图注》第182页"注三"："晋《太康簿》，江阳郡户三千一百。此云五千，是（晋惠帝）元康时户数。"

③ 晋·常璩撰，任乃强校注：《华阳国志校补图注》卷三《蜀志·江阳郡》，上海：上海古籍出版社，1987年，第180页。

④ 宋·郭允蹈撰：《蜀鉴》卷四《李雄伪定蜀地》，成都：巴蜀书社，1985年，第173页。

⑤ 唐·房玄龄等撰：《晋书》卷一四《地理志上》，北京：中华书局，1974年，第439页。

别建汉安县，治今纳溪区安富街道三江村的三江坝，隋开皇十八年（598）改名"江安"，是为今日江安县的始建县。

永和三年，桓温破成都，成汉亡。其后，前秦短期占有四川，四川旋又为晋所收复。晋安帝时，谯纵反叛据蜀。义熙九年（413）讨平以后，在今日纳溪区境内建置东江阳郡，下领汉安、绵水二县。

又六年，晋亡。刘裕代晋，是为"刘宋"。其后一百六十年间，南朝宋、齐、梁、陈交相更替，北朝则为北魏、北齐、北周，史称"南北朝"。刘宋（南朝宋）重建江阳郡，户一千五百二十五，口八千二十七，下领江阳、绵水、汉安、常安①四县。② 南齐，因仍不改。③

四

梁武帝建泸州。

南北朝政权变更频繁，四川境内州县的建置及其归属，也多次发生变化，北魏、北周，分别都曾占有过江阳地区。梁武帝萧衍受禅于齐，建立南梁（萧梁），在连年讨伐僚人，收复被他们占据的郡县的同时，大量析郡置县，众建诸州。在这样的背景下，江阳郡升格为泸州，"治马湖江口"，而江阳郡的建制继续保留。

《梁书》无《州郡志》，泸州建置时间，治所和疆域失载。前人据书考地，疏于勘查考察，后世因循旧说，辗转传抄，殊多谬误，更兼"蜀省因袭如茧丝牛毛，而泸为甚"④，遂致众说纷纭，莫衷一是。杨升庵《江阳病中秋怀》因言"三泸名号讹千古"⑤。

20世纪20年代以来，经过几代学人多方探寻考证，现已查明：

泸州建置于梁武帝大同年间（535—545）。唐李吉甫《元和郡县志》所谓"梁

---

① 常安，任乃强先生以为即东晋永和二年分江阳县地建置的汉安。
② 梁·沈约撰：《宋书》卷三八《州郡志四·益州》："江阳太守，刘璋分犍为立。中失本土，寄治武阳，领县四，户一千五百二十五，口八千二十七。江阳令，汉旧县，属犍为。绵水令。汉安令。常安令，晋孝武立。"常安县，不详，疑为"安乐（今合江县）之讹。
③ 南朝梁·萧子显撰：《南齐书》卷一五《州郡志下·益州》："江阳郡：江阳、常安、汉安、绵。……东江阳郡：汉安、安乐、绵水。"
④ 清·夏诏新纂修：乾隆《直隶泸州志》卷一《建置沿革志序》，见故宫博物院编《故宫珍本丛刊》第210册，海口：海南出版社，2001年，第42页。
⑤ 明·杨慎著，明·杨有仁编辑，明·赵开美校：《太史升庵文集》卷二八，明万历十年蜀刻本。

大通初，割江阳郡置泸川。魏置泸州"之说不实。①

泸州的治所，就在今日的泸州城。《元和郡县志》所记泸州"取泸水以为名"的泸水和宋人李畺《西山堂记》"治马湖江口，远取泸水以为名……"② 的泸水和马湖江，都指的是今日泸州城下的长江，李畺所谓的马湖江口，就是长、沱两江交汇之口。③

梁代泸州的疆域，包括安乐戍（今合江县）和江阳一郡，郡领县三：

江阳县——与州同城。

汉安县——治今纳溪区大渡口镇三江坝（旧名江安坝）。

绵水县——治绵水（今长宁河的支流，又名底蓬溪）口。

五

隋唐州、郡变迁与羁縻诸州。

隋继北周，统一全国。有鉴于前代滥设州郡之弊，隋文帝开皇三年（583）行州、县二级制，悉罢全国诸郡，由州直接统县。泸州的江阳郡与设立在今富顺县的洛原郡合置为泸州，下领五县，户一千八百二：

泸川县——江阳县改置。与州同治，即今泸州城。

富世县——辖今自贡市和今内江市的东兴区和威远诸县。治今富顺县城。

汉安县——隋开皇十八年改名江安县至今。北宋熙宁十年左右迁治淯江（长宁河）与长江汇合处的今江安县城。

合江县——北周武帝保定四年（564）改安乐戍置。

绵水县——治绵水口，即今江安县城。

隋炀帝大业三年（607），再次省并、裁撤州县而效法秦制，改州为郡。东晋、南北朝以来滥设州县之弊，至此结束。泸州以地当要冲，更名为泸川郡，而治所与管辖诸县及其地域不变，只是撤销了仁寿年间设置其地、类似于今日军区的军事行政机关"泸州总管府"。

---

① 宋明以来历代类书和四川包括泸州方志都作如是言，已成史家共识。

② 宋·王象之撰，李勇先校点：《舆地纪胜》卷一五三《泸州》，成都：四川大学出版社，2005 年，第 4580 页。

③ 任乃强、任新建《四川州县建置沿革图说》，谭其骧《中国历史地图集》，王仲荦《北周地理志》，陈世松《四川通史》，皆作如是言。限于篇幅，不具载。

唐代仍行州、县两级之制。时而更郡为州，时而又改州为郡。这种州、郡名称的变迁，对于地方建制并无实质性的意义，至多只是对于行政区划有些少的调整。按照《太平寰宇记》的记载：

隋炀帝时州废，置泸川郡。唐武德元年（618）复为泸州，领富世、江安、绵水、合江、来凤（地在今隆昌市，治双凤驿）、和义（今威远县境）六县；武德三年置总管府，管一州（后改为泸州都督府，只管羁縻州，不理泸州州政）；（武德）九年省来凤县。贞观元年（627）置思隶、思逢、施阳三县（皆在今江安县境）；二年置隆越县入荣州；八年割和义属荣州（今荣县），仍置泾南县（今纳溪区境，治双河场），又省施阳县；十三年省思隶、思逢二县；十七年置溱、珍二州（地在今贵州境）。仪凤二年（677）又置晏、纳、奉、浙、巩、阴六州。载初二年（690）置顺州，天授元年（即载初二年）置思峨州，久视元年（700）置淯州，大足元年（701）置能州，并属泸州都督，凡十州。天宝元年（742）改（泸州）为泸川郡，依旧都督。乾元元年（758）复为泸州。①

《旧唐书》记载：

泸州都督十州，皆招抚夷獠置，无户口、道里，羁縻州。

纳州　仪凤二年，开山洞置。天宝元年，改为都宁郡。乾元元年，复为纳州，领县八，并与州同置：罗围、播罗、施阳、都宁、罗当、罗蓝、都阙、胡茂。

薛州　仪凤二年，招生獠置。天宝元年，改为黄池郡。乾元元年，复为薛州也。领县三，与州同置：枝江、黄池、播陵。

晏州　仪凤二年，开山洞置。天宝改为罗阳郡。乾元元年，复为晏州也。领县七，与州同置：思峨、柯阴、新宾、扶来、思晏、多冈、罗阳。

巩州　仪凤二年，开山洞置。天宝改为因忠郡。乾元元年，复为巩州也。领县四，与州同置：多楼、波员、比求、播郎。

顺州　载初二年置，领县五，与州同置：曲水、顺山、灵岩、来猿、龙池。

① 宋·乐史撰，王文楚等点校：《太平寰宇记》卷八八《泸州》，北京：中华书局，2007年，第1738—1739页。

奉州　仪凤二年置，领县三，与州同置：柯理、柯巴、罗蓬。

思峨州　天授元年置，领县二，与州同置：多溪、洛溪。

能州　大足元年置，领县四，与州同置：长宁、来银、菊池、猿山。

淯州　久视元年置，领县四，与州同置：新定、淯川、固城、居牢。

浙州　仪凤二年置，领县四，与州同置：浙源、越宾、洛川、鳞山。①

在此十州之外，《新唐书》还记载有另外四个羁縻州，隶于泸州都督府。分别是高州（县三：柯巴、移甫、徒西）、宋州（县四：柯龙、柯支、宋水、卢吾）、长宁州（县四：婆员、波居、青卢、罗门）、定州（县二：支江、扶德）。②

进入宋代，又有蓝、悦、薛、姚四州之设，总计一十八个羁縻州。

这些少数民族羁縻州，皆在泸州长江以南少数民族地区（史称泸南地区），地望大多在今宜宾市境。

羁縻州服从中央管辖，由朝廷就地任命少数民族头人为刺史，职务世袭，生杀自专，不向朝廷纳税或者只是象征性地向缴纳较少租税。

六

宋元年间的泸州与潼川府路。

宋承唐制。神宗元丰年间，泸州管领江安、泸川、合江三县和淯井（今长宁县）、南井（今江安县四面山镇中桥社区，旧名南井场）两个与县同级的"监"，以及若干属于军事系统而兼领民政的城和寨、堡。

宋分天下为"路"，为全国一级政区，大体上相当于现在的"省"。路下设州，州下设县。北宋时的泸州，隶属梓州路。

宋代泸州社会、经济繁荣，南井监岁产食盐43.8万斤。淯井监产盐更丰，"官家公私百需皆仰淯井盐税"③。政和六年（1116），修起了四面周遭"雄壮甲两蜀"的城墙，开设六道城门，"周城之基，得六里三百三十八步，城屋一千五百七十四

---

① 后晋·刘昫等撰：《旧唐书》卷四一《地理四》，北京：中华书局，1975年，第1686—1688页。

② 宋·欧阳修、宋·宋祁撰：《新唐书》卷四三下《地理七下》，北京：中华书局，1975年，第1142页。

③ 元·脱脱等撰：《宋史》卷四〇九《高定子传》，北京：中华书局，1985年，第12318页。

榲"①，成为"控制（泸州长江以南滇黔）边面二千里"②的重镇。城内商贾云集，官设 6 个"务"征收商税，每年征税 10 万贯以上，在四川与成都、重庆鼎足而三。像这样每年征收商税 10 万贯以上的城市，在当时全国只有 27 个。③

南宋乾道六年（1170），宋王朝把原来设在梓州（治今三台县）的潼川府路治所迁到泸州。潼川府路管辖今日中江、盐亭、铜梁县以南，金堂、资阳、荣县、屏山、筠连县以东，大竹、邻水、合川、永川诸县（市）以西的梓、遂（今遂宁）、果（今南充）、资（今资中）、荣（今荣县）、昌（今大足）、普（今安岳）、渠（今渠县）、合（今合川）、叙（今宜宾）、泸州诸州和怀安军（今金堂县）、广安军（今广安县）、长宁军（今长宁县）与富顺监（今富顺县）等 15 个军州监，"总是十五郡之军民，羁縻千数百里之边面，左接云南，右连交广，皆有统临而体势增重"④。这是设置在泸州的第一个省级政权⑤，也是历史上泸州的全盛时代。

绍定五年（1232），分江安县地置纳溪县⑥，以皇祐二年（1050）设置在纳溪河（永宁河）口的纳溪寨升格为县城，隶属泸州管辖。

淳祐三年（1243），为抗击元军的进攻，泸州军民在今合江县神臂城镇老泸村的神臂山择险筑城，迁州治于其上，守土抗战 34 年，历经"五易其手"的反复殊死争夺，牵制了元军的主力，创造了古今中外战争史上的奇迹，谱写了保卫南宋的壮丽史诗，人道是"铁打泸州"。元世祖至元十四年（1277），元军攻陷神臂山。十五年，泸州迁还故地。

老泸州神臂山城是蜀中保存最完整、最壮观的蒙宋战争长江上游古战场遗址，历史、科学、文化价值巨大。2013 年，国务院公布神臂城遗址为第七批全国重点文物保护单位。

历经宋元交替数十年的战争，元代四川人口急剧减少，生产力极度衰落，不得

---

① 《永乐大典》模韵"泸字"卷二二一七引《江阳谱》。
② 元·脱脱等撰：《宋史》卷四三七《魏了翁传》，北京：中华书局，1985 年，第 12968 页。
③ 据马端临《文献通考》卷一一四《征榷》统计。
④ 宋·李心传撰：《泸南重建府军记》，正德《四川志》卷三七《文词·泸州》，见马继刚主编《四川大学图书馆馆藏珍稀四川地方志丛刊续编》，成都：四川大学出版社，2015 年，第 2456—2457 页。
⑤ 宋分天下为"路"，大体相当于现在的"省"。
⑥ 元·脱脱等撰：《宋史》卷八九《地理五》，北京：中华书局，1985 年，第 2218 页。

不大量裁州撤县。① 泸州连年战乱之余，社会残破，人口锐减，经济萧条，民生凋敝。在这样的背景下，设在泸州的潼川府路被撤销。至元十八年划归四川西道宣慰司管辖。二十年划归重庆府路，泸川县同时撤销，辖地由州直管，改称"泸州本州"，州下只领江安、纳溪、合江三县。

元代的"路"，介于省与府州之间，类似于中华民国和中华人民共和国初期的行政督察专区（地级市、州）。行政区划的这一调整，标志了元代泸州政治、军事地位的下降。

今日泸州长江以南的叙永、古蔺、长宁、高、珙、兴文、筠连诸县，古代为少数民族聚居之地，唐宋两代，中央王朝在这一地区设置羁縻州。元军平定四川，少数民族归附，元世祖至元二十五年（1288）建置永宁路②，任命当地少数民族头人为总管，管领这一地区，成为职务世袭的土司政权。元惠宗元统元年（1333），改永宁路为永宁镇边元帅军民宣抚司。

永宁路的治所，《明一统志·永宁宣抚司》说在"司西北八十里渔漕溪畔马口崖"。马口岩地名，世代沿用至今，而渔漕溪地名无考，或谓即今永宁河的一段。明代的永宁宣抚司，治所在今叙永县城，以此方位里程度之，或在今叙永县江门、马岭二镇之间。③

元末天下大乱，遍地烽烟。红巾军明玉珍部由湖北入川，在重庆建大夏政权，改泸州为泸川路军民府④，又在永宁设镇边元帅府，仍置土司。夏亡，自然消失。

七

泸州直隶州·永宁道·国民政府泸县专区。

明代行省、府（直隶州、厅）、县（州、厅）三级制。省级政府分设都指挥使

---

① 元代四川州县调整，一些建制州降置为县，而若干建制县则直接被撤销，此即民间所谓"孙孙打婆，改州换县"。后来，一些被撤销的县又重新建置。江安县就是这种曾经一度撤销的县之一。
② 明·弘治《贵州图经》、明·曹学佺《贵州名胜志》、清·嘉庆《四川通志》并言永宁路始建设于宋，而《宋史·地理志》不载。考《贵州图经》，盖宋军平蜀，刘光义请建永宁路而实未建置也。
③ 1990年版贵州《习水县志》记载，元代的永宁路治所在习水县儒维乡的堡子头，其说无据，不取。
④ 民国《泸县志》作"泸州军民府"，据邓少琴先生《明玉珍在四川的统治》（载重庆市博物馆编《明玉珍墓葬研究》，1982年）改。

司职掌军政；承宣布政司掌握民政、钱粮；提刑按察司职掌刑名、监察官吏，兼掌教育。三司总听命于巡抚。[①] 不辖县的州，隶属于府，与县同级，习称"散州"；有属县的州，由省直辖，称"直隶州"。洪武六年，泸州升格为直隶州，直隶于四川行省。下领江安、纳溪、合江三县。今日泸州市的泸县、江阳区、龙马潭区全境与纳溪区、合江县、富顺县的一部分地方，由泸州直隶州直领，称为"泸州本州"。

明王朝还在四川分置六"道"，作为省的派出机构。其中由布政使司派出者，称分守道，其主官职级高者为参政，低者为参议；由按察使司派出者，称分巡道，其主官职级高者为副使，低者为佥事。分守下川南道驻叙州府（今宜宾），分巡下川南道驻泸州。下川南道包括现在的泸州、叙永、古蔺、宜宾、自贡、内江和云南的镇雄、威信、彝良诸地。

清沿明制，泸州继续为直隶州。

有明一代，在国家和地方官府的引导和组织下，江西、湖广诸地移民，大量进入泸州，推动泸州社会、经济和教育文化事业迅速恢复和发展，泸州 67 人考中进士[②]，与蓉、渝并为"天下三十三商贾辐辏处"[③]。

明代《泸州图经》记载："泸州并三县户口：实在人户 12711 户。人口 115640 口。"[④] 自明末张献忠入蜀，两度攻占泸州，至清王朝平定川南，几十年战乱、饥馑、虎患和瘟疫，泸州本州人口减少到不足二千人[⑤]，社会生产活动近乎停止。面对如此严峻的形势，清中央王朝和各级地方政府连年组织"湖广填四川"，大规模向蜀中移民。同时，清朝申严酒禁，仅在乾隆二年，就一连发布了 8 道禁酒令。泸州经过一百余年休养生息，社会、经济才逐渐复苏。

洪武四年（1371）明军入川，永宁彝族头人归附，明王朝为建少数民族土司"永宁长官司"，洪武八年，升为永宁宣抚司，地当今日叙永、古蔺、兴文、筠连和贵州的习水、仁怀、毕节七星关诸地，宣抚司长官称"宣抚使"，官阶从四品，职务世袭。别设流官会同宣抚使（土司头人）办理政务，又置类似今日军区的永宁卫（驻今叙永东城）和赤水卫（驻今叙永县赤水河镇），归由贵州都指挥使司节制，戍

---

① 明代后期，又在巡抚之上增设总督。
② 据清乾隆《直隶泸州志·选举志》统计。并见立石泸州高中校园的赵永康《斯文在兹碑》（泸州市第二批爱国主义教育基地）。
③ 见《明宣宗实录》卷五〇，台北："中央历史语言研究所"整理编印，1960 年，第 1203—1204 页。
④《永东大典》卷二二一七"泸字"引明《泸州图经》。
⑤ 王禄昌修，高觐光、温翰桢纂：《泸县志》卷三《食货志·户口》，民国二十七年刊本。

兵屯田，监控永宁土司。

明天启元年（1621），永宁宣抚司宣抚使奢崇明（土司头人）起事反明，败亡。崇祯三年（1630），明王朝废永宁宣抚司，改土归流。置为叙永善后厅，与县同级，隶属四川叙州府（今宜宾市）。八年，改称军粮厅。

清承明制，泸州直隶州及其属县不改。

清代，巡、守二道合并为一，统称"分巡道"。康熙元年（1662），设永宁道于叙永。六年奉裁。九年，重置永宁道于泸州城。后来逐渐演变成事实上的一级政权机构，嘉庆七年（1802）永宁道改称"川南永宁道"，光绪三十四年（1908）更名"下川南道"。

川南永宁道管领泸州直隶州及其所辖江安、纳溪、合江，叙州府及其所辖宜宾、南溪、庆符、富顺、隆昌、长宁、兴文、高县、珙县、筠连、屏山、雷波、马边、沐川，资州直隶州（治今资中县）及其所辖资中、内江、仁寿、井研，叙永直隶厅及其所辖永宁县等二十五州、厅、县。

康熙六年，清王朝改叙永军粮厅为管粮厅，隶叙州府，其后一度划归威宁府（治今贵州威宁县）管辖。雍正八年（1730），叙永管粮厅升格为与府同级的"叙永直隶厅"，直隶四川省，下领康熙二十六年由永宁卫改置的永宁县。永宁县原隶贵州，雍正五年改隶四川叙州府。八年，就近划归叙永直隶厅管辖。九年，于赤水卫故城（今叙永县赤水河镇）设"永宁县赤水分县丞"。光绪三十三年，永宁县迁治古蔺场。三十四年更名古蔺县。

宣统元年（1909），叙永直隶厅更名"永宁直隶州"，下领古蔺、古宋二县。

宣统三年十月二十五日（1911年12月15日），泸州同盟会党人李琴鹤、杨兆蓉等发动民众反正，宣布独立，建立川南军政府，推翻了泸州历史上延续几千年的封建统治。

民国元年（1912），民国政府废除道制。二年，裁府撤州，以县直隶于省。同年，恢复道制，原永宁道更名下川南道，原"泸州本州"改建为泸县。三年，下川南道又改名为永宁道。至民国十八年方最后撤销。

民国二十四年，国民政府在四川推行新县制，划全川为18个行政督察区（专区），分设行政督察专员公署，作为省政府的派出机构。其中第七行政督察专员公署（简称泸县专署）设在泸县（今泸州城），下领泸县、富顺、隆昌、纳溪、合江、叙永、古宋（后划属兴文县）、古蔺8县。

八

中华人民共和国。

1949 年 12 月 3 日，中国人民解放军解放泸县。县人李琴鹤等组织"人民解放委员会"，协助解放军维护社会治安，办理支前、民政诸务。12 月 15 日，泸县军事管制委员会成立。12 月 16 日，泸县人民政府成立，县长熊梦。原泸县专区各县，人民政府次第建立起来。

1950 年 1 月 17 日，泸县行政督察专员公署（简称泸县专署）成立，仍辖泸县、富顺、隆昌、纳溪、合江、叙永、古宋、古蔺 8 县，专员邓垦。1951 年 11 月 9 日，泸县专署迁驻隆昌县城。1952 年 1 月 18 日改称隆昌专员公署。1952 年 10 月，迁回泸州市，12 月，改称四川省人民政府泸州区专员公署（分别简称泸州专区和泸州专署）。

1950 年 7 月 10 日，划泸县城区及部分郊区设置县级泸州市。7 月 25 日，泸县人民政府迁驻小市。8 月 15 日，泸州市人民政府挂牌成立，市长金再光。归由川南人民行政公署管辖。1953 年 1 月 15 日，泸州市划归泸州专署领导。

当时蜀中分置川东、川南、川西、川北四个人民行政公署，泸州专区及其所领 8 县，隶属川南人民行政公署（简称川南行署）。1950 年 1 月 1 日，川南行署在自贡市成立，主任张国华。1 月 16 日迁驻泸县。1950 年 2 月，张国华率人民解放军第十八军进军西藏，李大章继为主任。1952 年 9 月 1 日，川南行署撤销，并入四川省人民政府。

1960 年 7 月，泸州专区撤销，并入宜宾专区。

1983 年 3 月 3 日，国务院决定成立地级泸州市，由四川省人民政府直辖，原县级泸州市（今江阳区）和泸县、纳溪、合江、叙永、古蔺，划归地级泸州市领导（古、叙二县暂不划转）。市长刘育仁。原县级泸州市改建为"泸州市市中区"。

1985 年，叙永、古蔺二县划归泸州市领导。原县级泸州市改建为泸州市市中区。

1996 年，国务院调整地级泸州市行政区划，改市中区为江阳区，纳溪县为泸州市纳溪区，划原市中区和泸县部分街道、乡镇新建泸州市龙马潭区。

跋

感承蓝勇教授、包伟民教授、王川教授三位学术名家惠赐美序，四川师范大学巴蜀文化研究中心批准作为 2021 年度重大课题立项，四川大学出版社报省新闻出版局批准列入"四川省 2022—2023 年度重点图书出版规划项目"，杨岳峰、李耕等老师精心审读、编辑，逐一校对书稿中每条引文的文字和出处，对书稿文字反复润色加工，这册《〈永乐大典·泸字〉校补图注》得以就正于广大读者和泸州父老乡亲。值此之际，谨向以上师友和复印惠赐《永乐大典·泸字》原书并多次帮助我研究编写本书的挚友、四川省社科院陈世松研究员，致以诚挚的感谢。

川滇黔渝之地，迭遭宋元战争、张献忠入蜀与吴三桂叛清之乱，文献损失殆尽，正德《四川志》、弘治《贵州图经》和天启《滇志》，便是这一地区今人所知、年代较早的志书了。有幸的是，成书时间更为古老、内容更为珍贵、以辑录泸州地志南宋《江阳谱》为其主要内容的《永乐大典·泸字》十三卷，仍有两卷尚在人间。

《永乐大典》全书二万八千余卷，八国联军侵华战争劫后，仅余数百卷残存。盛世崇文，人民政府组织力量，于国内外遍访穷搜，陆续寻得若干，1962 年，安排中华书局排印出版。1983 年，陈世松先生把这两卷奇书从四川省社科院图书馆复印寄赐。1985 年，陈先生主编并且通稿纂定，我参加研究、编写的《宋元之际的泸州》，在重庆出版社公开出版发行。书里，写入了这两卷奇书记述的以及我们相关的管见。其后，泸州市筹划申报"中国历史文化名城"，由我继续研读、笺识了其中关于宋代泸州筑城的部分，在市社科联主办的内部期刊《泸州社会科学》连载，从而形成《申报材料》史实依据的主要组成部分。1994 年，泸州入选第三批"中国历史文化名城"。

2015 年，本所蓝勇教授指出：《永乐大典·泸字》史料珍贵，其学术价值和应用价值，还应该得到更好的发挥，希望我全部校笺出来。2016 年，中国人民大学包伟民教授来川，出席泸州市委托陈世松先生和我共同研究的"宋代泸州历史文化"课题的开题会，提出《永乐大典·泸字》的学术价值极为珍贵，建议进行深度整理。忝生此邦，兴亡有责。因不辞谫陋，师前贤裴松之、郦道元并任乃强先生注书之成法，认真研读原书的中华书局 1962 年排印本和 1986 年影印本，进行田野、社会、金石文物调查，证诸文献而校补图注之。

先师李耀仙先生当年诲我："志也，资治道、敦教化、充馆藏。"是书之著，实承此意，在于经世致用之间。倘能有裨乡邦社会、经济宏观战略决策借鉴或参考于万一，则又企望之所不及，且复传承吾师学术之万一者也。后学浅陋，遗漏、失当乃至谬误，恭候海内方家和读者不吝批评指正，不胜感谢之至焉。

二〇二四年，符阳　赵永康